Mabel Moraña y Yolanda Martínez San-Miguel coordinadoras

Nictimene... sacrílega

Estudios coloniales en homenaje a
Georgina Sabat-Rivers

Colección de Investigación y Crítica

Electa Arenal
Emilie Bergmann
María Dolores Bravo Arriaga
Pablo Brescia
Raquel Chang-Rodríguez
Jorge Checa
Margo Glantz
Verónica Grossi
Luis Hermosilla
Ivette N. Hernández-Torres
Alessandra Luiselli
José Antonio Mazzotti
María Águeda Méndez
Stephanie Merrim
José Pascual Buxó
Rosa Perelmuter
Sara Poot-Herrera
Antonio Rubial García
Stacey Schlau

Primera edición: noviembre de 2003

Nictimene... Sacrílega
Estudios coloniales en homenaje a Georgina Sabat-Rivers

Instituto de Investigación y Estudios de Posgrado
Universidad del Claustro de Sor Juana

Colección de Investigación y Crítica

Directora: Sandra Lorenzano

UNIVERSIDAD DEL
CLAUSTRO DE SOR JUANA

ISBN 968-7631-08-2

©Derechos reservados Universidad del Claustro de Sor Juana
Izazaga núm. 92, Centro Histórico, 06080, México, D.F.

Introducción

Yolanda Martínez-San Miguel
University of Pennsylvania

>...*la avergonzada Nictimene acecha*
>*de las sagradas puertas los resquicios,*
>*o de las claraboyas eminentes*
>*los huecos más propicios*
>*que capaz a su intento le abren brecha,*
>*y sacrílega llega a los lucientes*
>*faroles sacros de perenne llama*
>*que extingue, si no infama,*
>*en licor claro la materia crasa*
>*consumiendo, que el árbol de Minerva*
>*de su fruto, de prensas agravado,*
>*congojoso sudó y rindió forzado.* (336)[1]
>Sor Juana Inés de la Cruz, "El sueño"

Este merecido homenaje comenzó como una conversación de un grupo de colegas que compartimos la experiencia de haber estudiado o colaborado con la profesora Georgina Sabat-Rivers. En diciembre del 2001, Sonia Labrador-Rodríguez (en estos momentos, profesora en New College of Florida) propuso la idea de organizar una sesión para reconocer la contribución de la profesora Sabat-Rivers, no tan sólo al campo de los estudios coloniales, sino a la carrera y la formación profesional de numerosos estudiantes de literatura latinoamericana. Este proyecto se materializó en una propuesta de una sesión para el XXXIV Congreso del Instituto Internacional de Literatura Iberoamericana, que fue recibida con muchísimo entusiasmo por los colegas Daniel Balderston, el organizador de la conferencia del 2002 en la Universidad de Iowa, y Mabel Moraña, Directora de Publicaciones de la *Revista Iberoamericana*.

La sesión original, titulada "Homenaje a Georgina Sabat-Rivers", contó con la participación de Daniel Torres, alumno de la profesora Sabat-Rivers; Yolanda Martínez-

---

[1] Tomo esta cita del tomo I de las *Obras completas* de Sor Juana, editadas por Alfonso Méndez Plancarte. Como señala Méndez Plancarte en su edición, Nictimene es esdrújulo en latín, pero Sor Juana lo incluye en sus textos como palabra llana. Conservo la prosodia utilizada por Sor Juana en "El sueño".

San Miguel, quien estudió su doctorado en Berkeley, pero escribió su tesis bajo la dirección de las profesoras Emilie Bergmann y Georgina Sabat-Rivers; Alessandra Luiselli, colaboradora y colega de Georgina en la compilación de la antología *Huellas de las literaturas hispanoamericanas*; y Emilie Bergmann, alumna de Elias Rivers, pero que también tuvo en Georgina a una mentora importante que la estimuló a estudiar la obra de Sor Juana desde sus años como estudiante graduada en Johns Hopkins University. Durante el proceso de organización de esta sesión, comentamos las diversas maneras en que la obra de la profesora Sabat-Rivers había impactado nuestro trabajo, como sus alumnos, colegas y colaboradores. Aunque el énfasis en la sesión fue en los estudios literarios coloniales, y en particular en el análisis del Barroco americano, muy pronto nos resultó evidente que el trabajo de Georgina también había sido fundamental para muchos de los colegas en estudios latinoamericanos. La profesora Sabat-Rivers y Elias Rivers nos honraron con su presencia durante esta sesión, y la conversación que se inició allí se convirtió finalmente en el proyecto de esta antología.

La profesora Sabat-Rivers también ha sido una colaboradora consistente del Instituto Internacional de Literatura Iberoamericana, como miembro de la mesa directiva y el comité editorial de la *Revista Iberoamericana*, así como plenarista del congreso celebrado en Salamanca en el verano del 2000. Por la importancia de Georgina en el estudio de la obra de Sor Juana Inés de la Cruz, su trabajo ha tenido un impacto vital en los debates y estudios sobre el Barroco americano y sobre la escritura de mujeres durante la Colonia, tanto en México como en Estados Unidos. De ahí que el Claustro de Sor Juana, y en especial las colegas Carmen Beatriz López-Portillo y Sandra Lorenzano, se sumaran a este proyecto editorial que aspira a celebrar el trabajo de la profesora Sabat-Rivers y a recoger algunas de las direcciones más recientes en los estudios de los discursos coloniales. En esta antología hemos invitado a algunos colegas que han colaborado ampliamente con Georgina. Aunque la lista de colaboradores podría ser mucho más extensa, nos hemos limitado a incluir ensayos de alumnos y colegas de la profesora Sabat-Rivers, así como de estudiosos cuyo trabajo de investigación se fundamenta en los hallazgos críticos de Georgina.

Georgina Sabat-Rivers nació en Santiago de Cuba, donde inició su formación académica. Completó estudios graduados en francés en la Universidad de Oriente, y convalidó su grado con la obtención de un diploma de la Sorbonne, Université de Paris. Continuó estudios en Filosofía y Letras, y llegó a desempeñarse como profesora de francés en la Universidad de Oriente. Salió de Cuba a principios de la década del 1960 y obtuvo una maestría y doctorado en lenguas romances de John Hopkins University en 1969. En 1978 Georgina se trasladó al Departamento de Estudios Hispánicos de la State University of New York at Stony Brook, donde permaneció hasta retirarse.[2] Ha publicado numerosos artículos y ocho libros sobre el discurso colonial, con énfasis especial en el Barroco americano y la obra de Sor Juana Inés de la Cruz. Georgina es considerada la sorjuanista más importante en los Estados Unidos, y su obra es ampliamente conocida en Europa y Latinoamérica.

Su primer libro, *El "Sueño" de Sor Juana Inés de la Cruz. Tradiciones literarias y originalidad*, es un estudio comprensivo y meticuloso de la densa red cultural que le sirve de trasfondo al texto más complejo de la monja novohispana. El estudio de Georgina se divide en dos partes: 1) la identificación de las tradiciones literarias, mitológicas y filosóficas precedentes "que en su poema vuelven a aparecer en forma más o menos diferente" (21); y 2) los aspectos

---

[2] Lou Chanon-Deutsch, colega de Georgina en Stony Brook, también publicó un volumen en homenaje a la profesora Sabat-Rivers, titulado *Estudios sobre escritoras hispánicas en honor de Georgina Sabat-Rivers* (1992). En la Introducción a este volumen se incluye una excelente biografía y bibliografía de Georgina hasta 1992.

originales de "El sueño", que lo convierten en "un poema único, completamente diferente de ningún otro escrito en lengua española" (127). Este doble movimiento entre tradición y originalidad es el gesto clave del trabajo crítico de Georgina, quien supo captar en el discurso colonial ese lugar de enunciación simultáneamente metropolitano y americano que será distintivo del discurso criollo americano. Para la profesora Sabat-Rivers, por consiguiente, los textos coloniales, y la obra de Sor Juana especialmente, son un punto de cruce o encuentro de los diversos elementos que definen la especificidad de una subjetividad colonial que Homi Bhabha definiría como "ambivalente" (66).

La profesora Sabat-Rivers también ha sido una figura prominente en el estudio sobre la constitución de un discurso criollo en el período colonial, así como sobre la incorporación de una perspectiva de género al estudio de varias escritoras de los siglos XVI y XVII, como Clarinda, Amarilis, María de Estrada y Sor Juana. Su trabajo crítico combina la investigación de archivo con un sólido trasfondo histórico y filológico, que no riñe con el uso de acercamientos teóricos más recientes. En estos momentos, Georgina es profesora emérita del Departamento de Lengua y Literatura Hispánica en el State University of New York-Stony Brook. Su trabajo como profesora e investigadora de literatura colonial latinoamericana ha sido vital en el entrenamiento de varias generaciones de colonialistas cuyo trabajo crítico se nutre de su amplia bibliografía. El propósito de esta antología es reconocer y celebrar esta aportación singular de Georgina.

He comenzado esta introducción con unos versos del principio del poema "El sueño", de Sor Juana Inés de la Cruz, en los que la voz lírica describe a toda una serie de figuras femeninas que transgreden el orden religioso y social con sus acciones, justo después de que cae la noche. La misma Georgina ha estudiado este pasaje en su ensayo "A Feminist Rereading of Sor Juana's Dream", incluido en la importante antología editada por Stephanie Merrim, *Feminist Perspectives on Sor Juana Inés de la Cruz* (1991):[3]

> Seguramente no es casual que, entre estas aves nocturnas pensara Sor Juana, hija natural que apenas conocería a su padre, en Nictimene, aquella mujer que fue convertida en lechuza y así castigada por su delito de incesto: [...] Parece que la monja nos presenta una imagen un tanto ambivalente de este personaje ya que, por una parte trata de suavizar su pecado, quizá en aras de solidaridad femenina, con el adjetivo de "avergonzada" buscando nuestra conmiseración por lo que puede evocar de "arrepentida", con remordimiento, pues ya tenía esa acepción en el Siglo de Oro según el *Diccionario de Autoridades*. Por otra, en versos que siguen, también la llama "sacrílega" al mismo tiempo que la relaciona, indirectamente, con la casta e inteligente Minerva en referencia al aceite de oliva ("el árbol de Minerva") que el ave busca beber de las lámparas de la iglesia. (312-313)

En primer lugar, vale la pena señalar los gestos de lectura de la profesora Sabat-Rivers. Por una parte, hay un interés consistente en su trabajo crítico de reconstruir el contexto histórico en el que se produce el texto. Este enfoque historiográfico va de la mano con un cuidadoso análisis del lenguaje, que intenta recuperar los significados utilizados en la época colonial. Más allá de una motivación específicamente filológica o etimológica, Georgina siempre ha estudiado el discurso colonial como parte de un complejo entramado social, político y

---

[3] Cito de la versión en español de su ensayo, "Sor Juana: Imágenes femeninas de su científico 'Sueño'", incluido en su libro *Estudios de literatura hispanoamericana* (1992).

cultural que dota al lenguaje de un poder de significación y representación muy particular. Este interés en captar la densidad del discurso cultural se amplía en una nota al calce en la que Georgina alude a las interpretaciones psicoanalíticas del poema y, más importante aún, a los posibles referentes de la mitología azteca que están contenidos en esta lechuza que roba a escondidas de la fuente de la sabiduría de Minerva. Al mismo tiempo, se nota aquí el deseo de proponer un análisis de género, y en específico de la escritura femenina, que se desprende del texto mismo de Sor Juana. De ahí que la tesis principal de este ensayo de la profesora Sabat-Rivers sea, precisamente, la reconstrucción de una lectura de "El Sueño" a partir de los múltiples personajes femeninos y los sustantivos cuyo género es femenino, y que desplazan sutilmente la preponderancia del uso del neutro o de la carencia de marcas genéricas a lo largo de este poema. Su ensayo se detiene, pues, en la recuperación de esos trazos textuales que permiten revelar un discurso femenino en el poema más neutro de la monja novohispana.

Por otra parte, Georgina propone una lectura densa y polivalente de la figura de Nictimene, al oponer los adjetivos "avergonzada" y "sacrílega", para recuperar el carácter subversivo de este personaje mitológico que clandestinamente roba el aceite de las lámparas del templo, asociado con la diosa de la sabiduría, Minerva. El personaje femenino se presenta en el umbral de la transgresión intelectual y religiosa, y con ello sirve de marco al viaje cognoscitivo del alma femenina que se propone en el resto del poema, acto también clandestino y liminar en el campo intelectual –patriarcal y católico– en el que escribía Sor Juana. De ahí que los gestos críticos de Sabat-Rivers destaquen la polisemia intrínseca de todo texto literario, al mismo tiempo que se mantiene una preocupación consistente con el trabajo lingüístico en un contexto histórico y social.

Nictimene me sirve, pues, para reconocer simbólicamente la aportación quizá más significativa de Georgina a los estudios coloniales. Me refiero, específicamente, al trabajo de recuperación y deslinde de un discurso colonial latinoamericano. Con el colega Daniel Torres hemos comentado que la profesora Sabat-Rivers dedicó una parte importante de su carrera a definir y validar la existencia de unas letras coloniales americanas que no fuesen una mera extensión de las letras peninsulares del Siglo de Oro. En su trabajo de investigación sobre la obra de Sor Juana, por ejemplo, Georgina destacó los gestos distintivos de esta escritura colonial americana que dialogaba problemáticamente con el Barroco europeo. Al igual que Leonardo de Acosta, Emilio Carilla, José Lezama Lima, John Beverley, Mabel Moraña, Daniel Torres, y Kathleen Ross, entre otros, la profesora Sabat-Rivers se interesó por definir un barroco americano, cuya relación y vínculo con el barroco metropolitano era densa, compleja y ambivalente. Se puede afirmar sin ninguna duda que el trabajo crítico de la profesora Sabat-Rivers legitimó a Sor Juana como una escritora e intelectual americana y colonial, y problematizó su inserción pasiva en las letras del Siglo de Oro peninsular. Por eso, en esta antología queremos destacar ese trabajo académico consistente y apasionado de Georgina, que sustrajo poco a poco a Sor Juana de las letras metropolitanas –como el licor claro del árbol de Minerva escondido en los templos– para darle una nueva condición de posibilidad en el campo de las letras latinoamericanas coloniales. Como la "Nictimene sacrílega" recreada por Sor Juana al inicio de "El sueño", Georgina participó en uno de los gestos fundacionales del campo de estudios que nos ocupa en esta compilación, definiendo un corpus específicamente americano en las letras coloniales.

Este homenaje a la obra de Georgina Sabat-Rivers es, también, una celebración al estado vibrante del campo de los estudios coloniales a principios del siglo XXI. Los ensayos aquí recogidos muestran una diversidad de agendas, temas, intereses y reflexiones que

Introducción

ilustran un claro deslinde de los estudios coloniales y poscoloniales del análisis de los discursos de formación nacional en Latinoamérica, sin proponer con ello una relación antagónica o exclusiva. Al mismo tiempo, esta antología recoge dos gestos predominantes: trabajos en que se incorporan acercamientos teóricos recientes o novedosos que iluminan facetas o figuras poco conocidas de las letras coloniales, y reconsideraciones críticas en las que se reconceptualizan textos y figuras ampliamente conocidos en el campo crítico latinoamericano, como Bernal Díaz, Ercilla, el Inca Garcilaso de la Vega o Sor Juana. Es en ese doble movimiento de ampliación y profundización de un *corpus* de textos que un campo se afirma, evoluciona y desarrolla, y tal parece que estamos participando de un momento de auge después de la crisis de los estudios coloniales a fines de la década del ochenta. Por último, esta compilación de ensayos recoge tres de las áreas principales de interés en el trabajo de Georgina: la constitución de voces criollas y americanas, el estudio de una subjetividad femenina en un contexto social, político y religioso, y el análisis detallado de la obra de Sor Juana Inés de la Cruz.

La primera sección de la antología se titula "Voces americanas", y recoge una serie de estudios sobre la obra de Bernal Díaz del Castillo, el Inca Garcilaso de la Vega y Bernardo de Balbuena. José Antonio Mazzotti examina la relación entre oralidad y escritura en la *Historia verdadera de la conquista de la Nueva España* para identificar cómo ese sujeto colectivo del texto se ubica entre la autoridad de la escritura y la infiltración de ciertos rasgos de oralidad. Esto le permite a Mazzotti proponer a Bernal como un ejemplo de una subjetividad protocriolla que defiende simultáneamente los intereses de la Corona y de los encomenderos junto con una relativa autonomía administrativa en las colonias. Lo interesante de la propuesta de Mazzotti es el deseo de identificar estas marcas de una subjetividad social y política en las estrategias narrativas y verbales desplegadas en el texto de Bernal Díaz. Jorge Checa, por otra parte, estudia *La araucana* de Alonso de Ercilla para identificar la posición ambigua de la voz poética en relación con los temas tratados en el texto, y con el orden político colonial en América. Checa correlaciona la amplitud de motivos y temas tratados en este poema con la conciencia del autor de la "complejidad y vastedad del Imperio al que sirve". La voz lírica del texto oscila, por lo tanto, entre momentos de evidente control e instancias en que critica abiertamente los excesos del imperialismo político español. En este sentido, el estudio de Checa propone una reinscripción de la épica en el contexto político que fue vital para la producción de estas narrativas de expansión y crisis imperial.

Raquel Chang Rodríguez y yo dedicamos nuestros ensayos a dos obras distintas del Inca Garcilaso de la Vega. Chang-Rodríguez estudia *La Florida del Inca* a partir de dos acercamientos complementarios. Por una parte, identifica en esta obra primeriza del Inca Garcilaso algunos de los temas y motivos que son centrales en sus textos posteriores, sobre todo sus reflexiones sobre la relación entre europeos e indios. Por otra parte, en este ensayo se comentan ocho capítulos de la primera parte del texto relacionados con la conquista de Cuba, para vincular su recuento de la historia del Caribe con los motivos centrales del resto de su obra, dedicada a la conquista del Perú. Chang-Rodríguez propone en su estudio una cuidadosa consideración de la obra del Inca Garcilaso desde una preocupación histórica y textual, al mismo tiempo que destaca los vínculos sutiles entre el Caribe, la Florida y los Andes para pensar la experiencia colonial americana como conjunto. Mi ensayo, por otra parte, propone una lectura de los conflictos lingüísticos del relator de la primera parte de los *Comentarios reales*, en particular las escenas de traducción entre el quechua y el español. El análisis de estas escenas se concentra, sin embargo, en los momentos en que fracasa el gesto de traducción, ya sea porque el relator admite su incompetencia para encontrar un equivalente adecuado para el término en quechua o español, o porque el narrador confiesa no poder reconstruir la etimología del término americano. El propósito de recorrer estas escenas es cuestionar el vínculo monológico y orgánico que se establece entre identidad y lengua materna, para proponer una identidad mestiza que oscila entre lenguas y culturas, entre gestos imperialistas y subversivos. En ambos trabajos el Inca Garcilaso se presenta como ejemplo de esa subjetividad colonial *ambivalente* a la que me he referido anteriormente.

Stephanie Merrim cierra la primera parte del libro con una lectura de la densidad de significados de *La grandeza mexicana*, para captar los gestos ambiguos y paradójicos del discurso colonial criollo. Bernardo de Balbuena dramatiza, en cierta medida, una trayectoria complementaria e inversa a la del Inca Garcilaso, pues este autor nació en España pero se crió en la Nueva España, y elaboró en *La grandeza mexicana* una oda a la Ciudad de México en la que el programa imperialista se traslada a los gestos de un discurso protocriollo. Merrim traza el desarrollo de este discurso en la construcción de una "Ciudad sublime" en el texto de Balbuena, y luego comenta las reapropiaciones del concepto de la "grandeza" en textos de Baltasar Dorantes de Carranza, Arias de Villalobos y Sor Juana. Es precisamente en el ejercicio de apropiación, interpretación y resignificación de este concepto de Balbuena que se va constituyendo, según Merrim, una de las tramas de esa discursividad criolla tan central en la formación de una subjetividad americana.

La segunda parte de la antología está dirigida a otro de los núcleos de los estudios coloniales: el género, la sexualidad y la vida monacal. Los cuatro ensayos incluidos aquí se nutren y amplían el trabajo pionero de Asunción Lavrín, Josefina Muriel, Margo Glantz, Stacey Schlau, Amanda Powell, Electa Arenal, Stephanie Merrim y la misma Georgina Sabat-Rivers en el estudio de las subjetividades marginales o alternativas de la sociedad colonial americana. María Agueda Méndez amplía los estudios que se han llevado a cabo sobre la relación entre el confesor y la monja confesanda proponiendo una lectura comparativa entre el manual de confesores escrito por Fray Andrés de Borda –*Práctica de confesores de monjas*– y dos textos de Antonio Núñez, *Cartilla de la doctrina religiosa y distribución de las obras ordinarias, y extraordinarias del día...* Méndez se enfoca, específicamente, en la revisión de los votos de obediencia y pobreza y nos ofrece un contexto más detallado y amplio para entender la conflictiva relación entre Sor Juana y el Padre Antonio Núñez, tema que ha recibido mayor atención desde la aparición de la "Carta de Monterrey" en 1980. El ensayo concluye proponiendo los manuales de confesores como un género, porque "se utilizaban y seguían fórmulas, estructuras y temas previamente seleccionados", pero al mismo tiempo tienen variaciones que reflejan aspectos significativos de la personalidad de sus autores. Por otra parte, Stacey Schlau analiza el caso inquisitorial contra Angela Carranza, una beata agustina que encuentra en la experiencia mística un modo de subsistencia económica y personal en la sociedad colonial peruana del siglo XVII. Schlau lee los escritos de Carranza, y reconstruye el juicio del caso inquisitorial para proponer su "carrera" religiosa como un modo de auto-afirmarse y construir una vida independiente en la ciudad, basada en su propio cuerpo y su escritura. Al mismo tiempo, este estudio señala los límites del género sexual, la clase social y la relación vulnerable con las autoridades religiosas para señalar las condiciones difíciles que enfrentaba una mujer en la sociedad colonial andina y americana.

Electa Arenal se interna en el mundo conventual y la sociedad colonial por medio de los debates suscitados por el consumo del chocolate en la Nueva España. Partiendo de una anécdota muy específica –la frase "criollas regalonas y chocolateras" usada por un prelado de la Nueva España, para expresar su insatisfacción ante las instancias de unas monjas que querían establecer un convento de carmelitas descalzas en México– Arenal propone una reconstrucción de la historia del chocolate en el contexto de la literatura conventual. Este estudio que vincula alimento y cultura nos recuerda el ensayo fundacional de Fernando Ortiz, *Contrapunteo cubano del tabaco y el azúcar* (1940), porque traza una reconstrucción discursiva que es sensible a las nociones de clase social, raza y género sexual que configuraron el entramado de la sociedad colonial novohispana. El ensayo recorre una serie de íconos culturales relacionados con el chocolate, e incluye los vínculos de este preciado alimento con la obra y el contexto histórico de Sor Juana. Por último, Ivette Hernández-Torres analiza los vínculos entre escritura y misticismo en los *Afectos espirituales* de la madre Francisca Josefa de Castillo. La autora se concentra en la relación conflictiva que se establece entre la experiencia mística, las jerarquías religiosas y la escritura femenina, utilizando los estudios de Michel de Certeau sobre el tratamiento del lenguaje en este tipo de experiencias liminares. A partir de un cuidadoso ejercicio de interpretación textual, Hernández-Torres ilustra dos extremos en la actitud de la mística ante la escritura, que va desde la negación absoluta del acto escriturario al punto de querer destruir su manuscrito, y llega hasta el reconocimiento de una capacidad para comunicar inmediatamente la voz misma de Dios. De este modo la escritura ocupa el lugar ambiguo del fármaco, que de acuerdo con Derrida, vivifica y enferma. El análisis aquí propuesto incorpora en todo momento una discusión sobre las relaciones de autoridad, control y poder que eran cruciales en este proceso de escritura de una religiosa en el contexto del Nuevo Reino de Granada a fines del siglo diecisiete y la primera mitad del siglo dieciocho.

La tercera y última parte de esta compilación está dedicada al estudio de la obra de Sor Juana, una de las pasiones intelectuales y críticas de Georgina. Margo Glanz inicia esta reconsideración de la obra de Sor Juana con un estudio sobre el intelecto femenino a la luz de los debates científicos sobre el cuerpo de la mujer en la segunda mitad del siglo XVII. Glantz traslada la tradicional querella entre los sexos a una consideración de los discursos filosóficos y científicos con los que Sor Juana negoció su espacio como artista, intelectual y poeta. En el contexto de esta trama discursiva, el uso del neutro en la obra de Sor Juana, y la privilegiación del alma –incorpórea y asexuada– no logra desplazar completamente la insistente presencia del cuerpo en la obra de la monja novohispana. Su ensayo concluye con una reconsideración de las actividades domésticas asociadas con lo femenino –como la cocina– en un contexto científico y filosófico que reinscribe al sujeto femenino en los debates sobre el entendimiento humano. Luis Hermosilla continúa con la misma escena culinaria, para estudiar ciertos puntos de contacto y divergencia entre Juan Luis Vives y Sor Juana en cuanto a la educación femenina. Partiendo del estudio de Elizabeth Teresa Howe sobre las semejanzas entre los argumentos de Vives y Sor Juana, Hermosilla propone un análisis de la anécdota de Sor Juana sobre sus experiencias en la cocina como un cuestionamiento a la división sexual del trabajo postulada por la economía clásica y por el discurso humanista. El cruce entre la cocina y la filosofía que se invoca por medio de la escritura autobiográfica sustrae la actividad intelectual del predominio exclusivo masculino, para incluir a la mujer en la actividad escrituraria y cosgnoscitiva.

Antonio Rubial, por otra parte, reconstruye el entramado de poder cortesano en el que se movía Sor Juana. En su estudio Rubial utiliza las relaciones de Sor Juana con Velázquez de la Cadena, el cabildo catedralicio de México y Domingo de la Rea para ilustrar sus vínculos con la aristocracia, las corporaciones y los intereses comerciales de la Nueva España. Este tipo de estudios resulta de particular importancia para establecer un balance con los múltiples análisis de la subalternidad de Sor Juana, de modo que se pueda comprender mejor la compleja situación en la que la monja novohispana logró la visibilidad y marginación paradójicas que la caracterizan. Rubial destaca en su ensayo que subalternidad y poder no son posturas absolutas en la definición de una subjetividad, y que esta dimensión de la vida de Sor Juana necesita mayor atención para comprender los modos en que la monja negoció con los poderes locales y metropolitanos para establecerse como artista, intelectual y religiosa en la sociedad de su época.

Los estudios de Pablo Brescia y Verónica Grossi continúan con esta pista de lectura sugerida por Rubial al analizar la coyuntura social, política, religiosa y personal en la que se produce el discurso intelectual e identitario de Sor Juana. Brescia comienza su ensayo haciendo un balance de las nuevas direcciones en el estudio de la obra de Sor Juana, suscitados por: 1) la conmemoración del natalicio y el fallecimiento de la monja; 2) la continua revisión crítica de la obra de Sor Juana; y 3) la aparición de nuevos textos de la monja, documentación histórica sobre la recepción de la obra de Sor Juana en su época y datos sobre el inventario de su celda. Luego pasa a comentar la *Carta Atenagórica*, la *Respuesta a Sor Filotea* y la *Carta al Padre Núñez* (también conocida como "Carta de Monterrey") para trazar una red de correspondencias y vínculos entre estos textos en los que identifica las coordenadas del "pensamiento sorjuanino". Aunque el eje de Brescia es la argumentación sobre la fineza, su estudio ubica este argumento en un contexto institucional y sociocultural al analizar la representación de la envidia y el libre albedrío como la inflexión particular que le dio Sor Juana a su discurso para localizarse problemáticamente dentro de la comunidad religiosa e intelectual de la colonia. Grossi, por su parte, se concentra en la lectura de la "Carta de Monterrey" para identificar una serie de conceptos filosóficos que funcionan como tópicos o motivos recurrentes en la obra de Sor Juana. Uno de los tópicos centrales es precisamente la distinción entre una verdad divina, absoluta, y la capacidad más limitada de aprehensión intelectual humana, en la que se inscribe el derecho de la mujer a participar en la producción de un conocimiento secular y religioso. Partiendo de las estrategias textuales que Sor Juana despliega en la "Carta de Monterrey" para enfrentarse a su confesor, Grossi propone un rescate textual de la ruptura implicada en su proyecto artístico e intelectual.

María Dolores Bravo Arriaga dedica su ensayo al *Neptuno alegórico*, centrándose en dos aspectos. El primero es un análisis de la incorporación que hace Sor Juana de la cultura egipcia en el texto de su arco triunfal. Bravo Arriaga elabora este tema comentando el uso que hace la monja de textos de Herodoto, Plutarco y Apuleyo, además de Atanasio Kircher, en su valoración de Egipto como cuna de la civilización, y demuestra que Sor Juana tuvo acceso directo a estos textos. El segundo aspecto que se desarrolla en este ensayo es una valorización de Sor Juana "no sólo como erudita conocedora de fuentes clásicas y de compendios mitológicos, sino como una hábil y diestra narradora de historias y fábulas". Este rescate de Sor Juana en su placer por la narración es un gesto importante, porque nos permite percibir el disfrute de la monja en su proceso de creación artística y cuestiona, al mismo tiempo, la alusión que hace Sor Juana en la "Respuesta a sor Filotea" a su escritura secular como una tarea emprendida como favor u obligación.

El ensayo de José Pascual Buxó se concentra en una lectura del *Primero sueño* de Sor Juana, para problematizar una pista de lectura propuesta por Octavio Paz en su conocido estudio *Sor Juana Inés de la Cruz o las trampas de la fe*. Cuando Paz compara las *Soledades* de Góngora con el *Primero sueño* de Sor Juana afirma que "las metáforas de Sor Juana son más para ser pensadas que vistas" (Paz 470). Pascual Buxó reconsidera esta afirmación y propone que el poema de Sor Juana se nutre del de Góngora como parte de un productivo ejercicio de emulación –entendido en esa época como un proceso dinámico en el que se establecían semejanzas, reminiscencias y desemejanzas– en el que el texto nuevo se generaba en tensión con la tradición precedente. Al mismo tiempo, Pascual Buxó recoge y explica detenidamente una serie de ejemplos del texto de Sor Juana para demostrar cómo "la poetisa se esforzó con notable éxito por lograr que las realidades abstractas del pensamiento pudieran hacerse visibles y, así, les concedió el carácter de *pinturas* alegóricas, tan halagüeñas para los sentidos como incitantes para el entendimiento". Esta reconsideración del uso de lo visible en el proceso creativo y cognoscitivo del *Primero sueño* "ilumina" otro aspecto de este texto de Sor Juana que lo vincula con el uso de la alegoría como parte del proyecto intelectual y estético de la monja novohispana.

Emilie Bergmann y Alessandra Luiselli se enfocan en la poesía de Sor Juana para captar algunas de sus innovaciones visuales y verbales. Emilie Bergmann analiza la representación intelectualizada de la rosa en Sor Juana, continuando y ampliando sus estudios sobre la incorporación y transformación del arte visual en la poesía del Siglo de Oro. Este ensayo establece un diálogo muy interesante con el artículo de Sabat-Rivers titulado "Sor Juana: diálogo de retratos" y con el ensayo de Pascual Buxó que se incluye en este volumen. Tras hacer una comparación entre la utilización del tropo de la mirada y la óptica en la poesía de Góngora, se establece un "diálogo de rosas" en el que la autora destaca que la "imagen tradicional de la rosa se transforma así en emblema epistemológico de la subjetividad". Bergmann concluye su ensayo señalando que lo sensorial se traslada del espacio erótico predominante en el texto gongorino a la búsqueda racional que caracteriza la escritura sorjuanina, produciendo en este caso otra dimensión semántica y visual para el motivo de la rosa. Alessandra Luiselli, por otra parte, comenta la poesía amorosa de Sor Juana, pero no se limita a estudiar los sonetos, sino que incluye décimas, glosas, liras y romances de Sor Juana para trazar la representación de Fabio, "el hombre más citado en la ferviente poesía amorosa de la monja novohispana". El ensayo propone un recuento de los puntos culminantes de la relación amorosa que se propone en los poemas de Sor Juana dirigidos a Fabio. Luiselli argumenta que mientras el amor logra postrar la altivez de la voz lírica, el desengaño desata una intelectualidad distanciada que a partir de la profesión de Sor Juana sólo aspira a "apresar" al amado a través de la fantasía. Este ensayo de Luiselli, que continúa con el cuidadoso trabajo de Georgina Sabat-Rivers, Antonio Alatorre y Emilie Bergmann en la reconstrucción de motivos literarios y narrativas emotivas en la poesía de la monja, aclara el lugar de Fabio en el imaginario de la poesía amorosa de Sor Juana.

Sara Poot Herrera dedica su ensayo a la corroboración y ampliación de la investigación de archivo que es necesaria para probar la autoría de la loa encontrada por Augusto Vallejo en agosto del 2001, y que se ha propuesto como el primer texto compuesto por Sor Juana cuando tenía apenas ocho años. Después de repasar las noticias que se divulgaron en el 2001 en relación con tan importante hallazgo, Poot Herrera emprende una recuperación histórica y bibliográfica de la circulación de la copia de estas dos loas incluidas en el *Mercurio encomiástico*, mediante el examen de un legajo que forma parte de la Colección Francisco del Paso y Troncoso. Tras comprobar que la información documental ofrecida por Vallejo y Díaz Cíntora no apoya del todo la hipótesis de la autoría de la monja novohispana, la estudiosa señala la importancia de estos textos bilingües en los que una voz infantil mestiza se integra a las celebraciones religiosas de la comunidad. Este tipo de estudios demuestra cuán cruciales resultan las investigaciones de archivo que se están llevando a cabo en México –y en otros países latinoamericanos– sobre el período colonial, pues la loa descubierta es un hallazgo significativo, aun si no se trata de un texto escrito por Sor Juana.

Yolanda Martínez-San Miguel

Tal vez el mejor modo de finalizar esta tercera sección de la antología es el gesto de lectura propuesto por Rosa Perelmuter, quien cierra este homenaje con un estudio sobre las representaciones que han hecho de la Décima Musa los lectores y comentaristas de las obras de Sor Juana. Perelmuter recorre en su ensayo las imágenes de la monja creadas por figuras tales como Francisco Alvarez de Velasco y Zorilla, Amado Nervo, José María Vigil, Pedro Salinas y Octavio Paz, entre otros. Lo que más llama la atención en este caso es lo que en este ensayo se denomina como "el asombro compartido –mayormente desde el horizonte masculino– por sus lectores al enfrentarse a una escritora de su altura". En este recorrido de imágenes y recreaciones de la figura de Sor Juana, Perelmuter también analiza los modos en que la crítica busca incorporar el carácter único de Sor Juana como mujer que cuestionó los límites sociales de su época para constituirse como escritora e intelectual. Este ensayo nos permite, entonces, puntualizar los modos en que la disciplina define, pero también construye, su objeto de estudio desde una perspectiva simultáneamente histórica y contemporánea.

Me parece que esta colección de ensayos recoge ese doble impulso de la crítica que reconstituye contextos y marcos históricos a la misma vez que redefine los modos en que se piensa el presente. Los estudios coloniales ocupan un doble lugar fundacional, como punto de arranque de una discursividad específicamente americana y como una experiencia que caracteriza de tantos modos el presente latinoamericano del mundo global y neoliberal. También encontramos en estos ensayos la vitalidad y pasión que han caracterizado la obra crítica y pedagógica de Georgina Sabat-Rivers. Quiero pensar que no hay mejor manera de reconocer y celebrar a esta figura eminente de nuestro campo de estudios que la incorporación en nuestro trabajo de su devoción y de sus cuidadosos gestos de lectura, que muchos aprendimos por medio del diálogo constante en cursos y conferencias, o como en mi caso, a través de sus anotaciones siempre puntuales en los márgenes de mis primeros escritos sobre la obra de Sor Juana.

Obras citadas

Bhabha, Homi. "The Other Question: Stereotype, Discrimination and the Discourse of Colonialism." *The Location of Culture*. Londres y Nueva York: Routledge, 1994. 66-84.

Charnon-Deutsch, Lou, ed. "Introducción." *Estudios sobre escritoras hispánicas en honor de Georgina Sabat-Rivers*. Castalia: Madrid, 1992. 8-10.

Cruz, Sor Juana de la. "El sueño." *Obras completas*. Tomo I. Ed. Alfonso Méndez Plancarte. México: Fondo de Cultura Económica, 1951. 335-59.

Ortiz, Fernando. *Contrapunteo cubano del tabaco y el azúcar*. La Habana: Editorial de Ciencias Sociales, 1983.

Paz, Octavio. *Sor Juana Inés de la Cruz o las trampas de la fe*. México: Fondo de Cultura Económica, 1985.

Sabat-Rivers, Georgina. "A Feminist Rereading of Sor Juana's *Dream*." *Feminist Perspectives on Sor Juana Inés de la Cruz*. Ed. Stephanie Merrim. Detroit: Wayne State University Press, 1991. 142-61.

_____ El *"Sueño" de Sor Juana Inés de la Cruz: Tradiciones literarias y originalidad*. Londres: Támesis, 1976.

_____ "Sor Juana: Imágenes femeninas de su científico 'Sueño.'" *Estudios de literatura hispanoamericana. Sor Juana Inés de la Cruz y otros poetas barrocos de la colonia*. Barcelona: Promociones y Publicaciones Universitarias, S.A., 1992. 305-26.

I. Voces Americanas

"Volvamos a nuestra relación": nuevas consideraciones sobre la oralidad y la escritura en Bernal Díaz del Castillo

José Antonio Mazzotti
Harvard University

Todo intento de rebatir, desafiar o vencer la imposición de la escritura pasa obligadamente por ella. (52)
Ángel Rama, "La ciudad letrada"

1. Introducción

Como en un amor reconciliado, resulta interesante verificar de qué manera el mutuo conocimiento de los implicados se enriquece de acuerdo con su experiencia personal durante la separación. Así ocurre en el estudio de los discursos que protagoniza el proceso de la invasión europea de América. A partir de ellos se perfecciona nuestro conocimiento cuando se les enfrenta a su correspondiente aparato crítico, a sus avatares, a su alejamiento y regreso nutritivos al puerto de salida textual.

En el caso de la *Historia verdadera de la conquista de la Nueva España*, de Bernal Díaz del Castillo, quisiera retomar una de sus frases más frecuentes ("volvamos a nuestra relación") para enfatizar tanto el análisis que ensayaré en este trabajo como la relación de regreso y revisión de un sector de la crítica de los últimos años sobre esta obra.

Un punto de partida útil para empezar a definir nuestro propósito es la definición de la voz autorial que aparece ante nosotros con distintas facetas. Éstas han venido siendo develadas de acuerdo con la historia que rodeó la redacción de la primera versión completa del texto, es decir, aproximadamente los años 1551 a 1568, y las versiones posteriores.[1] El fascinante relato de la campaña invasora busca destacar una de las figuras que hoy,

---

[1] Fue la primera versión (o manuscrito Remón) la que daría lugar a la edición príncipe, de 1632. Mis citas provienen de otra edición (la de Madrid: Espasa Calpe, 1985), basada en el manuscrito de Guatemala, terminado de escribir en 1584. El tercer manuscrito, llamado Alegría, no contiene los dos últimos capítulos del de Guatemala ni las vacilaciones en la corrección, de las que me interesa destacar las relativas a la escritura de los nombres indígenas. Este punto, entre otros, me dará la pauta para situar el discurso de la *Historia verdadera* dentro de lo que llamaré más adelante un discurso de concepción oralizante y de sujeto colectivo. Para las diferencias entre la edición de Remón y los dos manuscritos conocidos, es útil el artículo de Sonia Rose, "Problemas de edición de la *Historia verdadera*". También la "Introducción" de Carmelo Sáenz de Santa María a su edición cotejada de la *Historia verdadera* en 1982.

románticamente, aparece reivindicada frente a la de los conquistadores principales: la figura del soldado, en muchos casos anónimo o desconocido. Pero no es ésta la única oposición discernible. En un definitorio artículo, Rolena Adorno se refirió hace unos años a dos casos más, destacando que también se dan "the professional historian versus the testimony of the participant [and] that of the encomendero versus the *indio tributario*" ("Discourses" 257). En efecto, esta última oposición resulta clara si se examinan las relaciones entre Bernal Díaz y Fray Bartolomé de las Casas, dados el conflicto sobre la perpetuidad de las encomiendas y el hecho de que a partir de la campaña en contra de las atrocidades de los conquistadores (según las Casas, "enemigos del linaje humano", 82) éstos debían perder el derecho de transferir las encomiendas a sus hijos. Bernal mismo, durante el desarrollo de su *Historia*, se queja de la "mala situación" (462) en la que se encuentran él y los demás encomenderos en Guatemala, y deja entrever que el propósito del texto es el de reivindicar el mérito y los derechos materiales de los conquistadores viejos.[2]

Desarrollando esta misma línea (la de no reducir el texto al marco de intereses políticos y económicos específicos), resulta de utilidad examinar cómo las marcas de esos intereses se encuentran dentro de la obra en tanto constructo verbal. También veremos cómo el narrador logra resultados eficaces (tanto en el momento inicial de la recepción de la obra como hasta nuestros días) apelando a la conformación de un sujeto colectivo de escritura. Me refiero a esa entidad textual en la que se amalgaman el narrador autorrepresentado como Bernal Díaz y los demás conquistadores por los que él dice hablar. Este discurso específico adquiere autoridad, como ya ha sido bien estudiado, mediante las fuentes orales populares explícitas o implícitas presentes en dicha escritura.[3]

La idea en sí no es nada nueva, aunque conviene pasar revista de ella para luego recorrer con más seguridad un camino que, si bien relacionado, resulta poco usual: la función de las "cartas" y "escritos" en general (es decir, la escritura como práctica cultural consagrada) al interior del grupo de los conquistadores y frente a la población indígena como instrumento de dominación. Si, por un lado, resulta patente la búsqueda de una autoridad discursiva frente al público europeo, que encuentra sus prácticas comunicativas orales recreadas vivamente allende el mar (la ya transitada refranería y coloquialismo bernaldianos); por el otro, subrayaré una segunda forma de autoridad: la que se busca al interior de la obra en relación con el referente indígena dando cuenta de la importancia de la tecnología de la escritura alfabética en el contexto ultramarino. De este modo, la oralidad narrativamente estratégica y la escritura como práctica y referente del texto se dan la mano y se abrazan como ahora hacemos al volver a esa obra ya canónica, tratando de echar nuevas, aunque modestas, luces sobre su inagotable

---

[2] Adorno añade, en tal sentido, que "Bernal's writings and rewritings were an attempt to keep abreast of the pace of events that profoundly threatened his economic well being. The policies and politicking concerning the institution of encomienda in the 1540's and 1550's can further explain his complaints about Gómara and, at the same time, define his rage against another, more threatening adversary who looms larger in his work but is named less, Fray Bartolomé de las Casas" ("Discourses" 242). Adorno, sin embargo, de ninguna manera limita el universo de la obra a la mera disputa por bienes económicos. De todos modos, y contextualizando, nunca sobra recordar que Bernal Díaz recibió encomiendas desde por lo menos 1522 en Tabasco gracias a concesiones hechas por Gonzalo de Sandoval, lugarteniente de Cortés. En 1540 se muda a Guatemala, donde tiene tres pueblos de indios bajo su cargo. En 1549 es nombrado Procurador de Santiago de Guatemala para solicitar una extensión en los privilegios de esclavización de indios (propuesta que el propio las Casas se encargó de rechazar). En 1550 asiste a la histórica polémica de Valladolid, protagonizada por Las Casas y Juan Ginés de Sepúlveda, pero en la que se encontraban también el pacificador La Gasca, Vasco de Quiroga y otros miembros del Consejo de Indias.

[3] Un resumen bastante completo y reciente del tema se encuentra en el libro de Verónica Cortínez 117-38. A ese resumen añadiremos aquí algunos criterios de análisis lingüístico que podrán iluminar la dialéctica entre oralidad y escritura en la *Historia verdadera*.

complejidad.⁴ Asimismo, la figura del narrador colectivo encontrará perfiles más nítidos al ser contrastada con las funciones que la oralidad popular y la letra cumplen como parte de un andamiaje retórico poco examinado desde esta dialéctica comunicativa.

2. ¿Quién habla? ¿Quién escribe?

Quiero referirme por eso, en primer lugar, a lo que llamé "conformación del sujeto colectivo de escritura", y recordar, en ese sentido, las célebres críticas planteadas por Bernal Díaz a Francisco López de Gómara, Gonzalo de Illescas y Paolo Giovio. Como parte de la denotación del texto, estas críticas constituyen en realidad sólo el aspecto externo de la búsqueda de la verosimilitud, al exaltar la imagen del "testigo de vista" (aunque "indocto") como prueba suficiente de la verdad de los hechos narrados. Se establece así la contraposición básica entre una modalidad *de dicto* y una modalidad *de res* para rebatir a los autores "doctos". Ramón Iglesia y Robert Lewis han estudiado la sólo relativa veracidad de las críticas de Bernal Díaz a López de Gómara, y han mostrado el exceso de nuestro autor con fines que pueden explicarse a partir de intereses que León Portilla se encarga también de delimitar.⁵ Sin embargo, sería muy enriquecedor no reducir completamente las causas y sentido de la escritura de la *Historia verdadera* a un asunto de defensa de intereses monetarios, como ya hemos dicho, o de sentido de la justicia (legal y/o poética), simplemente. A pesar de que es el mismo Bernal quien define con frecuencia su escritura en términos de "relación", como más adelante veremos, queda establecido que la *Historia verdadera* pertenece más a ese tipo discursivo definido como "crónica" y/o "historia", diferente de los subgrupos discursivos "carta" o "relación" (Mignolo 73-109), de finalidades legales más inmediatas. Con esto, el sujeto de escritura adquiere un matiz sumamente complejo: al tratarse de una "historia", el canon establece que son los "doctos" los únicos productores legítimos de este tipo de discurso, como lo proponen, entre otros, las Casas y Cabrera de Córdoba.⁶

---

⁴ La categorización de la *Historia verdadera* como crónica oralizante bien podría sustentarse si se amplía el concepto más allá de las crónicas propiamente indígenas, que suelen tener un evidente sustrato oral en otro sistema lingüístico y, por lo tanto, modifican los patrones léxicos y sintácticos del español escrito, amén de las propias estrategias discursivas de los géneros historiográficos. Casos evidentes como los Alvarado Tezozomoc o Alva Ixtlilxochitl en México, o los de Titu Cusi o Guaman Poma, en los Andes, formarían parte de esta familia amplia que tiene su contraparte castellana en obras como la de Bernal Díaz y muchas otras relaciones y memoriales. Me he referido a esta categorización en "Continuity versus acculturation", aunque doy cuenta especialmente de los estudios sobre el tema en relación con el sustrato oral indígena. Para la categoría de "crónica oralizante" en relación con la *Instrucción...* de Titu Cusi Yupanqui, ver Jákfalvi-Leiva. En relación con Betanzos, ver mi "Betanzos: de la 'épica' incaica a la escritura coral".

⁵ Para Iglesia y Lewis, ver los artículos citados en la Bibliografía. Por su lado, León Portilla propone los objetivos principales de la obra eran la búsqueda de reconocimiento por las grandes contribuciones que Bernal Díaz y sus compañeros hicieron durante la conquista, la queja por la poca compensación recibida, y el ansia de eternidad (León Portilla 47; v. también Adorno, "Discourses" 239-41).

⁶ Las Casas, por ejemplo, señala en el "Prólogo" de su *Historia de las Indias* que "tampoco conviene a todo género de personas ocuparse con tal ejercicio, según sentencia de Metástenes, sino a varones escogidos, doctos, prudentes, filósofos, perspicasísimos, espirituales y dedicados al culto divino, como entonces eran y hoy lo son los santos sacerdotes. Por lo cual dice que antiguamente no se permitía que alguno historia escribiese, ni se daba crédito ni fe alguna sino a los sacerdotes entre los caldeos y los egipcios, que eran en esto como notarios públicos, de quien había tal estima, que sería cuanto más espiritualizaban en ser más ocupados en el culto de los dioses, tanto menos sería lo que escribiesen de falsedad sospechoso" (*Historia general de las Indias* I, 6). La posición de las Casas era, sin embargo, más defensiva que prescriptiva, y pertenece a un debate particular de su época sobre la idoneidad de los sacerdotes en las prácticas discursivas de implicaciones políticas. Por su lado, Luis Cabrera de Córdoba establece que "los antiguos pudieron con varios silogismos y figuras, que el historiador tocaua solamente al sabio, sin dezir a quién: incluyendo al filósofo por lo moral y natural; al dialéctico, por el prouar con argumentos; al matemático, por tratar de la magnitud en las descripciones; al orador, por el persuadir con la suaue y adornada oración, con que sobre la invención, disposición y elocución, dize prudente y adornadamente, y narra, dilucida, clara, prouable y esplendidamente sobre materia común; que es dezir de las cosas hechas o que se hacen, oficio del historiador" (29). Y más adelante, en apoyo de lo anterior: "Las historias están por cuenta y cargo de los príncipes. El que desea acertar en la elección de persona tan importante, con cuidado la mande buscar en sus reinos, y si no se hallare, en los extraños se busque. Va en esto la reputación de los príncipes y de la nación de quien se ha de escriuir, y más si es natural della. Auiendo de elegir entre buenos y sabios el mejor, si en lo que escriue muestra ignorancia, tendrán a toda la nación por bárbara" (Cabrera de Córdoba 31-2). La discriminación profesionalista, y por ende social, no puede ser menos radiante.

Contradictoriamente, la identidad entre narrador-protagonista y autor en el caso de la *Historia verdadera* permite a Bernal Díaz presentarse como "idiota sin letras" (614), adelantando desde las primeras páginas que "no soy latino" (26) "ni sé del arte" (27). Esto, de alguna manera, conviene mucho a la estrategia narrativa que se irá desenvolviendo. Lo que motiva la pormenorizada presentación de los hechos de la conquista resulta ser, entre otras cosas y como bien sabemos, el interés por crear un espacio de legitimidad discursiva para el sector social representado en los soldados que acompañaron a Cortés en su empresa. Se trata de un sujeto colectivo hasta entonces poco reconocido (y mucho menos expresado con voz y letra propias) en esa forma de consagración que es la escritura, amparándose en el viejo principio jurídico alfonsino de la preeminencia del "testigo de vista" sobre terceros testimonios en un altercado legal, según se establece en las *Siete partidas*. Se entiende el reclamo, pues ni los textos de López de Gómara ni de los otros historiadores profesionales daban buena cuenta de la importancia de los soldados en las campañas invasoras, y en muchos casos no coincidían con la versión de primera mano de éstos.

Bernal Díaz parece hacerse consciente con los años de que la dominación de la aristocracia y los sectores aristocratizados (Von Martin 102-11) sobre los otros estamentos de la sociedad incluye su propia marginación del estrellato económico y social, y esto, por añadidura, con el riesgo de que su descendencia pierda los privilegios adquiridos. Al difundirse la imprenta como medio de perpetuación de la palabra y de determinados discursos (dominantes), todo parece indicar que Bernal Díaz entiende que la mejor manera de no ser reducido al olvido o la pobreza es apropiarse de ese instrumento casi exclusivo de los sectores privilegiados, es decir, la escritura y su difusión impresa. El sujeto colectivo que Bernal construye dentro de la *Historia verdadera* va en correspondencia con un discurso colectivo olvidado por la escritura aristocrática, y los mecanismos mediante los que identifica su especificidad son de diversa forma, comenzando, como ya se mencionó, por los ataques directos a López de Gómara, al cual, según Bernal, Cortés "untó la mano". Recordemos también las arremetidas contra los letrados en general, a los que el mismo Rey prohibió en un principio –según el cronista– entrar a la Nueva España "por ciertos años, porque doquiera questaban revolvían pleitos y debates y cizañas" (459).

Lo que tenemos entre manos, entonces, es la constitución de un sujeto colectivo que apela a la oralidad popular (en oposición a la escritura "dorada") como forma legítima de consagrar una voz al parecer olvidada, pero utilizando el medio propio de los profesionales de la palabra escrita. El tipo de español que se encuentra en la *Historia verdadera*, según confesión explícita,

> va según nuestro común hablar de Castilla la Vieja, y que en estos tiempos se tiene por más agradable, porque no van razones hermoseadas ni de policía dorada, que suelen componer los que han escrito, sino todo a las buenas llanas, y que debajo de esta verdad se encierra todo bien hablar (615).

Conviene, por eso, examinar cuáles son los mecanismos mediante los que se construye un discurso escrito legítimo a partir de este "común hablar". Así podremos luego establecer el cotejo con la presencia fundamental que la escritura posee como práctica y referente a lo largo del texto y su dialéctica con los "residuos de oralidad" (Zumthor 37). También podremos escudriñar en los pliegues textuales de la obra según las caracterizaciones propuestas por Söll, Koch, Bruni y Osterreicher para obras de autores "semicultos", que se expresan a través de un medio escrito, pero en correspondencia con una concepción oral de la comunicación.

3. Infiltraciones de la oralidad

Una mirada detenida revela que los recursos planteados para establecer la diferencia entre el discurso letrado y el no letrado son sutiles, pero eficaces. Por ejemplo, muchas de las referencias a López de Gómara aluden a la escritura ("no como lo escribe el cronista Gómara" [49], "los borrones que en su libro van escritos" [54], "el coronista Gómara dice que por relación sabe lo que escribe" [95], etc. etc.), si bien son numerosas también las menciones al discurso como "decir". Pero más frecuentes son aún aquellas en las que la *Historia verdadera* se autorrefiere, y en las que la ambivalencia *escribir / decir* muestra, para el caso, una intención de veracidad y verosimilitud a partir de la falta de artificio que el discurso oral aporta por su espontaneidad y su supuesta poca corrección estilística. Para ello, por ejemplo, basta recordar las constantes repeticiones de vocabulario y la aglomeración por medio de la conjunción "y...", lo que motiva la proliferación de periodos tonales casi respiratorios, dándole a la prosa una conformación paratáctica o acumulativa de proposiciones coordinadas. La *Historia verdadera* se describe a sí misma, además, como discurso principalmente oral y como "relación" (narración), esto último, sobre todo, en las pp. 293, 485, 523, 607 y otras. Sin embargo, esta oralidad declarada sólo afecta al texto en tanto recurso expresivo, pues, como más adelante veremos, es principalmente la escritura la que consagra y termina autorizando al discurso.

Interesa, por ello, hacer aquí un paréntesis explicativo que puede aclarar muchos conceptos presentes en los próximos párrafos. Quiero referirme, en primer lugar, a la útil diferenciación que propone Ludwig Söll entre un *medio* de expresión verbal, que puede ser fónico o gráfico, y una *concepción* que la organiza, la cual puede ser oral o escrita.[7] Así, un texto puede corresponder a una escala de concepciones en que no hay necesariamente divisiones tajantes entre lo oral y lo escrito. Wulf Osterreicher explica a partir de Söll que en el nivel medial

> se da una dicotomía entre lo <u>fónico</u> y lo <u>gráfico</u>, es decir, *tertium non datur*. [Pero e]n lo tocante a la concepción, es decir, a los diferentes tipos o modalidades de verbalización, los enunciados se sitúan en un campo continuo, limitado en sus extremos por dos polos. Estos polos "ideales" son lo <u>hablado</u> y lo <u>escrito</u>. A nivel de concepción no se trata, por consiguiente, de una dicotomía, sino de una escala en la que se dan diferentes tipos y formas de la expresión lingüística (Osterreicher 155-6, énfasis en el original).

En relación con textos escritos por autores "cultos" y "semicultos", se trata de establecer los patrones no sólo de selección léxica y distribución sintáctica, sino también de ordenamiento narrativo y puntos de vista presentes en obras que presentan un *medio* (la escritura) en muchos aspectos divergente de la *concepción* (la oralidad) que subyace a ellas. Así suele ocurrir, como también apuntan Köch y Osterreicher, con muchas crónicas cuya conformación escrita obedece a una concepción de proximidad (lo hablado), a diferencia de textos en que los autores profesionales suelen desplegar una concepción de distancia (lo escrito). En el caso italiano, Francesco Bruni (Caps. 4 y 10) ha desarrollado las características que suelen prevalecer en la elaboración de textos escritos por autores que él llama

---

[7] Ver especialmente 17-29, en que Söll diferencia entre un "code phonique" y "un code graphique" y entre un "code parlé" y un "code écrit".

"semicultos" sólo en un sentido operativo, es decir, "semicultos" en relación con las técnicas profesionales y los géneros discursivos vigentes en medios oficiales o socialmente dominantes.

Esta nueva distinción relativiza la tradicional división maniquea entre oralidad y escritura al subrayar que dentro del universo escrito hay categorías intermedias de concepción oral y que un autor "semiculto" puede perfectamente considerar patrones discursivos "cultos" o consagrados durante su proceso de redacción, pero aun así desplegar estrategias narrativas que obedecen a su concepción oralizante de la escritura. Por eso, esta conciencia del medio y de la importancia de la palabra escrita no necesariamente deja de incluir una concepción de proximidad hablada precisamente por el carácter retóricamente eficiente de la oralidad. Ésta implica un punto de vista de complicidad entre sujeto enunciante y sujeto de recepción (visual o aural), además de otras características, sobre todo formales, como la poca o inconsistente división entre párrafos, las descripciones y enumeraciones incontroladas, las intervenciones emotivas y obsesiones personales a través de anacolutos y apelaciones directas al lector, etc. (Osterreicher 162).[8]

En función de esta estrategia que se camufla y presenta como parte de la oralidad, el sujeto de discurso en la *Historia verdadera* utiliza aquellos nombres indígenas cuyo carácter eminentemente oral permite la ambigüedad en la escritura: "Cocoyoacín" se convierte de una página a otra (304-5) en "Cuacayutzín"; "huychilobos" en "Huichilobos" o "Vichilobos" (172) y así por el estilo. A partir de ello, cabe preguntarse hasta qué punto el narrador no recoge distintas versiones de entre los soldados para establecer un discurso que resulte representativo del sujeto colectivo que percibía los extraños nombres, reforzando así el efecto de complicidad con el lector.[9]

Algo semejante puede decirse del empleo de los refranes populares a lo largo del texto. En la página 328 tenemos que "y preguntar por ellas [las indias] era como quien dice buscar a Mahoma en Granada o escribir a mi hijo el bachiller en Salamanca". Y más adelante encontramos que "le escribimos [a Cortés] sobre el caso para que no nos aconteciese como la pasada que dice el refrán, de macegatos, cuando salimos huyendo de México" (365). Y tres momentos más solamente como ejemplo: "dice el refrán que cantarillo que muchas veces va a la fuente, etcétera" (391), y "desque vio [Cortés] y consideró que el enojo era por demás y *dar voces en desierto*" (488) –con la evidente perífrasis bíblica en mi subrayado–, y "si de presto no tomaran [un grupo de soldados] calzas de Villadiego" (539), etc.

Sobre esto es importante anotar que ya desde mucho antes de la redacción de la *Historia verdadera* el uso de refranes y proverbios, así como una floreciente paremiología, eran una práctica discursiva de gran vigencia. Existen los famosos refraneros de 1541 (editados por Sánchez Pérez en 1944, v. Bibliografía), los *Adagia* de Erasmo, los de Francisco

---

[8] Curiosamente, Osterreicher no incluye la *Historia verdadera* de Bernal Díaz entre su catálogo de textos escritos por autores "semicultos" (160-1). Más bien la opone a la contemporánea *Crónica de la conquista del Perú* de Alonso Borregán, que sí presenta rasgos mucho más típicos de concepción oral. Sin embargo, hay que reconocer que la prosa de Bernal Díaz, a pesar de las numerosas correcciones que sufre en su proceso de redacción, que va de 1551 a 1584 (en el manuscrito de Guatemala), sigue presentando algunos de los rasgos ya mencionados de concepción oral que se entremezclan con otros más propios de la concepción escrita (títulos de capítulos, excursos metanarrativos, como el famoso "volvamos a nuestra relación", etc.). Desde nuestro punto de vista, por lo tanto, la *Historia verdadera* aún se encuentra en esa escala intermedia entre las concepciones hablada y escrita, y eso permite precisamente explicar parte de su enorme éxito de recepción entre muchas otras obras de la historiografía indiana.

[9] Dejo la hipótesis formulada, aunque su comprobación en profundidad merecería un estudio glotocronológico y filológico aparte.

de Espinosa, compilados entre 1527 y 1547, y el refranero explicado del doctor Francisco del Rosal, que muestran una intención de cierta tradición letrada de acercarse a la oralidad popular con diversos fines, algunas veces catequizadores (como en el caso de los sermones, por ejemplo) y otras con intenciones estéticas de mayor envergadura (*El libro de buen amor*, *La Celestina*, etc.).[10] Pero esta tradición, de origen letrado, siempre reelaboró y acomodó la oralidad popular según la inclinación de cierto momento de esta tradición de encontrar una identidad discursiva a través del alejamiento con respecto de la tendencia latinizante y cultista del idioma, que resulta aparentemente superada hacia fines del siglo XV (Morreale, Caps. 1 y 2). En ese sentido, nada más emblemático que el socorrido "escribo como hablo" de Juan de Valdés (107). Es útil, por ello, recordar que, si bien los textos de autores profesionales y los de autores "semicultos" comparten a veces temas y formas lingüísticas comunes, las concepciones subyacentes, sean escritas u orales, implican direcciones opuestas entre el sujeto y la materialización mediática, que en todos los casos es la escritura alfabética.

Sin embargo, hay que subrayar que, dada la trayectoria del soldado Bernal Díaz y los demás elementos que caracterizan su discurso como deliberada y conscientemente "indocto", resulta difícil creer que la discursividad popular presente en la *Historia verdadera* provenga de la tradición literaria mencionada. Resulta claro, más bien, que si en algo intervino el gusto por la castellanidad popular del relato fue antes que nada en la recepción, puesto que en su producción resultaba inevitable. Y esto porque al parecer existía el consenso de una sabiduría inherente al refrán, tal como lo apunta el "Maestro León" en su prólogo a los *Refranes o proverbios en romance* (ed. de Lérida, 1621) de Hernán Núñez, basándose en las enseñanzas de Erasmo: "Assí en el saber ninguno es tan sabio que pueda acertar tanto como el pueblo" (fol. ii del "Prólogo").[11]

En relación con el problema, poco o nada se sabe de las lecturas de Bernal Díaz. Las únicas menciones a libros se dan en los pasajes dedicados al *Amadís* (178, 365), al paladín Roldán (78, 267), los *Comentarios* de Julio César y ciertas fórmulas extraídas del discurso caballeresco: "[don Carlos] nos envía para deshacer agravios y castigar a los malos" (99), "veníamos a deshacer agravios e robos" (175), "las cosas heroicas que en aquel tiempo pasamos" (204), probablemente producto de alguna forma de inmersión en la literatura de consumo extendido para el momento (recordemos las ideas de Leonard, Caps. 1-4, en ese sentido, y la reflexión ofrecida sobre el tema por Gilman). Si es que hubo tal inmersión de manera profunda es algo que difícilmente afirmaremos. De ahí que debamos considerar, más prudentemente, que en todos los casos se trata más bien de una asimilación de nombres y tópicos a partir de la difusión oral de dicha literatura.

Lo cierto es que de la formación intelectual de Bernal Díaz se conoce muy poco y las marcas de una destreza literaria canonizada en su momento son limitadas también. Pero ésta es, precisamente, la base de su persuasión:

---

[10] Reproduzco de Thompson en la Introducción a su edición de *La razón de algunos refranes* de Francisco del Rosal, donde hallamos una inicial aunque jugosa bibliografía: "S. Gilman analiza los aspectos narrativos y poéticos del refrán en *La Celestina* en la literatura general española. (Véase *The Art of 'La Celestina'* [Madison, Wisconsin, 1956], pp. 40-41 y 221-222, n. 19). Estudios más específicos sobre el refrán en el teatro son: E. J. Gates, 'Proverbs in the Plays of Calderón', *Romanic Review* 38 (1949), 1027-1048; F. C. Hayes, 'The Use of Proverbs...: Tirso de Molina', *HR* 7, 1939), 310-323. Véase también Karl-Ludwig Selig, 'The Spanish Proverbs in Percyvall's Spanish Grammar' *KRQ* 17 (1970), 267-274, que incluye un valioso esquema para documentar la transmisión de refranes castellanos. Además, hay una bibliografía metodológica que abarca no solamente las colecciones peninsulares, sino también los estudios europeos de sumo valor (271-274) [...]" (Thompson 8).

[11] Ver también, en ese sentido, el interesante trabajo de Simmons, quien desde una perspectiva folclorista ofrece una lista más ampia de refranes y coplas empleados por Bernal Díaz.

> To make of Bernal a hero of the conquest and a hero of conquest historiography, to allow him to "win" by general acclamation over Gómara a battle of the pen and over Cortés a battle for fame is, in fact, to be seduced by Bernal's own efforts at rhetorical persuasion –a rhetorical persuasion which is one of his truest and obviously most far-reaching achievements (Adorno, "Discourses" 256).

Este poder persuasivo proviene en buena parte del tono polémico y de la posición que como sujeto social –oralizante– asume el narrador. Discurso y sujeto hasta entonces poco representados en el corpus quinientista de tema americano y que contribuyen, a la larga, a la consolidación de la identidad y la unidad españolas dentro y fuera de sus fronteras, como veremos.

4. La escritura como comportamiento y como referencia

Después de esta breve incursión por algunos de los recursos oralizantes de la escritura de Bernal Díaz, y para entrar finalmente en el tema central de este trabajo, cabría preguntarnos cuál es la posición que se asume ante la escritura como referencia. Asimismo, convendría reflexionar una vez más sobre cuál resulta la función de esa escritura en el proceso de la invasión española, tanto para los indígenas como para los conquistadores. Todo coincide en revelar que la escritura resultó ser, dentro del universo referencial de la obra, uno de los principales elementos de imposición militar y cultural, a saber: a) como señal indiscutible de la existencia de un discurso (europeo) y de su procedencia; y, b) como elemento que, sin poder ser descifrado por la población indígena, representa para ella un arma importantísima de los invasores y como tal es respetada.[12] Veamos.

Sobre el primer punto es bueno declarar que, desde el principio, los invasores desconfían del carácter meramente oral de las comunicaciones, más aún si se trata de aquellas en las que la traducción del castellano a las lenguas indígenas y viceversa representa un peligro que puede acarrear serias consecuencias:

> Mandóles el capitán que fuesen a llamar al cacique de aquel pueblo, y se les dio muy bien a entender con las lenguas, Julianillo y Melchorejo, que les perdonaban lo hecho, y les dio cuentas verdes para que les diesen en señal de paz. Se fueron y nunca volvieron y creímos que los indios Julianillo y Melchorejo no les debieron de decir lo que les mandaron, sino al revés (42-3).

El pasaje plantea que, hasta el hallazgo de Jerónimo de Aguilar, el lengua español, no había certeza de un entendimiento pleno ni de un respeto hacia la palabra del conquistador. Pero aun después de las apariciones de Aguilar y de doña Marina el efecto que surten los escritos refuerza el carácter de las órdenes y comunicaciones orales, como

---

[12] Ciertamente que este problema ya ha sido tratado en términos generales por Ángel Rama en *La ciudad letrada* (específicamente los capítulos 1-3). Sin embargo, la especificidad en el análisis de textos se deja extrañar en la sustentación de su fundamental propuesta. Para críticas recientes al planteamiento de Rama, ver la compilación de Mabel Moraña *Ángel Rama y los estudios latinoamericanos*, especialmente los trabajos de Verdesio, Campa y Poblete.

más adelante veremos, inclusive sin poder los indígenas acceder al sentido de las letras garrapateadas frecuentemente por soldados "semicultos", aunque también por escasos notarios y escribanos. Por otro lado, es previsible la traición de una promesa si es que no se encuentra presente un escribano que corrobore los hechos, aun si los indios no saben firmar un documento ni mucho menos leerlo, como ocurre con la promesa de obediencia de los de Cholula antes de la supuesta celada que luego les costaría la masacre perpetrada por Cortés y sus tropas (163). Todo parecería indicar que para el sujeto enunciante de la *Historia verdadera* ya es un mal indicio el que una promesa de obediencia (así venga de quienes no tienen por qué creer en el valor de lo escrito) se haga sólo por vía oral.

Por eso, el respeto que se da hacia la lengua escrita es de por sí notable al interior de las tropas invasoras. Un detenido rastreo por la *Historia verdadera* nos puede brindar el siguiente muestrario de las funciones que para la argumentación de la obra adquiere la escritura en el proceso de la conquista:[13]

1. La carta que escribe Diego de Ordaz a Guerrero y Aguilar para pedirles que regresen con sus paisanos luego de tantos años de cautiverio entre los indios, cosa que pudo haberse transmitido por medio de un mensaje oral, pero que prefiere hacerse por escrito para dar mayor autoridad y verosimilitud al mensaje (68); de ello, como se sabe, se logra el regreso de Aguilar.
2. La carta que Cortés ordena escribir al capitán Escobar "para que conosciésemos que había entrado dentro [del puerto]" (71).
3. Los poderes que los soldados otorgan en Veracruz a Cortés al elegirlo capitán general, por escrito, "delante de un escribano del Rey que se decía Gonzalo Godoy" (94).
4. Las instrucciones escritas de Diego Velásquez a Cortés ("Desque hobiéredes rescatado lo más que pudiereis os volveréis", 95) como prueba del error del gobernador de Cuba y de la necesidad de proseguir la empresa luego de fundada la primera villa y de nombrado capitán general Cortés por los de su bando.
5. El compromiso escrito de los soldados para renunciar a su parte del oro en el primer envío que se hace al Rey (112).
6. La carta que en el Capítulo LIV se envía al Rey como prueba de la lealtad de los soldados y capitanes a su servicio.
7. Las cartas que secretamente algunos de sus fieles envían a Diego Velásquez en Cuba para informarle de la actitud de Cortés en seguir adelante como capitán general (Cap. LV, 115).
8. Las cartas que el mismo Diego Velásquez envía a sus amigos en Cuba para reunir fuerzas y fondos y mandar prender a Cortés (118).
9. La escritura como veredicto infalible y prueba de responsabilidad del firmante al tener Cortés que ordenar ejecutar a aquellos que conspiraban con volver a Cuba sin su permiso: "Acuérdome que cuando Cortés firmó aquella sentencia dijo con grandes sospiros e sentimientos: '¡Oh, quién no supiera escrebir para no firmar muertes de hombres!' Y paréceme que aqueste dicho es muy común entre jueces que sentencian algunas personas a muerte, que tomaron de aquel cruel Nerón en el tiempo que dio muestras de

---

[13] El lector o lectora disculparán la longitud de este recuento. Quien desee continuar directamente con la argumentación, puede saltar esta parte expositiva hasta la página en que finaliza con el número 41 el catálogo de muestras escriturales en la *Historia verdadera*.

buen emperador" (119). El "parésceme" resulta sumamente revelador, pues marca la distancia entre la certeza de la cita clásica y su conocimiento por tradición popular, lo que nuevamente sitúa al sujeto enunciante de la *Historia verdadera* en la zona de la oralidad y el sustrato popular.

10. La carta que recibe Cortés de Juan Escalante (Cap. LIX, 120) con informes de órdenes cumplidas.
11. La presencia de un escribano y el consiguiente documento producido en la toma de posesión de la tierra por los que venían de Jamaica (122).
12. Las cartas que Cortés envía a Bernaldino Vásquez de Tapia ordenándole que vuelva antes de cumplir su misión en Tenoxtitlán (160).
13. La carta de Cortés desde Cholula a Joan de Escalante para informarle de la ida a Tenoxtitlán y para ordenarle que siguiera cumpliendo su rol de alguacil mayor en Villa Rica (174).
14. Las cartas que informan de la muerte de Juan (y ya no Joan) de Escalante, llevadas por dos mensajeros indios (198).
15. La promesa de escribir "a su Majestad" (222) informando de la generosidad de Moctezuma, como si en esto se quisiera dar a entender al emperador azteca que la palabra escrita es más apropiada para una comunicación seria y sobre todo con un monarca.
16. La carta que Cortés dirige a Narváez (cuando éste llega de Cuba para apresar al conquistador) emplazándolo a mostrar autoridad real en su empresa y justificando su propia actitud de desobediencia a Velásquez y lealtad al Rey (243).
17. El "requerimiento en forma, delante de un escribano del rey" (283) que algunos soldados pretenden en Tlaxcala hacer firmar a Cortés para lograr el regreso a Cuba luego de la sangrienta salida de Tenoxtitlán. Cortés, consciente del valor de su firma y de un documento escrito, "muy muchas más contrariedades respondió" (283).
18. El "auto" que se ordena redactar a un escribano para "que diese fe de todo lo pasado e que se diesen por esclavos a todos los aliados de Méjico" (287) al reorganizarse las tropas españolas en Tepeaca.
19. La escritura, sin embargo, puede ser un arma de doble filo, pues su uso puede ser dirigido –dada la importancia que los conquistadores le otorgan– a fines totalmente funestos, como en el caso de la falsa carta que ciertos conspiradores querían entregar en Tezcuco a Cortés diciéndole que era de su padre para así aprovechar la ocasión y acuchillarlo (Cap. CXLVI).
20. Una orden por escrito que Cortés envía al real de Sandoval durante el sitio de Tenoxtitlán para "que de allí de donde estaba no se mudase" (354).
21. Los mensajes a manera de "graffiti" que algunos soldados escriben sobre Cortés criticándolo en la repartición del botín después de ganada la ciudad de México (395). A ellos contesta Cortés también por escrito, pintando sobre los muros "pared blanca, papel de necios".
22. La carta que Garay envía a Pedro de Vallejo, teniente de Cortés en la villa de Santisteban, para comunicarle sus títulos e intención de conquistar la región de Pánuco (420).
23. Las cartas de Garay al mismo Cortés suplicando ayuda, al igual que las cartas de Pedro de Alvarado, Diego de Ocampo y Gonzalo de Sandoval en el mismo sentido (422).
24. La súplica escrita que la esposa de Narváez dirige a Cortés para la liberación de aquél (423).

"Volvamos a nuestra relación"

25. La carta en que Sandoval informa a Cortés de la "pacificación" de Santisteban del Puerto luego del ataque de los aliados de los mexicanos. "Y como Cortés vio la carta, se holgó mucho en que aquella provincia estuviese ya de paz [...]" (427).

26. Los "traslados" de las cartas que los conquistadores escribieron a Su Majestad, mostradas por los defensores de Cortés en el momento del litigio en la Corte sobre la lealtad del futuro Marqués del Valle (455).

27. Las cartas del mismo Cortés a su padre y al Rey para defender sus derechos, cartas que "envió duplicadas, porque siempre se temió que el Obispo de Burgos, como era presidente, había mandado [...] que todas las cartas y despachos de Cortés se las enviasen en posta para saber lo que en ellas iba, porque en esa sazón Su Majestad había venido de Flandes y estaba en Castilla para hacer relación a Su Majestad y ganar por la mano antes que nuestros procuradores le diesen las cartas de Cortés" (472).

28. El documento mediante el cual Cortés ordenó "a un su mayordomo en Villa Rica, que se decía Ramón de Cuenca", aparejar dos navíos con cantidades específicas de alimentos y pertrechos y navegar hacia el norte, donde lo encontraría más tarde, pues "él le escrebería y le haría saber dónde aportar" (481).

29. Los documentos que presumiblemente redactó "un escribano que iba conmigo" en la misión encomendada a Bernal Díaz de "pacificar" los pueblos de Zimatán, junto con treinta soldados españoles y tres mil indios. Este escribano debía dar fe de los tres llamados "de paz" que Bernal Díaz estaría obligado a hacer antes de decidir atacar si los indios se negaban a someterse. Para justificar el ataque, debía haber pruebas "de que lo entendiesen" (482).

30. Las cartas que "quedaban" (no se especifica si grabadas en la corteza de los árboles o adheridas a ellos) señalando el paso de Cortés y sus hombres ("por aquí pasó Cortés en tal tiempo"), desde la salida de Guazacualco hasta la llegada a Ziguatepecad (485).

31. El ejercicio de metaescritura que el autor confiesa hacer ("Por esta causa lo escribo") al contar que Cortés lo enviaba como asesor de Diego de Mazariegos, un recién llegado de la península, bisoño en el trato con los indios y la región. Bernal declara que "no quisiera escribir esto en esta relación por que no paresciese que me jactanciaba dello, y no lo escribiera sino porque fue público en todo el real, y aun después lo vi escrito de molde en unas cartas y relaciones que Cortés escribió a Su Majestad" (489), con lo cual se implica que la escritura anterior (la de las *Cartas de relación* de Cortés, en este caso) autoriza este pasaje de su propia escritura.

32. La carta de Bernal a Cortés pidiendo "que enviase muchos indios" (495) al real de Taica. Lo importante es destacar la nota a pie de página, en la que se señala: "testado en el original: 'hice tinta e en cuero de atambor'", que apareció en la primera redacción, pero que luego fue cambiado por "escribí", vacilación que revela algo de la autoridad que Bernal pretende dar a su discurso mediante la apropiación directa de la fórmula adecuada.

33. El "papel escrito, una memoria dónde era natural e cúyo hijo era, e qué bienes tenía en Tenerife" (503) el joven soldado muerto durante la travesía hacia el real de Sandoval. Dicha memoria (antecedente de la moderna cédula de identidad) "el tiempo andando [...] se envió a Tenerife", probablemente como recuerdo a los parientes o conocidos del muerto.

34. Las cartas que sirvieron a Pedrarias como fuente de información para conocer las intenciones de rebelión por parte de Francisco Hernández, al cual terminó colgando (516).

35. Los poderes y cartas que Cortés "escribió muy amorosamente" al tesorero Alonso de Estrada y al contador Albornoz delegando el mando a Pedro de Alvarado y Francisco de las Casas en la Nueva España "hasta que Cortés fuese" (518).
36. Los mensajes escritos que Cortés despacha desde Veracruz a México al tesorero y al contador, anunciando su llegada desde La Habana (524).
37. Las cartas que Luis Ponce de León lleva desde España para tomar residencia a Cortés, cartas entre las que se encuentran las del Rey: "y vistas las reales cartas, con mucho acato y humildad las besó y puso sobre su cabeza" (526), como muestra de obediencia a la palabra escrita, símbolo y "encarnación" de la voz real.
38. Las cartas mediante las cuales Cortés y Sandoval, en "Cornavaca", se enteran de la mutilación de las manos que el tesorero, en México, hace a un "mozo despuela de Gonzalo de Sandoval" por una disputa con un criado del tesorero. Cortés y Sandoval parten apresuradamente a México, pero ya era demasiado tarde, y la furia del Marqués del Valle hace que el tesorero se vea obligado a disponer una guardia nocturna para su protección personal (540).
39. Los despachos llegados de Castilla anunciando la muerte del padre de Cortés, por lo cual éste parte a España, y las cartas que, llegando a la península, Cortés escribe al Rey exaltando los méritos de Gonzalo de Sandoval, muerto al poco tiempo de arribar (543–4).
40. Los "feos escritos" presentados contra Cortés durante la visita a México de Nuño de Guzmán como presidente de la Real Audiencia, todo durante la ausencia de Cortés en España (550).
41. "Una carta que escribió el Marqués del Valle a Su Majestad en el año de cuarenta" (615) reconociendo los servicios y esfuerzos de Bernal Díaz, con lo cual el mismo sujeto de discurso da autoridad a la escritura de su propia historia.

En fin, son muchas más las referencias a la escritura inmediatamente utilitaria a lo largo del texto. En todas ellas, así como en las mencionadas, lo que interesa destacar es que las cartas y los documentos escritos intentan enfatizar la veracidad del mensaje y la autenticidad del emisor, con lo que las comunicaciones orales pasan a un nivel de subordinación con respecto de las escritas, cuyo poder de convicción resulta contundente.[14] Asimismo, como ya se ha anotado, la existencia y valoración positiva de cualquier documento escrito previo a la *Historia verdadera* sirve en el texto para avalar su propia versión. De este modo, desarrolla una estrategia narrativa que busca otorgar autoridad al discurso como conjunto, apoyando el argumento de haber sido el autor uno de los principales "testigos de vista" del proceso de invasión. Nada de esto ocurre basándose en versiones orales o rumores, frente a los que la voz narrativa no muestra mayor confianza. Por eso, a pesar de la concepción parcialmente oralizante que hemos sugerido en nuestro apartado anterior, la fetichización del nivel mediático de la expresión, es decir, la escritura alfabética, alcanza una claridad reforzadora de cualquier intención política o económica del texto. En otras palabras, la función conativa del

---

[14] En tal sentido, la primacía arbitraria de la palabra oral como pura o auténtica que Derrida critica en pensadores desde Rousseau hasta Lévi-Strauss se invierte en América desde 1492 (*De la grammatologie*, especialmente la 2a. parte, capítulo 1). Es desde entonces que la escritura alfabética se convierte en la forma de comunicación políticamente gravitante y garantía del poder simbólico. Para una crítica de Derrida y una reflexión sobre las oralidades latinoamericanas dentro de la literatura, ver Pacheco 44-6.

lenguaje (v. Jakobson) se hace más efectiva gracias, precisamente, al hecho de que el mensaje está en letra de molde.[15]

En relación con el punto b) del planteamiento inicial, el que se refiere al papel que la escritura juega ante los indígenas, puede decirse que la convicción que generan los textos escritos entre los nativos es casi tan absoluta como la que genera entre los europeos. En Cozumel, por ejemplo,

> los caciques, por consejo de Aguilar, demandaron una carta de favor a Cortés para que si viniesen a aquel puerto otros españoles, que fuesen bien tratados y no les hiciesen agravios (70),

con lo que tenemos el primer indicio del respeto que la población indígena tiene hacia la escritura como elemento capaz de dirigir los acontecimientos. Más adelante encontramos:

> [...] y desde aquel pueblo enviamos dos mensajeros principales de Cempoal a Tascala con una carta y con un chapeo vedejudo [...]; y puesto que la carta bien entendimos que no la sabrían leer sino que como viesen el papel diferenciado de lo suyo conocerían que era de mensajería. Y lo que les enviamos a decir era que íbamos a su pueblo, que lo tuviesen por bien (126),

para darnos con la sorpresa de que ya no como signo, sino como señal, la escritura se convierte por su sola presencia en elemento que refrenda los mensajes orales. (Me refiero, obviamente, a la concepción saussuriana del signo como unidad indisoluble de significado y significante. La señal, por otro lado, es significante con sentido, pero no necesariamente con significado).

El punto más curioso, sin embargo, se da cuando "supimos que habían ofrescido a sus ídolos las herraduras y el chapeo de Flandes y las dos cartas que les enviamos para que viniesen de paz" (130), con lo que el carácter simbólico de la escritura se define en su sentido de elemento de dominación, puesto que el sacrificio ofrecido por los de Tlaxcala, en su primera resistencia a los españoles, reviste de poder a una práctica discursiva que en la misma España aún se encontraba consolidando su presencia como muestra de superioridad cultural y social.

La conciencia de la función que los mensajes escritos cumplen, si no en la disuasión, por lo menos en la veracidad, está en otra de las embajadas enviadas a los de Tlaxcala, puesto que:

> nuestros mensajeros fueron a la cabecera de Tascala con nuestro mensaje, y parésceme que llevaron una carta que, aunque sabíamos que no la habían de entender, sino que se tenían por cosa de mandamiento, y con ella una saeta (136).

La escritura y la saeta aparecen, pues, reveladoramente juntas como objetos que representan *una* orden y *un* orden novedosos. Sin embargo, durante el proceso de imposición militar española no son sólo los tlaxcaltecas quienes perciben la escritura "como cosa de mandamiento". Los mismos aztecas, al oír los mensajes orales, recibían una carta que

---

[15] En el lado andino, a diferencia, uno de los "desencuentros" de la letra y la voz más trascendentes para la historia latinoamericana, el del "diálogo de Cajamarca" entre Atahualpa y Vicente de Valverde en 1532, revela claramente el peso simbólico de la letra versus la comunicación oral. El pasaje se explica desde una perspectiva actualizada en Cornejo Polar, capítulo 1.

"aunque sabíamos no la habían de entender, sino como vían papel de Castilla, tenían por cierto que era cosa de mandamiento" (287 y, de manera semejante, en 379).

La relación hacia la escritura está definida durante el discurso como "señales que les mandábamos algunas cosas de calidad" (321) y así es como los mismos españoles la conciben, según vimos anteriormente. Esta "calidad" es la de la importancia que pueden tener los hechos comunicados u ordenados, pero también –y sobre todo– su carácter *verdadero* en la dinámica de las acciones militares. Más aun, el lenguaje escrito se convierte no sólo en garantía de autenticidad en cuanto al emisor y el referente, sino que adquiere lo que en términos jakobsonianos se denomina "función fática", es decir, aquella en la que el lenguaje llama la atención sobre el medio material en que se configura y deviene un objeto que, en sí mismo, propone nuevas significaciones.

5. Conclusiones

No entraré en la recta final de este trabajo sin antes mencionar un elemento más para describir la estrategia de la *Historia verdadera* para adquirir autoridad. Me refiero a la crítica ambivalente hacia Cortés, en el sentido en que éste es presentado como hombre culto y hasta poeta (579 y 395, respectivamente), con lo cual se traza un perfil sospechosamente cercano al de los letrados a los que el sujeto del discurso trata de restar autoridad. Se permite así que Cortés sea capaz de ciertos actos en su favor que desdicen de la imagen impecable que López de Gómara había trazado de él, sobre todo en la repartición del botín y de las mujeres cautivas. Pero al mismo tiempo, esta condición de letrado achacada a él nos insinúa que gracias a su astucia y dominio de la escritura en sus distintos géneros (epistolar, militar, de relación, etc.) pudo llegar tan lejos como llegó en términos de movilidad social.

De este modo, se plantea también una crítica de la aristocracia de sangre, sobre todo en el incidente de la tardanza de Cortés en llegar a misa con el emperador (547) y en el recuento de cómo antes en las guerras contra los moros los beneficios se distribuían a partir de las acciones, y aun lejos de ellas, de aquellos que tenían muy pocos méritos para compararse a los primeros conquistadores de la Nueva España (600).

Esta invalidación de la aristocracia peninsular cumple una doble función: por un lado, se contradice su discursividad letrada en la medida en que ésta no es portadora de la verdad y, por otro, se defiende el derecho a los beneficios que recibieron en un primer momento los conquistadores viejos. Pero más allá de estos motivos, lo que interesa rescatar de la exposición anterior es que si bien la crítica que ejerce el sujeto colectivo hacia la discursividad letrada, refrendando una discursividad "iletrada" cercana de la oralidad, se da en términos de validación del propio discurso, éste se consagra en la medida en que es precisamente a través de la escritura como se manifiesta. Ya las imágenes que sobre la escritura se dan a lo largo de la *Historia verdadera* permiten prever que el respeto hacia el lenguaje escrito queda incólume en tanto que es, justamente, escrito:

> Miren los curiosos letores cuánto va de la verdad a la mentira, a esta mi relación a decir *letra por letra* lo acaecido, y no miren la retórica y ornato, que ya cosa vista es ques más apacible que no ésta tan grosera, mas resiste la verdad a mi mala plática y pulidez de retórica con que se ha *escrito* (285, énfasis agregado).

La constante vacilación entre decir y escribir, a la que aludía al principio de estas páginas, al fin se resuelve para dejar constancia de la conciencia del narrador con respecto del valor de su discurso. Al mismo tiempo, nos certifica que se pretende mediante él consagrar una forma de escritura que representa sujetos alejados de la dominación social dentro de España, pero protagonistas de ella –aunque en peligro económico– en el Nuevo Mundo.

El proyecto de expansión imperial en que se puede encuadrar la *Historia verdadera* se confirma en la medida en que no sólo se presenta una imagen autojustificadora del accionar de los conquistadores ante las idolatrías y "atrocidades" morales de los indígenas (recuérdese para ello el permiso de edición otorgado en 1632 con miras a lavar la pésima reputación de España a partir de la leyenda negra), sino también en la medida en que se consagra una forma de *escritura* de fuentes, mecanismos y estrategias provenientes de la oralidad popular, precisamente en un momento en que la unidad Rey-pueblo requiere de su máximo reforzamiento para la consolidación definitiva del Estado absolutista español y del castellano (escrito) como la lengua de esa autoridad.[16]

Es pertinente recordar entonces la coincidencia de intereses entre Corona y encomenderos proclamada por Bernal Díaz, que anuncia también los primeros rasgos de una subjetividad protocriolla situada en un plano de fidelidad al Rey y simultánea defensa de un nivel de relativa autonomía administrativa y ascenso social (más tarde convertidos en lucha por la prelación de los descendientes criollos en el manejo de altos cargos dentro de las órdenes religiosas y en la continuidad de las "vidas" en el supérstite aunque enflaquecido sistema de encomiendas). Y, para ello, la demostración del dominio y la valoración positiva de la escritura constituye una premisa imprescindible.

Esperamos que esta lectura de la *Historia verdadera de la conquista de la Nueva España* pueda contribuir a reconsiderar ciertos elementos que delimiten los perfiles de los sujetos sociales que protagonizaron el acontecimiento histórico de la invasión y dominio de las tierras al oeste del Atlántico. Si bien este acontecimiento generó y fue motivado en parte también por discursos de diverso tipo, en todos ellos es posible rastrear la manera en que la identidad de los distintos sujetos que participaron en él se transforma según los intereses puestos en juego. Por el lado de los cronistas peninsulares y criollos, se percibe una conciencia del cambio y en muchos casos una variación dentro del discurso medieval y renacentista europeo; por el lado de los cronistas mestizos e indios, una utilización de distintas estrategias discursivas y semióticas en general a fin de subvertir la realidad y a veces las estrategias y conformaciones discursivas, y reclamar, pese a todo, derechos que la misma escritura había contribuido a anular. Esto no implica necesariamente una división tajante entre autores cultos y semicultos para cada grupo. Bien encontramos un Bernal Díaz y un Alonso Borregán en el primer conjunto, así como un Inca Garcilaso en el segundo.

Al "volver a nuestra relación" examinando sus referencias explícitas hacia la escritura en el proceso de la conquista podemos enriquecer nuestra mirada de la obra más allá de la constatación general y ya transitada de la apropiación de la letra en la práctica misma de una narración de rasgos oralizantes. Las abundantes cartas, mensajes, y documentos que aparecen en sus páginas son una buena muestra temprana de lo que Rama intuiría como parte de la casi omnipresente ciudad letrada hispanoamericana, aunque le otorgan a esa intuición, sin duda, los perfiles más nítidos de su prevalencia histórica y social.

---

[16] Esta escritura implícitamente corrobora que "the encomendero theme turns our preferred view of Bernal as a well-meaning but under-compensated and aging military veteran into that of a self-righteous encomendero who assumes that *the crown's interest and his own are identical*" (Adorno, "Discourses" 257, énfasis agregado).

OBRAS CITADAS

Adorno, Rolena. "Discourses on Colonialism: Bernal Díaz, Las Casas, and the Twentieth-Century Reader". *Modern Language Notes* 3, 2 (March 1988): 239-58.
Bruni, Francesco. *L'italiano. Elementi di storia della lingua e della cultura. Testi e documenti*. Turín: UTET, 1984.
Cabrera de Córdoba, Luis. *De historia. Para escribirla y entenderla* [1611]. Madrid: Instituto de estudios Políticos, 1948.
Campa, Román de la. "El desafío inesperado de *La ciudad letrada*". En Moraña, ed. (*v. infra*), 29-54.
Casas, Bartolomé de las. *Brevísima relación de la destrucción de las Indias* [1552]. Ed. de André Saint-Lu. Madrid: Cátedra, 1982.
_____ *Historia general de las Indias*. [ca. 1559]. Caracas: Biblioteca Ayacucho, 1976. André Saint-Lu, ed., 3 vols.
Cornejo Polar, Antonio. *Escribir en el aire. Ensayo sobre la heterogeneidad socio-cultural en las literaturas andinas*. Lima: Editorial Horizonte, 1994.
Cortínez, Verónica. *Memoria original de Bernal Díaz del Castillo*. Huixquilucan, México: Oak Editorial, 2000.
Díaz del Castillo, Bernal. *Historia verdadera de la conquista de la Nueva España* [1632]. Madrid: Espasa Calpe, 1985.
Gilman, Stephen. "Bernal Díaz del Castillo and Amadis de Gaula". En *Studia philologica: Homenaje ofrecido a Dámaso Alonso*. Madrid: Gredos, 1961. Vol. 2, 99-114.
Iglesia, Ramón. "Las críticas de Bernal Díaz del Castillo a la *Historia de la Conquista de México* de Francisco López de Gómara". En "Dos estudios sobre el mismo tema", revista Tiempo (México, 1940): 30.
Jákfalvi-Leiva, Susana. "De la voz a la escritura: la *Relación* de Titu Cusi". *Revista de crítica literaria latinoamericana* 37 (Lima, 1993): 259-278.
Jakobson, Roman. *Lingüística y poética*. Barcelona: Alianza Editorial, 1979.
Koch, Peter, y Wulf Osterreicher. *Gesprochene Sprache in der Romania: Französisch, Italianesch, Spanisch*. Tübingen: Niemeyer, 1990.
Lewis, Robert. "Retórica y verdad: los cargos de Bernal Díaz a López de Gómara". *De la crónica a la nueva narrativa mexicana*. Eds. Merlín H. Forster y Julio Ortega. Oaxaca: Oasis, 1986. 37-47.
León Portilla, Miguel, ed. *Historia verdadera de la conquista de la Nueva España*, de Bernal Díaz del Castillo. Madrid: Historia 16, 1984.
Leonard, Irving. *Los libros del conquistador*. México: FCE, 1959.
López de Gómara, Francisco. *Vida de Hernán Cortés*. En *Historia general de las Indias*. [1552]. Caracas: Biblioteca Ayacucho, 1979.
Mazzotti, José Antonio. "Continuity vs. Acculturation: Aztec and Inca Cases of Alphabetic Literacy". En *The Language Encounter in the Americas, 1492-1800. A Collection of Essays*. Edward G. Gray and Norman Fiering, editors. New York and Oxford: Berghahn Books, 2000. 155-172.
_____ "Betanzos: de la 'épica' incaica a la escritura coral. Aportes para una tipología del sujeto colonial en la historiografía andina". *Revista de crítica literaria latinomaericana* 40 (Lima-Berkeley, 1994): 239-58.
Mignolo, Walter. "Cartas, crónicas y relaciones del descubrimiento y la conquista". En *Historia de la literatura hispanoamericana. Época colonial*. Luis Iñigo Madrigal, ed. Madrid: Cátedra, 1982. 57-116.

Moraña, Mabel, ed. *Ángel Rama y los estudios latinoamericanos*. Pittsburgh: Instituto Internacional de Literatura Iberoamericana, 1997.

Morreale, Margherita. *Castiglione y Boscán: el ideal cortesano en el renacimiento español*. Madrid: Ediciones de la Real Academia de la Lengua, 1959.

Núñez, Hernán. *Refranes o proverbios en romance*. Lérida: Luys Manescal, 1621.

Osterreicher, Wulf. "El español en textos escritos por semicultos. Competencia escrita de impronta oral en la historiografía indiana". En *El español de América en el siglo XVI. Actas del Simposio del Instituto Ibero-Americano de Berlín, 23 y 24 de abril de 1992*. Jens Lüdtke, comp. Madrid y Frankfurt am Main: Iberoamericana y Vervuert, 1944. 155-90.

Pacheco, Carlos. *La comarca oral. La ficcionalización de la oralidad cultural en la narrativa latinoamericana contemporánea*. Caracas: Ediciones La Casa de Bello, 1992.

Poblete, Juan. "Rama/Foucault/González Echevarría: el problema de la construcción del espacio discursivo del siglo diecinueve latinoamericano". En Moraña, ed. (*v. supra*), 249-70.

Rama, Ángel. *La ciudad letrada*. Hanover, NH: Ediciones del Norte, 1984.

Rose, Sonia. "Problemas de edición de la *Historia verdadera de la conquista de la Nueva España* de Bernal Díaz del Castillo". En *Edición y anotación de textos coloniales hispanoamericanos*. Eds. Ignacio Arellano y José Antonio Rodríguez. Madrid y Frankfurt am main: Iberoamericana y Vervuert, 1999. 377-88.

Sáenz de Santa María, Carmelo. "Introducción". En *Historia verdadera de la conquista de la Nueva España*. Madrid: Consejo Superior de Investigaciones Científicas, 1982. IX-XXXVII.

Sánchez Pérez, Juan, ed. *Dos refraneros de 1541*. Madrid: Imprenta J. Cosano, 1944.

Simmons, Merle E. "Literary Folklore in the *Historia Verdadera* of Bernal Díaz del Castillo". En *Folklore Today: A Festchrift for Richard M. Dorson*. Eds. Linda Dégh et al. Bloomington: Indiana UP, 1976. 451-62.

Söll, Ludwig. *Gesprochenes und geschriebenes Franzosisch* [1974]. Bearbeitet von Franz Josef Hausmann. Berlín: Erich Schmidt, 1985. 3a ed.

Thompson, B. Bussel. "Introducción" a *La razón de algunos refranes*, por Francisco del Rosal. Londres: Tamesis Books, 1975.

Valdés, Juan de. *Diálogo de la lengua* [ca. 1535]. México: Porrúa, 1989. Primera edición en Madrid, 1737.

Verdesio, Gustavo. "Revisando un modelo: Ángel Rama y los estudios coloniales". En Moraña, ed. (*v. supra*), 235-48.

Von Martin, Alfred. *Sociología del renacimiento*. México: FCE, 1989.

Zumthor, Paul. *La lettre et la voix. De la "littérature médiévale"*. Paris: Éditions du Seuil, 1987.

La ubicación de la voz en *La Araucana*

Jorge Checa
University of California,
Santa Barbara

1.

Escrito en 1535, el soneto 33 de Garcilaso de la Vega ("A Boscán desde La Goleta") presenta al autor en la campaña del norte de África que culminaría con la entrada de Carlos V en Túnez. Aquí Garcilaso equipara la conquista de la fortaleza de La Goleta, situada junto a la antigua Cartago, a la destrucción de esa ciudad por Escipión el Africano, estableciendo una analogía entre el pasado y el presente. La idea de renovación se aplica así a la doctrina de la *translatio imperii*, por la que el moderno Imperio continuaría la gloria del romano.[1] Pero al final del soneto el aparente triunfalismo público se transforma en una expresión de dolor personal, de manera que el bélico "furor de Marte" no sólo remite al fuego destructor de Cartago, sino al incendio amoroso que en tierras distantes no deja de atormentar al poeta:

>...Vuelve y revuelve amor mi pensamiento,
>hiere y enciende el alma temerosa,
>y en llanto y en ceniza me deshago.[2]

En su soneto Garcilaso superpone momentos diferentes y emociones de signo opuesto, confiriendo a su voz una suerte de ubicuidad gracias a la cual el poeta celebra simultáneamente las victorias imperiales en La Goleta y Cartago mientras que, en el plano íntimo, se deshace "en llanto y en ceniza". No nos interesa ahora profundizar en esa experiencia contradictoria, pero sí subrayar la *disponibilidad* de la voz para proyectarse hacia el registro épico y el lírico, lo mismo que para elegir uno u otro. El que, a lo largo de su trayectoria literaria, Garcilaso se decantara abrumadoramente por la lírica no quiere decir que el mundo heroico dejara de existir para él como posibilidad latente. Cuando dedica por ejemplo la *Egloga I* al Virrey de Nápoles don Pedro de Toledo, Garcilaso promete aplazar para mejor momento las "virtudes y famosas obras" (vs. 26) de su destinatario, y elige evocarlo según la clave genérica de la "hiedra" pastoril en lugar del laurel marcial —el "árbol de victoria" que ciñe la frente del Virrey (vss.

---

[1] Sobre la doctrina de la *translatio imperii*, con particular aplicación a Carlos V, véase Yates (17-22).
[2] Cito a Garcilaso por la edición de Rivers.

35-37). Otra referencia a diferentes alternativas poéticas se da en las estrofas iniciales de la *Canción V*– "Ode ad florem Gnidi", –donde la "beldad" y la "aspereza" (vss. 22-25) de la dama homenajeada se imponen sobre la tentación de cantar al "fiero Marte airado" (vs. 12) y revivido en las gestas de los "capitanes" a cuyo valor se rinden alemanes y franceses (vss. 16-20). Y no es que Garcilaso redujera siempre lo heroico a un apunte de temas pospuestos o abortados. Sin renunciar a la hegemonía de la vena lírica, la *Egloga II* confiere entidad a la magnificación del heroísmo cuando, a través de las representaciones inscritas en la urna de Severo, el poema celebra el linaje de la casa de Alba y narra la trayectoria imparable de don Fernando por Europa al servicio del ideario imperial.

No sería inexacto sugerir que lo que hemos definido como disponibilidad de la voz poética –su apertura a varias opciones y el comentario sobre las mismas– se agudiza en situaciones de expansión territorial, sobre todo si el propio poeta está involucrado en el ensanchamiento y defensa del Imperio. Entonces el doble impulso del soldado-poeta hacia las armas y hacia las letras puede originar en él dilemas de ubicación literaria ante la amplitud y variedad de los asuntos a su alcance. En el caso de algunos autores fundamentalmente vinculados al período de Felipe II –cuando la Monarquía Hispánica consolida su dominio al otro del Atlántico mientras libra sangrientas guerras en Europa– la cuestión de dónde ubicar la voz se plantea con mayor intensidad y dramatismo que en la generación precedente. Así se deduce de la lectura de Alonso de Ercilla, heredero singular, junto a Francisco de Aldana, del binomio armas y letras previamente representado en España por Garcilaso.

Invirtiendo en buena medida la preferencia garcilasiana por la lírica, Alonso de Ercilla inicia la *Araucana* (tres Partes, publicadas en 1569, 1578 y 1589) con el anuncio de cuanto *no* desea tratar. Este conocido gesto excluyente del "amor" y las "gentilezas" (1. 1),[3] en respuesta a la declaración de intenciones del *Orlando furioso*, coloca de entrada la *Araucana* bajo paradigmas estrictamente épicos, de acuerdo con un tipo de programa que el propio poema terminará por transgredir según observa Ramona Lagos.[4] Al ir en efecto incorporando –entre otras materias que se desvían de la línea histórica principal– episodios más bien propios del mundo ariostesco de los *romanzi* el texto opera, por así decirlo, una suerte de retorno de lo reprimido en principio, cuya entrada no deja sin embargo de producir resistencias y titubeos. Sólo prácticamente en la Segunda Parte, con el poema bien avanzado, la voz autorial decide de modo expreso aliviar el peso "de materia tan áspera y de poca variedad" (prólogo de la Segunda Parte p. 463) anticipando una riqueza apenas vislumbrada hasta entonces.

La apertura de nuevas posibilidades en el plano de la *inventio* poética es en cierto sentido correlativa a la situación de un autor consciente de la vastedad y complejidad del Imperio al que sirve. Ya a partir de sus glosadores clásicos, el modelo imperial romano se caracteriza por el sometimiento de distintos territorios separados en el espacio al dominio de un solo príncipe. Este principio de subsunción de la diferencia en la unidad se justifica en cuanto la identidad imperial comporta un sentido de inclusión dentro de la *civitas* –el marco de la *humanidad* frente a la barbarie excluida del Imperio–, si bien el modelo romano no es tan acomodable en la época moderna cuando los europeos incorporan el Nuevo Mundo a su órbita de poder.[5] Sobre todo para los españoles del siglo XVI, no se trata únicamente de confrontar numerosos

---

[3] Las citas de *La Araucana* refieren a la edición de Lerner. Anoto siempre entre paréntesis el canto y la estrofa correspondientes.
[4] Lagos llega a apreciar en *La Araucana* un "proceso de destrucción paulatina de la escritura épica" (175).
[5] Sobre los fundamentos teóricos del Imperio romano, y la inclusión según ellos de la variedad en la unidad de acuerdo al principio estoico de la ley común a toda la humanidad integrada en la *civitas*, véase Pagden (13 y ss). Este autor también estudia cómo el "koinos nomos" estoico aplicado al Imperio experimenta un desplazamiento al terreno del dogma religioso durante la expansión española en el Nuevo Mundo; la cristianización determinaría entonces la pertenencia a la comunidad universal.

problemas de índole militar, cultural y administrativa; la lejanía del Nuevo Mundo respecto al centro del poder imperial puede producir –y Ercilla es un buen ejemplo– signos de desconexión subjetiva y la subsiguiente ansiedad por re-encontrar puntos de referencia.

Entre las contradicciones inscritas en *La Araucana* no es posiblemente la menor el que, con su apelación a la variedad proscrita en los primeros cantos, el yo del poeta erija, por un lado, una suerte de imperialismo de la voz, al tiempo que, por otro lado, denuncia repetidamente los excesos y desviaciones del imperialismo político, según la guerra del Arauco los manifiesta. Es justamente al plasmar su deseo de dar curso a la diversidad que el poeta homologa simbólicamente su texto a la idea del Imperio, sin que por ello deje de expresar crecientes reparos a sus implementaciones prácticas. En cualquier caso, la ampliación deliberada de los asuntos poéticos establece las condiciones para abordar un abundante repertorio. Incluso sin hacer violencia a convenciones épicas prestigiadas por la tradición, el poeta describirá por ejemplo, a la manera de Lucano, una tempestad entre la Primera y la Segunda Parte de *La Araucana* (cantos 15 y 16); admitirá que su poema, para no sufrir merma comparativa con los clásicos, necesita –igual que su modelo la *Farsalia*–una batalla naval, sirviéndole inmejorablemente la de Lepanto (canto 24); se asomará aquí y en los episodios de San Quintín (cantos 17 y 18) y de la anexión de Portugal, a acontecimientos emblemáticos del reinado de Felipe II (canto 37). Todo ello parece concordar con el propósito, formulado en el prólogo de la Segunda Parte, de "mezclar algunas cosas diferentes", pero sin "mudar estilo" (p. 463), aunque la invocación al registro amoroso de Venus –en complemento al bélico de Marte– creará una desestabilización progresiva, por mucho que el poeta busque con frecuencia armonizarlos.[6] De ahí la repetida conciencia de una disociación temática, expresada en la forma de dudas ante la tentación de liberar la voz de constricciones. La dicotomía resultante puede incluso cristalizar en un abierto conflicto entre las respectivas exigencias de dos "estilos", cuyo antagonismo se exacerba en algunos momentos:

> Pérfido amor tirano, ¿qué provecho
> piensas sacar de mi desasosiego?
> ¿No estás de mi promesa satisfecho
> que quieres afligirme desde luego?
> ....
> ¿Tanto, traidor, te va en que yo no siga
> el duro estilo del sangriento Marte
> que así de tal manera me fatiga
> tu importuna memoria en cada parte? (22. 1-2)

Aquí la serena postergación de Marte en beneficio de Venus –evidente en la *Egloga II* y en la *Canción V* de Garcilaso– se torna una lucha crispada entre dos alternativas que reclaman abrirse paso, originando un "desasosiego" característico de la *Auracana*.

---

[6] El intento de armonización parece más cuidadoso cuando el poeta comienza a plantear la cuestión de la variedad. Así, entre los cantos 13 y 14 –todavía en la Primera Parte– tiene lugar la emboscada de Francisco de Villagrá al fuerte defendido por Lautaro, cuya muerte se produce poco antes de que el líder araucano salga de los brazos de su esposa Guacolda. La escena amorosa entre Lautaro y Guacolda podría conectarse con el motivo iconográfico de Venus y Marte, muy difundido en el Renacimiento, y que corresponde a su vez a dos de los registros poéticos principales que coexisten en el texto: "Aquella noche el bárbaro dormía / con la bella Guacolda enamorada, / a quien él de encendido amor amaba / y ella por él no menos se abrasaba. // Estaba el araucano despojado / del vestido de marte embarazoso ..." (13. 43-44).

De hecho, la imagen del "desasosiego" valdría doblemente para definir la primera persona representada en la *Araucana*, tanto en referencia a su dinamismo físico como en relación a su movilidad enunciativa. En el primer nivel, es significativo que el yo se consolide como personaje con ocasión del largo y accidentado desplazamiento geográfico que, al servicio de Felipe II, le lleva a atravesar gran parte del mundo, desde Inglaterra al Arauco, tras pasar un tiempo en la capital del virreinato del Perú –cuando Andrés Hurtado de Mendoza sofoca la rebelión instigada por los encomenderos. También es significativo que entre las últimas experiencias de ese personaje en el Nuevo Mundo sobresalga la trabajosa expedición por los confines australes al mando de García Hurtado de Mendoza, hijo de Andrés. Estas representaciones autobiográficas transidas de inquietud corresponden en el nivel enunciativo a la inestabilidad del poeta dentro de un espacio textual concebible por su vastedad en analogía al espacio físico abierto por el Imperio. La desmesura de ambos –la del gigantesco Imperio aún en expansión y la del poema proyectado hacia posibilidades discordantes– opera en el yo un descentramiento y la subsiguiente necesidad de instalarse en *loci* enunciativos de carácter imaginario.

2.

A primera vista, la evocación en *La Araucana* de un espacio físico y de otro textual determinaría el desdoblamiento de la primera persona en dos manifestaciones: el yo personaje-testigo de la acción y el yo artífice del poema.[7] No obstante, la postulación de ambas figuras como entidades diferenciadas no es siempre nítida, y en ocasiones se producen ambigüedades y permutaciones entre ellas.

Según se ha apuntado arriba, la primera persona asienta su condición de personaje hacia el fin de la Primera Parte, cuando Ercilla se traslada a América para defender los intereses de la Corona, inicialmente en la capital del virreinato de El Perú y luego en territorio araucano tras la muerte del gobernador Valvidia por los indígenas rebeldes. Su llegada al Nuevo Mundo es simultánea a la adopción explícita de un papel testimonial que refuerza en el lector expectativas de veracidad. Contar "la verdad desnuda de artificio" (12. 73) mediante la proximidad a los hechos parece ser, pues, un recurso privilegiado en el objetivo de *autorizar* el poema identificándolo con un recuento histórico vivido.

El cumplimiento en general de dicho objetivo explica, de acuerdo a Murrin, la fuerte originalidad de *La Araucana* en la corriente épica renacentista.[8] Con todo, es necesario enfatizar cómo, sin perder su estatuto de personaje, el yo presuntamente testimonial del poema se vincula también desde su irrupción a convenciones llamativamente ficticias o, por decirlo en sus palabras, *artificiosas*. El asunto no se limita a la coincidencia entre el traslado de Ercilla al Nuevo Mundo y las mayores prerrogativas de su *alter ego* artístico –como si el texto ejemplificara el poder de la Poesía para competir con la Historia. En este sentido, el enaltecimiento de la variedad poética –sobre la cual se insiste en las primeras estrofas del Canto 15 a propósito del mencionado viaje– suele ir al lado de la presencia del yo personaje en episodios de dudosa o

---

[7] Así lo considera Avalle-Arce en su artículo. Para una tipología más compleja de las funciones de la primera persona en el poema véase el artículo de Albarracín (1966).

[8] Murrin llega a calificar *La Araucana* como el poema épico más original del período renacentista y posiblemente de toda la tradición épica a causa de su valor histórico, gracias al cual fue usado como fuente primaria (100).

nula historicidad, con el resultado de que la primera persona no siempre ofrece garantías estrictamente empíricas. Tal sucede, desde la Segunda Parte, al introducir el yo algunos famosos episodios protagonizados por mujeres –Tegualda, Glaura, Lauca–, cuyo motivo común es la lealtad conyugal.[9] En el de Tegualda –uno de los más célebres– se efectúa un interesante desplazamiento desde formantes que sugieren la ilusión artística de una experiencia vivida hacia un mundo difícil de aceptar en términos literales. Al comienzo del episodio el yo evoca una noche de guardia, produciendo un efecto retórico de *evidentia* o vividez con la mención del lugar, la hora y su propio estado anímico. En cierto momento le invade un "molesto sueño" (20. 25), y si ello es del todo plausible tras la dura batalla del día anterior, la normalidad se rompe con la fantasmagórica aparición de Tegualda en el campo sembrado de cadáveres. Luego Tegualda explicará que está allí en cumplimiento del deber de sepultar a su esposo Gualebo y referirá la historia de sus amores.

Resulta pertinente notar cómo en el relato de Tegualda y en su interacción con el narrador las marcas testimoniales del yo dan paso a códigos de inspiración ficticia.[10] Es más, un formante supuestamente "realista" como el "molesto sueño" causado por la noche en vela deja de remitir a un fenómeno fisiológico para conectarse de manera retrospectiva con otro tipo de *sueño*, que ahora parece en cambio designar y enmarcar el *contenido* excepcional del episodio conforme a un recurso frecuente en la literatura *visionaria* de la Edad Media.[11] Seguramente apuntándolo así, el narrador califica de "visión" (20. 28) su primera imagen nocturna de Tegualda, y en el siguiente canto ofrece una nueva pista sobre el carácter no literal de la secuencia al concluirla con el motivo del despertar (21. 5), marca convencional en las *visiones* del retorno a lo cotidiano.

Con mucha menos ambigüedad, el desplazamiento de una figuración empírica del yo a otra decididamente alegórica se percibe en los segmentos del poema dedicados a las batallas de San Quintín (cantos 17-18) y Lepanto (canto 24), así como a la contemplación del globo terrestre (canto 27). La introducción de la primera de estas secuencias es semejante al marco de la historia de Tegualda, pues también ahora el yo protagonista se representa en solitario durante la noche, emitiendo una acusada sensación de vividez:

> Aquella noche, yo mal sosegado,
> reposar un momento no podía,
> o ya fuese el peligro o ya el cuidado
> que de escribir entonces yo tenía.
> Así imaginativo y desvelado,
> revolviendo la inquieta fantasía,
> quise de algunas cosas de esta historia
> descargar con la pluma la memoria. (17. 34)

En la escena previa al episodio de Tegualda el narrador ya indicó su pasión por la escritura, al autorretratarse "armado siempre y siempre en ordenanza, / la pluma ora en la mano, ora la lanza" (20. 24). La cita es reminiscente de Garcilaso, cuando en la

---

[9] Estos episodios parecen llamar la atención sobre su naturaleza literaria al basar muchos de sus elementos en el *Orlando furioso*, texto bien conocido por muchos lectores contemporáneos de Ercilla. Sobre los episodios y sus fuentes, véase el artículo de Schwartz.
[10] Dentro de estos códigos se situaría la autorrepresentación caballeresca y galante del narrador dentro de éste y otros episodios amorosos centrados en nobles mujeres araucanas; véase Concha (68) y Pastor (426).
[11] Acerca de este género poético medieval es muy importante el libro de Spearing.

dedicatoria de la *Egloga III* a doña María Osorio el autor se describe durante sus campañas militares "tomando ora la espada, ora la pluma" (vs. 40) y ostenta un compromiso hacia las letras en circunstancias escasamente propicias a su ejercicio. Es de hecho el compromiso que Ercilla tematiza por extenso en la secuencia alegórica del relato de San Quintín, dentro de la cual se presenta además un resumen del reinado de Felipe II y un panegírico de las damas españolas. A través de sus contenidos diversos y de su misma especificidad formal, la alegoría actualiza, consecuentemente, lo que, a propósito de Garcilaso, definimos como disponibilidad de la voz. Con ella puede conectarse la actitud expectante del yo apuntada en la estrofa 34 del canto 17 y enfatizada de nuevo una vez que Belona, diosa de la guerra, se le aparece y le lleva adonde podrá "ensancharse" "sin límite" (17. 41).

La promesa de un espacio ajeno a constricciones y penalidades conjura un *locus* de enunciación fuertemente ideologizado, que se resalta en el texto por medio de formantes característicos de la modalidad alegórica.[12] Su separación respecto al entorno de la experiencia inmediata proyecta al poeta hacia otras posibilidades temáticas, simbolizadas "por un campo fértil / lleno de mil flores" donde no sólo encontrará "guerras más famosas y mayores" que la actual para "alimentar la vena", sino también materias de carácter amoroso (17. 42).[13] Pero si el "ensanchamiento" prometido designa una apertura a la variedad, puede el mismo tiempo entenderse como una superación de la perspectiva limitada del yo. El "ensanchamiento" sería entonces un atributo inherente a la experiencia visionaria, implementado en este caso cuando Belona arrebata al poeta hasta la cima de un monte y desde ahí descubren:

> ...La grande redondez del ancho suelo,
> con los términos bárbaros ignotos
> hasta los más incultos y remotos. (17. 51)

En su transfiguración alegórica, el yo tiene ante sí la imagen de una totalidad que convierte el mundo –incluso sus rincones más apartados– en un objeto abarcable. Con ello, y dentro de una secuencia dedicada a celebrar la expansión de la voz, se "ensancha" paralelamente la mirada poética, a la cual se le otorga el poder de alcanzar cualquier parte de la tierra. La sincronía entre ambos modos de "ensanchamiento" puede ocultar sin embargo el que cada uno se basa en un principio contrario, ya que si al abrazar la variedad el poeta libera su canto de la monotonía, la amplitud de la mirada lleva consigo en cambio una pérdida de iniciativa para percibir algo distinto a la verdad oficial. Traicionando en parte su papel de testigo, el yo alegorizado se torna entonces receptáculo sumiso de una *visión imperial* indiscutible (Concha 38).[14] De ahí la expresión con que el poeta describe su paso a otra dimensión cognoscitiva:

---

[12] Tomo el concepto de *locus* enunciativo del libro de Michel de Certeau, quien lo desarrolla a propósito de la literatura mística de los siglos XVI y XVII.

[13] En la literatura medieval castellana, la visión alegórica del campo florido trae a la memoria el episodio introductorio de los *Milagros de Nuestra Señora* de Gonzalo de Berceo, donde la variedad de las flores se relaciona asimismo con una idea de abundancia –que Berceo refiere a los hechos milagrosos de la Virgen. Por otra parte, el uso de tópicos asociados a la imagen convencional del *locus amoenus* sirve aquí y en otros momentos para separar y realzar en el poema este tipo de secuencias. Sobre la naturaleza idealizada en *La Araucana*, véase el artículo de Perelmuter, "El paisaje idealizado en *La Araucana*".

[14] Lerner observa cómo, empezando por la batalla de San Quintín, estas secuencias de exaltación imperial aparecen en las partes Segunda y Tercera, esto es, cuando la mayor cercanía de Ercilla al centro del poder conduce a su mejor comprensión del programa universalista de la Monarquía (93).

> ...Turbóseme la vista de repente,
> y procurando de esforzarme en vano,
> se me cayó la pluma de la mano. (17. 35)

La pluma se le cae de la mano al narrador justo después de que la vista material suspenda sus funciones y deje sitio a la revelación propiciada por Belona. Ante ese vehículo autorizador de la verdad, el poeta no puede sino mostrarse "atónito y confuso" (17. 49) al ponerle la diosa en la cumbre de la montaña. Tal pérdida de autonomía y agencia es la condición necesaria para acceder a un mensaje profético que excluye cualquier cuestionamiento.

En su estado de pasividad el yo se limita a contemplar, a instancias de Belona, la sección de la tierra donde se desarrolla la batalla de San Quintín, cuya relación se prestigia al ponerse en los labios infalibles de la guía. Ciertamente todo el aparato alegórico de la secuencia tiende a predeterminar cómo debe interpretarse el evento histórico allí contemplado, el cual se ubica dentro del orden y la teleología del Imperio. Este acto de contextualización también sitúa en el mismo proyecto imperial la valoración de otras empresas militares y políticas, mientras pone en perspectiva el conflicto geográficamente marginal del Arauco.

La representación de la violencia merece aquí discutirse brevemente teniendo en cuenta los paradigmas ofrecidos por los episodios alegóricos. En el de San Quintín, Belona dirige por ejemplo la mirada del poeta a los atropellos perpetrados contra "viudas y huérfanas doncellas" por la "insaciable codicia" de las tropas españolas, que desalojan incluso a las monjas de sus conventos (18. 21-22). No obstante, estos excesos se contienen merced "al cristiano y espreso mandamiento" del "pío Felipe" (18. 23-25), cuya presencia frena las atrocidades. Al margen de su significado propagandístico, la contención de la furia bélica efectuada por Felipe II se alinea –y es lo que deseo subrayar– con un principio subyacente a la forma del relato según lo contextualiza la alegoría. Pues, en analogía con el Rey, el propio marco alegórico contiene y encauza los aspectos más sórdidos de la guerra toda vez que los integra en un amplio plan providencialista encarnado en el mismo Monarca. Por eso la secuencia textual de los cantos 17 y 18 establece un sentido de continuidad entre la victoriosa jornada de San Quintín y el movimiento triunfante de la Monarquía Hispánica bajo la dirección de Felipe II. En el interior de ese trayecto preordenado, la violencia es a lo sumo un mal menor, redimible dentro del diseño general.

Pero ¿qué ocurre con los excesos violentos representados *fuera* de un marco alegórico, y testificados sin esa mediación por el poeta de *La Araucana*? Ya que éste no los justifica siempre, ¿se reubican al menos ideológicamente aplicándose a ellos la mirada "ensanchada" del exégeta del Imperio? ¿Tienen, por el contrario, una función contrastiva para sugerir cómo el Imperio *no* debe expandirse? ¿Llegan incluso a condenar de plano el modelo imperial? La respuesta a semejantes preguntas es sin duda compleja y cualquier formulación unívoca puede dar lugar a refutaciones, según lo mostraría un somero repaso de la crítica sobre Ercilla.[15] Tal vez por

---

[15] Lerner sostiene que en el caso de Ercilla "estamos ante una vida dedicada a la defensa, ciertamente no por completo acrítica, de la empresa del estado y ante una obra dedicada a cantarlo" (91); a propósito de la coincidencia cronológica entre la batalla de San Quintín y el asalto araucano al fuerte de Penco, Lerner escribe: "*La Araucana* (...) hábil y voluntariamente deja en segundo plano las actuaciones personales para ubicar el relato en la visión más amplia de las estrategias del estado" (93). Concha percibe en *La Araucana* una unidad de carácter ideológico por referencia al campo internacional e integrador del Imperio (41); sin embargo, no deja de apreciar la tensión en el poema entre ideología y experiencia (57). Pastor piensa que en general Ercilla no condena tanto el modelo imperial como su desajuste en la guerra de Arauco, aunque el modelo sí que llega a cuestionarse en el episodio de la expedición a las tierras australes (412); Pastor concluye que la crítica del Imperio "coexiste con una glorificación del orden que lo sustenta" (423). Quint observa en la construcción abierta, episódica y fragmentaria del poema una subversión de la teleología imperial análoga a la que efectúa la *Farsalia* de Lucano respecto a la *Eneida* de Virgilio (181-82).

ello conviene plantear la cuestión de otro modo –atendiendo menos a la hipotética significación de *La Araucana* que a los posicionamientos de su voz poética– a partir de la evidencia de que el recurso a largas secuencias alegóricas vuelve a implementarse con oportunidad de las dos visitas del poeta a los ámbitos proféticos del mago Fitón (cantos 23, 24 y 27). De nuevo aquí lo extraordinario de la experiencia visionaria se realza mediante el acceso a espacios bien delimitados del mundo circundante, y cuyas netas subdivisiones señalan ahora la progresión hasta la gruta del mago, donde otra vez el poeta es receptor privilegiado, aunque pasivo, de la verdad. Lo mismo que su compartimentalización, el orden de los ámbitos vinculados a Fitón manifiestan una propiedad típica de los *loci* proféticos, consistente en reducir la realidad a imágenes articuladas y abarcables.[16] En la gruta de Fitón este atributo se asocia a una bola mágica –"gran término abreviado" del mundo (23. 71) y objeto capaz de condensar "en muy pequeña forma grande espacio" (23-76).[17] Sobre el cristal de la esfera, Fitón conjura las imágenes de la batalla de Lepanto, que ocupa todo el canto 24.

El procedimiento descriptivo de Lepanto es bastante similar al de San Quintín, pues en ambas ocasiones la descripción pasa desde una perspectiva general del escenario bélico a una sucesión de escenas particulares, y desde imágenes estáticas a otras fuertemente dinamizadas. Es como si las dos secuencias presentaran un mapa súbitamente dotado de movimiento, aunque sometido en lo referente a Lepanto al control intelectual de Fitón, quien suscita y cancela las imágenes cuando lo desea.[18] De ahí que, a semejanza de la primera visión alegórica, el episodio se despliegue anta conformidad del yo poético y en tensión de nuevo con el atrevimiento de la voz dispuesta a incorporar el criterio de variedad conforme prescribe Fitón: "...Sólo te falta una naval batalla / con que será tu historia autorizada" (23. 73). En este sentido, cabría apreciar cómo las incursiones textuales en la variedad –que en los episodios protagonizados por nobles mujeres araucanas suelen acompañarse de ciertas disonancias ideológicas– constituyen actos de reafirmación imperial en las visiones inducidas por Fitón, idea asimismo válida en el segundo y último encuentro con el sabio (canto 27).[19] Ahora la visión conjurada en la esfera abarca nada menos que los amplísimos términos conocidos del orbe terrestre, extendiéndose hasta las inexploradas tierras australes de América.

Lo que es un *mapamundi* lleno de alusiones culturales *territorializa* y reduce la realidad geográfica en un diseño totalizador, cuyo orden apuntala el mensaje de que el mundo es un conjunto legible desde una perspectiva absoluta, global e incondicionada.[20] No otro es el punto de vista obtenido, merced a los poderes de Fitón, por el poeta, en abierto contraste con las percepciones mucho más fragmentarias e inquietantes del yo

---

[16] En su minucioso análisis de los episodios vinculados a Fitón, Nicopolulos pone de manifiesto cómo "the web of prophecy of Part II of the *Araucana* revolves around advertised, recognizable imitation of literary models" –Lucano y Mena principalmente (184). Esta imitación no disimulada, actúa como otro recurso diferenciador de las secuencias alegóricas.

[17] Nicolopulos estudia con detalle las raíces neoplatónicas –particularmente las *Enéadas* de Plotino– de esta esfera mágica que permite la visión simultánea de todas las cosas del mundo sensible como "fantasmas" o imágenes, según la la filosofía plotiniana, de las formas verdaderas existentes en el plano inteligible (194).

[18] Fitón toca la esfera con su "potente junco retorcido" y las imágenes y los ruidos de la batalla representada se desvanecen (24. 96) como al término de una proyección cinematográfica. Es improbable que Ercilla tuviere aquí en mente los recientes desarrollos del artificio de la *cámara oscura*, pero sea como fuere el efecto de distancia se une a la posibilidad de conocer desapasionadamente la realidad y de dominarla.

[19] Lagos observó certeramente el valor contrastivo de las historias protagonizadas por figuras femeninas y su respuesta implícita a la frecuente brutalidad del comportamiento bélico de los españoles en el Arauco (176). Este sentido oposicional lo extiende Quint en su libro a todos los episodios deliberadamente digresivos, incluyendo las visiones alegóricas (178); no obstante, pienso que el contraste tomaría aquí otra dirección, en la medida en que, frente a los episodios amorosos, las visiones se asocian a la exaltación imperial.

[20] *Territorialización* alude aquí al control del espacio por una forma de poder, según lo entiende Foucault (68). Sobre la predeterminación ideológica del *mapamundi* de Ercilla en competencia con el de Camoes en *Os Lusíadas*, véase Nicolopulos (221-69).

cuando el poema no acude a la maquinaria alegórica. Volvemos, en consecuencia, al problema de la relación entre la alegoría y su marco exterior o "real" –la guerra del Arauco–, esto es, a la discutida capacidad de la visión para redimir o contextualizar los episodios que la circunscriben, los cuales además resultan en este punto singularmente turbadores. Justo antes de cada una de sus encuentros con Fitón, el narrador refiere hechos tan horrendos como el martirio de Galbarino –a quien los españoles castigan cruelmente cortándole las manos (canto 22)– o la batalla de Millarapué –degenerada en masacre sangrienta (canto 25). Aquí el narrador llega a experimentar vergüenza ante los "actos inhumanos" de sus compatriota, hasta el extremo de que su pluma, "aunque usada al destrozo de la guerra", "huye" de detallarlos (25. 6-7). Inmerso en un caos que debilita su posicionamiento ideológico, se identifica por momentos con la fiera resistencia del enemigo, e incorpora la perspectiva araucana al valerse de expresiones próximas al estilo indirecto libre; de un guerrero indígena dice por ejemplo "...Quiso rendir antes la vida, / que al odioso español quedar rendida" (25. 20).

Estos mecanismos de identificación con el oponente se intensifican a lo largo del poema, y, según han notado varios comentaristas, son síntomas de un yo progresivamente escindido.[21] Su reunificación sólo puede postularse en el espacio imaginario de la alegoría que, aislado de la duda y de la contingencia, equivale un *locus* de enunciación ideológica. Allí la verdad no se hace depender de percepciones temporales y limitadas, sino que simplemente se revela en la forma de un mensaje necesario. Es pertinente que Fitón, antiguo guerrero indígena, todavía reconozca las prerrogativas imperiales de los españoles tras la matanza de Millarapué, y que, invirtiendo la identificación con el contrario recién apuntada, arguya que el "castigo de esta indómita gente" es "orden de los cielos" (26. 43). El poema – y dentro de él, diversas apreciaciones del yo empírico– contienen seguramente suficientes elementos para cuestionar las palabras del mago. Pero lo que nos interesa no es tanto la problemática integración de la historia del Arauco en la Historia triunfante del Imperio como los movimientos de reubicación de la primera persona al amparo de la ideología imperial. Bajo este modo de leer *La Araucana*, la gruta de Fitón es menos un espacio profético que un refugio textual, donde se aplacan las ansiedades de la voz.

3.

El desdoblamiento alegórico del yo y su consiguiente facultad para suspender y trascender la experiencia inmediata gracias a una visión "ensanchada" y potencialmente ubicua ayudan a construir en *La Araucana* la imagen de un *sujeto imperial*, representado en este sentido como superior a los indígenas rebeldes. Dicha superioridad radica, según el texto, en la amplitud de la perspectiva, la cual no sólo simboliza la pretensión de poseer un conocimiento global del mundo sino el poder para desplazarse o circular por él. A la movilidad real del poeta se le superpone así otra figurada, por la que el yo se traslada mentalmente a distintos sitios superando su localización

---

[21] Concha se refiere a "la crisis de conciencia" (95) que se detecta en el poema. Lagos habla del yo progresivamente fracturado y confuso del poeta (182). Pastor menciona también su conciencia escindida (424). Davis dedica buena parte de su capítulo sobre *La Araucana* a los discursos contradictorios que constituyen la primera persona.

empírica. Lo contrario se afirma en el poema sobre el pueblo araucano pese a que sus virtudes militares son merecedoras de alabanza:

> Cosa es digna de ser considerada
> y no pasar por ella fácilmente
> que gente tan ignota y desviada
> de la frecuencia y trato de otra gente,
> de inavegables golfos rodeada
> alcance lo que así difícilmente
> alcanzaron por curso de la guerra
> los más famosos hombres de la tierra. (25. 1)

Según indica el pasaje, el confinamiento geográfico hace tanto más admirable el tenaz heroísmo de los araucanos, pero por otro lado tampoco puede olvidarse cómo la ideología imperial determina que el mismo desvío del "trato de otra gente" obstaculiza la asimilación a la *civitas* universal de los pueblos incomunicados. Aquí está de hecho una de las diferencias sustanciales entre ellos y sus agresores, capaces en cambio de asignar al conflicto presente un valor objetivo dentro de coordenadas amplias y de justificar el derecho de conquista para paliar los daños causados por el aislamiento. Si ya algunos autores romanos sostuvieron que la ausencia de relaciones externas suponía un signo de *inhumanidad* únicamente remediable en el marco *civilizador* del Imperio, Francisco de Vitoria incluye entre los *títulos legítimos* de guerra contra las naciones *bárbaras* el derecho de "libre paso" y de comercio económico por parte de los conquistadores.[22]

Es a la luz de este tipo de presuposiciones que la rebeldía local no se sitúa al mismo nivel que la violencia propiciada por la expansión imperialista. Debido en efecto a su propia naturaleza, el Imperio establece un ideal de interrelación entre sus diferentes componentes territoriales, mientras el sometimiento de todos al centro del poder trae consigo la pertenencia a un complejo sistema jerarquizado. El conocimiento del sistema general y de sus piezas particulares –no siempre espacialmente contiguas, sino a menudo distantes– marca en *La Araucana* una diferencia cualitativa del sujeto imperial respecto al indígena rebelde, condenado a lo sumo a remedar la ideología de su enemigo. En la Primera Parte del poema el líder Caupolicán formula en los siguientes términos sus afanes de revancha contra los españoles:

> ...Que, según vuestros fuertes corazones,
> entrar la España pienso fácilmente
> y al gran Emperador, invicto Carlo,
> al dominio araucano sujetarlo. (8. 16)

---

[22] En su *Historia documental de España*, Díaz-Plaja reproduce por ejemplo un texto de la *Geografía* de Estrabón donde en relación a los pueblos no romanizados del norte de la península ibérica se dice: "Pero la inhumanidad y la fiereza de costumbres no tanto les proviene de la guerra como de tener morada alejada de otros, porque los viajes a ellos son largos por tierra y por mar. Con lo cual ha sucedido que no comerciando, han perdido la sociedad y la humanidad" (14). En el siglo XVI tal clase de argumentaciones son elaboradas por Francisco de Vitoria como parte de los *títulos legítimos* de conquista, los cuales incluyen el derecho de sociedad natural y libre comunicación; véase el resumen de Abellán (441).

La eufórica propuesta de Caupolicán –cuya esposa le recordará amargamente antes de que el guerrero sea martirizado y muerto– se repite en la Segunda Parte con modulaciones utópicas tal vez reminiscentes de la fase más optimista del dominio español (16. 42-43).[23]

Pese a intentar ponerse en paridad con los españoles imitando su lenguaje, Caupolicán no sobrepasa en ambas escenas la caricatura. La imitación araucana del imperialismo hispánico se queda más bien en inadvertida parodia por la obvia razón de que Caupolicán carece de los instrumentos materiales para acometer una empresa de tal envergadura, pero además porque el horizonte cultural e histórico de los araucanos se circunscribe a los límites de su territorio nativo. Los agentes del Imperio circulan al contrario en las redes de un aparato de poder universalmente extendido y que integra en el todo dispuesto alrededor del Monarca la significación de sucesos espacialmente periféricos. Esta ubicación por referencia a un amplio organismo centralizado puede acompañarse de una efectiva fuerza legitimadora.

Según se recordará, la llegada de Ercilla al Nuevo Mundo coincide con el nombramiento de Andrés Hurtado de Mendoza, Marqués de Cañete, como Virrey del Perú encargado de sofocar la revuelta de los encomenderos contra los representantes del entonces Emperador Carlos V. El Marqués cumple su misión de restaurar la autoridad imperial acudiendo a medidas represivas poco ortodoxas y más bien afines a las maneras sinuosas y calculadoras del maquiavelismo. Mediante ejecuciones secretas y fulminantes de los máximos traidores seguidas de órdenes de destierro para sus presuntos cómplices –sin descartar cuando las circunstancias lo dictan el uso político del perdón–, el Marqués logra crear una atmósfera de terror, suspensión y arbitrariedad en torno a su persona, y pronto ahoga la insumisión. Al referir estos turbios sucesos, parece como si el poeta hubiera introyectado la opacidad política de Hurtado de Mendoza, hasta el punto de salpicar su relato de silencios y ambigüedades.[24] De cualquier forma –y como eslabón de una cadena jerárquica que pasando por el Virrey se origina en Carlos V– el yo testigo remite el juicio definitivo sobre la revuelta y su aplastamiento al arbitraje último del Emperador:

> ...De vos solo, Señor, es el juzgarlos
> Y el poderlos salvar o condenarlos. (12. 82)

Extendidos fuera de Europa hasta alcanzar el virreinato del Perú, los designios supremos de Carlos V estabilizan y legitiman la actuación de sus representantes, contextualizando lo que en términos estrictos no pasaría seguramente de ser una violenta y refinada conducta maquiavélica. Aun con sus elementos específicos, se trata de una contextualización en cierta

---

[23] El comienzo de la arenga de Caupolicán podría recordar vagamente el famoso soneto de Hernado de Acuña "Al Rey Nuestro Señor" por sus resonancias mesiánicas: "Esforzados varones, ya es venido / (según vemos las muestras y señales), / aquel felice tiempo prometido / en que habemos de hacernos inmortales" (16. 42). A continuación Caupolicán da a su visión imperial una dimensión utópica: "... Y a costa y precio de su sangre y vidas / del todo eternicéis vuestras espadas, / y nuestras viejas leyes oprimidas / sean en su libre fuerza restauradas; / que por remotos reinos estendidas / han de ser inviolables y sagradas, / viviendo en igualdad debajo dellas / cuantos viven debajo las estrellas" (16. 43). Sobre la conjunción de imperialismo y utopismo en España durante la época de Carlos V, véase el trabajo de Maravall.

[24] Leemos sobre las tácticas aterrorizadoras del Marqués de Cañete contra los rebeldes y sobre la perplejidad del narrador ante las mismas: "... Que casi en los más pueblos que pecaron / amanecieron en un tiempo muertos / aquellos que con más poder y mano / habían seguido el mando del tirano" (12. 81); "Dar mi decreto en esto yo no puedo, / que siempre en casos de honra lo rehuso;/ sólo digo el terror y estraño miedo / que en la gente soberbia el Marqués puso / con el castigo, a la sazón acedo, / dejando el reino atónito y confuso, /del temerario hecho tan dudoso / que aun era imaginarlo peligroso" (12. 83). Los tortuosos procedimientos de castigo e intimidación aquí descritos no están muy lejos de algunos referidos por Maquiavelo; véase Rebhorn (86-134).

medida análoga a la efectuada en el relato de las atrocidades de la jornada de San Quintín, sólo que ahora el Monarca no ejerce su autoridad directamente sino a través de su delegado, el Marqués de Cañete. No obstante, también respecto a San Quintín el narrador muestra *su* propia distancia –física y poética– con los hechos, pues tampoco entonces está junto al Rey en Francia sino en la montaña alegórica conjurada por Belona. Para el yo geográficamente alejado del núcleo estabilizador del poder, ambas secuencias apuntan a la necesidad de reintegración, más acusada a medida que los horrores de la guerra araucana ponen en peligro la entrega sin reservas al ideario universalista.[25]

Así, pues, la experiencia de la desorientación y la subsiguiente búsqueda del centro condicionan a menudo la movilidad de la primera persona poética en La Araucana, y me atrevería a sugerir que esta tensión constituye un aspecto común a algunos de los más eximios contemporáneos de Ercilla. El otro gran soldado-poeta de su generación, Francisco de Aldana –testigo de cruentas campañas militares en Flandes al servicio de Felipe II–, exhibe asimismo una voluntad nostálgica de contrarrestar el desasosiego y la inestabilidad –vivencias manifestadas, entre otros ejemplos, en su soneto 57:

> El ímpetu cruel de mi destino,
> ¡cómo me arroja miserablemente
> de tierra en tierra, de una en otra gente,
> cerrando a mi quietud siempre el camino![26]

Con expresiones no muy diferentes, casi al final de su poema Ercilla maldice la "adversa fortuna" que le lleva, después de tantos afanes, "fuera del puerto deseado" (37. 71) El que este "puerto" parezca consistir aquí en el reconocimiento debido a sus esfuerzos y negado por el "disfavor cobarde" (37. 73) sitúa la insatisfacción de Ercilla en esquemas, si se quiere, más mundanos que los de Aldana –cuya Carta para Arias Montano llegará a identificar la quietud con la contemplación mística.[27] Es, por supuesto una salida apenas concebible en el autor de La Araucana, pese a que Ercilla sí comparte con Aldana la atracción hacia un punto fijo de referencia. La apelación de San Agustín a Dios en las Confesiones está probablemente en el fondo de ambas actitudes "...Y nuestro corazón anda siempre desasosegado hasta que se quiete y descanse en ti" (1. 1).[28]

En esta dirección, creo apropiado sugerir que los episodios alegóricos de La Araucana transfieren al orden ideal del Imperio el atributo divino glosado por San Agustín de estabilizar las cuitas del poeta y cancelar sus escisiones. Paralelamente, los *loci* de enunciación

---

[25] La importancia ideológica de la inscripción textual del Monarca en La Araucana ha sido recientemente subrayada por Davis, quien nota cómo el poeta "exhibits a confidence verging on complicity with the royal person, one that authorizes both his values and his perspective as narrador" (27). Davis también nota la atención de Ercilla a la cuestión de la *presencia* real y los peligros que puede traer su lejanía (31) mencionando el verso "adonde falta el rey sobran agravios" (4.5). Antes Lagos se ocupó del mismo tema (179-80). Podría añadirse que tal preocupación –ya acuciante en tiempos de Ercilla– lo será todavía más en el pensamiento político posterior, como lo muestran, entre otros muchos, Quevedo y Saavedra Fajardo. Para los signos en el texto de la relación de La Araucana entre el poeta, véase Albarracín (1986).
[26] Cito los versos de Aldana por la edición de Lara Garrido. Véase asimismo su extensa nota explicativa de este soneto.
[27] La contemplación divina en la Carta para Arias Montano implica el diálogo previo del poeta con su "interior hombre" (vs. 50), a través de cuyo contacto el poeta desea liberarse de la "locura" de los amores humanos y de su entrega militar al "desenvuelto Marte" (vss. 18-19). Tras este reencuentro con la interioridad la comunicación con Dios se realizaría en el lugar de enunciación mística magistralmente descrito en el poema.
[28] Sigo la traducción de las Confesiones de Rodríguez de Santidrián. De hecho, en el mismo final de La Araucana el poeta se remite a Dios como horizonte último (37. 75-76).

propuestos en tales episodios ofrecen una versión ideologizada del anhelo por acceder al tipo de visión perfecta y absoluta anticipada por fray Luis de León –también coetáneo de Ercilla– como alternativa eterna frente al devenir del mundo sublunar y corruptible. Si en la oda *A Felipe Ruiz*, fray Luis sueña con "contemplar la verdad pura, sin velo" (vs. 5),[29] el doble poético de Ercilla se apresta a ver "la gran traza" del universo, "sin que un mínimo punto oculto reste", desde la cueva de Fitón, lugar donde, en similitud con la imagen del cosmos neoplatónico, "nadie (–) turba y embaraza" (27. 5). Los lectores de *La Araucana* saben no obstante que, en vez de la ascesis mundana, la construcción textual de ese ámbito pacífico, libre de pasiones y milagrosamente exento de la brutalidad de la guerra comporta un ejercicio inconfesado de violencia simbólica.

---

[29] Cito a fray Luis de León por la edición de Félix García.

OBRAS CITADAS

Abellán, José Luis. *Historia crítica del pensamiento español*. Vol. 2: *La edad de oro (siglo XVI)*. Madrid: Espasa-Calpe, 1979.
Acuña, Hernando de. *Varias poesías*. Ed. Luis F. Díaz Larios. Madrid: Cátedra, 1982.
Agustín, San. *Confesiones*. Trad. P. Rodríguez de Santidrián. Madrid: Alianza Editorial, 1990.
Albarracín, Carlos. "El poeta y su rey en *La Araucana*." *Filología* 21 (1986): 99-116.
_____ "Pronombres de primera persona y tipos de narrador en *La Araucana*." *Boletín de la Real Academia Española* 46 (1966): 297-320.
Aldana, Francisco de. *Poesías castellanas completas*. Ed. J. Lara Garrido. Madrid: Cátedra, 1985.
Avalle-Arce, Juan Bautista. "El poeta en su poema (El caso Ercilla)". *Dintorno de una época dorada*. Madrid: Porrúa Turanzas, 1978. 173-91.
Certeau, Michel de. *The Mystic Fable*. Vol 1. : *The Sixteeenth and Seventeenth Centuries*. Trad. M. B. Smith. Chicago: U of Chicago P, 1986.
Concha, Jaime. "El otro nuevo mundo." *Homenaje a Ercilla*. Universidad de Concepción, 1969. 31-82.
Davis, Elizabeth B. *Myth and Identity in the Epic of Imperial Spain*. Columbia: U of Missouri P, 2000.
Díaz-Plaja, Fernando. *Historia documental de España*. Madrid: Guadiana, 1973.
Ercilla, Alonso de. *La Araucana*. Ed. Isaías Lerner. Madrid: Cátedra, 1998.
Foucault, Michel. *Power / Knowledge: Selected Interviews*. Trad. C. Gordon. New York: Pantheon, 1980.
Lagos, Ramona. "El incumplimiento de la programación épica en *La Araucana*." *Cuadernos Americanos* 238.5 (1981): 157-91.
León, fray Luis de. *Poesías*. En *Obras completas castellanas*, vol 2. Ed. Félix García. Madrid: Biblioteca de Autores Cristianos, 1957.
Lerner, Isaías: "Felipe II y Alonso de Ercilla." *Filología* 18 (1999): 88-101.
Maravall, José Antonio. "Tópicos utópicos: El humanismo de un programa imperial." *Utopía y reformismo en la España de los Austrias*. Madrid: Siglo XXI, 1982. 305-27.
Murrin, Michael. *History and Warfare in Renaissance Epic*. Chicago: U of Chicago P, 1994.
Nicolopulos, James. *The Poetics of Empire in the Indies: Prophecy and Imitation in "La Araucana" and "Os Lusíadas."* University Park: Pennsylvania U P, 2000.
Pagden, Anthony. *Lords of the World. Ideologies of Empire in Spain, Britain, and France (1500-1800)*. New Haven: Yale U P, 1995.
Pastor, Beatriz. *Discursos narrativos de la conquista: Mitificación y emergencia*. Hanover: Ediciones del Norte, 1988.
Perelmuter, Rosa. "El paisaje idealizado en *La Araucana*." *Hispanic Review* 54 (1986): 129-46.
Quint, David. *Epic and Empire: Politics and Generic Form from Virgil to Milton*. Princeton: Princeton U P, 1993.
Rebhorn, Wayne A. *Foxes and Lions: Machiavelli´s Confidence Men*. Ithaca: Cornell U P, 1988.
Spearing, A.C. *Medieval Dream-Poetry*. Cambridge: Cambridge U P, 1976.
Schwartz, Lía. "Tradición literaria y heroínas indias en *La Araucana*." *Revista Iberoamericana* 81 (1972): 615-25.
Vega, Garcilaso de la. *Poesías castellanas completas*. Ed. Elias L. Rivers. Madrid: Castalia, 1969.
Yates, Frances A. *Astraea. The Imperial Theme in the Sixteenth Century*. London: Ark, 1985.

ENTRE EL CARIBE Y LOS ANDES: CUBA Y *LA FLORIDA DEL INCA* (1605)[1]

Raquel Chang-Rodríguez
THE CITY COLLEGE-GRADUATE CENTER
CITY UNIVERSITY OF NEW YORK

La Florida del Inca (1605)[2] ha sido catalogada dentro de las "crónicas de Indias" y estudiada mayormente desde una perspectiva historiográfica. En esta obra el mestizo peruano Gómez Suárez de Figueroa, después conocido como el Inca Garcilaso de la Vega, cuenta la historia de la desgraciada expedición de Hernando de Soto (c.1500-1542) a la Florida, un vasto e ignoto territorio que entonces se extendía mucho más allá del actual estado del mismo nombre en los Estados Unidos de Norteamérica.[3] En el ámbito literario, la crónica es admirada por la belleza de su prosa, la cuidadosa construcción de la expectativa y el fundamento filosófico en el cual se asienta la narración. No obstante sus virtudes, *La Florida*, opacada por la obra maestra del autor, *Comentarios Reales de los Incas* (1ra parte,1609; 2da parte,1617), no ha recibido la atención que merece. Anticipando la próxima conmemoración, en el 2005, del cuarto centenario de su publicación, mi ensayo intenta ubicar *La Florida* en el actual debate en torno a la literatura colonial y la figura del Inca Garcilaso en tanto su contribución a las letras hispanoamericanas, y para ello me acercaré a algunos aspectos de esta obra primeriza desde una doble perspectiva. Por un lado, resaltaré

---

[1] Una versión abreviada de este ensayo fue leída en el marco de las IX Jornadas Internacionales Inca Garcilaso de la Vega patrocinadas por la Universidad de Córdoba, la Casa Garcilaso en Montilla y el Ayuntamiento de esa ciudad. Doy las gracias al profesor Antonio Garrido Aranda, y a los colegas de esas instituciones por la generosa acogida y la oportunidad de presentar mis ideas en el marco de un rico intercambio intelectual en torno a la vida y la obra del luminar cuzqueño.
[2] Una primera redacción de la obra se terminó para 1589; y la versión final se concluyó para 1592. Es uno de cuatro textos principales que cuentan lo ocurrido en la expedición de Hernando de Soto. Los otros tres son: 1) el relato de Hernández de Biedma, el contador de la expedición; 2) el del hidalgo de Elvas, publicado en portugués en 1557; y 3) el basado en el diario de Rodrigo Ranjel, secretario de Soto, contado a Gonzalo Fernández de Oviedo y recogido en su *Historia general y natural de las Indias* publicada en el siglo XIX. Para una valoración de estas narraciones véase Galloway 11-44. Por su parte, Garcilaso explica que ha fundamentado su relato en el testimonio de tres expedicionarios: los papeles de Alonso de Carmona y Juan de Coles, y sus conversaciones con Gonzalo Silvestre (Véase Durand, "Las enigmáticas"). Otros textos floridanos están siendo recuperados y estudiados nuevamente por historiadores y críticos literarios. Véase, por ejemplo, el reciente estudio y edición de Juan Carlos Mercado de las cartas (1555-1574) de Pedro Menéndez de Avilés, el fundador de San Agustín.
[3] Hernando de Soto había servido a la Corona en Panamá y Perú: en la primera localización bajo el mando de Pedrarias Dávila, y en la segunda bajo el de Francisco Pizarro. Carlos I recompensó sus servicios nombrándolo gobernador de Cuba y Adelantado de la Florida. El flamante conquistador salió de España en 1537 hacia su nuevo destino. El territorio floridano había sido explorado anteriormente por, entre otros, Pánfilo de Narváez (c.1470-1528) de cuya fallida expedición dio cuenta Alvar Núñez Cabeza de Vaca en su *Relación* (Zamora 1542; Valladolid 1555).

su importancia desvelando varias de las líneas de fuerza que, partiendo de este libro, recorren los escritos garcilasianos –por ejemplo, temas relacionados con la pasión y sus consecuencias, reflexiones sobre el comportamiento de europeos e indios, primorosamente bordados tanto en el relato floridano como en *Comentarios Reales*. Por otro lado, me centraré en los ocho capítulos de la primera parte relacionados con Cuba, con el propósito de dar cuenta de cómo afloran las preocupaciones del autor al tratar sucesos y describir personajes ligados a la historia del Caribe –entre ellos, lances sobre piratería, o la representación de la figura de Isabel de Bobadilla, la primera gobernadora de una posesión española en Indias, y de otro Gómez Suárez de Figueroa, homónimo cubano del Inca. Específicamente, comentaré dos episodios: uno de honor con una coda sobre los caballos cubanos; el otro de amor con una valoración de los taínos; pasaré después al homónimo del Inca y concluiré con la gobernadora Bobadilla.

1. Un lance de honor

Hernando de Soto (c.1500-42), gobernador de Cuba y adelantado de la Florida, ingresa a la Isla por el puerto de Santiago (29 de junio de 1538). Lo acompañaban muchos expedicionarios, Isabel de Bobadilla, su mujer, y un amplio séquito.[4] El narrador de *La Florida* rodea su llegada de extrañas circunstancias. Según explica, los recién llegados se sorprenden al divisar, desde las embarcaciones, un hombre al galope que los guió primero a babor y después, al reconocer su bandera, a estribor. Como consecuencia de ello, la nave capitana encayó y parecía estar a punto de hundirse. Asimismo aprovecha este incidente para burlarse de los caballeros "mozos" e inexpertos que, olvidados del respeto debido a las damas, se abalanzaron para alcanzar el batel salvavidas. El narrador se vale de este desbarajuste para comenzar a trazar el retrato de Hernando de Soto, resaltando su valentía al no desamparar la casi hundida nave.[5]

El Inca encuadra esta intrigante introducción a la isla de Cuba dentro de otro suceso curioso ocurrido unos diez días antes de la llegada de Soto a Santiago: un "lance de honor" entre los capitanes de sendos navíos de diferente nación. Uno de ellos estaba al mando del sevillano Diego Pérez; el otro lo comandaba un anónimo corsario francés. Si bien Garcilaso desconoce la genealogía del primero, señala su nobleza de trato y concluye que su impecable conducta lo hace hidalgo. De este modo el narrador inserta en la obra uno de los temas en los cuales insistirá primero en *La Florida*, y después en *Comentarios Reales*: el comportamiento y las obras, otorgan la verdadera nobleza.[6] Siguiendo estas ideas, Diego Pérez pacta con el corsario francés: pelearán a muerte únicamente durante el día; en la noche se visitarán y regalarán. En aparente muestra de cobardía, el francés quiebra el pacto y huye en la madrugada de la cuarta noche. A cambio de protección para la ciudad, el sevillano Pérez les había solicitado a sus habitantes que, en caso de ser derrotado, les restituyeran a él o a sus herederos el valor de la nave. La petición fue denegada por los vecinos de Santiago de Cuba, por lo cual Garcilaso los califica de "crueles y desagradecidos"

---

[4] Alrededor de 700 personas salieron de San Lúcar de Barrameda el 7 de abril de 1538 rumbo a Santiago de Cuba (Avellaneda 211-12).
[5] En este primer incidente cubano figuran Isabel de Bobadilla y sus damas, a quienes encontramos abordando el batel salvavidas. El incidente inicia también el "retrato" de Hernando de Soto, como el conquistador ideal. Como veremos, este retrato se deslustra en la descripción de sucesos menores, donde asoman normas de conducta muy criticadas por el Inca.
[6] Lo intuyó José Durand tempranamente en su tesis doctoral (1949); publicó estas ideas en un artículo de 1951, "La idea de la honra en el Inca Garcilaso", recogido después en su *Clásico de América*.

(F, Libro I, capt. XI, 33).[7] Además, según explica el Inca, temerosos del saqueo y quema de la villa en caso del triunfo del corsario, no ayudaron al sevillano en su lucha contra el francés.

A primera vista, se podría pensar que el narrador intenta contrastar el mezquino comportamiento de los vecinos de Santiago y la hidalga conducta de Diego Pérez. En efecto, el accionar de los santiagueros parece ser tan deleznable como el del corsario francés cuya huida, no obstante el incumplimiento de la palabra empeñada, el Inca justifica porque, en la inestabilidad de la guerra, "el mudar consejos es de sabios..." (F, Libro I, capt. x, 33). Al condenar las acciones de los vecinos de Santiago, el narrador sitúa el episodio en el contexto de las guerras nacionales y religiosas donde el enemigo de "nación o de religión" –en este caso el corsario francés– si vence, "no sabe tener respeto a los males que le dejaron de hacer, ni agradecimiento a los bienes recebidos, ni vergüenza a las palabras y promesas hechas para dejarlas de quebrantar" (F, Libro I, capt. xi, 34).[8]

No obstante estas observaciones, quisiera resituar la instancia discursiva comentada en un contexto aledaño, el del contrabando caribeño, pues esta reubicación nos permitirá revalorar el accionar de los santiagueros. Los intercambios entre franceses, holandeses, ingleses y españoles en América no fueron únicamente bélicos. En el siglo XVI existió en el Caribe un abundante comercio de contrabando el cual involucraba a vecinos y autoridades; tal práctica amenazó el monopolio impuesto por la Península y provocó fuertes sanciones de la Corona, incluyendo el desalojo de poblaciones enteras de las villas contrabandistas más notorias.[9] Como las incursiones eran repetidas, de a poco el rescate se convirtió en un medio de evitar la lucha armada y el saqueo de poblaciones. *Espejo de paciencia* (1608) un poema épico menor del canario Silvestre de Balboa Troya y Benavides narra un rescate (el del obispo de Cuba, Juan de las Cabezas Altamirano) y la derrota de un pirata francés (Gilberto Girón) también en la zona oriental de Cuba (la villa de Bayamo).[10] El poema da cuenta de la complejidad de estas relaciones con "infieles" y del ingenio de la variopinta población cubana[11] en su derrota del enemigo de "nación o de religión" al cual alude Garcilaso. Entonces, debemos situar los intercambios (ya bélicos, ya de carácter comercial o personal) entre piratas y corsarios y los habitantes del Caribe, tanto en el ámbito de las luchas religiosas europeas como en el entramado del monopolio comercial impuesto en las colonias y los intereses de los vecinos quienes lo burlaban efectuando transacciones provechosas con grupos de diverso origen nacional. Esta recontextualización me permite proponer que la actitud del francés y la reticencia de los santiagueros a ayudar al español, apuntan hacia una posible familiaridad entre los vecinos de la villa y el fugado corsario. Así, el comportamiento desusado de los vecinos –su aparente ingratitud y crueldad con el sevillano–, revela tanto la conciencia de su vulnerabilidad como la necesidad de realizar tratos que, si bien condenados por el poder colonial, podían asegurar la integridad física de la villa y hasta el beneficio económico de sus vecinos.

---

[7] Uso las siguientes abreviaturas de las obras de Garcilaso: F, *La Florida del Inca*; CR, *Comentarios Reales*; HG, *Historia general del Perú*.
[8] Soto igualmente criticó la inacción de los vecinos de Santiago.
[9] Entre 1603 y 1604, para evitar el contrabando y el contacto con los heréticos, la Corona ordenó la relocalización de la población en la costa norte de Santo Domingo; muchos se reubicaron en la zona este de Cuba, anticipando el peregrinaje de colonos franceses ocurrido en el siglo XVIII. Sobre estos sucesos y la nueva mentalidad surgida alrededor del contrabando véase Moya Pons 53-61.
[10] Sobre las singularidades de este poema y la instancia histórica en la cual se inserta, véanse Schulman, González Echevarría y Marrero-Fente.
[11] Entre ellos el ancestro de Salvador Golomón, personaje de la novela *Concierto barroco* (1974) de Alejo Carpentier.

Por otro lado, el lance de honor inserta *La Florida* en la modernidad cuando resalta la importancia de la experiencia como guía de conducta y valora comportamiento y obras como marcas de nobleza muy por encima de la prosapia. De ahí que el Inca ponga fe en sus "hazañas" –o sea, sus escritos– y exhorte en el Prólogo de la segunda parte de *Comentarios Reales* o *Historia general del Perú*, a los criollos, indios y mestizos a intentar hechos admirables ya de armas, ya de letras. La reflexión sobre el comportamiento del pirata asimismo recalca la centralidad de la experiencia en el ámbito bélico, y de temperar decisiones en base al saber adquirido. Sin duda, el lance trae a colación las guerras religiosas europeas peleadas en América por corsarios y piratas, pero también el monopolio comercial con frecuencia subvertido por colonos leales a la Corona y la nueva mentalidad surgida en torno a este trato. Visto de este modo, el peculiar comportamiento de los santiagueros y su reticencia a recompensar al sevillano e intervenir en la batalla a su favor, los perfilaría de otra manera: como vecinos urgidos por la necesidad de sobrevivir en zona tan apartada; como colonos astutos y prácticos en el trato y contrato con esa diversidad europea que navegaba el mar Caribe; y, muy probablemente, como individuos inmiscuidos en el floreciente contrabando de la zona oriental de la Isla, del cual obtenían amplios beneficios vecinos y autoridades.[12] Visto así, este curioso episodio cubano invita al lector a contrastar no sólo el comportamiento del sevillano, del francés y de los santiagueros, sino también la realidad europea y la americana, matizada esta última por singulares circunstancias y la consecuente diversidad – en este caso de conducta y origen. En última instancia, por medio del episodio de piratería el narrador señala la diferencia del contexto americano explorada aquí en su modalidad caribeña y cubana; a la vez, nos incita a hurgar más allá de lo evidente, a colocar cada acción dentro de su ámbito con el propósito de entender el comportamiento humano en el marco de circunstancias singulares, tales como los procesos de conquista y colonización americanos.

2. LOS CABALLOS CUBANOS

El relato de este lance concluye con un párrafo dedicado a los "buenos caballos" cubanos. Los isleños, dotados de "bondad natural", los criaban con mucho cuidado y se vendían a precios altos para las conquistas en México, Perú y otras partes de América. Este negocio, explica el narrador, era "la mayor y mejor granjería" de los habitantes de Cuba. Dada la importancia de estos animales y la preferencia que sentía Garcilaso por ellos, no sorprende su preeminencia en el relato de la expedición de Soto. En otras partes de *La Florida* el narrador detalla cómo los conquistadores cuidaban de los caballos y lloraban su muerte. Indica asimismo cómo los indígenas atribuían la superioridad ibérica en las armas a los caballos; esto los llevó a exterminarlos con saña –flechándolos, ahogándolos, golpeándolos como pudieran (F, Libro II, 2da parte, capt. XVIII, 165; capt. XXIV, 180-81).

Las espléndidas caballerizas cubanas,[13] traen a la mente el capítulo de *Comentarios Reales* sobre "Las hortalizas y yervas y de la grandeza dellas" (CR, Libro IX, capt. XXIX). Allí se da noticia del tamaño inusitado de escarolas y espinacas en la Ciudad de los Reyes [Lima] (un hombre no alcanzaba sus "pimpollos"), y del enorme rábano del valle de Cuçapa a cuyas

---

[12] Nada de esto menoscaba la lealtad de Santiago de Cuba a la Corona, evidente en el deseo de festejar al nuevo gobernador y atender sus peticiones. Sobre estas celebraciones, véase, F, Libro I, capt. XII, 35.

[13] En CR, Libro IX, capt. XVI, Garcilaso retoma estas ideas y elogia de nuevo los caballos cubanos.

ramas estaban atados cinco caballos. La importancia de este capítulo la notó Julio Ortega: las hortalizas mestizas –planta o semilla española y tierra andina– superan las originales; en exquisito paralelismo, el ingenio indio fecundado por el saber europeo resultará en el ingenio mestizo, óptima suma de las partes. ¿Acaso esta descripción de los caballos cubanos podría ser la semilla de tan central pasaje de *Comentarios Reales*? Démosle otra vuelta de tuerca al elogio.

En la exaltación de la cría y venta de equinos como lucrativa profesión, el narrador incorpora una manera diversa de "hacer la América": ésta se aparta de la búsqueda del oro y sus trágicas consecuencias físicas y morales. Quizá se vislumbre aquí otro modo de vivir donde los metales preciosos podrían ser desplazados, y quienes los minan (indios y negros) mejor tratados; así, la cría de caballos podría ofrecer una alternativa a la tragedia imbricada en el laboreo minero para encomenderos y encomendados, para amos y esclavos, para europeos, negros e indios. Pasemos ahora a un lance amoroso imbricado en estos primeros capítulos y cuyas consecuencias contemplamos a lo largo del relato floridano.

3. Un lance de amor

Durante la estancia de Hernando de Soto y sus expedicionarios en Santiago de Cuba, el primer puerto isleño donde tocan, nos enteramos de por qué Vasco Porcallo de Figueroa,[14] vecino de Trinidad y deudo cercano de la casa de Feria, se une a la expedición con el rango de teniente general. El caballero Nuño Tovar había sido depuesto de ese cargo por haberse casado clandestinamente con doña Leonor de Bobadilla, la hija natural del conde de la Gomera y dama del séquito de la gobernadora, Isabel de Bobadilla (F, Libro I, capt. VIII, 28; capt. XII, 37). En el capítulo ocho del primer libro, el narrador describe el suceso escuetamente mientras que en muchas otras partes del relato destaca el arrojo de Nuño Tovar y las consecuencias de su matrimonio. No obstante su brevedad, el episodio sentimental y la valentía del caballero se emplean con el propósito de criticar la tiranía de los príncipes y poderosos –en este caso de Hernando de Soto– que por ofensas ciertas o inciertas no corresponden, por mucho que se esfuerce el ofensor, ni con la reconciliación ni con el perdón. Orgullosamente, Garcilaso recomienda pordiosear antes que esperar de ellos alguna gracia (F, Libro II, capt. XIV, 81). Tal reflexión trae a la mente el episodio, contado de muy diversas maneras por historiadores coetáneos,[15] sobre el capitán Garcilaso y su caballo "prestado" al rebelde Gonzalo Pizarro en la batalla de Huarina, durante las Guerras Civiles del Perú, tanto como la mezquindad de Lope García de Castro, quien, como miembro del Consejo de Indias, lo trajo a colación en Madrid para negar la petición de prebendas del joven Gómez Suárez de Figueroa. (HG, II, Libro V, capt. XXIII).

Más adelante, al consignar el fallecimiento en batalla de Nuño Tovar, el Inca le rinde tributo: "caballero no menos valiente que noble, aunque infelice por haberle cabido en suerte un superior tan severo que, por el yerro del amor que le forzó a casarse sin su licencia, lo había traído siempre desfavorecido y desdeñado" (F, Libro V, 2da parte, capt. VII, 371). De este modo el narrador nivela al caballero y al capitán: ambos yerran, guiado el uno por la pasión amorosa y el otro por el desmesurado orgullo. Entonces, el descontrol de las pasiones

---

[14] Hay constancia de su desparejo comportamiento en México y Cuba: en el primero se lo acusó de asesinar a una persona; en el segundo la documentación indica su crueldad con al menos tres nativos (Adorno y Pautz 2:49-50).
[15] Entre ellos Francisco López de Gómara, Agustín de Zárate, Diego Fernández conocido como el Palentino.

lleva al conflicto personal y al colectivo: hace perder hombres y batallas, y olvidar el propósito de la conquista –implantar el Evangelio en América. Específicamente en el Perú, ambiciones y pasiones desbordadas fueron la causa, según Garcilaso, de las guerras civiles entre los conquistadores. Así, el lance de amor, apenas un punto en el extenso relato floridano, ilustra las consecuencias de este descontrol; al mismo tiempo, abre un espacio textual desde el cual es lícito describir y criticar las acciones injustas, la tiranía de los poderosos –en este caso del encumbrado conquistador Hernando de Soto.

Como ocurre con tanta frecuencia en la obra del Inca, este microrrelato se expande sorprendentemente y nos lleva a la biografía del autor. Por contraste, trae a la mente el matrimonio en el Cuzco del capitán Garcilaso con la española Luisa Martel de los Ríos y las consecuencias que éste tuvo para el núcleo familiar; en este enlace, al contrario del descrito en *La Florida*, imperaron la obediencia y la conveniencia. El relato mezcla igualmente el cálido Caribe y los templados Andes cuando nos lleva a la infancia cuzqueña del Inca, a las lecciones impartidas por el canónigo Juan de Cuéllar[16] a los niños mestizos: entre los condiscípulos del Inca se encontraba un criollo, Gonzalo Mexía de Figueroa, el hijo de Leonor de Bobadilla, la viuda de Nuño Tovar (Mora 23). De este modo la historia de España, Cuba, Perú y la Florida se entrecruza nuevamente en la biografía del autor y marca el entramado narrativo de este texto primerizo. La vasta geografía concitada por el minúsculo relato del lance amoroso se focaliza y, paradójicamente, se amplía, por la vivencia personal del Garcilaso niño, testigo de la ruptura de su hogar; por la experiencia del Garcilaso estudiante, compañero de Gonzalo Mexía, el hijo de Leonor de Bobadilla, la viuda de Nuño Tovar; por la osadía del hidalgo cuya historia cuenta, con admiración y nostalgia, el sujeto narrador de *La Florida del Inca*.

4. Los indios de Cuba

Si en la coda del lance de honor hallamos el comentario sobre los caballos cubanos, también en el de amor nos topamos con otra coda, la caracterización de los taínos. El narrador presenta el tema con el pretexto de explicar por qué disminuyó la otrora abundante población indígena de Cuba: preferían ahorcarse antes que trabajar en la extracción del oro. La trágica aclaración, sin embargo, está matizada. Evoca una época ideal, anterior al coloniaje, cuando la fertilidad de la tierra, el clima cálido y la ignorancia del valor de ese metal, no invitaban a labores más allá de las necesarias para el diario sustento; el impacto de la conquista y el coloniaje destruyeron esa "edad dorada". Sin sorpresa, el narrador menciona cómo las incitaciones del demonio a gente "simple, viciosa y holgazana", propiciaron el suicidio en masa de los taínos: "era la mayor lástima del mundo verlos colgados de los árboles, como pájaros zorzales cuando les arman lazos. Y no bastaron remedios que los españoles procuraron y hicieron para lo estorbar" (F, Libro I, capt. xii, 36). Esta imagen tan desoladora como gráfica donde se resalta la inocencia de los taínos por medio del símil, amplía y capta dolorosamente el impacto de la conquista y el consecuente choque cultural en Cuba. A la vez, remite a *Brevísima relación de la destruición de las Indias* (1552), texto que seguramente el Inca leyó, y a cuyo autor, Bartolomé de las Casas, conoció en Madrid. Pero no deja de perturbar el empleo de "viciosos" para caracterizar a los taínos. Covarrubias explica el vocablo "vicio" como "un afecto o hábito del ánimo nacido, que se opone al compuesto

---

[16] Evoca a Juan de Cuéllar en el Prólogo de la *Historia general*.

Entre el Caribe y los Andes: Cuba *y* La Florida del Inca

vivir de los hombres" (1004). Tales hábitos dificultarían la vida en colectividad, en la *polis* exigente de "compostura" cívica. Me pregunto si podríamos ver este pasaje como un anticipo del plan providencialista expuesto después con mayor detalle en *Comentarios Reales*. El Inca parece ubicar a los autóctonos habitantes de Cuba –los taínos– en idéntico escalafón a quienes poblaban el altiplano andino antes del dominio incaico: en la época de las "behetrías".[17] Sin embargo, una diferencia salta a la vista. Los conquistadores y colonizadores, aparentemente representados aquí como contraparte "civilizadora", no pueden "recoger" a esta población ni imponerles su "regla" ya que los taínos optan por el autoexterminio. De esta manera *La Florida* capta el sesgo trágico de la conquista tanto como de la desestructuración de las normas autóctonas. Tan trágica interpretación de los hechos, se afirmó después en *Comentarios Reales* con la decapitación de Tupac Amaru, el Inca rebelde de Vilcabamba, en la plaza del Cuzco, y el destierro de los miembros de las panacas o grupos familiares reales (HG, Libro VIII, capt. xix).[18]

Curiosamente, en el caso de Cuba, la voz narrativa parece exculpar a los colonizadores al indicar tanto sus intentos salvíficos –"Y no bastaron remedios que los españoles procuraron y hicieron para lo estorbar" (F, Libro I, capt. xii, 36)– como la intervención del demonio, constantemente activo en el teatro americano. Sin embargo, la comparación con los "pájaros zorzales", entrampados por los lazos de los cazadores, apunta en otra dirección: siguiendo el símil, en Cuba el "lazo" sería la ambición del oro; y lo tienden los conquistadores y colonizadores a los taínos, la mano de obra de este laboreo. Retomemos ahora el lance de amor entre Nuño Tovar y Leonor de Bobadilla.

5. El doble cubano del Inca Garcilaso

Al principio del comentario sobre el episodio amoroso, mencioné el nombre de Vasco Porcallo de Figueroa, caballero afincado en Trinidad, deudo cercano de la casa de Feria y de cuestionable comportamiento. Indiqué entonces las circunstancias por las cuales Soto le otorgó el cargo de teniente general de la expedición a la cual se unió acompañado de un gran séquito; en éste se encontraba Gómez Suárez de Figueroa, hijo natural suyo en una india de Cuba. Después, al retirarse Porcallo de Figueroa a La Habana por motivos de edad, salud y frustración, el hijo mestizo quedó en la Florida, y recibió del padre caballos y provisiones. Garcilaso describe a su homónimo cubano como "muy buen caballero y soldado hijo de tal padre" (F, Libro II, 1ra parte, capt. xi, 72). Cuando le mataron sus caballos, no quiso aceptar ninguno prestado, ni tampoco favor alguno de parte de Soto o de sus compañeros "por parecerle que todos los regalos que le hacían y ofrecían no llegaban a recompensar los servicios y ben[e]ficios por su padre hechos en común y particular a todo el ejército..."; no conforme con detallar su comportamiento, el narrador abre una ventana por medio de la cual es posible atisbar su carácter: el ánimo del mestizo cubano "era tan extraño y esquivo que nunca jamás quiso recebir nada de nadie" (F, Libro II, 1ra parte, capt. xi, 72).

Si bien de su madre lo desconocemos todo, sabemos que Gómez Suárez de Figueroa volvió a Trinidad, a la casa familiar. ¿Acaso la vida del mestizo cubano, orgulloso de la ascendencia paterna y probado en sus hechos, no encapsula la biografía del Inca? ¿Acaso su participación en la expedición floridana no recuerda la controvertida participación de

---

[17] Sobre el tema véase CR, Libro I, capt. xv.
[18] Lo señaló José Durand en un artículo de 1951, "El Inca Garcilaso, historiador apasionado", incluido en *Clásico de América*.

su homónimo cuzqueño en las guerras de las Alpujarras (1568) contra los moriscos? ¿Acaso su rechazo a aceptar caballos de otros dueños no trae de nuevo al centro de la historia floridana el contrario incidente del caballo del capitán Garcilaso "prestado", según otros cronistas, a Gonzalo Pizarro? ¿Acaso la generosidad del deudo de la casa de Feria a quien Soto intenta recompensar en su hijo mestizo, no espejea inversamente otro hecho: el trato mezquino dado por el Consejo de Indias al joven cuzqueño Gómez Suárez de Figueroa?[19] ¿Acaso la insistencia del cubano en valerse por sí no lo acerca al peruano quien también intenta afirmarse por medio de hazañas propias ya de armas, ya de letras? ¿Acaso el señalado regreso a la casa familiar del mestizo cubano no refleja, como en espejo cóncavo, la orfandad de su transterrado homónimo cuzqueño?

Por medio de la descripción y la evocación, el Inca aproxima una visión exótica pero positiva del ser mestizo. Ella cancela las ideas aceptadas sobre esa población vista como holgazana y revoltosa, y de cuya lealtad y facultades se debía dudar siempre. Vale notar asimismo que el número dos, el doble representado aquí por ambos mestizos, designaba en la antigüedad el principio femenino, génesis de creación o destrucción (Chevalier y Gheerbrant 426-27). Si tomamos en cuenta el carácter aguerrido y orgulloso del cubano y del cuzqueño, bien podríamos decir que ese principio femenino, representado en *La Florida* por la innominada madre taina, y en *Comentarios Reales* por Isabel Chimpu Ocllo, la princesa incaica, remite a una proliferación fecunda: la del ser mestizo. Este comentario sobre la figura materna, la "india" de Cuba apenas insinuada en la obra, nos permite pasar a Isabel de Bobadilla, la primera gobernadora de una posesión española en América a quien Garcilaso menciona en *La Florida* en al menos diez ocasiones.

6. Isabel de Bobadilla, gobernadora de Cuba

La genealogía y la biografía de esta mujer concitan los mundos evocados tanto por *La Florida del Inca* como por *Comentarios Reales*: hija de Pedrarias Dávila,[20] gobernador de Panamá (1514-26) y Nicaragua (1527-31), juez de Francisco de Balboa, socio de Francisco Pizarro en las primeras exploraciones de "Biru"; mujer de Hernando de Soto, soldado en Panamá, Nicaragua y Perú, conquistador enriquecido por su participación en el rescate de Atahualpa, adelantado de la Florida y gobernador de Cuba. Al partir el marido en la fallida expedición floridana, Isabel de Bobadilla se convirtió en la primera autoridad de la isla. El Inca la caracteriza, y ya lo observó Carmen de Mora, como "muger de toda bondad y discreción" (F, Libro I, capt. xiii, 39) – es decir, capaz de obrar con "buen seso" si seguimos a Covarrubias (475). Y así lo prueba el lance con Hernán Ponce, antiguo socio de Soto quien intentó recuperar sin éxito el dinero de un viejo contrato que le correspondía al gobernador de Cuba y ahora guardaba su mujer en La Habana (F, Libro I, capt. xv, 44).

Más sugerente, sin embargo, es el episodio donde un soldado le ofrece una perla a Soto como regalo para "mi señora" Isabel de Bobadilla (F, Libro III, capt. xxii, 238). Curiosamente, en el relato floridano hallamos esta alhaja en dos intercambios señeros: la perla que un soldado selecciona e intenta obsequiar a la gobernadora Bobadilla y Soto le devuelve; la sarta de perlas que la señora de Cofachiqui le ofrece al Adelantado (F, Libro III,

---

[19] Las versión del Inca de este suceso y sus dolidas observaciones se encuentran en la *Historia general* (Libro V, capt. xxiii).
[20] Viajaron con este conquistador a Panamá en 1514, su mujer, Isabel de Bobadilla y Peñalosa, Gonzalo Fernández de Oviedo, Hernando de Soto y Bernal Díaz del Castillo.

capts. x y xi). Los obsequios ligan a las dos mujeres poderosas –la gobernadora española y la princesa indígena–: la primera es digna de recibir la dádiva; la segunda tiene el poder de ofrecerla. Asimismo, las perlas emparejan a dos hombres (el soldado y Soto) y dos señoras (Isabel de Bobadilla y la señora de Cofachiqui): por medio de la dádiva devuelta por Soto, el soldado español reconoce la autoridad de la primera gobernadora de Cuba; por medio del regalo, la segunda afirma su autoridad para honrar y mandar –léase regir–, inclusive a los invasores españoles. En tanto la señora de Cofachiqui, Garcilaso incide aquí en otro de sus temas favoritos: la capacidad y nobleza de los indígenas, ya provengan de los Andes o de la Florida. De este modo, y contradiciendo testimonios coetáneos, ofrece en esta obra primeriza una visión panamericana y positiva de los nativos del Nuevo Mundo, imagen ampliada y matizada después en *Comentarios Reales* en referencia a los Incas.

Por otro lado, se podría sugerir que las perlas, asociadas por los antiguos con el llanto –"geroglífico de las lágrimas", las llama Covarrubias (864)– y apreciadas por los floridanos como adorno y ofrenda mortuoria, simbolizan el sufrimiento tanto de los indígenas como de los expedicionarios. Igualmente, podrían anticipar la acongojada existencia de Isabel de Bobadilla quien esperó durante tres años el retorno del esposo y falleció en La Habana, poco después de recibir la noticia de su muerte (F, Libro VI, capt. xxi, 441-42). La imagen de esta afligida gobernadora, oteando constantemente el horizonte en espera del Adelantado, ha perdurado en la memoria colectiva del pueblo cubano y en particular de los habaneros. Me explico.

Una de las torres del Castillo de la Real Fuerza, cuya construcción se concluyó para 1582, estaba coronada por una estatuilla conocida como La Giraldilla;[21] durante la colonia, los habaneros decían que quien visitara la ciudad y no la viera, tampoco había visto la villa. Según la leyenda,[22] la estatuilla fue hecha a imagen y semejanza de Isabel de Bobadilla. Así, la biografía de la hija de Pedrarias Dávila caracterizada como discreta y bondadosa por Garcilaso, ilumina el relato floridano y se convierte en símbolo de La Habana, ciudad donde la Gobernadora esperó en vano el retorno del Adelantado. Pero más allá del vínculo habanero, el destino de esta mujer espejea, en el plano real, la pérdida del marido, del hogar, del capital, de la Florida; en el virtual, nos remite a la pérdida del suelo patrio, a un vasto legado indígena, a las estrategias discursivas del Garcilaso narrador quien insinúa la importancia de todo ello en *La Florida*, para recuperarlo y afirmarlo de modo contundente en las páginas de *Comentarios Reales*.

Vista de este modo, *La Florida del Inca* resitúa el debate sobre las armas en un contexto americano y caribeño al connotar el mundo de la piratería, del contrabando, del rescate, entrampado en las acciones de los vecinos de Santiago de Cuba y su rechazo al generoso sevillano. Al elogiar a los caballos cubanos y quienes los crían, el narrador parece proponer otra forma de ganarse la vida en América, alejada ésta de la minería, de la explotación de indios y negros, de la vilificación de encomenderos y encomendados. Cuando relata el lance amoroso entre Nuño Tovar y Leonor de Bobadilla, el narrador critica las consecuencias de actuar bajo el influjo de las pasiones; abre así un espacio discursivo donde comenta

---

[21] Esta figura estatuaria de bronce porta en su brazo derecho una palma de la cual se conserva el tronco; en la izquierda sostiene un asta con la cruz de Calatrava (Weiss en Leyva González y Rodríguez Quintana).

[22] La estatua fue fraguada en Cuba, más de cien años después del fallecimiento de Isabel de Bobadilla por el artífice y fundidor Gerónimo Martínez de Pinzón. Se cree que, como el comercio de azúcar entre La Habana y España por medio de Sevilla se intensificó en el siglo XVII, probablemente la figurilla intentó imitar el remate a la torre de la catedral sevillana (La Giralda) conocido como Giraldillo. Actualmente su contraparte cubana reposa en una de las salas de visita del Palacio de los Capitanes Generales en La Habana (Véase Leyva González y Rodríguez Quintana).

negativamente el abuso de autoridad, cuestiona la conducta de Soto con su antiguo lugarteniente y deslustra, desde los intersticios de la historia, la figura del conquistador. Por otro lado, el suicidio en masa de los taínos emblematiza el sesgo trágico de la conquista, planteamiento desarrollado con mayor amplitud en *Comentarios Reales*.[23] La presencia del doble cubano del Inca trae al centro del debate una diversa valoración de los mestizos así como una multitud de instancias biográficas; éstas le imprimen al relato una oscilación que, paralelamente, abre la narración y desestabiliza su lógica. Por último, las varias menciones a Isabel de Bobadilla insertan en la historia de la Florida y América las variables de género y autoridad. Su biografía evoca lo perdido en los planos real y virtual. El examen de estos temas en su instancia floridana (y cubana), señala constantes de la obra del Inca Garcilaso y desvela sus ideas sobre el abuso de autoridad de parte de los poderosos, así como de la conflictiva encrucijada del ser mestizo. Más importante aun, muestra la capacidad de reflexión y agencia del indígena, digna de admiración tanto en los Andes como en el Caribe y la Florida.

---

[23] Lo ha elucidado recientemente Carmela Zanelli en "Providencialismo, tragedia y genealogía: Tres claves para la lectura de la propia historia en los *Comentarios Reales* del Inca Garcilaso", ponencia presentada en el 5to Congreso Internacional, Letras del Siglo de Oro Español, Bariloche, 10-12 de abril de 2003.

OBRAS CITADAS

Adorno, Rolena y Patrick Charles Pautz. *Alvar Núñez Cabeza de Vaca: His Account, His Life, and the Expedition of Pánfilo de Narváez*. 3 Vols. Lincoln: U of Nebraska P, 1999.

Avellaneda, Ignacio. "Hernando de Soto and His Florida Fantasy". *The Hernando de Soto Expedition: History, Historiography, and "Discovery" in the Southwest*. Patricia Galloway, ed. Lincoln: U of Nebraska P, 1997. 207-18.

Balboa, Silvestre de. *Espejo de paciencia*. Ed. facsímil y crítica de Cintio Vitier. La Habana: UNESCO, 1962.

Chang-Rodríguez, Raquel. "Colonial Voices of the *Hispanic Caribbean*". *A History of Literature in the Caribbean: Hispanic and Francophone Regions*. Vol. 1 Ed. A. James Arnold. Philadelphia: John Benjamins, 1994. 112-37.

_____ "Sobre la vertiente filosófica de *La Florida del Inca*". En *Violencia y subversión en la prosa colonial hispanoamericana, siglos XVI, XVII*. 2da ed. México-Washington: Frambuesa y Literal Books, 1994. 27-54.

Chevalier, Jean y Alain Gheerbrant. *Diccionario de los símbolos*. Trads. Manuel Silvar y Arturo Rodríguez. 4ta. Ed. Barcelona: Herder, 1993.

Covarrubias, Sebastián de. *Tesoro de la lengua castellana o española* [1611]. Madrid: Turner: 1979.

Dowling, Lee. "*La Florida del Inca*: Garcilaso's Literary Sources". *The Hernando de Soto Expedition: History, Historiography, and "Discovery" in the Southwest*. Patricia Galloway, ed. Lincoln: U of Nebraska P, 1997. 98-154.

Durand, José. *El Inca Garcilaso, clásico de América*. México: SepSetentas, 1976.

_____ "Las enigmáticas fuentes de *La Florida del Inca*". *Cuadernos Hispanoamericanos* 168 (1963): 597-609.

Galloway, Patricia. "The Incestuous Soto Narratives". *The Hernando de Soto Expedition: History, Historiography, and "Discovery" in the Southwest*. Patricia Galloway, ed. Lincoln: U of Nebraska P, 1997. 11-44.

_____, ed. *The Hernando de Soto Expedition: History, Historiography, and "Discovery" in the Southwest*. Lincoln: U of Nebraska P, 1997.

Garcilaso de la Vega, Inca *Comentarios Reales* [1609]. Ed. de Angel Rosenblat con Prólogo de Ricardo Rojas. 2 Vols. Buenos Aires: Emecé, 1943.

_____ *Historia general del Perú* [1617]. 4 Vols. Estudio preliminar y notas de José Durand. Lima: UNMSM. 1962-63.

_____ *La Florida del Inca* [1605]. Prólogo de Aurelio Miró Quesada. Estudio bibliográfico de José Durand. Edición y notas de Emma Susana Speratti Piñero. México: FCE, 1956.

González Echevarría, Roberto. *Reflections on the* Espejo de paciencia. *Cuban Studies* 6 (1986): 101-21.

Hopkins Rodríguez, Eduardo. "The Discourse of Exemplarity in Garcilaso de la Vega's *La Florida del Inca*". *Garcilaso de la Vega: An American Humanist*. Ed. José Anadón. Notre Dame: U of Notre Dame P, 1998. 133-40.

Leyva González, Magaly y Arsenio Rodríguez Quintana. "La Giraldilla al desnudo". *La Habana elegante, segunda época*. 10 de agosto de 2003. <http://www.habanaelegante.com/Summer2002/Ronda.html>

López-Baralt, Mercedes. Introducción y ed. anotada *Comentarios Reales y La Florida del Inca*. De Garcilaso de la Vega Inca. Madrid: Espasa-Calpe, en prensa.

Marrero-Fente, Raúl. *Epica, imperio y comunidad en el Nuevo Mundo*. Espejo de paciencia *de Silvestre de Balboa*. Salamanca: CEIAS, 2003.

Mazzotti, José Antonio. *Coros mestizos del Inca Garcilaso: resonancias andinas*. México-Lima: FCE, 1996.

Menéndez de Avilés, Pedro. *Cartas sobre la Florida (1555-1574)*. Ed., introducción y notas de Juan Carlos Mercado. Frankfurt-Madrid: Vervuert-Iberoamericana, 2002.

Miró Quesada y Sosa, Aurelio. "Creación y elaboración de *La Florida del Inca*". *Cuadernos Americanos* 3: 18 (1989): 152-71

Mora, Carmen de. "El discurso sobre la mujer indígena en *La Florida* del Inca Garcilaso". En *Espacio geográfico. Espacio imaginario*. Sin ed. Cáceres: U de Extremadura, 1993. 165-74.

_____ Introducción. *La Florida del Inca*. De Garcilaso de la Vega, Inca. Ed. Carmen de Mora. Madrid: Alianza, 1988. 19-81.

Moya Pons, Frank. *Manual de historia dominicana*. 5ta ed. Santiago de los Caballeros: Universidad Católica, 1980.

Ortega, Julio. "The Discourse of Abundance". *Review: Latin American Literature and Arts* 43 (1990): 3-7.

Pupo-Walker, Enrique. *Historia, creación y profecía en los textos del Inca Garcilaso de la Vega*. Madrid: Porrúa, 1982.

Rank, Otto. *The Double. A Psychoanalytic Study*. Trad. y Ed. Harry Tucker, Jr. New York: Meridian, 1979.

Rodríguez Vecchini, Hugo. "*Don Quijote* y *La Florida del Inca*". *Revista Iberoamericana* 48 (1982): 587-620.

Schulman, Ivan A. *Espejo* / Especulum: el *Espejo de paciencia* de Silvestre de Balboa. *Nueva Revista de Filología Hispánica* 36.1 (1988): 391-406.

Voigt, Lisa. "Captivity, Exile, and Interpretation in *La Florida del Inca*". *Colonial Latin American Review* 11.2 (2002): 251-74.

Zamora, Margarita. *Language and Authority and Indigenous History in the* Comentarios reales de los Incas. Cambridge: Cambridge UP, 1988.

Zanelli, Carmela. "Providencialismo, tragedia y genealogía: Tres claves para la lectura de la propia historia en los *Comentarios Reales* del Inca Garcilaso". Ponencia presentada en el 5to Congreso Internacional, Letras del Siglo de Oro Español, Universidad Nacional del Comahue, Bariloche, abril 10-12 de 2003.

Retóricas coloniales: equívocos y "roturas" de la lengua en los *Comentarios reales*[1]

Yolanda Martínez-San Miguel
Universidad de Pennsylvania

Pues decir que escribo encarecidamente por loar la nación porque soy indio, cierto es engaño, porque, con mucha verguenza mía, confieso la verdad: que antes me hallo con falta de palabras necesarias para contar y poner en su punto las verdades que en la historia se me ofrecen, que con abundancia de ellas para encarecer las que no pasaron. (112)
Inca Garcilaso de la Vega, La Florida del Inca

I. Introducción

Comencemos con una de las contradicciones centrales de la escritura del Inca Garcilaso: decir sin decir, o revisar la historia del Nuevo Mundo sin contradecir la tradición narrativa europea. En el epígrafe de *La Florida del Inca* que acabo de citar, el relator señala la aporía que anima su escritura: sobran las palabras para inventar una realidad ficticia, pero el lenguaje resulta insuficiente para explicitar las verdades invocadas por la historia. El Inca se lamenta en este caso por la ausencia de una correspondencia biunívoca entre lenguaje y realidad, apuntando de este modo al cambio epistémico central señalado por Foucault en su estudio del paso del renacimiento a la modernidad (51). Pero al mismo tiempo, la voz narrativa se ubica en un frágil contexto enunciatorio: ¿quién puede hablar?, ¿a quién se dirige el texto? y ¿desde qué condiciones resulta audible, legítimo y autorizado un testimonio oral de la conquista que apenas se traduce a la tradición historiográfica y legal de la época?

No podemos olvidar que el Inca dedicó gran parte de su obra escrita a dar voz a sujetos prácticamente invisibles dentro del discurso oficial europeo de principios de siglo XVII: desde el judío converso que explora los principios platónicos del amor, en su traducción de los *Diálogos de amor* (1590) de León Hebreo,[2] pasando por el acompañante

---

[1] Agradezco los comentarios y sugerencias bibliográficas de Mercedes López-Baralt, Liliana Sánchez, Lawrence La Fountain-Stokes, Patricia Ferrer-Medina y Gloria Prosper-Sánchez. José Antonio Mazzotti leyó una versión preliminar de este ensayo, y sus comentarios me llevaron a reconsiderar y precisar algunas de las preguntas centrales de mi estudio.
[2] Aunque ya existía otra traducción al español de los *Diálogos de amor* (Carlos Montesa, Zaragoza, 1584) parece que el Inca Garcilaso ignoraba su existencia cuando terminó la suya en 1586 (Miró Quesada, *El Inca Garcilaso...* 109). De todas formas, lo interesante es que el Inca se interesase por la obra de un judío converso.

de Hernando de Soto en sus exploraciones de la elusiva Florida y lo que después se convertiría en el sureste de los Estados Unidos en *La Florida del Inca* (1605), hasta la reinterpretación de la civilización inca y la conquista del Perú en los *Comentarios reales de los Incas* (1609) y la *Historia General del Perú* (1616?-1617). En todas estas obras resulta significativa la perspectiva mestiza que asume el escritor, como sujeto bilingüe y bicultural que intenta hacer inteligibles imaginarios diversos por medio del ejercicio escriturario. En estos textos el Inca insiste en el rol crucial del lenguaje en la representación y el acceso a una realidad última paradójicamente distante, pero urgentemente vital para el escritor y soldado mestizo que construye amorosamente la textualidad escrita de una tradición oral en vías de desaparición.

Nacido en Cuzco en abril de 1539, Gómez Suárez de Figueroa es el representante idóneo del contexto colonial en el paso del siglo XVI al XVII. La conquista del Perú comienza apenas siete años antes de que nazca nuestro relator, y a los veinte años el Inca parte para España a reclamar al rey las mercedes debidas a su padre –el capitán Sebastián Garcilaso de la Vega– y a realizar sus propios servicios al rey como soldado; más tarde decide completar sus estudios como filólogo, historiador y traductor. La identidad del Inca estuvo siempre marcada por el sino de la contradicción. Aunque su padre pertenecía a la nobleza castellana y extremeña, y su madre, la "Ñusta" Isabel Chimpu Ocllo, fue una princesa incaica, su condición como mestizo e ilegítimo vulneró constantemente su deseo de incorporarse de lleno a los sectores hegemónicos de las sociedades incaica y española.[3] Como es de esperarse, según lo apunta Aurelio Miró Quesada en su "Prólogo" a los *Comentarios reales*, ese deseo de legitimación se vincula intrínsecamente con el proyecto escriturario del Inca:

> Pero lo que más le interesaba entonces era el reconocimiento oficial de los servicios prestados por el capitán Garcilaso en América y las mercedes que por ello y por la sangre imperial de su madre consideraba que le correspondían. Para intentarlo fue a Madrid, donde acababa de establecerse la Corte y donde pasó al parecer todo el año de 1562 y una parte de 1563 en el empeño, que iba a resultar vano, de conseguir la situación y las rentas que esperaba. Cuando creía que iba a lograrlo, el Consejo de Indias desbarató sus pretensiones alegando que el capitán Garcilaso había salvado al rebelde Gonzalo Pizarro al cederle su caballo en la batalla de Huarina. En vano el mozo pretendió aclarar y justificar la actitud de su padre en aquel día. Lope García de Castro, que formaba parte del Consejo (e iba a ser Gobernador del Perú) le detuvo diciéndole –con frase que para el futuro historiador resultaba un sarcasmo– *que lo que estaba escrito por los historiadores no podía negarse.* (XIII-XIV, énfasis mío.)

Decepcionado por el proceso legal y por la carencia de una documentación que legitimase su versión de los hechos, Gómez Suárez de Figueroa pide licencia para regresar al Perú, pero luego decide quedarse en España, "no se sabe aún por qué motivo, si porque a la postre se le denegó la licencia, si porque entre tanto zarpó la flota, si porque luego el que partió fue el propio García de Castro que había negado sus reclamos, o si decidió tentar suerte en otros campos" (Miró Quesada xiv). Fue precisamente en esas fechas que el joven cambió su nombre a Garcilaso de la Vega, quizá para preservar la memoria de su padre o para honrar al poeta del mismo nombre (Durand, "En torno..." 215), o por razones legales. Más tarde, en 1586,

---

[3] Para un buen resumen de las contradicciones en la biografía del Inca Garcilaso de la Vega ver la "Introducción" de Enrique Pupo-Walker a su edición compendiada de los *Comentarios reales* y los estudios de José Durand y Aurelio Miró Quesada.

se añade el título de "Inca" en la primera dedicatoria de la traducción de los *Diálogos de amor* de León Hebreo.

El Inca Garcilaso de la Vega es, pues, uno de los primeros traductores del Nuevo Mundo, un sujeto bilingüe y autodidacta, y también uno de los primeros emigrantes americanos que se incorpora al campo intelectual español (Escobar 208). Una de las preocupaciones centrales del Inca como humanista del siglo XVII es el cultivo de la lengua escrita, y en particular la reinterpretación de la historia a partir de una exégesis filológica de los recuentos originales, escritos y orales de la conquista (Margarita Zamora 55). Se puede afirmar, por tanto que el Inca ve la conquista como una batalla discursiva, y que en ese contexto su obra se puede incorporar a lo que me gustaría denominar como una "retórica colonial", articulada desde una perspectiva mestiza.

Para fines de este análisis manejo una noción de retórica que no sólo se refiere al "arte de hablar bien" con fines persuasivos (Rico Verdú 251), sino que se entiende también como la forma en que se define la estructura interna de una narrativa para que resulte legible y convincente. Hago además una distinción entre discursos coloniales e imperiales. Entre los discursos coloniales incluyo aquellos textos en los que se representa el proyecto de colonización y conquista desde una perspectiva americana, mientras que por discursos imperiales me refiero a los textos concebidos desde la perspectiva de los centros de poder metropolitanos y de acuerdo con un proyecto colonizador europeizante.[4] Un solo texto puede incluir, por consiguiente, discursos coloniales e imperiales en negociación. Por "retórica colonial" me refiero, pues, a las estrategias discursivas y narrativas con las que se articula un texto que representa una perspectiva americana y/o mestiza que busca negociar su lugar de inscripción en un proyecto metropolitano e imperial, ya sea en términos epistemológicos, políticos o filosóficos.

En el caso del Inca, sin embargo, ese proceso de persuasión historiográfica se traslada a una lectura de la conquista como una batalla discursiva que se centra en los equívocos idiomáticos y las estructuras narrativas de los *Comentarios*. Por ello propongo que hoy examinemos la estructura narrativa y argumentativa de los *Comentarios reales*, para captar algunos de los rasgos predominantes de esa retórica colonial latinoamericana a partir de uno de los aspectos centrales del texto: su postulación intelectual, identitaria y política ante los conflictos lingüísticos que caracterizan la conquista. Para fines de esta lectura me concentro en la primera parte de los *Comentarios reales*, dedicada a la historia de la cultura inca, porque en la misma se evidencia mucho más el conflicto de este relator bicultural, sobre todo en sus alusiones frecuentes al bilingüismo y lo que hoy conocemos como diglosia.

Para llevar a cabo este tipo de análisis he utilizado un acercamiento interdisciplinario. Por un lado, combino la lectura literaria con el análisis lingüístico del proyecto del Inca, en un deseo de iluminar algunos de los límites disciplinarios que marcan nuestra lectura de muchos de los textos coloniales, dada la intensa imbricación de los estudios literarios con la constitución de los discursos e instituciones nacionales. Esta primera dimensión de este estudio aspiraría a contestar la siguiente interrogante: ¿cómo leer desde fuera de la agenda nacionalista para captar los matices de la subjetividad colonial? Por otro lado, me he valido de una serie de estudios sobre la política lingüística en el Nuevo Mundo y las estrategias

---

[4] No debe confundirse aquí discurso con texto. Sigo refiriéndome a los textos que se produjeron en América antes de la independencia como "textos coloniales", aunque hago una distinción en cuanto a los distintos discursos o perspectivas incluidos en los mismos al referirme a discursos coloniales e imperiales.

retóricas de los siglos dieciséis y diecisiete. Esta revisión contextual e histórica me permite explorar la creación de una retórica colonial específicamente americana que vincula la formación de este discurso con una coyuntura política y social imperial. Veamos, pues algunos de los resultados de ese diálogo.

II. Equívocos: ROTURAS DE LA LENGUA

> *Para los que no entienden indio ni latín me atreví a traducir los versos en castellano, arrimándome más a la significación de la lengua que mamé en la leche que no a la ajena latina, porque lo poco que de ella sé lo aprendí en el mayor fuego de las guerras de mi tierra, entre armas y caballos, pólvora y arcabuces, de que supe más que de letras.* (115)
> Inca Garcilaso de la Vega, *Comentarios reales*, Libro II, Capítulo XXVII

Al Inca se le recuerda constantemente por esta referencia al quechua como "la lengua que mamé en la leche", tropo identitario y literario vital para el latinoamericanismo nacionalista. En la cita que incluyo como epígrafe el Inca privilegia el quechua frente al latín como medio legítimo y más orgánico de comunicación de un saber americano. En este sentido, la escritura del Inca sería uno de los primeros ejemplos americanos de lo que se ha conocido como el humanismo vulgar (J. Zamora 79).[5] Al mismo tiempo, los *Comentarios reales* se convierten en este contexto en uno de los primeros textos hispanoamericanos en los que se postula una identidad mestiza que será representativa de la nueva raza latinoamericana de la modernidad (Ortega, Durand, Pupo Walker, entre otros).[6] No obstante, desde el comienzo de su texto el mismo Inca señala una de las contradicciones centrales de su proyecto de recuperación y preservación de la lengua materna:

> Otras muchas cosas tiene aquella lengua diferentísimas de la castellana, italiana y latina; las cuales notarán los mestizos y criollos curiosos, pues son de su lenguaje, que yo harto hago en señalarles con el dedo desde España los principios de su lengua para que la sustenten en su pureza, que cierto es lástima que se pierda o corrompa, siendo una lengua tan galana... ("Advertencias" 8).

Como puede verse, el relator comienza el texto con una detallada descripción de las características principales de lo que denomina "la lengua general" del Perú, pero al mismo tiempo se distancia espacial y sicológicamente de la comunidad de criollos y mestizos que

---

[5] Juan Clemente Zamora Munné define el humanismo vulgar como una corriente paralela al humanismo clásico, "que pretendía elevar al rango de cultas a las lenguas vulgares, enriqueciéndolas y emancipándolas del latín" (79). El esfuerzo del Inca de equiparar el quechua al latín sería la vertiente americana de esta misma tendencia.
[6] José Antonio Mazzotti traza los comienzos de esta recuperación nacionalista de los textos del Inca en su artículo "Garcilaso and the Origins of Garcilacism: The Role of the *Royal Commentaries* in the Development of a Peruvian National Imaginaire", aunque también destaca la resonancia de los elementos indígenas y mestizos que se consignan en el texto a partir de su trabajo con la oralidad y la iconografía incaica. Para más detalles ver su libro *Coros mestizos del Inca Garcilaso. Resonancias andinas*.

hablan la lengua materna.[7] Garcilaso destaca que escribe su relato desde España, y advierte que les habla a los mestizos y criollos de "su" lenguaje, de manera que parece por instantes que el Inca asume la postura de un hablante competente, pero que no se considera necesariamente orgánico o continuo con una identidad americana y quechua.[8] Esta postura en relación con el quechua oscila constantemente, porque en otras ocasiones la voz narrativa insiste en describir minuciosamente los significados literales y culturales de ciertos vocablos quechuas, y con ellos aspira a presentar una versión alternativa de la cosmovisión incaica, con el interés de legitimar la cultura materna ante un lector metropolitano. Por consiguiente, el Inca se convierte en un sujeto bicultural y bilingüe que traduce simultáneamente la oralidad quechua a la escritura hispánica y europea, y que busca legitimar la historia de la cultura incaica al hacerla accesible para un lector de los centros de poder metropolitanos e incaicos. Una dimensión de su texto se puede concebir, entonces, como un discurso colonial que se constituye para un público imperial, tanto europeo como americano. ¿Qué significa, pues, escribir la historia del imperio incaico en castellano? ¿Qué función desempeñan las traducciones –lingüística, cultural y de lo oral a lo escrito– en el contexto imperial en el que escribió el Inca?

La crítica ha estudiado ampliamente el papel crucial que desempeña la lengua en el relato de los *Comentarios reales*. (Miró Quesada, M. Zamora, Pupo Walker, Cornejo-Polar, Durand, Jákfalvi-Leiva, Cerrón Palomino, entre otros). De acuerdo con muchos de estos estudios, el propósito principal del Inca fue utilizar su conocimiento cabal del quechua para aclarar los equívocos que impidieron la producción de una historiografía colonial equilibrada, que reconociese el rol intermediario de los Incas en la preparación de los indígenas de la zona andina para la llegada de los españoles y su nuevo orden imperial y religioso.[9] Cruciales en este contexto resultan los estudios de José Durand, Margarita Zamora y Roberto González Echevarría, pues en su lectura de los *Comentarios reales* se emprende una reconstrucción del campo intelectual del humanismo renacentista, y del contexto legal y jurídico de los albores de la modernidad.[10] José Durand, José A. Mazzotti, y Antonio Cornejo Polar han propuesto el estudio de los referentes culturales y retóricos andinos que también pueden explicar la estructura narrativa del texto del Inca. Lo que resulta evidente, en todo caso, es que a principios del siglo diecisiete, lengua, escritura y colonialismo se vinculan problemáticamente al campo intelectual de la época, y el relato del Inca Garcilaso se

---

[7] Según Rodolfo Cerrón Palomino, esto se debe al hecho de que el Inca privilegia la variante cuzqueña y noble del quechua, que difería del Chinchaisuyo o lengua general, de manejo oral más popular. Retomo este tema al final de esta sección. Para más información, ver sus artículos "El Inca Garcilaso o la lealtad idiomática" y "Unidad y diferenciación lingüística en el mundo andino".

[8] Antonio Cornejo Polar comienza también con los *Comentarios reales* su estudio de lo que denomina como la "heterogeneidad socio-cultural en las literaturas andinas", y elabora esa contradicción vital de la obra de Garcilaso que he señalado aquí como central en la constitución de un discurso identitario andino y latinoamericano. Para más información, ver el primer capítulo de su libro *Escribir en el aire*. José A. Rodríguez Garrido también nota un "distanciamiento entre el enunciador y los personajes indios de la historia" (374) y señala que esto ocurre generalmente cuando el Inca se refiere a las creencias religiosas de los indígenas. Discutiré en más detalle el aristocratismo y cuzcocentrismo del Inca más adelante, como rasgos que señalan algunos de los límites que marcan el rescate de lo andino en el Inca, pero que no lo hacen por ello menos americano. Agradezco a José Antonio Mazzotti este señalamiento que ha resultado clave en la sección final de este ensayo.

[9] Frantz Fanon estudia el rol intermediario de estos sectores locales hegemónicos como característica constitutiva del orden colonial moderno en *The Wretched of the Earth*, específicamente en el capítulo titulado "The Pitfalls of National Consciousness".

[10] En su ensayo "En torno a la prosa del Inca Garcilaso de la Vega", José Durand cuestiona la propuesta de Roberto González Echevarría que ve en la prosa notarial el origen de la escritura de los *Comentarios*, y propone una motivación artística en el Inca Garcilaso, que lo llevó a cultivar la escritura como un medio para obtener fama y prestigio en la sociedad de la época.

convierte en un texto paradigmático de esa lucha de saberes y poderes que se libra desde el espacio de más de una tradición retórica.

Es precisamente en esa misma línea de lectura que me gustaría recordar aquí un señalamiento muy iluminador del trabajo de Sabine MacCormack y Don Paul Abbott, quienes destacan cómo ese interés lingüístico y filológico del Inca se vincula con el rol que él le asignaba a la lengua en el proyecto imperial hispánico en el cual estaba completamente implicado (MacCormack 15-16; Abbott 6-7; 88-90).[11] Me refiero específicamente al uso que hace el Inca de la noción ciceroniana del poder civilizador del discurso por medio del paralelo que se establece entre el origen de una sociedad como un ejercicio de persuasión del habla concertada de un hombre sabio (Cicerón, *De inventione*, 1.2, tomado de MacCormack 15). Stephen Greenblat señala que esta noción se repite constantemente en textos de Isócrates, Quintiliano, Andrea Ugo de Siena, Andrea Brenta de Padua y Giovanni Toscanella, entre otros, como uno de los puntos fundamentales del *stadium humanitatis* (20). Por lo tanto, es evidente que el Inca Garcilaso adopta esta noción del contexto cultural del humanismo europeo desde el que escribe. Como sabemos, el Inca presenta el origen del Tahuantinsuyo como el resultado del ejercicio de persuasión de Manco Cápac, hijo del sol: "A todos los hombres y mujeres que hallaban por aquellos breñales les hablaban... los cuales viendo... que en sus palabras y rostro mostraban ser hijos del Sol... les dieron entero crédito a todo lo que les dijeron y los adoraron y reverenciaron como a hijos del Sol y obedecieron como a Reyes" (Vega Libro I, Capítulo XVI, 39).

Una dimensión de este relato de origen del Tahuantinsuyo es la convicción humanista de que la lengua original contiene la esencia de la cultura a la que representa, de modo que el Inca, como hablante nativo, puede traducir fidedignamente el relato oral que su tío le confía y en el que le refiere la historia de su pueblo. Sin embargo, esa traducción completamente fidedigna tiene sus límites, según lo consigna el mismo relator al final de la larga cita de la historia de su tío:

> Esta larga relación del origen de sus Reyes me dio aquel Inca, tío de mi madre, a quien yo se la pedí, la cual yo he procurado traducir fielmente de mi lengua materna, que es la del Inca, en la ajena, que es la castellana, aunque no la he escrito con la majestad de palabras que el Inca habló ni con toda la significación de las que en aquel lenguaje tienen, que, por ser tan significativo, pudiera haberse entendido mucho más de lo que se ha hecho. Antes la he acortado, quitando algunas cosas que pudieran hacerla odiosa. (Libro I, Capítulo XVII, 42)

En esta escena llaman la atención dos detalles: (1) el Inca recalca las fallas del proceso de traducción, que ya no es esa operación transparente e invisibilizada de los primeros relatos de la conquista –como los de Colón y Cortés– y (2) el discurso original del tío incaico se presenta como superior al recuento escrito y traducido que puede producir el relator. En este sentido la escritura –y la traducción– se convierten en tecnologías de representación que hacen desmerecer la enunciación oral original, de modo que se vulnera el reclamo legitimador de

---

[11] En este caso cuando me refiero a "interés lingüístico" aludo a la preocupación que tenía el Inca con la falta de conocimiento del quechua, y no a la disciplina que posteriormente se convirtió en la ciencia de la lengua. El Inca escribe antes de que surja esta disciplina tal y como la conocemos hoy, pero en su texto incluye comentarios en los que ya se atisba un interés teórico en el lenguaje como sistema. Estos señalamientos se confunden, también con las nociones filológicas de uso en la época. Para más detalles ver el trabajo de Cerrón Palomino y Zamora Munné.

la exégesis filológica. En este caso, el Inca lamenta la pérdida del registro y de algunos datos que pudieran resultar problemáticos en el contexto de la producción y recepción de su texto. De ahí que su rol como traductor implique también una negociación con los códigos de la cultura metropolitana, de manera que su relato resulte inteligible para su lector español.

A esta misma relación problemática entre lenguaje y realidad inmediata se alude en la reapropiación del relato de Cicerón que lleva a cabo el Inca. Por un lado se señala el poder civilizador del discurso, por medio de la palabra que resulta consistente con la acción –"viendo... que en sus palabras y rostro mostraban ser hijos del Sol" (Libro I, Capítulo XVI, 39)– pero por otro el narrador destaca la narrativa providencialista como una posible estrategia del primer Inca para lograr la sumisión de sus vasallos. En su representación de Manco Cápac el Inca sintetiza esta contradicción esencial, pues primero nos refiere lo que dice este primer inca en su testamento –"Y, en suma, [Manco Capac] les dijo que en virtudes mostrasen que eran hijos del Sol, confirmando con las obras lo que certificaban con las palabras para que los indios les creyesen; donde no, que harían burla de ellos si les viesen decir uno y hacer lo otro" (Libro I, Capítulo XXV, 55)– y luego nos dice que cree que Manco Cápac "debió ser algún indio de buen entendimiento, prudencia y consejo... [que] fingió aquella fábula diciendo que él y su mujer eran hijos del Sol, que venían del cielo y que su padre los enviaba para que doctrinasen y hiciesen bien a aquellas gentes" (Libro I, Capítulo XXV, 56). El Inca contrapone el mundo mítico incaico al racionalismo europeo, y propone una explicación que perturba la relación transparente entre palabra y acción que es fundamental en la concepción de muchas de las culturas orales (Ong 31-33) y también en la crítica que le dirige el relator al proyecto de conquista español. Aunque esta idea aparece también en otros cronistas, como lo ha señalado ya Durand ("Garcilaso Inca jura..."), lo cierto es que el Inca asume esta lectura imperial, y éste es también un detalle significativo. En esta traducción del "mito" indígena para un consumo europeo, Manco Cápac pierde su relación orgánica con el lenguaje, y al mismo tiempo la cultura andina carece momentáneamente de su condición privilegiada en la historia imperial –andina y americana– trazada en los *Comentarios*. Esta aporía vital de la narración del Inca ilustra la situación de crisis de este relator, que se encuentra en el umbral entre el mundo de correspondencias y analogías del orden renacentista y de la cultura oral quechua, y el episteme moderno del mundo barroco representado por medio de la palabra escrita.

En última instancia, sin embargo, prevalece en esta reapropiación del relato ciceroniano una idea fundamental que me interesa elaborar en más detalle en el resto de esta sección: el Inca interpreta la colonización y conquista como actos discursivos.[12] En ese contexto su preocupación por la lengua materna se incorpora en un proyecto imperial. Por un lado, el Inca legitima su versión de la historia incaica a partir de su conocimiento "meticuloso" de la lengua original de los Incas. Por otro lado esa relación con la lengua materna se convierte en ocasiones en zona de crisis y conflicto. En ambos casos lo que define la relación problemática con el quechua es una serie de equívocos que imposibilitan el acto de traducción, traslado y comunicación transcultural que subyace el esfuerzo monumental

---

[12] No debe sorprendernos esta prominencia de la lengua en la concepción de eventos sociales y políticos más amplios, pues como señala Mignolo en el contexto colonial se continuó con la creencia de que había una conexión implícita entre cierto comportamiento lingüístico, los buenos modales y el grado de civilización de un individuo (34). Esta misma valorización de competencia lingüística y valor simbólico a nivel social sigue operando en los procesos de estandarización de la lengua según los ha estudiado Bourdieu en "The Production and Reproduction of Legitimate Language."

de los *Comentarios*.¹³ Y es precisamente en estos dos tipos de escenas que me interesa enfocar el resto de esta sección.

El primer grupo de escenas es quizá el más conocido, pues recoge los múltiples malentendidos entre los españoles y los Incas por causa de la incomunicación lingüística. El Inca resume este conjunto de problemáticas en su representación del equívoco que conduce a la invención del nombre del Perú: "Los cristianos entendieron conforme a su deseo, imaginando que el indio les había entendido y respondido a propósito, como si él y ellos hubieran hablado en castellano..." (Libro I, Capítulo IV, 15). Como ese resultado del que sistemáticamente entiende "conforme a su deseo", el Inca se queja de que "corrompen los españoles casi todos los vocablos que toman del lenguaje de los indios de aquella tierra" (15-16). Por consiguiente, el Inca traduce, explicita, y contextualiza múltiples nociones quechuas valiéndose del "comento y glosa" que se han estudiado como uno de los gestos claves del humanismo del Inca. Desde el nombre del Tahuantinsuyo, hasta nombres de lugares, frutas, instituciones, vestimentas, rituales, dioses, prácticas religiosas, entre otras, el relator recorre la historia de los Incas y la hace legible e inteligible para los lectores metropolitanos. La crítica dirigida a los españoles es consistente y constante, porque ante la afasia fundacional que produce el entorno americano (M. Zamora "Gender and Discovery" 158; Chiampi 113-114), los conquistadores recurren a comparaciones superficiales que le restan especificidad a la realidad del Nuevo Mundo:

> Muchas otras frutas se crían de suyo en los Antis, como son las que los españoles llaman almendras y nueces, por alguna semejanza que tengan a las de acá, en quienquiera que sea; que esta rotura tuvieron los primeros españoles que pasaron a Indias, que con poca semejanza y ninguna propiedad llamaron a las frutas de allá con los nombres de las de acá, que cotejadas las unas con las otras, son muy diferentes, que es muy ancho más en lo que difieren que en lo que se asemejan, y aun algunas son contrarias, no sólo en el gusto mas también en los efectos; ... (Libro VIII, Capítulo XIV, 179-180, énfasis mío.)

En este pasaje el Inca repite el cruce espacial que ya he notado anteriormente. Los deícticos ubican al hablante en España, y lo americano se convierte en ese "allá" distante que el relator asegura conocer con mayor detalle que los conquistadores españoles. Sin embargo, existe aquí una voluntad de mantener un vínculo orgánico con el espacio americano al que se regresa por medio del discurso, y del relato historiográfico de los *Comentarios*. Ha ocurrido, pues, un viraje importante en el texto del Inca que tiene una lógica implícita: cuando el narrador le habla a un lector mestizo y criollo ("Advertencias" 8) establece una distancia con el quechua, pero cuando se dirige a un público metropolitano se destaca una conexión más íntima con la lengua y la cultura quechuas que la que puede llegar a tener un español.

---

¹³ Utilizo transculturación en el sentido original que le dio Fernando Ortiz al intercambio cultural, como un proceso bidireccional: "Entendemos que el vocablo *transculturación* expresa mejor las diferentes fases del proceso transitivo de una cultura a otra, porque éste no consiste solamente en adquirir una distinta cultura, que es lo que en rigor indica la voz angloamericana *acculturation*, sino que el proceso implica también necesariamente la pérdida o desarraigo de una cultura precedente, lo que pudiera decirse una parcial *desculturación*, y, además, significa la consiguiente creación de nuevos fenómenos culturales que pudieran denominarse de *neoculturación*" (90). Aunque Ortiz no acuña este concepto hasta 1940, me parece que su caracterización de toda experiencia colonial como un intercambio entre las culturas dominantes y las culturas dominadas, y no únicamente como un proceso de deculturación o asimilación pasiva del colonizado, es crucial para entender el tipo de proyecto que propone el Inca en sus *Comentarios reales*. Para más información, ver el capítulo "Del fenómeno social de la 'transculturación' y de su importancia en Cuba" que aparece en el *Contrapunteo cubano del tabaco y el azúcar*.

Retóricas coloniales: equívocos y "roturas"

El fracaso de esta "epistemología comparada" en el discurso imperial (Marí 1990) se representa como un efecto del desconocimiento del entorno americano y de la lengua nativa por parte de los españoles, porque el Inca no parece confrontar ese problema cuando se vale de la misma estrategia para comunicarse con sus lectores europeos. Por eso, precisamente en el próximo capítulo, y describiendo un arbusto tan importante para la cultura incaica como la coca, el Inca afirma, ufano:

> ...la hoja de la haz y del envés, en verdor y hechura, es ni más ni menos que la del madroño, salvo que tres o cuatro hojas de aquéllas, por ser muy delicadas, hacen tanto grueso como una de las de madroño. Huelgo mucho de hallar en España cosas tan apropiadas a que comparar las de mi tierra, y que no las haya en ella, para que acá y allá se entiendan y conozcan las unas por las otras. (Libro VIII, Capítulo XV, 181.)

Parecería que para el relator el ejercicio transcultural resulta exitoso porque el que lo lleva a cabo conoce a cabalidad los dos referentes que pone en diálogo en el momento de establecer su comparación. De ahí que en el texto se privilegie la condición bilingüe y bicultural de la voz narrativa, y no exclusivamente su dominio del quechua materno.

Menos conocidas son las escenas en las que el equívoco es resultado de un desconocimiento u olvido del Inca de su lengua materna. Curiosamente el olvido de la lengua materna se convierte en una subtrama tenue, pero consistente, que se elabora en el octavo libro de los *Comentarios reales*. Este mini-relato comienza con una escena muy dramática:

> Hay otra fruta muy buena, que los españoles llaman *pepino*, porque se le parece algo en el talle, pero no en el gusto ni en lo saludable que son para los enfermos de calenturas, ni en la buena digestión que tienen; antes son contrarios a los de España; el nombre que los indios les dan se me ha ido de la memoria; aunque fatigándola yo en este paso muchas veces y muchos días, y reprendiéndola por la mala guarda que ha hecho y hace de muchos vocablos de nuestro lenguaje, me ofreció, por disculparse, este nombre: *cacham*, por pepino; no sé si me engaña, confiada de que por la distancia y el lugar y ausencia de los míos no podré averiguar tan aína el engaño; mis parientes, los indios y mestizos del Cuzco y todo el Perú, serán jueces de esta mi ignorancia y de muchas otras que hallarán en esta mi obra; perdónenmelas, pues soy suyo, y que sólo por servirles tomé un trabajo tan incomportable como esto lo es para mis pocas fuerzas (sin ninguna esperanza de galardón suyo ni ajeno): ...(Libro VIII, Capítulo XI, 174).[14]

---

[14] Cerrón Palomino, al comentar este mismo pasaje, destaca que el Inca se acerca mucho en su evocación del vocablo quechua, pues la palabra que el relator buscaba era "cachun". En la *Florida del Inca* el mismo narrador confiesa que aunque no puede hablar ya el quechua, todavía tiene un conocimiento pasivo de esta lengua que le permite reconocer y recordar el significado de los "vocablos olvidados": "no acierto ahora a concertar seis o siete palabras en oración para dar a entender lo que quiero decir, y más, que muchos vocablos se me han ido de la memoria, que no sé cuáles son, para nombrar en indio tal o tal cosa. Aunque es verdad que, si oyese hablar a un inca, le entendería todo lo que dijese y, si oyese los vocablos olvidados, diría lo que significaban; empero, de mí mesmo, por mucho que lo procuro, no acierto a decir cuáles son. Esto he sacado por experiencia del uso o descuido de las lenguas, que las ajenas se aprenden con usarlas y las propias se olvidan no usándolas" (Libro II, Capítulo VI, 59, tomado de Cerrón Palomino, "El Inca..." 169). El Inca define su identidad como mestizo sin depender, por lo tanto, de un dominio activo de su lengua materna, o "la lengua que mamé en la leche". Esto evidencia cuán arbitrarias son las lecturas que establecen un vínculo indeleble entre identidad y lengua materna (Desnoes, Todorov), pues el mismo relator confiesa que ha llegado a olvidar su primera lengua. Esta supuesta relación transparente entre el vernáculo y la identidad es un lugar común en los estudios literarios y culturales de corte nacionalista, que han sido muy comunes en el latinoamericanismo clásico, y que han sido consistentemente cuestionados por los estudios sobre el bilingüismo y el proceso de adquisición de lenguas (Paradis, Williams y Barber, entre otros), y por el discurso latino en Estados Unidos.

El olvido del vocablo nativo desencadena en el Inca toda una serie de reacciones emotivas. Por un lado, notamos un reclamo de la lengua olvidada como propia –"nuestro lenguaje"– propiciando una cercanía que no se había recalcado en los pasajes anteriores, cuando el inca se refería al quechua como la lengua de los mestizos y criollos en América. Por otro, la localización espacial, que pudo servir de condición privilegiada para la reflexión sobre la cultura incaica, se convierte aquí en lugar de pérdidas, en situación que erosiona el contacto con los "míos". Por último, la imposibilidad de la traducción se explica por medio de la lejanía con la cultura originaria, y con el uso del motivo de la falsa modestia, que alude implícitamente al conflicto de legitimidad del Inca en la sociedad metropolitana. Sin embargo, el texto muestra la "rotura" de la estructura especular que caracteriza la mayoría de las escenas de equívocos lingüísticos señalados por el Inca en sus *Comentarios*. En su lugar se ofrece un paralelismo lingüístico incierto, opaco, que carece de la transparencia y autoridad de la mayoría de las traducciones ofrecidas en el resto del texto. Esta escena resignifica lo que M. Zamora denomina como el "vacío semántico" en el texto del Inca, que es resultado de los equívocos cometidos por los españoles en su interpretación del quechua (76), para ubicarlo dentro del conflicto lingüístico del relator bilingüe. Antonio Cornejo Polar ya ha estudiado esta falta de paralelismo en el proceso de traducción en una escena un poco más sutil, pero en la que el relator elimina acepciones indígenas del vocablo "huaca" para hacerlas coincidir con la perspectiva española. Esta estrategia ilustra el dramatismo del gesto implícito del Inca, constituyendo lo que Cornejo-Polar denomina como el "discurso de la armonía imposible" (99).

Regresando a los *Comentarios*, en el capítulo que viene justo después de esta escena de olvido que he citado ocurre otro vacío o tropiezo de la memoria, pero en este caso el Inca no se detiene a describir el evento con la extensión que lo hiciera antes: "Hay otros pimientos largos, de un jeme, poco más, poco menos, delgados como el dedo meñique o merguerite; éstos tenían por más hidalgos que los pasados, y así se gastaba en la casa real y en toda la parentela; la diferencia de su nombre se me ha ido de la memoria; también le llaman *uchu* al pasado, pero el adjetivo es el que me falta" (Libro VIII, Capítulo XII, 176-77). La referencia abreviada, e incluso reticente, naturaliza el gesto de incertidumbre que se representara como evento dramático y casi trágico en el capítulo anterior, y sirve de preámbulo a la descripción de los numerosos frutos, árboles y plantas de la zona andina.

Esta subtrama sobre el olvido de la lengua materna culmina en el momento en que el Inca vincula su olvido con su distanciamiento temporal y espacial de la cultura materna:

> Cómo se llame el tigre en la lengua general del Perú, se me ha olvidado, con ser nombre del animal más fiero que hay en mi tierra. Reprendiendo yo mi memoria con estos descuidos, me responde que por qué le riño de lo que yo mismo tengo la culpa; que advierta yo que ha cuarenta y dos años que no hablo ni leo en aquella lengua. Válgame este descargo para el que quisiere culparme de haber olvidado mi lenguaje. (Libro VIII, Cap. XVIII, 189)

El Inca asume el olvido, y clausura el relato traumático de su pérdida de la lengua materna definiendo el tiempo en que ha vivido fuera de la cultura andina. Esta postura del Inca resulta interesante, pues si bien gran parte de sus *Comentarios reales* se fundamenta en su conocimiento pretendidamente cabal del quechua, también resulta evidente que para el relator el vínculo entre identidad y lengua materna parece ser mucho más flexible de lo que se ha afirmado en los discursos que esencializan la relación entre una determinada identidad étnica y cultural y un idioma primario o nativo.

Otro detalle significativo de esta subtrama del octavo libro tiene que ver con el momento en que ocurre la crisis lingüística. En los *Comentarios...*, así como ocurre en los textos coloniales y del siglo diecinueve, el inventario y la descripción de la flora y fauna americanas son un modo común de incorporar americanismos. Ése es el caso en los textos de Colón, Cortés, Pané, Juan de Castellanos, Bernardo de Balbuena y Silvestre de Balboa. En el siglo diecinueve se recurre a esta misma estrategia con el propósito de crear un español americano, en textos como los de Andrés Bello, Domingo Faustino Sarmiento, José Hernández y José María Heredia, entre otros. En el relato del Inca este pasaje es interesante, porque coincide con el momento en que el lenguaje falla y es precisamente entonces que el relator bilingüe señala su relación problemática con una sola lengua materna. Ésta es una carencia doblemente paradójica, pues el relator señala su olvido relativo de la lengua primaria justo en el momento en que despliega la exuberancia discursiva de su texto para capturar la riqueza del entorno americano.

El último ejemplo que me interesa discutir es el que ya ha comentado Margarita Zamora como uno de los pocos momentos en que el Inca parece carecer de sus facultades como traductor (121). M. Zamora se refiere a una escena en el Capítulo II del Libro segundo, en la que el Inca afirma que él y los indios desconocen el significado del nombre Viracocha. El Inca alude nuevamente a este asunto en el Capítulo XXI del Libro Quinto, pero en ese caso se refiere a la imposibilidad de explicar la etimología de este nombre:

> Los historiadores españoles, y aun todos ellos, dicen que los indios llamaron así a los españoles porque pasaron allá por la mar. Y dicen que el nombre Viracocha significa grosura de la mar, haciendo composición de *uira*, que dicen que es grosura y *cocha*, que es mar. En la composición se engañan, también como en la significación, porque conforme a la composición que los españoles hacen, querrá decir mar de sebo, porque *uira*, en propia significación, quiere decir sebo y con el nombre *cocha*, que es mar, dice mar de sebo; porque en semejantes composiciones de nominativo y genitivo, siempre ponen los indios el genitivo delante. De donde consta claro no ser nombre compuesto, sino propio de aquel fantasma que dijo llamarse Viracocha y que era hijo del Sol. Esto puse aquí para los curiosos que holgaran de ver la interpretación de este nombre tan común, y cuánto se engañan en declarar el lenguaje del Perú los que no lo mamaron en la leche de la misma ciudad del Cuzco, aunque sean indios, porque los no naturales de ella también son extranjeros y bárbaros en la lengua, como los castellanos. (Libro V, Capítulo XXI, 257.)

Voy a dejar de lado el tema bastante controvertido de si el Inca ocultó o no el verdadero significado del nombre Viracocha para privilegiar el lugar de Pachacamac en el imaginario religioso Inca (M. Zamora 120-126, Duviols). Me concentraré, sin embargo, en el interés del Inca en este pasaje por llevar a cabo una comparación de las estructuras de las lenguas que practica (castellano y quechua nativos, latín aprendido) que desemboca inevitablemente en el esbozo de patrones comunes (universales lingüísticos), con lo que apunta ya a la gramática hoy llamada mentalista (Prosper-Sánchez, comunicación personal), y a parte de un sector del neoplatonismo como el de León Hebreo. Continuando con esta lectura desde el punto de vista de lo que se conoce contemporáneamente como las ciencias del lenguaje, en esta cita encontramos un aspecto muy significativo: el Inca desautoriza a los historiadores españoles y a los indígenas que no aprendieron el quechua en su variedad del Cuzco, y equipara en este caso la condición de los indígenas que hablan otros dialectos del quechua con la de los conquistadores extranjeros. Este detalle resulta importante, porque el relator establece una correspondencia entre la lengua general del Perú y la variedad cuzqueña, definiendo una suerte de lengua estándar que se desea que funcione como lengua oficial o como el "capital lingüístico" que legitima el poder de un sector social (Bourdieu 56).

Rodolfo Cerrón Palomino ha estudiado esta noción de la "lengua general" en los *Comentarios reales*, y señala que la expresión en sí, utilizada para referirse a un "idioma vehicular", fue acuñada por Fray Domingo de Santo Tomás, el primer gramático de esta lengua (125).[15] El quechua se compone de una familia grande de lenguas, y por ello es muy difícil saber a qué variedad se está haciendo referencia cuando se habla de la "lengua general del Perú". Aunque es evidente que el Inca se refiere a la variedad que se hablaba en el Cuzco, Cerrón Palomino propone que la variedad que funcionaba como "lengua general" era el dialecto conocido como el Chinchaisuyo. Sin embargo, el dialecto que se instituyó como estándar en el Tercer Concilio de Lima (1582-83) fue el quechua del Cuzco (Cerrón Palomino, "The Concept...", 128), que entonces pasó a ser visto como el habla correcta, mientras que las otras variedades se percibían como una corrupción de la lengua general, o incluso una jerga.

¿Cómo se explica que se haya establecido un estándar que no coincidía con la lengua vehicular en la zona? Es precisamente la variedad que cuenta con una tradición escrita la que se impone por sobre el dialecto que gozaba de un amplio uso a nivel oral (Cerrón Palomino, "Unidad y diferenciación" 86-87). De ahí que resulte notable que el proceso de estandarización del quechua que estamos describiendo respondió directamente a las necesidades del poder imperial español, y no a las condiciones de uso en la zona andina.[16] El Inca se vale de este mismo privilegio de la variedad escrita, y lo lleva a un nivel mayor de precisión: en los *Comentarios reales* no tan sólo se privilegia el uso lingüístico de los indios del Cuzco, sino que también se establece como estándar el sociolecto de los sectores hegemónicos de la sociedad incaica (Cerrón Palomino, "The Concept...", 130). Y es en ese contexto que el título del relato del Inca, *Comentarios reales*, cobra mayor especificidad: se trata de una historia de la cultura y lengua de la nobleza incaica cuzqueña.

Este es uno de los puntos más álgidos en la consideración del Inca en un contexto colonial y étnico latinoamericano: ¿cuál es el lugar que puede ocupar el emigrante mestizo en el imaginario nacional peruano? ¿Qué tipo de representatividad se construye en la figura del enunciador de los *Comentarios reales*? Resulta de sobra conocido el debate de José Durand y María Rotworowski sobre la veracidad del Inca, desde el punto de vista histórico y en términos de su representatividad cultural. Del mismo modo, ha existido un debate prolongado sobre la filiación cultural del Inca, como una conciencia "sustancialmente india" o como un

---

[15] Se entiende por lengua vehicular un idioma usado "for the intercommunication among geographically neighboring linguistic communities which do not speak the same language" (Calvet 1981, pero tomado de Cerrón Palomino 127). Sigo muy de cerca los argumentos de Cerrón Palomino en el resto de este párrafo.

[16] Francisco de Solano aborda precisamente este tema cuando hace una revisión de las políticas lingüísticas en Hispanoamérica entre 1492 y 1800. Solano señala que no existió una política unificada, puesto que el objetivo principal era la asimilación cultural y la evangelización de los indígenas. Por lo tanto, se "fomentaba, unas veces, las lenguas aborígenes –para que en ellas se desarrollara la cristianización y la aculturación de los indios– mientras otras veces potenciaba que estos empeños se realizaran en español (XC). Para una revisión de las tendencias principales de esta política, ver su "Estudio preliminar" a los *Documentos sobre la política lingüística en Hispanoamérica (1492-1800)*.

representante cimero del humanismo hispánico. Lo cierto es que este sujeto bilingüe y bicultural ocupa un lugar incómodo en el corpus de textos coloniales y latinoamericanos, porque el Inca Garcilaso de la Vega se encuentra por momentos en el espacio del testimonio legitimador que más recientemente se le asigna a una figura como Rigoberta Menchú, y en otras ocasiones se aproxima al lugar difícil y conflictivo de un Richard Rodríguez.[17] Entre los discursos de la autoctonía y la hibridez, el Inca Garcilaso de la Vega es un sujeto idóneo para explorar los límites conflictivos entre los (im)puros discursos identitarios latinoamericanos y el lugar problemático del período colonial en ese imaginario.

El vínculo problemático del Inca con la "lengua general" nos invita, por lo tanto a tomar en cuenta las relaciones de poder que configuran y regulan los actos comunicativos (Bourdieu 37), y nos muestra otro espacio de contradicción en el cual el sujeto mestizo y colonial se legitima por medio de la estandarización de una variedad que discrimina no tan sólo contra los indios que no eran incas, sino también contra los que no eran parte de la nobleza andina. En este contexto resulta muy problemático referirse a este relator como un escritor que privilegia la cultura andina y americana *vis á vis* su herencia cultural hispánica. Al mismo tiempo, cuando argumento que para el narrador mestizo la conquista y colonización eran actos discursivos, esta afirmación tiene implicaciones que no excluyen una visión muy específica de qué discursos –nobles, escritos e imperiales– son los que se privilegian en este relato de la cultura incaica. En este sentido, los múltiples equívocos relatados en los *Comentarios* –tanto de los españoles como del propio Inca– conducen a una "rotura" del lenguaje, que me parece constitutiva de esa subjetividad colonial bilingüe, ambigua e inestable, a la que he estado refiriéndome en esta reflexión.

III. Una lectura contemporánea: los silencios del Inca, los silencios de la crítica

Es, quizá, necesario hacer un balance del lugar del Inca en el campo de los estudios coloniales, sobre todo por las preguntas que suscita o deja abiertas su presencia en el corpus de nuestras letras. Ya he señalado anteriormente que el Inca Garcilaso de la Vega ocupa un lugar difícil, tanto en los imaginarios nacionales de la zona andina, como en el discurso latinoamericano que se piensa desde una perspectiva colonial y postcolonial. Por eso, quisiera cerrar mi reflexión con una cita del conocido ensayo de José Durand, "Los silencios del Inca" (1966), en donde se aborda una de esas zonas problemáticas del relator mestizo, su filiación cultural:

> Garcilaso vivió en el Perú sus veinte primeros años, en contacto diario con sus parientes indios, hablando en quechua con ellos, jugando con sus condiscípulos mestizos. [...] No sólo pasó en el Cuzco sus veinte primeros años, sino que, según aquella exacerbada nostalgia de los quechuas, vivió recordando el Perú y escribiendo sobre él. [...] Su fuerte inclinación a la reserva, a la nostalgia, su extraña

---

[17] En su libro *Proceed with Caution, when Engaged by Minority Writing in the Americas*, Doris Sommer establece algunos vínculos entre el Inca Garcilaso y Richard Rodríguez como asimilacionistas –"they flaunt their 'exoticism' to become the center's unconquerable object of desire" (10)–, y entre el Inca y Rigoberta Menchú –"Real deceit is the problem, not reticence. This is not Garcilaso's flaunting insider information in order to command respect, nor Rigoberta's decorous claims to cultural secrets..." (188)– pero no traza una correlación entre el lugar que se le asigna a Rigoberta Menchú y Richard Rodríguez dentro de los debates identitarios del latinoamericanismo nacionalista. Agradezco, sin embargo, sus comentarios sobre estas tres figuras, pues me ayudaron a completar esta parte de mi reflexión.

> tenacidad –terquedad a veces–, su peculiar pesimismo, parecen relacionarse con aquella herencia y con su experiencia humana primera. Se trata, no lo olvidemos, de un mestizo de la primera generación. Por ello, pues, estos silencios del Inca, tan reiterados, tan suyos, se explican a la vez por corrientes ideológicas de la más pura cepa clásica y renacentista, y por el carácter personal del autor, hijo de un capitán extremeño y de la palla Chimpu Ocllo, y en ocasiones, por razones de conveniencia práctica. (71)

Mi punto de partida es aparentemente simple. Me pregunto sobre las dificultades de nuestro trabajo crítico para leer las múltiples dimensiones de un sujeto escriturario y cultural como el que nos propone el Inca Garcilaso de la Vega. Como lo sugiere Durand, explicar un aspecto tan mínimo como los "silencios" del relato en los *Comentarios*, supone echar mano de los conceptos de reticencia y elipsis de la retórica renacentista y humanista, y de la concepción trágica del mundo incaico. No se puede, insistía Durand, entender al Inca, si se oblitera cualquiera de las dimensiones de su heteróclita identidad cultural. La propuesta de Durand nos llevaría, entonces, a proponer una apertura urgente en que los estudios de Margarita Zamora, Roberto González Echevarría, Doris Sommer y Enrique Pupo Walker incorporen decisivamente los trabajos de José Antonio Mazzotti, Martín Lienhard y Antonio Cornejo Polar. En nuestros estudios de lo que Mignolo ha denominado la "semiosis colonial" (*The Darker Side...*, 7-9) el discurso metropolitano tendría que dialogar más intensamente con esa cultura oral andina. La estructura documental y textual misma de los *Comentarios reales* ilustra ese contacto constante, desigual y problemático de dos espacios discursivos y culturales, de dos tradiciones e identidades que se confunden y restablecen a lo largo del relato del Inca. Mientras no se haga visible ese complejo entramado de lo español y lo inca, de lo imperial y lo colonial, de lo europeo y lo americano que se cristaliza en ese mestizaje transcultural del Inca, nuestro trabajo crítico seguirá siendo predominantemente eurocentrista y colonizador.

Al mismo tiempo, este tipo de contrapunto crítico cuestiona la lectura predominantemente criollista de los textos coloniales, y nos permite abordar otras líneas discursivas que enriquecen y entran en conflicto con el desarrollo de un discurso americano. Si el trabajo de Kathleen Ross, Antony Higgins y la antología *Agencias criollas* nos ha demostrado algunas de las nuevas dimensiones de la complejidad interna de ese discurso criollo y colonial, el diálogo entre tradiciones culturales diversas añade otra zona de debate que amplía nuestra concepción del espacio cultural en América durante los siglos XVII y XVIII. Me parece que mucho de ese diálogo está todavía por establecerse, y que ésa debería ser una de nuestras prioridades en los estudios sobre el Inca. Esto nos llevaría a reflexionar sobre algunas de las incapacidades reales de la crítica para pensar dinámicamente esa heterogeneidad compleja y ambigua que resulta de la postulación de la identidad como un proceso en flujo y cambiante.

Por ello, me gustaría cerrar este ensayo con un evento poco mencionado de la vida del Inca Garcilaso de la Vega. En el recuento biográfico que hace Enrique Pupo Walker de la vida del Inca, éste menciona lo siguiente:

> Datos de otra índole, verificados en este siglo por varios investigadores, sugieren que hacia 1594 el Inca disfrutó de relaciones íntimas con Beatriz de Vega, mujer de extracción humilde que figuró en su servidumbre. De ella tuvo a su hijo natural Diego de Vargas. Pero estos son hechos, como muchos otros relacionados con su

vida familiar, que el Inca excluyó de sus libros. Aun en su relación testamentaria y codicilos anexos, Garcilaso deja en la penumbra esa vertiente afectiva de su existencia. Así, en su testamento él aludirá a su hijo como persona a quien "ha criado"; y menos aún dirá sobre la mujer que debió proporcionarle solaz, compañía..." ("Introducción", 30).

¿Cómo leer esta exclusión de la escritura por parte de un hijo que dedicó su vida a reinscribir su subjetividad y la cultura de la madre en el discurso historiográfico y escrito de la cultura metropolitana de su padre? ¿Cómo interpretar este "borramiento" del hijo en el texto, del mismo hijo a quien le dictó una parte de su obra? (Mazzotti, "En virtud...", 391). Una tentación inmediata nos lleva a especular sobre los motivos particulares para este silencio del Inca. Habrá quien piense que el Inca asume y extrema el privilegio de su propio padre –pues Sebastián Garcilaso, aunque no reconoce al Inca, lo incluye en su testamento como hijo natural y le deja una herencia– o que quizá trata de librar a su mujer e hijo de la misma historia de desilusión que marcó su gestión en la metrópoli para legitimar la herencia que le correspondía como resultado de los servicios de su padre. Otra lectura que se concentre en nociones de género sexual y raza nos sugerirá una reticencia del Inca ante las dimensiones menos "nobles", valga la redundancia, de su praxis afectiva.[18] También sabemos que no era poco común en la época ignorar a los hijos ilegítimos, sobre todo si el padre había recibido órdenes menores dentro del escalafón eclesiástico, como era el caso del Inca. Sin embargo, quiero sugerir que este gesto del Inca quizá nos resulta irónico, pero también increíblemente opaco. Me parece que encontrar una explicación definitiva para esta exclusión del hijo en su testamento es menos interesante que ver este momento final de la vida del Inca como otro más de sus textos. Más que buscar el origen etimológico o filológico de este silencio del Inca, me gustaría señalarlo como una ausencia polisémica que insiste una vez más en la complejidad de un sujeto que se resiste a una lectura lineal, unívoca y transparente de su relación con la letra. Sospecho que nunca descubriremos la razón definitiva de esta reticencia del Inca hacia su familia, pero sí creo que este evento sugiere una relación conflictiva con la historia, la legalidad y la escritura que fue un motivo central en los *Comentarios*, y que parece que este intérprete, comentarista e historiador mestizo no resolvió nunca.

---

[18] Sobre los hijos que tuvo el Inca, se pueden consultar Miró Quesada y Enrique Garramiola. Aunque se ha sabido ya hace un tiempo que el Inca tuvo un hijo al que no reconoció como tal en su testamento, me parece interesante que este aspecto de su vida no se comente tanto, sobre todo por el gran énfasis que se ha puesto en la relación del Inca Garcilaso con su padre, y con el reclamo fallido de las mercedes a las que tenía derecho como resultado de los servicios de su padre, como evento fundacional de su proyecto escriturario.

OBRAS CITADAS

Abbot, Don Paul. *Rhetoric in the New World: Rhetorical Theory in Colonial Spanish America.* Columbia: University of South Carolina Press, 1996.

Barber, Carroll G. "Trilingualism in an Arizona Yaqui Village." *Bilingualism in the Southwest.* Ed. P Turner. Tucson: University of Arizona Press, 1973. 281-304.

Bourdieu, Pierre. "The Production and Reproduction of Legitimate Language." *Language and Symbolic Power.* Cambridge: Harvard University Press, 1991. 43-65

Cerrón-Palomino, Rodolfo. "El Inca Garcilaso o la lealtad idiomática." *Lexis* 15.2 (1991): 133-178.

_____ "The Concept of General Language in Garcilaso Inca." *Garcilaso Inca de la Vega: An American Humanist. A Tribute to José Durand.* Ed. José Anadón. Notre Dame, Indiana: University of Notre Dame, 1998. 125-132.

_____ "Unidad y diferenciación lingüística en el mundo andino." *Lexis* 11.1 (1987): 71-104.

Chiampi, Irlemar. "Barroquismo y afasia en Alejo Carpentier." *Barroco y modernidad.* México: Fondo de Cultura Económica, 2000. 98-117.

Cornejo-Polar, Antonio. "Las suturas homogeneizadoras: los discursos de la armonía imposible." *Escribir en el aire: ensayo sobre la heterogeneidad socio-cultural en las literaturas andinas.* Lima; Editorial Horizonte, 1994. 91-158.

Desnoes, Edmundo. "Nacer en español." *An Other Tongue. Nation and Ethnicity in the Linguistic Borderlands.* Ed. Alfred Arteaga. Durham y Londres: Duke University Press, 1994. 263-271.

Durand, José. Garcilaso. "Between the World of the Incas and that of Renaissance Concepts." *Diógenes* 43 (Fall 1963): 21-45.

_____ "En torno a la prosa del Inca Garcilaso: a propósito de un artículo de Roberto González Echevarría." *Nuevo texto crítico* 1.2 (segundo semestre 1988): 209-226.

_____ "Garcilaso Inca jura decir verdad." *Histórica* 14.1 (julio de 1990): 1-25.

_____ "Los silencios del Inca Garcilaso." *Mundo Nuevo* [París] 5 (noviembre 1985): 66-72.

Duviols, Pierre. "The Problematic Representation of Viracocha in the *Royal Commentaries*, and Why Garcilaso Deserves the Title of Inca." *Garcilaso Inca de la Vega: An American Humanist. A Tribute to José Durand.* Ed. José Anadón. Notre Dame, Indiana: University of Notre Dame, 1998. 46-58.

Escobar, Alberto. *Patio de letras 3.* Lima: Universidad de San Marcos, 1995. (Biblioteca Digital Andina)

Fanon, Frantz. *The Wretched of the Earth.* New York: Grove Weindelfeld, 1991.

Foucault, Michel. *The Order of Things.* New York: Vintage Books, Ramdom House, 1994.

Garramiola, Enrique. "El problema del mestizaje en el Inca Garcilaso de la Vega (nueva documentación sobre su trascendencia)". *El Inca Garcilaso entre Europa y América.* Ed. Antonio Garrido Aranda, Córdoba: Caja Provincial de Ahorros de Córdoba, 1994. 285-291.

González Echevarría, Roberto. "Humanism and Rhetoric in *Comentarios reales* and *El carnero.*" *In Retrospect: Essays on Latin American Literature. (In Memory of Willis Knapp Jones).* Eds. Elizabeth S. Rogers and Timothy J. Rogers. South Carolina: Spanish Literature Publications Company, 1987. 8-23.

_____ "Imperio y estilo en el Inca Garcilaso." *Discurso literario* 3.1 (otoño 1985-primavera 1986): 75-80.

_____ "The Law of the Letter: Garcilaso's *Comentarios.*" *Myth and Archive.* Durham: Duke University Press, 1998. 43-92.

Greenblatt, Stephen. "Learning to Curse: Aspects of Linguistic Colonialism in the Sixteenth Century." *Learning to Curse. Essays in Early Modern Culture*. New York: Routledge, 1990. 16-39.
Higgings, Antony. *Constructing the Criollo Archive: Subjects of Knowledge in the* Biblioteca Mexicana *and the* Rusticatio Mexicana. Ohio: Purdue University Press, 2000.
Jakfalvi-Leiva, Susana. *Traducción, escritura y violencia colonizadora: un estudio de la obra del Inca Garcilaso*. Syracuse, NY: Foreign and Comparative Studies, 1984.
MacCormack, Sabine. "The Incas and Rome." *Garcilaso Inca de la Vega: An American Humanist. A Tribute to José Durand*. Ed. José Anadón. Notre Dame, Indiana: University of Notre Dame, 1998. 8-31.
Marí, Enrique. *Elementos de epistemología comparada*. Buenos Aires: Punto Sur, 1990.
Mazzotti, José Antonio. *Coros mestizos del Inca Garcilaso. Resonancias andinas*. Lima : Bolsa de Valores de Lima : Otorongo Producciones ; México, D.F. : Fondo de Cultura Económica, 1996.
_____ "*En virtud de la materia*: nuevas consideraciones sobre el subtexto andino de los *Comentarios reales*" *Revista Iberoamericana* 61.172-173 (julio-diciembre 1995): 385-421.
_____ "Garcilaso and the Origins of Garcilacism: the Role of the *Royal Commentaries* in the Development of a Peruvian National *Imaginaire*." *Garcilaso Inca de la Vega: An American Humanist. A Tribute to José Durand*. Ed. José Anadón. Notre Dame, Indiana: University of Notre Dame, 1998. 90-109.
_____ "The Lightning Bolt Yields to the Rainbow: Indigenous History and Colonial Semiosis in the *Royal Commentaries* of El Inca Garcilaso de la Vega." *Modern Language Quarterly* 57.2 (June 1996): 197-211.
_____ ed. *Agencias criollas. La ambigüedad colonial en las letras hispanoamericanas*. Pittsburgh: Instituto Internacional de Literatura Iberoamericana, 2000.
Mignolo, Walter. "Introduction." "Nebrija in the New World: Renaissance Philosophy of Language and the Spread of Western Literacy." *The Darker Side of the Renaissance*. Ann Arbor: University of Michigan Press, 1995. 1-25; 29-67.
Miró Quesada. Aurelio. *El Inca Garcilaso y otros estudios garcilacistas*. Madrid: Ediciones de Cultura Hispánica, 1971.
Ortega, Julio. "El Inca Garcilaso y el discurso de la cultura." *Revista Iberoamericana* 44.104-105 (julio-diciembre 1978): 507-514.
Ortiz, Fernando. "Del fenómeno social de la 'transculturación' y de su importancia en Cuba." *Contrapunteo cubano del tabaco y el azúcar*. La Habana: Editorial de Ciencias Sociales, 1983. 86-90.
Paradis, Michel. "Bilingualism and Aphasia." *Studies in Neurolinguistics*. New York: Academic Press, 1977. 65-121.
Pupo-Walker, Enrique. "Los *Comentarios reales* y la historicidad de lo imaginario." *Revista Iberoamericana* 44.104-105 (julio-diciembre 1978): 385-407.
_____ "Introducción." *Comentarios reales*. Madrid: Cátedra, 1999. 13-95.
_____ *Historia, creación y profecía en los textos del Inca Garcilaso de la Vega*. Madrid : J. Porrúa Turanzas, 1982.
Rico Verdú, José. *La retórica española de los siglos XVI y XVII*. Madrid: Consejo Superior de Investigaciones Científicas, 1973.
Rodríguez Garrido, José A. "La identidad del enunciador en los *Comentarios reales*" *Revista Iberoamericana* 61.172-173 (julio-diciembre 1995): 371-383.

Rostworowski de Diez Canseco, María. *Historia del Tahuantinsuyo*. Lima: Ministerio de la Presidencia, Consejo Nacional de Ciencia y Tecnología, 1988.

Solano, Francisco de. "Estudio preliminar." *Documentos sobre política lingüística en Hispanoamérica (1492-1800)*. Madrid: Consejo Superior de Investigaciones Científicas, 1991. XXIII-XC.

Sommer, Doris. "Mosaic and Mestizo: Bilingual Love from Hebreo to Garcilaso." *Proceed with Caution... When Engaged by Minority Writing in the Americas*. Cambridge: Harvard University Press, 1999. 61-91.

Todorov, Tzvetan. "Dialogism and Schizophrenia." *An Other Tongue. Nation and Ethnicity in the Linguistic Borderlands*. Ed. Alfred Arteaga. Durham y Londres: Duke University Press, 1994. 203-214.

Vega, Inca Garcilaso de la. *Comentarios reales*. Venezuela: Editorial Ayacucho, 1976.

_____ *La Florida del Inca*. México: Fondo de Cultura Económica, 1956.

Williams, Glyn. "Bilingualism, class dialect, and social reproduction." *International Journal of the Sociology of Language* 66 (1987): 85-98.

Zamora, Margarita. "Gender and Discovery." *Reading Columbus*. Berkeley: University of California Press, 1993. 152-179.

_____ *Language, Authority and Indigenous History in the* Comentarios Reales de los Incas. Cambridge: Cambridge University Press, 1988.

Zamora-Munné, Juan Clemente. *Historiografía lingüística. Edad Media y Renacimiento*. Salamanca: Ediciones del Colegio de España, 1984.

LA GRANDEZA MEXICANA EN EL CONTEXTO CRIOLLO

Stephanie Merrim
BROWN UNIVERSITY

Es un inmenso placer para mí tener el honor de contribuir al homenaje a la profesora Georgina Sabat-Rivers, investigadora que ha tenido un extraordinario impacto tanto en los estudios literarios hispánicos en general como en el trabajo de tantos académicos, incluyendo el mío. Al comienzo de los años ochenta, motivada por razones que todavía desconozco, la profesora Sabat-Rivers me invitó a participar en un panel del MLA sobre Sor Juana. Su gesto, generoso e intuitivo, inició mi carrera como sorjuanista. A lo largo de los años, he tenido la buena fortuna de recibir su ayuda en varios momentos, y la obra de la profesora Sabat-Rivers ha orientado la mía de manera determinante.

El presente ensayo intenta rendirle homenaje a la profesora Sabat-Rivers al relacionar dos autores que ella ha tratado extensa y brillantemente: Bernardo de Balbuena y Sor Juana Inés de la Cruz. Aunque varios aspectos del artículo evidencian mi deuda con la profesora Sabat-Rivers, parto especialmente de sus argumentos sobre *La grandeza mexicana* (1604) de Bernardo de Balbuena. Según ella, en esta obra se encuentra la "iniciación, independiente de la peninsular, de formas barrocas" y el "suplantamiento de Europa por América basada en la superioridad americana", junto con un discurso "ambivalente y contradictorio que encierra el germen de alteridad de la conciencia nacionalista" (41).

Las reflexiones de la profesora Sabat-Rivers que acabo de citar también informan mi más reciente proyecto de libro, titulado *The Spectacular City and Colonial Spanish American Literary Culture* (La ciudad espectacular y la cultura literaria de la Hispanoamérica colonial). Aunque el título no lo revela, el libro se concentra en México y organiza una genealogía del discurso criollo mexicano que muestra cómo a partir del siglo dieciséis los criollos construyeron un archivo intertextual y, con ello, una tradición literaria criolla. Desde una perspectiva más amplia, el libro establece una matriz de tres elementos interrelacionados que se puede comprender como tres ejes centrales de la cultura del siglo diecisiete: la ciudad, la estética barroca de la maravilla y del asombro, y los festivales espectaculares. Propongo que cada elemento de la matriz, y los tres en conjunción, albergan una volatilidad o inestabilidad compleja y rica, de la cual los escritores criollos se aprovechan al erigir lo que a lo largo del siglo diecisiete va a cuajarse en un nacionalismo cultural sino ya político. Como a la profesora Sabat-Rivers, me interesa particularmente el modo en que el nacionalismo cultural criollo, contradictorio y ambivalente, deriva sus formas y su fuerza de las mismas estructuras que la cultura dominante española pone a su disposición, cristalizando o explotando la inestabilidad que tales estructuras adquieren en el contexto del Nuevo Mundo. Es decir, como afirma Raymond Williams, la manera en que "the dominant culture... at once produces and limits its own forms of counter-culture" (114).

La grandeza mexicana de Bernardo de Balbuena realiza todas las dinámicas que he expuesto en los párrafos anteriores. El poema las realiza a veces inconscientemente y sin quererlo, pero aún así, contundentemente. Las páginas que siguen pretenden establecer que *La grandeza mexicana* ofrece un punto de partida clave para el archivo criollo mexicano, a pesar de que el poema defienda un programa imperialista foráneo, que podría resultarle perjudicial. El extravagante himno de Balbuena a la Ciudad de México, al régimen virreinal imperialista, y a la poesía siempre se ha considerado un hito en la literatura colonial.[1] Y con buena razón. Como la segunda obra impresa en México en el siglo diecisiete (se ha perdido la primera), inaugura el siglo y –como lo ha observado la profesora Sabat-Rivers– introduce características barrocas en la producción literaria del Nuevo Mundo. Hernán Vidal caracteriza *La grandeza mexicana* como el apogeo –o el abismo– del discurso imperial(ista) (120), lo cual nos recuerda la pregunta perspicaz formulada por Kathleen Ross: "Is the idea of a Spanish *American* baroque an oxymoron?" (1, énfasis mío). De acuerdo con todo esto, mi artículo propone examinar los siguientes aspectos en la paradigmática *La grandeza mexicana*: (1) el modo en que promueve el poder imperialista, que permitió los comienzos de un barroco americano; y (2) los oximorones o paradojas que generó el texto de Balbuena para el discurso criollo a lo largo del siglo diecisiete, desde sus contemporános hasta Sor Juana.

Cualquier examen de la obra de Balbuena, creo yo, se beneficia al situar el poema, "La grandeza mexicana", dentro del contexto de libro, *La grandeza mexicana*. Porque a la hora de publicarse, este poema –originalmente redactado como una guía a la Ciudad de México para Isabel de Tovar, amiga de Balbuena– llega a formar parte de una construcción más amplia, compuesta de varios textos. Como se le habían presentado dificultades para publicar el poema original, Balbuena cambió su destinatario. Lo redirigió al arzobispo fray García de Mendoza, recién llegado a México. Además, empacó el poema en un volumen que también incluía varios textos preliminares, un poema de alabanza al arzobispo con su extensa glosa en prosa, y el primer tratado sobre poesía originado en el Nuevo Mundo, el "Compendio apologético en alabanza de la poesía". Las circunstancias e intereses personales de Balbuena forman e informan las tres obras principales que comprenden el tomo, contribuyendo a su tono hiperbólico. Balbuena, nacido en España pero criado desde muy joven en la Nueva España, en aquel entonces desempeñaba el cargo de Capellán de la Audiencia de Guadalajara. Habiendo pasado, en una etapa anterior de su vida, una temporada muy placentera en la Ciudad de México, a todas luces quería volver a la capital. Para servir sus intereses personales, el autor exalta sin pudor alguno, la importancia de la ciudad, los que manejaban el poder en ella, la poesía, y la figura del poeta.

Los primeros dos textos de *La grandeza mexicana* –si no todos los tres– emergen orgánica y ostentosamente del espectáculo de entrada de García Mendoza a la Ciudad de México, hecho que había ocurrido sólo ocho días antes de que Balbuena compusiera su panegírico al prelado. Sin lugar a dudas, el autor se aprovecha de la entrada ceremonial, usándola como un expediente para su publicación; la describe como un "bellísimo teatro de

---

[1] Partes de los argumentos sobre Balbuena y Sor Juana aquí expuestos están adaptados de mi ensayo "Spectacular Cityscapes of Baroque Spanish America" que aparecerá en *Latin American Literatures: A Comparative History of Cultural Formations*, tomo II, editores Mario J. Valdés y Djelal Kadir (Oxford: Oxford University Press), que se publicará en el año 2003.

La grandeza mexicana *en el contexto criollo*

hermosura" (33), cuyos magníficos pendones, arcos, música, y galas provocaban "la admiración y espectáculo del pueblo" (13-14). De un modo servicial, pedante, y tedioso, el autor manipula las dinámicas de poder aseguradas en el espectáculo. El corto poema al arzobispo y la glosa desproporcionada que despliega sus significados escondidos alaban empalagosamente al destinatario (por ejemplo, "si no eres Dios, en su lugar veniste" [15]). Asimismo, Balbuena ofrece "La grandeza mexicana" como el equivalente poético del espectáculo reciente: "Que yo con la Grandeza Mexicana/ coronaré tus sienes/ de heroicos bienes y de gloria ufana" (16). A continuación, el poema dedica dos de sus nueve capítulos a la exaltación de la iglesia y el estado. El poema termina con un epílogo que contiene un adulador himno al Imperio.

La grandeza ensalza al Imperio en términos fuertes, pero principalmente alaba a la Ciudad de México de una manera verdaderamente espectacular. El poema, de más de dos mil versos agrupados en tercetos, inscribe a la Ciudad de México dentro del panegírico clásico. Así como el panegírico tradicional anatomiza una ciudad, el poema comienza con una vista panorámica del lugar o "asiento" de la capital de la Nueva España. De allí, la descripción se abre para incluir dentro de su ámbito enciclopédico capítulos sobre los orígenes y la grandeza de la ciudad, sus elegantes calles y costumbres, su cultura y oficios elevados, sus diversas formas de recreo, su belleza pastoril, su ilustre gobierno, sus impresionantes instituciones religiosas y cívicas. La estructura misma del poema está caracterizada por un fabuloso exhibicionismo y exceso: al final de su abarcadora inspección de la ciudad, el poema vuelve a comenzar en un epílogo que retoma *todos* los tópicos celebrados en el cuerpo del poema.

El festival luce toda la riqueza y eminencia de la ciudad. Análogamente, Balbuena compone una poesía de gran orgullo cívico. Su obra es un ejemplo realmente espectacular de un género del Nuevo Mundo que proviene no sólo de los clásicos sino más directamente de la alabanza española de Sevilla, umbral a las colonias. David Brading escribe que "the inflated hyperboles of this rhetoric found immediate echo in the Indies, where it was employed to celebrate both Lima and Mexico City in a vein of civic patriotism" (300); Alfonso Reyes nota la sobreabundancia de la poesía cívica compuesta por los participantes en los festivales oficiales (97). Aunque la poesía de orgullo cívico ya se perfilaba en el siglo dieciséis, su prominencia y su refulgencia retórica aumentaron en el siglo diecisiete (Rodríguez Fernández 205), motivadas por un mayor grado de urbanización y electrizadas por la sensibilidad barroca. De hecho, por más que se haya cuestionado si Balbuena es un poeta manierista o barroco, no hay duda que su alabanza a lo que él llama "nuestro México" presenta las señas de una extrema sensibilidad barroca. La primera caracterización directa de la ciudad en el poema –"centro de perfección, del mundo el quicio" (62)– marca el cambio del balanceado encomio del renacimiento a la hipérbole barroca que satura el texto (Rama 16). *La grandeza* produce para la ciudad un complejo y refinado sistema retórico que el autor utiliza hasta el cansancio: la hipérbole de la Ciudad de México como lugar que supera todos los lugares tanto del pasado como del presente (el así llamado 'sobrepujamiento'), el superlativo, el símil ennoblecedor, la sinécdoque, la anáfora, la enumeración caótica, la aporía, y la *brevitatis formula* (las últimas cinco técnicas sugieren cuán inagotables e inefables son los méritos de la Ciudad de México).

Utilizo la palabra "produce" específicamente, para señalar la naturaleza del sistema retórico del poema como un barroco *avant la lettre*. Aunque el autor menciona a Góngora en el "Compendio apologético (141), es probable que Balbuena sólo conociera los romances tempranos del poeta español (Schons 23). ¿Cómo explicar, entonces, la desviación de

Balbuena de la ecuanimidad renacentista? Por un lado, es cierto que *La grandeza* muestra afinidades con el manierismo anti-clásico que los jesuitas aliados de los criollos habían introducido en México hacia finales del siglo dieciséis. Sin embargo, la naturaleza espectacular, el lenguaje elitista, la erudición exagerada, el exceso, el amor a la hipérbole, las metáforas al cuadrado, el *horror vacui*, y muchos otros elementos del poema, denotan un mundo poético radicalmente nuevo, uno que va mucho más allá del manierismo. Al igual que la profesora Sabat-Rivers, creo que Balbuena llega a su barroquismo a través de canales independientes a la importación cultural de la Metrópolis.[2] El barroquismo del autor me parece un producto natural, en parte del festival con el cual el poema se alía explícitamente, pero mayormente del espectacular ambiente urbano y las dinámicas de poder en la ciudad que el panegírico celebra.

Balbuena dota el ambiente urbano de nobleza y trascendencia al erigir una *Ciudad Sublime* caracterizada por "hermosura", "nobleza", "virtud", "deseo" y "discreción", todo esto realzado por el arte (93). Las torres de la ciudad poética, que comparten las aspiraciones de las iglesias góticas, se unen emblemáticamente con el cielo (72). Para Balbuena, la sociedad que engendra tal clima celestial es una post-heroica, ya libre de los estremecimientos de la guerra (80, 118). El mundo heroico del siglo dieciséis ha dado paso a una ciudad desmilitarizada, 'feminizada', dedicada al placer, al arte, y a la cultura. Estas delicias adquieren nobleza de la tradición poética clásica dentro de la cual Balbuena sitúa su ciudad poética, una tradición que ve la ciudad imperial como un centro de virtud, placer, civilización, y cultura (Sabat-Rivers 52, 75). Balbuena nos dice en el "Compendio apologético" que el registro poético que más le conviene a una ciudad de esta naturaleza es el sublime y noble: "De manera que mi poesía, en estilo heroico y grave trata de la más noble, de la más rica y populosa ciudad desta nueva América" (146). Como Góngora, Balbuena aboga por un elevado discurso poético para la ciudad imperial, un discurso de "gravedad, honestidad, altivez y espíritu" (145). Y también como la de Góngora, la poesía de Balbuena se declara elitista: "acierte a salir éste del gusto de los discretos, para quien se guisó" (6). El elitismo va de la mano con la erudición que el autor recomienda para los poetas en general y que él mismo se empeña en lucir, al referirse a aproximadamente 159 autores y textos en su glosa (Van Horne 124). El afán por la erudición, a su vez, se torna en una alabanza a la "gran legalidad" de la "suma de escribientes y escribanos", "plumas y manos/ llenas de fe..." (103). Se ve que la Ciudad Sublime acoge y abarca sin problemas la Ciudad Letrada, ennobleciendo su elitismo burocrático y su erudición.

Tanto el elitismo, la erudición, y la nobleza como la Ciudad Letrada se conciertan en el proyecto mayor de Balbuena para su Ciudad Sublime y para México mismo. El autor se propone a la vez retratar y promover la entrada de la Cultura, en mayúsculas, al Nuevo Mundo por medio de la poesía. Numerosos pasajes en los tres componentes de *La grandeza* establecen que México ha logrado las alturas de un "Parnaso" (35), como centro educativo, artístico, e intelectual. Un concurso poético en la ciudad atrajo a 300 participantes (como era de esperar, Balbuena ganó el premio). El poeta le ruega al prelado que apoye la enseñanza

---

[2] Junto con la profesora Sabat-Rivers y quizás siguiendo la reflexión de Pedro Henríquez, muchos distinguidos investigadores han caracterizado a Balbuena como un autor que representa "una manera nueva e independiente de barroquismo" (Henríquez Ureña, *La cultura y las letras coloniales en Santo Domingo* [Buenos Aires: Universidad de Buenos Aires. 1936] 55). Remito a los lectores, por ejemplo, al ensayo de Roberto González Echeverría, "Colonial Lyric", en *The Cambridge History of Latin American Literature*, tomo I, eds. Roberto González Echeverría y Enrique Pupo-Walker. Cambridge, Ing.: Cambridge University Press, 1996. p. 211; Alfredo Roggiano, "Bernardo de Balbuena", en *Historia de la literatura hispanoamericana*, tomo I, ed. Luis Iñigo Madrigal. Madrid: Cátedra, 1982, 217-221; Alfonso Reyes (78).

(22) y en el "Compendio apologético" monta una monumental defensa (patentemente interesada) de la poesía como el motor primario de la civilización. Dadas las aspiraciones de Balbuena para una Ciudad Sublime, la noción platónica de la poesía como un vehículo de lo ideal y lo divino prevalece en el tratado de Balbuena y en "La grandeza mexicana". Sus propiedades sublimes hacen de la poesía una fuerza civilizadora clave, "porque la tierra ... no quedase inculta y bárbara" (129).

A través de la poesía, entonces, la Ciudad Sublime logrará sublimar los impulsos 'primitivos', convirtiéndolos en algo superior. Similar y lamentablemente, el universo poético ideal de la Ciudad Sublime forjada por Balbuena va a sublimar o redirigir aquellos aspectos del Nuevo Mundo que considera inferiores. Por ejemplo, el segundo capítulo de *La grandeza* saca a colación el tema importante y espinoso de los indígenas en México pero se niega explícitamente a contar su historia. Ya que suprime y deniega la historia indígena, la Ciudad Sublime de Balbuena parece haber nacido *ex nihilo* con la llegada de los españoles. Este imposible mundo utópico, nacido de la nada, también parecería haber conseguido su prosperidad casi de la nada, de la mera prodigalidad de la naturaleza, puesto que Balbuena por poco erradica la labor indígena que produce la riqueza (ver Beverley 74-75).

Como es notorio, Balbuena vuelve a la figura del indio en la penúltima estrofa del Epílogo. El autor concluye su himno al imperio español (que insiste en la vasta riqueza que llega a España desde el Nuevo Mundo), con la deplorable referencia al "indio feo", personaje que supuestamente ofrece el tributo que llena los cofres imperiales (124). Las ficciones colonialistas que se entrelazan en *La grandeza*, por tanto, borran el trabajo del indio por medio de un fetichismo de la mercancía que encubre las circunstancias concretas que producen los bienes materiales y reinventan el trabajo feudal y forzado de los indígenas como una economía de dádivas (*gift economy*).

Por otro lado, el orden incipiente del capitalismo encuentra su portavoz en Balbuena, quien lo convierte en el noble motor de la Ciudad Sublime. El poeta comienza la obra nombrando y al parecer lamentándose de la avaricia y el interés mercantil que dominan al Nuevo Mundo: "Por todas partes la cudicia a rodo,/ que ya cuanto se trata y se pratica/ es interés de un modo o de otro modo" (65). Sin embargo, muy pronto Balbuena rehabilita el interés mercantil, al revelarlo como el verdadero y absoluto eje del Nuevo Mundo, la fuente de todos los aspectos positivos de la Nueva España.[3] *La grandeza*, en última instancia, atribuye al materialismo ávido la conversión religiosa de los indios (55),[4] la riqueza que produce todo tipo de placer, arte, y caridad, y además la nobleza, esplendor, y superioridad de la capital del virreinato por sobre las ciudades europeas. El mercadeo del mercado imperial(ista) emerge como *el tema* del autor. Y la poética proto-barroca del exceso, el listado, el detalle soberbio, se mezcla fácilmente con las exigencias del comercio –es decir, *detail* se mezcla con *retail*. En efecto, a tal punto convergen las demandas de la venta al por mayor y el detalle o pormenor que el poema a menudo degenera en un listado, un inventario ingobernable, un particularismo que raya con el caos. Como confiesa el poeta: "[Y]o no sé hacer mundos abreviados" (114).

---

[3] En cuanto el papel del interés mercantil en la obra de Balbuena, consultar el trabajo de Iñigo Madrigal y el de Sabat-Rivers (29-30, 76).

[4] En la "Introducción" a *La grandeza*, se encuentra una explicación idiosincrática de los esfuerzos evangelizadores españoles. Balbuena escribe que "lo que la naturaleza no pudo, que fue hacerlos [a los indios] dispuestos y apetecibles al trato y comodidades de la vida humana, la hambre del oro y golosina del interés tuvo maña y presunción de hacer" (55).

Conforme a su regeneración del interés mercantil, Balbuena disloca la maravilla. Saca el tópico de su lugar previo en la naturaleza, donde la habían situado autores como Cristóbal Colón, Pedro Mártir de Anglería, o Gonzalo Fernández de Oviedo, para trasladarlo al contexto de lo mercantil. El autor asocia "lo raro" con la riqueza y transforma su texto en un misceláneo y enciclopédico gabinete de maravillas (*wonder cabinet*) donde guarda los sublimes tesoros que brinda el mercado enorme que es el Nuevo Mundo. El gabinete de maravillas –precursor del museo moderno, lugar donde se almacena el capital tanto simbólico como real– nos provee de un modelo a la vez tangible y abstracto para leer *La grandeza*. Y al hacer de su poema un gabinete de maravillas americanas, Balbuena exotiza la Ciudad de México. La ciudad del poeta es una ciudad-emporio, la consumidora insaciable de objetos de lujo que llegan sin tregua desde el Oriente. Además, la conexión real con el Oriente le da a la ciudad feminizada de Balbuena una opulencia y un esplendor exótico que irradian "orientalismo": "Es la ciudad más rica y opulenta,/ de más contratación y más tesoro,/ que el norte enfría..." (77). La Ciudad sublime ha rechazado su pasado azteca, superado el mundo clásico, y se ha aliado con el ámbito del exótico Oriente.

Curiosamente, el emplazamiento de la Ciudad de México dentro del ámbito del orientalismo exótico y del Oriente mismo le asigna a la capital de la Nueva España un lugar de fundamental importancia en el mundo. Por virtud de sus extraordinarias relaciones comerciales, el México que presenta la introducción del poema como excéntrico ("estos acabos de mundo, remates de lo descubierto y últimas extremidades deste gran cuerpo de la tierra" [55]) consigue de "lo raro" una centralidad apocalíptica: "En ti se junta España con la China/ Italia con Japón, y finalmente/ un mundo entero en trato y disciplina (ver p. 91). La conveniente cercanía de México al ecuador cobra tanta importancia que, como la profesora Sabat-Rivers ha observado, Balbuena se atreve a insinuar que la Nueva España ha desplazado a España misma: "¡Oh pueblo [México] ilustre y rico, en quien se pierde/ el deseo de más mundo..." (77).

En fin, este texto forjado por un imperialista incondicional que pretende introducirse en las dinámicas de poder del festival, ha logrado crear un retrato apocalíptico, sublime, e hiperbólico de su ciudad novohispana. Con el fin de hacerle justicia a la vibrante vida urbana de la cual quiere volver a ser parte, Balbuena desarrolla un discurso proto-barroco que está en completo acuerdo con el proyecto imperialista (hasta el punto de erradicar a los indígenas). Sin embargo, al llevar sus propósitos inexorablemente hasta sus consecuencias lógicas, el discurso de la obra se sale de órbita en términos geográficos y retóricos. El texto se vuelve exorbitante, palabra que viene del vocablo latino *ex-orbitare* (desviarse). *La grandeza* termina siendo un artefacto henchido por un exagerado orgullo cívico, tan exagerado que de hecho difícilmente podría dejar de engrandecer no sólo al Imperio sino también al sentido de lugar y de identidad del sujeto colonial–fomentando el patriotismo criollo. Así, el poema subvierte el proyecto imperial al personificar su discurso. En efecto, como se verá a continuación, la alabanza desmedida de *La grandeza* cristaliza y dirige hacia el futuro lo que eran literal y palpablemente *estructuras criollas de sentimiento* (*structures of feeling*, Williams 1997).

Por lo tanto, ahora me gustaría situar el poema en otro marco, arrancándolo del contexto del programa imperial(ista) para ubicarlo dentro de la órbita del proyecto criollo. Los escritores criollos y sus aliados reconocieron casi instantáneamente la rica disponibilidad de *La grandeza* para sus propósitos y se sirvieron de él a lo largo del siglo dieciseis. En una ironía exquisita, elementos del poema que intentaban promover el Imperio revientan y dan un vuelco, haciendo de éste un texto lleno de posibilidades que explotar en el contexto del nacionalismo cultural que poco a poco erosionó el poder absoluto de España sobre sus colonias. Para sacar a relucir la magnífica ironía con la que trabaja *La grandeza*, antes de pasar a los textos criollos, debo exponer primero ciertas disyuntivas notables entre la obra de Balbuena y el primer proyecto criollo.

La resonante defensa del mercantilismo que se alía a *La grandeza* con los apetitos de la Corona comprende la principal disyuntiva con el proyecto criollo. A partir de la segunda mitad del siglo dieciséis, los criollos se sentían cada vez más marginados. Resentían los esfuerzos de la Corona por despojarlos de las encomiendas que según ellos eran su herencia y que formaban la base de sus pretensiones de pertinencia a la aristocracia. Por consiguiente, los criollos de aquel entonces tenían una disputa particular con los comerciantes.[5] Como centro financiero internacional, México dio origen a una clase comerciante que hacía alarde de su riqueza y que debido a ella pretendía ser parte de la aristocracia (Iñigo Madrigal 35). Marvyn Helen Bacigalupo escribe: "Although a few officials still defended the encomenderos as an indispensable colonial elite, these old American aristocrats were being eclipsed by self-made men. This was a major socio-economic development. By the last quarter of the century, the fundamental requirement for social prominence was rapidly becoming wealth to the detriment of the old colonial elite" (64). Siguiendo los pasos de Hernán Cortés, algunos criollos se daban el gusto de participar en cierta actividad comercial (Liss 102). Sin embargo, en lugar de cambiar con los tiempos, en su mayoría los criollos asumieron una postura feudal intransigente (Liss 102), postura que galvanizó y definió el criollismo del siglo dieciséis. El mercantilismo permaneció como un elemento adverso a los criollos; los comerciantes *nouveaux riches* fueron los rivales de los criollos que, a su vez, se quejaban fuertemente de su creciente empobrecimiento. En palabras del aliado de los criollos, Arias de Villalobos (al que regresaremos más adelante en este artículo): "Tarde llegaron los conquistadores/ A aprender de la abeja y la hormiga;/ Pues la prosperidad se les fue en flores" (264).

Dado que Balbuena no sólo alaba el comercio sino que también critica tajantemente la pobreza como una falla moral (Sabat-Rivers 11), su posición se opone a la de los criollos empobrecidos. Lo mismo sucede con otros aspectos de *La grandeza*. Balbuena ya sea elimina o esquiva puntos claves del proyecto criollo. El "indio feo" no le hace justicia a la causa criolla de dos maneras. Su presencia en *La grandeza* como abonador de abundantes impuestos enfatiza la excesiva demanda monetaria del Imperio que enfurecía a los criollos. La ausencia del indio como una fuerza de trabajo, por otra parte, elimina del texto a la encomienda que los criollos, soñándose señores feudales, deseaban por sobre todas las cosas. Significativamente, Balbuena se deshace de la historia de los indígenas y la historia épica de la conquista con la misma *brevitatis formula* y en los mismos versos (ver páginas 68-70). El autor menciona los asuntos, pero se excusa de dar detalles sobre estos, afirmando: "Esto es muy lejos" (70). No menos significativamente, Balbuena dice que conmemora los hechos épicos no en *La grandeza* sino en su obra el "gran Bernardo" (69). Esta obra resulta tratar el *Viejo* Mundo y las hazañas ya muy antiguas de Roncesvalles. Al dejar de lado la conquista,

---

[5] A partir de los esfuerzos de las inútiles "Nuevas Leyes" de 1542, la Corona había intentado limitar la encomienda tanto para reducir el maltrato de los indígenas como para prevenir, implícitamente, el crecimiento de una aristocracia poderosa en el Nuevo Mundo. José Joaquín Blanco observa que después del intento de levantamiento en contra del régimen virreinal liderado por Martín Cortés, defensor de los intereses criollos, el criollismo se volvió más beligerante (230) y que ya en el año 1604 sólo quedaban 55 encomiendas. Las siguientes son excelentes fuentes que tratan el tema de los criollos y la encomienda, así como otros aspectos del programa criollo: Bacigalupo, Liss, Fernando Benítez, *Los primeros mexicanos: La vida criolla en el siglo XVI* (México: Era, [1953] 1962), y José M. Gallegos Rocafull, *El pensamiento mexicano en los siglos XVI y XVII* (México: Centro de Estudios Filosóficos de la UNAM, 1951).

La grandeza se aleja de los esfuerzos literarios del momento en la Nueva España, centrados en el llamado "ciclo cortesiano" de poemas épicos que recordaban las proezas de los padres de los criollos, reforzando así las peticiones de los criollos por sus encomiendas.[6] El no haber incluido este material épico no habría congraciado en absoluto a Balbuena con el ambiente criollo del momento. En suma, el texto de Balbuena, re-impreso varias veces en España a raíz de las guerras de independencia como evidencia de los méritos del régimen colonial (Van Horne 120), al parecer distaba mucho de ser arma útil para el arsenal criollo.

La posición de Balbuena sí correspondía con la de los criollos en un punto vital sumamente atractivo para sus lectores locales. No menos que Balbuena, los criollos alababan al Imperio, aunque por razones diferentes. Según Yolanda Martínez-San Miguel, los criollos oscilaban entre varios centros de legitimación y autoridad (1999, 35-36); Anthony Higgins subraya la situación ambigua de los criollos "between different discourses and investments" (3). Dada la discordancia entre los criollos y el régimen virreinal local, ellos apelaban a una autoridad más alta, ostentosamente afirmando su alianza con el glorioso Imperio español del cual formaba parte la Nueva España. Va casi sin decirse que Balbuena aclama todos los aspectos del Imperio, local e internacional, en los términos exagerados que ya hemos visto. El punto común de alabanza al Imperio que *La grandeza* tan netamente imperialista comparte no con el programa mismo de los criollos sino con el *discurso* criollo presenta un aliciente seductor para el público local con el cual otros aspectos del texto tenían una relación disyuntiva o equívoca. Más específicamente, como he sugerido anteriormente, el molde hiperbólico y desmedido del encomio al Imperio encontrado en *La grandeza* –especialmente en cuanto a la Nueva España de los propios criollos, joya del Imperio– permite que el poema se abra para la instrumentalización o explotación por parte de los escritores criollos y, de allí, a una performatividad espectacular que desmiente sus intenciones iniciales.

Un texto de los archivos de la historiografía criolla mexicana del siglo diecisiete que da prueba incontestabla de la utilidad de *La grandeza* para la causa criolla es la *Sumaria relación de las cosas de la Nueva España con noticia individual de los descendientes legítimos de los conquistadores y primeros pobladores españoles*, de Baltasar Dorantes de Carranza. Este texto, escrito en 1604, el mismo año en que se publicó *La grandeza*, es un archivo en sí mismo. El libro labra una genealogía y una "position of space and authority within colonial authority" (Higgins XII) para los criollos, al incorporar no sólo a Balbuena sino también una variedad de poesía contemporánea dentro de su febril petición en prosa por las encomiendas que los criollos se merecían. La *Sumaria relación* de Dorantes contiene extensos trozos del poema épico *Nuevo Mundo y Conquista* de Francisco Terrazas (en efecto, conocemos este texto únicamente a través de la relación de Dorantes) y de *La Araucana* de Alonso de Ercilla y Zúñiga; ambas obras se muestran abiertamente favorables a la causa criolla. La *Sumaria relación* de Dorantes también incluye textos de una naturaleza más equívoca *vis-à-vis* su programa, tergiversándolos para satisfacer los propósitos del discurso criollo. Por ejemplo, incorpora poemas del español expatriado Mateo Rosas de Oquendo, especialmente fragmentos de su *Sátira a las cosas que pasan en el Pirú, año de 1598* (obra que había circulado en manuscrito), pero con pequeños

---

[6] Me refiero a textos como los de Arias de Villalobos, Dorantes de Carraza, Gabriel Lobo Lasso de la Vega, y Francisco de Terrazas (publicado en Dorantes). Para una importante discusión sobre Terrazas en el contexto del movimiento criollo y bibliografía útil sobre el tema, consultar, "Terrazas y su *Nuevo Mundo y Conquista* en los albores de la mexicanidad" de José Amor y Vásquez, en *Nueva Revista de Filología Hispánica* 16 (1982): 395-418. Los textos criollos a menudo se nutren de la aduladora biografía de Hernán Cortés escrita por Francisco López de Gómara, *La conquista de México* (1552).

cambios para adaptarlos al contexto mexicano.⁷ Como escritor satírico, Oquendo es ineludiblemente alguien que lleva la contra, burlándose de todo y de todos.⁸ Sin embargo, la selecta óptica criolla de Dorantes re-publica sólo la parte de la obra de Oquendo que ataca el arribismo de los españoles recién llegados, hecho que ilustra la tesis de la *Sumaria relación* de que los advenedizos se han reclamado "títulos y dones fingidos, con mil embustes, con que consiguen la grandeza con que crecen en esta tierra, mormurando della y aniquilando a los que lo merecen" (233).

De la misma manera, como lo sugiere la referencia a la "grandeza" de México que acabo de consignar, Dorantes adopta con alegría la valoración de la Nueva España hecha por Balbuena. Junto con numerosas referencias a la grandeza de México, el autor transcribe los ocho versos que comprenden el "Argumento" del texto de Balbuena, versos que "cifran" el poema entero y resumen su alabanza de la grandiosidad de México (*Sumaria relación* 116; *La grandeza* 59). Si Oquendo sirve como el eje de las inclinaciones satíricas de Dorantes, Balbuena sirve a su vena sublime y panegírica.

En la misma página en que cita el "Argumento", Dorantes se precipita a ajustar *La grandeza* a su propio programa, dándonos así un ejemplo concreto de la maleabilidad del poema con respecto al proyecto criollo. La secuencia y el montaje de esta sección importante, que su autor califica de "laberíntica", revelan la proclividad o la habilidad de Dorantes como *bricoleur*. Primero, el autor expone una diatriba extensa sobre la marginación de los criollos que encapsula la tesis de la *Sumaria relación* entera; luego, un poema satírico atribuido a Oquendo, pero con ecos de *La grandeza*, que arremete contra el triste estado actual del Nuevo Mundo ("Minas sin plata"). Concluida su obertura, el autor se lanza a defender a México. Parafrasea las declaraciones de Balbuena que proponen a México como rival de las mejores ciudades de Europa.⁹ E inmediatamente después de citar el "Argumento" de *La grandeza*, Dorantes delimita su propio territorio, que se basa en Balbuena a la vez que se va alejando de él. Dice Dorantes sobre *La grandeza*:

> Este intento tan solamente es desta *ciudad* mexicana, aunque lo mas general del reino padece de su noticia [de Balbuena] por ser tantas sus grandezas y riquezas, sus frutos, sus árboles, magueyes y cacahuatales, sus pescados y animales, aves y pájaros y yerbas medicinales, amigas de la salud é complesion de los hombres, que admira, que bastan a formar aquí un paraíso, y que tuviera bien que decir Plinio, si resucitara, de las cosas naturales mas en novedad e monstruosidad que en todas las provincias del mundo. ¿Qué dijera o supiera decir de la planta madre y árbol del cacao y su beneficio? (116)

---

⁷ Los poemas que Dorantes explícitamente atribuye a Oquendo aparecen en las páginas 150-154 ("¡Qué buena fuera la mar") y en las páginas 233-234 ("Los que fueron al inglés") de la *Sumaria relación*. El primer poema del satírico que ofrece Dorantes deriva de los versos 1521-1638 de la *Sátira* de Oquendo; se cambian algunos nombres y se agregan cuatro estrofas cortas que lo ajustan al contexto mexicano. No se sabe si la versión de la *Sátira* que aparece en la *Sumaria relación* fue reciclada y circulada en México por Oquendo, si fue escrita por Oquendo a pedido de Dorantes, o si la modificó Dorantes mismo (redactándola con una ortografía más estándar y bastante diferente del estilo típico de Oquendo, lo que parece sugerir una intervención editorial). El segundo poema es una reproducción literal, aunque nuevamente con una ortografía más estándar, de los versos 635-670 de la *Sátira*.

⁸ José Joaquín Blanco afirma que: "Aunque Oquendo satirizó a peruanos y novohispanos, en realidad no tomó partido en esa pugna, y según su antojo o la oportunidad se burlaba lo mismo de los criollos, mestizos, indios y españoles. No lo movía partidarismo ni ideología alguna, sino la vena satírica" (235).

⁹ Haciéndole eco a la obra de Balbuena, Dorantes escribe sobre la ciudad de México: "es esta ciudad tan grande y tan de ver como la mayor que hay en Spaña ni en otras provincias del mundo, y en absoluto es la mayor y mejor de las Indias, a lo menos las Occidentales en donde ya se ven de todos stremos, pues no le falta cosa. Aquí está Spaña, Francia, y Italia, y Roma, y Flandes..." (115).

Este pasaje retrospectivo, saturado con reverberaciones de Fernández de Oviedo (Plinio, historia natural, "novedad") y de Francisco Cervantes de Salazar (hierbas medicinales beneficiosas),[10] funciona como el punto de transición a la principal defensa de México que ofrece Dorantes, una defensa profundamente intertextual. Con un nuevo gesto de construcción de un archivo, Dorantes basa su defensa de México en la obra titulada *Primera parte de los problemas y secretos maravillosos de las Indias*, publicada en 1591 y escrita por otro defensor apasionado de los criollos, Juan de Cárdenas. Así como Cárdenas, Dorantes centra su polémica de doble filo en el clima superior de México que, primero, mejora la disposición humoral de aquellos nacidos allí; y, segundo, da origen a productos naturales sobresalientes. Tanto Cárdenas como Dorantes se reapropian de los productos mexicanos que habían figurado tan prominentemente en los escritos colonialistas del siglo dieciséis, como los de Fernández de Oviedo o Cervantes de Salazar. En otras palabras, el cacao, el maguey, la guacama, y muchas otras plantas y árboles nativos de México –que *no* aparecen en los mercados y las plazas europeizados descritos por Balbuena– re-emergen como los ingredientes fundamentales de las apologías criollistas de Dorantes y Cárdenas.

Por otra parte, el mundo pastoril lleno de delicias que el famoso capítulo sexto de *La grandeza* retrata le viene de perlas a Dorantes. Reaparece en las partes centrales del tributo de la *Sumaria relación* al clima, la flora, y la fauna de México:

> ¿Qué ciudad hay en el mundo que tenga mas lindas y graciosas entradas y salidas, ni mas llenas de hermosos campos y campiñas odoríferas, llenas de todas estas flores, y claveles, y árboles, y frescura entre mucha agua y espadañas, haciendo mormurio risueño de grande alegría y maravilla de las aves y pájaros que acompañan las flores y claveles...? (125)

Dorantes ha reivindicado la naturaleza mexicana desde las interpretaciones artificiales en textos colonialistas, regenerándola como punto central de su defensa de un paraíso mexicano que se correlaciona con la "Primavera inmortal" de Balbuena.

Dorantes de Carranza se apropia de *La grandeza mexicana* en su momento de publicación, incorporándola clara, armoniosa, e incrementalmente a su obra. Un par de décadas después, encontramos en el compás del discurso criollo una rearticulación del texto de Balbuena mucho más imbricada y problemática. No sorprende que el centenario de la conquista de México engendrara el último, y quizá el más revelador capítulo—con respecto al estado del sujeto colonial, si no a Balbuena—en la productividad inmediata de *La grandeza* para el medio criollo. Me refiero a la obra de Arias de Villalobos publicada en 1623, *Canto intitulado Mercurio*, cuyo subtítulo reza: *Dase razón en él del estado y grandeza de esta gran Ciudad de Mexico Tenoxtitlan, desde su principio, al estado que hoy tiene; con los príncipes que le han gobernado por nuestros reyes.*

Renombrado dramaturgo (cuyas obras teatrales ya se han perdido) y también cronista y conocido poeta en su tiempo aunque casi completamente olvidado ahora,[11] Villalobos escribía textos literarios por encargo para la Audiencia Virreinal y para el Consejo del Cabildo, grupo conformado y dominado por criollos. Un trabajo encargado por la Audiencia para

---

[10] Me refiero a la influyente obra de Gonzalo Fernández de Oviedo, *Sumario de la natural historia de las Indias* (1526) y a los diálogos latinos sobre la Ciudad de México de Francisco Cervantes de Salazar (ver *México en 1554 y Túmulo imperial*, ed. Edmundo O´Gorman. México: Porrúa, 1991).

[11] Los pocos críticos que prestan atención a la obra de Villalobos, poeta oficial en su época, incluyen: Blanco, Méndez Plancarte (1944) y Margarita Peña, *Historia de la literatura mexicana: periodo colonial* (México: Alambra Mexicana, 1989).

un festival que celebraba la ascensión al trono español de Felipe IV condujo a la creación del *Mercurio*, el cual contiene dos textos. El primero, realmente melodramático y teatral, es un extenso poema semejante al *Nuevo Mundo y Conquista* de Francisco de Terrazas, que glorifica y espiritualiza la conquista de México poco después de su centenario de tal modo que complaciera igualmente a los criollos y a la Corona. El segundo es un poema de 46 estrofas, compuestas en octavas, que nos otorga un recorrido exhaustivo por la Ciudad de México. El texto se presenta como una lectura ekfrástica de un tapiz que supuestamente retrata a Mercurio guiando al antiguo virrey, el marqués Juan de Mendoza y Luna, a través de la capital mexicana durante la entrada ceremonial de éste a la ciudad, "la prima del mundo" (279).[12]

Enfoquémonos en este segundo texto del *Mercurio*, cuyo recorrido de la ciudad abunda en elementos tomados de su antecesor, *La grandeza mexicana*. De hecho, la excursión poética de Villalobos parte tan clara y extensamente del texto de Balbuena que Méndez Plancarte la llama un "nuevo ensayo" del poema (1944, xxxv). Villalobos recoge innumerables tópicos del poema de Balbuena, emplea su incipiente lengua barroca, y reproduce tanto su disposición a la sublimidad como su predilección por los inventarios. Así como lo hace Balbuena, Villalobos alaba la ciudad novohispana cuyas instituciones políticas y religiosas, artistas, logros arquitectónicos, obras públicas o "calles, casas, caminos y carreras" (272), y oro, la han convertido en la joya del imperio español. Tampoco deja Villalobos de repetir la declaración exorbitante de Balbuena sobre la superioridad de México a España ("tan primero [México],/ Que no conoce igual" [266]). "Estimad a México", exhorta Villalobos, "que hay mucha causa/ Para hacer de su grandeza estima" (279).

En el *Mercurio*, Villalobos traduce el tema principal de Balbuena, es decir, el del interés mercantil, a un énfasis constante en la riqueza. Según Villalobos, la riqueza avala las obras públicas y promueve la caridad, y las muchas instituciones de caridad en la ciudad, como los hospitales, recogimientos, y cofradías jesuitas. Las minas de México producen el tesoro que seduce y enriquece a los gachupines recién llegados de España. Ahora bien: es precisamente aquí, dentro del tópico tan candente de la riqueza –eje de la ciudad retratada en *La grandeza* y en el *Mercurio*– donde Villalobos va a instalar su queja criolla y en efecto desarticular y traicionar a Balbuena. Veamos cómo funciona esto.

Al igual que Balbuena, Villalobos nació en España (en Jerez de los Caballeros de Extremadura, ca. 1568) pero se crió desde su niñez en México. A diferencia de Balbuena, como Alfonso Méndez Plancarte nos indica al citar una alabanza de nuestro autor en su tiempo, Villalobos "miente con honor" y tiene por suya su patria adoptada (1944, xxxiii). Por eso, la obra de Villalobos manifiesta un criollismo beligerante. El melodramático recuento épico de la conquista en la primera parte del *Mercurio* evidencia su alianza con los criollos. Pero más agudamente, formando un contraste con el poema épico, y sin duda con el fin de incitar la compasión del Consejo de Indias que era uno de los destinatarios del poema, la segunda parte del *Mercurio* comienza tratando directamente de la trágica situación de los criollos, herederos ya empobrecidos de los conquistadores. Inicialmente, el poeta refiere la condición de los criollos a través de la parábola de la abeja y la hormiga que he citado anteriormente, historia que termina con la frase: "Vino el Invierno y fuése la encomienda" (264). Como Dorantes, aquí y

---

[12] El *Mercurio* tiene dos destinatarios: Juan de Mendoza y Luna, el Marqués de Montes Claros, quien había sido el virrey de la Nueva España entre los años 1603 y 1607 y del Perú entre 1607 y 1615. Y, como estipula el epílogo del texto, el Consejo de Indias. Parecería que Villalobos esperaba que Mendoza y Luna, quien ya estaba en España, llevara el texto al Consejo de Indias. Esto explicaría los dos destinatarios de la obra y la anacrónica alabanza al ex-virrey dos décadas después de su estancia en México.

en muchos momentos de la segunda parte del *Mercurio*, Villalobos vitupera satíricamente el dominio que los gachupines arribistas han ganado sobre los nacidos en la Nueva España: "[T]an madre natural de los extraños,/ Que echa a los [que] parió, por los rincones" (264). Igual que Dorantes y Cárdenas –pero insertándola en un segmento sobre un mercado donde se venden no los productos nativos que anuncian los autores criollos sino objetos de lujo que recuerdan los de *La grandeza*– Villalobos monta una extensa defensa de los criollos. Según el autor, los criollos han sido favorecidos por los planetas y desestimados en su patria; son sujetos eruditos, inteligentes, y virtuosos (265).

Es justamente aquí, abiertamente alineándose con su anterior lamento por la pobreza que sufren los criollos, donde Villalobos introduce un chiste disruptivo, satírico, y altamente significativo. El autor declara que sólo Dios (y definitivamente no los criollos empobrecidos), puede patrocinar o financiar la grandeza imperial de México. "Tanta demanda añal perpetuamente,/ Que no hay fisco sin Dios que tal sustente" (267). Con este gesto satírico y sumamente revelador, Villalobos puntualiza su programa criollo a la vez que pone en tela de juicio el papel de *La grandeza* en el *Mercurio*. En el terreno mismo de la representación urbana elaborada por Balbuena, Villalobos ha unido la ciudad sublime y espectacular que construye *La grandeza* con la causa criolla. El autor ha ejercido presión sobre la ciudad ideal y universalmente rica de Balbuena. Ha introducido en ella el contexto histórico, económico, y social de la riqueza, disfrutada por algunos, añorada por otros. Y al forzar y desmentir la unívoca visión del capitalismo desarrollada por Balbuena (otro signo revelador de su alejamiento de los criollos), Villalobos le da un matiz irónico a la asimilación de *La grandeza* en el *Mercurio*. Porque siempre que se lea el *Mercurio* a la luz del proyecto criollo de Villalobos, cualquier referencia al gran tema de Balbuena, a la grandeza de México que depende fundamentalmente de su riqueza, inevitablemente remite a aquellos a los que les ha sido negada: aquellos que por razones deplorables o quizás parcialmente merecidas han sido despojados de la potencia económica. En otras palabras, el *Mercurio* paulatinamente convierte el texto de Balbuena en un irónico contrapunto de su programa ideológico criollista al mostrar que toda la riqueza que rige soberanamente en *La grandeza* se les escapa a los criollos. "De esta ciudad, la fábrica contemple,/ Quien baste a encarecer su sitio y planta,/ su grato cielo y su apacible temple;/ *Que si no canta bien, llora quien canta*" (263, énfasis añadido). A fin de cuentas, la obra explotable y volátil de Balbuena ha provisto al *Mercurio* de la materia prima necesaria para una serenata y un lamento, dos aspectos constituyentes del discurso criollo.

Como hemos visto, el poema intensamente localista e inclusivo de Villalobos articula conspicuamente y subrepticiamente desarticula o corroe su propia matriz, es decir, *La grandeza*. A lo largo de la segunda parte del *Mercurio* la desarticulación de la obra de Balbuena llega a proporciones aún más palpables y de mayor alcance. Sea a pesar suyo o a propósito, el poema un tanto mediocre de Villalobos desmantela la estructura mayormente nítida y taxonómica que tiene *La grandeza*. Las estrofas, a veces heterogéneas, del *Mercurio* tratan sobre diferentes lugares de la Ciudad de México desordenadamente, más aludiendo que nombrando estos lugares. El autor mismo incluyó 39 notas al pie de página para hacer más comprensible el confuso recorrido del poema al Consejo de Indias. También rayando en la incoherencia y traicionando la exaltación uniforme que caracteriza el texto de Balbuena,[13]

---

[13] La *Grandeza* solo asume un tono satírico brevemente, en el Capítulo IV, "Letras, virtudes, variedad de oficios". Allí Balbuena se burla de las provincias, estrategia indispensable para lograr sus objetivos personales. Le debemos a Georgina Sabat-Rivers la exquisita explicación de este momento satírico como inversión del tópico de "menosprecio de corte y alabanza de la aldea" (76).

la sátira y lo sublime coexisten extraña y disyuntivamente en el *Mercurio*. Su incapacidad para decidir entre canción sublime o ácido lamento, o, quizás, la inaptitud de su "baja lira" (263) en unir los dos aspectos, fragmentan el texto. Producen un discurso esquizofrénico, una mezcla no resuelta, imposible de categorizar. Tomemos como ejemplo esta picante e intertextual broma que Villalobos le juega a Balbuena. En un trozo lleno de la aliteración en c –que le hace eco al título del quinto capítulo de *La grandeza*, "Calles, casas, caballos"– Villalobos desfigura las majestuosas avenidas de México por donde desfilan los caballos adornados de los nobles que son tema predilecto de *La grandeza*, transformándolas en lugares donde corren los carros del desagüe.[14] Sólo la imaginaria presunción ekfrástica del tapiz cohesiona el degradado, disyuntivo, y aleatorio cuerpo del *Mercurio*.

Torpe, incoherente, roto; imitando y devastando *La grandeza* a cada paso: estas características problemáticas del *Mercurio* son de por sí poderosas declaraciones. En realidad, las mismas ruinas que constituyen el poema de Villalobos inadvertidamente dan cuerpo a un retrato cabal de los múltiples y conflictivos intereses de los sujetos coloniales en el centenario de la conquista. En 1623 el cuerpo esquizofrénico del *Mercurio* revela el 'cuerpo' desgarrado de los criollos, divididas sus lealtades entre la amargura y la adulación al régimen colonial, la serenata y la sátira, entre un reciente pasado heroico y un presente reducido y, hasta cierto, punto entre España y México. La naturaleza dividida del *Mercurio*, a lo mejor sin proponérselo, refleja la de los criollos. Logra captar las tensiones que faltan por negociar, sin resolverlas.

Villalobos había empezado su conflictiva y *louche* relación intertextual con la obra de Balbuena a partir de la siguiente referencia al centenario de la Nueva España: "Haber que se ganó, ciento y dos años,/ Y hoy ser babel y emporio de naciones" (264). El *Mercurio* ciertamente incorpora sus propios rasgos babélicos, siendo el texto mismo una especie de emporio degradado, ya no comercial sino de mercancía textual de segunda mano. Descentrando y trastornando *La grandeza* a la hora del centenario de la conquista, la obra resume y enfoca el primer acto del drama criollo mexicano. Los textos de Carlos de Sigüenza y Góngora, Agustín de Vetancurt, y Sor Juana Inés de la Cruz constituyen el siguiente hito en el desarrollo del "subject-in-process" (Higgins 59) en el contexto criollo mexicano colonial. Estos autores erigen un nuevo programa para el discurso criollo. Retan y superan al texto de Balbuena al llenar los espacios en blanco que dejó su obra, particularmente los silencios y las brechas en relación con el pueblo indígena y su historia. Ellos reemplazan el discurso descontextualizado del gabinete de las maravillas con el de la historia y la memoria.

Aún así, el poema de Balbuena sigue siendo un vehículo privilegiado para el discurso criollo. Creo que los miembros de la ciudad barroca ya en plena vigencia rememoran orgullosamente el origen de esta estética sobre la tierra mexicana. Por ejemplo, no es difícil que Sigüenza y Góngora hubiera sacado sus metáforas de México como "Primavera indiana" o "Paraíso occidental" de Balbuena. Y Sor Juana, a quien paso brevemente a modo de conclusión, trae la Ciudad Sublime de Balbuena a un estado de plenitud y de disolución parcial.

Una gran área en las investigaciones sobre Sor Juana que todavía permanece sin explorar es la relación de su obra con el archivo criollo. Estoy convencida que aunque Sor Juana evita el patriotismo criollo que Sigüenza y Góngora abiertamente defiende, la autora silenciosamente elabora y deriva autoridad de sus antecesores (en parte por las afiliaciones

---

[14] Parodiando la repetición de la letra c y la afición de Balbuena por caballos y avenidas, Villalobos escribe: "Para subir de puertos la trajina,/ Los carros en corrales carreteros;/ Para purgar de calles la sentina,/ Carretones del público y caseros" (273).

de ellos con los jesuitas) en México. He encontrado fuertes indicios en la obra de Sor Juana de la novela de Francisco Bramón, *Los sirgüeros de la Virgen sin original pecado* (1620) y del *Mercurio* de Villalobos (especialmente Nictimene, quien aparece en la parte épica del poema), entre otros textos. Siguiendo esta línea, me propongo situar el *Primero sueño* de Sor Juana –con su ciudad mental, cargada de maravillas– dentro de las coordenadas del gabinete de las maravillas y el paisaje urbano de *La grandeza mexicana*.

Sor Juana puebla el *Primero sueño* con los tesoros más íntimos y más queridos de su compleja mente. La autora ejercita su extrema erudición barroca en los variados escenarios del poema, los cuales se mueven de la llegada de la noche al sueño, y del cuerpo a la mente, para luego abarcar el paisaje epistemológico del mundo hispano de la modernidad temprana, y de allí volver al cuerpo y pasar al comienzo del día. Sor Juana entrelaza en cada uno de estos escenarios las diversas lenguas y cuerpos del conocimiento de aquel entonces: la ciencia (astronomía, astrología, óptica, empirismo, mecanismo), la religión, la mitología, la historia, la política, la jurisprudencia, la filosofía, la poética, y la metafísica. Como el famoso resumen del *Primero sueño* escrito por el padre Calleja lo sintetiza: "soñé que de una vez quería comprender todas las cosas de que el universo se compone" (Paz 471). La silva enciclopédica de la monja, entonces, retoma el origen de la forma métrica como una miscelánea, es decir, una *selva*. Sor Juana transforma su miscelánea en un gabinete de curiosidades, lleno de maravillas epistemológicas y concretas: las pirámides egipcias, el faro de Alejandría (una de las siete maravillas de la antigüedad), la linterna mágica, etc. Si el poema de Balbuena erigió un gabinete de maravillas mercantiles, el de Sor Juana –que no tiene nada en absoluto que ver con la riqueza– crea un depósito de capital cultural, esto es, de los asombrosos logros humanos que ella ha encontrado durante sus viajes intelectuales.

En la parte central del *Primero sueño*, el Alma asombrada viaja por paisajes puramente "ideacionales". A ratos maravillada o llena de júbilo, a ratos aterrada de lo que ve, el Alma se vuelve testigo de lo que es patentemente un *espectáculo*, uno que se compagina totalmente con el festival para la entrada del arzobispo que le dio el punto de partida a Balbuena, pero que ahora está compuesto de entidades metafísicas. Los principios abstractos de los métodos platónicos y aristotélicos desfilan ante el Alma. Alcanzan una corporeidad o 'corporealidad' impresionante en símbolos concretos como las pirámides, la escalera, la rosa. Mientras que *La grandeza* describe una ciudad espectacular y sublime, energizada con cultura e ideas elevadas, el sumamente erudito *Primero sueño* nos brinda un mundo forjado *solamente de ideas*. El universo del poema de Sor Juana se eleva por sobre el mundo referencial de la misma manera en que la Ciudad invisible de Dios elaborada por San Agustín se eleva por sobre la Ciudad visible del Hombre. Vemos que el paisaje mental del *Primero sueño* es, simultáneamente, un clímax, una reificación, una proyección, y una abstracción de la sublime Ciudad de México construida por Balbuena.

Sor Juana ha resucitado *La grandeza*, el primer sueño colonialista de la Ciudad de México, de las cenizas y ruinas del *Mercurio* de Villalobos. La autora ha reubicado la obra de Balbuena en un universo sublime y puramente filosófico. Puro, pero insuficiente: el primer sueño de Sor Juana, como todos sabemos, critica las corrientes filosóficas que regían la temprana modernidad hispánica —las cuales incluían, por supuesto, el neoplatonismo que informa *La grandeza*. De hecho, quizás se puede discernir un eco del detallismo prolijo y desestabilizador de *La grandeza*, ahora traducido en un dilema epistemológico, en el fracaso del esfuerzo platónico del Alma por (según dice Balbuena) "hacer mundos abreviados": "entorpecida con la sobra de objetos, y excedida de la *grandeza* de ellos su potencia–/ retrocedió cobarde" (vv. 450-454, Méndez Plancarte 346, énfasis añadido). Desde la posición del Alma en el *Primero sueño* fuera del mundo y desde su propia posición al final del siglo diecisiete, Sor Juana insinúa con sutileza que el estado actual del conocimiento filosófico simplemente no sirve.

El primer sueño de Sor Juana es, entonces, un sueño final, el último resplendor de la Ciudad Sublime creada por Balbuena antes de que sus bases filosóficas den paso a nuevos modos de pensamiento. El *Primero sueño* catapulta hacia el futuro y remata las fuerzas oximorónicas, o, según dice la profesora Sabat-Rivers, el discurso "ambivalente y contradictorio" de *La grandeza mexicana*. Gracias a los caminos que ha forjado el magnífico trabajo de la profesora Sabat-Rivers, hemos podido ver las energías disidentes que el volátil poema imperialista de Balbuena en sí encarna, y las que ofrece a los criollos durante el curso del periodo colonial.

Traducido por Dánisa Bonacic y Catalina Ocampo

OBRAS CITADAS

Arias de Villalobos. *Dase razón en él del estado y grandeza de esta gran Ciudad de Mexico Tenoxtitlan, desde su principio, al estado que hoy tiene; con los príncipes que le han gobernado por nuestros reyes* Ver García, Genaro.

Bacigalupo, Marvyn Helen. *A Changing Perspective: Attitudes Toward Creole Society inNew Spain (1521-1610)*. London: Tamesis, 1981.

Balbuena, Bernardo de. *La Grandeza Mexicana y Compendio apologético en alabanza de la poesía*. Ed. e intro. Luis Adolfo Domínguez. México: Porrúa, 1985.

Beverley, John. *Del Lazarillo al sandinismo: Estudios sobre la función ideológica de la literatura española e hispanoamericana*. Minneapolis: The Prisma Institute, 1987.

Blanco, José Joaquín. *La literatura en la Nueva España*. México: Cal y Arena, 1989.

Brading, D[avid] A. *The First America: The Spanish Monarchy, Creole Patriots, and the Liberal State 1492-1867*. Cambridge, Inglaterra: Cambridge University Press, 1991.

Bramón, Francisco. *Los sirgueros de la Virgen*. Ed. Agustín Yáñez. México: UNAM, 1994.

Cárdenas, Juan de. *Primera parte de los problemas y secretos maravillosos de las Indias*. Ed. Xavier Lozoya. México: Academia Nacional de Medicina, 1980.

Dorantes de Carranza, Baltasar. *Sumaria relación de las cosas de la Nueva España con noticia individual de los descendientes legítimos de los conquistadores y primeros pobladores españoles*. Ed. José María de Agreda y Sánchez. México: Jesús Medina [1902], 1970.

García, Genaro. *Documentos inéditos ó muy raros para la historia de México, publicados por Genaro García y Carlos Pereyra*, tomo. 12. México: Vda. de C. Bouret, 1905-11.

Higgins, Antony. *Constructing the Criollo Archive: Subjects of Knowledge in the Bibliotheca Mexicana and the Rusticatio Mexicana*. West Lafayette, Ind.: Purdue University Press, 2000.

Iñigo Madrigal, Luis. "*Grandeza mexicana* de Bernardo de Balbuena o 'El interés, señor de las naciones'" *Versants* 22 (1992): 23-38.

Juana Inés de la Cruz, Sor. *Obras completas*, tomo 1. Ed. Alfonso Méndez Plancarte. México: Fondo de Cultura Económica, 1951-57.

Liss, Peggy K. *Mexico Under Spain 1521-1526: Society and the Origins of Nationality*. Chicago and London: University of Chicago Press, 1975.

Martínez-San Miguel, Yolanda. *Saberes americanos: subalternidad y epistemología en los escritos de Sor Juana*. Pittsburgh: Instituto Internacional de Literatura Iberoamericana, 1999.

Méndez Plancarte, Alfonso. *Poetas novohispanos. Segundo siglo (1621-1721). Parte primera*. México: Ediciones de la Universidad National Autónoma: 1944.

Paz, Octavio. *Sor Juana Inés de la Cruz, o las trampas de la fe*. Barcelona: Seix Barral, 1982.

Rama, Angel. "Fundación del manierismo hispanoamericano por Bernardo de Balbuena" *University of Dayton Review* 16.2 (1983): 13-22.

Reyes, Alfonso. *Letras de la Nueva España*. México: Fondo de Cultura Económica, 1948.

Rodríguez Fernández, Mario. "El tópico de la alabanza en la poesía barroca Americana" *Atenea* 143.393 (1961): 202-225.

Rosas de Oquendo, Mateo. *Sátira hecha por Mateo Rosas de Oquendo a las cosas que pasan en el Pirú, año de 1598*. Ed. Pedro Lasarte. Madison: The Hispanic Seminary of Medieval Studies, 1990.

Ross, Kathleen. *The Baroque narrative of Carlos de Sigüenza y Góngora: A New World Paradise*. New York: Cambridge University Press, 1993.

Sabat-Rivers, Georgina. *Estudios de literatura hispanoamericana: Sor Juana Inés de la Cruz y otros poetas barrocos de la colonia*. Barcelona: Promociones y Publicaciones Universitarias, S.A, 1992.

Schons, Dorothy. "The Influence of Góngora on Mexican Literature During the Seventeenth Century" *Hispanic Review* 6 (Jan. 1939): 22-34.

Van Horne, John. *Bernardo de Balbuena: Biografía y crítica*. Guadalajara: Font, 1940.

Vidal, Hernán. *Socio-historia de la literatura colonial hispanoamericana: tres lecturas orgánicas*. Minneapolis: Institute for the Study of Ideologies and Literature, 1985.

Williams, Raymond. *Marxism and Literature*. Oxford, New York: Oxford University Press, 1977.

II. Género, sexualidad y vida monacal en la colonia

La palabra persuasiva: el poder de los confesores sobre las monjas

María Águeda Méndez
El Colegio de México

No es desconocido que la Iglesia ha recurrido durante siglos a labores propagandísticas para hacer que los fieles se acerquen a ella, convencerlos o hasta intimidarlos[1] y así lograr que se ciñan a sus mandatos y no incurran ni en tentaciones, ni en acciones que pondrían en peligro la salvación eterna de su alma. Desde la Edad Media las representaciones como, por ejemplo, la *Festa d'Elx* —que aún se lleva a cabo año con año— eran un intento de acercar de un modo visual, palpable y simbólico al cielo con la tierra por medio de una maroma que unía la altísima bóveda con el suelo de la Basílica de Santa María (cf. Deyermond 397) para hacer que el público se enalteciera y sintiera en su corazón, a través de los sentidos, el mensaje puesto en escena. Pensando puramente en este aspecto teatral, de manera parecida, durante la celebración de la misa los devotos oyen, participan y reaccionan al sentido y espacio de representación que ella encierra. Se recuerda y conmemora la muerte de Cristo en un lugar construido *ex profeso* para la oración y meditación. Al estar en una iglesia se puede observar que prácticamente todo lo que contiene parece estar diseñado para captar la atención de un público: los vitrales que a una hora determinada son irradiados por la luz solar y parecen cobrar vida a la vez que proyectan un bellísimo efecto de iluminación; las casullas de los sacerdotes que según la época del año muestran colores alusivos al momento de la estación litúrgica y hasta el altar, colocado en el centro mismo de esta especie de escenario en el que se desarrolla la acción del divino y finamente seleccionado argumento. No podemos olvidar a los santos "de bulto" o a las imágenes del vía crucis, puestos allí para la oración individual o de pequeños grupos, ni los confesonarios, convenientemente colocados (casi escondidos) en las naves, a los lados de la gran ala con su pasillo central, por los que pasan de soslayo los creyentes en pecado y salen, ya absueltos con el alma purificada al cumplir la penitencia para unirse después a los demás con el corazón henchido y listo para participar en el sacrificio que la misa manifiesta y recibir la comunión reparadora. Así, los asistentes son espectadores y actores a la vez, pertenecen a su mundo y se transportan, por medio de la oración, la acción y el ritual conjuntos, al mundo superior y religioso en esta reunión simultánea de realidades.

---

[1] Cabe aquí recordar los autos de fe del Santo Oficio en los que se visualizaba de manera muy directa la suerte que correría cualquiera al ir en contra de los designios inquisitoriales. Doble juego que apelaba por una parte al morbo de los asistentes y, por la otra, al temor que infundiera en varias épocas el tristemente famoso Tribunal.

Pero, y ya que en términos de teatro estamos tratando, ¿que sucedía "entre bambalinas"? Lo que interesa aquí son las vidas y destinos de las religiosas durante el siglo XVII. Empezaremos por lo que tenían que pasar al incursionar en su mundo enclaustrado difícil de sobrellevar. Durante el noviciado se les preparaba para hacer los cuatro votos de clausura, pobreza, obediencia y castidad –en una especie de limbo, pues siempre podían arrepentirse y dejar el recinto conventual– hasta convertirlas en merecedoras del papel más importante que desempeñarían en su vida: ser consortes de Jesucristo. En una ceremonia de especial significación, análoga a la de investidura de una reina, se les despojaba figuradamente de su vestimenta "del siglo", a la vez de la que llevaban puesta, para darles el hábito del convento. Se colocaba sobre su cabeza una corona de flores que, no obstante simbolizar la belleza, pureza y frescura, al haber sido cortadas empezaban a fenecer, sin dejar de lucir sus atributos como si estuvieran vivas, a semejanza de la situación en la que estarían inmersas sus portadoras, de ese momento en adelante. Muertas al mundo que hasta entonces habían conocido y ya sin lo que físicamente las unía a él, al convertirse las flamantes profesas en esposas de Cristo, se unían simbólicamente lo humano y lo divino. A la monja se le despojaba de lo primero y lo segundo tomaba el mando de su ser, que si bien era de este mundo, por medio de tal ceremonia se veía así transportado al otro, duradero y sin término que imperaría por el resto de su vida, tanto temporal como espiritualmente. Se infundía en la religiosa una especie de majestad coronada pero sin cetro ni vara, pues el confesor detentaba el poder, era el depositario de la justicia divina y dictaminaba sobre la virtud de la joven, en el mejor de los casos, con misericordia y benevolencia.

Una vez enclaustrada, la nueva monja tenía que ajustarse y ceñirse a la disciplina y Regla del convento, siempre bajo la estrecha vigilancia del prelado, de la abadesa o priora y, desde luego, del confesor. Según la orden a la que perteneciera, sus actividades y sacrificios variaban en ser más o menos estrictos, pero el ideal era que siempre tenían que estar ocupadas y con poco tiempo de relajación, si es que les quedaba alguno. En esta especie de sagrada familia terrenal, como bien apunta Rosalva Loreto: "la vida sexual controlada por la castidad, la voluntad doblegada ante la obediencia, así como la pobreza, que negaba al cuerpo las satisfacciones del bienestar material, fueron el origen de todas las normas de conducta de las religiosas" (85). Al profesar, el prelado entregaba a la nueva esposa de Cristo al espacio vital (o ¿mortal?) del que ya no saldría jamás y la ponía en manos de la Superiora del convento, haciéndola responsable de su futuro e "intimándole, mire por ella, como Esposa, encargada del divino Esposo, para que se la cuyde, zele y guarde: de cuyo logro, o perdición ha de dar a Dios estrecha cuenta" (Núñez, Cartilla f.28r). Quedaba, pues, enterrada en vida entre las paredes de la comunidad religiosa. Ésta simbolizaba un ataúd que la separaba del mundo tal y como lo conocía y al que nunca volvería, paradójicamente condenándola al aislamiento y la inercia corporales para lograr así la salvación de su alma en un ambiente celosamente resguardado y estricto, rico en ocupaciones[2] y hasta donde fuera posible libre de dispersiones o entretenimientos no permitidos. Cabe aquí recordar al padre Oviedo:

> Estendíase [el celo del padre Núñez] a casi todos los Conventos de Religiosas de esta ciudad, dedicándose con todo esmero a su espiritual aprovechamiento en el Confessonario, y pláticas que les hacía, persuadido a que *la semilla de la divina*

---

[2] Para una descripción de las labores diarias de una monja, ver Antonio Núñez, *Distribución de la obras ordinarias y extraordinarias del día, para hazerlas perfectamente, conforme al Estado de las Señoras Religiosas [...] dispuesta por el R. P. M.* Con Licencia de los Superiores. En México, por la Viuda de Miguel Ribera Calderón. *Año de 1712*, pp. 39-43.

palabra prendía mejor en semejantes almas, como agenas ya, y apartadas de los principales estorvos que impiden la perfección, de que huyeron dejando el Mundo y su libertad para consagrarse a Dios por Esposas suyas. (127, subrayado mío).

Entorno fecundo para los consejos y mandatos de los directores de almas que ayudarían a sus penitentes a bien vivir en su proximidad de reclusión del que había que cuidar con atención, esmero y diligencia no fuera que se les ocurriera salir del redil tan cuidadosamente programado e impuesto. Era prioritario regir las acciones de las "ignorantíssimas mugeres"[3] (Méndez, "No es lo mismo..." 171) en un ambiente de hacinamiento físico y espiritual que, por contradictorio que pudiera parecer, muchas veces era propenso a malos pensamientos y acciones prohibidas. En tal ámbito, los guardianes de almas tenían injerencia y regían su modo de actuar pero, más grave aún, su forma de pensar, expropiándoles la libertad tanto física como mental. Era imposible que privaran a sus confesandas de la facultad de pensamiento, pero sí podían insistir en que éste siguiera un camino preestablecido, no rebasara sus confines rígidamente delimitados y se obedecieran sus normas, pues las mujeres a su cuidado estaban destinadas al servicio de Dios y resignadas totalmente a Su santísima voluntad: todos sus pensamientos deberían de encauzarse a ensalzar Su gloria.

Resulta lícito preguntarse si dentro de los cánones de la Iglesia para mantener el orden deseado, cualquier sacerdote podía ser confesor de religiosas. Antes de poder impartirles el sacramento de la penitencia debía de ser aprobado por el Ordinario del lugar para oír los pecados de féminas; amén de obtener jurisdicción especial mediante un examen cuidadoso por parte de los superiores, debía tener cuarenta años cumplidos y haber sobresalido por su prudencia e integridad. Ayudaba también si su doctrina teológica "era conocida por otro medio", en cuyo caso era exonerado del examen. Además, no podía inmiscuirse en el régimen interno o externo de la comunidad. Por otra parte, un solo confesor se hacía cargo de todo el convento, aunque si se diera el caso de que hubiese un gran número de monjas, se podía nombrar otro más. Por último, se asignaba uno extraordinario que debía de ir por lo menos cuatro veces al año: todas las reclusas tenían que acudir al confesonario, aunque fuera sólo a recibir la bendición (Cf. Miguélez Domínguez *et al.* 208-213; 328).

Dado lo anterior, no podemos dejar de pensar en el padre Antonio Núñez de Miranda, confesor de Sor Juana, como el prototipo ideal para tal ministerio. Baste sólo recordar que a los diecinueve años era ya miembro de la Compañía de Jesús, a los veintiséis sacerdote, a los treinta y ocho profeso de cuatro votos, a los cuarenta y tres fue nombrado calificador del Santo Oficio y a los cuarenta y cinco electo prefecto de la Congregación de la Purísima Concepción. (Cf. Oviedo 203; Méndez, "No es lo mismo" 167-168). Como se sabe, el afamado jesuita dedicó parte de su tiempo a escribir algunos manuales de confesores, si bien no los intituló así. Pongamos como ejemplo su *Cartilla de la doctrina religiosa*, en la que cumple con varias funciones, pues es autor, protagonista y hasta testigo de la supuesta conversación sustentada entre una monja y un sacerdote.

Otros religiosos se ocuparon de escribir manuales de confesores, no tanto para que los siguieran los regidores de almas (si bien les podían ser útiles) sino para que las esposas de Cristo, al leerlos, quedaran debidamente edificadas.[4] Su función era doble, pues servían como información y como respuesta a las dudas o inquietudes posibles que podían pasar

---

[3] En un proceso inquisitorial hecho contra el padre Antonio Núñez de Miranda, el afamado jesuita confesor de Sor Juana, se describe así a las féminas.
[4] Por ejemplo, Andrés de Borda, *Práctica de confesores de Monjas...* Con licencia en México, por Francisco de Ribera Calderón, año de 1708, al que nos referiremos más adelante.

por su mente. Dado el concepto que se tenía de las mujeres en la época virreinal, se escribían en forma de diálogo, casi siempre entre dos personajes únicos a través de toda la obra, y se evitaba así que las lectoras se aburrieran con largas disquisiciones o, lo que sería peor, que se confundieran con ellas. A diferencia de los diálogos que se escribían en el siglo XVI, en los que en general no aparecían mujeres (Gómez 25), aquí los interlocutores eran los padres espirituales y sus hijas de confesión. Al leerlos, como sucede con la *Cartilla* recientemente aludida o la *Práctica* citada, resulta patente que el principal de los protagonistas es el mismo escritor. En estos casos se vuelven a ejecutar dos funciones simultáneas, pues el autor-protagonista, por ser portavoz de la doctrina que le interesa explicitar, está en una posición superior a la de su dialogadora; se da así una dialéctica entre un personaje enterado y poderoso y su atenta escucha que se podría calificar como ingenua, desempeñando un papel secundario y sumiso.

El espacio en el que se desarrolla el escrito resulta fácil de reconocer: es claro que se da en un ambiente cerrado, durante una entrevista entre los dos actores, quizá en un convento (hay que tomar en cuenta el voto de clausura), si bien no se describe un escenario de manera explícita. Lo que importa es señalar y exponer un intercambio de ideas. El lugar solitario en el que se lleva a cabo resulta inmaterial, pues no determina el proceso dialéctico de la conversación (cf. Gómez 30), que si bien desigual, siempre es recíproca. Tampoco hay una clara indicación del tiempo en el que transcurren los parlamentos, pues no tiene importancia para estructurar la secuencia del diálogo que, finalmente es lo que se quiere resaltar: el maestro, sustentador de la palabra verdadera que hábil y paulatinamente guía a su pupila. Es necesario tener presente que hay que: "...eliminar la identificación absoluta entre el diálogo como esquema formal y la estructura dialéctica o antidogmática: el diálogo didáctico es un mecanismo de expresión antes que un procedimiento epistemológico" (Gómez 52).

Con su peculiar estilo, Beristáin nos indica que fray Andrés de Borda fue "mexicano en la patria y franciscano en la profesión religiosa" (278), virtuoso escritor, lector de teología dos veces jubilado en su provincia, doctor y catedrático universitario (jubilado después de veinte años de enseñanza ininterrumpida) y calificador del Santo Oficio. Apunta además que: "en el púlpito era elocuente, en la cátedra docto y en el confesonario prudentísimo, y en su celda el oráculo para cuantas dudas se ofrecían en la teología moral y en el derecho canónico en que fue eminentísimo". Aunque no indica el año, apunta que murió a principios del siglo XVIII (278).

Como se ha indicado ya, debido a su pluma se publicó en 1708 la *Práctica de confesores de monjas*, claro ejemplo de las características que se han descrito como necesarias en todo manual de confesores escrito en forma de diálogo didáctico para el que, como acabamos de corroborar, estaba sobradamente calificado. Dirigido a las monjas de Santa Clara, el escrito naturalmente se ciñe de manera rigurosa a la Regla seráfica a la que deben acatarse tanto él como sus hermanas de orden. En él recurre a otras autoridades eclesiásticas como Santo Tomás, el padre Ávalos o Antonio Núñez de Miranda y se apega a la sesión XXV del Concilio Tridentino. Paso a paso va describiendo las situaciones posibles a darse en un convento y analiza las actividades, los distintos oficios de las monjas y los cuatro votos en doce apartados a los que llama exámenes. Para no rebasar los límites de este trabajo, nos circunscribiremos a revisar los dos votos más importantes para los seguidores de San Francisco: la obediencia y la pobreza. A éste último se añaden tres exámenes que Borda considera deben explorarse de manera contigua: dar y recibir, gastar y prestar, trocar y vender.

Con visos de verosimilitud, se inicia la obra cuando una monja hace alusión a una hipotética plática que ha dado el fraile en su convento. Se anuncia el estado religioso de perfección que se ha de adquirir si no se quiere caer en falta grave (fol. 1v); a esta recomendación se acoge el autor constantemente a lo largo de su texto. Asimismo, se revisa un concepto básico para las religiosas: la validez de su profesión en el que está incluida la confesión. Se aprovechan los primeros folios para resaltar la importancia de la expiación de las culpas: se debe recurrir al confesor en cualquier caso de duda, siempre se deben decir los pecados a uno solo y buscar al que mejor consejo dé, rehuyendo de los que no les "adviertan sus obligaciones, ni les den a entender lo que es pobreza, obediencia, castidad y clausura, fuera de que se quedarán con sus ignorancias, sus confesiones son nulas porque son hechas con fraude y dolo" (Borda fols.9v-10r). Lógicamente, de ninguna manera se puede elegir al rector de conciencias (Borda fols.9v-10r)[5]. Se deja asentado así el sometimiento debido a este importante personaje de la vida conventual.

Por otra parte, se debe estar sujeta a la abadesa, siempre que sus mandatos sean congruentes con la Regla o cuando en momentos de necesidad la dispense. Así, guardar silencio por la noche, no bajar a la reja sin escucha, ayuno en tiempo de peste, la disciplina debida en el coro y las obligaciones de su oficio comunitario deben ser seguidos al pie de la letra. Sin embargo, la superiora no puede mandar que se lleve un determinado cilicio, que se ayune a pan y agua o que las hermanas recen "La Corona de Nuestra Señora" a diario o cualquier asunto que no tenga causa razonable, como poner en peligro la salud, reputación, paz del alma o la vida de alguna de sus subordinadas (Borda fols. 10v-14r). De suma importancia es que en caso de duda se deben seguir las órdenes de la priora (Borda fol. 12v) o del prelado (Borda fol. 15r) sin miramientos, a menos que acatarla implique incurrir en culpa grave (Borda fol. 16v).

En cuanto al voto de pobreza, se hace una rígida y severa distinción entre lo necesario y lo superfluo; con base en ella se desenvuelve todo el apartado. Primeramente se hace hincapié en que no se pueden tener posesiones mundanas (dinero, objetos de plata o artículos valiosos, por ejemplo), ni se deben recibir limosnas, obtener remuneración por el trabajo: "ni puede dar, ni recibir, gastar, ni trocar, prestar ni vender sin licencia *tácita* [cuando la prelada está enterada de los movimientos pecuniarios que hace la hermana pero no le dice palabra de ello], *presunta* [la religiosa presume que se le concederá lo que pide] o *expresa* [se pide permiso deliberado para cualquier transacción] de la prelada" (Borda fols. 19r y 25v-26r). Si se diera cambio de abadesa y la nueva no revocara las licencias anteriores, seguirán vigentes. Se pueden gastar, sin caer en falta grave ocho o diez reales, pero no todos los días sino sólo eventualmente (Borda fol. 27v). Tampoco puede la monja guardar para sí rentas cuantiosas; se tiene la obligación de incorporar todo ello a los bienes del convento (Borda fol. 21v) y está prohibido terminantemente disponer libremente del peculio particular –mucho menos del comunitario– sin avisar a la depositaria. Ahora bien, si tiene en su celda el dinero que ha de gastar cada mes, indica que el padre Núñez lo permite en su *Cartilla*; sin embargo, Borda prefiere que se sigan los *dicta* del padre Ávalos que recomienda tener sólo lo que se necesite durante la semana. En cambio, sí está permitido tener una esclava o una moza de servicio. En caso de duda, se insiste de nuevo en que hay que consultar con el

---

[5] Aunque el derecho canónico lo permite en caso de necesidad. Se puede confesar una religiosa con un sacerdote con licencia para oír la confesión de mujeres "sin que sea preciso acudir cada vez al Ordinario del lugar". La superiora no puede indagar el motivo de tal petición, mostrar su desagrado, ni prohibirlo. Además, las religiosas no están obligadas a dar cuenta de sus motivos a la prelada. Y, en caso de enfermedad grave se pueden confesar con un sacerdote aunque no sea de los destinados al convento, cuantas veces quieran. Si la superiora no acatara tal ordenamiento, podría perder su oficio. (Cf. Miguélez *et al.* 210-211; 871).

confesor, pues el voto de pobreza se quebranta según la materia de que se trate y no por las obligaciones que conlleva el compromiso (Borda fol. 27r).

Tanto Borda como el padre Núñez ofrecen definiciones muy claras de la autoridad que poseen para dictaminar sobre las religiosas. Con humildad seráfica característica, Borda indica a sus hijas de confesión que deben creer lo que dijere [o escribiere en su *Plática*], pues lo dice "con algunos años de estudio en la Theología regular, y moral, y con la autoridad de los Doctores más graves, que han escrito sobre las obligaciones del estado Regular, assí de Religiosas, como de Religiosos" (fol. 1v). Asimismo, describe al confesor ideal: "vn Confessor docto en materias Theologicas, y Morales, y temeroso de Dios" (Borda fol. 88v). Núñez, en cambio, de manera más enfática y tajante, poniendo de manifiesto el poder supremo del guardián de almas, manda que se le debe respetar y casi adorar,

> ...amandole, y respetandole, como hija a Padre, reverenciandole, y siguiendole, como a vnico Norte, Polo y Moble de su alma... mucho le debemos al Padre Espiritual, que nos lleva a Dios, carga y lleva, como en sus ombros al Cielo y bienaventuranza suya... Haveis pues, de amar, y venerar muchissimo a vuestro Padre Espiritual, pero *como a Vice Dios, con vn amor tan serio, tan entero, tan divino, con una veneracion tan sagrada que no se le atreva, ni por imaginación, el mas subtil polvo de terrenos respectos*... todo ha de ser divino al amor del Confesor: todo Celeste, el afecto, y aprecio de vuestro Padre; ageno y remotissimo de qualquiera peregrina impression de los terrenos. (*Distribución...*, 52, subrayado mío.)

Quizá por el respeto que suscitaba a su paso, dadas sus relaciones con personajes influyentes a los que aconsejaba y muchas veces guiaba, por su labor como rector de almas, sus conocimientos de teología o por sus años como calificador del Santo Oficio, el jesuita no puede evitar idealizar al confesor para que las confesandas prácticamente le rindan tributo y sutilmente previene y advierte sobre el peligro de la solicitación. En este aspecto, Borda es más directo y no se queda atrás cuando ordena que ante cualquier manifestación de amor mundano, la religiosa: "está obligada a denunciar a el tal Confessor, al Santo Tribunal de la Inquisicion, si el dicho Confessor esta viuo, que si está ya difunto, no" (fols. 87v-88r). Al replicar la monja que desde su encierro duda sobre cómo hacerlo, el franciscano la conmina a "hazerla [la denuncia] por escrito a vno de los Señores Inquisidores, valiendose de vno de sus Capellanes, o de otra persona segura" (fol. 88r). Y, para evitar tentaciones,

> los Confessonarios de las Monjas, estuviessen en la Iglesia, en lugares publicos, y que si en algun Convento estuviessen ocultos, tal como en la ante Sacristia, los cerrassen, y los Prelados, los sacassen a la Iglesia, y que si las Monjas lo resistiessen, les pusiessen entre dicho (fol. 69v).

La *Cartilla de la doctrina religiosa* se imprime por segunda vez en 1708. La saca a luz el franciscano Francisco Ramos y la dedica a las esposas de Cristo, "para continuar, aun despues de muerto su direccion. En este V. Padre tuvieron VV. RR. en vida, Maestro en sus dudas, Padre en sus afflicciones, aliento en sus temores, y en fervoroso estimulo a toda santidad y virtud" (s/f). Al igual que el franciscano, el padre Núñez comienza su *Cartilla* haciendo alusión a una supuesta hija espiritual a la que ha guiado y llevado al convento. Habla en representación de sus hermanas y describe el modo en que el jesuita ha logrado que se vuelvan religiosas al "enamorarnos de [nuestra] profesión con el edificativo cariño y religiosa familiaridad" y pide que les describa "las obligaciones de su altissimo estado, y enseñarnos el modo de cumplirlas suave y eficazmente" (Núñez, *Cartilla...* fol. 1r). Enseguida examina las posibles razones de ingreso a la clausura (Núñez, *Cartilla...* fols. 1r-3v) y pasa a los votos, empezando por el de pobreza, observando que no se pueden tener "haberes humanos", ni disponer de ellos y que se deben transferir a la comunidad. No está permitido dar, recibir, prestar, gastar ni disponer de cosas de valor sin licencia "del Superior legítimo". Incluye un ejemplo para aclarar tal aseveración y relata brevemente una situación ficticia, mas no irreal, en la que si una gran señora visita el convento y le obsequia una "alhajuela" a una monja, no se pedirá licencia para aceptarla momentáneamente y así no ofender a la mujer, pero no podrá conservarla sin este requisito (Núñez, *Cartilla...* fol. 4v), y severo amonesta: "esta es buena, solida y segura Theologia, pero yo, queridas mias, mas quisiera veros muy observantes Religiosas, que grandes cortesanas y theologas:[6] y assi desseo, y os aconsejo, que en todo caso de dudas, os hagais a la parte del pedir licencia" (Núñez, *Cartilla...* fol. 4v)

Al igual que Borda asevera que cualquier incidente que tenga que ver con el voto de pobreza estará condicionado al valor del objeto, pues cuanto mayor la cantidad es más grave el pecado (Núñez, *Cartilla...* fol. 5r). Considera, asimismo, que "en pasado de quinze o veinte pesos" habrá que confesarlo, pero de "vn peso abajo, como de vn tomin hasta siete... tanto será más grave en su linea, quanto mas se acercare a la materia grave de pecado mortal, que es vn peso" (Núñez, *Cartilla...* fol. 5r-5v). Además, insiste en que cualquier objeto superfluo y ajeno al voto de pobreza se debe considerar como prestado y debe ser devuelto en cuanto se pidiere, sin sentimiento ni repugnancia (Núñez, *Cartilla...* fol. 5r-5v), pues "la costumbre hace ley" (fol. 6r). Las religiosas deben ser "modestas y templadas", como pobres que son y deben eludir cualquier cosa que "huela a profanidad secular o agena disformemente de la Pobreza y modestia religiosa" (fol. 7r); de no hacerlo pecarán gravemente contra el voto, decoro y decencia de su estado (fol. 7v).

En cuanto a la obediencia, el otro compromiso básico aquí tratado, la primera sujeción envuelve a todo el convento, desde el oficio más alto como es el de la superiora, hasta la religiosa más humilde y de ocupación más baja. Todo lo que se le mandare a una profesa tendrá que ser ejecutado como si fuera lo mejor, sujetando la voluntad, juicio y querer a los designios del superior: "de execucion, de voluntad y de entendimiento" (Núñez, *Cartilla...* fol. 12v). No someterse a esta relación jerárquica implica cometer pecado mortal o hasta caer en la excomunión. Se peca venialmente si se siguen las órdenes con "imperfección, tarde, de mala gana o diminutamente con juizio, o querer contrario" (Núñez, *Cartilla...* fol. 13r). La perfección de la obediencia consiste en acatar las indicaciones de la abadesa como si fuera Cristo, o a cualquier superior sin tomar en cuenta razones particulares. Se debe pensar que Dios lo quiere y manda en cualquier cosa o situación que insinúa Su voluntad (Núñez, *Cartilla...* fol. 13r-13v). Finalmente, retoma el tema del confesor al que hay que sujetarse "al pie de la letra, inviolablemente, sin duda, interpretacion ni dilacion". Al no hacerlo "siempre estara sobresaltado y peligrado vuestro espiritu". Aconseja, por último, leer la carta áurea de San Ignacio sobre la obediencia y "*si la entendeis* y practicais no tendreis mas que desear, para vuestra perfeccion religiosa" (Núñez, *Cartilla...* fol. 13r-13v.; subrayado mío).

Mediante el somero examen anterior, resulta evidente que en los manuales de confesores se utilizaban y seguían fórmulas, estructuras y temas previamente seleccionados lo cual los convertía en un género. Las variaciones y diferencias entre uno y otro de los aquí empleados

---

[6] ¿Sería ésta una advertencia dirigida a Sor Juana? Hay que considerar que la *Cartilla* se publicó por vez primera en 1680 y la *Carta* al P. Núñez fue escrita en 1682.

se notan en el tono y modo en el que fueron escritos, lo cual representa una patente manifestación de la personalidad de los autores. En la *Cartilla*, como en otros escritos del padre Núñez, hallamos la constante inclusión de frases como "hijas mías", "queridas niñas", etc., que denotan el amor de un padre amantísimo hacia sus pupilas, que no obstante su edad deben ser tratadas como si no tuvieran (y quizá nunca alcanzarían a tener) uso de razón. Pero no es un pastor que guía a sus ovejas con consentimiento. Lejos de ello, es un rector estricto e impositivo que demanda a cada paso el respeto que se le debe a un superior. En la *Plática*, en cambio, se dialoga y dirige a mujeres, si bien incautas e ignorantes. Ambos textos ponen de manifiesto los dictámenes de los guías enterados y poderosos hacia sus subalternas débiles y sumisas. Hábil y seductoramente se van destejiendo los puntos a tratar para edificación y aprendizaje de los seres dependientes y necios a los que hay que sujetar y mandar para que su curiosidad no rebase los límites que se han impuesto para la comunidad en la que viven y que deben tener siempre presente.

No podemos dejar de pensar en Sor Juana y el camino arduo que tuvo que enfrentar y recorrer. A todas luces sus escritos demuestran la superioridad de su pensamiento y sus conocimientos: la sumisión no era uno de sus atributos. El padre Núñez a su vez tuvo que encararse con un adversario difícil de manejar: era un diálogo entre iguales lo cual debió ser insoportable para el jesuita. A la luz de los descubrimientos recientes, resulta difícil entender algunas de las actitudes y acciones de la jerónima, pues estaba poniendo en juego su excomunión de la religión, o ¿es que el triunvirato terrible (y temible) conformado por el padre Núñez, el obispo Fernández de Santa Cruz y el arzobispo Aguiar y Seijas utilizaría este tipo de amenaza para lograr su capitulación? Quizá nunca lo sabremos. Lo que sí nos queda claro es que nadie pudo dictaminar sobre los sueños de la eximia religiosa ni impedir que los tuviera jamás.

OBRAS CITADAS

Beristáin de Souza, José Mariano. *Biblioteca hispano americana septentrional...* México: Ediciones Fuente Cultural, 1883.

Borda, Fray Andrés de. *Practica de confessores de monjas, En que se explican los quatro Votos de Obediencia, Pobreza, Casstidad, y Clausura, por modo de Dialogo. Dispuesta por el R. P. M. F. de la Regular Observancia de N. P. San Francisco, Doctor en S. Theologia, Lector dos vezes jubilado por su Religion, Padre de la Provincia del S. Evangelio, Cathedratico de Scoto en esta Real Vniversidad. Dedicala a Christo Crucificado. Sale à luz, à solicitud de vn Discipulo del Author*. Con Licencia en Mexico, por Francisco de Ribera Calderon. Año de 1708.

Deyermond, Alan. "El doble enfoque del teatro religioso en la Edad Media." *La mor com a personatge, l'Assumpció com a tema*. Ed. Josep Lluis Serra. Actes del VI Seminari de Teatre i Música medievals. Elx, 29 al 31 d'octubre de 2000. Ajuntament d'Elx, Barcelona, 2002. 397-415.

Gómez, Jesús. *El diálogo en el Renacimiento español*. Madrid: Cátedra, 1988;

Loreto López, Rosalva. *Los conventos femeninos y el mundo urbano de la Puebla de los Ángeles del siglo XVIII*. México: El Colegio de México, 2000.

Méndez, María Águeda. "Las mujeres en la vida de Antonio Núñez de Miranda". *Memorias del Congreso Internacional: Aproximaciones a Sor Juana a 350 años de su nacimiento*. México: Universidad del Claustro de Sor Juana. (En prensa).

_____ "No es lo mismo ser calificador que calificado: una adición a la bibliografía del padre Antonio Núñez, confesor de Sor Juana". En *Secretos del Oficio: avatares de la Inquisición novohispana*. México: El Colegio de México, Universidad Nacional Autónoma de México y CONACyT, 2001. 165-195.

Miguélez Domínguez, Lorenzo, Sabino Alonso Morán, O. P. y Marcelino Cabreros de Anta, C. M. F. *Código de Derecho Canónico y legislación complementaria*. Texto latino y versión castellana, con jurisprudencia y comentarios. Pról. de José López Ortiz, O. S. A. Madrid: Biblioteca de Autores Cristianos, 1952.

Núñez, Antonio. *Cartilla de la Doctrina Religiosa. Dispvesta por el M. R. P. de la Compañía de Iesvs, Prefecto de la Illustre Congregación de la Puríssima [...] Dedicala a todas las Religiosas de este Reyno*. Con Licencia en Mexico, por la Viuda de Miguel de Ribera. 1708.

_____ *Distribución de las obras ordinarias, y extraordinarias del día, para hazerlas perfectamente, conforme al Estado de las Señoras Religiosas. Instruida con doze maximas Sustanciales, para la vida Regular, y Espiritual, que deben seguir. Dispuesta por el R. P. M. de la Sagrada Compañía de Jesvs, Prefecto que fue de la Illustre Congregacion de la Purissima. Sale a luz a solicitud, y expensas de las Señoras Religiosas del Convento Real de Jesus Maria, quienes la dedican a Christo Señor Nuestro Sacramentado*. Con licencia de los Superiores. En Mexico, por la Viuda de Miguel de Ribera Calderon. Año de 1712.

Oviedo, Juan de, S. J. *Vida Exemplar, Heroicas Virtudes, y Apostolicos Ministerios De el V. P. Antonio Nvñez de Miranda de la Compañía de Jesus, Professo de quatro votos, el mas antiguo de la Provincia de la Nueva España, su Provincial, y Prefecto por espacio de treinta y dos años de la mui illustre Congregacion de la Pvrissima, fundada con authoridad Apostolica en el Collegio Maximo de San Pedro, y San Pablo de la Ciudad de Mexico. Dedicala a Maria Santisima Madre de Dios, y Señora nuestra Concebida sin pecado original, y venerada en su milagrosa Imagen de la Pvrissima. El P. de la misma Compañía, Rector de el Collegio Real de S. Ildefonso de dicha Ciudad*. Con licencia. México: Herederos de la Viuda de Francisco Rodriguez Lupercio, en la puente de Palacio, 1702.

ANGELA CARRANZA: EL GÉNERO SEXUAL, LA COMERCIALIZACIÓN RELIGIOSA Y LA SUBVERSIÓN DE LA JERARQUÍA ECLESIÁSTICA EN EL PERÚ COLONIAL

Stacey Schlau
WEST CHESTER UNIVERSITY

La orden de la Inquisición de detener a Angela Carranza, también conocida como Angela de Dios, beata agustina, incluyó la confiscación del número enorme de reliquias que ella les había distribuido a almas piadosas, además del secuestro y la consecuente quema de 7500 folios (543 cuadernos) de sus escritos, los cuales contenían explicaciones teológicas y místicas, y recuentos de lo que había pasado durante sus trances de éxtasis. El único documento que queda del proceso es la *Relación* compuesta por el Dr. Francisco Valera de la Inquisición limeña, para el Consejo Supremo en España.[1] Como el público anticipado de la *Relación* eran los oficiales superiores de la oficina central, el documento, un resumen y compilación escrita después de los eventos descritos, está muy bien organizado en treinta y un capítulos, lleva un índice, y la letra es clara, bastante fácil de leer.[2] Su propósito es informar y convencer a los españoles de que los oficiales peruanos sí llevaban a cabo lo que debían, lo cual afectaba la continuación o el aumento de fondos. La fecha que aparece en el primer folio es 1699, cuatro años y medio después del auto de fe en que participó Carranza como penitente, el cual tuvo lugar el 20 de diciembre de 1694, seis años después de su detención inicial el 21 de diciembre de 1688.[3] Durante los años entre que los inquisidores comenzaron a prestarle atención a Carranza y su juicio final, testificaron 130 testigos; 24 antes de su detención y 106 después; 33 sacerdotes; 44 mujeres; y 53 seglares.

No todas las místicas se hicieron autoras, ni todas terminaron ante el tribunal inquisicional. La mística del siglo 17, Josefa de la Madre de Dios, quien se confesó con el mismo sacerdote que Angela Carranza, logró quedarse dentro de las normas aceptadas (Mannarelli 50). No se dudó que Carranza tuvo trances en la iglesia, en las plazas, y en otros lugares públicos, pero su origen sí se cuestionaba. Sus declaraciones de que tenía experiencias tales como: 1) visitas de la Santísima Trinidad, de la Virgen María, de los ángeles y de los santos; 2) haber ascendido al cielo varias veces; 3) haber viajado a Roma, llevada por los ángeles, a ver al papa; 4) haber tenido repetidos contactos con las almas del purgatorio y con el diablo; 5) haber comido leche migada con Dios; y 6) haber jugado con el Niño Jesús, llevó a que la juzgaran ilusa y embustera, sospechosa de pactos con el demonio. Sin embargo,

---
[1] Los 102 folios que contiene este texto están en el Archivo Histórico Nacional de Madrid (Libro 1032, ff. 271 r-373 r).
[2] La mayoría del texto parece ser copiada por la misma mano. Unos cuantos capítulos hacia el final son de otra letra, y algunas notas al margen de una tercera.
[3] Al final del manuscrito, sin embargo, la fecha dada es el 24 de mayo de 1696 (373 r). No se sabe a qué se debe la discrepancia.

debajo de la superficie hay otros temas: los desafíos a la autoridad eclesiástica, la política interna de la iglesia, la supresión de la independencia económica femenina, y los conflictos con el virrey, para nombrar unas pocas. Una meta importante de este ensayo es explorar hasta qué punto y cómo, precisamente, las normas de género sexual y la crítica de los oficiales de la iglesia limeña contribuyeron al ascenso muy público de Carranza a la fama espiritual popular, y después a su condena final por la Inquisición.

Para el siglo diecisiete, la Lima colonial, un centro religioso y una capital virreinal, se distinguió con más de cuarenta iglesias y capillas. El segundo tribunal del Santo Oficio fue fundado allí en 1570, el mismo año en que se fundó el de México. Durante los años de su operación, hubo 40 autos de fe. De las aproximadamente tres mil personas procesadas durante toda su historia, 48 fueron condenadas a morir quemadas (Hampe-Martínez 43).

La ciudad en que vivía Carranza pasaba por grandes cambios sociales, económicos y políticos, lo cual traía un malestar social. De la población de más o menos 40 mil habitantes, más de 60% eran mujeres (Sánchez, "Angela Carranza" 264), y de los hombres más o menos cuatro mil eran sacerdotes. Entre los seis mil hombres españoles, hubo 2500 monjes (Glave 110). Los indios y los negros formaban un porcentaje importante de la población: en 1696, por ejemplo, 12500 esclavos negros fueron traídos a la ciudad (Sánchez, "Angela Carranza" 264, fn. 2). Glave resume el *zeitgeist* de la época:

> Con la economía mostrando signos de agotamiento y con las relaciones sociales en el proceso de cambio, en la ciudad capital se vivía el fin de su esplendor y se sentía el temor del futuro. Se procesaba la anomia en los márgenes de la sociedad, había acoso por parte de los indios de las fronteras, la escena política se veía agitada por las diferentes facciones...
>
> ...la resistencia cotidiana de la sociedad india y la continuidad de la imposición colonial, económica y cultural entraron en un nuevo período de confrontación. (115)

Como él implica, y otros amplían, la complejidad racial ahondaba las luchas sociales, sobre todo entre los de origen europeo y los indígenas: "el otro absoluto lo conformaban los indios y su cultura" (Flores Espinoza 65). Además, desde sus comienzos, la ciudad había atraído un número grande de desempleados, quienes vivían en los márgenes de la ley (Sánchez, "Angela Carranza" 264).

Algunos investigadores han notado que cuando llegó a Lima en 1665,[4] Carranza –pobre, soltera, ya no joven– tenía pocas oportunidades económicas. En una ciudad llena de mujeres solas que intentaban sobrevivir, la mejor manera de sostenerse en una vida marginal sería con la religión, sobre todo después de que la Inquisición llevó a cabo varias campañas de moralidad pública que limpiaron las calles de las estafadoras, las ladronzuelas y las alcahuetas (Sánchez, "Angela Carranza" 268). Si, ideológicamente, las opciones para la mujer "fluctuaban entre la pasividad y la huida, entre la aceptación y la rebeldía" (Flores Espinoza 61), entonces el nicho que Angela Carranza se creó, aunque tuviera riesgos, también tenía posibilidad de éxito. Como Sánchez ha notado, "Angela manejaba los beneficios de la santidad con verdadero sentido comercial" ("Angela Carranza" 282).

La espiritualidad interiorizada se hizo un método de confrontar los cambios sociales que ocurrían durante el siglo diecisiete. Glave afirma, "Junto con la creación artística, la

---

[4] El manuscrito dice que el año era 1665 (280 r); quizás por error tipográfico, Castañeda Delgado y Hernández Aparicio dicen que era 1655 (292).

vida mística era la otra forma de hacer frente al acoso de los cambios que se insinuaban en la capital" (110). Sin embargo, las místicas siempre eran sospechosas desde el principio, ya que la importancia de los oficiales y los ritos de la iglesia disminuían con el contacto directo con la divinidad. El modelo más aceptado de la espiritualidad necesitaba que se buscara el autoconocimiento a través de la oración y la imitación de Jesucristo (Sánchez, "Angela Carranza" 275).

Los que se consideraban extraordinariamente piadosos se hicieron los héroes del momento. Algunos, como en el caso de Nicolás Ayllón (m. 1671), un santo indio del barrio en Lima, tuvieron tan fervorosos seguidores que los oficiales de la iglesia, quienes consideraban peligrosos ciertos ídolos del pueblo, intentaron con toda su fuerza eliminar sus cultos.

Durante este período, cuando los libros que contaban vidas de santos eran muy populares y el arte inspiraba milagros y éxtasis, para las mujeres en particular, la santidad contenía ciertos elementos requeridos, entre los cuales figuraba la humildad y la obediencia a la autoridad religiosa (masculina). Dados esos imperativos, sin embargo, llegar a ser considerada santa podía resultar en una mejor vida. Aunque Millar Carvacho revela cierta condescencia misoginista, vale la pena considerar lo principal de lo que dice:

> ...tales prácticas contemplativas no eran producto de un efectivo compromiso espiritual, sino... de un afán por aparentar ante la sociedad una imagen de santidad, que en el mundo colonial implicaba prestigio, poder e influencia, sobre todo para la mujer, que de por sí estaba en una situación de marginalidad y que se acentuaba en el caso de las más pobres. El ser admiradas por sus vecinos, el ser requeridas por sacerdotes, algunos de gran renombre por su sabiduría, el ser recibidas por dignitarios civiles y eclesiásticos y el ser acogidas en casa de fortuna, para muchas mujeres resultaba una tentación muy grande... (111-112)

La fama religiosa trajo consigo muchas otras recompensas materiales, las cuales, asevera Millar Carvacho, eran aún más apetecibles a las mujeres que a los hombres, por la marginalidad en que vivían éstas a causa de su género sexual. Se le olvida incorporar, sin embargo, las normas del papel de género sexual que limitaban las posibilidades de acción y pensamiento para la mujer. Se veía como masculino, por ejemplo, el conocimiento racional: sólo la información divinamente inspirada podía salir de boca femenina. Además, bajo las condiciones de pobreza y falta de otras oportunidades de escaparse de la penuria económica, y el imperativo conceptual que empapaba la religiosidad con el poder, hacerse beata sería una solución bastante atractiva.

Sobre todo en la región andina, y más notablemente para la limeñas –en cuya ciudad Rosa de Santa María (1586-1617) había vivido, y cuya canonización en 1670 y declaración como santa patrona de América aseguraba su aceptabilidad como modelo– parecía clara la conexión espiritual entre salvarse y ayudar a volver a establecer orden en lo que se percibía como caos social. Otras, como Mariana de Paredes y Flores, Mariana de Jesús (1619-1645), llamada la Azucena de Quito, también se hicieron famosas.[5] La figura de "la beata que sufría por expiar los pecados de la ciudad" (Glave 118) apareció repetidas veces a través del siglo diecisiete.

---

[5] Como Rosa de Lima, Mariana de Jesús nunca entró en un convento, pero pasó la vida rezando, ayunando y flagelándose (Glave 119).

Las beatas, entonces, constituían un componente íntegro del temperamento religioso colectivo de la Hispanoamérica colonial del siglo diecisiete.[6] Pero necesitaban balancear la expresión de sus trances y éxtasis con las virtudes religiosas nombradas apropiadas en la época:

> La proliferación de beatas está íntimamente ligada con la explosión de religiosidad que caracteriza a la época. La suya es una espiritualidad imbuida por la publicidad otorgada a determinadas formas de piedad. Si no fueran suficiente reclamo libertad, santidad y ganancias, los fieles estaban siendo bombardeados con una insistente propaganda que hacía énfasis en los comportamientos edificantes. Los nuevos santos, a diferencia de los antiguos, no abundaban tanto en prodigios como en virtudes, pero ya en manos de la devoción popular, adoptaron signos próximos a la magia para terminar convertidos en auténticos héroes sobre todo por su función de intermediarios con el mundo sobrenatural. (Sánchez, "Angela Carranza" 274)

Sánchez distingue entre lo mágico y los milagros, sugiriendo que en la imaginación popular, era posible convertirse en un héroe folklórico si se jugaba la primera carta. Las beatas, en este sentido, podrían desarrollar su causa (de ejemplaridad espiritual) no sólo con las obras piadosas sino también con los espectáculos que tenían algún sabor de lo sobrenatural.

Además, Sánchez, sin mucha simpatía, retrata a las beatas americanas del período (y, como su tema principal es Angela Carranza, ella va incluída por implicación) como productos defectuosos de su medio ambiente socio-cultural y religioso: "Por lo general, se trataba de mujeres piadosas que, víctimas de una espiritualidad romántica y en manos de confesores desaprensivos, acababan envueltas en arrobos y visiones, producto de las lecturas espesas y mal dirigidas con que habían tejido un burdo cañamazo de misticismo" ("Angela Carranza" 273). Su retrato, de las beatas como receptoras incultas, pasivas, y maleables de tonterías de confesores, cuya comprensión de la experiencia mística dejaba mucho que desear, deja poco espacio para la agencia de la mujer. Tampoco toma en cuenta de manera alguna el mundo en que las mujeres pobres y de la clase obrera vivían. Sus opciones, todas llenas de riesgos, eran muy limitadas.

Dadas las sospechas eclesiásticas sobre la experiencia mística y la atribución en el dogma del pecado original a Eva y a sus hijas, a las beatas fácilmente se les podía ver como si estuvieran fuera de control, como mujeres que tenían la capacidad de invertir el orden establecido, aun cuando estaban bajo la tutela directa de un clérigo: "El binomio *beata-confesor* siempre fue considerado sospechoso por las autoridades eclesiásticas, quienes desconfiaban de la sinceridad de las mujeres o simplemente de su capacidad para asimilar las enseñanzas de sus confesores" (Iwasaki Cauti 590). Si dudaban del comportamiento de sus superiores sociales, tal como lo hizo Angela Carranza, se desdibujaba aún más la frontera entre la ortodoxia y la heterodoxia. En resumen, una beata podría encontrarse definida como ilusa o alumbrada muy fácilmente, acusada también de hacer pactos con el diablo.[7]

El análisis de Claire Guilhem de las ilusas todavía ofrece un armazón completo e incisivo con el cual estudiar a las mujeres acusadas de estos crímenes ante la Inquisición.

---

[6] Sólo en Lima se fundaron nueve beaterios entre 1669 y 1691 (Millar Carvacho 113).
[7] Yo trato este tema en otra parte. Como dice Flores Espinoza, la perspectiva sobre el mundo como una perfecta jerarquía significaba que "seguir al demonio y practicar la brujería era un acto eminentemente político" (64).

Ella insiste en incluir el género sexual como criterio al considerar estas ofensas: "La ilusión no tiene sentido más que por ser propia de mujeres, ya que su naturaleza las predispone a la vanidad, a la tentación y a la mentira. La ilusión no es un delito masculino" (Guilhem 193). Es casi imposible encontrar en los archivos inquisicionales la forma masculina de este vocablo, iluso. Integra a las creencias formuladas de la asociación de la mujer con el mundo, la carne, y el demonio, y de su falta de capacidad de utilizar la razón, la "ilusión" sirve para definir muchas transgresiones, cuya característica común se deriva del deseo de la independencia y la individualidad, inmersa en la divinidad.

A veces, las acusadas de ilusas rechazaban la autoridad confesorial: "...se niegan a ser definidas y limitadas por un saber que les dice quiénes son, qué son sus visiones y sus revelaciones" (Guilhem 178). El rechazo de la obedecencia a los que gobiernan la religión aumenta el peso del cargo de ilusión: "...porque pretenden no ser guiadas por otros en el camino de perfección, porque no quieren deber sus certidumbres más que a Cristo, la Inquisición hace de estas mujeres ilusas" (Guilhem 191). Por estas razones, el afán de muchas mujeres hacia tomar cargo de sí mismas a través de la espiritualidad tomó un camino menos directo, que incluía la información errónea, los esquivos y la dependencia en la comunicación sobrenatural con figuras sagradas. Aun así, sobre todo cuando se unía con factores históricos, raciales, y de clase, tales estrategias podrían no servir para impedir el castigo.

Paradójicamente, el proceso inquisicional les dio a las ilusas parte del significado social que buscaban. Aunque metidas en las cárceles secretas, sus palabras ganaban importancia. Hablando de Ana de Aramburu, ilusa mexicana, Electa Arenal y yo observamos hace años que, " ...queriendo eliminar el 'mal ejemplo' ...los inquisidores le posibilitaron a ella la inmortalidad que tanto anhelaba..." (445). En el intento de callar a las mujeres que no se conformaban con las normas dadas, la maquinaria inquisicional y los que la hacían funcionar les daban voz a las ilusas. Guilhem lo expresa sucinta y elocuentemente: "Perseguir a las ilusas es concederles la palabra. Es hacer creer que lo que dicen es importante, que pueden ser peligrosas" (193). Así que, como en el caso de Angela Carranza, aunque se perdieron o se destruyeron miles de folios de escritos de mujeres americanas, artefactos truncados de su lucha hacia la auto-definición (en el sentido de la palabra de la época moderna temprana) nos hacen recordar los desafíos con que se enfrentaban y que intentaban vencer.

El Santo Oficio de Lima, como en otras partes del imperio español, reflejaba y al mismo tiempo ayudaba a crear tendencias sociales y políticas. No sólo se recalcaban distintos crímenes, dependiendo del género sexual, la raza, y la clase del acusado, sino que también el foco de las actividades variaba en distintas épocas, según las preocupaciones del estado y de la iglesia del momento. Después de la reunificación de España y Portugal y la consecuente emigración de gran número de conversos de la península, por ejemplo, los tribunales americanos empezaron un período de represión de los acusados de judaizantes. Sin importar quiénes eran, sin embargo, las voces de los acusados emergen principalmente filtradas por las fórmulas, los procedimientos, y el personal del proceso inquisitorial. Hablando de los archivos peruanos de la Inquisición, Ana Sánchez dice que, "el material de que disponemos son fuentes indirectas. Estos intermediarios, más o menos deformantes, tienen un universo cultural diferente según su posición social, que los lleva a reforzar, atenuar o reformar los contenidos culturales..." ("Mentalidad popular" 33). No cabe duda de que se forman y se vuelven a formar las palabras y las ideas según los procesos dentro de los cuales ocurren. La pregunta queda, ¿qué pueden aprender de esos documentos la/el investigador/a del siglo veintiuno de la vida cotidiana y la mentalidad de la época? Los elementos de oralidad existen en tensión con metodologías definidas rígidamente y maneras de articularlas, así como el encuentro entre el interrogador y o el/la acusado/a o el/la testigo/a refleja conflictos debajo de la superficie. Mannarelli observa, "...trabajar con estos textos es enfrentarnos de cierta forma a la cultura oral de los subalternos" (13). El contexto social, la mezcla ultra-moderna de los discursos oral y escrito, el lenguaje de los tribunales y del catolicismo, y el armazón del confesional significan que estos textos mediados se caracterizan por forma y contenido híbridos.

Durante los 250 años de la existencia del Santo Oficio limeño, la conciencia del género sexual, la clase, y la raza de la/el acusada/o desempeñó un papel central en la definición de tipos de crímenes, sobre todo los que occurrían con más frecuencia en la ciudad:

> Los procesos inquisitoriales del Tribunal de Lima constituyen un material excepcional para la exploración de la cultura popular urbana y de la vida cotidiana en las ciudades. Estos materiales, además de transmitir las voces de las mujeres de la época, presentan fuertes sesgos. Las declaraciones femeninas suelen presentarse impregnadas de una visión masculina del mundo en la medida en que son transcritas, escogidas e incluso reinterpretadas por hombres; son testimonios, parciales, en los que las versiones femeninas se intercalan con las opiniones de los inquisidores, y, también, por las transcripciones de los notarios. (Mannarelli 12)

Aquí Mannarelli aboga por un acercamiento cultural a los textos inquisitoriales que tomara en cuenta la política sexual del habla y del poder, sobre todo cuando se les estudia a las acusadas, para así comprender el "material" que constituye el archivo del Tribunal. Los folios que forman la transcripción del proceso de Angela Carranza se prestan muy bien a tal metodología.

Según su compilador, la *Relación* incorpora citas muy largas transcritas de los cuadernos de Carranza. Si aceptamos lo que dice Valera como la verdad, éstas son las únicas palabras escritas suyas que han sobrevivido, aunque estén filtradas por los juicios y los apuntes de los calificadores, así como la selección, resumen, y transcripción que hizo Valera, el autor del informe. Cuando detuvieron a Carranza, encontraron los cuadernos en manos de Fray Agustín Comán, su confesor y escribano.[8] En el formato de un diario, cubrían los años de 1673 a 1688: los de 1673 a 1678, escritos en su propia letra; los de 1679 a 1682, en letra de Fray Joseph del Prado (278 r); los de 1683, en letra de otro letrado; y los de 1684 a 1688, en letra de Fray Agustín Comán (278 v): Carranza dictaba lo que no escribía (278 v). El 23 de diciembre de 1688 (279 r), el fiscal pidió que calificadores de varias órdenes religiosas, menos los agustinos, revisaran los cuadernos. Por la cantidad de material y el número enorme de folios (279 v), este proceso demoró tres años.

Sabemos poco de los sucesos externos de la vida de Carranza, sobre todo antes de que llegara a Lima. Se dedujo que tenía como cuarenta años al comienzo de la *Relación* (275 r), pero no está claro cuándo se hizo esa deducción, porque la detuvieron en diciembre de 1688, el mismo mes en que el fiscal pidió la calificación de sus cuadernos, lo cual tomó tres años. Nacida de una madre criolla y un padre español, quienes, declaró, eran cristianos viejos sin problemas con la Inquisición, ni detención ni reconciliación, se crió en Córdoba, en la provincia de Tucumán.[9] Aunque al principio dijo ser virgen (358 r), más tarde dijo

---

[8] Su antiguo confesor, Bartholome de Ulloa, muerto antes de que detuvieran a Carranza, fue el primero que le mandó que escribiera (278 v).
[9] Supongo que está en lo que hoy día es la Argentina.

que no lo era. Había querido casarse, pero no tenía dote. Dios intervino, diciéndole, "no te tengo para casada" (358 v). Según los testigos, sin embargo, " ...estubo amansebada con algunos hombres... un amigo suio, la sacò de su tierra, y traxò â esta ciudad por el reino de Chile" (352 r).

Poco después de su llegada a Lima, Carranza empezó a ganar fama como santa del barrio, en gran parte por los trances que demostraba en lugares públicos. En 1673, después de haberse confesado por poco tiempo con Fray Bartolomé Ulloa, éste le mandó que escribiera sobre sus experiencias. El apoyó activamente sus pretensiones a la santidad, aunque muchos lo tomaron por simple y por lo tanto fácilmente engañado (280 v). Ella tuvo dos trances por día: uno antes de comulgar, otro después. Muchas veces experimentó tres (301 r).

Carranza tomó el nombre de Angela de Dios, y empezó a crear una industria casera con los productos asociados con los milagros que parecía poder producir. Distribuyó cuentas, rosarios, campanitas, cruces, espadas, dagas, medallas, velas, piedras, etc. (275 v). Venerada como santa, se guardaban como reliquias su ropa, sus dientes, su pelo, y hasta sus polillas, las cuales dijo Valera que tenía por falta de limpieza (276 v, 312 r). La gente guardaba lo que cortaba de las uñas en "cajetillas de plata" (312 r). Ella también empapaba la sangre que le sangraban cuando estaba enferma (312 r) en pañuelos y vendas, los que luego la gente honraba como reliquias; muchos tenían su retrato y su firma (276 v).

Sus seguidores pintaban cuadros y platos con sus visiones y sus revelaciones (281 v). Un plato la mostraba como el Angel del Apocalipsis, con dos alas y el dragón del pecado original a sus pies, con un báculo de obispo en la mano, que escribió que se lo había dado San Agustín (282 r). Celebrada y festejada, "llevaba tras si la curiosidad, o simplicidad del vulgo, y aun de personas de letras" (280 v). Casi todos la consideraban santa (311 v).

Mientras tanto, cuidaba a un niño indio o mestizo (Valera, quien se refiere a él como un "Indesuelo o mestiso" [338 v], no está seguro), desde cuando tenía cinco o seis años, hasta su detención, cuando él tenía catorce o quince años. Los testigos repiten que él tenía la cama en el mismo cuarto en que dormía Carranza (352 r); dicen que lo sedujo repetidas veces. Según los informes, el niño fingía raptos para complacerla (352 v). Después de la detención de Carranza en diciembre de 1688, éste vivió con dos chicas jóvenes, quienes habían sido criadas de Carranza. Más tarde, después de la sentencia de Carranza, el niño – a quien nunca le dan nombre en el documento– dijo que a menudo Carranza dormía cuando decía que rezaba. Contó una anécdota sobre una mujer que buscó su ayuda y quien esperó una hora mientras Carranza se retiró a otro cuarto y se echó una siesta (339 r).

Durante meses, muchos testigos aparecieron ante el Tribunal. Carranza también tuvo muchas audiencias durante los primeros meses de 1689. Entonces, el 9 de octubre de 1690, el fiscal presentó la *Acusación*, la cual contenía 609 capítulos. El 6 de julio de 1691, Carranza discutió la *Acusación* con su abogado (362 r). En muchas sesiones, desde julio de 1691 hasta septiembre de 1693, se le dio la lista de publicación de 130 testigos y 5443 cuadernos (362 v). El 28 de noviembre de 1693, el abogado de Carranza presentó la *Defensa*, de cuatrocientos folios (366 v), compuesta por maestros agustinos y calificadores del Santo Oficio. Básicamente, los autores de la *Defensa* respondieron a lo que decían que eran los tres puntos principales de la *Acusación*: proposiciones heréticas, familiaridad con el demonio y revelaciones falsas (367 r). La *Relación* no revela mucho más, aparte de resumir las bases principales de la defensa. Mientras progresaba el proceso, poca evidencia adicional fue presentada.

Sin embargo, la segunda calificación es bastante semejante a la *Acusación* en tono y contenido. En ella, se dijo que ella había mantenido muchas proposiciones heréticas, la mayoría nuevamente inventada (355 r). Adicionalmente, "...abunda de sovervia y presunçion luciferina arrogante y jactansiossa en sumo grado" (356 r), así como "...abundaba en codiçia y ambission de honrra" (356 v). Algunas de las revelaciones fueron escritas como si Carranza fuera la agente del diablo (356 v); de hecho, decidieron que había tenido un pacto explícito con él (557 r). Dos calificadores la juzgaron una hereje formal, heresiarca y dogmatista;[10] otro la juzgó hereje informal, por su ignorancia, aunque llena de errores sutiles (557 v).

Se pronunció la decisición de someterla a tortura el 18 de mayo de 1694; se llevó a cabo una semana después, el 25 de mayo, a pesar de las protestas de la acusada de que "Aunque la pongan a tormento, no dirá más" (365 r). La pusieron en una cincha, ligada sólo por los brazos. Aun así, gritó que ya había dicho la verdad, y que no tenía nada que añadir. Después de tres turnos, se desmayó, "por ser muy gruesa" (369 r). Aunque la sesión de tortura no terminó con nuevas afirmaciones de culpabilidad, apenas una semana más tarde, durante una audiencia voluntaria, Carranza se declaró culpable de la mayoría de los capítulos de la *Acusación* (362 r).

Por fin se pronunció la sentencia. Sus provisiones incluyeron los requisitos de que Carranza: apareciera en un auto público como penitente, aunque sin el sombrero cónico (370 v); abjurara *de vehementi*; viviera recogida sin hábito de beata por cuatro años; no usara el nombre de Angela de Dios; le fuera prohibido el uso de papel, tinta, y plumas; y fuera desterrada de Madrid y Córdoba de Tucumán por diez años. También se recogieron todas sus reliquias y sus escrituras para ser quemadas, y todas sus posesiones debían ser devueltas (371 r-371 v).

Como se nota arriba, se llevó a cabo la sentencia en un auto de fe particular el 20 de diciembre de 1694 (371 v). Mucha gente asistió y enfurecida, le tiró piedras. Los guardias tuvieron que llevar a Carranza de vuelta a la cárcel inquisicional por un mes, para su protección. Por fin, la mudaron de noche al convento donde debía pasar su recogimiento, para evitar otro lío (372 r). Según la *Relación*, allí se quedó, sin arrepentirse (372 v).

En el resumen al principio de la *Relación*, el autor dice que los calificadores habían juzgado que todos sus crímenes se basaban en una virtud aparente y afectada (277r). El resumen describe, por la primera de muchas veces, como se había extendido el culto de la santidad de Carranza, el que según repetidos dichos de los testigos, incluía casi todo el mundo de la ciudad (311 v). Como hemos notado, Carranza distribuyó reliquias a sus seguidores, quienes la veneraban como santa (275 v, 276 v, 312 r, 348 v) y pintaban retratos y platos de sus visiones y revelaciones (281 v, 282 r). La adoración se basaba en parte en que ella decía haber ascendido varias veces al cielo, frecuentemente en enaguas, lo cual ayudó a curar a los enfermos (302 v). También visitaba el infierno y el purgatorio, de los cuales tenía licencia de sacar almas (e. j., 276 r). En una ocasión, mientras estaba en el purgatorio, vio a su propio padre allí, pero cuando quería sacarlo y llevarlo al cielo, él dijo, "no es tiempo, hasta que tu mueras..." (328 r- 328 v). A menudo, Carranza entraba en trances en la iglesia en días de fiesta o en las calles durante procesiones públicas, cuando había más gente presente (338 r). Ella decía que muchas personas que se habían muerto sin los sacramentos se habrían salvado por medio de sus cuentas y que convirtió a una moribunda con ellas (308 v). Cuando la Armada perdió una batalla con los piratas en 1685, insistió en que habrían ganado si hubieran usado sus cuentas (310 r).

---

[10] El autor nota que "...pudiera tenerse por Heresiarca famossa autora de pestilentes doctrinas, y Dogmatisante..." (557 r).

Su fama era tal que, "...la estimacion, que se tenía ganada la Beata con el vulgo, y aun con las primeras Personas de la Republica, que la atendian sus palabras, como oraculos, ô Profecías venidas del Cielo" (342 v). Engañó a muchos, incluyendo a virreyes, al arzobispo, y a muchos obispos (348 r). Un admirador rico hasta le prometió tres mil pesos para que imprimiera sus escritos (348 v).

La voz del escéptico, la norma de las relaciones de poder impregnadas de connotaciones de género sexual, aparece por toda la narrativa, sobre todo en el capítulo entitulado, "Mentiras y contradicciones". Fácilmente se puede imaginar al autor recreándose cuando dice que "...le revelo el Señor, que ni ella, ni sus Quentas, y Rosarios avian de entrar jamas en la Inquisicion (quando la experiencia ha manifestado lo contrario)", o cuando cuenta cómo un clérigo le mintió a Carranza para cogerla mintiendo (333 r). Ella dijo que Dios le había dicho que quería que Bartholome de Ulloa, el primer confesor de Carranza en Lima, fuera el Provincial, pero no le concedieron el puesto (332 r). Para dar crédito a sus engaños, según Valera, Carranza decía que el Santo Oficio la había interrogado y la había encontrado inocente. Valera cuenta cómo uno de los inquisidores "...encerrò en una casita con llave algunas de estas quentas... hiço abrir la casita, y no se hallaron las quentas..." (309 v), para probar que los dichos de Carranza eran falsos.

También hay varios ejemplos de otros fingimientos en el texto, basados en lo que dijeron los testigos. Carranza fingió ser médica, hasta que un médico conocido dio a conocer que ella mentía. Una historia bastante larga sobre un hombre, quien según Carranza iba a morir pronto, y cuya esposa le dio dinero a Carranza para salvarlo (341 v-342 v) apoya la idea de que sólo ayudaba a los ricos, no a los pobres (345 r). El retrato de una mujer glotona y codiciosa se completa con otra anécdota, de un mercader rico, quien perdió unas barras de plata durante el transporte. Le pagó a Carranza para recobrarlas, pero sólo se encontraron cuando el nivel del agua bajó. Entonces ella le pidió sus honorarios, y él se los pagó (344 r-344 v).

Otros ejemplos de las mentiras y contradicciones de Carranza, según Valera, incluyen también que: 1) Dios le reveló que nadie para quien ella rezara sería condenado, pero ella rezó por la salvación de todos (332 r); y 2) el árbol en el Jardín de Edén empezó como palma, pero después de que pecó Adán, se volvió manzano (332 v).

Valera se queja de que Carranza vivió una vida ligera, sin virtud, que fingía rezar cuando en realidad dormía, roncaba, y comía demasiado (276 r). Buscó honores y fama ("llenos sus escritos de sobervia, ambicion de honras, y aplausos" (301 r). Esperaba que las tiendas le dieran regalos como algo normal (339 r). Juraba (351 r), y en general no cuidaba de lo que le salía de la boca. Era impaciente (339 r), imprudente, lista, maliciosa. Le faltaba modestia, honestidad, prudencia (277 v). En particular, Valera se enfoca en la gula de Carranza. Según los testigos, "Su abstinencia fue ninguna... porque comía, bebía, y se regalaba, como si fuera una de las mas ricas, y sobradas señoras de la Ciudad..." (335 v). Cuando la invitaban a comer, lo comía todo (y se cortaba las uñas para reliquias después) (336 r). Una comida típica consistía de pescado, cocido de carne, huevos con carne y conserva (335 v). Para la cena, comía el mejor pescado, huevos fritos y un dulce. Y, a menudo merendaba por la tarde (336 v). Le faltaba la actitud y el comportamiento santos de otras maneras también; por ejemplo, los días que llevaba cilicio, no ayunaba; los días de azotes, no usaba cilicio ni ayunaba (337 r). El alguacil de la cárcel secreta también informó que en seis años, Carranza nunca había pedido ni azote ni cilicio, aunque siempre pedía las comidas (337 r). Además, siempre la encontraba dormida (339 r).

A Valera, su falta de modestia le molestaba bastante. En la iglesia, los testigos decían que siempre dejaba caer el rebozo a los hombros, para que se le viera la cara. Durante misa, se movía mucho, girando la cabeza (337 v). Dormía sin ropa, se bañaba en fuentes públicas, y no cuidaba de que los criados no la vieran desnuda (349 v). Orinaba en la calle, en la plaza, o en cualquier parte (350 r). Levantaba las faldas demasiado. En resumen, era seductora (350 v).

El retrato de Angela Carranza que se encuentra en la *Relación*, se compone de varios elementos; resulta casi imposible separar la intervención clerical de los documentos de origen. Arreglado por temas nombrados por Valera como títulos de capítulo, pero con relativamente pocos comentarios que revelan su actitud ante la acusada, el contenido y el lenguaje de los cuadernos sale a lucir, por lo menos hasta cierto punto. Cinco motivos principales forman la reconstrucción de los escritos de Carranza en la *Relación*: desafíos a la autoridad terrestre y auto-promoción; relaciones con Dios, con María y con los santos; defensa de la Inmaculada Concepción; la producción escrita; y la mujer, el género sexual y la sexualidad.

Desafíos a la autoridad terrestre (auto-promoción)

Muy raras veces aparece la cantidad y calidad de desafíos a la autoridad del estado y de la iglesia que vemos en esta *Relación*. Un ejemplo: en imitación directa de Rosa de Lima, Dios le dice a Carranza que sería beatificada y canonizada, llamada la santa patrona de Lima (303 v). Confirmada en gracias, y, como San Juan Bautista, sin capacidad de pecar, se mantuvo inocente, como una niña de tres años (281 r). Además, así como San Juan el Bautista fue precursor de Jesucristo, Carranza fue precursora de la Virgen María (281 r). Angela –llamada «de Dios» porque Dios le dijo que tomara ese nombre–, "por la singular semejança que tenía con su Magestad estando como si fuera inmensa en todas partes, y asistiendo en todo el mundo" (281 r), dependía de las fuentes de autoridad visuales y aurales mucho más que de las escritas, para sostener su universo interior. La cultura visual de las iglesias y las capillas, las procesiones y las fiestas, alimentó muchas experiencias extáticas de los (pseudo)místicos de esa época, así como también lo hicieron las vidas de santos, las oraciones, los sermones, y la liturgia leída y cantada a cada hora, cada día, cada semana. Carranza no era la excepción. Muy individuales, sin embargo, eran las imágenes y los discursos que sacaba de sus encuentros sobrenaturales. Por vía de ellos, intentaba evitar la supervisión de los clérigos.

Valera resume los cuadernos, y organiza el resumen por temas, tanto así que mucho de lo que incluye está formado por su visión de los pecados de la acusada. Sin embargo, los folios están llenos de ejemplos atribuídos a Carranza que necesariamente debían llevarla a un conflicto directo con los oficiales eclesiásticos. Mannarelli asevera que, "La beata no entiende el código de la autoridad terrenal. La comunicación sólo es posible a través de un lenguaje directo con [un] Cristo muy humanizado" (65). La idea de que la unión mística fomenta la auto-afirmación y la autorización individual en este caso se ve acompañada por la sustitución de la autoridad masculina por la femenina.

Valera enumera todas las instituciones del estado y de la iglesia contra las cuales aboga Carranza en sus cuadernos, empezando con los reyes españoles, a quienes criticó principalmente por su comportamiento personal (como por ejemplo el adulterio), mientras que mantenía que Dios prefería a los reyes franceses (ver 314 r). Los virreyes del Perú también son nombrados: "que por los graves pecados, que cometen los Virreyes del Peru, de Injusticias, codicias, tiranias, y ventas de los officios; y que el Palacio es una sentina de maldades de Quentos, Rencores, Deshonestidades..." (314 v- 315 r). Como ejemplo de sus mentiras, Valera cuenta cómo San Carlos le reveló a Carranza que "los hombres por un poco de ciencia... quieren hacer immortales, como lo hiço el Marques de Villena [un virrey], que se mandò picar, y que metido en una redoma, lo pusiessen debajo de tierra para ren[acer?]" (332 v).

Se condenaron las instituciones eclesiásticas también.[11] Carranza llamó la Inquisición una "cueba de ladrones," afirmando al mismo tiempo que "...estando el Señor con un azote âl ombro, la dixo, no tienes que temer â los Inquisidores, que con este azote los he de castigar..." (315 r). Y, como los inquisidores defendieron al virrey, el Conde de Castellar, "era la causa de que no apreciasen sus Rosarios [los de Carranza], porque pensaban los Inquisidores, que ella no era del vando del Conde de Castellar" (315 r-315 v). Habló contra los oidores, los arzobispos (Dios le dice que no comulgue de mano del Arzobispo de Lima [316 v]); el cabildo eclesiástico, cuando Dios le dijo que "todos los mas prebendados estaban amancebados, con mugeres ruynes, y que en el choro sus platicas eran tratar de sus amigas, y de sus hijos..." (317 r); y todas las órdenes religiosas (317 v), afirmando por ejemplo que las cárceles jesuitas eran muy crueles (317 v).[12]

Los ejemplos de su impertinencia para con los clérigos son numerosos. Una vez le preguntó a un fraile dominico que le comprara fruta (351 r). Otra vez, después de una de sus famosas rabietas, un sacerdote la regañó en la calle, "Madre Angela, en la santidad cabe la humildad, y la caridad con el proximo... â que respondio, andad, andad, que me han mandado que no hable con clerigos" (340 v). En otro suceso notorio, se negó a pagar un entierro, después de haber dicho de antemano que lo pagaría, causando un escándalo en la iglesia, llamando a los sacerdotes ladrones, "y peores, que los Ingleses Piratas..." (340 r).

En general, los sacerdotes reciben muchos oprobios. Los demonios se le aparecen en forma de "unos religiosos cathedraticos de esta ciudad de todas las religiones de ella, cuyos nombres expressa", quienes hablaban contra una de sus creencias más profundas, la de la Inmaculada Concepción (331 r). Y, ¿quién podría resistir la condenación articulada en una visión de transvestismo clerical?: "...estando en oracion, vio en la Plaza mayor de la Ciudad de Lima, una rueda de demonios en figura, y con rostros de ciertos Religiosos graves, y doctos de esta ciudad (cuios nombres expressa) en traje de mulatas fruteras..." (319 v). No se puede imaginar una vergüenza más pública. La combinación de denigración de raza, género sexual y clase no podría ser más devastadora, ni más cómica.[13]

Sin hijos biológicos (que sepamos nosotros), Carranza se hizo no sólo madre adoptiva del niño mestizo o indio, sino también madre metafórica de sacerdotes. Le recuerda al lector repetidas veces que Dios la nombró "madre de sacerdotes" (e. g., 276 r, 301 v, 354 r). Hasta se le volvió gris el pelo, por el apodo maternal (327 v). Un día de Reyes Magos, Carranza se encuentra en Belén; Jesús está allí sin su madre, y le informa a Carranza que ella, "avia de ocupar el lugar de su madre, pues era virgen, y madre de sacerdotes..." (354 r).[14]

Como todos los sacerdotes (para no mencionar a Jesús) eran hijos suyos, el papa llegó a ser su hijo mayor (345 v), así que podía hablar con él libremente. Durante una visita sobrenatural a Roma con Dios, el papa "le mandò rogase â Dios por el Rey de España, y por

---

[11] Los mismos apóstoles, escribió, no eran muy católicos (298 v).

[12] Se les menciona específicamente a los dominicos (318 r).

[13] Carranza también criticó a su propio confesor; aunque Dios "quería" ayudarlo, en el mismo folio de la *Relación* la extática oyó un comentario negativo, "no puedo Angela quitarte las imperfecciones, porque no esta tildando tu padre confessor" (298 r).

[14] La virginidad de Carranza, sin embargo, no estaba clara, porque en una audiencia, admitió que había tenido una "mala amistad" con un amigo en su pueblo natal.

la Iglesia" (345 v). Así se dirigía al vínculo íntimo entre las preocupaciones nacional y religiosa tan características del imperio español. Aun más, se confirma el derecho de la beata a un tratamiento especial.

El lenguaje del papel maternal implícitamente sustituye el paternal, teóricamente llevado a cabo por los religiosos, y así invierte las estructuras del poder patriarcal. El modelo de la familia propuesta en estas visiones tiene una autoridad femenina a su cabeza. Quizás este armazón también hiciera posible su uso de diminutivos (301 r) y el tuteo y el "vos" con sacerdotes (301 v, 337 v). Justificó el requisito que le besaran la palma de las manos con la explicación, "Que le besó el Señor las manos, y que lo mesmo hicieron los Apostoles, y otros santos" (301 r). También se apoyan las imágenes maternales con nombres que exaltan a la beata en conexión con los sacerdotes. Dios no solamente le informó que, como Jesús, "tu eres la pastora de los sacerdotes y tambien mía" (302 v), sino que también merecía el título, "corredemptora de los sacerdotes" (301 v-302 r). Los nombres elevan la condición de Carranza; llega a alturas que no podría alcanzar nunca en el llamado mundo verdadero, incluyendo la habilidad de influir en y tener poder sobre los que tienen poder sobre ella.

Más que madre, ovejera, y redentora, Dios también revela que era maestra y doctora de la iglesia: "doctora de los doctores" (282 r, 301 v).[15] El auto-engrandecimiento llega a alturas desconocidas cuando Carranza le atribuye a Dios la aseveración de que ella es más importante que, y debe enseñar a, teólogos conocidos: "...como Doctora avía de enseñar â los maiores Doctores, porque â ella la avía escogido Dios, y no â Santo Tomas, y â Escoto,[16] para que enseñasse â los Sabios; y que ella avia de sobresalir, como la maior Doctora del Mundo; y llegado el tiempo de la deffinicion del Misterio, la añadiria â la Iglessia a los quatro Doctores que celebra" (304 r). Dios añade a esto títulos adicionales para la beata: "Dice que, Dios le dio los titulos de Doctora del Mundo, Protectora de la Christiandad, Confussion de los Sabios, Defensora, y Protectora de la Concepcion, Abogada de los Mineros, porque los Mineros avian de contribuir a su canonizacion; que los Pontifices, y Cardenales piden plata para la canonizacion de los Santos..." (305 r).

De hecho, aunque va a la iglesia a menudo, Carranza no puede oír, ni comprender los sermones; la música celestial se lo impide: "...se sentía absolutamente cerrada en orden a entender lo que predicaban... â veces padecía sordera y que esta no era achaque natural sino ocasionada de la armonia, o susurro de las músicas celestiales, que frequentemente oia" (354 v). Así, Dios no solamente anima a Angela Carranza a predicar, sino que borra el discurso de los sacerdotes.[17]

De hecho, dentro de su construcción visionaria, Carranza se hace sacerdote, o, al menos, predicadora: Dios le revela que, "como carbunclo alumbraría todo el mundo... y que por ser ella el Espiritu Santo de Maria Santissima, destroncaría â los presumidos Theologos, y que ella era como San Vicente Ferrer..." (346 v).[18] Habiendo alcanzado condición teológica suficiente como para juzgar a falsos teológos, Angela de Dios recibe la

---

[15] En un caso paralelo curioso, María de san Alberto (1568-1640), Carmelita Descalza española y mística, varias veces llamó a Santa Teresa "doctora", en su poesía dedicada a la Madre Fundadora. Ver mi edición de las obras escogidas, e. j., 163, 184, 192. También nombró a la Santa "La maestra de maestros" (175).

[16] John Duns Scotus (Escoto en español) (c. 1266-1308), teólogo franciscano, defendió en nombre de la fe en Dios el realismo del conocimiento que salta del mundo tangible, para alcanzar a Dios. También se le conoce por haber escrito una defensa elocuente de la Inmaculada Concepción.

[17] Al mismo tiempo, Dios le revela que Mahoma era un hombre muy culto (332 r).

[18] Un dominico español (1350-1419), conocido por su extraordinaria capacidad de predicador. Durante una misión de veinte años por toda la Europa occidental, convirtió a gran número de judíos, moros, valdenses y cátaros, y llevó a miles de campesinos a una unión más cercana con Dios.

posibilidad de comunicar su conocimiento por el discurso. Sobre todo dada la prohibición dogmática contra las mujeres predicadoras, y la inferioridad ideológica generalizada de la mujer, su base de autoridad –que es el espíritu sagrado de la Virgen María, la mujer suprema de la mitología católica, quien escapa el inevitable mal femenino– le sirve bien a la acusada de ilusa. Es sobre esa base que ella puede establecer su autoridad, que tiene conocimiento (religioso) y el poder de articular esa información, para persuadir a otros. Tanto así, que muchas veces se encontró en Roma o Turquía, predicando sermones a moros y a judíos (346 r). En su caso, entonces, el camino a la comunicación directa con Dios, que les había proveído a tantas mujeres católicas de la edad temprana moderna de una manera para establecer control más eficaz y autonomía en torno a su espiritualidad, también apoya ambiciones más mundanas –el papel del clérigo.

Relaciones con Dios, la Virgen María, los santos, y el diablo

El mundo visionario de Angela Carranza se apoya mucho en las descripciones sensoriales. No lee las palabras de hombres; escucha voces divinas (Mannarelli 61). Y por cierto, estaba tan acostumbrada como cualquiera de su época y lugar a la iconografía religiosa y a la narrativa oral, incluyéndolas libremente en las historias que contaba de sus experiencias extáticas: "En sus transportes y visiones parece que se introdujese en cualquiera de las ilustraciones o pinturas religiosas al alcance de sus ojos" (Sánchez, "Angela Carranza" 288). Muy dinámico por naturaleza, en este sitio interior hay mucho movimiento y color.

El tiempo y lugar sagrados que retrata, sin embargo, no pertenecen a la atmósfera rarificada de un cielo idealizado, sino que se parecen a una fiesta cotidiana en la tierra, en la Lima colonial. O, quizás sería mejor decir que reflejan el concepto que tiene Carranza del cielo en la tierra, con diversiones y juegos, y bastante para comer. Hay una "carga lúdica presente en sus escritos" que casi parece anunciar una nostalgia por la niñez: la beata juega a la pelota y a carnestolendas con el Niño Jesús; come pan mojado en leche con Manuelito de Jesús; baila alegremente con la Virgen María, con los ángeles, y una Nochebuena, con los pastores en Belén (323 r); y bromea con los demonios (Mannarelli 64). Le dan regalos, pero no joyas ni otros objetos de lujo: una vez, se le lleva a una "célebre ciudad europea", en la que los vendedores en la plaza le regalan nabos, col y remolachas (348 r).

Dios

A pesar de la calidad doméstica de las visiones de Carranza, y su discurso tosco, Dios la quiere y la prefiere. Su vida afectiva parece envuelta en Él. Dios se manifiesta principalmente o como el Niño Jesús o como "el Señor", permitiéndole a Angela de Dios el papel de niña, de madre, o, a veces, de esposa. El lenguaje coloquial entre la divinidad y la extática le recuerda al lector que la vida cotidiana interrumpe hasta la experiencia mística. Una vez Dios pregunta, al ver las cuentas y los rosarios que quieren que Carranza bendiga, "Esto es cosa de fruteras?" (306 r). En todos los casos, aun cuando (o quizás porque) revela sus origen humilde, se le acepta completamente, hasta se le celebra, en el cielo: "...quando Angela entra en la Corte del cielo, todos se rien, porque las mesmas patochadas dice â los santos, que dice aca, y Dios quiere hacerla santa..." (323 r). La "carga lúdica" que nota Mannarelli, así como la calidad de niñez que he notado yo, son evidentes en lo siguiente:

> ...en una ocasion jugò carnestolendas el Señor con ella, y que mojandola corrio â grandes risadas â el cielo donde vio, y oyo mucha musica, y fiesta de Angeles, y Santos, y que ella salio â baylar, y luego el Señor en forma del Niño Jesus con tunica morada, con el Mundo en la mano la acompañò en el bayle... (323 v)

Una ocasión carnavalesca marca el lugar especial que tiene Carranza en el corazón de las figuras divinas, sobre todo el de Dios. La barrera entre la tierra y el cielo es borrosa, permitiendo tanta alegría abajo como arriba. Dios como el Niño Jesús baila con su amada, vestido de la túnica morada en que se le retrataba en pinturas y esculturas, con el mundo en la mano. El baile, las carcajadas, y la música crean un escenario barroco, lleno de actividad y sonido.[19]

Las cuentas y los rosarios famosos funcionan tan bien para las figuras divinas como para la gente de la tierra. Un Niño Jesús se le aparece, con una herida en la pierna y dice, "Angela de Dios me ha de curar con una Quenta de San Roque" (308 r). Un poco más adelante, Jesús, con mucha sangre saliendo de las costillas, "le dixo, les pusiesse una Quenta... se estancò la Sangre" (308 r-308 v).

El contacto íntimo con Jesucristo es un aspecto fundamental de la identidad de Carranza.[20] Un esposo cariñoso (se ha casado con ella muchas veces [348 r]) y amante, la cuida de muchas maneras mundanas. Una vez aparece con implementos de carpintero, por ejemplo, para construirla una casa, "para librarla del diluvio" (325 v). Imita la historia bíblica cuando le lava los pies sucios a Carranza (328 r). De hecho, le toca libremente. Cuando El quiere calmar las "pasiones" de Carranza, como un padre benévolo o maestro, "le dio un pellisquito en el ombro, diciendo; ya quedan moderadas..." (303 r).

Como amante, Dios es en general fiel y atento. Le dice a Carranza, "Yo te empeño mi palabra" (307 r). En forma de un joven guapo, quiere besarla (353 v). Enfatiza la reciprocidad cuando le dice, en términos poéticos que recuerdan el Cantar de los Cantares, "tu sois mi espejo, yo tu espejo; tu sois mi lunar de mi cara, yo tu lunar de tu cara" (300 r). La llama: "Veni sposa mea" (305 v). Una vez, cuando la "engaña", ella busca venganza: llena de celos, al ver a Dios con una joven beata agustina prende fuego a la paja que Lo rodea. Los ángeles preguntan, "Que muger es esta, que hasta âl mesmo Dios le pega Fuego?" (328 r).

Como niño, Jesús también ofrece satisfacción: con un Niño Jesús de seis años, mientras San Juan Bautista mira desde la orilla, Carranza nada en el río Jordán, los dos desnudos hasta la cintura. La Virgen María llega, y los deja a los dos mamar (354 r). La visionaria repetidamente se articula como niña, como inocente. Una vez nota que, "Ponderando ella mesma su candidez, dice, que el Señor gustaba tanto de sus candideses, que por esso mostraba algunos descuidos por oirla" (323 v-324 r).

Dos veces en la *Relación*, se nota el deseo de Dios de que su amada se siente en su silla en el cielo (301 v, 347 r), añadiendo la segunda vez, "porque quiero que hagas la Trinidad con mi padre, y el Espiritu Santo." Se repite esta afirmación audaz sobre la Santísima Trinidad dos veces, con variaciones. La mera idea de que una mujer, criolla, beata, pobre, pueda formar parte de la Santísima Trinidad, no solamente aceptada sino prácticamente forzada al papel por Dios, sorprende, a causa de su descaro.

---

[19] En esta fiesta, nadie canta. De hecho, en otra parte dicen que Carranza dijo que,"Le dixo el Señor, que cantar no es bueno, bailar, si" (332 r).

[20] El otro, para Mannarelli, es la defensa de la inspiración a través de la oración (Mannarelli 63).

Se atribuyen otras maneras en que Carranza se alaba. En una discusión, el debate teológico es sustituido por el sentido común doméstico. Por ejemplo, cuando Dios le dice que los seres humanos son como árboles, y su pelo como las raíces, Carranza le pregunta por qué, puesto que el pelo está encima de la cabeza. Dios detiene el debate, contestando, "Calla, Filosofa" (327 v), nombrando a Carranza de esa manera con un título que en el mundo cotidiano nunca tendría.

La confirmación del favor especial de Dios incluye el estar en dos lugares al mismo tiempo: Carranza fue en cuerpo a Roma con Jesús (332 r). También fue a Jerusalén, como peregrina, donde Dios celebró misa y le dio de comulgar. Mientras estaba allí, el guardián del monasterio franciscano les dijo que se apuraran, para que no los vieran los moros. Mientras tanto, el ángel guardián de la beata, llamado Laurel Aureo, el mismo que el de David, tomó su parecer en Lima (346 r). Este tema, y una alusión a María de Agreda, sugieren que por lo menos conocía la historia espiritual de Agreda. Específicamente, a pesar de varios exámenes por el Santo Oficio, nunca se le acusó a la monja española de heterodoxia (ver Colahan).

María

En las visiones de Angela de Dios, la Virgen María no es tan importante como Jesús. Cuando aparece, es principalmente como madre biológica, muchas veces acompañada del hijo.[21] El triángulo sagrado formado con la adoradora en la tierra casi pone a Carranza en una posición igual a la de Jesús, a veces en el centro, como cuando cada uno la besa en una mejilla simultáneamente (326 v). Otra vez, Dios la anima a que mame del pecho de su Madre; El y la beata entonces toman turnos (301 v). Una madre cariñosa, hasta se le ve a María prefiriendo su hija humana a su único hijo: "se le apareció la Santissima Virgen con el Niño Jesus mamando de sus pechos, y que le dijo la Virgen, llegate Angela, y quitale a mi Hijo el pecho por fuerça, y gustale; y que assi lo hiço, apartando la boquita del Niño, y poniendose ella â mamar" (328 v). En la iglesia un día Carranza permite que salga una crítica de María: "se le apareció la Virgen, y le ofrecio sus pechos, y que aviendo mamado, reparo, que la leche estaba salada, y sin savor, y que reconociendolo la Virgen, la dixo: como ha estado esta leche revalsada esperandote por esso sale salada" (326 v). Que María dé de mamar a los seres humanos no es normal en la iconografía católica, pero no he visto en ningún otro documento que se rebalse la leche de la Virgen Madre.

María quiere enseñarle a la mística. Una vez Carranza vio a unos ángeles defender unos corderos de un grupo enorme de demonios con hondazos. La Virgen María se le apareció y le dio una honda tejida de su pelo (rubio), con la que tiró a los demonios con algunas "Piedresitas muy labraditas, que eran las buenas obras, y que con esto los auyento" (329 r). Ambas mujeres aparecen aquí como guerreras, imitadoras de la leyenda de David cuando se enfrentó al gigante. Su batalla es defender el bien del mal, lo cual se puede hacer, aparentemente, sólo con las buenas obras.

Santos y ángeles

Los santos y los ángeles raras veces hablan con Angela de Dios; a menudo hablan de ella, aunque a veces se le dirigen. Los dos santos principales que menciona (en la

---

[21] Una vez Santa Ana, la madre de María, lleva a Carranza en los brazos (302 r), reforzando así la identificación madre-hija.

transcripción) son San Agustín (en cuya orden religiosa se encontraba Carranza) y Santa Rosa de Lima (1586-1617) (la primera santa americana, canonizada durante la vida de Carranza). Cada uno le da un favor especial: San Agustín le menciona, "que si fuera hombre, la diera su Mitra" (305 r). También le informa que cuando se muera, será admitida al cielo (345 r). Adicionalmente, Dios le revela que, "si San Agustin viera en el mundo, se ocupar[í]a todo en escribir alabanças de ella" (303 r). Y Santa Rosa se le aparece, trayéndola "muchas guayabas (fruta es de las Indias)..." (327 v).

Santa Rosa también aparece como parte de un cuarteto, con San Miguel, San Gabriel y San Rafael. Mientras están en un jardín, encuentran una pintura del Niño Jesús, en cuyo corazón aparece la beata. Como apunta el texto, "...el Espiritu Santo la dio â entender, que la Beata era Angela de Dios" (302 v).

También aparecen otros santos, bien conocidos. San Pedro le informa a Dios que se le deben dar las llaves del cielo a la beata (347 r). Valera se vale de una frase que dice sobre San Francisco para reforzar su retrato de mentirosa: "Que estando arrebatada, le imprimio San Francisco las llagas... (y no se le han hallado en su cuerpo tales señales)" (302 r). Y, muchas veces en sus escritos, ella nota que Dios le reveló que se le había dado todos los favores y las prerogativas de los santos más importantes de la iglesia, nombrándolos uno por uno (347 v).

Los ángeles aparecen en los escenarios alegres, que en general le traen alguna satisfacción. Aparte de los bailes y las fiestas, los que ocurren otra vez (324 r), cura a un ángel de una herida en la pierna con sus cuentas de rosario (308 v). Y, un Jueves Santo, un ángel saca la hostia de su pecho, para llevársela a un clérigo viejo en Jerusalén (298 v). Y Dios le informa que será coronada la reina de los ángeles (345 r). No hay mejor recompensa.

El diablo

Bajo sospecha por haber hecho un pacto con el demonio, en su defensa Carranza negó tenerle reverencia (367 v), aunque por todos los cuadernos escribió de las muchas conversaciones que había sostenido con él. Iba al infierno con frecuencia, los martes y sábados, por ejemplo, para averiguar si cantaban los demonios (312 v). Estando allí, se encontró con personajes famosos, como Judas (329 v), y, por supuesto, el mismo Diablo. Cuando saludó a Lucifer, él respondió, "que no podía hablarla, ni interrumpir su canto, porque no era como los Frailes, que salian del Choro, y se ponian a parlar faltando a su obligacion, y que aviendo estado con el Señor le aprobo esta respuesta de Lucifer" (313 r). Aquí invirtiendo las estructuras de poder, mete en boca del demonio una crítica de los monjes aprobada por Dios.

Los diablos y los demonios reflejan la conciencia racializada de Carranza, que a veces toma las formas de las normas racistas de su época y lugar. Una vez, camino del infierno para detener a Lucifer, bajo mandato de Dios, conoce a un demonio que se parece a una india vieja, quien le dice, "A que vienes Puta â atormentarnos?" (319 r).[22] Otra vez, ve a demonios en forma de "negros cimarrones" (319 r). Carranza se mofa de los de su propia condición racial: una vez el diablo predicó un sermón en que satirizaba "a los nacidos en las Indias (que llaman criollos) y a los que vienen de España..." (330 v).

Un tema importante en torno a este aspecto del informe de Carranza, que recurre, y que invierte las jerarquías socio-religiosas, es el auto-retrato de una mujer sencilla, débil, y

---

[22] El subrayado aparece en el manuscrito.

sin cultura, quien, sin embargo, ejerce tanto poder sobre el mal que Dios le manda que vaya con San Miguel a pacificar el infierno (320 v). Aunque el Diablo la amenaza, como cuando dice, "sacame un pique, y te declarare misterios ocultos, de Señora Santa Anna, y de la Virgen... salieron culebras, y ponçoña..." (329 r), no es, en esta narrativa, un personaje que da miedo. De hecho, ¡un testigo dice que solicitó a la acusada en forma de pulpero! (351 v). Los pequeños detalles completan el retrato de un enemigo disminuído, pero quien no parece muy peligroso. Por ejemplo, Lucifer le contesta dos preguntas bien: la primera, ¿cómo entró en el cuerpo de una mulata? (no era él, sino un demonio sin importancia), y la segunda, acerca de Santa Ana, ¿cómo había logrado dar testimonio de que ella se había vuelto a casar, y que había tenido más hijas? (él dice que no era él; los autores de la tierra fingieron esos disparates) (329 v). Cuando Carranza logra poner grilletes al demonio, él le grita, "como una mugersilla, como tu simple, y ignorante se atreve â prenderme?" (319 r).[23] Y en otra ocasión exclama, "... lo que ningun Santo ha hecho, haga esta muger de tener Oracion en el Infierno..." (321 r).

El diablo que ella proyecta es tan domesticado que le da una lección teológica a la protagonista, defendiendo la Inmaculada Concepción con el mismo lenguaje y el mismo armazón que Dios: "... viendose en el Infierno con una Rossa en la mano le explicò el Demonio, sin preguntarselo, con el simil de la Rosa el misterio de la Concepcion de Maria Santissima, con la mesma / puridad, y terminos, que el Señor se lo avia explicado otras veces" (329 r-329 v).

La Inmaculada Concepción

Parte del antagonismo de Carranza hacia los dominicos sin duda venía de su papel en las batallas interinas dentro de la iglesia sobre esta doctrina. El debate ya había durado mucho tiempo. San Agustín había favorecido ese principio teológico, aunque la posición escolástica durante su vida era bastante débil. Como hemos visto, Escoto había revitalizado la posición durante la época medieval. Los dominicos se oponían más que nadie en la polémica, empezada en las universidades de París y Koln. Mientras la creencia tenía mucho apoyo entre los fieles, no se hizo dogma oficial de la iglesia hasta 1854.

La controversia teológica sobre la Inmaculada Concepción duró por todo el siglo diecisiete en Lima. Se le proclamó a la Virgen María santa patrona de Lima, y la Universidad de San Marcos, como la de París, empezó a exigir que los candidatos para diploma en teología defendieran el misterio. Los dominicos fueron rotundamente condenados por el pueblo porque, aunque no se había resuelto la cuestión teológica, la gente era devota. (Como he notado antes, Carranza compartió la creencia popular y el antagonismo hacia los dominicos. Mientras estaba en el infierno, vio a todos los demonios vestidos de donados de Santo Domingo, alabando a la Virgen María (330 r). En Lima en 1662, tuvo lugar una gran procesión auspiciada por los franciscanos bajo el título de *María concebida sin mácula de pecado*, seguida de otras actividades semejantes. Los dominicos se negaron a participar. La gente salió a las calles una noche y sacaron de su tienda la imagen de María ante la que había rezado Nicolás de Ayllón; la llevaron al convento franciscano mientras sonaban todas las campanas de iglesia de la ciudad (menos la de Santo Domingo). El año siguiente, hubo más procesiones y otros eventos. Una de las más grandes fue auspiciada por los jesuitas

---

[23] Subrayado en el original.

y por el monasterio agustino. Por fin, después de la muerte de su provincial, el 19 de julio de 1664 los dominicos se rindieron (Sánchez, "Angela Carranza" 288-290).[24]

Gran número de folios en los cuadernos de Carranza estaba dedicado a defender este dogma. Por consecuencia, varios capítulos de la *Relación* transcriben su posición con mucho lujo de detalle, notando, claro, los elementos heréticos y las inherentes contradicciones (334 v). Esencialmente, se basaba en la fundación de la pureza y la santidad de San Joaquín y de Santa Ana. Según la autora, eran parientes de Adán y Eva, habían bebido del río Jordán, y comido fruta del Arbol de la Vida, traído del paraíso (282 v). Con tales padres, María tenía que haber nacido sin pecado original.

Quizás el aspecto más interesante del sistema de creencias de Carranza es su sentido de superioridad pedagógica, relacionada con la auto-afirmación discutida arriba. La metáfora doméstica no puede encubrir que ella piensa que hasta puede enseñarle al Papa:

> Tambien dice, que como la escoba recoge la basura, ella avia de barrer todas las ignorancias de los Doctores, y sabios que han contradicho el misterio de la concepcion... y que ella enseñaria al Pontifice el A. B. C. y que este, los sabios de la tierra tenian llenos los ojos de tataratas [sic], para no ver la pureza de la Virgen; y que como en Roma està el Sol de la Fee, està ella en el Peru como Luna, para declarar la Fee del Misterio de la Concepcion (304 v).[25]

El primer símil, que compara las enseñanzas de los teológos que se oponen a la Inmaculada Concepción con la basura, se sobrepasa con el segundo, en que los ojos de esos mismo viejos sabios se quedan cegados por las cataratas. Hasta el Papa se vuelve un niño pequeño que necesita aprender el alfabeto. Y por fin, ella es la luna de la fe, "declarando" el misterio de la Inmaculada Concepción, en Lima, complementando el sol de Roma.

En caso de que hubiera cualquier duda sobre la validez de la doctrina, Carranza tuvo varias visiones que confirmaban este punto de vista. La primera era la de un ángel en un barco, llevando un látigo, y con la Justicia. El látigo era para los que decían que Santa Ana se casó una segunda vez, y la Justicia, "para que la Inquisicion quemase a los que negaren que Maria Santissima fue concebida en gracia" (296 r). Aquí el uso eficaz de la retórica apoya su posición con la autoridad de la Inquisición.

Los temas de la Inmaculada Concepción y la escritura se entremezclan dos veces en la *Relación*. Al comienzo, Carranza dice haber sido el primer autor que defendiera a María como sin pecado original: "Que le fue revelado â la Beata, que ella avia sido la primera Autora, que ha dicho, y defendido, que la Santissima Virgen no incurrio en el debito" (331 v). Esta mentira obvia suena artificial, viniendo de una persona que por lo menos sabía lo suficiente de John Duns Scotus como para mencionar su nombre. Carranza también afirma que Dios quería que ella escribiera del misterio de la concepción de la Virgen María (275 v, 281 v), y que, basado en sus escrituras, Roma declararía dogma la Inmaculada Concepción (281 v). En lenguaje adornado, se imagina un momento en el futuro cuando "... aparecera en Roma como Angel del Apolcalipsis en un corro triumfante, assistida de sus Confessores, siendo el medio, para que por sus Escritos defina el Pontifice el misterio de la Immaculada Concepción de la Virgen Santisima" (304 r).

---

[24] Gran parte de la información de los dos últimos párrafos se basa en Sánchez, "Angela Carranza" 288-290.
[25] Se repite lo de enseñarle al papa su abecedario en el folio 314 r.

La producción escrita

Dado el número de folios que producía, o por mano propia o por la de los confesores que le servían de secretario, parece que Carranza tenía muchas ganas de escribir.[26] Su nivel de cultura –raro para la época, el lugar, su clase social, y su género sexual– era lo suficientemente alto como para satisfacer ese deseo, a pesar de que le regañó a Dios por darle demasiada información, con la implicación de que lo que escribía o dictaba fue transmitido sin intermedio de él: "Señor, tantas cosas me decis, que no las entiendo, con que no las acertare â decir al que me escribe, y entonces me obligareis â darme alguna calabazada" (324 r). La frase también concordaba bien con el concepto estereotípico de la mujer débil en entendimiento, sobre todo como se expresó en lenguaje coloquial. Y en otra parte notó que no solamente era difícil de leer su letra, sino también era miope, así que no podía seguir escribiendo ella misma (360 v). En una audiencia voluntaria tardía en el proceso inquisitorial, dijo con mucha humildad que, "no era leyda ni savia escrevir que en su tierra haçian burla de su letra" (369 v).

Su conocimiento, distinto del de los teólogos y clérigos, no vino de los libros ni de la educación formal, sino directamente de Dios, transmitido directamente de Dios. Hasta el final, Carranza insistía en que sólo escribía lo que escuchaba, que era básicamente mensajera (362 v). Una vez notó que un "paraninfo le dio una pluma, diciendo que era de las alas del Espiritu Santo, para que supiessen los que la escribian, que el Espiritu Santo les asistia" (304 v). Así que el instrumento con que escribía era de origen celestial, prueba concreta de que el contenido de sus visiones, el material que llenaba los folios, lo era también. Más, la suprema autoridad de la divinidad quería decir que lo que sabía valía más, lo que significaba la necesidad de que se comunicara por escrito.

Casi al principio en el proceso, los testigos notaron la creencia profunda que la extática tenía de que sus visiones eran muy eficaces, un concepto tan fuerte que lo apuntó por escrito: "... escribio en sus Quadernos se le avia revelado, que los que la viesen â la cara, ô a su retrato, ô le diessen alguna cosa, ô tuviesen devocion no se condenarían" (312 r). Sin embargo, las audiencias de Carranza contienen muchas formas de evasión de la responsabilidad de escribir. Una vez, metió en la boca de demonios una crítica de sus propios escritos: "que disparates eran los que escribia; y que las cosas, que manifestaba â sus Confessores engañandolos, todas eras Chimeras que sacaba de su caveça" (330 v-331 r). Un calificador de la Inquisición podría muy bien haber dicho eso, pero como lo dicen los demonios, es negado rotundamente.

De las muchas maneras de evadir la responsabilidad de escribir, una parece muy vinculada al género sexual: sobre todo les echó la culpa a los confesores. Al adaptar y hacer negativo el poder eclesiástico, podía aliviar el peso del pecado original femenino. Sobre todo en las últimas audiencias, Carranza notaba que: escribía bajo mandato del confesor (359 r); siempre obedecía a su confesor, a quien también dictaba sus escritos (359 v); los confesores nunca le informaron que eran malos sus escritos (360 r); y cuando quería quemar los primeros cuadernos, su primer confesor se los llevó (361 r). Principalmente, le echó la culpa al primer confesor por sus errores en términos de escribir su vida visionaria (369 v). Una mujer obediente, "buena", ella cumplió con su obligación; el confesor no cumplió con la suya. Finalmente, en una audiencia voluntaria el 2 de junio de 1694, probablemente porque buscaba ganarse a los jueces, Angela Carranza afirmó que en ese momento odiaba las

---

[26] Hasta incluyó en sus cuadernos algunos entremeses, los que Valera caracterizó de "ridiculos" (331 v).

doctrinas y las proposiciones que había escrito en los cuadernos (369 v). Terminó así, tal vez por miedo, con rechazar retóricamente lo que una vez había celebrado.

La mujer, el género sexual y la sexualidad

Casi no se percibe la perspectiva de Angela Carranza sobre la mujer, el género sexual, y la sexualidad, por la forma que toma su narrativa. Ciertos temas, sin embargo, se destacan. Hay una hostilidad generalizada hacia otras mujeres. Dos veces, Dios le reveló que una buena mujer era difícil de hallar, notando cada vez que "... es rara la muger buena" (298 v) y que "Era rara la muger buena" (333 r). Su afán de competir con otras mujeres sale de otras maneras también. Al alabar sus escritos (y, a propósito, su habilidad teológica), Dios le informa, "que sus escritos avían de ser la luz, y declaración de los escritos de la monja de Agreda, que eran obscuros, y teologicos, y los suios claros y llanos" (304 r).

Se alivia la hostilidad de varias maneras. Excusa a Eva de ser la causa del pecado original (Mannarelli 67). Tiene una visión en que aprende que si Adán no hubiera pecado, los seres humanos no existirían (297 r). Dios le dice que fue Adán el que pecó, no Eva (297 v).

En ambos casos mencionados arriba, el comentario de que es difícil encontrar a una mujer buena viene después de otro, que expresa la continua hostilidad que parece que Carranza sintió hacia las casadas (y en el primer caso, hacia las monjas también).[27] Dios le dijo que, "Yo nunca me meto con casadas, ni con monjas..." (298 v) y "Dice le revelo el Señor, que no se metía con mugeres casadas (333 r); en otra parte repite, "el Espiritu santo no se desposa con las almas de las mugeres casadas" (300 v). En un momento dado, tiene una revelación de las viejas que se casan. Dios le dice, "... erraban, si se casaban, y no eran verdaderos sus matrimonios: pero que mucho mas erraban sus confessores... si a las viejas no les viene el mes, y no pueden parir, para que se cassan?" (326 r). En una pelea con una casada, dicen que gritó, "que era una putilla, y que estava amancebada con un cajonerillo, que era una escandalosa, y que haria la desterrasen" (341 r). Un insulto dirigido a otra mujer, a quien describe el secretario como una "señora anciana y virtuosa", demuestra la capacidad de Carranza para los insultos: "Como ella era puerca, la trate de manteca, longanisas y jamones" (341 r).

Cuando consulta con Dios sobre si los divorciados "estaban en buena conciencia", El dice que no, "porque de ordinario se desabrian las mugeres con sus maridos, por no darles galas, que era el dulce de los matrimonios, y assi quando se les daban no se divorciaban, pero si, en negandoselas: como en las ensaladas en quitandoles el dulce sobresale el vinagre" (325 r). El símil culinario, de la vida cotidiana, expresa la idea doctrinal de que no se debe aceptar el divorcio.

La sexualidad directa casi no existe en el texto. Se combinan la ignorancia y lo mundano en el pensamiento de que una mujer concibe cuando ella y un hombre juntan las manos, y que también las mujeres pueden quedar embarazadas por el viento (277 r).

La vanidad sobre la apariencia física, un pecado esencialmente femenino, no hace un papel en la lista de crímenes atribuidos a Angela de Dios. Aunque la Virgen María le dice que "solo las mugeres saben aliñar" (299 r), Carranza no se vestía "de galas" (368 r).

Aunque le dijeron místicamente que se fundarían tres conventos de su "advocacion", sostenidos por la Providencia y administrados por los agustinos, en Madrid, Turquía, y Lima

---

[27] Claro, la yuxtaposición de las dos frases puede ser de Valera, no de Carranza.

(346 r), las monjas (y las beatas) también eran el blanco de Carranza. El concepto de competencia que sentía era feroz. Dios le dijo que "todas las beatas se engañaban, y que sólo ella no se engañaba... que ella, y Christo eran una mesma cosa" (303 r). Contra conventos de monjas, "... dice, que vio en el Infierno muchas Monjas de varios Monasterios con hijos, que avían parido de sus devotos Frayles, y clerigos, y seglares..." (318 v). Jesús le dijo que, "no quiero que seas Monja, ni Beata en communidad, porque en communidad ay chisme" (323 v).

Las santas, sobre todo Rosa de Lima, sí aparecen, aunque no con tanta frecuencia ni con tanto significado como en la vida visionaria de otras extáticas. Mannarelli afirma que la beata compite con Santa Rosa, pero María Magdalena la atrae (67). En una lista de santos dedicados a su bien, se incluyen Santa Rosa y Santa Ursula (281 r). En el manuscrito, son iguales: "El Señor le revela que en esta vida nadie tuvo por buena a Sta. Rosa ni a María Magdalena" (332 r). Y Santa Rosa confirma el papel de Carranza como portavoz de la doctrina de la Inmaculada Concepción: "le dijo que predijo que vendría a Lima una mujer que defendería la Concepción y llenaría el mundo de azucenas" (347 r).

A diferencia de los cuadernos, que mantienen un discurso marcado por la confianza (por lo menos, en lo que transcribe Valera), el tono confesional de humildad se hace más y más aparente en las audiencias más tardías, contrastando así con expresiones más tempranas, que estaban más marcadas por la confianza y la auto-afirmación. Mientras que Carranza admite que ha cometido algunas ofensas, tales como ver a muchos demonios (359 r), encuentra muchas maneras de atribuir la responsabilidad de su comportamiento y escritura a otros, principalmente a sus confesores y al Arzobispo. Por ejemplo, afirma que siempre tuvo dudas sobre si sus revelaciones eran engaños o ilusiones, pero sus confesores nunca le dijeron que lo eran (361 r). Así que en último término, la culpa es de ellos, no de ella (365 r). Y el Arzobispo, insiste, la interrogó, la confesó, leyó sus escritos, le dijo que les había enseñado a los inquisidores algunos cuadernos suyos (361 v). En otras audiencias, la penitente insiste en que nunca había querido ser médica, que escribió por obediencia, y que no fingía las revelaciones. Simplemente describía lo que le pasaba mientras rezaba (362 r).

Aun la experiencia de las visiones, las que tuvo con frecuencia sin rezar primero (365 v), y también en la cárcel, parecía no pertenecerle ya. Dijo no recordar nada después de los trances, pero pudo decírselo todo a los confesores cuando los veía, "soltandose como si fuera una carretilla... quedandose como borracha sintiendo en el cuerpo como cosquillas que le caussaba sumo goço y alegria" (364 r). Otras veces, se sentía ligera como una pluma (364 r). También notó que durante las visiones se sentía borracha y "fuera de sí" (365 v). Y hablaba sin saber ni comprender lo que decía (366 r). Mientras estaba en los trances, entró en otro mundo tan lejos que su esclava negra le tiraba para devolverla a la realidad cotidiana (366 r). Las visiones la dejaron alegre, pero con el cuerpo rendido y lleno de dolores.

En resumen: Carranza negó ser herética y haber tenido pacto con el diablo (364 v). En general, dice, "Si supiera que estas cosas eran de Inquisición, no las hubiera escrito ni dicho ni pensado" (365 r). Como muchos presos en las cárceles secretas, rogó que le tuvieran misericordia (365 r). Casi al final, una frase curiosa que debía ser escrita por uno de los autores de su *Defensa*, la alaba criticándola: "Aunque no fuera heroica su vida, por lo menos no era detestable" (368 v). Las proporciones heroicas a que aspiraba Angela Carranza en la vida se le escaparon, aunque no en el sentido en que lo quería decir este autor. Reducida a ser vista como mercader miserable, odiada por una ciudad que antes la admiraba, la antes llamada Angela de Dios terminaría sus días encerrada.

Retratada como estafadora en la *Relación*, Angela Carranza pudo "engañar" hasta al Arzobispo. Se ganó la vida por su cuenta, casi desde que llegó a Lima, hasta su detención.

Por cierto, comía bien, aunque no se bañaba mucho. Tuvo por lo menos una esclava. Y dos criadas. Y un hijo político. Y el apoyo de confesores sucesivos. Sin embargo, parece que era peón en las peleas políticas entre las órdenes religiosas y entre los agustinos y el virrey. Se han perdido los detalles de la política de Lima de la época, pero lo que sí está claro es que ella expresó bastante resentimiento hacia ciertos oficiales eclesiásticos y aristócratas.

En términos religiosos, por cierto, si aun una de las proposiciones que se le atribuyen son de ella, tuvo una perspectiva herética. Pero su meta principal parecía ser más de auto-afirmación que de religión. Es decir, habiendo llegado del campo, se valió de la religión para avanzar en la ciudad. Se ganaba la vida con un negocio basado en su propio cuerpo y lo que salía de él, de sus trances públicos, de sus escritos, de su habilidad de entablar un discurso religioso que tocaba a personas de muchas clases y situaciones sociales. Durante veintitrés años tuvo éxito, sin duda ayudada por su condición de criolla y por el momento histórico en que vivía. En último término, sin embargo, fue decepcionada: su género sexual, su clase social y su condición precaria fuera de los muros de un convento trabajaron contra su fama de santa. No sabemos lo que le pasó después de llevarse a cabo su sentencia, la de su encierro. Nos faltan los documentos. En un sentido, sin embargo, no se perdió en la historia, porque su proceso se ha quedado como uno de los más conocidos del Tribunal peruano colonial.

OBRAS CITADAS

Arenal, Electa y Stacey Schlau. "'Para corregir a una mujer': Heterodoxas y ortodoxas en el México colonial." *Crítica y descolonización: El sujeto colonial en la cultura latinoamericana.* Eds. Beatriz González Stephan y Lúcia Helena Costigan. Caracas: Ediciones de la U de Simón Bolívar y Ohio State U, 1992. 431-47.

Castañeda Delgado, Paulino y Pilar Hernández. *La inquisición en Lima.* 3 v. Vol. 1: *(1570-1635).* Vol. 2: *(1635-1696).* Vol. 3: René Millar Carvacho, *(1697-1820).* Madrid: Deimos, 1989, 1995, 1998.

Colahan, Clark. *The Visions of Sor María de Agreda: Writing, Knowledge, and Power.* Tucson and London: U of Arizona P, 1994.

Flores Espinoza, Javier F. "Hechicería e idolatría en Lima colonial (siglo XVII)." Urbano y Lauer, 55-74.

Glave, Luis Miguel. "Santa Rosa de Lima y sus espinas: La emergencia de mentalidades urbanas de crisis y la sociedad andina (1600-1630)." *Manifestaciones religiosas en el mundo colonial americano.* Eds. Clara García Ayluardo y Manuel Ramos Medina. Mexico City: INAH, CONDUMEX, Universidad Iberoamericana, 1993. 109-120.

Guilhem, Claire. "La Inquisición y la devaluación del verbo femenino." *Inquisición española: poder político y control social.* Ed. Bartolomé Bennassar. Barcelona: Grijalbo, 1981. 171-207.

Hampe Martínez, Teodoro. "Recent Works on the Inquisition and Peruvian Colonial Society." *Latin American Research Review* 31.2 (1996): 43-65.

Iwasaki Cauti, Fernando. "Mujeres al borde de la perfección: Rosa de Santa María y las alumbradas de Lima." *Hispanic American Historical Review* 73.4 (1993): 581-613.

Mannarelli, María Emma. *Hechiceras, beatas y expósitas: Mujeres y poder inquisitorial en Lima.* Lima: Ediciones del Congreso del Perú, 1998.

Sánchez, Ana. "Mentalidad popular frente a ideología oficial: El Santo Oficio en Lima y los casos de hechicería (siglo VXII)." Urbano y Lauer, 33-52.

_____ "Angela Carranza, alias Angela de Dios. Santidad y poder en la sociedad virreinal peruana (s. XVII). *Catolicismo y extirpación de idolatrías. Siglos XVI-XVIII.*" Eds. Gabriela Ramos y Henrique Urbano. Cuzco: Centro Bartolomé de Las Casas, 1993. 236-292.

Schlau, Stacey. *Viva al siglo, muerta al mundo: Selected Works by/Obras escogidas de María de San Alberto (1568-1640).* New Orleans: UP of the South, 1998.

Urbano, Henrique y Mirko Lauer, eds. *Poder y violencia en los Andes.* Cusco: Centro de Estudios Regionales Andinos Bartolomé de las Casas, 1991.

Valera, Francisco de. "El proceso de Angela de Carranza. Relación de Causas de fe, Libro 1032." Archivo Histórico Nacional de Madrid, Tribunal de Lima, folios 271 r-373 r.

Monjas chocolateras: contextualizaciones agridulces*

Electa Arenal
City University of New York

*Yo no he de menester de Vos
que vuestro favor me alcance
favores en el Consejo
...
ni que mi alimento sean
vuestras liberalidades.*
(SJIC I 102)[1]

...the textual traces in which we take interest
and pleasure are... signs of contingent social
practices... The "life" that literary works seem
to possess... is the historical consequence,
however transformed and refashioned, of the
social energy encoded in those works.
(Stephen Greenblatt, 5, 6)[2]

Dedicación

El alimento tanto del cuerpo como del alma preocupa a los seres humanos desde tiempos inmemoriales. El tema se ha vuelto campo de estudio –*food studies*– y ha ido cobrando cierta

---

*Agradezco la ayuda bibliográfica de Román Santillán, que me proporcionó el libro de los Coe y otros muchos textos relevantes. Quiero dar las gracias también a Kathleen Zane, Stacey Schlau, Juanita Garciagodoy y Suzanne Oboler quienes me ayudaron de varios modos en la redacción de este ensayo. Las faltas, desde luego, son mías.

[1] Sor Juana Inés de la Cruz. Con estas siglas SJIC me refiero a las *Obras completas* editadas por Méndez Plancarte. Sigue el volumen y las páginas que se citan. En estas notas también utilizo las siglas SJ.

[2] ["las huellas textuales que nos interesan y agradan son... señales [signos] de prácticas sociales contingentes... La "vida" que parecen poseer las obras literarias... es la consecuencia histórica, por transformada y reelaborada que esté, de la energía social codificada en aquellas obras."]. Todas las traducciones de este ensayo son mías.

respetabilidad en las universidades norteamericanas.[3] Yo me acerqué a él por querer dedicarle un ensayo dulce a mi querida amiga y colaboradora Georgina Sabat-Rivers. Se me ocurrió adaptar para el título la salida verbal de un prelado de la Nueva España. Molesto ante las instancias de unas monjas que querían establecer un convento de carmelitas descalzas en México se quejó de aquellas "criollas regalonas y chocolateras." A pesar del desagrado del eclesiástico y la resistencia de las carmelitas descalzas de Puebla, y de mucha gente más, las criollas susodichas, encabezadas por una "gachupina" esforzada y de mucha sal en la mollera, lograron que en 1616 se fundara el convento. Trátase de la sede monástica que inspiró *El paraíso terrenal* de Sigüenza y Góngora, el lugar también donde hizo Sor Juana su primer intento de ser monja.

Para ampliar el marco de referencia consulté *The True History of Chocolate* (1996) de Sophie Coe y Michael Coe (en adelante me referiré a este texto como C & C), y no pocos libros y artículos más sobre el chocolate, los comestibles, y las recetas de varias culturas desde la Edad Media. Lo que no me esperaba fue que además de proveer noticias al entendimiento, esos libros estimularían recuerdos infantiles de las tazas de chocolate espeso que preparaba mi abuelita, la tabasqueña Electa –ella o su cocinera y compañera de 30 años, la tlaxcalteca Chepita, adoración de todas las nietas y los nietos– utilizando, por cierto, el mismo tipo de molinillo mencionado por sor Juana.[4] Tampoco preví que las lecturas sobre la semilla del árbol al que Lineo diera el nombre botánico de *Theobroma cacao*, me llevarían al borde de una locura chocolatera. Deambulando por Manhattan en busca de los más finos y fuertes postres y brebajes de chocolate, llegué a comprender a las mujeres de Chiapas que en el siglo diecisiete batallaron en contra de su obispo. Éste las había ex-comunicado por no desistir de tomarse durante la misa tazas de chocolate que les entregaban en la catedral sus sirvientas indígenas.

Aquí va pues, pidiendo perdón por la imperfección, mi enchocolatado intento de celebrar a la que ha sido maestra de todos nosotros en las múltiples búsquedas de Sor Juana.

A MODO DE INTRODUCCIÓN

En la literatura conventual la cocina, la comida y el comer sirven un sinfín de propósitos y pretextos: de metáfora espiritual; motivo cómico o risa que a veces encubre realidades sociales (como la escasez, por ejemplo); excusa para entablar discusiones sobre la filosofía y la retórica; base de epítetos emocionales e insultos; regalo y "recado" que acompaña su intercambio; expresión figurada de mercedes o de las exigencias del comportamiento cortesano o espiritual; o, como en el epígrafe de Sor Juana, puede manifestar de modo escueto la desigualdad de las relaciones sociales.[5] También puede utilizarse a través de figuras mitológicas para describir momentos tétricos de la vida.

---

[3] Ver el artículo por J. Ruark sobre el creciente interés en los significados históricos y socio-culturales de la comida entre las y los estudiosos y sobre las actitudes respecto al campo de *food studies*.

[4] El molinillo de madera con sus anillos que se usa por todo México es, probablemente, progenitor del *moliniani* (en nahuatl: algo que se mueve o agita), palito que se sacaba de un sarmiento. [Conferencia de Nisao Ogata de la U. Veracruzana en el Museum of Natural History, Nueva York, 17 de junio 2003, y citando al Dr. León Portilla, *C & C* 120]. También se encuentra en forma de juguete en miniatura.

[5] En el caso del romance de la cita, Sor Juana [SJ en adelante] le advierte a la duquesa de Alencastre que las grandes alabanzas no le llegan comprometidas por el interés. La negación revela lo común: los escritores y pintores dedicaban sus obras a sus mecenas. Quien ha estudiado más a fondo el tema de la comida y la cocina en SJ es María Rosa Perelmutter. Está a punto de aparecer una versión nueva y ampliada de su ensayo incluido en *Diversa de mí misma*.

En uno de sus primeros romances, Sor Juana –dramática e hiperbólica– alude a las figuras del "elegante" Virgilio en su *Eneida*. Intensificando la urgencia de la petición al arzobispo Payo de Rivera a quien pide la Confirmación lo antes posible, evoca devoraciones monstruosas y frustrantes. Cuenta de su reciente enfermedad.[6] Sintiéndose al borde de expirar, vislumbra el infierno –no el cristiano, sino el Hades greco-romano– donde se le aparecen, entre otros personajes –aunque no los nombra– Tántalo, tentado pero sin poder comer, y Prometeo, cuyo hígado es alimento eterno para el buitre:

> A cuál, el manjar verdugo,
> para darle más castigo,
> provocándole el deseo,
> le burla el apetito.
>
> Cuál, de una ave carnicera
> al imperio sometido,
> inacabable alimento
> es de insaciable ministro. (SJIC I 34-35)

Por suerte Sor Juana escapó a las tijeras de la parca Átropos y pudo volver a la "amorosa avaricia" (v. 19) de "defender sus ratos libres para sus letras", según nos dice Méndez Plancarte (I, 373). Desde entonces relaciona lo que se come y se bebe con la vida y el placer más que con la muerte.

Claro que la poeta está consciente de la necesidad de todo ser humano de tener cómo alimentarse físicamente; pero le importa sobre todo el alimento mental y estético. Se divierte explorando las creativas aunque a menudo engañosas dimensiones de los apetitos y los deseos. No sólo la nutrición y la golosina, sino también la ciencia –química, botánica– la medicina, y la retórica hallan en la obra de Sor Juana una conexión especialmente rica con la materia culinaria. Otro tanto puede decirse del debate sobre el papel de los hombres y las mujeres en la cocina y en la sociedad.[7] Rechazando la idea de que sea esfera exclusiva de la mujer, Sor Juana asocia a los insignes pensadores de la antigüedad y a figuras mitológicas con la cocina. Sus especulaciones –cogitaciones las llama ella– epistemológicas y retóricas pasan por la cocina cósmica y la conventual, cuestionando siempre las convenciones sexuales sobre las cuales se funda toda la estructura cultural.

En el exquisito romance No. 23,[8] Sor Juana se muestra maestra en resumir tradiciones populares en torno a las mujeres grávidas. El género sexual adquiere fluidez; se rompe la inflexibilidad hasta del género gramatical cuando convierte Sor Juana a uno de sus dioses máximos primero en "cocinera", y unos versos más tarde, en "cocinero" en este romance para la virreina que va a dar a luz. Ésta le ha enviado una diadema emplumada a Sor Juana,

---

[6] Según Elías Trabulse, el tifo que sufrió de joven la debilitó permanentemente, apresurando su muerte cuando se contagió de nuevo en 1695.

[7] Pueden descubrirse a través del tema de la comida interesantes contrastes entre cómo se manifiestan las diferencias de clase social y la identidad cultural en España y las Américas, especialmente los virreinatos de la Nueva España y Perú. Todos los y las monásticos/cas tomaban voto de pobreza, pero muchas y muchos lo tomaban sólo al pie de la metáfora y no de la letra. La exigencia recaía con más fuerza sobre las mujeres, en parte porque ellas eran utilizadas como iconos de ese paraíso terrenal, como símbolos de la providencia de la empresa imperial.

[8] "En retorno de una diadema, representa un dulce de nueces que previno a un antojo de la Señora Virreyna" es el título dado por el editor. En el poema mismo no dice en ninguna parte que se trate de un dulce. ¿No es posible que le enviara un buen paquete de nueces (lo que en inglés equivale a *walnuts* o *pecans*)?

quien le contesta con los 140 divertidos y amorosos versos en que se celebra y eleva ingeniosamente la capacidad biológica femenina de nutrir dos vidas a la vez. Quiere satisfacer, explica, un antojo que había expresado la virreina algunos meses antes: el querer comer la fruta del nogal. Cuenta que Apolo: "me dijo: —Esas nueces guarda,/de quien yo fui Cocinera/que, al rescoldo de mis rayos,/les sazoné las cortezas." (Cruz Romance No. 23, vs. 89-92)[9] Y un poco más adelante, sigue con el juego. Le regala a la virreina preñada las nueces –"dulce" dice el título, pero no hay indicios de ello en el texto– diciendo:

> te las remito, por que
> a Apolo, si no están buenas,
> por mal Cocinero, cortes
> el copete y las guedejas. (SJIC I 70)

Era, también, maestra de la retórica. Julie Bokser,[10] profesora de composición e inglés, defensora moderna de la retórica, comenta muy bien sobre ello, añadiendo una referencia para mí nueva, al citadísimo pasaje de la *Respuesta* sobre las lecciones aprendidas en la cocina y lo que habría pasado si Aristóteles se hubiera dedicado a la actividad de cocinar: "Her soliloquy on cooking can be read as a response to Plato's castigation of rhetoric as akin to mere cooking in *Gorgias* (2).[11] Sor Juana, fascinada aún más que por la habilidad reproductiva de las especies por la capacidad racional de la mente humana, y esforzándose siempre por comprender y crear, proyecta la cocina como laboratorio de la naturaleza y de la imaginación, y también de la filosofía.

En su cocina particular en el Convento de Santa Paula, Sor Juana, con igual maestría, ha hecho útiles observaciones científicas sobre el comportamiento de los huevos y del azúcar, delatando, de pasada, la primacía de este último producto en la nueva cocina criolla.[12] De pasada, además, e indirectamente, nos informa de la ayuda que tendría en sus experimentos culinarios. Menciona un poco antes de describir las observaciones que acabo de reseñar –y al tratar del experimento con las figuras que formaba el trompo de unas niñas– que "hice traer harina y cernerla" (Arenal y Powell, 74). Sor Juana vivía en un claustro no muy distinto del concepcionista lleno de "criollas regalonas y chocolateras"; en el jerónimo, había unas cuatro mujeres de servicio para cada monja de velo blanco.[13] Muchos de los señores eclesiásticos también tenían quienes les sirvieran, aunque raramente se menciona. Lo que sí se comentaba por la calle (en España y en la Nueva España) era que si se quería una

---

[9] Llena de emoción por estar encinta su mecenas y amiga, SJ acepta y juega con la idea tradicional de los caprichos de la embarazada, pero se expresa de modo escandalosamente original sobre la gravidez de María Luisa, como lo haría también sobre la de la Virgen. (Sobre la primera: "antes de nacer, más rico/era que cuando naciera,/pues aunque de su alto Padre/ gozara la rica herencia,/a quien logró estar contigo,/todo le fuera bajeza"; y sobre la segunda: "es, que bajando a María,/ bajó Dios a mejor Cielo." [SJIC I, 162; ver también Arenal, "SJIC: Reclaiming the Mother Tongue" 72.]

[10] Además de *food studies*, el campo de *rhetorical pedagogy* [retórica pedagógica] es otra especialización que ha ido en auge entre profesores de composición en departamentos de inglés de los Estados Unidos.

[11] Su soliloquio sobre la cocina puede leerse como respuesta a Platón por su desprecio [castigation] de la retórica que asemejó a cocinar meramente en su *Georgias*.

[12] Recuérdese que la gran mayoría de recetas en el libro de cocina atribuido a SJ son para dulces. Por contraste, en Norteamérica, nos dice Pollan, hasta en el siglo 18: "Sugar was a rarity . . . a luxury good beyond the reach of most Americans." Y sigue, poniendo, en paréntesis, que: "(Later on, cane sugar became so closely identified with the slave trade that many Americans avoided buying it on principle.)"[17].

[13] Las mujeres que sirven y hacen la mayor parte del trabajo manual en la sociedad y en los monasterios desaparecen casi enteramente de la literatura, en la temprana época moderna, con excepción de la teatral. Los graciosos, los criados y las criadas proveen dimensiones "realistas", "populares"y "cómicas".

buena cena (y, a veces, el concierto de música que lo acompañara), había que dirigirse al convento de monjas. Aunque no apunta Sor Juana lo que comían los oficiales de la iglesia cuando la iban a visitar, sí escribe de varios comestibles enviados a palacio desde el convento. Con los "recados" de pescado y de nueces para una virreina, y de chocolate para otra, nos dice algo de lo que se comía y tomaba en palacio.

Consciente de las entrecruzadas jerarquizaciones del ambiente en que vivía, formó parte de ese "sector significativo del campo intelectual novohispano que [propuso que]... se abriese espacio para los nuevos sectores" y proyectó una "epistemología intercultural"(Martínez -San Miguel 150, 151). Consciente también, sin embargo, de su paradójica marginación como mujer –como la Virgen, en trono de sabia Sofía, de única– Sor Juana interrogó silencios y desapariciones. En varios villancicos nos informa de la gente "de servicio" que preparaba los alimentos y los vendían en el zócalo y en las plazas centrales de otras ciudades.

Al componer la letra de estas canciones representadas en las catedrales en "días de licor", es decir, de fiesta, Sor Juana crea varias pequeñas pero notables "escenas" en las cuales entran personas de ascendencia africana e indígena, generalmente silenciadas y borradas. Así nutrió el programa musical reinterpretando las vivencias y rítmicas variaciones musicales y dancísticas de la gente marginada.[14] En una de ellas se revela cómo ayudaban a mantenerse las cocineras, lo que hacían y vendían y a quién, y cómo se apuraban en días de fiesta. Dos mujeres esclavizadas salen de la cocina para celebrar y negociar con lo que preparan. Sor Juana recrea con tino el habla (el canto) que ha oído toda la vida a su alrededor y a las mujeres las convierte en agentes de su propia expresión, animando los villancicos de la Asunción (1679) con juegos de palabras basadas en la comida:

> no vindamo pipitolia,
> pueque sobla la aleglía:
> que la Señola Malía
> a turo mundo la da.
> ¡Ha, ha, ha,!
> 2.—Dejémoso la cocina
> y vámoso a turo trote,
> sin que vindamo gamote
> nin garbanzo a la vizina:
> qui arto gamote, Cristina
> hoy a la fiesta vendrá.
> ¡Ha, ha, ha,! (SJIC II 73)[15]

Las alegrías (confite indígena) siguen vendiéndose en las calles de México; los camotes, otro comestible autóctono, también. Méndez Plancarte supone que aquí en esta canción el segundo "gamote" [camote] era epíteto común para el negro. (SJIC II 396).

En otra escena –un "hartazgo" contrapuesto al "ayuno" del "bocado" anterior en latín– crea Sor Juana una linda canción de cuna, combinación de humor y lirismo, para el

---

[14] Sobre la forma en que se escriben ambos villancicos citados, la "ensalada", ver el capítulo dedicado al tema en M. L. Tenorio (149-171). Este género permitía la libertad que precisaba SJ para poder incluir gran variedad de elementos, varias lenguas e innumerables juegos con los idiomas y lo idiomático. Tenorio afirma que en esta forma SJ "no tiene antecesores ni continuadores" (153).
[15] Véase la traducción de este dialecto "guineo" y la explicación de Méndez Plancarte (395).

bebé divino y su madre a quienes un africano trae cuajada, garbanzos salados y tostados, requesón y, de nuevo, camotes. Por una parte encontramos en este villancico escrito para la Asunción (1685) la alabanza de lo blanco –el requesón como las manos de la Virgen– y el negro buen cantor. Los africanos se aferraban contra viento y marea a su danza y su música, ciertísimo, y muchos y muchas eran excelentes en la representación de esas artes. La línea entre el estereotipo y el racismo, en las reinterpretaciones por parte de gente de otros grupos, sin embargo era, y es, tenue. Por otra parte, el negro de este villancico define la situación de la mayoría del público que asistía a la catedral para oír y ver la misa festiva. No entiendían el nocturno en latín que acababan de escuchar. Además, Sor Juana tiene al que hace el papel de "guineo"(africano), de líder de personalidad fuerte, que insiste: "pero que han de ayudar todos" (SJIC II 96). Todos, pues, cantan el estribillo:

> —¡Rorro, rorro, rorro,
> rorro, rorro, ro!
> ¡Qué cuaja, qué cuaja, qué cuaja,
> qué cuaja te doy.

Y también:

> —Mas ya que te va,
> ruégale a mi Dios
> que nos saque lible
> de aquesta plisión. (SJIC II 97)

La servidumbre en los monasterios de la Nueva España era predominantemente indígena, mestiza y africana. No fue hasta el siglo dieciocho que pudieron organizar su propio convento las indígenas de familias "bien". Una breve nota del anónimo *Las indias caciques de Corpus Christi*, muestra que, por adaptadas que estuvieran a los modos de comer de la élite, (el comer pan de trigo a la española, por ejemplo), las monjas indígenas seguían apreciando el grano básico suyo, el maíz, y la manera en que se cocía:

> ...En otra ocasión estaba una religiosa enferma con una inapetencia tal a la
> comida, que hastiada de sólo verla, no podía pasarla. A sus instancias [de la
> atenta y compasiva madre superiora] hubo de decirla que quizás podría
> comer con menos dificultad unas tortillas calientes. (Arenal y Schlau 401.)

Cuando la Madre priora se acerca al torno a pedir que alguien vaya a buscarlas se produce una especie de milagro. En aquel preciso momento alguien se presenta con unas tortillas enviadas por una india cacique de Santiago. El texto informa del gusto que le dio a la superiora "vérselas comer"a la enferma y de gratitud porque "venían tan calientes como si las acabaran de apartar del comal[.]" (Arenal y Schlau 401). En varias *vidas* de monjas y otros de sus textos, se aprende cómo se trataba a las enfermas y de lo que se comía. Algunas superioras escondían trozos de chocolate para poder dárselo en caso de emergencia a sus hijas.

Una mirada comparativa de las condiciones económico-culturales de la Península Ibérica y de sus colonias americanas iluminaría el modo en que se caricaturizan esas condiciones en el teatro. En muchos casos la comida entra como *motif* cómico notable por boca de personajes populares, los empleados "graciosos", o estudiantes pedigüeños, representantes de las clases "bajas", de los subalternos. Para dar un sólo ejemplo de cómo entraba el tema del comer, los comestibles y la cocina en la literatura conventual del otro lado del océano, podría referirme a varios romances, loas y coloquios de la madrileña Sor Marcela de San Félix (1605-1689), contemporánea de Sor Juana, y con quien ha sido comparada por Georgina Sabat-Rivers (175-200).[16]

En las loas para los coloquios que Sor Marcela y sus hermanas representaban en el convento mismo, desempeñando algunas de ellas todos los papeles, se dramatizan las lecciones religiosas, se recrea y desahogan las tensiones afectivas y los problemas del diario quehacer monástico en condiciones a veces poco favorables económicamente. Sor Marcela inculca valores espirituales por medio del humor usando el tópico de la enfermedad o de la comida. En varias de sus piezas la falta de comida, o la crueldad de las encargadas de ella, o el tener que escribir para poder comer, dan pie para la elaboración de una gama de recursos humorísticos, uno de ellos siendo los versos esdrújulos:

> ...se fue al horno lúgubre
> que es su esfera y tabernáculo
> y trazó, liberalísima,
> dar a seis monjas, un pájaro. (Arenal y Sabat-Rivers, 446.)

En este romance "a la miseria de las provisoras", Sor Marcela se burla de las líderes que controlan la cocina. Mariana, de quien se habla en la cita, es una de las "muy científicas" que ordenan que las hermanas "Énsangosten los estómagos/" porque "comer poco es salutífero" (Arenal y Sabat-Rivers, 446). Además de reconocer las estrecheces que sufren las de la casa trinitaria y notable número de los ciudadanos de Madrid, en algunos parlamentos puede haber ecos lejanos de lo que observó, oyó y sufrió en su infancia Marcela. Las exigencias del mecenas de su padre, Lope de Vega, recayeron alguna vez sobre los hombros de la hija.[17]

A cambio de verduras –de cualquier cosa de comer– el personaje masculino que Sor Marcela inventa y desempeña ella misma, un estudiante o licenciado pobre, promete escribir loas loables.[18] Cuando habla de la comida el gracioso Atún, en la comedia colaborativa de Sor Juana "Amor es más laberinto", se expresa con una comicidad comparable a la del licenciado y otros personajes de Sor Marcela. Irreverente y burlesco, cuando lo apalea al príncipe Teseo, responde: "Espera, Señor, advierte/que soy Atún y no pulpo" (SJIC IV 306), y al rey le dice:

---

[16] Las trinitarias descalzas seguían la regla de las carmelitas; su voto de pobreza se tomaba más en serio que en los claustros reales y que en la mayoría de los de los virreinatos. La población de Madrid y la de la capital del virreinato novohispano hablaba el mismo idioma –más o menos– pero en varios otros niveles se parecían poco. Aunque el entorno socio-económico y cultural y el monástico de una y otra mujer eran radicalmente distintos, valdría la pena seguir el camino que abrió Sabat, y hacer un estudio comparativo entretenido (en los dos sentidos de la palabra). Sería acaso interesante explorar el uso tanto literal como figurativo en las obras de la española, de la palabra *apetito*, y en las de mexicana del vocablo *alimento*. (Uno de los coloquios espirituales de Sor Marcela se titula "La muerte del apetito". Lección para novicias y repaso animador de la espiritualidad ascética, retrata un mundo conventual muy diferente del novohispano.)

[17] Antes de entrar a monja, Lope tuvo que recordarle varias veces al mecenas, El duque de Sessa, que había prometido tela para un vestido de fiesta para Marcela. Cuando el mismo duque le pidió copias de sus cartas de amor, Lope puso a Marcela, de trece años, a copiarlas. (Arenal y Schlau, 231, 233).

[18] En una de ellas el licenciado le dice al público de todas sus enfermedades y miserias y cuenta cómo le pidió la superiora una loa, prometiendo: "y quedando agradecida,/no comerá sólo berzas." (Arenal y Sabat-Rivers, 364, vs. 115-116).

>   Y también besa tus patas
>   un Atún, que a ser comido
>   viene por concomitancia[.] (SJIC IV 222)

A semejanza de Sor Marcela, Sor Juana también tuvo un puesto oficial en su claustro. Tesorera del convento, la décima musa estaría involucrada –aun queriendo no estarlo– con algunos aspectos de la vida política del lugar, además de enterada de lo que entraba y salía, de lo que se gastaba, tal vez hasta en la comida. El entorno socio-económico y cultural del monasterio de una y otra escritora era, no obstante, radicalmente distinto. Mucho más tenía en común Sor Juana con las monjas portuguesas para quienes escribió los *Enigmas*. A la par de ellas, vivía en un claustro privilegiado como intelectual y poeta, afirmando la libertad de opinión y de imaginación, alimentada por la filosofía y la retórica tanto como por la teología y la literatura religiosa.

EL CHOCOLATE-ESPUMA Y MUCHO MÁS

Volvamos ahora, pues, al hilo dulce, retomando el tema del asombroso producto que llamamos chocolate.[19] Los elementos del marco socio-histórico y de representación visual en que desempeña un papel proveen un ineludible y sorprendente telón de fondo y acaso ayuden a contextualizar más ricamente las referencias al chocolate y las imágenes que del mismo hallamos en algunos textos eclesiásticos y monásticos, incluyendo las dos menciones en los versos de Sor Juana.

Me enfrenté a este tema y las múltiples áreas de útiles contextualizaciones que pueden traerse a la mesa del chocolate, pensando en la "poética de la cultura" y el concepto de la energía social y su circulación en Shakespeare propuestos por Stephen Greenblatt y su grupo. Como ellos, quería subrayar la compleja manera en que la materialidad de la existencia y la lengua en que se vive, entra a las letras –a todas las artes, diría yo– y sale de ellas.

El cacao, considerado regalo de los dioses por los mayas y merecedor de incursiones imperiales por los aztecas, fue utilizado como moneda y tributo, además de como la base de una variedad de brebajes que, al principio, causó asombro y rechazo entre los españoles. Ante la espuma que copaba las tazas de chocolate, muchos reaccionaron con repugnancia. Hay cerámica y códices que muestran a mujeres en el acto de crear esa espuma vertiéndolo de un recipiente a otro desde una distancia de varios metros (ver figura 1).[20] Los Coe dicen que después de la llegada de los españoles se empezó a hacer el chocolate agitando el líquido con el ya mencionado molinillo de madera, de los cuales había varios tipos (ver figura 2). Molían casi siempre las mujeres, usando los metates de piedra volcánica, con su "mano" hecha de la misma piedra. Bernal Díaz y Sahagún son los autores citados con mayor

---

[19] Mintz subraya el hecho de que ni el té ni el café ni el chocolate se tomaba con azúcar en su local de origen. Las tres bebidas estimulantes se tomaban amargas (109). La recolección, producción e importación de estos productos de realizaba bajo condiciones de esclavitud o de extrema opresión. Mientras se enriquecían los dueños y sus dirigentes, se mantenía a la mayoría de los que hacían el trabajo agrícola en la pobreza. Esas condiciones han durado en muchos lugares hasta nuestros días. (Mintz [ver *Labor* en el índice], 268; *C & C* 193-200.267-268).

[20] Sobre las varias imágenes que muestran la práctica entre las mujeres mayas habló Dorie Reents-Budet de la Smithsonian Institution en su conferencia "Ancient Kakaw Drinking and Modern Science: the Intersection of Art, Politics and Nuclear Chemistry". (Conferencia, American Museum of Natural History, 17 de junio de 2003.)

frecuencia por los y las historiadores y escritores culinarios que escriben del cacao y sus usos en el siglo dieciséis, la época de los iniciales choques y encuentros. Sus descripciones de las costumbres con respecto al cacao y las bebidas que se hacían con él entre los mesoamericanos reflejan el asombro, la suspicacia –y la curiosidad a pesar de los prejuicios– que sintieron los observadores intrusos –y la casi instantánea conciencia de su valor lucrativo.[21]

El asunto del chocolate instigó la apertura de una enorme fuente de ingresos y también una serie de tensiones que tuvieron que negociarse a lo largo del período colonial. La semilla del cacao –a semejanza del maíz, la papa y el guajolote, entre otras plantas y animales, nueva para los europeos– pasó a ser, durante la colonia, además de producto importantísimo del comercio trasatlántico, motivo de tratados y de polémicas, enojos y decepciones eclesiásticas, preciado regalo en círculos reales, y parte de la continuada labor intensiva de muchas mujeres, sin olvidar que de sus apetitosos gustos también.

Thomas Gage, incita a sus compatriotas ingleses a que se atrevan a gozar de la nueva bebida, repitiendo varias veces que ya se ha establecido con éxito en España, Italia y Flandes. Dedica un capítulo entero de su valiosa aunque rencorosa crónica de vida y viajes (sobre todo en Guatemala y la Nueva España) al cacao y el chocolate. Informa a sus lectores que durante los doce años de estancia

Figura 1. Figura europeizada de una mujer indígena que prepara el chocolate. *Codez Tudela*. (Museo de América,

en América tomaba cada día tres o cuatro tazas de chocolate; atribuye a esa práctica su buena salud. La obra de este clérigo y espía es la fuente más citada modernamente con respecto al cacao y el chocolate en el siglo diecisiete.[22] El chocolate fue negocio que los españoles –y entre ellos los jesuitas– hicieron muy suyo. La famosa misión jesuita en Paraguay se sostuvo a base del comercio con ese producto (*C & C* 193-4). Ese fue un caso especial, pero en todas las áreas en que crecía el cacao, los españoles se volvieron productores o más bien, en casi todas las tierras conquistadas, dueños efectivos de los productores.[23]

---

[21] Los Coe cuentan de modo dramático la primera vez que un europeo vio el cacao. Fernando, el hijo de Colón, apuntó lo que les sucedió el 15 de agosto de 1502 a los que iban con ellos en su cuarto viaje al Nuevo Mundo. Al ver una enorme canoa (que compararon con un barco veneciano) ordenó que la capturaran, lo cual les dio la oportunidad de ver la mercancía que se usaba para intercambios comerciales. Era, según opiniones más recientes, un barco mercantil –acaso, pero probablemente no, maya– con muchos artículos de venta y provisión. Entre éstos, algo que llamaron almendras los españoles, pero notaron que eran muy preciadas porque "cuando se caía alguna se agachaban a recogerla como si se les hubiera caído un ojo de la cara" (*C & C* 105-7).

[22] Ver Kennedy 347-8; Valle y Valle 62; Paz se refiere, al retratar la época en que vivió SJ, a sus pasajes sobre las costumbres licenciosas de los clérigos, y de hombres y mujeres en general sobre la animada vida musical, teatral, y culinaria de los conventos (165-6, 171).

[23] Del azúcar dice Mintz que los europeos "se volvieron productores... o más bien los que controlaban a los productores" (28).

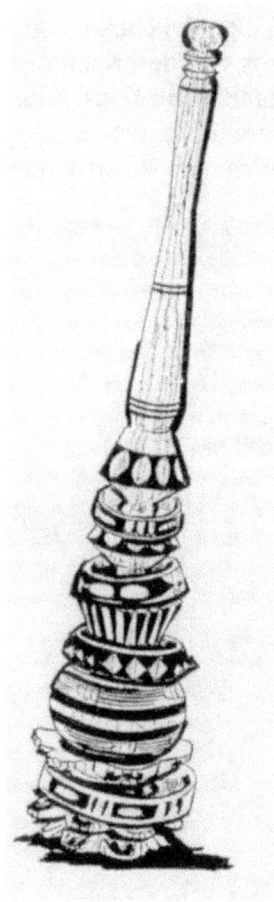

Figura 2. Uno de los varios tipos de molinillo de madera, usados para agitar el chocolate.

Una vez añadido el azúcar, el chocolate se convirtió en lo que hoy llamamos manía o adicción.[24] Prueba de la popularidad alcanzada (suponemos que entre la gente letrada y adinerada), la da un comentario que sugiere sus posibles nefastas consecuencias: : "...*en Espagne on estime que c'est la derniere misère où un homme puisse être reduit, que de manquer de chocolate*".[25] Este juicio, expresado en un artículo publicado en 1666 en *Le journal des Sçavants*, además de decirnos algo sobre los temas que entretenían a gente que se consideraba sabia en el continente europeo en el siglo diecisiete, nos revela el brinco consumista que se había dado de un siglo para otro. Para que sucediera esto tenía que haberse creado para el chocolate un nicho en los varios sistemas de significación que regulaban a la sociedad que dominaba la vida colonial.

A fines del siglo dieciséis apareció una de las primeras publicaciones que contribuyó a la aceptación del cacao, un tratado titulado *Primera parte de los problemas y secretos maravillosos de las Indias*, por Juan de Cárdenas (1591). Tanto el chocolate como el azúcar se promovieron por sus cualidades medicinales.[26] Todo producto medicinal o comestible se interpretaba según el imperante sistema humoral. El chocolate se evaluó nutritiva y médicamente según esa teoría (Coe 126-7). Los peritos en la materia –afortunadamente– se contradecían; no llegaban a un acuerdo sobre la naturaleza del cacao y el chocolate en sus varias formas, sobre todo la de la bebida que en inglés se conoce por *hot chocolate* o *cocoa*. Uno de los puntos de desacuerdo era si se debía catalogar como fría o caliente.[27] No obstante las discrepancias acerca de su valor positivo o negativo, que han durado hasta nuestros días, el uso del chocolate comenzó a extenderse por Europa, donde como antes en la América ibérica, pasó de convento a convento, corte a corte, casa aristocrática a casa aristocrática. El impulso definitivo lo dio su aceptación en las altas esferas eclesiásticas a pesar de que siguiera entre algunos religiosos la inconformidad y la disputa en contra y en pro.[28]

---

[24] Mintz dice: "Como el azúcar parece satisfacer algún deseo particular (y también parece, al hacerlo, despertar más aún a ese deseo), hay que comprender exactamente lo que hace funcionar la demanda: cómo y por qué aumenta y bajo qué condiciones" (xxv).

[25] "En España se considera que la peor miseria a la que puede ser reducida un hombre es la de faltarle el chocolate". (Chiapparino 21, nota 9; es a su vez una cita de un libro publicado en Venezia en 1991, por T. Plebani.)

[26] Los Coe resumen así las iniciales preocupaciones: "... Spaniards... were as obsessed with health and diet as we are. During the course of the 16th century, cacao had been accommodated into the Spanish system as tribute, as coin, and as the first American foodstuff to have been accepted by the invaders by reasons of taste rather than necessity; but it had also passed the linguistic and health barriers" (124).

[27] El ser humano se caracterizaba según los cuatro humores propuestos por Galeno: sanguíneo=caliente y húmedo; flegmático=frío y húmedo; colérico=caliente y seco; melancólico=frío y húmedo.

[28] Las monjas carmelitas descalzas de España también tomaron parte en el debate. En Barcelona algunas declararon que por su calidad de comida nutritiva y agradable el chocolate iba en contra de ayuno y el voto de pobreza. Ver el artículo de M. Merce Grasi Casanovas, "Cuerpo y alma en el carmelo descalzo femenino. Una aproximación a la alimentación conventual en la Cataluña moderna". Agradezco esta referencia a Marci S. Norton.

Entre los libros de propaganda eclesiástica a favor del chocolate figuró el del Cardenal Brancaccio publicado en Roma en 1664, *De chocolatis potu diatribe* (ver figura 3). En esta contribución a la polémica se defendía la opinión expresada en 1636 por el español Antonio León Pinelo en su *Questión moral si la bebida del chocolate quebranta el ayuno eclesiástico* (ver figura 4). Este escritor, experto sobre el tema del chocolate, representaba el bando "liberal" y fue respaldado a su vez por Tomás Hurtado, profesor de teología de Sevilla que en 1645 publicó *Chocolate y tabaco. Ayuno eclesiástico y natural*. Alegaban los tres y sus seguidores que si sólo se le añadía agua, el chocolate pasaba la prueba de ser bebida (y no comida) y por tanto, como el vino, no rompía las reglas del ayuno. Podía tomarse entre la medianoche y la hora de la Comunión y durante los 40 días de la Cuaresma. Es notable que Hurtado aceptara la adición de maíz en la preparación del chocolate, pero no de harinas extranjeras en México.

Figura 3. Frontispicio alegórico del tratado del Cardenal

La fama de ser afrodisíaco (unida a la idea de que era comida más bien que bebida) también causó contratiempos para la aceptación del chocolate. Acaso fue la última barrera que tuvieron que eliminar sus defensores católicos. La heroína de esa última lid fue nadie menos que Santa Rosa de Lima. Sin saberlo, la primera santa de América ayudó a vencer la batalla, marcando uno de los puntos culminantes en el debate que duró más de dos siglos y medio (C & C 150-52). Cuentan los Coe que se había publicado un libro en el que insistía un tal Felini que el chocolate era comestible y, además, afrodisíaco. No tardó en responderle Giovanni Battista Gudenfridi (en 1680), convencido de tener la prueba irrefutable de lo contrario en las narraciones hagiográficas sobre las visiones de la santa limeña. Cito ampliamente el pasaje por su encanto y porque su discurso, tan de la época, recuerda (en el reto de las preguntas retóricas, por ejemplo) la carta de Sor Juana a su confesor:

> ... se nos dice que un día tras muchas horas de ardoroso éxtasis espiritual, la joven santa [*Santa Fanciulla*], sintiéndose languidecer, corta de respiración y débil de cuerpo, halló a su lado un ángel que le presentó una tacita de chocolate, con la cual recuperó el vigor y la fuerza. Yo le pregunto al Sig. Cav. Felini ¿qué le parece este ángel? ¿Lo cree ángel de las tinieblas o de la luz? ¿Malo o bueno? No puede pensarlo malo sin ofensa, cuando menos, a la fe debida al historiador. Pero si cree que fue bueno, ¿le parece que si el chocolate fuese veneno para la castidad, que el ángel se lo habría ofrecido a la Virgen de Cristo?

> Si el Chocolate inyecta a las venas de los que lo beben el espíritu de la lascivia, ¿cree que el ángel bueno le habría dado a probar siquiera un sorbito a la que era Templo del Espíritu Santo? ¿Cree que si el chocolate se merece el nombre de líquido diabólico, Dios mandaría o permitiría que por la mano de sus ángeles tal bebida se le ofreciera a una de sus Esposas?[29]

Así prestó sus servicios para la promoción del "licor de las Indias" un ángel o más bien, la Santa Rosa y su vida extática. Igualmente útil fue una imagen del ubicuo dios de los océanos, como veremos al final de estas páginas.

Chocolate y chocolateras en la capital, Chiapas y Puebla

Figura 4. Frontispicio del tratado de Antonio de León Pinelo.

El texto que inspiró el título de estas páginas y que demuestra las actitudes ante el recalcitrante y complicado problema del relajamiento monástico, las luchas internecinas (entre conventos de la misma orden y al interior de un mismo claustro),[30] los resentimientos entre algunos oficiales de la Iglesia en contra de las mujeres emprendedoras y la tensión entre peninsulares y criollos y criollas, proviene de la *Relación de la fundación del Convento Antiguo de Santa Teresa escrita por la Madre Mariana de la Encarnación en 1641* (Arenal y Schlau 343-346; 363-368). Este texto narra el dilatado esfuerzo de dos monjas con puestos que ellas consideraban demasiado mundanos y pesados –eran las responsables de la vida musical del convento concepcionista– por establecer el convento de Carmelitas Descalzas en la capital de la Nueva España. Tras meses y años de planear y esforzarse, junto con la española Inés de la Cruz, que desde la niñez toledana había querido ser carmelita descalza, informa la madre Mariana que por casualidad ha oído de la inminente realización de sus sueños:

> La Abadesa... dijo: me parece se van componiendo ya las cosas de la fundación de las carmelitas; esta gente de España tiene su estrella en las Indias; Inés de la Cruz es gachupina, y ha de salir con la fundación... (Arenal y Schlau 364)

---

[29] Cito de *C & C* traduciendo de su versión inglesa del original italiano (154).
[30] Sobre estos y otros problemas de la vida monástica en general y el de las mujeres y monjas empeñadas en dedicarse a la enseñanza en el contexto francés, ver Rapley.

Monjas chocolateras: contextualizaciones agridulces

Como mencioné en la dedicación, se trata del convento fundado en 1616, modelo del *Paraíso Terrenal* de Sigüenza y Góngora y el mismo al cual entró brevemente Sor Juana en su primer intento de hallar el espacio propicio a las necesidades de una estudiosa y escritora. A ella le hacía falta vivir en el ambiente que ansiaban abandonar la Madre Inés y la Madre Mariana, no por "regalona y chocolatera", sino porque también era el espacio que le daba la posibilidad de aislarse para estudiar y escribir, de tener quién le hiciera el quehacer para poder disfrutar de su "avaricia amorosa" y de la compañía de los virreyes y otras personas que iban a oírla discurrir como lo hizo al disentir de algunas ideas de Antonio Vieyra y cuyo desenlace es bien conocido (Arenal y Powell 12-14).

Las dos mujeres líderes de los frecuentes programas de música del convento concepcionista –Inés de la Cruz, la "gachupina" y Mariana de la Encarnación, la criolla que cuenta la historia– y que inspiradas por Santa Teresa de Ávila buscaban fervorosamente alejarse de la intensa vida musical y hallar una existencia sencilla, contemplativa y ascética llevaban adelante poco a poco el proyecto. Sigue la narración:

> [L]legó a noticia de nuestro Padre Provincial y Visitador, Fray Tomás Vicente, que se trataba de esta fundación, y reportándola decía en ocasiones que no en sus días, que mientras él fuese prelado no consentiría fundasen convento de religión que profesa tanta perfección criollas regalonas y chocolateras, que traíamos tres o cuatro criadas cada una que nos sirviesen... (Arenal y Schlau 365)
>
> ¿Por qué las que se organizaban para fundar las carmelitas descalzas de la capital hacían sentirse tan exasperado al prelado? ¿Por tener tres y cuatro sirvientas cada una que las sirviera, eso solamente? El intento en México, tanto como en el Perú, por reformar los conventos halló enorme resistencia entre las mujeres, hijas de familias pudientes que eran sus habitantes. Aquí vemos que la asociación del chocolate con la vida relajada y de lujo de algunos conventos y de algunas de las monjas ha cobrado vida lingüística independiente; se ha vuelto epíteto apto para expresar enojos y conflictos entre peninsulares y criollos, y hombres y mujeres.

El gusto por el chocolate se identificó fácilmente con las mujeres y sus conventos porque en ellos se hacía muy bien. Ya había sido incorporado a las costumbres de la clase pudiente que emulaba las costumbres de la familia real. Aun en el siglo diecinueve sus majestades en España recibían su chocolate de Soconusco, el lugar afamado desde tiempos aztecas por producir el mejor cacao. La preparación del chocolate era arduo trabajo, de numerosos pasos. La labor en América de prepararlo, creo que puede afirmarse con certeza, era tarea predominantemente de las mujeres. No cambió, al parecer, el papel de los hombres (indígenas y luego africanos esclavizados) en su recolección y de las mujeres (sobre todo indígenas y africanas esclavizadas) en su elaboración. Hasta bastante entrado el siglo dieciocho tampoco cambió el nivel social alto de la gente que lo tomaba en Europa.[31] En América, donde la semilla siguió sirviendo de dinero y tributo, debe haber sido algo distinta la situación. En algunas comunidades siguió

---

[31] Entre los aztecas se cuenta que los caciques, los sacerdotes y los militares lo tomaban. Pero hay discrepancia en las opiniones. Las últimas opiniones sobre este y otros asuntos científicos y sociales del chocolate se incluyen en una exposición del American Museum of Natural History en Nueva York, que estuvo abierta al público del 14 de junio hasta el 7 de septiembre, 2003 (Chang F1-2).

funcionando como parte de ritos y tradiciones. En este contexto, es probable que también lo probara la gente relacionada con su cultivo y manejo hasta llegar a las mesas.

Aunque no he hallado que la expresión se dirigiera alguna vez a los hombres, sin duda a numerosos de ellos se les podría tildar también de chocolateros. Ya mencioné cuánto tomaba Gage. Desde el siglo dieciséis el desayuno de los jesuitas era pan y chocolate, y si se quería, champurrado, aunque no fue hasta el siglo diecinueve que se apuntó formalmente en las reglas ese régimen (C & C 151; Valle y Valle 61). Sólo por un periodo muy breve se trató de prohibir el chocolate entre ellos, por las razones que daban los que creían que era inmoral (estímulo en contra de la castidad, lujo, comida). Pero tuvieron que levantar la prohibición porque perdían alumnos y se deprimían los ya consagrados.

La historia chiapaneca que mencioné en la dedicación la cuenta el jesuita Gage, mostrando simpatía por las mujeres a quienes el ambiente caluroso afectaba tanto que se sentían débiles y enfermas si no tomaban su taza de chocolate durante la misa. Explica que, excomulgadas de la catedral, las señoras empezaron a asistir a misa en los conventos y que el obispo también se negó a que se permitiera allí lo que para él era una absoluta falta de respeto a la casa de Dios. El inglés y otros clérigos fracasaron al tratar de intervenir para apaciguar el conflicto. El tono tranquilo de su narración intensifica el impacto del fin trágico del incidente que se convirtió en leyenda y dio lugar al dicho: "¡Cuidado con el chocolate de Chiapas!". Resulta que la mujer que encabezaba a las rebeldes tenía tratos íntimos con un paje del obispo. A través de él logró que se le sirviera chocolate envenenado. A la semana siguiente murió el empedernido religioso diciendo que más le importaba Dios que su vida y perdonando al autor del crimen. Así termina la historia que titularía yo "El mártir del chocolate."

Figura 5. Mancerina (platito con contenedor de plata para que no patine la taza de chocolate), diseñado por el marqués de Mancera, mecenas de Sor Juana, virrey de Perú y de la Nueva España. Hay ejemplares del siglo 18, copias de las originales, en el Museo de Cerámica de Barcelona y el Victoria & Albert Museum (Londres).

Tres leyendas compiten por ser la auténtica historia del origen del pavo en mole poblano, plato que combina ingredientes del "viejo" y del "nuevo" mundo.[32] Las tres tienen lugar en un convento de la ciudad de Puebla de los Ángeles y cada una tiene algo que ver con una persona cercana a Sor Juana. No hay documentación que compruebe si son verídicas o inventadas. En una, las monjas del convento de Santa Rosa preparaban, nerviosas, la cena para su obispo Manuel Fernández de Santa Cruz (el mismo que se apodó Sor Filotea y que dio título atenagórico al escrito de Sor Juana). A la encargada, Sor Andrea, se le cayó el chocolate de una repisa a la olla del cocido. Era tarde. No había remedio. En la segunda, es Sor María del Perpetuo Socorro a quien se le ocurre una novedad a propósito, para honrar al mismo obispo. Según la tercera, versión de Paco Ignacio Taibo I en su *Breviario del mole*

---

[32] En un artículo reciente de la sección científica de *The New York Times*, mencionada en la nota anterior, se sugiere que los restos de cacao y espinas de pescado en una olla antiquísima indican que fue una salsa maya (Chang F1-2).

poblano (C & C 218), otra Sor Andrea, del convento de la Asunción, crea el nuevo plato en honor del virrey don Tomás Antonio de la Cerda, el conde de Paredes. Al contar estas historias los Coe mencionan que el conde y su mujer eran íntimos amigos de Sor Juana y que ésta era amante del chocolate (C & C 217-18). Es la primera vez que leo tal cosa. No sé si hay prueba.

Lo que sí nos consta es que había un platito y taza en la que la élite se tomaba el chocolate denominado, por el que tenía fama de ser su autor, la *mancerina* (C & C 137). Llevaba cuello de plata el plato, para que no se moviera la taza. ¿En palacio, serviría la joven Sor Juana el chocolate a su querida virreina, la marquesa de Mancera, llevándoselo en una mancerina (que eliminaba el peligro de derretirlo accidentalmente y ensuciarse el vestido)? (Ver figura 5). También nos consta que en un día de fiesta, a la última virreina a quien sirviera, la condesa de Galve, aunque con ella tuvo poco trato, le envió una taza de chocolate y un romance en que decía que su autor no decía quién era (en otras palabras, en que parafernalia que lo acompañaba:[33]

>Hasta el recado tasado
>va, tan mudo y sin rüido,
>que van guardando secreto
>las ruedas del molinillo. (SJIC I 128)

Es un romance lleno de agudeza e ingenio como casi todos, pero no de delicioso afecto como muchos de los escritos en tiempos más felices para la amiga María Luisa. Aquí hay formalidad y cierta severidad o cortesía agresiva –por más fines juguetones que pretenda– que se establecen desde los primeros dos versos: "Tirar el guante, Señora,/es señal de desafío". Lleva un eco del verso final del famoso soneto a su retrato el aspecto del chocolate en el que hace hincapié, refiriéndose tal vez al Miércoles de Ceniza:

>como es día de licor,
>éste, aunque no muy bendito,
>pues en señal de su origen
>lleva el *pulvis es* escrito

El chocolate –que no va entablillado, sino como polvo de cacao– no es "muy bendito", explica Méndez Plancarte, reflejando su propia cultura cristiano-humanista, porque no es olímpico (OC I 427). ¿Puede haber huella aquí de las polémicas eclesiásticas sobre la naturaleza del producto americano que circulaban precisamente en días de Sor Juana?

La segunda mención del chocolate es muy distinta y cómico-seria, y nos recuerda indirectamente (como si fuera ella quien hiciera el trabajo) de las labores de las ayudantes de cocina y, además, de su propia situación en el claustro. Viene en el romance No. 49, cuyo primer verso es: "¡Válgate Apolo por hombre!", su respuesta al caballero que le escribió "Madre que haces chiquitos/ " en el que la coronó de Fénix. Tras ridiculizar la idea de ser Fénix, Sor Juana la bendice, y da:

>Gracias a Dios, que ya no
>he de moler Chocolate,
>ni me ha de moler a mí
>quien viniere a visitarme. (Arenal y Powell, 176; SJIC I 147)

---

[33] El público lector sabría lo que era por el título, puesto al publicarse: "A la misma Excma. Señora (la Condesa de Galve), enviándole un zapato bordado, según estilo de Mejico, y un recado de chocolate." SJIC I 127).

Electa Arenal

Las dos referencias al chocolate de la jerónima reflejan la amplitud de su discurso, pero no nos dicen que ella misma fuera chocolatera. A lo mejor lo fue Neptuno.

Para las que nos interesamos tanto o más por Sor Juana que por el chocolate, el grabado que protagonizan el rey del océano y la reina india, "América" del que hablaremos para terminar, añade al acervo de imágenes, de fuentes visuales para las influencias artísticas y emblemáticas del *Neptuno alegórico*.[34]

NEPTUNO IMPORTA EL CHOCOLATE A SU MUNDO GRECO-ROMANO

La historia del chocolate en relación con los papeles de las mujeres –y de los hombres– en su transmisión del mundo indígena al español y criollo todavía está por conceptualizarse y contarse más detenidamente. La de la larga controversia que se armó entre los eclesiásticos en torno a él, brevemente reseñada en estas páginas, dejó material valioso para *gender studies* tanto como de *food studies*. Mintz cita a Roland Barthes al advertir que:

> La comida es un signo no sólo de temas, sino también de situaciones... de un modo de vida que se enfatiza, no que se expresa en él. El comer... va más allá de sus fines –reemplaza, resume, y señala otros comportamientos, y por esto precisamente es un signo... [La comida] es nutrición y protocolo y en cuanto se satisfacen las necesidades básicas su valor protocolario aumenta. (210)[35]

Quedan escritos y grabados susceptibles a interpretaciones que abren nuevas puertas al sentido de las figuraciones tanto como de la figuración de los sentidos (con perdón del admirado Pascual Buxó). No sólo lo que se hizo y se dijo, sino también lo que se cantó, bailó, pintó, dibujó y grabó lo vamos integrando a nuestras investigaciones y apreciaciones, para complicar la "poética de la cultura".

Podríamos sustituir fácilmente a Neptuno por el Fénix en ese romance (No. 49) de Sor Juana: "pues nunca falta quien cante:/*Dáca el Fénix, toma el Fénix*,/en cada esquina de la calle./" (Arenal y Powell 172). Gage cuenta de haber visto en "Chiapa de los indios" un pueblo a orillas del gran río Grijalva con numerosos barcos y canoas en los que "a numerosos indios se les ha enseñado a representar con gran dexteridad batallas marítimas y a desempeñar papeles de ninfas del Parnaso, Neptuno, Eolo, y el resto de los dioses y las diosas paganos, y son el asombro de toda su nación" (146). Neptuno andaba en todas partes, representado por actores (profesionales, aficionados o forzados) y por artistas plásticos: en fiestas populares que celebraban hechos históricos y míticos; en ceremonias oficiales como las entradas de arzobispos y virreyes; en esculturas, pinturas y grabados.

---

[34] Proyectamos Vincent Martin y yo (junto con el traductor David Randall y el bibliógrafo-bibliotecario Román Santillán), completar la anunciada edición ilustrada, crítica y bilingüe del *Allegorical Neptune/Neptuno alegórico*, dentro de poco. Esperamos contar con la colaboración de cuantas/os sor juanistas podamos convencer de que consulten y ayuden, estando ya entre ellos Amanda Powell, Verónica Grossi y Jaime Cuadriello [sorjuanista honorario] Quiero reconocer y agradecer aquí la confianza que puso en mí el Rockefeller/US-Mexico Cultural Fund en 1998 para con el proyecto "Sor Juana's Arch/ El arco de Sor Juana" que fue el comienzo de un largo proceso de investigación, traducción, anotación y presentación, que va llegando a su culminación.

[35] Ver también, con relación al tema en nuestros días, 259 n. 41. Traduzco del ingés citado por Mintz del artículo de Barthes, [1961] publicado en inglés en 1975, "Toward a psychosociology of contemporary food consumption." *European Diet from Preindustrial to Modern Times*. Ed. Elborg & Robert Foster. (N.Y.: Harper & Row): 58.

El frontispicio alegórico de *De chocolatis potu diatribe*, el comentado libro del Cardenal Brancaccio, muestra a Neptuno en su carro tirado por dos caballos marítimos que pisan tierra playera. En la mano izquierda el dios marítimo –que dieciséis años más tarde protagonizará el *Neptuno alegórico* de Sor Juana Inés de la Cruz– recibe chocolate entablillado que le ofrece con la mano derecha una América india. Uno de los caballos parece rozar la indumentaria más europea que americana de la ripesca figura femenina.[36] En el agua uno de los entes marítimos –un sireno o tritón– extiende un ramo de hojas con la fruta del cacao.[37] Al fondo juegan un par de sirenas con un aro. A la extrema derecha dos columnas, separadas por agua aluden al trascendido *non plus ultra* [más allá nada], es decir, a las columnas de Hércules, que marcaban el límite del mundo conocido. Ese mismo mote, motivo oficial de los Hapsburgo, lo utilizó Sor Juana para uno de los emblemas o cuadros (pintado con el mote en un listón, la ilustración, y abajo en tarjón un epigrama) en el texto para su arco triunfal neptúnico. En la parte superior del grabado italiano, un ejemplo fiel del carácter netamente emblemático de los libros de la época, un pájaro, más bien un par de alas –¿de águila?– portan un listón que lleva estas palabras: "*NEQUICQUAM DEUS ABSCIDIT/PRUDENS OCEANO DISSOCIABILI Horat. Lib. I. Oda.*" (Falta, o no se ve el 3).[38] Son versos del gran poeta Horacio, conocidísimo de los cultos en aquella época. La tablilla de chocolate también lleva palabras: "INDUM NECTAR", es decir, "nectar de las Indias".

Obedece la imagen también las convenciones artísticas para la representación de los triunfos marítimos –el carro, los caballos, los seres acuáticos semi humanos– desde la "Galatea" de Rafael, hasta los cuadros de Poussin. Los gestos miméticos del arte condensan –conmutan diría Sor Juana– los hegemónicos discursos culturales, inclusive los explayados en la Capilla Sextina (en que Dios trasmite la inspiración divina al ser humano con el dedo del extendido brazo izquierdo).[39] Aquí, en el grabado, se reconoce figurativamente el efecto vital del comercio chocolatero. La india América transfiere un producto que ya había hecho mella en la vida económica y gustatoria del Viejo Mundo. Este grabado contribuye a la consolidación de la actitud positiva con respecto al chocolate. A través de Neptuno se gana un puesto olímpico, junto al licor de Baco, para el brebaje americano e indígena de tan augusta tradición.

A mí me ha sorprendido y deleitado el hallar un ejemplo que no conocía del ubicuo Neptuno. Atractivo y necesario encuentro con la figura de Poseidón sería para los Coe, que acaso con el mismo deleite decidieran utilizar para la suya, la misma imagen que encabezara la obra del Cardenal Brancaccio. No se sabe exactamente cuánto ayudó este Neptuno al cardenal en sus esfuerzos por trascender los juicios peyorativos *vis-à-vis* el chocolate. Puede considerarse este frontispicio como arma en la ágil política de los jesuitas que tanto tenían invertido en el negocio del cacao. El texto y la imagen que lo acompaña traducen y apropian el concepto indígena del cacao como licor de los dioses. El romano Brancaccio, y antes el español León Pinelo y sus confreres (y los artistas/grabadores),

---

[36] Ver Ripa (manual que utilizaban todos los pintores y escultores occidentales en la época premoderna.)

[37] Los dibujantes europeos se equivocaban, y ponían el cacao como parte de la hoja, porque ignoraban que crece la semilla de la corteza misma del árbol. Parece repetirse aquí este error.

[38] "En vano un dios prudente/arrancó [la tierra] del divisorio Océano..." (Gracias por la traducción a Vincent Martin).

[39] El historiador de arte James Saslow, aceptando que hubiese influencias de Miguel Ángel, sugirió además, que el grabado fue (erróneamente) invertido. Como leemos de izquierda a derecha, parece que Neptuno le da a América los entablillados; si se mira por un espejo, se conforma mejor con lo que quería el autor: que ella fuera la que ofrece el regalo. (Entrevista personal, 4 de mayo de 2003, en el Café Mozart, Nueva York, donde, desde luego, se tomó chocolate.)

con buen estilo humanista, aceptan y celebran el chocolate como bebida análoga a la del dios del vino y lícita para todos los cristianos, aún en horas de ayuno. Veo el frontispicio del Brancatius (el Cardenal Brancaccio) como la inducción emblemática del brebaje maya y azteca al olimpo greco-romano.

OBRAS CITADAS

Albala, Ken. *Eating Right in the Renaissance.* Berkeley: U of California Press, 2002.

Arenal, Electa. "Enigmas emblemáticos: El Neptuno Alegórico de Sor Juana Inés de la Cruz." *Sor Juana y su mundo. Una mirada actual. Memorias del congreso internacional.* Coordinadora, Beatriz López Portillo. México: Universidad del Claustro de Sor Juana, 1998. 85-94.

―――― "Recipe from a Seventeenth-Century Mexican Convent." Conferencia presentada en Mt. Holyoke College, noviembre 1994. 12 páginas.

―――― "Sor Juana Inés de la Cruz: Reclaiming the Mother Tongue." *Letras Femeninas* 11.1-2 (primavera-otoño 1985): 63-75.

―――― "Sor Juana's Arch: Public Spectacle, Private Battle." *Crossing Boundaries: Attending to Early Modern Women.* Eds. Jane Donawerth y Adele Seeff. Newark DE: U of Delaware Press, 2000. 173-194.

Arenal, Electa y Amanda Powell. *Sor Juana Inés de la Cruz. The Answer/La Respuesta. Including a Selection of Poems.* New York: The Feminist Press at City U of NY, 1994.

Arenal, Electa y Georgina Sabat-Rivers. *Literatura conventual femenina. Sor Marcela de San Félix, hija de Lope de Vega. Obra completa.* Edición, estudio, bibliografía y notas. Prol. José María Díez Borque. Barcelona: PPU, 1988.

Arenal, Electa y Stacey Schlau. *Untold Sisters: Hispanic Nuns in Their Own Works.* Trad. Amanda Powell. Albuquerque: U New Mexico Press, 1989.

Barthes, Roland. "Toward a psychosociology of contemporary food consumption." *European Diet from Preindustrial to Modern Times.* Ed. Elborg & Robert Foster. N.Y.: Harper & Row, [1961] 1975. 47-59.

Bokser, Julie A. "Rhetorical Curriculum from an Other America: Pedagogy and Belonging in Sor Juana Inés de la Cruz".[Penn State Conference on Rhetoric and Composition, "Rhetorical Education in America". July 4-7, 1999. <http://condor.depaul.edu/~jbokser/pennsorjuana.html>

Brancaccio, Cardenal. *De chocolatis potu diatribe.* Roma, 1664.

Cárdenas, Juan de. *Primera parte de los problemas y secretos maravillosos de las Indias.* México: Museo Nacional de Arqueología, Historia y Etnografía, [1591] 1913.

Chang, Kenneth. "Before Kisses and Snickers It was the Treat of Royalty" *The New York Times,* 10 de junio de 2003: F1-2.

Chiapparino, Francesco. *L'industria del cioccolato in Italia, Germania e Svizzer. Consumi, mercati e imprese tra '800 e prima guerra mondiale.* Bologna: Il Mulino, 1997.

Coe, Sophie D. "Cacao: Gift of the New World." *Chocolate: Food of the Gods.* Ed. Alex Szogyi. Westport, Conn.: Greenwoood Press, 1997. 147-163.

Coe, Sophie y Michael D. Coe. *The True History of Chocolate.* London: Thames and Hudson, 1996.

Cruz, Sor Juana Inés de la. *Carta de Sor Juana Inés de la Cruz a su confesor: autodefensa espiritual.* Ed. Aureliano Tapia Méndez. Monterrey: Impresora Monterrey, 1986.

―――― *Libro de cocina. Convento de San Jerónimo.* ["Selección y transcripción por SJIC"]. Presentación de Josefina Muriel de González Mariscal. México: Asociación Cultural para las Zonas Rurales de Tabasco, 1979.

―――― *Obras completas de Sor Juana Inés de la Cruz* Tomos I-III. Ed. Alfonso Méndez Plancarte. Tomo IV. Ed. Alberto G. Salceda. México: Fondo de Cultura Económica, 1951-57.

Gage, Thomas. *The English American. A New Survey of the West Indies.* [1648] Londres y Guatemala, 1946.

―――― *Thomas Gage's Travels in the New World*. Ed. J.Eric S. Thompson. Oklahoma: U of Oklahoma Press, [1648] 1958.
Goldstein, Joyce. *Sephardic Flavors. Jewish Cooking of the Mediterranean*. San Francisco: Chronicle Books, 2000.
Grasi Casanovas, M. Merce. "Cuerpo y alma en el carmelo descalzo femenino. Una aproximación a la alimentación conventual en la Cataluña moderna" *Studia historia moderna* 14 (1996): 207-221.
Greenblatt, Stephen. *Shakespearean Negotiations: The Circulation of Social Energy in Renaissance England*. Berkeley: U of California P, 1985.
Gudenfridi, Giovanni Batista. *Differenza tra'il cibo e il cioccolate*. Firenze: Condotta, 1680.
Hurtado, Tomás. *Chocolate y tabaco. Ayuno eclesiástico y natural*. Madrid: Francisco García, Impresor del Reino, 1645.
Kennedy, Diana. *The Cuisines of Mexico*. New York: Harper & Row, Publishers, 1972.
León Pinelo, Antonio. *Questión moral si la bebida del chocolate quebranta el ayuno eclesiástico* [1636]. Ed. facs. Prol. Sonia Corcuera de Mancera. México: CONDUMEX, 1994.
Martínez-San Miguel, Yolanda. *Saberes americanos: subalternidad y epistemología en los escritos de Sor Juana*. Pittsburgh: Instituto Internacional de Literatura Iberoamericana, Serie Nuevo Siglo, 1999.
Marty-Dufaut, Josy. *La gastronomie du moyen age. 170 recettes adaptées à nos jours*. Marseille: Autres Temps [Temps Gourmands], 1999.
Mintz, Sidney W. *Sweetness and Power: The Place of Sugar in Modern History*. New York: Penguin Books, 1986.
Muriel, Josefina, ed. *Las indias caciques de Corpus Christi*. México: UNAM, Publicaciones del Instituto de Historia, 1963.
Paz, Octavio. *Sor Juana Inés de la Cruz o las trampas de la fe*. México: Fondo de Cultura Económica, 1985.
Perelmuter Pérez, Rosa. "Las 'Filosofías de cocina'de Sor Juana Inés de la Cruz." *Y diversa de mí misma entre vuestras plumas ando. Homenaje internacional a Sor Juana Inés de la Cruz*. Ed. Sara Poot Herrera. México: El Colegio de México, 1993. 349-354.
Pilcher, Jeffrey M. "The Conquests of Wheat: Culinary Encounters in the Colonial Period." *¡Que vivan los tamales! Food and the Making of Mexican Identity*. Albuquerque: U of New Mexico Press, 1998. 25-43.
Pollan, Michael. *The Botany of Desire: A Plant's-Eye View of the World*. New York: Random House, 2002.
Poot Herrera, Sara. *Los guardaditos de Sor Juana*. México: UNAM, 1999.
Rapley, Elizabeth. *A Social History of the Cloister: Daily Life in the Teaching Monasteries of the Old Regime*. Montreal; Ithaca: McGill-Queen's U Press, 2001
Ripa, Cesar, *Iconología*. Roma, 1603.
―――― *Iconologie ou Explication nouvelle de plusieurs images*. París, 1644.
Rodinson, Maxime, A.J. Arberry y Charles Perry. *Medieval Arab Cookery*. Prol. Claudia Roden. Blackawton. Gran Bretaña: Prospect Books, 2001.
Ruark, Jennifer K. "A Place at the Table" *Chronicle of Higher Education*, v. 45, issue 44 (July 7, 1999) 3p. http://search.epnet.com/direct.asp?an=2004634&db=aph
Sabat-Rivers. *En busca de Sor Juana*. México: UNAM, 1998.
Valle, Victor M. y Mary Lau Valle. *Recipe of Memory. Five Generations of Mexican Cuisine*. Prol. Elena Poniatowska. New York: The New Press. 1995.
Tenorio, Martha Lilia. *Los villancicos de Sor Juana*. México: El Colegio de México, 1999.

Trabulse, Elías. *La muerte de Sor Juana*. México: CONDUMEX, 1999.
West, John A. "A Brief History and Botany of Cacao." *Chilies to Chocolate: Food the Americas Gave the World*. Eds. Nelson Foster y Linda S. Cordell. Tucson & London: U of Arizona P, 1992. 105-121.172-3.
Wright, Clifford A. *A Mediterranean Feast: The Story of the Birth of the Celebrated Cuisines of the Mediterranean, From the Merchants of Venice to the Barbary Corsairs*. New York: William Morrow, 1999.

Escritura y misticismo en los *Afectos espirituales* de la madre Castillo

Ivette N. Hernández-Torres
University of California, Irvine

Pues queréis que tenga un misticismo, bien: lo tengo.
Soy místico, pero sólo con el cuerpo.
Mi alma es sencilla y no piensa.
Mi misticismo es no querer saber.
Es vivir y no pensar que vivo.
Fernando Pessoa (Alberto Caeiro)

Frente a la exigencia de misticismo a que alude el primer verso citado en el epígrafe, Pessoa responde afirmando ser místico aunque desde la exaltación del cuerpo y a partir de "un no querer saber". Es decir, el misticismo que se afirma en el poema se aleja de lo tradicionalmente asociado a la experiencia mística: el alma y su participación en un tipo de saber o conocimiento divino. Se trata de un saber que se dice absoluto ya que lo abarca todo al ser uno con la divinidad. Pessoa, obviamente, dibuja una resistencia a tal misticismo, oponiéndole un vivir corporal pleno cuyo saber recae en el acto mismo de vivir una vida que no reflexiona (piensa) sobre sí misma, aludiendo quizás a ese verso famoso de Santa Teresa que reza "muero porque no muero". Pessoa parece negar la pérdida del ser que supone la experiencia mística o la muerte del que vive en espera de la unión con Dios para apostar por una vida olvidada de sí, una especie de "vivo porque no me pienso vivo".

La aniquilación del ser individual en Dios ha sido un requisito de lo que se ha llamado la mística moderna (Sánchez Lora 169-170), partiendo desde una de las primeras obras que delinean los postulados del misticismo espiritual, el *Libro del Consuelo Divino* del maestro Eckhart, del siglo XIV.[1] Al respecto asevera Eckhart:

---

[1] Sánchez Lora traza en su libro el surgimiento y perfil de lo que él llama una nueva espiritualidad fundamental para entender la religiosidad barroca y cuyas raíces se ubican en el siglo XIII, pero plenamente manifestado en el siglo XIV: "Es un nuevo concepto de hombre y un nuevo concepto de Dios el que se va a manifestar, en el siglo XIV, a través de la 'devotio moderna' y del 'occamismo'. Es el inicio de una aventura espiritual basada en la propia experiencia, que culminará en el siglo XVI, individual e íntima". (168) Recomiendo en particular el capítulo IV, "El modelo místico" (165-205). Un buen acercamiento reciente a la historia del misticismo desde un ángulo comparatista aparece en el libro de Juan Martín Velasco. También conviene consultar la obra de Guillermo Serés. En cuanto a un acercamiento teórico al asunto me parecen imprescinbles los trabajos de Michel de Certeau. Abundan además los estudios feministas en torno al misticismo. Recomiendo el artículo de Finke, quien analiza el fenómeno desde una postura feminista y, además, hace una crítica pertinente a los acercamientos esencializantes, particularmente a Luce Irigaray. También se destacan estudios desde perspectivas psicoanalíticas que toman en cuenta la relación entre erotismo y misticismo, con el libro de Bataille a la cabeza en su exploración de la muerte y la sensualidad, y en particular los análisis del trance místico.

> Un hombre, perfectamente justo, debe prescindir de sí mismo, librarse de sí mismo y (lo que hará completa su bienaventuranza) transfundirse de tal modo en la voluntad de Dios, que no sepa nada de sí mismo ni del mundo, que nada conozca ni quiera conocer fuera de la voluntad de Dios. Así llegará a conocer a Dios como Dios lo conoce a él... (citado por Sánchez Lora 170)

La supresión del yo me devuelve a los versos de Pessoa, puesto que ilustran desde la negatividad lo que para Eckhart es lo fundamental de esta experiencia. El maestro Eckhart propone unas prácticas que llevarán a una especie de olvido de uno mismo, a una comunión con la divinidad que desemboca en un conocimiento de Dios que sobrepasa la vida mortal del sujeto.

El paso que va desde estas prácticas corporales y espirituales hasta la escritura mística desborda los parámetros que guían el presente trabajo. Mi propósito es acercarme a la prosa ascético-mística durante el periodo colonial latinoamericano a través de uno de sus mejores exponentes: la madre Francisca Josefa de Castillo (1671-1742) y su libro titulado *Afectos espirituales*.[2] La madre Castillo vivió 53 de los 71 años de su vida enclaustrada en el convento de las clarisas en la ciudad de Tunja, Nuevo Reino de Granada.[3] De su escritura nos llega su autobiografía, titulada *Su vida*, los llamados *Afectos espirituales*, y unos cuantos poemas y escritos breves.[4] Francisca comenzó a escribir los *Afectos espirituales* en 1690 cuando tenía diecinueve años por mandato de su confesor, el Padre Francisco de Herrera, y continuaría escribiendo prácticamente por el resto de sus días, aunque no vio publicados ninguno de sus escritos.[5] Según su editor, Achury Valenzuela, "el confesor le ordenó que pusiera por escrito los sentimientos de su alma, primero, y los sucesos de su vida ordinaria luego" (XLVI). Esto, para Achury Valenzuela, explicaría la diferencia entre el estilo de los *Afectos espirituales* y el de *Su vida*, o lo que el crítico llama una "doble visión" ya que observa "con una los hechos de la vida tales como lo ven los ojos del cuerpo, y con otra ve los mismos hechos con ojos del espíritu: broncos y rudos, bañados con una luz ultraterrena, según la visión con que Francisca los intuya" (CXXXII). Sin proponérselo, Achury Valenzuela parecería

---

[2] Para detalles en torno a la vida de la madre Castillo, recomiendo la introducción que hace Achury Valenzuela a la edición de las obras completas de la monja, y el libro de McKnight, capítulo V.

[3] Se trata del Real Monasterio de Santa Clara, el primer monasterio fundado para mujeres en el reino neogranadino. Sobre la vida de las mujeres durante la Colonia, y en particular sobre los conventos y las monjas, son imprescindibles los trabajos de Asunción Lavrin, Josefina Muriel, Electa Arenal y Stacey Schlau. Lavrin ha estudiado desde una perspectiva histórica las condiciones en que vivían y se desenvolvían las monjas (consultar sus trabajos fechados en 1983, 1986 y 1989). Muriel ha hecho extensos trabajos sobre las instituciones coloniales dedicadas a mujeres (véanse sus tres trabajos de 1946, 1974 y 1982). Para la prosa mística es de indiscutible valor la antología de Arenal, Schlau y Powell. Además recomiendo la edición realizada por Mabel Moraña, titulada *Mujer y cultura en la colonia hispanoamericana*.

[4] Todas las citas y referencias a los textos de la madre Castillo están tomadas de la edición de *Obras completas*, tomos I y II. Indicaré el tomo y el número de página entre paréntesis al final de cada cita. Los *Afectos espirituales* fue publicado por primera vez en 1843 bajo el título de *Sentimientos espirituales* y no es hasta la edición de 1942 que comienza a aparecer con el nuevo título *Afectos espirituales*. En ambos casos no es Francisca quien titula su obra. La primera edición de 1843, así como la de *Su vida* en 1817, la realizó Antonio María de Castillo y Alarcón, sobrino de la monja. La elección de los títulos por parte de los editores se comprende al tener en cuenta la constante alusión de la monja a sus "afectos" o "sentimientos".

[5] Para la relación de mediación y autoridad que ejercían los confesores y su intervención directa en la decisión de escribir y en los textos que producían las monjas véase la introducción de Arenal y Schlau a su libro *Untold Sisters*, el capítulo VI de Muriel (*Cultura femenina novohispana*), y de Lavrin su ensayo "Female Religious". Lavrin hace este importante señalamiento en este ensayo con respecto a las relaciones de poder y control en los conventos: "Internal control of the convents rested in the hands of the nuns, and there is enough evidence to indicate that they were capable of exerting this control in personal, financial, and administrative matters. There was, however, an ultimate subordination to the male hierarchy which was both binding and unavoidable, especially in the spiritual sphere. Even the most personal literary expressions produced in the convents were the result of the urging of male spiritual directors, Sor Juana notwithstanding" (191).

reproducir en su comentario sobre los dos textos de Francisca la distinción que critica el poema de Pessoa, esas dos zonas de la vida y la experiencia mística que el poeta portugués une en una vida sin reflexión.

Los *Afectos espirituales*, efectivamente, han sido considerados por varios estudiosos como la biografía espiritual de la monja. De acuerdo a María Teresa Cristina son "una especie de diario íntimo en el que la monja intenta expresar su atormentada interioridad, sus experiencias terríficas, beatíficas o místicas" (561). Para Kathryn McKnight, el texto pertenece a un tipo de género autobiográfico común entre las religiosas de la época, en el que se relata el estado del alma y su relación con la divinidad a través de visiones imaginarias, el uso de la alegoría para explicar lo inefable y el deseo de enseñar lo aprendido. Entre los textos pertenecientes a este género se encuentran las *Exclamaciones o meditaciones del alma a su Dios* (1569) de Santa Teresa, y los escritos de Jerónima Nava y Saavedra y María Magdalena de Lorravaquio (McKnight, 168-169). McKnight, en su lectura de los *Afectos*, se acerca al misticismo de Francisca enfatizando el aspecto intelectual, ya que para esta crítica se ha privilegiado más la relación con la sexualidad en este tipo de escritura. McKnight propone que la monja logra en su texto la elaboración de una hermenéutica específicamente femenina a través de la lectura e interpretación bíblica. Por mi parte voy a concentrar mi atención en la relación conflictiva que se dibuja entre la autora y su escritura en los *Afectos espirituales*, en especial en los momentos en que se acrecientan las dudas con respecto a su experiencia y si debe o no escribir. Para los propósitos del presente estudio, me valgo de los imprescindibles estudios que Michel de Certeau dedica al misticismo. De Certeau propone que la mística viene a ser un nuevo tratamiento del lenguaje en general, no solamente del estrictamente teológico.[6] Este nuevo lenguaje se caracterizaría por la creación de unas *modus loquendi* o maneras de decir muy particulares, distintas a otros usos del lenguaje (*Mystic Fable* 113). La experiencia mística ligada de este modo a un tipo de lenguaje requiere de tres condiciones que la posibilitan: en primer lugar, tiene que existir la voluntad (*volo*) de comunicación con Dios;[7] en segundo lugar, el ofrecimiento del "yo" como el lugar donde ocurre la comunicación o conversación; y por último, la representación del diálogo con Dios a través del lenguaje (*Heterologies* 90-91). La primera condición correspondería a una voluntad, a un querer buscar la comunión divina, mientras que la segunda etapa es la de un ofrecimiento que se traduce en ejercicios y prácticas corporales y espirituales en busca de esa unión. La última condición vendría a significar el dar cuenta, a través del lenguaje, de la experiencia de unión divina y el nacimiento a su vez de un nuevo lenguaje basado en modos específicos de expresión (*modus loquendi*).

El tercer aspecto que señala de Certeau como condición del discurso místico (es decir, la representación del diálogo con Dios y el saber adquirido a través del lenguaje), es fundamental para dar cuenta de los conflictos y dudas expresados por la madre Castillo con respecto a su escritura. Muy en particular, como ya señalé, me interesan los momentos en

---

[6] Véase el ensayo "Mystic Speech" en *Heterologies*, 81. En este sentido podrían invocarse aquí los planteamientos de Foucault sobre el llamado "cuidado de sí" como técnicas conducentes a la formación y mantenimiento de subjetividades. En este sentido los místicos ejecutarían una serie de técnicas o ejercicios espirituales conducentes a la preparación del sujeto para establecer su comunicación con Dios. Por ejemplo, los ejercicios espirituales ignacianos o las reglas expuestas por Santa Teresa.

[7] De acuerdo a de Certeau, la voluntad (*volo*) sería la regla fundamental que crea la condición de posibilidad para los espacios dialógicos establecidos por los místicos: "It has the form of an exclusive stricture (*only*): the relation tolerates *only* people who are unshakably resolved. Everything hinges on a *volo*, without which there would be no speech. (...) Everywhere, from St. John of the Cross to Surin, this is a necessary 'convention'. It operates a closure: it delimits in language a path of circulation and a circumscription" (*Heterologies* 91).

que se revela la ansiedad del místico ante una práctica (escribir) que es el único instrumento con que cuenta para representar y transmitir su experiencia con la divinidad. La escritura podría plantearse como el trazo de la experiencia mística, no solamente como un residuo que sobrevive en la letra (en la representación), sino también como esa interminable narración del evento y su recuerdo, la cual genera incontables páginas.[8] La aniquilación del sujeto en su comunión con Dios tiene que (re)producirse en y por el lenguaje a través de la escritura, debido a que es necesaria la recuperación de la capacidad lingüística luego de su pérdida en la experiencia. Lo interesante es que esa recuperación se da como un exceso de palabras, ese "endless narrativity" que menciona de Certeau (*Heterologies* 82). Tal vez por esto preocupe tanto a los autores como a las autoridades eclesiásticas la huella abundante que se está dejando en el texto escrito, precisamente porque se intuye que hay una distancia, una diferencia, entre la experiencia mística y la representación que la afirma.[9] La unión mística, estrechamente asociada al silencio, a la mudez, impone al místico un discurrir sobre lo inefable, y de ahí que la experiencia suponga una confrontación con el lenguaje mismo y muy en particular con una escritura que se recupera a sí misma en su exceso y abundancia de signos.[10]

Para comenzar a explorar la escritura de los *Afectos espirituales* se hace necesario contestar la pregunta sobre lo que significa un "afecto". La palabra afecto se define en *Covarrubias* como "passión del ánima, que redundando en la voz, la altera y causa en el cuerpo un particular movimiento, con que movemos a compasión y misericordia, a ira y a vengança, a tristeza y alegría; cosa importante y necessaria en el orador" (46a). Según el *Diccionario de Autoridades* afecto significa: "Pasión del alma, en fuerza de la cual se excita un interior movimiento, con que nos inclinamos a amar, o aborrecer, a tener compasión y misericordia, a la ira, a la venganza, a la tristeza y otras afecciones y efectos propios del hombre" (I, 102b). Resulta notable que la definición que aparece en *Covarrubias* mantenga una relación estrecha entre afecto y lenguaje, entre las pasiones del cuerpo y la voz alterada. Esta conexión se pierde en *Autoridades*, cuyas diferentes acepciones del término no aluden a dicha relación. Por ello, aunque ambas definiciones son importantes, quisiera mantener la primera como la más adecuada a los sentimientos expresados por la monja. Por otro lado, la referencia al orador en la primera definición remite a la quinta parte de la retórica, la *pronuntiatio* o *actio*, que son las estrategias que utiliza el orador en su discurso para recrear las pasiones en sus oyentes y seducirlos con su discurso (Mortara Garavelli 324-25).[11]

Francisca, efectivamente, recrea y revela sus pasiones a través de un contradictorio repertorio de sentimientos o "afectos" a lo largo de su texto. Sin embargo, si la

---

[8] Sigo a de Certeau cuando afirma que "The issues immediately at hand are the formal aspects of the discourse and the tracing movement (the roaming, *Wandern*) of the writing: the first circumscribes a locus, and the second displays a "style," a "walk" or gait, in Virgil's sense when he says, 'her walk reveals the goddess'" (*Heterologies* 82).

[9] A esto se suman otros factores que tienen que ver con las políticas de la religiosidad en diferentes épocas, como la ansiedad ante una experiencia individual de Dios que se plantea fuera del control de la Iglesia, y las relaciones que pueda tener con los cristianos nuevos (España) y con la Reforma Protestante, por ejemplo. Sobre esto, véase la introducción a *Mystic Fable* de de Certeau, y el cuarto capítulo del libro de Sánchez Lora. Recomiendo también el capítulo 4 de la primera parte del libro de Martín Velasco.

[10] Como apunta Juan Martín Velasco, se trata de un lenguaje que evoca la experiencia, "y esto significa no sólo describirla desde fuera sino hacerla aflorar a la conciencia, asumirla como verdadera, reconociéndose en ella y comprometiéndose a dar cuenta de su verdad. Por eso es tan frecuente que el místico manifieste sufrimiento por no haber logrado decir todo lo que ha vivido, y preocupación porque pueda no ser comprendido por quien asista a su descripción sin tomar parte en la experiencia" (58).

[11] Al Barilli hablar sobre el Libro XI de la *Institutio oratoria* de Quintiliano, dedicado a la *pronuntiatio*, comenta: "It is a treatise on behavioral psychology, proxemics, kinesis, staging devises for the orator" (37).

experiencia mística se transmuta en el relato que hace un individuo luego de su "regreso", entonces los *Afectos* de la madre Castillo pueden ser leídos como la textualización de ese constante ir y venir que Francisca comienza a los diecinueve años y mantiene por el resto de su vida. El texto obviamente revela ese movimiento a la vez interior y exterior impulsado por pasiones al que aluden ambas definiciones en los diccionarios citados y que tienen un efecto directo en el cuerpo y sus estados físicos y psicológicos. Los *Afectos* atestiguan el impulso hacia una exteriorización de lo interno por medio de la escritura, es decir, la materialización de esas pasiones interiores traducidas en lenguaje y que forman parte de una acción mental y corporal. Como comenta Francisca sobre su estado: "estando muy atribulada *interior y exteriormente*, y oyendo a algunas personas decir que me dejaba llevar de melancolía" (I, 118; mi énfasis).[12] La monja no separa su condición interna de su físico externo, siendo diagnosticada con el mal de la melancolía, siempre asociado a la excesiva reflexión y pensamiento, especialmente en los monasterios y conventos.[13]

¿Qué relación guarda entonces el acto de escribir con la experiencia espiritual de lo inefable en el texto de la madre Castillo y cuáles son los desasosiegos que esto genera? Para poder trazar un puente entre experiencia y escritura, la monja recurre a una alegoría del instrumento, en este caso musical, que sirve para representar su definición del alma. Cito un fragmento clave de los *Afectos*:

> Entendí que el comparar el alma a un instrumento de flautas muy delgadas, se entendía por todo lo que llevo escrito; porque como el aire o aliento del que toca, es el que oye en aquel instrumento, así lo que aquí hubiere de Dios, solo es lo que su majestad envía de su espíritu, por un instrumento de caña, sin virtud para nada, etc. (I, 101)[14]

Para describir cómo ha llegado a componer sus palabras, Francisca define su alma como un instrumento a través del cual pasa el aliento divino que es lo que va a quedar recogido en su escrito.[15] Así se justifica la presencia de Dios en la palabra, a la vez que el yo se empequeñese por ser "caña, sin virtud para nada". La experiencia mística siempre implica la pérdida del ser en el otro divino. Lo que exista de Dios en las palabras se describe como el pasaje de la divinidad, convertida en aliento (voz y tono musical), que traspasa el instrumento hueco de las flautas (el alma de Francisca).[16] Pero hay que notar aquí el cuidado con que se invoca la imagen de la flauta como comunicación directa de Dios. La monja dice "lo que aquí hubiere de Dios", manteniendo cautela al no identificar la totalidad de sus escritos con la voz divina. De hecho, esta duda implica el reconocimiento de su propia intervención como sujeto,

---

[12] Sobre la relación entre el intelecto y la melancolía, véase el famoso libro de Klibansky, Panofsky y Saxl, donde se lee: "es natural que la existencia de una enfermedad mental [la melancolía] que atacaba a los piadosos y espirituales, no a despecho de su piedad y espiritualidad sino debido a ellas, planteara un problema particularmente punzante para la filosofía moral cristiana" (94).

[13] Las referencias a la obra de la madre Castillo se realizan usando el número del volumen y la página correspondiente a la cita.

[14] Cito el texto de la madre Castillo; colocando el tomo y la página a la cual pertenece, para mayor claridad.

[15] Para la importancia del aliento y su relación con la divinidad, véase la introducción y libro de Perella, y el primer capítulo de Serés sobre el amor platónico y su relación con el cristianismo.

[16] La fuente de esta alegoría puede guardar una relación estrecha con la educación musical que recibió la monja cuando aprendió a tocar órgano. En casi todos los afectos aparecen imágenes relacionadas con la música. En especial resulta ilustrativo el afecto 8, donde se compara a Cristo con un salterio o cítara (I, 21).

incapaz quizás de identificar con total seguridad lo que "hubiere" de la voz divina y separarlo de su propio lenguaje autorial.

Para que pueda pasar la voz divina por la flauta que es el alma, el cuerpo necesita controlar las pasiones que lo habitan. El sujeto tiene que ser consciente de que su experiencia le producirá un afecto (es decir, un despertar pasional). Pero antes, debe reflexionar para poder así diferenciar entre un afecto positivo y otro negativo. Francisca comenta que hay que "tener el rostro cubierto a todos los afectos desordenados, y los oídos del alma muy desembarazados y atentos, *porque no es voz que viene en torbellino, sino en aire y silbo blando*; no se gusta en el sonido de los labios, tanto como en los movimientos del corazón, etc." (I, 101). Así como existían los ojos del alma como necesarios sustitutos de los ojos físicos que nos pueden engañar, en este caso la monja nos habla de "los oídos del alma", aquellos que son capaces de escuchar (entender e identificar) la voz divina. El torbellino (lo que Fray Luis de León llamaría el "mundanal ruido"), sería lo que compete al oído físico. Pero la expresión que procede de Dios viene "en aire y silbo blando", lo cual requiere de una hipersensibilidad localizada en el centro mismo del cuerpo (el corazón) y no en aquello que es más externo (el sonido de los labios). Se trata de una percepción que no tiene que ver con el órgano asociado a su recepción. No son los oídos sino el corazón.[17] Escuchar conserva una relación afín a la música, manteniendo la consistencia de esta preocupación en la alegoría de la flauta que crea Francisca. A su vez enlaza perfectamente con la mención que hace *Covarrubias* del orador, porque la cita propone a un oyente que tiene que mantener su equilibrio y controlar sus afectos en el momento en que escucha el sonido más dulce y más hermoso que ha experimentado. Forma parte también del preparativo que supone la segunda condición que menciona de Certeau (el ofrecimiento del yo como el lugar para establecer la comunicación) para poder entonces sobrevivir el contacto divino.

Las citas que he discutido revelan las condiciones necesarias para que el alma de la monja pueda servir como una especie de vaso comunicante o demiurgo, aún en el caso en que luego no pueda distinguir con certeza lo que es de Dios en su propia escritura. Se trasluce, además, una voluntad de encontrar una representación adecuada para el cuerpo en la experiencia mística. La encuentra en la imagen de la flauta, donde le da un mayor poder de decisión a Dios y, a su vez, se libera ella misma de cierta responsabilidad por esa experiencia y comunicación con la divinidad. Ahora bien, después de que ha ocurrido la comunicación y hay un retorno de la experiencia mística (el regreso), ¿cuál es la situación de Francisca ante el papel donde ha de dar cuenta de lo que ha vivido? ¿Cuál es, si alguna, la preparación que la lleva al acto recuperativo? El afecto 90 ofrece una de las claves para entender la complicada relación que guarda la autora con la palabra escrita. Frente a las tribulaciones y constantes dudas que siente por estar escribiendo sus afectos, pide permiso a su confesor para quemar los papeles que ha escrito.[18] El confesor, irritado, le manda a que busque respuesta en Dios. A los tres días Francisca dice haber recibido la respuesta en una visión que tiene lugar después de comulgar un domingo, la cual por su importancia cito en extenso:

---

[17] La capacidad para oír es instrumental para toda la tradición mística, según comenta de Certeau en *Mystic Fable* (158-59).
[18] Resulta claro que la presencia del confesor como fuente de autoridad y censura es un componente importante que seguramente preocupaba a la madre Castillo, ya por su escritura tratar sobre materia religiosa, por las ansiedades de la iglesia ante visiones y apariciones místicas, o por la relación de poder y subordinación frente al confesor que se asocia también con su género. Estos puntos han sido discutidos ya por varios críticos, como he señalado en la nota 10. Como suplemento a los artículos y libros allí citados, recomiendo también el artículo de Arenal y Schlau "Leyendo yo y escribiendo ella" (en especial, la página 225).

Escritura y misticismo en los Afectos espirituales

> Me parecía hallarse cercada mi alma de aquel fuego divino, llena y embebecida en él, como un inmenso mar o globo de luz y de amor, más grande que todos los orbes de la tierra; (...) Entonces vía que de los dedos de mi mano derecha distilaba una riqueza, como perlas preciosas y resplandecientes, y como oro; mas era de un modo que corría y se liquidaba, como el bálsamo, sin perder su resplandor, antes me parecía que se mezclaba con la hermosura de todas las piedras preciosas. Pues como yo me admiraba de esto, no sabiendo qué significaba, entendí y se me acordó lo que el padre rector me había mandado. (I, 207)

En esta visión que acontece durante un trance místico en el fuego divino, la monja se vale de varios símiles para lograr de alguna manera representar lo que vieron sus ojos. Sólo mediante comparaciones se puede describir de alguna manera ese residuo visual de la experiencia, y el símil en este caso es una de las estrategias retóricas más convenientes. La inmensidad se traduce en una comparación con un globo que sobrepasa los límites de la Tierra misma. La imagen del líquido precioso que ella compara con un bálsamo que sale de sus dedos puede ser interpretada como imagen visual de la tinta que se destila de su mano derecha al escribir. En su respuesta, Dios equipara el contenido de la letra con la piedra preciosa y, por lo tanto, le otorga un valor y riqueza indudables. Si es metal precioso o joya lo que sale al principio, inmediatamente se convierte en líquido que surge de su mano como una visión alegórica de la tinta y la escritura. La interpretación de esta visión se logra gracias al recuerdo del mandato del confesor cuando le pide que pregunte a Dios por sus escritos, y la resume la monja con la siguiente frase: "*que en lo que en los papeles está escrito no es nacido de mí, ni del espíritu malo, sino de Dios, y de su luz, que por sus incomprensibles juicios me lo ha hecho escrebir.*" (I, 207-208; énfasis en el texto). La escritura se salva entonces de su destrucción (querer quemar los papeles) gracias a una respuesta en forma de visión que tiene como base la escritura misma. La mano, semejante a la imagen del alma como un instrumento compuesto de flautas, se convierte en otro vaso comunicante donde los dedos representan las cañas huecas que forman dicha flauta. La voz o aliento divino (la música celestial) se convierte en bálsamo precioso que pasa por los dedos, como la voz pasaba por las flautas. Si el aliento imprime el alma, el bálsamo, como tinta, imprime el papel. Las dudas con respecto al acto de escribir (dudas que provienen de su miedo a que sean palabras del demonio, a la ansiedad frente a sus confesores, a su condición de mujer) se resuelven a través de la definición del alma y la palabra, aquella definida como vaso comunicante y ésta entendida como aliento de procedencia divina.

La imagen del bálsamo precioso cumple también otras funciones que reconfiguran el modelo de las tres condiciones que posibilitan el fenómeno místico delineadas por de Certeau. La segunda condición (ofrecer el yo como el lugar donde ocurre la comunicación con Dios) y la tercera (la representación a través del lenguaje) se concebían en el modelo de de Certeau como etapas cronológicamente contiguas, a manera de una secuencia de ida y retorno. En la cita del bálsamo, sin embargo, se ha encontrado un punto de unión entre estos dos momentos. Ambos coexisten gracias a la memoria, cuando se recuerda el mandato del confesor en la esfera de una vida diaria conventual y se incerta dentro del espacio de la soledad con Dios, en el momento de la comunicación. Tanto Dios como los confesores quieren que ella escriba. Pero aquí se crea una especie de ambigüedad, una pregunta con respecto a la representación misma que aparece en los *Afectos*. ¿Recuerda Francisca Josefa a su padre rector en el momento en que tiene su visión del bálsamo, o es una estrategia de la escritura que incluye a su superior dentro del ámbito privado de la visión? La duda con respecto a esta pregunta parece mantener la secuencia cronológica propuesta por de Certeau (la separación de la experiencia en relación a la escritura), aunque en el discurso de los *Afectos* se intuya una interrelación mucho más compleja entre ambos espacios o temporalidades. Resulta interesante que, en efecto, las palabras de su superior sean las que le permitan interpretar la visión como una que tiene como referente su propia escritura. Y no es la única vez que en los *Afectos* se hace mención de confesores en el *locus* de la experiencia mística.

En el Afecto 105, por ejemplo, la madre Castillo también expresa sus dudas sobre si debe escribir, y Dios procede a recordarle que esa es precisamente su misión, porque así como cada criatura creada tiene un propósito, a Francisca se le ha señalado el suyo: "ya tu camino te lo manifesté de muchos modos: con palabras, con castigos, con voces sensibles, con halagos, *por medio de mis siervos muchas veces*, porque así no dudaras con tu timidez" (I, 236; mi énfasis). En esta cita reaparecen los confesores, pero ahora como parte de un diálogo directo con la divinidad, no por medio de una visión alegórica. Inmediatamente Francisca reconoce lo que le dice la voz divina: "Acordéme de todos los consejos y direcciones, en particular (...) del Padre Francisco de Herrera, del Padre Juan de Tovar, Juan Martínez y del Padre Juan Romero, que todos habían díchome una misma cosa, y los modos casi milagrosos con que dispuso el que comunicara a algunos de estos padres" (I, 236). Se enumeran aquí los nombres de los confesores de quienes puede acordarse en el momento mismo del diálogo divino. Esto es muy importante porque introduce a los sacerdotes que conoce dentro del ámbito de la experiencia mística, haciendo que ellos participen de un modo activo e inclusivo del plan divino y del camino trazado para ella. La misma obra de Francisca, sus *Afectos*, hace también acto de presencia en la memoria, cuando comenta que también "me hizo presente cuanto escrebí, desde que el Padre Francisco de Herrera me lo mandó" (I, 236). La visión del bálsamo y el diálogo citado con Dios representan respuestas de la divinidad ante las dudas que Francisca tiene sobre si debe o no escribir. Las intervenciones institucionales y las divinas encuentran un foco común en el acto de escribir, en un acto que se impone como ejercicio requerido a la monja. Este imperativo es lo que hace que en Francisca se consolide lo que de Certeau llama la voluntad (*volo*), la condición que finalmente posibilita que el sujeto siga en su búsqueda divina, sobrepasando el obstáculo de la duda como posible punto final de la comunicación.

Si no hay voluntad, no hay experiencia ni tampoco escritura, como comenta de Certeau. Toda instancia en que la madre Castillo duda sobre su práctica escrituraria, se corre el peligro de clausurar su texto o, peor aún, quemarlo. Otro ejemplo de esta duda que socava la voluntad lo encontramos en el momento en que la monja le pregunta a su ángel protector:

> si sería voluntad de Nuestro Señor que escribiera estas cosas, me parece entendí: "¿pues no ha de ser, alma? ¿No ves que los puercos son los que sepultan en el lodo las margaritas preciosas y entierran el oro de su Señor, y lo sepultan?" (II, 346)

Escribir se convierte en la posibilidad de superar el estado animalizado que representaría el no escribir. Transformarse en cerdo implica enterrar en el lodo las joyas que salían de sus dedos y que son regalo divino. No tener la voluntad para seguir a Dios la convertiría en un animal despreciable que prefiere el lodo al metal precioso, que no puede distinguir lo hermoso y bueno de lo vil y bajo.

El discurso místico presupone un rebajamiento del yo que siempre se autodefine como lo más despreciable y humilde. Pero a veces esa humildad puede socavar la voluntad de servir a Dios, que en el caso de Francisca se traduce en sus continuas dudas. Los *Afectos espirituales* comienzan, por ejemplo, con un ejercicio de humillación y acaban invocando lo mismo. Casi al final de la obra, luego de recuperarse de otra visión mística, la monja comenta:

> ¿Qué soy yo, Dios mío, sino como el sonido de los animales inmundos, como el gruñir de sus gemidos con mis vicios y pasiones, como el cenegal y lodo en que se revuelcan, de donde siempre sale malo y pestilencial olor, desapacible a la vista, asqueroso al gusto y al olfato? ¿Qué soy sino una sabandija ponzoñosa, que dondequiera derramo mi veneno, indigna de la luz de la vida y de la compañía de las otras criaturas? (II, 487)

Se delinean aquí dos zonas en conflicto: una divina, que insiste en la capacidad de la monja para continuar el diálogo, y otra zona que correspondería a la del asceta, con su timidez y su autoflagelación verbal y constante denigración. Aquí vuelven a articularse las imágenes del cerdo y las flores que el ángel le comunicó a Francisca. Vuelve la monja a dudar de su voz y su palabra escrita, que se compara ahora al sonido de los animales, a su gruñir, y al veneno de una sabandija. La escritura asume entonces esa contradictoria esencia del fármaco, esa ambigüedad que existe entre el metal precioso convertido en bálsamo o flor hermosa y el veneno, el sonido cacofónico y animalizado, y el lodo que ensucia (y esconde) una verdad divina.[19]

Vivir lo inefable como revelación destinada a muy pocos se ha propuesto siempre como una experiencia personal de gran magnitud. Requiere de un sujeto que tenga voluntad, disciplina y deseos de dar testimonio sobre lo que ha experimentado. La identificación de una persona que haya tenido estas experiencias de inmediato llama la atención de los guardianes del mundo eclesiástico, los cuales intentan controlar esa ebullición narrativa que brota de la pluma del místico. El dilema central a veces es la pregunta sobre si escribir o no escribir, de dónde proviene este discurso, a través de quién o qué se manifiesta lo divino, y dónde residen las autoridades que aprueban o censuran el relato.

En mi lectura de los *Afectos*, he identificado algunas instancias en que la madre Castillo reflexiona, duda e inquiere sobre su escritura. Esto provoca varios posicionamientos de la escritora que van desde una excesiva humillación que pone en peligro la voluntad de buscar a Dios y suscita la necesidad de destruir el manuscrito, o un movimiento hacia el otro extremo, el reconocimiento de la capacidad de comunicar directamente, como a través del espacio vacío de las flautas, la voz misma de Dios (su aliento en el papel). La duda enlaza el mandato de los confesores y el dictamen divino. En el *locus* de la experiencia mística aparece la comunidad de confesores, y en el espacio del convento, entre sus sacerdotes, se manifiesta también la presencia de Dios, en una especie de entrecruzamiento que tiene como centro comunicativo a la monja. Como contrapartida de este encuentro de autoridades, Francisca de alguna manera interpone en su lenguaje su constante duda. Las piedras preciosas y flores de su relato son también lodo, gruñido, ponzoña. La interrogante de la mística convierte su discurso en fármaco, en la medida en que es una escritura que vivifica y que también enferma, con tribulaciones, castigos y sufrimientos. Esa cualidad del fármaco tiene

---

[19] Sobre la ambigüedad del fármaco, consultar el texto de Derrida, "Plato's Pharmacy" 63-171.

su continuidad en una anécdota posterior a la muerte de Francisca. Su sobrino y primer editor, Antonio María de Castillo y Alarcón, consiguió que el arzobispo Mosquera y el provisor Herrán concedieran 120 días de indulgencias que se ganan con la lectura de cada Afecto y 100 días más por cada cuarto de hora que se le dedique.[20] Se asegura así la validez de los escritos de Francisca, su voz reconocida por la autoridad y diseminada en la comunidad. Las instituciones eclesiásticas se han apropiado ahora del texto, imponiendo el factor curativo a su recepción, y dejando el desasosiego y la duda como un veneno que permanece en la letra, en la escritura de la vida de una monja.

---

[20] Véase la introducción a la antología de Elisa Mujica (23-24).

Obras Citadas

Achury Valenzuela, Darío. "Introducción". *Obras Completas. Madre Francisca Josefa de la Concepción de Castillo*. Tomo I. Bogotá: Banco de la República, Biblioteca Luis Angel Arango, 1968.

Arenal, Electa y Stacey Schlau. "'Leyendo yo y escribiendo ella': The Convent as Intellectual Community". *Journal of Hispanic Philology* 13 (1989): 214-229.

_____ *Untold Sisters: Hispanic Nuns in Their Own Works*. Amanda Powell, trad. Albuquerque: University of New Mexico Press, 1989.

Barilli, Renato. *Rhetoric*. Giuliana Menozzi, trad. Minneapolis: University of Minnesota Press, 1989.

Bataille, Georges. *Eroticism. Death and Sensuality*. Mary Dalwood, trad. San Francisco: City Lights Books, 1986.

Castillo, Madre Francisca Josefa de la Concepción de. *Obras Completas*. Tomos I y II. Bogotá: Banco de la República y Biblioteca Luis Angel Arango, 1968.

Cristina, María Teresa. "La literatura en la conquista y la colonia". *Manual de Historia de Colombia*. Tomo I. Bogotá: Procultura S.A., 1984. 493-592.

Covarrubias, Sebastián de. *Tesoro de la lengua castellana o española*. Barcelona: Alta Fulla, 1998.

De Certeau, Michel. *The Mystic Fable*. Michael B. Smith, trad. Chicago: The University of Chicago Press, 1995.

_____ *Heterologies*. Brian Massumi, trad. Minneapolis: University of Minnesota Press, 1985.

Derrida, Jacques. "How to Avoid Speaking: Denial". *Derrida and Negative Theology*. Harold Coward y Toby Foshay, eds. New York: State University of New York Press, 1992. 73-142.

_____ "Plato's Pharmacy". *Dissemination*. Barbara Johnson, trad. Chicago: The University of Chicago Press, 1981.

Diccionario de Autoridades. Madrid: Gredos, 1990.

Finke, Laurie A. "Mystical Bodies and the Dialogics of Vision". *Women. Autobiography, Theory. A Reader*. Sidonie Smith y Julia Watson, eds. Madison: the University of Wisconsin Press, 1993. 403-414.

Foucault, Michel. *Hermenéutica del sujeto*. Fernando Alvarez-Uría, trad. Madrid: La Piqueta, 1994.

Galaz-Vivar Welden, Alicia. "Francisca Josefa de Castillo: Una mística del Nuevo Mundo". *Thesaurus* XLV (1990): 149-161.

Gimbernat de González, Esther. "El discurso sonámbulo de la Madre Castillo". *Letras Femeninas* XIII/1-2 (1987): 42-52.

Gómez Vergara, Max. *La Madre Castillo*. Tunja: Academia Boyacense de Historia, 1984.

Klibansky, R., Erwin Panofsky y Fritz Saxl. *Saturno y la melancolía*. María Luisa Balseiro, trad. Madrid: Alianza, 1991.

Lavrin, Asunción, ed. *Sexuality and Marriage in Colonial Latin America*. Lincoln: University of Nebraska Press, 1989.

_____ "Female Religious". *Cities and Society in Colonial Latin America*. Louisa Schell Hoberman y Susan Migden Socolow, eds. Albuquerque: University of New Mexico Press, 1986. 165-195.

_____ "Unlike Sor Juana? The Model Nun in the Religious Literature of Colonial Mexico". *Feminist Perspectives on Sor Juana Inés de la Cruz*. Stephanie Merrim, ed. Detroit: Wayne State University Press, 1991. 61-85.

Martín Velasco, Juan. *El fenómeno místico. Estudio comparado*. Madrid: Trotta, 1999.

McKnight, Kathryn J. *The Mystic of Tunja*. Amherst: University of Massachusetts Press, 1997.

Moraña, Mabel, ed. *Mujer y cultura en la Colonia hispanoamericana*. Pittsburgh: Biblioteca de América, 1996.

Morales Borrero, María Teresa. *La Madre Castillo: su espiritualidad y su estilo*. Bogotá: Instituto Caro y Cuervo, 1968.

Mortara Garavelli, Bice. *Manual de retórica*. María José Vega, trad. Madrid: Cátedra, 1991.

Mujica, Elisa. *Sor Francisca Josefa de Castillo*. Bogotá: Procultura, 1991.

Muriel, Josefina. *Cultura femenina novohispana*. México: Universidad Nacional Autónoma de México, 1982.

_____ *Los recogimientos de mujeres: respuesta a un problema social novohispano*. México: Universidad Nacional Autónoma de México, 1974.

_____ *Conventos de monjas en la Nueva España*. México: Santiago, 1946.

Perella, Nicolas James. *The Kiss Sacred and Profane*. Berkeley: University of California Press, 1969.

Robledo, Angela I. "La Madre Castillo: autobiografía mística y discurso marginal". *Letras Femeninas* XVIII/1-2 (1992): 55-63.

Sánchez Lora, José L. *Mujeres, conventos y formas de la religiosidad barroca*. Madrid: Fundación Universitaria Española, 1988.

Serés, Guillermo. *La transformación de los amantes. Imágenes del amor de la antigüedad al siglo de oro*. Barcelona: Crítica, 1996.

Vélez de Piedrahíta, Rocío. "La madre Castillo (1671-1742)". *Manual de literatura colombiana*. Tomo I. Bogotá: Procultura, 1988. 101-141.

III. Sor Juana

CIENCIA Y EXPERIENCIA EN LA QUERELLA DE LAS MUJERES: SOR JUANA

Margo Glantz
UNIVERSIDAD NACIONAL AUTÓNOMA DE MÉXICO

1. LA QUEJA, LA PARADOJA

En la dedicatoria que Sor Juana Inés de la Cruz escribe, encomendando sus escritos a don Juan de Orúe y Arbieto, editor del *Segundo Volumen* de sus obras, se leen estas significativas palabras "...Y más cuando llevan la disculpa de ser obra, no sólo de una mujer, *en quien es dispensable cualquier defecto*, sino de quién nunca ha sabido cómo suena la viva voz de los maestros, ni ha debido a los oídos sino a los ojos las especies de la Doctrina en el mudo magisterio de los libros..." (4, subrayado mío; modernizo a partir de aquí todos los textos). Así, la monja novohispana alude a un agravio –remite a la tradicional querella entre los sexos aún vigente– y formula una paradoja, al asumir con ironía el prejuicio hondamente asentado de la inferioridad femenina, esa flaqueza que tradicionalmente rebaja a las mujeres y, entre otras cosas, subraya la imposibilidad que tenían en el siglo XVII para acceder a los estudios universitarios regulares. En su caso particular, sin embargo, ella misma exalta oblicuamente su ingenio y su capacidad para emprender un altísimo trabajo intelectual, del cual es prueba irrecusable su propio libro, como bien lo entiende uno de los muchos sacerdotes que la ensalzan en los panegíricos y licencias que preceden los escritos de este *Segundo Volumen*. Se trata del fraile carmelita Pedro del Santísimo Sacramento quien dice: "Para alabar dignamente la elocuente sabiduría y dorada elocuencia de esta doctora mujer Juana Inés de la Cruz, otra Juana Inés de la Cruz era necesario que hubiese, que fuese ella misma" (26, tomado de Cruz, *Segundo Volumen*). Es más, al llamarla doctora, le concede el más alto grado de autoridad que pueda otorgársele a un universitario, aunque ella nunca haya pisado las aulas y sea autodidacta:

> Y lo primero, explica, confieso ingenuamente, que al leer los papeles con gran atención, qué gusto, pasándome de la admiración al pasmo reconocí que ya había parecido esa mujer fuerte que con tanto cuidado buscaba en sus proverbios Salomón...Y no era mujer como quiera la que buscaba, que ceñirse una mujer espada y vencer batallas campales, historias sagradas y profanas lo refieren, no lo podía extrañar Salomón: que sin armas militares entre los ejercicios de su profesión religiosa con el corte de la espada de su pluma venza en campañas literarias los entendimientos más

> valientes y los ingenios más varoniles, esto es lo que Salomón con verlo mirado todo deseó tanto ver. Y si alargara hoy la vista a aquel Nuevo Mundo, a aquella Nueva España, bien lejos de la nuestra...viera en una mujer religiosa altamente logradas las calidades que tan dificultosas le parecieron de concurrir en sujeto solo [26-27].
> Pues dejadas aparte las otras señas que da de la otra mujer fuerte que buscaba... sóla una es la que perficiona las prerrogativas de las demás y llena los elogios y excelencias de esta insigne mujer. De la otra dice Salomón que...abrió su boca a la sabiduría; la de la madre Juana Inés es tanta que nos tiene a todos las bocas abiertas. Dícenlo sus altísimos escritos y sus obras admirables son su más seguro panegirista y que más digna y justamente la aplauden que es lo que de la otra mujer decía Salomón...(y aquí debo confesar que el estilo de Sor Jauna es infinitamente mejor que el de este buen predicador). En las puertas dice que la alaben sus obras no porque han de andar por puertas mendigando aplausos... sino porque... antiguamente se fijaban los Tribunales en las puertas de la ciudad y quiere decir que la alaben en los tribunales para que entienda el mundo que es la alabanza de justicia, que la aplaudan en las escuelas, en las universidades, en las academias, en los teatros, para que sea de doctos la alabanza y elogien debidamente a la que en todas facultades y ciencias es doctísima [27-28].[1]

Sor Juana sabe sin embargo que el elogio más calificado concedido a las mujeres, así sea el de la fortaleza, oculta en sus pliegues una censura, sabe que mientras más se las ensalza más se subraya su excepcionalidad, como si se tratase de una "excelencia singular", según la acertada expresión acuñada por Friederike Hassauer –cuando habla de Heloísa–, singularidad que resalta con estruendo esa "deficiencia normal " (tomado de Cescutti 93) atributo del sexo femenino. En realidad, ella entiende que el prejuicio es más fuerte y que el hecho mismo de ser mujer trae a la mente de sus interlocutores, aún los más exaltados e inteligentes, el espectro de la deficiencia y detecta en las alabanzas que se le ofrecen una perplejidad, como bien lo demuestra el asombro con que el calificador del Santo Oficio Juan Navarro Vélez escribe el voto aprobatorio necesario para imprimir este *Segundo Volumen* y quien, aunque antes ha prodigado sus elogios con gran tino y sinceridad, no puede evitar –o no le está permitido– caer en el lugar común: " Y si cumplir con tanto fuera elogio muy crecido, aún para un hombre muy grande, ¿qué será cumplir con todo el ingenio y el estudio de una mujer? Será haberle constituido acreedora por su omnímoda erudición de panegírico, que a toda ella se entiende" (9, tomado de Cruz, *Segundo volumen*).

2. La flaqueza

¿Cómo, se pregunta el anónimo desapasionado que prologa la edición de 1637 de María de Zayas, en el "flaco sexo de una mujer ha puesto el cielo glorias tan consumadas"? (Courcelles 75).
El adjetivo flaco con que se suele calificar a menudo a las mujeres, es definido así en el *Diccionario de Autoridades* (DA) de 1732 : "Enjuto y falto de carnes; se toma también por flojo, caído y abandonado y en lo moral vale por frágil, y que cae fácilmente en algún defecto; por translación significa débil, falto de vigor y fuerzas, se dice también de las cosas no materiales, como argumento flaco" (760).

---

[1] Las páginas referentes a los textos aparecidos en el *Segundo Volumen* van entre [ ] porque en la edición original no tienen numeración.

Ciencia y experiencia en la querella de las mujeres: Sor Juana

Por lo contrario, el adjetivo fuerte, también en el *DA*, "es lo que tiene fuerza y resistencia; vale también por robusto, corpulento y que tiene grandes fuerzas; significa también constante, animoso y varonil", y como ejemplo se lee, excepcionalmente, porque es la única vez que al usar estos dos adjetivos el diccionario se refiere a una mujer: "Mirad a la fuerte Judith, por cuya mano dio Dios salud y defendió la ciudad de Betulia de poder del capitán Holofernes (de Pedro de Oña, *Postrimerías del hombre*)" ; "...vale también por duro, que no deja labrar o no cede fácilmente como el diamante, el bronce; significa también terrible, grave, excesivo... vale asimismo por grande, eficaz y que tiene fuerza para persuadir..." (807-808).

Y como bien sabemos, la flaqueza es patrimonio esencial de las mujeres y la fortaleza, de los hombres, aunque la regla exija subrayar las excepciones, como hemos visto que hace el *Diccionario de Autoridades* y también Pedro del Santísimo Sacramento, el elocuente carmelita, hace poco citado largamente, quien evidencia su asombro de que aún la fortaleza, cualidad intrínseca de los varones, pueda convertirse en patrimonio de la mujer. Es obvio que cuando se marca este contraste considerado como normal, el cuerpo regresa por sus fueros, retoma fuerza, aunque se trate de un cuerpo femenino y aún cuando se corra el peligro de caer en simulacros discursivos, como los llama Judith Butler (citado por Bidwell-Steiner 183).[2] Esto es significativo, sobre todo en este período en que el afán clasificatorio de Aristóteles consagra un amplio espacio en sus tratados sobre los animales al examen del cuerpo de la mujer. "[E]n su conjunto", dice Giulia Sissa en su inteligente libro *L'âme est un corps de femme*, "aparece marcado por una serie homogénea de rasgos que manifiestan su naturaleza defectuosa, flaca, incompleta..." (43).[3]

Y Sissa, unas páginas más adelante, reiterando lo que ya había dicho Sor Juana en su dedicatoria a Orúe y Arbieto, en el sentido de que *en la mujer es dispensable cualquier defecto*, añade, resumiendo las teorías de Aristóteles: "La naturaleza femenina es defectuosa naturalmente: llegamos por fin a la razón última de los defectos que se acumulan en el cuerpo de las mujeres. Es que la mujer es en sí misma un defecto. Nada podría escapar al registro de la carencia por la cual se define" (45).

Sor Juana y muchas otras mujeres trataron de escamotear su cuerpo, hacerlo desaparecer para disimular esas carencias a las que estaban condenadas por la pluma iracunda del filósofo estagirita y sus seguidores y en su lugar colocaron al alma, pues el alma, se piensa erróneamente, no tiene sexo, como parece creerlo Sor Juana en un romance:

> Yo no entiendo de esas cosas;
> sólo sé que aquí me vine
> porque, si es que soy mujer,
> ninguno lo verifique.
> Y también sé, que en latín,
> sólo a las casadas dicen

---

[2] El texto escrito por Judith Butler es *Gender Trouble. Feminism and the Subversion of Identity*.
[3] La traducción de las citas de Giulia Sissa es mía. En su ensayo "La diferencia sexual en la Historia de la Querella de las Mujeres", incluido en el libro varias veces mencionado de Aichinguer. *The Querelle des femmes*, María Milagros Rivera Garretas explica: "En lo que se refiere estrictamente a las relaciones de los sexos y entre los sexos, ocurrió un acontecimiento poco mencionado en la historiografía –también en la feminista– pero suficientemente estudiado. Este acontecimiento fue la Revolución Aristotélica. Así le ha llamado la filósofa actual de lengua inglesa Prudence Allen a la recuperación a mediados del siglo XIII por las universidades europeas de la teoría de Aristóteles de la polaridad de los sexos. Esta teoría fue recuperada y difundida cuando en 1253 la universidad de París impuso como obligatoria la lectura de los escritos de Aristóteles en torno a lo que somos las mujeres, lo que son los hombres, y lo que deben ser las relaciones entre los sexos. Decía esta teoría que hombres y mujeres somos sustancialmente diferentes, y que los hombres son superiores a las mujeres... (17).

> *úxor*, o mujer, y que
> es común de dos lo Virgen.
> Con que a mí no es bien mirado
> que como a mujer me miren,
> pues no soy mujer que a alguno
> de mujer pueda servirle;
> y sólo sé que mi cuerpo,
> sin que a uno u otro se incline,
> es neutro, o abstracto, cuanto
> sólo el Alma deposite (Cruz, "Romance 48" 138).[4]

Y el jesuita Pedro Zapata, otro de los panegiristas del *Volumen Segundo* de sus obras parece comulgar con quienes piensan que el cuerpo de la mujer no puede afrontar la comparación con el cuerpo masculino por la diferencia esencial que marca su inferioridad frente al modelo. Piensa en cambio que las almas pueden quizá equipararse, discrepando del estagirita para quien el cuerpo de la mujer es una sustancia inerte, "pues, como asegura en *La generación de los animales*, la única cosa que le falta es el principio del alma" (citado en Sissa, 50). Leamos al jesuita:

> No es el mayor motivo de admirarme ver tan varonil y valiente ingenio en un cuerpo mujeril, porque apartándome del vulgo de aquellos hombres que niegan a las mujeres la habilidad para las letras, debo saber que no hay diversidad en las almas, y que los cuerpos en ambos sexos, de tal suerte son desemejantes que pueden y suelen admitir igual proporción de órganos para penetrar las más delicadas sutilezas de la ciencias ([23]).

¿Qué sería entonces Sor Juana para este sacerdote? Un cuerpo asexuado, un alma, simplemente. ¿Y para Aristóteles? Un simple cuerpo, una sustancia inerte, pero receptiva.

La neutralidad o la abstracción del cuerpo forman parte de una codificación cultural que contrasta y convive flagrantemente con la poderosa presencia del cuerpo tal y como Aristóteles la elabora en sus escritos, escritos que, lo sabemos bien, siguen ejerciendo su imperio en el siglo XVII. Una presencia que impide los deslizamientos o hace imposible desconocer que es sobre la fortaleza o la debilidad originarias del cuerpo masculino o femenino, respectivamente, sobre su constitución misma, que se edifican las polarizaciones.

El entendimiento es andrógino, se aloja sobre todo en el alma, suele decirse en ese periodo en que es vigente todavía la disputa entre los sexos,[5] pero cuando una mujer posee

---

[4] Tomado de las *Obras completas*, México, Fondo de Cultura Económica, 1976, Vol. I.

[5] ¿Será una disputa rebasada? Baste, para comprobar lo contrario, leer una novela no hace mucho publicada en México, y convertida recientemente en película, *La Virgen de los sicarios* del colombiano Fernando Vallejo, de la cual dice la poeta peruana Rocío Silva Santisteban, en un ensayo intitulado "La persistencia de la barbarie. Las prácticas periféricas canonizadas por el centro: exclusión y basurización desde América Latina": "Vallejo logra, en clara diferencia con otros autores de la literatura gay, homologar la homosexualidad con la homosocialidad, es decir, vincular el gusto y el deseo sexual entre hombres por la idea de una socialidad homogénea entre varones, de la misma manera como se planteaba la homosexualidad en la Grecia Clásica, excluyendo a la mujer ya no sólo del deseo sino del protagonismo social, excepto como culpable de su 'vientre abyecto'. No se trata de una opción por una sexualidad diferente sino por una sexualidad 'entre pares', en la medida en que la mujer es 'de otra especie': lo femenino no desaparece sino que se convierte en redundante" (27). La autora nos remite a su vez a otro texto escrito por Calos Jáuregui y Juana Suárez, intitulado "Profilaxis, traducción y ética: la humanidad desechable en *Rodrigo D No Futuro, La vendedora de rosas* y *La virgen de los sicarios*". Y para revisar los conceptos originarios, habría que releer a Aristóteles, *La historia de los animales, Reproducción de los animales* y *Las partes de los animales*. Para revisar una lista de defectos del cuerpo femenino sería bueno asimismo revisar el ensayo de Giulia Sissa, "Il corpo della donna", en *Madre Materia*, y el de Nicole Loraux, *Les expériences de Tiresias*.

un entendimiento excepcional, la argumentación que exhibe esa singularidad recurre a los estereotipos clásicos de la misoginia:

> Cierto provincial, hombre doctísimo, de la doctísima y gravísima religión de mi padre santo Domingo, vuelve a decir el carmelita y por añadidura descalzo, Pedro del Santísimo Sacramento, no quería creer las cosas tan grandes que los maestros de su religión le decían de aquella gran maestra de espíritu y doctora insigne de la inglesia, mi seráfica madre Santa Teresa de Jesús: burlábase de ella, y de los que alababan tanto su sabiduría: instábanle que la entrase a ver y hablar y luego les dijese su sentir. Entró en el locutorio, hablóla y oyendo aquel oráculo del cielo, aquella sabiduría tan divina, aquellas palabras tan llenas de misterios tan recónditos, aquella teología tan delicada, y tan sutil, que atónito y pasmado el hombre, salió diciendo a los demás "*Padres, me habéis engañado, dijistéisme que entrase a hablar a una mujer y a la verdad no es sino hombre y de los muy barbados* (sub. orig.). Lo mismo (con la proporción, claro está, que se debe) [recuerdo: ya estaba canonizada Teresa] podré yo decir de la madre Juana Inés de la Cruz, y más bien los que la han oído en el locutorio dicen que es mujer y a la verdad no es sino hombre y de los muy barbados, esto es, de los muy eminentes en todo género de buenas letras... (31).

Por más que lo desee y quiera hacerlo desaparecer en algunos de sus escritos, el cuerpo le juega malas pasadas a la monja novohispana. De manera semejante a ese ferviente admirador anónimo que no pudo resignarse a que fuera mujer y le ofreció unos barros –es decir, una sustancia mezclada con lodo que hacía crecer la barba a los jóvenes imberbes– y al que ella le contesta en el Romance 48 que he citado más arriba, el carmelita descalzo don Pedro del Santísimo Sacramento pretende enaltecerla privándola de su defectuosa corporeidad, logrando que en la palabra escrita su cuerpo se fortalezca, se virilice. Cito aquí un fragmento de un texto mío para rematar este argumento:

> En el momento mismo en que una mujer se sirve de un discurso riguroso reservado al ámbito de lo masculino, la fragilidad que parece sustentar su corporeidad desaparece del discurso y la ´humedad´ y la ´frialdad´ de su sexo se neutralizan; su rostro se transforma y queda oculto, recubierto debajo de una proliferación que, de inmediato, opera la metamorfosis y la masculiniza (Glantz 197).[6]

Hay que volver entonces al cuerpo de sor Juana a pesar de la lección que ella misma quiso darle a su inoportuno admirador. Revisando el contexto, reiterado por el carmelita descalzo, se puede intentar una operación contraria a la que ella realiza en el romance, una operación que nos permita sugerir una probable materialidad de la escritura.

3. ¿SUMAS O RESTAS?

El *Segundo Volumen*, al que me he venido refiriendo, es un libro publicado en Sevilla en 1692, concebido por la propia Sor Juana y por su mecenas y musa, Doña María Luisa Manrique

---

[6] En un ensayo que apareció primero como Prólogo a la edición facsmilar del *Segundo Volumen* de sus Obras, analizo las razones que me han movido a concebir este *Segundo Volumen* como un formidable baluarte concebido para defender a la monja de sus detractores en la Nueva España, luego de la publicación de la *Carta Atenagórica*.

de Lara, Condesa de Paredes, marquesa de La Laguna. Es fácil advertir que ese volumen es en gran medida una respuesta a la *Carta de Sor Filotea*, es decir, la carta que el Obispo de Puebla, Manuel Fernández de Santa Cruz, travestido de monja, le envía a nuestra religiosa precediendo a la carta que la poeta intituló *Crisis de un sermón*, bautizada por el obispo como *Atenagórica*, en donde la reprende y pretende hacerla regresar al buen camino, el de una monja celosa de sus votos y por ello mismo obediente al mandato de sus prelados ("Carta de Sor Filotea" 695). Cito un fragmento, muy frecuentado:

> No apruebo la vulgaridad de los que reprueban en las mujeres el uso de las letras, pues tantas se aplicaron a este estudio, no sin alabanza de San Jerónimo. Es verdad que dice San Pablo que las mujeres no enseñen; pero no manda que las mujeres no estudien para saber; porque sólo quiso prevenir el riesgo de elación en nuestro sexo, propenso siempre a la vanidad. *A Sarai le quitó una letra la Sabiduría Divina, y puso una más al nombre de Abram, no porque el varón ha de tener más letras que la mujer, como sienten muchos, sino porque la i añadida al nombre de Sara explicaba temor y dominación.* Señora mía se interpreta Sarai; y no convenía que fuese en la casa de Abraham señora la que tenía empleo de súbdita.
> Letras que engendran elación, no las quiere Dios en la mujer; pero no las reprueba el Apóstol cuando no sacan a la mujer del estado de obediente. Notorio es a todos que el estudio y saber han contenido a V.md. en el oficio de súbdita, y que la han servido de perfeccionar primores de obediente; pues si las demás religiosas por la obediencia sacrifican la voluntad, V.md. cautiva el entendimiento, que es el más arduo y agradable holocausto que puede ofrecerse en aras de la religión (11, subrayado mío).

En la *Atenagórica* Sor Juana revisa y afina la argumentación que en el locutorio de su convento le valió tan grande celebridad. Al publicar el texto que ha sido escrito a pedido de un anónimo prelado, amigo y admirador de la monja, Santa Cruz le rinde homenaje a una mujer que ha invadido el ámbito del saber eclesiástico, un saber patriarcal, y al mismo tiempo exhibe su atrevimiento, el de desafiar –más bien superar– a uno de los más destacados y respetados teólogos de la época, el jesuita portugués Antonio Vieyra. Sor Juana ha transgredido sus votos al disentir de los sacerdotes, vicarios de Cristo, a los que tendría que obedecer ciegamente, cumpliendo con el voto de obediencia firmado junto con los otros votos de castidad, pobreza y clausura en el momento de profesar, momento en que según su antiguo confesor, el jesuita Antonio Núñez de Miranda, las monjas deberían abjurar totalmente de su albedrío y quedar como muertas para el mundo.[7] En verdad, Santa Cruz le exige reestablecer el equilibrio, restarle a su entendimiento esa letra que, usurpándola a los varones, le ha permitido alterar profundamente a la naturaleza, poniendo en peligro la estabilidad social al demostrar que la desigualdad cuantitativa entre los sexos establecida como dogma por Aristóteles y aceptada al pie de la letra en tiempos de Sor Juana es una falsedad y no una excepción a la regla. Transcribo aquí para reforzar esta idea unas palabras de Giulia Sissa:

> Cuando habla de los aparatos genitales, Aristóteles se enfrenta al peligro de tener que llegar a una conclusión: el macho y la hembra deberían ser percibidos como diferentes en cuando a su forma y estar separados en dos géneros autónomos. Sabemos que si se mantiene la definición del género como reproducción de una forma, lo anterior es inadmisible. Y comprendemos cómo, sin enunciar

explícitamente la aporía, Aristóteles la resuelve, al subrayar y repetir que el dimorfismo sexual es un asunto de más y menos. Es gracias a esta condición, hacer olvidar la configuración diferente del macho y de la hembra, que los dos cuerpos acaban convirtiéndose en dos variantes cuantitativas de una forma única, el *eidos* (la especie), que se reproduce dentro de un *genos* (el género) (46).

La comparación con el cuerpo masculino pone en evidencia dos aspectos del cuerpo de las mujeres: la equivalencia en la diversidad, pero sobre todo en la debilidad, el fracaso sistemático en relación con un modelo. Aristóteles diría que el cuerpo femenino es diverso del masculino según una regla del más y el menos. Esta manera *cuantitativa* (sic) de medir la desigualdad sexual no debe perderse de vista. Puesto que la diferencia según el más y el menos es para Aristóteles una categoría precisa, la que separa a un pájaro de otro pájaro –un gorrión de un águila, por ejemplo– o a un pez de otro: es, en suma, la diferencia entre los animales que pertenecen al mismo *genos* [género] (45).

A cambio de la transgresión cometida –escribir la *Crisis de un sermón*– se le exige a Sor Juana el sacrificio de su entendimiento, ese entendimiento que pareciera residir en el alma y lograr así, menguándolo, más bien mutilándolo, recobrar su cuerpo de mujer, a punto de perderse. Gracias a esa simple operación aritmética de resta, Sara –extirpada la i de su nombre– vuelve a ocupar el lugar jerárquico inamovible para el que ha sido destinada por designio divino, ser la obediente esposa de Abraham, y éste, engrandecido, sumando letras a su nombre, recuperará su hombría, es decir, el dominio. Este juego cabalístico regulado por operaciones aritméticas en donde se suman letras al nombre de un hombre y se restan letras al de una mujer, reitera el lugar jerárquico en que la burocracia eclesiástica pretende mantener a las mujeres, reiterando la ecuación aristotélica: el hombre es alma, forma, movimiento; la mujer cuerpo, materia, pasividad.

Sor Juana vuelve a defenderse con el extraordinario e inagotable texto conocido como la *Respuesta a Sor Filotea*, del que parecen estar perfectamente al tanto los panegiristas que la elogian y la defienden en las cien primeras páginas de aprobaciones y licencias con que se abre el *Segundo Volumen* al que me he venido refiriendo. Muchos de los argumentos allí expresados responden a los argumentos que el obispo expone. Es curioso entonces que la *Respuesta*, que hubiera debido aparecer junto con la *Carta de sor Filotea* en el *Segundo Volumen*, no se imprimiera sino después de la muerte de Sor Juana en el tercer volumen de sus obras, intitulado *Fama y Obras póstumas* de 1700, época en que todos los implicados en el debate suscitado por la *Atenagórica* ya habían muerto. La respuesta es una obra maestra, que contiene en una muy rica y variada argumentación la verificación de la imposibilidad que tiene una monja de suprema inteligencia para abdicar de su entendimiento y de su albedrío y el derecho que tienen las mujeres a aprender y a enseñar en universidades femeninas; en realidad, se trata de una negación a aceptar las doctrinas aristotélicas en uso que hacen de la mujer un ser mutilado, en comparación con el hombre. Al emprender la narración de su vida, cumpliendo con las órdenes del obispo y plegándose al mandato al que también se sometió Teresa de Jesús cuando contó su vida, es decir, al responder a las exigencias de los prelados, las dos monjas, apoyándose en los recursos que les proporciona la retórica y su gran inteligencia, subvierten el mandato y se erigen como sujetos plenos, si se me permite utilizar esta expresión volitivamente anacrónica:

> Que desde que me rayó la luz de la razón, fue tan vehemente y poderosa la inclinación a las letras, *que ni ajenas represiones –que he tenido muchas–, han bastado a que deje este natural impulso que Dios puso en mí*: Su Majestad sabe por qué y para

> qué: y sabe que le he pedido que apague la luz de mi entendimiento dejando sólo lo que baste para guardar su Ley, pues lo demás sobra, según algunos, en una mujer; y aun hay quien diga que daña (Cruz, "Respuesta a Sor Filotea" 93-94).[8]

Resulta evidente que Sor Juana no aceptará, como se lo exige el prelado, hacer el sacrificio de su entendimiento. Es más, en un acto vertiginoso, reestablece las jerarquías y ensaya una subversión retórica: Sor Juana se remite a Dios, quien le ha hecho donación de ese natural impulso que la inclina a cultivar las letras, a pesar de ser mujer. Para lograrlo echa mano de la misma operación aritmética de suma y resta que le ha servido al obispo para intentar reducirla. Reafirma su condición de señora y no acepta la de súbdita, desafiando a la burocracia eclesiástica novohispana al publicar en la Metrópoli sus obras, y escudándose debajo de las figuras más importantes de las jerarquías eclesiástica y civil española e impugnar así a la administración colonial al tiempo que invoca la autoridad divina como instancia suprema. Y mientras narra su vida, los diversos episodios que consigna constituyen un discurso en donde lo cotidiano con sus minucias, enriquecidas por la observación y la experimentación, sustentan un saber enciclopédico y su curiosidad científica, al tiempo que realzan una verdad que parecería contradecir la elección divina –su gran talento no bastaría si ella no hubiese invertido para acrecentarlo un grande esfuerzo:

> ... Pero todo ha sido acercarse más al fuego de la persecución, al crisol del tormento; y ha sido con tal extremo que han llegado a solicitar que se me prohiba el estudio. Una vez lo consiguieron con una prelada muy santa y muy cándida que creyó que el estudio era cosa de Inquisición y me mandó que no estudiase. Yo la obedecí (unos tres meses que duró el poder ella mandar) en cuanto a no tomar libro, que en cuanto a no estudiar absolutamente, como no cae debajo de mi potestad, no lo pude hacer, porque aunque no estudiaba en los libros, estudiaba en todas las cosas que Dios crió, sirviéndome ellas de letras, y de libro toda esta máquina universal. Nada veía sin refleja; nada oía sin consideración, aun en las cosas más menudas y materiales; porque como no hay criatura, por baja que sea, en que no se conozca el *me fecit Deus*, no hay alguna que no pasme el entendimiento, si se considera como se debe. Así yo, vuelvo a decir, las miraba y admiraba todas; de tal manera que de las mismas personas con quienes hablaba y de lo que me decían, me estaban resaltando mil consideraciones: ¿De dónde emanaría aquella variedad de genios e ingenios, siendo todos de una misma especie? ¿Cuáles serían los temperamentos y ocultas cualidades que lo ocasionaban? Si veía una figura, estaba combinando la proporción de sus líneas y mediándola con el entendimiento y reduciéndola a otras diferentes. Paseábame algunas veces en el testero de un dormitorio nuestro (que es una pieza muy capaz) y estaba observando que siendo las líneas de sus dos lados paralelas y su techo a nivel, la vista fingía que sus líneas se inclinaban una a otra y que su techo estaba más bajo en lo distante que en lo próximo: de dónde inferría que las líneas visuales corren rectas, pero no paralelas, sino que van a formar una figura piramidal (figura que, intervengo, va a desarrollar metafóricamente en su más importante poema, *El Sueño*) Y discurría si esta sería la razón que obligó a los antiguos a dudar si el mundo era esférico o no. Porque, aunque lo parece, podía ser engaño de la vista, demostrando concavidades donde pudiera no haberlas.

---

[8] Tomado de *Obras completas*, tomo IV.

> Este modo de reparos en todo me sucedía y sucede siempre, sin tener yo arbitrio en ello, que antes me suelo enfadar porque me cansa la cabeza; y yo creía que a todos sucedía esto mismo y el hacer versos, hasta que la experiencia me ha mostrado lo contrario; y es de tal manera esta naturaleza o costumbre, que nada veo sin segunda consideración (Cruz, "Respuesta a Sor Filotea" 458).

Terrible dilema, insinúa Sor Juana, ¿a quién ha de obedecer una monja, al vicario novohispano de Cristo o a Dios? ¿Al clero novohispano o al clero metropolitano? ¿Qué tipo de letras son legítimas, las que sobran o las que se suman a un nombre o, para ir más lejos, las letras que despliega "la aparatosa máquina del mundo"? Como ella misma lo dice en un romance y, vuelvo a reiterarlo, no hay nada más libre que el entendimiento humano, incluyendo en esa humanidad a los dos sexos por igual.

4. Las filosofías de cocina

Y el ejercicio de su entendimiento se manifiesta como juego y como despliegue de libertad, asimismo como una extraordinaria inclinación científica, la de inferir de las más aparentes fruslerías una ley de la física:

> Estaban en mi presencia dos niñas jugando con un trompo, y apenas yo ví el movimiento y la figura, cuando empecé, con esta mi locura, a considerar el fácil moto de la forma esférica, y cómo duraba el impulso ya impreso e independiente de su causa, pues distante la mano de la niña, que era la causa motiva, bailaba el trompillo; y no contenta con esto, hice traer harina y cernerla para que, en bailando el trompo encima, se conociese si eran círculos perfectos o no los que describía con su movimiento; y hallé que no eran sino una líneas espirales que iban perdiendo lo circular cuando se iba remitiendo el impulso. Jugaba otras a los alfileres (que es el más frívolo juego que usa la puerilidad); yo me llegaba a contemplar las figuras que formaban; y viendo que acaso se pusieron tres en triángulo, me ponía enlazar uno en otro, acórdandome que aquella era la figura que dicen tiene el misterioso anillo de Salomón, en que había unas lejanas luces y representaciones de la Santísima Trinidad, en virtud de lo cual obraba tantos prodigios y maravillas; y la misma que dicen tuvo el arpa de David, y que por eso sanaba Saúl a su sonido; y casi la misma conservan las arpas en nuestro tiempo (Cruz, "Respuesta a Sor Filotea", 458-459).

En su libro *Dinámica del cuerpo rígido*, Jorge Flores Valdés y Gabriel Anaya Duarte analizan el largo camino que recorrieron los científicos para lograr entender el movimiento de los cuerpos rígidos (7-9), por ejemplo, las evoluciones de un trompo, la trayectoria de un cuchillo tirado en el aire, la movilidad constante de los giróscopos, movimientos todos que parecen desafiar a la realidad; se sostienen en frágil equilibrio y trazan en una superficie lisa líneas que pueden explicar fenómenos físicos que habían preocupado largo tiempo a los científicos. Estos fueron problemas que Newton, el científico inglés, estricto contemporáneo de Sor Juana, logró por primera vez entender, sin llegar a sistematizarlo desde el punto de vista matemático. Esta operación fue realizada apenas en la última mitad del siglo XVIII, cuando Euler en 1765, y Lagrange en 1788, lograron traducir al lenguaje matemático el significado del trazo del baile de los trompos sobre el hielo, operación para la que Sor Juana, un siglo antes, utilizó la harina, ingrediente esencial en la cocina. La punta del trompo traza tres seciones de circunferencia unidas que pueden aumentar en número según su velocidad. La precisión y la mutación de movimientos son dos de los giros posibles que traza el cuerpo rígido, movimientos que Sor Juana advirtió un siglo antes de que la ciencia los codificase en ecuaciones. Al mismo tiempo que Newton, la monja resaltó –aunque sin llegar a sistematizarlas como él– sus conclusiones. Es, sin embargo, muy importante señalar esto para mostrar la enorme y genial clarividencia de la monja cuando se dedicaba a la simple operación de cavilar. Y en *Primero Sueño*, su más importante poema, se transforman en imágenes y en metáforas figuras semejantes a las del movimiento de los cuerpos rígidos que encuentran sus equivalentes conceptuales en la temática del texto: espirales, círculos y elipses. La monja asciende así a las alturas vertiginosas en que se embarca la protagonista del poema, el alma de la poetisa, y desciende a la tierra para contemplar en el monótono acontecer cotidiano los juegos aparentemente inofensivos y sin finalidad de las niñas que se educan en su convento. Dice Sor Juana en *El sueño*:

> De esta serie seguir mi entendimiento
> el método quería,
> o del ínfimo grado
> del sér inanimado,
> ...
> pasar a la más noble jerarquía,
> ...
> y de este corporal conocimiento
> haciendo, bien que escaso, fundamento,
> al supremo pasar maravilloso
> compuesto triplicado,
> de tres acordes líneas ordenado
> y de las formas todas inferiores
> compendio misterioso:
> bisagra engarzadora
> de la que más se eleva entronizada
> Naturaleza pura... (Tomo I, 350-351).

Capacidad de observación y de deducción, cualidades éstas que le permitirán también, y sutilmente, derribar muchos prejuicios, entre los cuales se encuentra el edificio todo de la revolución aristotélica, es decir, esa biología que hace del cuerpo de la mujer un cuerpo de hombre mutilado. ¿Acaso no lo deducimos del siguiente fragmento que ahora cito para terminar este trabajo?:

> Pues, ¿que os pudiera contar, Señora, de los secretos naturales que he descubierto estando guisando? Veo que un huevo se une y fríe en la manteca o aceite y, por contrario, se despedaza en el almíbar; ver que para que el azúcar se conserve fluida basta echarle una muy mínima parte de agua en que haya estado membrillo u otra fruta agria; ver que la yema y la clara de un mismo huevo son tan contrarias, que en los unos, que sirven para el azúcar, sirve cada una de por sí y juntos no. Por

no cansaros con *tantas frialdades*, que sólo refiero por daros entera noticia de mi natural y creo que os causará risa; pero señora, *qué podemos saber las mujeres sino filosofías de cocina?* Como dijo Lupercio Leonardo, que bien se puede filosofar y aderezar la cena. *Y yo suelo decir viendo estas cosillas: Si Aristóteles hubiera guisado, mucho más hubiera escrito*" (458-460, subrayado mío).

Si la diferencia entre los sexos y la debilidad congénita de la mujer se fundan en una carencia de calor vital que produce una debilidad metabólica del cuerpo femenino, según la teoría genética de Aristóteles seguida al pie de la letra en época de Sor Juana, es decir, si la sangre menstrual es incapaz de alcanzar una cocción por la frialdad inherente a la naturaleza femenina, mientras que el varón posee en cambio la capacidad generadora que permite transformar la sangre menstrual en esperma mediante la cocción, es el varón quién le da forma al producto engendrado en la hembra, puesto que posee el principio motor, en tanto que la mujer, quien ha prestado simple y pasivamente su vientre para la concepción, es sólo el principio material: "La maternidad", concluye Giulia Sissa, "se convierte en el soporte alimentario y físico de un proceso que depende esencialmente del varón... El principio psíquico lo aporta la esperma gracias a su naturaleza pneumática y caliente, consecuencia de la perfecta cocción. Entre el padre y el embrión, se produce la trasmisión del alma" (48-49).

Sería natural entonces, si llevamos al extremo esta argumentación, que la mujer carezca totalmente de alma, aunque el alma tenga cuerpo de mujer, como nos los demuestran sutilmente Giulia Sissa y Nicole Loraux. La relación establecida por Sor Juana entre los fenómenos naturales que ella descubre, cuando está guisando en la cocina –y a pesar de la frialdad que empobrece al cuerpo femenino–, nos remite a la genética establecida por Aristóteles, quien literalmente hace del principio generador masculino –que a su vez engendra una metafísica– una elaborada y a la vez escueta operación culinaria, en donde el uso apropiado del calor (masculino) o del frío (femenino) determinan su éxito o su fracaso, en otras palabras, "la perfecta" o imperfecta "cocción".

Obras citadas

Aichinger, Wolfram, *et al. The Querelle des Femmes in the Romania, Studies in Honour of Friederike Hassauer*. Viena: Verlag Turia + Kant, 2003.
Aristóteles. *Reproducción de los animales*. Madrid: Gredos, 1994.
Aristóteles. *Investigación sobre los animales*. Madrid: Gredos, 1992.
Bidwell-Steiner, Marlen. "Encarnaciones e imaginaciones de mujer: el cuerpo femenino entre discurso normativo y práctica social." *The Querelle des Femmes in the Romania, Studies in Honour of Friederike Hassauer*. Eds. Wolfram Aichinger, *et al*. Viena: Verlag Turia + Kant, 2003. 183-199.
Bravo, María Dolores Bravo. *El discurso de la espiritualidad dirigida*. México: UNAM, 2001.
Butler, Judith. *Gender Trouble, Feminism and the Subversion of Identity*. Nueva York: Routledge, 1990.
Cescutti, Eva. "Las Latinas de Isabel: Latinidad femenina en la corte de los reyes Católicos." *The Querelle des Femmes in the Romania, Studies in honour of Friederike Hassauer*. Eds. Wolfram Aichinger, *et al*. Viena: Verlag Turia + Kant, 2003. 92-104.
Courcelles, Dominique de. "L'art d'écrire la passion amoureuse entre les savoirs et les pouvoirs: Teresa de Ávila y María de Zayas." *The Querelle des Femmes in the Romania, Studies in Honour of Friederike Hassauer*. Eds. Wolfram Aichinger, *et al*. Viena: Verlag Turia + Kant, 2003. 70-91.
Cruz, Sor Juana Inés de la. *Obras completas*. Tomos I-III. Ed. Alfonso Méndez Plancarte. Tomo IV Ed. Alberto G. Salceda. México: Fondo de Cultura Económica, 1951, 1952, 1955, 1957.
_____ *Segundo Volumen de las Obras de Soror JIC*. [Sevilla:Tomás López de Haro, 1692.] Edición facsimilar. Prólogo Margo Glantz. México: UNAM, 1995.
Diccionario de autoridades o Diccionario de la lengua castellana. Compuesto por la Real Academia Española. [Madrid: Viuda de Francisco del Hierro, 1732] Edición facsimilar. Madrid, Gredos, 1984.
Fernández de Santa Cruz, Manuel, Obispo de Puebla. "Carta de Sor Filotea." en Sor Juana Inés de la Cruz, *Obras completas*. Tomo IV. México: Fondo de Cultura Económica, 1976. 694-697.
Flores Valdés, Jorge y Gabriel Anaya Duarte. *Dinámica del cuerpo rígido*. México: Fondo de Cultura Económica, 1989.
Glantz, Margo. *La comparación y la hipérbole*. México: Conaculta, 2000.
Jáuregui, Carlos y Juana Suárez. " Profilaxis, traducción y ética: la humanidad desechable, en *Rodrigo D No Futuro, La vendedora de rosas y La virgen de los sicarios*." *Revista Iberoamericana* 58/199 (abril-junio, 2002). 377-393.
Loraux, Nicole. *Les expériences de Tiresias*. Paris: Gallimard, 1991.
Navarro Vélez, *Censura del Rmo. Padre Maestro Juan Navarro Velez, de los Clérigos Menores, Lector jubilado, Provincial que ha sido de la Provincia de Andaluzia, Assistente Provincial de esta Provincia y Calificador del Santo Oficio de la Inquisicion*, en *Segundo Volumen de las Obras de Soror JIC*. [Sevilla:Tomás López de Haro, 1692]. Edición facsimilar. Prólogo Margo Glantz. México: UNAM, 1995. [5-11]
Rivera Garretas, María-Milagros."La diferencia sexual en la Historia de la Querella de las Mujeres." *The Querelle des Femmes in the Romania, Studies in Honour of Friederike Hassauer*. Eds. Wolfram Aichinger, *et al*. Viena: Verlag Turia + Kant, 2003. 13-26.
Sabat-Rivers, Georgina. *En busca de Sor Juana*. México: UNAM, 1998.
Santísimo Sacramento, Pedro. *El Padre Maestro Fr. Pedro del Santissimo Sacramento, Religioso Carmelita descalço, y Predicador en su Colegio del Angel de la Guarda de Sevilla, de la misma*

Orden. En *Segundo Volumen de las Obras de Soror JIC*. [Sevilla:Tomás López de Haro, 1692. Edición facsimilar.] Prólogo Margo Glantz. México: UNAM, 1995. [26-32].

Silva Santísteban, Rocío. "La persistencia de la barbarie. Las prácticas periféricas canonizadas por el centro: exclusión y basurización desde América Latina", ensayo inédito.

Sissa, Giulia. *L'âme est un corps de femme*. Paris: Éditions Odile Jacob, 2000.

_____ "Il corpo della donna." *Madre Materia*. Silvia Campese, *et al*. Turín: Boringhieri, 1983.

Zapata, Pedro. *El P. M. Pedro Zapata, Religioso Professo de la Compañia de Jesus, Calificador del Santo Oficio, Predicador del Rey, y Examinador Synodal de este Arçobispado*, en *Segundo Volumen de las Obras de Soror JIC*. [Sevilla:Tomás López de Haro, 1692.] Edición facsimilar. Prólogo Margo Glantz. México: UNAM, 1995. [23-25].

Sobre el arte de guisar y filosofar: Vives y Sor Juana

Luis Hermosilla
KENT STATE UNIVERSITY

En el artículo "Sor Juana Inés de la Cruz and Juan Luis Vives," Elizabeth Teresa Howe analiza varios argumentos formulados por Sor Juana en la *Respuesta a la muy Ilustre Sor Filotea* que revelan una notoria semejanza con algunas ideas pedagógicas de Juan Luis Vives.[1] Aunque su análisis está dirigido a resaltar el posible influjo de la lectura de las obras de Vives en la retórica de la monja jerónima, Howe también reconoce que la gestión intelectual de Sor Juana amplía y supera las nociones del humanista valenciano sobre la naturaleza y el contenido de la educación apropiada para la mujer:

> Equally clear is that the scope of Sor Juana's intellectual pursuits far outstrips those envisioned by writers like Vives as appropriate to young women. Nevertheless, in the references, quotations and examples Sor Juana utilizes in the *Respuesta*, there are both similarities and differences *vis-á-vis* Vives and others. (67)

Dos de los aspectos que mejor revelan la postura divergente asumida por Vives y por Sor Juana ante la educación femenina están vinculados a los temas de la incursión de la mujer en la virtud intelectual y las convicciones clásicas sobre la división sexual del trabajo. Nuestro análisis se dirige a poner de relieve cómo la anécdota que relata la experiencia de Sor Juana en la cocina del convento, en el fondo, impugna las convicciones sobre la división sexual del trabajo formuladas en la economía clásica. En la *Respuesta*, la síntesis que reconcilia el guisar y el filosofar como actividades compatibles y adecuadas para ambos sexos, impugna la asociación simbólica que identificaba la virtud intelectual y la escritura como capacidades exclusivas del sexo masculino. De esta manera Sor Juana también socava los cimientos ideológicos de los conceptos clásicos del género adoptados en el discurso humanista, que constituían un factor retardatario para la participación igualitaria de la mujer en el proyecto educativo.

Durante el Renacimiento se experimentaron cambios fundamentales en los conceptos sobre la educación. La práctica medieval que consistía en colocar a los hijos bajo la tutela

---

[1] Como lo indica Howe. *Instrucción de la mujer cristiana* es uno de los libros importados a la Nueva España en la época colonial: "Among titles imported into Mexico in the sixteenth century are those of the humanist authors Erasmus, Thomas More and Juan Luis Vives" (64). Howe también señala que Leonard Irving en *Books of the Brave* "speculates that item '100 luis biuas' refers to the *Instrucción*" (70).

de otras familias para que aprendieran un oficio a través del contacto con los adultos en la vida diaria, perdió su impronta ante el fenómeno de la expansión de las escuelas. En el siglo XV las escuelas dejaron de estar exclusivamente confinadas para los clérigos y se convirtieron en un instrumento normal de iniciación social (Ariès 371). Dos razones principales incidieron en la producción de este fenómeno:

> This evolution corresponded to the pedagogues' desire for moral severity, a determination to train it to resist adult temptations. But this also corresponded to the desire on the part of the parents to watch more closely over their children, to stay nearer to them, to avoid abandoning them even temporarily to the care of another family. (371)

A estas observaciones hay que añadir el impacto de la filosofía educativa del Humanismo que, fundamentada en la recuperación de la cultura clásica, promovía un ideal educativo basado en la adquisición de un sólido conocimiento libresco. La educación del caballero dejó de considerarse sólo un asunto de destrezas de armas y etiqueta cortesana y comenzó a visualizarse como la adquisición de un sólido conocimiento libresco (Kelso 10). Coherentemente formulado en *Il Cortigiano* de Baldassare Castiglione, este ideal educativo no estaba exclusivamente restringido al género masculino. De acuerdo con este autor, el rol social desempeñado por la dama de la corte en la esfera pública también demandaba una formación intelectual decorosa. A diferencia de la educación prescrita para la dama en *Il Cortigiano*, los humanistas más alumbrados aún concebían la educación de la mujer como una actividad secundaria, cuyo propósito debía estar puesto al servicio de la edificación moral (Mclean 74). Kelso resalta, por ejemplo, cómo durante la época el ideal moral para la dama estaba esencialmente asociado a las virtudes cristianas, en contraste con las virtudes paganas reservadas para los varones:

> For him the ideal is self-expansion and realization. He is to develop to the utmost every power that he has and direct every action with the proud of the consciousness of his elevation above the crowd not only in position but in worth. All his virtues are turned to insure his pre-eminence, enhance his authority, the essence of Aristotelian magnanimity. For the lady the direct opposite is prescribed. The eminently Christian virtues of chastity, humility, piety, and patience under suffering and wrong, are the necessary virtues. That is, the suppression and negation of self is urged upon her, even by those that love and admire her most, as will appear still more clearly in the recommendations for her upbringing and education. (36)

Instrucción de la mujer cristiana de Juan Luis Vives es una de las obras que mejor articula este ideal ético-educativo. Originalmente escrita en latín con el título *De Institutione Feminae Christianae* (1523), esta obra surgió como una encomienda especial de Catalina de Aragón, a fin de emplearla como guía para la instrucción de su hija María Tudor. Al inicio de esta obra, Vives resalta la importancia del estudio de las letras para la mujer y destaca cómo esta actividad eleva el entendimiento a la virtud y "no le deja abatir a cosas viles y terrenales, ni que se cebe jamás en cosa carnal, teniendo su manjar divino y espiritual dentro de sí misma" (28). En oposición a aquéllos que tenían por sospechosas a las mujeres que sabían letras "pareciéndoles que es hechar aceite en el huego, dándoles a ellas avisos, y añadiendo sagacidad a la malicia natural que algunas tienen" (24), Vives afirma que lo que procedía era reorientar la lectura hacia los libros apropiados. Reconoce la habilidad especial de algunas mujeres para las letras y aconseja que a las que mostraran este talento se las debía alentar a seguir su inclinación:

> Hay doncellas que no son hábiles para deprender letras, así como hay de los hombres. Otras tienen tan buen ingenio que parescen haber nascido para las letras, o a lo menos que no se les hacen dificultosas. Las primeras no se deben apremiar a que aprendan, a las otras no se han de vedar, antes se deben halagar y atraer a ello y darles ánimo a la virtud a que se inclinan. (24)

Identifica el periodo de la temprana infancia como el más apropiado para la iniciación de la niña en la lectura y aconseja que la madre, idealmente, debía ejercer la función de instructora.[2] Recomienda el empleo de libros compuestos por "santos varones," como San Cipriano, San Jerónimo, San Agustín y San Ambrosio, y de autores gentiles como Platón, Cicerón y Séneca.

Aunque innegablemente Vives fue uno los precursores más importantes de la educación femenina en su época, sus gestiones pedagógicas no estuvieron orientadas a desarrollar la virtud intelectual en la mujer. Proveniente de la tradición clásica, dicho concepto se definía como el ejercicio del razonamiento especulativo con el fin de alcanzar la verdad (Maclean 64). La ausencia de actividades vinculadas al desarrollo de esta destreza en el currículo educativo para la doncella diseñado por Vives no debe interpretarse como una postura exclusiva de este autor.

De acuerdo a los estudios realizados por Ian Maclean, salvo raras excepciones, durante el Renacimiento no se favoreció la incursión de la mujer en la virtud intelectual: "Intellectual virtue, whose end is truth, relates to speculative reason, and there seems in the Renaissance to be little support for the incursion of women into this sphere" (64). Maclean concluye que aunque este fenómeno pudo estar relacionado con el poco acceso de la mujer a los recursos educativos, estas circunstancias, simultáneamente, reforzaban la creencia en el limitado poder de razonamiento de la mujer y su poca capacidad para las disciplinas intelectuales (64).

Debido a que para Vives lo más importante no era que que la doncella fuera "letrada y bien hablada," sino "buena y honesta" (25),[3] lejos de estar dirigido a la reflexión crítica e independiente, el conocimiento derivado por la mujer de la experiencia lectora debía constituirse en un arma para combatir las malas tentaciones del vicio:

> Vives' defense of learning for women is based entirely on the argument that it will lead them to virtuous conduct and arm them against temptation of vice. He speaks neither of the simple pleasure of learning nor, more surprisingly, of increased

---

[2] Vives especificó el tipo de maestro que debía tener la doncella : "yo por mi querría que fuese alguna mujer antes que hombre, y antes su madre, o tía o hermana que no alguna extraña. Y cuando extraña hobiere de ser conoscida. Y si puede ser que tenga las circunstancias siguientes . . . : que sea en años anciana, en vida muy limpia, en fama estimada, en seso reposada, y en doctrina muy hábile" (26). Si en última instancia había que recurrir a un hombre, indica que el mismo debía ser viejo y casado con una "mujer harto hermosa y que la quiera mucho para evitar la codicia" (26).

[3] Sobre los objetivos del programa educativo para la doncella de Vives, Asunción Lavrín considera: "His educational suggestions aimed at keeping women away from evil in order that they learned only what is good, honest and pure. For this purpose he prescribed a complete separation of sexes at earlier age a complete indoctrination in the principal virtues of a woman chastity, modesty, and strengh of character" (26).

> closeness to God. Learning for modern women is neither speculative nor spiritual; it is entirely ethical. (Benson 173)

Fiel seguidor de las convicciones clásicas sobre el género, Vives afirma la división tradicional que alineaba a la educación de los varones con las virtudes que garantizaban el dominio de este grupo en la esfera pública. Señala que los varones necesitaban de un "conocimiento de más cosas y más diversas... así para su provecho como para el bien y utilidad de la república y para enseñar a los otros" (30), mientras que de la mujer sólo se requería la castidad:

> A los hombres muchas cosas les son necesarias. Lo primero tener prudencia y que sepa hablar, que sea perito y sabio en las cosas del mundo y de su república. Tenga ingenio, memoria, arte para vivir, ejecute justicia y liberalidad, alcance grandeza de ánimo, fuerzas de cuerpo y otras cosas infinitas. Y si algunas de éstas le faltan, no es más que si al hombre le faltase todo lo necesario. Pero en la mujer nadie busca elocuencia, o grandes primores de ingenio, ni administración de ciudades, memoria o liberalidad. Sólo una cosa se requiere della y ésta es la castidad, la cual si le falta, no es más que si al hombre le faltase todo. (56)[4]

Como ha sido unánimemente señalado por diversos estudiosos, Vives convirtió la protección de la castidad en el objetivo principal del programa educativo para la doncella.

Además de la lectura de "buenos libros," en el currículo de actividades para la educación de la doncella Vives recomienda la escritura y ofrece consejos sobre la metodología y el contenido apropiados para la enseñanza de esta destreza: "cuando le mostraren a escribir, no le den materia ociosa o vana, sino alguna cosa sacada de la Sagrada Escritura o alguna sentencia de castidad tomada de los preceptos de filosofía, la cual, escribiéndola una y muchas veces, se la imprima firmemente en la memoria" (30).

La mecánica de la reescritura recomendada por Vives, tiene como propósito principal impregnar un contenido moral en la mente de la niña. Se debe recordar que en la teoría de los humores vigente en la época no sólo se justificaba la incompetencia de la mujer para "las sciencias" aduciendo a su disposición natural de humedad y frialdad, sino que a éstas mismas cualidades se atribuía la habilidad del sexo femenino para la memorización. La fijación irreflexiva de un contenido ético en la mente de la niña a través de este ejercio repetitivo también refuerza la asociación de la mujer con la recepción pasiva del saber y las destrezas elementales de la memoria.

Junto a la necesidad de custodiar la castidad femenina, el currículo educativo para la doncella diseñado por Vives toma en consideración los roles de esposa y madre a los que, convencionalmente, se destinaba a la mujer en la época. Vives aconseja que, además de ser expuesta a lecturas morales edificantes, desde temprana edad la niña debía ser entrenada en las labores que la capacitarían para asumir eficazmente sus futuras responsabilidades en el matrimonio: "Aprenderá, pues la muchacha, juntamente letras, hilar y labrar, que son ejercicios muy honestos que nos quedaron de aquel siglo dorado de nuestros pasados, y muy útiles a la conservación de la hacienda y la honestidad, que debe ser el principal cuidado de nuestras mujeres" (16).

---

[4] Una de las consecuencias más significativas de las propuestas educativas formuladas por los humanistas cristianos del siglo XVI fue la intensificación de la división que le asignaba a la mujer las funciones domésticas en la esfera privada y le reservaba al sexo masculino el dominio exclusivo de las funciones administrativas en la esfera pública (Aughterson 27).

Sin desestimar el valor económico del trabajo doméstico en la conservación de la hacienda, Vives valora esta actividad por su capacidad para proteger la castidad, al mantener ocupado el pensamiento de la mujer "que no es muy firme; [sino] movible y ligero" (16). De la lista de mujeres laboriosas y castas, Vives resalta a Lucrecia, a quien "hallaron en medio de sus dueñas honradas y doncellas, labrando y velando a gran hora de la noche," y a Penélope, quien "pasó veinte años sin su marido Ulises, tejiendo y esperándole" (18).

Además de hilar, coser y labrar, la doncella debía aprender a guisar. Vives advierte, sin embargo, que esta tarea no debía realizarse "de la manera que guisan los cocineros, no cosas de golosinas y sainetes, sino sobriamente y templada y limpia, y esto para que sepa contentar a sus padres y hermanos siendo doncella, y a su marido e hijos casada; y de esta manera granjeará la voluntad de todos ellos"(19). Su insistencia en que el guisar se realizara templadamente no está desvinculada de su interés en la preservación de la castidad. Siguiendo los consejos de San Jerónimo a Laeta, Vives insiste en eliminar de la dieta de la doncella todo tipo de manjar o bebida que aumentara el calor corporal y el deseo sexual.[5] Tal como los hábitos alimenticios de la doncella están orientados a contener la sexualidad femenina, la guisadora templada también debía evitar la preparación de manjares identificados por sus capacidades afrodisiacas al poner en práctica sus destrezas culinarias.

Vives le aconseja a la doncella que una vez casada no debía dejar el guisar en manos de las mozas, "en especial si [los maridos] estuvieren enfermos, porque, según Terencio, cuando el hombre tiene necesidad de la buena obra, de mejor gana la recibe de quien se la debe que no de los otros" (19). Esta actividad aparece identificada con las capacidades de la mujer como nutridora y el rol asignado a la esposa como enfermera del marido. Al aludir a estos aspectos, Vives necesita justificar las razones por las cuales su discurso se ha "bajado" a tratar estos temas: "No parezca a nadie extraño si me he bajado a estas cosas, porque son tan necesarias que sin ellas, ni siendo sanos vivimos, ni estando sanos convalescemos" (19). Con el propósito de dignificar la tarea de guisar, refiere la siguiente anécdota:

> Aquiles, rey e hijo de rey no se desdeñó de entrar en la cocina y guisar de comer, porque como Ulises y Héctor hubiesen de venir a su tienda a contratar la amistad entre él y el rey Agamenón, él entró en la cocina y mirado todo el aparejo y puesto mano en ello, acogió a los buenos príncipes y a él amicísimos con el convite que les hizo sobrio y moderado. (19)

La actividad de guisar desempeñada por Aquiles en esta anécdota se produce en un contexto masculino-guerrero y tiene un significado diplomático, vinculado a la política de la esfera pública. La anécdota, en el fondo, revela la división sexual del trabajo y subraya el carácter privado y abnegado de la tarea de guisar realizada por la mujer en el ámbito familiar. A diferencia de Aquiles, al cumplir con su obligación de satisfacer las necesidades alimenticias de los miembros de su familia, la mujer consigue ganarse la voluntad de sus parientes inmediatos en el ámbito del hogar.

---

[5] Sobre este aspecto señala Vives: "aparto y quito de las manos de las vírgenes lo que dañarles puede y echo agua en el fuego que las puede encender. Porque está averiguado que no arden en tanto grado los fuegos del monte Vulcano, no los montes Vesevo ni Olimpo, cuanto las médulas de la mujer y entrañas llenas de vino, y encendidas con las hachas ardientes que los manjares causan y engendran" (62).

En síntesis, el programa para la instrucción de la doncella diseñado por Vives, aunque alienta el estudio de las letras para la mujer, no le concede ninguna atención a las capacidades especulativas asociadas a la virtud intelectual, ni le da cabida a la lectura analítica y a la escritura independiente. La protección de la castidad y el entrenamiento en los oficios domésticos absorben el potencial intelectual de la doncella.

Un siglo más tarde, en Nueva España, Sor Juana también combatió las creencias de que las letras sobraban y hasta dañaban a la mujer (830), pero a diferencia de Vives, reivindicó la capacidad de la mujer para el ejercicio de la "virtud intelectual".[6] En la *Respuesta* defiende su capacidad intelectual para discernir y su libertad para diferir de las interpretaciones masculinas arguyendo que el entendimiento del hombre y de la mujer provenían "de un mismo solar": "mi entendimiento tal cual ¿No es tan libre como el suyo, pues viene de un mismo solar?" (844).[7] Al identificar a Dios como la fuente del entendimiento humano que le garantiza la libre capacidad de razonar a ambos sexos (Vicente García 100), Sor Juana cuestiona una de las creencias más arraigadas de la época que identificaba las capacidades especulativas fundamentalmente con los varones. Sor Juana resalta su capacidad mental inquisitiva que la llevaba a reflexionarlo todo: "nada veía sin refleja, nada oía sin consideración aun en las cosas más menudas y materiales" (838) e ilustra, mediante diversos ejemplos, como espontánea y continuamente se manifestaba en su ser una acuciosa inquietud intelectual, sobre la que aseguraba no tener ningún control, que la impulsaba a buscar la verdad. Justifica sus ansias de conocimiento y su búsqueda activa de la verdad como una merced y un impulso natural puesto en ella por Dios:[8]

> Lo que sí es verdad que no negaré (lo uno porque es notorio a todos, y lo otro porque, aunque sea contra mí, me ha hecho Dios la merced de darme grandísimo amor a la verdad) que desde que me rayó la primera luz de la razón, fue tan vehemente y poderosa la inclinación a las letras, que ni ajenas represiones –que he tenido muchas–, ni propias reflejas –que he hecho no pocas–, han bastado a que deje de seguir este natural impulso que Dios puso en mí. (830)

Como se señalara anteriormente, el ejercicio del razonamiento especulativo con el fin de alcanzar la verdad se consideraba el elemento definitorio de la virtud intelectual. Al resaltar la manifestación natural de esta capacidad en su persona, Sor Juana también pone en entredicho las creencias que asociaban a la mujer con el *contemplationis defectus*, o

---

[6] La reconocida estudiosa sorjuanina Georgina Sabat-Rivers destaca el papel de Sor Juana como mujer intelectual en un escenario dominado por el patriarcalismo: "Born a woman and an intellectual, what she did do was to assert herself and demand the same rights that were conceded to enlightened men. She did not resign herself to being a female poet with rights or opinions of her own within the paternalistic system; she was a woman who offered, who continues to offer, 'a series of suggested alternatives to the male-dominated membership and attitudes of the accepted canon'" (145).

[7] En la Carta de Monterrey o "Carta de la Madre Juana Inés de la Cruz escripta al R. P. M. Antonio Núñez, de la Compañía de Jesús," en su defensa de los estudios privados, Sor Juana esgrime el mismo argumento: "...¿quién los ha prohibido a las mugeres? Pues, ¿por qué no gozará el privilegio de la ilustración de las letras con ellos? ¿No es capaz de tanta gracia y gloria de Dios como la suya? Pues ¿por qué no será capaz de tantas noticias y sciencias, que es menos? ¿Qué revelación divina, qué determinación de la Iglesia, que dictamen de la razón hizo para nosotras tan severa ley? ¿Las letras estorvan, sino que antes ayudan a la salvación? ¿No se salvó San Agustín, San Ambrosio y todos los demás Santos Doctores? Y V.R., cargado de tantas letras, ¿no piensa salvarse? Y si me responde que en los hombres milita otra razón, digo: ¿no estudió Santa Catalina, Santa Ge[r]trudes, mi madre Santa Paula... Pues ¿por qué en mí es malo lo que en todas fue bueno? (622).

[8] Para un análisis de este tema, véase Luis Hermosilla "La convicción de la verdad de Sor Juana Inés de la Cruz como motivo esencial de la *Respuesta a la muy Ilustre Sor Filotea de la Cruz*".

incapacidad para meditar, argumento que se empleaba para justificar la incompetencia del género femenino para las disciplinas intelectuales.[9]

Otro aspecto del discurso de Sor Juana que se aparta de las ideas sostenidas por Vives se relaciona con la finalidad y el significado que este autor le concedía al entrenamiento de la mujer en las tareas domésticas. En *Instrucción de la mujer cristiana* la mujer se presenta como un ente destinado al matrimonio. Sor Juana, por el contrario, percibió claramente que las obligaciones asociadas a este estado ataban a la mujer a actividades que le obstaculizaban el estudio. En la *Respuesta* testifica que su opción por la vida conventual estuvo motivada por su deseo de "no querer tener ocupación obligatoria que embarazase la libertad de mi estudio, ni rumor de comunidad que impidiese el sosegado silencio de mis libros" (831), como por su negación personal al matrimonio:[10]

> Entréme a religiosa porque... para la total negación que tenía al matrimonio, era lo menos desproporcionado y lo más decente que podía elegir en materia de la seguridad que deseaba de mi salvación; a cuyo primer respeto (como al fin más importante) cedieron y sujetaron la cerviz las impertinencillas de mi genio, que eran querer vivir sola; de no querer tener ocupación obligatoria que embarazase la libertad de mi estudio, ni rumor de comunidad que impidiese el sosegado silencio de mis libros. (831)

La vida conventual no siempre le garantizó la posibilidad de que sus estudios no se vieran perturbados. Además de los consabidos problemas que tuvo que enfrentar con las autoridades eclesiásticas, en una de las anécdotas relatadas en la *Respuesta* Sor Juana refiere cómo en una ocasión la privaron de estudiar durante tres meses empleando como instrumento a "una prelada muy santa y muy cándida que creyó que el estudio era cosa de Inquisición" (837). Explica cómo se servía de todas las cosas creadas por Dios con el propósito de estudiar fuera de los libros e incluso señala que descubrió varios secretos naturales mientras guisaba:

> Por no cansaros con tales frialdades, que sólo refiero por daros entera noticia de mi natural y creo que os causara risa; pero, Señora, ¿qué podemos saber las mujeres sino filosofías de cocina? Bien dijo Lupercio Leonardo, que bien se puede filosofar y aderezar la cena. Y yo suelo decir viendo estas cosillas: Si Aristóteles hubiera guisado, mucho más hubiera escrito. (838)

Es importante resaltar la crítica subyacente en la anécdota que relata la incursión de Sor Juana en la cocina del convento, así como la irónica referencia a la figura de Aristóteles en ese contexto narrativo. Es evidente que, contrario a lo acontecido en la tradición clásica y humanista, Sor Juana no alaba el guisar como una expresión de la industria doméstica femenina. Por el contrario, convierte esta tarea en una especie de laboratorio para la

---

[9] Sobre esta creencia sostiene Maclean: "Women are associated with a privation of meditative powers (*contemplationis defectus*) which make them, with rustics and the simple-minded, well suited to devoutness, but ill suited to intelectual disciplines. No effort is made, outside the highest court spheres and 'eccentric' humanistic families, to remedy this privation" (64).

[10] En su análisis del romance de Sor Juana "Respondiendo a un caballaero del Perú, que le envió unos barros diciéndole que se volviese hombre," Georgina Sabat-Rivers resalta cómo Sor Juana proclamó su estatus neutro como virgen para eludir la dominación masculina en el estado del matrimonio: "Sor Juana, as we know, openly and deliberately refused to be involved in the activities usually assigned to her sex when, as a nun, she insisted on devoting herself to the life of the mind. She even proclaimed her neuter status as a virgin, free from the domination of any man, and thus established her fundamental liberty" (143).

experimentación y el descubrimiento de secretos naturales, en otras palabras como un medio para ejercer la virtud intelectual. Yendo mucho más lejos, la anécdota revela una fina dimensión crítica que impugna el carácter antinómico atribuido por algunas autoridades clásicas al guisar, como actividad doméstica femenina, y al filosofar, como actividad intelectual masculina.[11] Inicialmente, Sor Juana se apoya en la autoridad de Lupercio Leonardo para asegurar la competencia dual de la mujer para desempeñar ambas actividades: "Bien dijo Lupercio Leonardo, que bien se puede filosofar y aderezar la cena" (838). Más adelante, cuestiona el supuesto carácter natural e inmutable de los roles laborales atribuidos a cada sexo apelando a una sagaz ironía de cosecha propia: "Y yo suelo decir viendo estas cosillas 'Si Aristóteles hubiera guisado, mucho más hubiera escrito'" (838).

La enunciación hipotética de Sor Juana permite proyectar imaginariamente a Aristóteles en el espacio de la cocina ejerciendo la tarea de guisar. Es interesante resaltar que de haberse efectuado dicha actuación, Aristóteles habría incurrido en una franca transgresión de sus propias ideas sobre los géneros, debido a que este autor percibía el guisar como una tarea asociada a la naturaleza femenina. Sor Juana asegura, sin embargo, que la experiencia de guisar le habría abierto a Aristóteles las puertas a un mayor conocimiento y, en consecuencia, a una mayor producción en la escritura.

Las implicaciones ideológicas de esta aseveración son altamente sugerentes. Entre otros aspectos, apuntan al hecho de que algunos oficios menospreciados por ciertas autoridades masculinas como intelectualmente inferiores tenían la capacidad de producir un tipo de conocimiento ignorado por los hombres. Denuncian, además, cómo debido al dominio casi exclusivo de la escritura por parte del sector masculino, las formas alternativas del saber producidas por la experiencia femenina se condenaban a la invisibilidad y al silencio.[12] Mediante la enunciación hipotética "Si Aristóteles hubiera guisado, mucho más hubiera escrito" (838), en el fondo, Sor Juana formula una síntesis que reconcilia el guisar y el filosofar como actividades perfectamente compatibles y apropiadas para ambos sexos, tanto para ella como para Aristóteles, a la vez que impugna la asociación simbólica que identificaba la virtud intelectual y la escritura como capacidades exclusivas del sexo masculino.

En la misma anécdota, Sor Juana se opone al hecho de que las capacidades cognoscitivas y la experiencia intelectual de la mujer se recluyeran al contenido y el espacio de las "filosofías de cocina": "pero, Señora, ¿qué podemos saber las mujeres sino filosofías de cocina?" (838) Aunque señala que no deseaba cansar a su receptora con la referencia de tales "frialdades" (838), no inadvertía el alcance crítico de una anécdota que, aunque aparentemente trivial, le permitía cuestionar el destino histórico al que el discurso masculino

---

[11] Diversas obras clásicas sobre economía afirmaban la existencia de un determinismo natural que regía las aptitudes laborales de cada sexo. Tanto Jenofonte en *The Economist* como Aristóteles en *Economics* y *Ethic*, consideran que las destrezas físicas y sicológicas del hombre y de la mujer estaban naturalmente previstas para el desempeño de los roles sociales. Las cualidades de la fortaleza física y la valentía capacitaban a los varones para la guerra y las funciones administrativas en la esfera pública, mientras que la ausencia de estas cualidades condicionaban a la mujer para la crianza de los hijos y la actividad económica preservativa en la casa. Las creencias en esta división laboral fueron ampliamente divulgadas durante el Renacimiento. Para un estudio más detallado de estas ideas en las obras de los humanistas españoles del siglo XVI, ver los estudios realizados por Julia Varela, Mariló Vigil y Olga Rivera.

[12] Aída M. Beaupied considera que la *Respuesta* no sólo: "ataca la ideología misógina que le niega a la mujer libre acceso a la oportunidad de aprender, sino también la de discutir, enseñar y escribir sobre temas sagrados. En otra palabras, es un ataque contra el silencio intelectual al que está condenada la mujer. Tan importante es este ataque que llega a hacer de la *Respuesta* una suerte de botella en altamar, una paloma mensajera que nos invita a seguirle las pistas a las indecibles ideas teológicas que plagan toda la obra de esta escritora. En primer lugar la misma *Carta atenagórica* demuestra que sí se ha preocupado de escribir sobre estos temas" (126).

había relegado las posibilidades intelectuales de la mujer. Obviamente, Sor Juana percibía que las estructuras dicotómicas del pensamiento clásico que segregaban las capacidades de los sexos, también permitían justificar el acceso exclusivo del hombre a la educación formal en la esfera pública y su posición hegemónica como autoridad intelectual.[13]

En resumen, la retórica de Sor Juana sobre el guisar y el filosofar cuestiona los fundamentos ideológicos de la división laboral de herencia clásica que constituían un obstáculo ideológico para la participación igualitaria de la mujer en el proyecto educativo. Por otro lado, lejos de asumir el modelo de la mujer educada representado en *Instrucción de la mujer cristiana* como un receptor pasivo, en la retórica de la *Respuesta* Sor Juana subraya sus habilidades especulativas, insiste en su capacidad para estudiar bajo su propia dirección y discreción, y reivindica su derecho a discrepar de la autoridad intelectual masculina.

---

[13] Nina Scott destaca cómo varias de las categorías excluyentes de herencia clásica pierden su carácter antinómico en el discurso reivindicativo de Sor Juana. "In Sor Juana's case these neat categories break down: in her there is both passion and reason, concrete and abstract, self production in production of the text. This letter, with its repeated Leitmotiv of 'public vs. private (or exterior and interior)' metonimically addresses the traditional dichotomy of male versus female spaces. In this text –where she directs the discourse– Sor Juana made manifest that in spite of her status as a nun the life of her mind meant more to her than the dictates of eclesiastical authority. This amazing letter thus records the temerity of a 17th-century woman, the public domain of her intellect and the authority to decide over her person and free will" (433).

OBRAS CITADAS

Alatorre, Antonio. "Carta de la Madre Juana Inés de la Cruz escripta a el R. P. M. Antonio Núñez, de la Compañía de Jesús." *Nueva revista de Filología Hispánica,* 35.2 (1987). 591-673.
Ariès, Phillipe. *Centuries of Childhood, a Social History of Family Life.* Trans. Robert Baldick. New York: Knopf, 1962.
Aughterson, Kate, ed. *Renaissance Woman: A Sourcebook. Constructions of Femininity in England.* London and New York: Routledge, 1995.
Benson, Pamela. *The Invention of the Renaissance Woman: the Challenge of Female Independence in the Literature and Thought of Italy and England.* University Park, PA: Pennsylvania State U Press, 1992.
Beaupied, Aída M. "Revelación velada pero rebelde en *La Respuesta* de Sor Juana Ines de la Cruz." *Hispanic Journal* 14.2 (Fall 1993): 117-130.
Cruz, Juana Inés de la, Sor. "Carta de Sor Filotea de la Cruz." Ed. Francisco Monterde. *Sor Juana Inés de la Cruz. Obras completas.* México: Porrúa, 1992. 811-827.
_____ "Respuesta de la poetisa a la muy Ilustre Sor Filotea de la Cruz." Ed. Francisco Monterde. *Sor Juana Inés de la Cruz. Obras completas.* México: Porrúa, 1992. 827-848
Glantz Margo. *Sor Juana Inés de la Cruz: ¿Hagiografía o autobiografía?* Grijalbo: Universidad Autónoma de México, 1995.
Hermosilla, Luis. "La convicción de la verdad de Sor Juana Inés de la Cruz como motivo esencial de la *Respuesta a la muy Ilustre Sor Filotea de la Cruz,*" *Romance Language Annual* 9 (1998): 529-532.
Howe, Elizabeth Teresa. "Sor Juana Inés de la Cruz and Juan Luis Vives." *Revista de Estudios Iberoamericanos* 11.1 (1993): 63-72.
Kelso, Ruth. *Doctrine for the Lady of the Renaissance.* Urbana, IL: U of Illinois P, 1956.
Lavrin, Asunción. "Unlike Sor Juana? The Model Nun in the Religious Literature in Colonial Mexico." *Mester* 20.2 (1991): 27-40.
Maclean, Ian. *The Renaissance Notion of Woman: A Study in the Fortunes of Scholasticism and Medical Science in European Intellectual Life.* New York: Cambridge U Press, 1980.
Sabat-Rivers, Georgina. "A Feminist Rereading of Sor Juana's *Dream.*" *Feminist Perspectives on Sor Juana Inés de la Cruz.* Ed. Stephanie Merrim. Detroit, MI: Wayne State U Press, 1991. 142-161.
Rivera, Olga. "El cuerpo disciplinable de la perfecta casada." *Cincinnati Romance Review* 15(1996), 20-26.
Scott, Nina. "'If you Are not Pleased to Favor me, Put me out of your Mind...' Gender and Authority in Sor Juana Inés de la Cruz: And the Translation of Her Letter to the Reverend Father Maestro Antonio Núñez of the Society of Jesus." *Women's Studies International Forum* 11.5 (1988): 429-438.
Vicente García, Luis Miguel. "La defensa de la mujer como intelectual." *Mester* 18.2 (1989): 95-103.
Varela, Julia. *Modos de educación en la España de la Contrarreforma.* Madrid: La piqueta, 1983.
Vigil, Mariló. *La vida de las mujeres en los siglos XVI y XVII.* México: Siglo XXI, 1986.
Vives, Juan Luis. *Instrucción de la mujer casada.* Buenos Aires: Fabril Financiera, S.A., 1942.
_____ *Instrucción de la mujer cristiana.* Buenos Aires: Espasa-Calpe Argentina, 1940.
_____ *Obras completas.* Ed. Lorenzo Riber. Madrid: Aguilar, 1947.

Sor Juana y los poderosos

Antonio Rubial García
Universidad Autónoma de México

Como sucedía con todas las elites occidentales del Antiguo Régimen, muchos de los comportamientos de la aristocracia novohispana estaban regulados por las normas cortesanas en las que la apariencia y el aparato de representación pública cumplían un papel de suma importancia. En la sociedad cortesana lo que contaba era lo que se hacía, lo que se practicaba y lo que se representaba. Las letras y las artes se beneficiaron de esas necesidades de representación que alimentaban extendidas prácticas de mecenazgo. Desde aquellos eclesiásticos que tenían el apoyo de sus institutos, o los que no, hasta los pintores y escritores seglares, todo el que se dedicara a una actividad artística dependía de la munificencia de un mecenas ya sea individual (virreyes, obispos, mercaderes, hacendados o altos funcionarios de la burocracia) ya corporativo (cabildos urbanos y catedralicios, cofradías, provincias religiosas). Con esos patronos se establecían una serie de lazos clientelares que no sólo aportaban a los letrados y a los artistas plásticos ingresos económicos y la posibilidad de hacer públicas sus obras, sino que también les permitían conseguir apoyos para sus negocios personales y para lograr el éxito en sus solicitudes de prebendas y empleos e incluso en las de sus parientes y allegados. De este modo se generaban intrincadas redes sociales en las que estaban inscritas la mayor parte de la población y las corporaciones.

Ni la obra de Sor Juana Inés de la Cruz, ni la de sus contemporáneos, como don Carlos de Sigüenza, pueden ser entendidas sin tener en cuenta ese ambiente cortesano, clientelar y corporativo donde se movían.[1] En un estudio magistral, Georgina Sabat-Rivers ha trabajado la relación entre sor Juana y la corte virreinal y sus vínculos con las virreinas, en especial con doña María Luisa Manrique de Lara y Gonzaga, marquesa de la Laguna y Condesa de Paredes.[2] Otros estudiosos como Octavio Paz y Marié-Cécile Benassy-Berling han profundizado también sobre sus relaciones con los arzobispos y obispos, sobre todo con Francisco de Aguiar y Seijas y Manuel Fernández de Santa Cruz.[3] Dolores Bravo y María Méndez, por su parte, se han dedicado a su conflictivo trato con el influyente jesuita Antonio

---

[1] Sobre Sigüenza y sus mecenas se puede consultar el artículo de Ivan Escamilla, "El siglo de oro vindicado: Carlos de Sigüenza y Góngora, el Conde de Galve y el tumulto de 1692".
[2] Ver Georgina Sabat-Rivers, "Mujeres nobles del entorno de sor Juana".
[3] Me refiero a Octavio Paz, *Sor Juana Inés de la Cruz: las trampas de la fe* y Marié-Cécile Benassy-Berling, *Humanismo y religión en sor Juana Inés de la Cruz*.

Núñez de Miranda.[4] Pero la monja tenía también relaciones con otros sectores de los poderosos novohispanos, aunque todos, en mayor o menor medida estaban vinculados con la corte virreinal; fue de hecho por su participación en ella que Sor Juana, una pobre muchacha de provincia, pudo insertarse en las importantes redes clientelares que le permitieron desarrollar su actividad intelectual. En este ensayo trataré sólo tres casos que permiten vislumbrar la complejidad del mundo social en el que se movía la religiosa.

Sor Juana y la aristocracia: sus vínculos con los Velásquez de la Cadena

La principal fuente de riqueza que caracterizó desde el siglo XVI a la aristocracia novohispana fue la propiedad territorial y el control de la mano de obra indígena. Al principio, los beneficiados fueron los conquistadores y sus descendientes, que gracias a las mercedes de tierras y a las encomiendas de indios se convirtieron en el grupo dominante. Sin embargo, de ellos tan sólo unos pocos lograron mantener este estatus; la corona, con sus leyes restrictivas y con la creación de una burocracia de corregidores, pasó a manos de ellos el control de las comunidades indias. Poco a poco los encomenderos fueron sustituidos por una nueva clase terrateniente de hacendados descendientes de colonos y funcionarios. Convertidos, gracias al acaparamiento de haciendas, en los principales proveedores de granos, pulque, azúcar y carne a las ciudades, la nueva clase terrateniente ingresó pronto en las filas de la aristocracia. Criollos en su mayoría, los terratenientes estuvieron marginados de los puestos de control político, sin embargo pudieron ejercer el poder por medio de varias instancias: una de ellas fueron los cabildos urbanos, en los que este grupo encontró no sólo un ámbito de poder, sino también un medio de controlar el abasto urbano y una forma de representación social, al ser los organizadores de varias de las más importantes fiestas oficiales (el paseo del pendón y las recepciones de los virreyes por ejemplo).

Un segundo ámbito político abierto a los criollos fue el de la burocracia virreinal a través de los oficios vendibles. A partir de Felipe II la venta de cargos se convirtió en un monopolio de la corona, un medio más de enfrentar la atroz bancarrota en la que estaba sumida España después de sus interminables guerras europeas. En su época, los cargos de escribanía, policía, municipio y casas reales de moneda fueron puestos a subasta pública; con ello se evitaba que virreyes y gobernadores los utilizaran como premios para sus partidarios, pero también se introducía la corrupción y la venalidad; quien compraba un cargo buscaba desquitar su costo, y esto no se podía hacer con los míseros salarios que daba la corona, sino con los negocios y la venta de favores auspiciados por la función pública.

Uno de esos oficios, quizás el más importante de todos, fue el de secretario de gobernación y guerra, cargo que ocupó por casi cincuenta años don Pedro Velásquez de la Cadena. Es muy conocido el importante papel que jugó este personaje en la vida de Sor Juana al pagar la dote que le permitió ingresar como religiosa, y la relación de ella con el hermano del secretario, el agustino fray Diego Velásquez de la Cadena, a quien la monja dedicó una de sus loas cortesanas. ¿De dónde procedía el poder de estos personajes?

El capitán Juan Velásquez de León, patriarca del linaje, era un hidalgo castellano empobrecido nacido en Torrubia del Campo en 1568; había llegado a la Nueva España atraído por sus míticas minas de plata y amasó una pequeña fortuna en las de Zacualpan,

---

[4] Consultar María Dolores Bravo Arriaga, *El discurso de la espiritualidad dirigida: Antonio Núñez de Miranda, confesor de Sor Juana* y María Agueda Méndez, *Los secretos del oficio. Avatares de la Inquisición novohispana*.

pero su verdadero ascenso lo consiguió gracias al ventajoso matrimonio con doña Catalina Caballero Sedeño de la Cadena, hija de una familia criolla que remontaba su abolengo a los años inmediatos a la conquista. De sus trece hijos, tres murieron en la infancia, tres se casaron con miembros de importantes familias de la nobleza novohispana y los restantes, como era lo común, entraron a la vida religiosa. Cinco mujeres ingresaron en el monasterio de Santa Inés, cuyo patronazgo detentaba la familia de la Cadena, y dos de los varones siguieron la carrera sacerdotal, uno en el clero secular y el otro en la orden de San Agustín.

El más destacado e influyente de los miembros de la familia fue sin duda Pedro, el primogénito, quien contrajo nupcias por primera vez en 1646 con Francisca de Tovar y Sámano, hija de uno de los secretarios de gobernación y guerra, Luis de Tovar Godínez. Gracias a este matrimonio Pedro recibió como dote la misma secretaría que, como uno de los oficios que la Corona ponía a la venta, había sido adquirida por su suegro en 70,000 pesos. A pesar de los numerosos problemas a los que se enfrentó para mantenerse en el puesto, (además del pago de otros 60,000 pesos), el desempeño del cargo durante casi medio siglo le dio una gran preeminencia en la vida política y social de la Nueva España. Al estar encargado de la principal oficina de gobierno del palacio durante las gestiones de ocho virreyes y de tres arzobispos virreyes, el primogénito de la Cadena era detentador de un poder y de unas relaciones excepcionales en todo el ámbito novohispano.

Al enviudar de su primera esposa, Pedro contrajo segundas nupcias en 1655 con Elena de Silva y Guzmán, señora de Yecla en Castilla y pariente de los duques del Infantado. Aunque con ella tampoco tuvo hijos, este matrimonio acrecentó su prestigio social. Pedro Velásquez de la Cadena era además capitán de infantería, rector de la archicofradía del Santísimo Sacramento de la Catedral, hermano mayor de la cofradía de los caballeros de la Cruz en la parroquia de la Veracruz; en 1672 recibió el título de caballero de la orden de Santiago y en 1678 fue nombrado patrono del convento de Santa Inés por la muerte de su madre. Como primogénito de la familia heredó dos encomiendas (una en Xilotepec y otra en Querétaro) y una concesión de indios vacos en Pachuca por dos mil pesos de oro, sobre la que sostuvo pleito con la Real Audiencia resuelto a su favor en 1688. Pedro no tuvo descendencia directa y su viuda dejó a uno de sus sobrinos, Diego, la fortuna familiar. Él continuaría con el apellido de la familia y sobre él sería fundado el mayorazgo Velásquez de la Cadena. Este joven se desposó con María Rosa de Cervantes Cassaus en 1698 y su mayorazgo fue el origen del marquesado de la Cadena en el siglo XVIII.[5]

Rico y poderoso, don Pedro fue un elemento clave en la vida política y social de su tiempo y gracias a él la monja jerónima tuvo al más importante valido que podía haber en el palacio, aún antes que llegara ahí su otra protectora, la condesa de Paredes. La relación entre Sor Juana y don Pedro se fraguó durante la estancia de la joven en la corte de los virreyes de Mancera; ahí fue donde ella consiguió sus favores y la dote que le permitiría entrar de religiosa, aún antes de conocer a su confesor jesuita. Sor Juana lo señala así explícitamente en su carta al padre Núñez: "y aunque le debí sumos deseos y solicitudes de mi estado... lo tocante a la dote mucho antes de conocer yo a VR lo tenía ajustado mi padrino el capitán don Pedro Velásquez de la Cadena".[6]

---

[5] Para mayor información sobre la familia Velásquez de la Cadena pueden consultarse: Guillermo Fernández de Recas, *Mayorazgos de la Nueva España*; Guillermo Porras Muñoz, "La calle de Cadena en México" y Paul Ganster, "La familia Gómez de Cervantes".

[6] Antonio Alatorre editor, "La carta de sor Juana al padre Núñez (1682)", p. 624. Juan Antonio de Oviedo en su biografía del padre Núñez aseguró que este gran conseguidor de dotes para novicias pobres fue quien obtuvo la suma de Velásquez de la Cadena, noticia que toma Octavio Paz como fidedigna. Sin embargo, los vínculos que mantuvo sor Juana con la familia de la Cadena y la carta de la monja al padre Núñez nos hablan de una relación directa e incluso amistosa con don Pedro, relación que perduró cuando sor Juana ingresó con las jerónimas. Para más detalles, consultar Margo Glantz, *Sor Juana Inés de la Cruz. ¿Hagiografía o autobiografía?*, p. 66, n. 21.

Fray Diego, el segundo hermano de don Pedro, es una clara muestra de la tercera fuente de riqueza y prestigio a la que podían acceder los criollos: el clero. Después de su ingreso con los agustinos en la década de los cincuenta, el padre de la Cadena se graduó de doctor en Teología por la Universidad de México en 1665. Fue mecenas de su tesis Antonio Sebastián de Toledo, el virrey Marqués de Mancera, señal del papel destacado que tenía su hermano en la corte. Entre 1666 y 1669 ocupó el cargo de rector en el colegio de San Pablo, convento que era casa de estudios de la provincia y parroquia de indios y que sería su residencia permanente hasta el fin de su vida. Para 1667, cuando Sor Juana ingresaba al convento de las carmelitas, su prestigio era ya tan considerable, que fray Diego figuró como candidato en las elecciones de rector de la universidad de ese año.[7]

Para 1670 intentó aumentar su prestigio personal y concursó para la cátedra de Prima de Teología en la universidad de México, puesto que le disputaba Juan de la Peña Butrón, medio racionero de la catedral y protegido del arzobispo fray Payo de Ribera. Desde que la cátedra quedó vacante por la muerte de su titular, el mercedario fray Juan de Herrera, fray Diego la había ocupado de manera interina, y en las votaciones para obtenerla ganó por un voto. De la Peña recusó el dictamen alegando nulidad, por estar en el jurado un pariente de fray Diego; la instancia fue aceptada y con ello se le adjudicó la plaza a Butrón, quien a pesar de la paridad de votos, ganaba por su antigüedad. El fraile agustino presentó su inconformidad ante la Audiencia y al poco tiempo, con el apoyo del virrey, fue restituido en la cátedra, pero como de la Peña era protegido de fray Payo y funcionario de la catedral, se le regresó a su puesto. En ese tiempo el conflicto entre el virrey Mancera y el arzobispo fray Payo se enrarecía cada vez más y el "sacrificio" del padre de la Cadena fue una momentánea válvula de escape para aligerar la tensión.

Sin embargo, ambos bandos enviaron al Consejo de Indias cartas en las que se acusaban mutuamente de corrupción y éste dictaminó el asunto a favor de Juan de la Peña Butrón en 1673, año en que entró a ocupar la cátedra. Poco después el protector de fray Diego, el virrey Mancera, era sustituido en el cargo por el propio arzobispo fray Payo, razón por la que el fraile agustino pasó a un discreto silencio en espera de mejores tiempos. Pero en 1680 las cosas cambiarían para el agustino, pues ese año terminaba el gobierno del arzobispo virrey y llegaban los marqueses de la Laguna, que se convertirían en sus protectores, como lo fueron de Sor Juana. Otra circunstancia también benefició a fray Diego y fue que, a fines de 1684 murió Juan de la Peña Butrón y se declaró vacante la cátedra de Prima de Teología; el agustino sacó a relucir de nuevo el viejo conflicto y apeló ante el virrey alegando su derecho sobre ella, a pesar de la oposición de las autoridades universitarias, ahora controladas por el arzobispo Aguiar y Seijas y por el cabildo de la catedral. Por fin, en septiembre de 1687, se recibía en la ciudad la sentencia del Consejo de Indias a favor de Cadena y para celebrarlo, el poderoso fraile organizó un repique de campanas en los conventos de su orden durante cinco horas y cohetes y luminarias por la noche. El agustino dictó la cátedra por cuatro años y tres meses más y en enero de 1692 se jubiló, pues desde el punto de vista legal ya había cumplido en ella dos décadas. Muchos otros asuntos ocupaban su tiempo en esa época y el título de maestro jubilado de la Real y Pontificia Universidad era suficiente para lo que él necesitaba. Debió dar por bien invertidos los cuantiosos gastos que ocasionó el proceso.[8]

---

[7] Para más información, ver Antonio Rubial García, "Fray Diego Velásquez de la Cadena, un eclesiástico cortesano en la Nueva España del siglo XVII".
[8] Porras, *op. cit*., p. 168; Robles, *Diario de sucesos notables*, 3 v., México, Porrúa, 1972, v. II, pp. 148 y 150 y Archivo General de Indias, *Escribanía de Cámara*, 176 A.

Pero obtener una cátedra en la universidad era sólo un escalón en la ascendente carrera del ambicioso agustino que tenía en sus miras gobernar la provincia del Santísimo Nombre de Jesús y sus enormes riquezas. En esta provincia alrededor de cien criollos (el 20% del total de los miembros de ella), apoyados por algunos peninsulares, detentaban y circulaban entre sí todos los puestos rectores y los cargos priorales y se beneficiaban con las substanciosas rentas que algunos de ellos producían. A la cabeza de este grupo se encontraba lo que los contemporáneos llamaron "el monarca agustino": un personaje criollo con gran poder y riqueza, que ocupaba durante dos o tres trienios el provincialato y que elegía a su antojo a los provinciales que lo sucederían y a las demás autoridades, por medio de la manipulación y compra de los votos en los capítulos provinciales. Un elemento importante que sostenía su posición era el manejo de grandes sumas de dinero de diversas procedencias: préstamos a cargo de los conventos y de los ornamentos de las sacristías; adjudicación de una parte de la limosna para vino y aceite que daba a la provincia la Real Hacienda; apropiación de los espolios, o bienes que dejaban los frailes al morir y de importantes porciones de las rentas que sustentaban el convento grande de México; y sobre todo la venta de una parte considerable de los cargos priorales y la percepción de una buena tajada de las contribuciones que los priores, procuradores y administradores daban cuando se realizaban las visitas provinciales. Con esa plata, además de sostener el tren de vida cortesano que llevaban, los "monarcas" hacían regalos y sobornos para conseguir el favor de los poderosos, enviaban procuradores a España y pagaban los gastos que exigían las gestiones ante las cortes de Madrid y Roma y ante el generalato de la orden.

A partir de 1684 fray Diego consiguió no sólo la cátedra de Teología sino también manipular las votaciones para ser provincial y después de su trienio para controlar la provincia como un feudo personal. En este tiempo, al convento-colegio de San Pablo, su residencia, llegaban los priores a arreglar sus negocios y, como si fueran los vasallos de un señor feudal, se arrodillaban ante él, besaban su mano y lo llamaban "su paternidad reverendísima". Desde San Pablo, fray Diego salía a sus visitas por la provincia para recolectar las contribuciones "voluntarias" de sus prioratos, y durante ellas se hacía acompañar por un numeroso séquito. San Pablo era también el lugar donde seglares y religiosos de otras órdenes, iban a jugar naipes y a tomar chocolate y en ocasiones sus claustros se animaban con fiestas, música y banquetes. Para uno de sus cumpleaños fray Diego encargó a Sor Juana Inés de la Cruz una loa para ser representada ante sus amigos en San Pablo; en ella el anfitrión fue llamado, entre otras cosas, "el Suetonio" que mantenía en paz y tranquilidad a los agustinos y "patrón, padre y mecenas" del colegio de San Pablo. La Naturaleza, personaje central de la loa, y madre de todos los atributos racionales del ser, repartió los respectivos papeles a cada uno de los personajes que representaban los atributos del padre maestro y que correspondían a cada una de las letras de su apellido: Ciencia, Agrado, Discurso, Entendimiento, Nobleza y Atención. La alabanza llegó a "niveles hiperbólicos" cuando fray Diego fue comparado con las dos grandes lumbreras del pensamiento cristiano, san Agustín y santo Tomás.[9] La monja jerónima no podía hacer menos por el hermano de don Pedro, el padrino que dio la dote para su profesión.

Desconocemos si existió entre fray Diego y Sor Juana una relación intelectual más allá de este momentáneo mecenazgo. Pero sin duda ambos se vieron afectados por los cambios que se produjeron en la Nueva España a raíz de la rebelión de 1692 y del eclipse

---

[9] Para una lectura más detallada se puede consultar a Dolores Bravo, "Las loas cortesanas de sor Juana o las metáforas de la adulación".

momentáneo de la figura política del virrey Conde de Galve, dado que un importante sector de la sociedad lo culpaba por lo sucedido. Octavio Paz ha descrito cómo afectó el hecho a Sor Juana, a causa de la preeminencia que adquirió el arzobispo Aguiar y Seijas sobre el virrey.[10] Por la misma razón Fray Diego se vio obligado a abandonar el control de la provincia y dejar que un grupo de frailes reformadores tomara las riendas de su gobierno durante un trienio. A ambos afectó también, sin duda, la renuncia de don Pedro a la secretaría de gobernación en 1694, causada muy posiblemente por la turbulencia política que desató la rebelión en los medios de poder novohispanos. Esta renuncia fue una de las causas por las que su hermano fray Diego tuvo que ocultarse de nuevo bajo el velo de un discreto silencio y una de las razones por las que Sor Juana renunció a seguir escribiendo bajo las presiones del arzobispo Aguiar. De hecho, con la renuncia de don Pedro la monja y el fraile habían perdido a su principal valedor en la corte virreinal.

Sor Juana y las corporaciones: el caso del cabildo catedralicio de México

A principios de julio de 1680 llegaba a la ciudad de México la nueva del arribo del virrey Marqués de la Laguna, que sustituiría en el cargo a fray Payo de Ribera. El nuevo gobernante y su séquito desembarcaron en el puerto de Veracruz el 19 de septiembre de ese año y, al día siguiente, en la sesión del cabildo de la catedral de México se sacó el tema del arco triunfal que esta corporación erigiría en honor del recién llegado frente a la portada de la iglesia mayor. En las actas del 20 de septiembre de ese año se registró que el arcedeán Juan de la Cámara propuso para su ejecución al padre Fernando Valtierra, un jesuita chiapaneco que había intervenido en el certamen poético de las festividades de canonización de san Francisco de Borja; esta propuesta fue apoyada sólo por el canónigo Juan de la Peña Butrón. Por su parte, el tesorero Ignacio de Hoyos Santillana, propuso a la madre Juana Inés de la Cruz, por quien votaron todos los demás miembros del cabildo, en donde se encontraban dos destacadas personalidades, el chantre Isidro de Sariñana, que después sería obispo de Oaxaca, y el canónigo Diego de Malpartida, quien pronto ocuparía el cargo de deán que había vacado recientemente. En esa misma sesión se acordó llevar la propuesta de la mayoría ante el arzobispo fray Payo de Ribera para su aprobación. Poco después se nombraba al racionero José Vidal para que se ocupara de los gastos del arco, que saldrían de la partida de los diezmos denominada "fábrica de catedral"; el 8 de noviembre se acordó el pago de 200 pesos a la monja jerónima por "la circunstancia de que una mujer hubiese emprendido esta obra y ser una pobre religiosa digna de ser socorrida". En la sesión de ese día se mencionó, además, que la religiosa "ha trabajado con toda puntualidad y que ha discurrido muy bien en su formación", lo que indica que para entonces ya había hecho entrega de su *Neptuno alegórico*. Escribir la obra, encargada posiblemente el 22 de septiembre, le habría llevado poco más de un mes.[11]

En el *Neptuno*, Sor Juana comparaba al dios de las aguas con el virrey, no sólo por la feliz analogía con el título de Marqués de la Laguna, sino también por el peligro continuo de inundaciones en el que se encontraba la ciudad, y cuyas desgracias se esperaba que contuviera el gobernante, como un cristiano dios de las aguas. No podían faltar tampoco

---

[10] Paz, *op. cit.*, pp. 566 y ss.
[11] Este tema se trata con más detenimiento en Carmen Saucedo Zarco, "Decreto del cabildo catedral de México para que a sor Juana Inés de la Cruz se le paguen 200 pesos por el Neptuno alegórico".

las diosas Isis y Minerva, asociadas, como Neptuno, a la sabiduría, ni dos "divinidades" que Sor Juana relacionó con la virreina, Venus y la Virgen María.[12]

Sin duda los miembros del cabildo no se vieron defraudados al leer la obra concluida. Con ella la catedral podía equipararse muy dignamente con el cabildo de la ciudad, que había encargado la elaboración de su arco a don Carlos de Sigüenza. El cabildo de la catedral, formado por personas que obtenían sus puestos de manera vitalicia y después de un concurso de oposición, era un órgano inamovible que le era impuesto a cada arzobispo nuevo que llegaba; su permanencia y vínculos sociales convirtieron a los miembros de ese cuerpo colegiado en los mecenas y principales promotores de las obras artísticas; a diferencia de los obispos que cambiaban de continuo el cabildo era "el depositario de las tradiciones del gobierno, el arte, la liturgia y la administración de la catedral".[13]

El cabildo eclesiástico estaba encabezado por el deán y el arcedeán, secretarios que controlaban el movimiento de la sede; los seguían el chantre (organizador del canto de las horas canónicas del coro, obligatorias para todo el cabildo), el maestrescuela (profesor de gramática de la capilla de niños cantores y representante de la catedral ante la universidad), el tesorero (administrador de los asuntos económicos) y los canónigos y racioneros (veintiuno en la catedral de México) encargados de las misas, confesiones, bautizos, y en fin, de la administración religiosa, en la que eran auxiliados por numerosos capellanes. Cuando no había arzobispo, por muerte o por promoción, el cabildo gobernaba la diócesis (sobre todo su cabeza, el deán) y se constituía en "sede vacante". Durante el siglo XVII, que hubo numerosas "sedes vacantes", los deanes tuvieron un papel central en la toma de decisiones. Pero en 1680, cuando llegó el virrey de la Laguna, acababa de morir el deán Juan de Poblete, por lo que el arcedeán, Juan de la Cámara, era en ese momento su máxima autoridad.

Es significativo, por tanto, que en el caso del arco de recepción del virrey no fuera aceptada la propuesta de la cabeza del cabildo, y también que el único que la apoyara fuera precisamente Juan de la Peña Butrón. Recordemos que éste último personaje, una década atrás, había tenido un conflicto con el padre de la Cadena por la cátedra de Prima de Teología. ¿No pudo esta vieja rencilla influir en un voto contrario a la monja protegida de los Velásquez de la Cadena? Sin duda, además de su prestigio como poetisa, Sor Juana obtuvo el encargo del arco pues tenía muchos apoyos en el cabildo, apoyos que le venían en buena medida por ser protegida del secretario de gobernación. Sin embargo, después de un breve periodo de "sede vacante" llegó a ocupar la cátedra episcopal Francisco de Aguiar y Seijas en 1682. No sabemos a partir de esta época quiénes, dentro del cabildo, siguieron vinculados a los intereses que sostenían a Sor Juana. Uno de ellos fue sin duda el deán Diego de Malpartida cuyo carácter cortesano no podía coincidir con el seco y antimundano arzobispo.

Sor Juana y los mercaderes: su relación con Domingo de la Rea

La segunda actividad que generó enormes fortunas en Nueva España fue el comercio. Para el siglo XVI, las actividades mercantiles difícilmente encajaban en la mentalidad aristocrática de los terratenientes, por lo que a fines de la centuria un grupo de emigrados de orígenes

---

[12] Este es el tema analizado por Georgina Sabat de Rivers en "El Neptuno de sor Juana, fiesta barroca y programa político", ensayo incluido en el libro *En Busca de Sor Juana*.
[13] Oscar Mazín, "La investigación en los archivos catedralicios", p. 47.

modestos comenzó a aprovecharse de la necesidad de abastecer de artículos europeos a la capital y a otras ciudades, sobre todo a los reales de minas. Al principio funcionaron como representantes de las casas comerciales de Sevilla, pero muy pronto se independizaron de ellas. La apertura de la ruta del Pacífico y el control del comercio asiático a partir de 1570, junto con el régimen de monopolio que la corona fomentaba, propiciaron su rápido enriquecimiento; así, con la creación del consulado de comerciantes de la ciudad de México en 1592, los mercaderes novohispanos desplazaron muy pronto a los andaluces en el manejo de artículos de importación y exportación. Al crecer la demanda de mercancías y los controles fiscales, como la prohibición de comerciar con el Perú, los comerciantes buscaron otras vías de aprovisionamiento como el contrabando, lo que aumentó aún más sus fortunas. Durante varias décadas del siglo XVII, el comercio tuvo que hacer frente a una profunda crisis, reflejo de la que vivía el sistema capitalista naciente en Europa; esto obligó a los comerciantes a buscar nuevas formas de aplicar sus capitales; se convirtieron en socios capitalistas de empresas mineras y textiles y aplicaron sus fortunas a la compra de tierras. Los comerciantes tuvieron también acceso al poder político a través del soborno y, por medio de los corregidores y alcaldes mayores, al control de los mercados indígenas.

A partir de la segunda mitad del siglo XVII, a raíz del crecimiento minero y de la recuperación comercial, algunos mercaderes de la ciudad de México se dedicaron a la compra de lingotes de plata en los centros mineros y los convertían en moneda en la casa de moneda de la capital. Al mismo tiempo abastecían de mercancías y de capitales a la minería y se convertían en los primeros empresarios. Finalmente, gracias al apoyo en armas y dinero que daban para aplacar las continuas rebeliones indígenas en el norte y el sureste, obtuvieron nombramientos de capitanes de milicias. Para el siglo XVIII, con la creación de un ejército regular y de una clase militar profesional, los comerciantes tuvieron que compartir este privilegio con los militares de carrera. A pesar de sus logros y riqueza, la profesión de comerciante no fue considerada como un oficio noble sino hasta fines del siglo XVII.

Uno de los comerciantes más ricos de la época de Sor Juana fue el vasco Domingo de la Rea, natural de Erive en Alava. Su fortuna procedía de un matrimonio ventajoso con la hija adoptiva del mercader andaluz Diego del Castillo quien había amasado una enorme fortuna traficando con plata y monedas en los centros mineros.[14] Desde 1678, Castillo lo convirtió en su socio y fundó con él una compañía para el tráfico de plata y a su muerte en 1683 le heredó no sólo su enorme fortuna sino también su próspero negocio, el banco de plata. A los pocos meses del deceso de don Diego, el 20 de octubre de 1683, el capitán la Rea recibió el hábito de caballero de Santiago y para 1686 era nombrado prefecto de la Congregación del Divino Salvador.[15] La riqueza y prosperidad que Domingo de la Rea recibió con la herencia de don Diego no sólo incrementó su prestigio social, también aportó beneficios a sus parientes cercanos. El capitán Juan de la Rea, su hermano menor, consiguió comprar en 1686 el arriendo del asiento del pulque, una de las rentas más jugosas que la Corona podía conceder a un particular. Los hermanos de la Rea actuaron así juntos en varios negocios gracias a la tienda de plata heredada de Diego del Castillo. Sin embargo, ambos sufrieron un serio revés a causa de la rebelión de 1692. El arzobispo Aguiar y Seijas había conseguido que se prohibiera la venta de pulque y que se suspendiera la concesión que el comerciante Juan de la Rea tenía sobre este "asiento". Para muchos esa bebida había sido la causante de los incendios y de los robos durante la terrible noche de la rebelión.

[14] Elaboro esto en más detalle en mi ensayo "Un mercader de plata andaluz en Nueva España. Diego del Castillo (161?-1683)".
[15] Archivo General de la Nación. México, Ramo Hacienda, legajo 292 doc. 9.

Uno de las funciones más importantes de los bancos de plata, además de abastecer de moneda a los centros mineros, era, como en los bancos actuales, manejar capitales privados y ponerlos a trabajar, consiguiendo para sus clientes intereses del 5% anual. Sor Juana, quizás por su cargo de contadora del monasterio de san Jerónimo, había entrado en contacto con Domingo de la Rea, posiblemente desde 1692, y tenía depositados con él 2000 pesos. Aunque las monjas hacían al profesar voto de pobreza, era costumbre que algunas poseyeran bienes propios (las llamadas reservas) y Sor Juana, quien como hemos visto recibía dinero gracias a sus habilidades literarias, no era una excepción. Sólo así se puede entender su capacidad financiera para comprar libros, más aún después que el arzobispo Aguiar le confiscara su biblioteca y sus bienes. Por un incidente similar acaecido en 1695, a la muerte de Sor Juana, tenemos esas noticias sobre las inversiones de la monja jerónima en el banco de plata de la Rea, y en un documento fechado años después, en 1703.

En 1698 había muerto el arzobispo Francisco de Aguiar y Seijas; al año siguiente tres monasterios de religiosas de la capital (San Lorenzo, Jesús María y san Jerónimo) interponían un recurso para que se les restituyeran propiedades y capitales que la obsesiva dadivosidad de Aguiar les había confiscado. La petición se abría como un proceso judicial sobre el espolio, es decir sobre los bienes que el arzobispo había dejado. Uno de los inconformes, el monasterio de San Jerónimo, alegaba la restitución de un dinero que pertenecía a Sor Juana Inés de la Cruz. Existía la costumbre de que, salvo disposición testamentaria en contra, esas "reservas" o bienes privados de las religiosas, pasaran íntegras al patrimonio conventual, y de ahí el interés de estas comunidades por exigir la restitución de esos bienes. Al fallecer la monja escritora, Aguiar había mandado sacar las alhajas que estaban en su celda, así como 2,000 pesos que tenía en depósito con Domingo de la Rea. Sor Juana había señalado en su testamento que esos bienes debían pasar a su sobrina Isabel de San Joseph, y a la muerte de ésta al monasterio. La abadesa decía estar dispuesta a perder las alhajas, pero solicitaba que por lo menos se les restituyera el dinero.[16] Aunque el espolio se abrió en 1699, la resolución no se dio sino hasta 1703; la causa de tal retraso se debió a que el chantre Manuel de Escalante y Mendoza, superintendente de las obras de catedral, había metido los bienes del espolio a las cajas reales sin tener en cuenta el requisito legal que exigía abrirlos antes a las peticiones de los acreedores. El deán Diego de Malpartida Zenteno, que al parecer no tenía ninguna simpatía por el chantre pues lo llama "regalista" y lo acusa del mal estado de las bóvedas de catedral, culpaba a su colega de haber procedido con dolo en el caso del espolio. Al final, las monjas pudieron recuperar parte de los bienes que exigían, a pesar de que el espolio no era muy substancioso. El dadivoso arzobispo Aguiar había regalado el resto de sus bienes, al igual que los confiscados a las monjas, a sus amados pobres.[17]

El caso del espolio de Aguiar nos muestra a una Sor Juana inmersa en los negocios del mundo, preocupada por invertir su dinero, un dinero que posiblemente le sería útil para recuperar la biblioteca que le había sido arrebatada. Finalmente a lo largo de su vida sus relaciones no sólo le habían permitido conseguir dinero (su misma dote religiosa la obtuvo gracias a los vínculos que estableció en la corte), le habían dado también protectores y mecenas. Ella, más que nadie, sabía que era necesario para sobrevivir en su sociedad establecer lazos clientelares con los poderosos a quienes podía solicitar favores y de quienes podía esperar el amparo necesario para ejercer el oficio de escritora que era la pasión de su vida.

---

[16] Para más información, ver mi estudio "Las monjas se inconforman; los bienes de sor Juana en el espolio del arzobispo Aguiar y Seijas".

[17] Espolio de don Francisco de Aguiar y Seijas, marzo de 1703. Archivo General de Indias, Audiencia de México, 811.

OBRAS CITADAS

Alatorre, Antonio, ed. "La carta de sor Juana al padre Núñez (1682)." *Nueva Revista de Filología Hispánica*. 35.2 (1987): 591-626.

Bénsassy-Berling, Marié-Cécile. *Humanismo y religión en sor Juana Inés de la Cruz*. México: UNAM, 1983.

Bravo Arriaga, María Dolores. *El discurso de la espiritualidad dirigida: Antonio Núñez de Miranda, confesor de Sor Juana*. México: UNAM, 2001.

_____ "Las loas cortesanas de sor Juana o las metáforas de la adulación." *Tema y variaciones de Literatura*. Num. 7. México: UAM Atzcapotzalco, 1996. 103-113.

Escamilla, Iván. "El siglo de oro vindicado: Carlos de Sigüenza y Góngora, el Conde de Galve y el tumulto de 1692." *Carlos de Sigüenza y Góngora: Homenaje, 1700-2000*. v. II Ed. Alicia Mayer. México: UNAM, Instituto de Investigaciones Históricas, 2001-2002. 179-203.

Fernández de Recas, Guillermo. *Mayorazgos de la Nueva España*. México: UNAM., l965.

Ganster, Paul. "La familia Gómez de Cervantes." *Historia Mexicana* 31.2 (octubre-diciembre l981): 197-232.

Glantz, Margo. *Sor Juana Inés de la Cruz. ¿Hagiografía o autobiografía?* México: Grijalbo/ UNAM, 1995.

Mazín, Oscar. "La investigación en los archivos catedralicios" *Las fuentes eclesiásticas para la historia social de México*. Eds. Brian Connaughton y Andrés Lira. México: Instituto Mora/ UAM, 1996. 45-57.

Méndez, María Agueda. *Los secretos del oficio. Avatares de la Inquisición novohispana*. México: Instituto de Investigaciones Bibliográficas, UNAM, 2001.

Paz, Octavio. *Sor Juana Inés de la Cruz: las trampas de la fe*. México: Fondo de Cultura Económica, 1982.

Porras Muñoz, Guillermo. "La calle de Cadena en México." *Estudios de Historia Novohispana* 5 (l974): 143-191.

Robles, Antonio de. *Diario de sucesos notables*, 3 vols. México: Porrúa, 1972.

Rubial García, Antonio. "Fray Diego Velásquez de la Cadena, un eclesiástico cortesano en la Nueva España del siglo XVII." *Anuario de Estudios Hispanoamericanos* [Sevilla, Escuela de Estudios Hispanoamericanos] 56 (1989): 173-194.

_____ "Un mercader de plata andaluz en Nueva España. Diego del Castillo (161?-1683)" *Suplemento del Anuario de Estudios Americanos* [Sevilla, Escuela de Estudios Hispanoamericanos] 49 (1992): 143-170.

_____ "Las monjas se inconforman; los bienes de sor Juana en el espolio del arzobispo Aguiar y Seijas" *Tema y variaciones de Literatura*. Núm. 7. México: UAM Atzcapotzalco, 1996. 61-72.

Sabat-Rivers, Georgina, "Mujeres nobles del entorno de sor Juana." *En busca de Sor Juana*, México: UNAM, Facultad de Filosofía y Letras, 1998. 99-130.

_____ "El Neptuno de sor Juana, fiesta barroca y programa político." *En busca de Sor Juana*. México: UNAM, Facultad de Filosofía y Letras, 1998. 243-261.

Saucedo Zarco, Carmen. "Decreto del cabildo catedral de México para que a sor Juana Inés de la Cruz se le paguen 200 pesos por el Neptuno alegórico." *Relaciones. Estudios de Historia y Sociedad* 20.77 (invierno 1999): 185-191.

Cuentas claras: tensiones y razones en Sor Juana Inés de la Cruz[1]

Pablo Brescia
UNIVERSITY OF SOUTH FLORIDA

A Georgina Sabat-Rivers

Que aquesto es razón me dicen
los que la razón conocen;
¿pues cómo la razón puede
forjarse de sinrazones?
(Cruz, Romance No. 4, Tomo I, 19)
Sor Juana Inés de la Cruz, "Supuesto, discurso mío..."

La actualidad de Sor Juana

La noche del 17 de abril de 1995 en el antiguo convento de San Jerónimo de la Ciudad de México (hoy Universidad del Claustro de Sor Juana), Octavio Paz pronunciaba una breve oración fúnebre en conmemoración de los trescientos años de la muerte de la escritora mexicana más viva. A pesar de la omnipresencia de la figura y de la literatura de Sor Juana Inés de la Cruz en los estudios literarios mexicanos y latinoamericanos, según el Nobel mexicano faltaba mucho para desentrañar las telarañas históricas y críticas que continúan envolviendo a la escritora novohispana. Sesenta y nueve años antes, Dorothy Schons titulaba su señero artículo de 1926 "Some Obscure Points in the Life of Sor Juana Inés de la Cruz", e identificaba así al adversario con el que se enfrenta la crítica sobre la Fénix de México. Los segmentos de vida y obra incógnitos ponen en jaque o, por lo menos, en lista de espera las investigaciones e interpretaciones sobre la mayor figura literaria del siglo XVII americano.

  Para los devotos críticos sorjuanistas que conciben el texto y el contexto de la vida y de la obra de la poeta como un espacio en permanente reconfiguración, las declaraciones de figuras como Paz y Schons son muestra de la vigencia de ciertas cuestiones para los estudios sorjuaninos durante el siglo XX, especialmente a fines del siglo XX. No sólo hay que volver a los últimos años de Sor Juana, ese momento entre 1690 y 1695 en que tanto

---

[1] Una primera versión de este trabajo se publicó con el título "Las razones de Sor Juana Inés de la Cruz" en *Anales de Literatura Española*, 13 (1999): 85-105.

su literatura como su vida aparecen elipsadas, sino que también hay que reparar en la profusión de estudios críticos y hallazgos publicados entre 1990 y 2000; son los últimos años *sobre* Sor Juana. Este *corpus* ha contribuido –con su cuota de avances y polémicas– a ensanchar el campo de investigación y las posibilidades de lectura de la obra.

Tres factores principales contribuyen a tal renovado interés. En primer lugar, aparecen las conmemoraciones de su natalicio (¿1648? ¿1651?) o de su fallecimiento (1695), junto con el aniversario de la publicación de textos como la *Carta Atenagórica* (1690, en adelante *CA*) o la *Respuesta a Sor Filotea de la Cruz* (1691, en adelante *RSF*)[2] y una serie de libros colectivos. Entre los más importantes para el período señalado pueden mencionarse *Feminist Perspectives on Sor Juana Inés de la Cruz* (1991); *"Y diversa de mí misma/entre vuestras plumas ando"*, memoria del homenaje organizado por El Colegio de México a Sor Juana en 1991 (1993); la *Memoria del Coloquio Internacional Sor Juana Inés de la Cruz y el pensamiento novohispano* (1995); el proyecto de la Universidad del Claustro de Sor Juana *Sor Juana y su mundo: una mirada actual* (1995); las ediciones de *Cuadernos de Sor Juana. Sor Juana Inés de la Cruz y el siglo XVII* (1995); de *Los empeños: ensayos en homenaje a Sor Juana Inés de la Cruz* (1995); de *Sor Juana Inés de la Cruz y las vicisitudes de la crítica* (1998) y de *Sor Juana Inés de la Cruz y sus contemporáneos* (1998) y los números especiales de *Colonial Latin American Review* (1995), de *Literatura Mexicana* (1995) y de la revista *Tinta, Sor Juana & Vieira, trescientos años después* (1998).

En segundo lugar, debe destacarse la continua revisión crítica que sigue suscitando los textos de Sor Juana. Entre los múltiples enfoques existentes se cuentan el libro de George H. Tavard, *Juana Inés de la Cruz and the Theology of Beauty. The First Mexican Theology* (1991); el de Alessandra Luiselli, *El sueño manierista de Sor Juana Inés de la Cruz* (1993); los de José Pascual Buxó, *El enamorado de Sor Juana* (1993) y *Sor Juana Inés de la Cruz: amor y conocimiento* (1996); los de Elías Trabulse, *La memoria transfigurada: tres imágenes históricas de Sor Juana Inés de la Cruz* (1996): *Los años finales de Sor Juana: una interpretación (1688-1695)* (1998) y *La muerte de Sor Juana* (1999); los de Margo Glantz, *Sor Juana Inés de la Cruz: ¿hagiografía o autobiografía?* (1995) y su coleción de textos *Sor Juana: la comparación y la hipérbole* (2000); el estudio crítico de Antonio Alatorre y Martha Lilia Tenorio, *Sor Juana y Serafina* (1998) y las monografías de Jean-Michel Wissmer, *Las sombras de lo fingido: sacrificio y simulacro en Sor Juana Inés de la Cruz* (1998), Pamela Kirk, *Sor Juana Inés de la Cruz: Religion, Art and Feminism* (1998); Martha Lilia Tenorio, *Los villancicos de Sor Juana* (1999); Yolanda Martínez-San Miguel, *Saberes americanos: subalternidad y epistemología en los escritos de Sor* Juana (1999) y Stephanie Merrim, *Early Modern Women's Writing and Sor Juana Inés de la Cruz* (1999) y las colecciones de artículos de Georgina Sabat-Rivers, *En busca de Sor Juana* (1998) y de Sara Poot Herrera, *Los guardaditos de Sor Juana* (1999).[3]

La última escena en este panorama tal vez sea la más decisiva para la actualidad de Sor Juana. A partir de la segunda década del siglo XX, una serie de hallazgos y atribuciones han modificado el curso de los estudios sorjuaninos. En 1968, Enrique Martínez López da a conocer los *Enigmas ofrecidos a la Casa del Placer*, poemas enviados por Sor Juana a monjas

---

[2] Citaré estos y otros textos de Sor Juana por la edición de Alfonso Méndez Plancarte y Alberto G. Salceda de las *Obras completas de Sor Juana Inés de la Cruz*. En adelante me refiero al cuarto volumen (*Comedias, sainetes y prosa*) a menos que indique lo contrario.
[3] Marie-Cécile Bénassy-Berling hace un buen recorrido por algunas de estas publicaciones en "Actualidad del sorjuanismo (1994-1999)".

amigas portuguesas que dan fe de la continuidad de su obra. En 1980, los estudios sorjuaninos recibieron una fuerte sacudida con la *Carta al Padre Núñez* (en adelante *CPN*), que se situaría hacia 1682.[4] El hallazgo del Padre Aureliano Tapia develaba aspectos insospechados de la relación entre Sor Juana y su confesor y ofrecía valiosa información sobre los avatares literarios y existenciales de la monja. Quince años después, Elías Trabulse da noticias de la *Carta de Serafina de Cristo* (en adelante *CSC*), otra carta en torno a Sor Juana, firmada el primero de febrero de 1691. El historiador mexicano habla por primera vez de este documento en una ponencia leída en el *Coloquio Internacional Sor Juana Inés de la Cruz y el pensamiento novohispano* en abril de 1995.[5] Trabulse, a partir de una secuencia de entregas parciales, elabora una serie de hipótesis basadas en recientes hallazgos y datos históricos que otorgan autoría material de la carta a Sor Juana e iluminan las relaciones con los personajes de su entorno. Este proceso culmina con su edición de la *CSC* en 1996.[6] Un año antes, y gracias a la labor de María Agueda Méndez y de su equipo de investigación que cataloga los textos marginados por la Inquisición mexicana, aparece un artículo de Ricardo Camarena Castellanos sobre *La fineza mayor*, sermón leído el 26 de enero de 1691 en el convento de San Jerónimo, en la ciudad de México, y con Sor Juana presente entre el público. En esta oratoria, luego publicada, el clérigo Francisco Xavier Palavicino Villarasa elogia abiertamente a la monja jerónima. El sermón fue posteriormente requisado por la Inquisición y su autor reprendido, entre otras cosas, por adular a, según uno de los censores, una "mujer introducida a teóloga y escriturista" (Dorantes 64).[7]

Esta efervescencia crítica y estos nuevos aportes documentales nos plantean una relectura de la vida y obra que permita reexaminar los nexos entre autor, texto, contexto y lector. Mi trabajo se inscribe en esta necesidad y, más específicamente, en las diversas cartas que tienen a Sor Juana como remitente o como destinataria. Mi planteamiento propone una estrategia de correspondencias, es decir, intenta identificar y analizar los cruces entre estos documentos. El resultado permitiría trazar las coordenadas en las que aspira a moverse y moldearse lo que podría llamar el "pensamiento sorjuanino". En esta ocasión, reparo en un aspecto poco explorado –la argumentación de la fineza que propone Sor Juana en la *CA*– para, desde allí y en relación con las otras cartas, examinar la tensión entre los diversos paradigmas institucionales presentes en el contexto sociocultural de la época y la pugna de Sor Juana por construir un espacio propio que, a la vez, participe y se diferencie de este contexto.[8]

---

[4] Para la edición y estudio crítico de este documento, cf. Antonio Alatorre, "La *Carta* de Sor Juana al P. Núñez". Cito la carta de este trabajo.
[5] La ponencia se publica en las memorias del congreso con el título de "La guerra de las finezas".
[6] La autoría material de la carta es una de los aspectos en disputa en este nuevo debate en torno a la monja jerónima. En una nota que hace Ana Cecilia Terrazas en la revista *Proceso* en 1996, Augusto Vallejo dice que la *CSC* fue dirigida a Sor Juana y no escrita por ella; el mismo artículo habla de un peritaje que comprobaría que la carta no es de Sor Juana. En 1998, Antonio Alatorre y Martha Lilia Tenorio publican *Serafina y Sor Juana*, edición crítica de la *CSC* que intenta refutar varias de las proposiciones de Elías Trabulse, entre ellas la autoría de esta carta, atribuida por estos críticos a Juan Ignacio de Castorena y Ursúa. Las divergencias citadas complican aún más el estado de la cuestión y requieren un análisis pormenorizado. Lo indiscutible es que la *CSC* hace necesaria la revisión de la vida y de los textos de Sor Juana.
[7] Cf. la censura inquisitorial de Fray Augustín Dorantes en la edición de Los Angeles de la *CSC*. Dorantes se escandaliza ante el "insufrible desorden a citar en el púlpito públicamente a una mujer con aplausos de maestra, y sobre puntos y discursos escriturales, como consta de la salutación, fol. 3, donde la cita, como dice al margen *en su ingeniosa y docta Carta Atenagórica*" (64; modernizo ortografía, puntuación y acentuación).
[8] Luego de la lectura del libro de Yolanda Martínez-San Miguel, *Saberes americanos: subalternidad y epistemología en los escritos de Sor Juana*, advierto varias coincidencias con este trabajo, sobretodo en el estudio de las coordenadas que regulan el espacio de la producción textual de Sor Juana.

Pablo Brescia

Doble final: el post-scriptum de la Carta Atenagórica

La génesis de la *CA* es harto conocida y ha sido tratada por varios sorjuanistas. El entorno y el contenido de la carta traen a colación varios de los elementos y figuras pertinentes para la controversia de los últimos años de la vida de la monja: las conversaciones y debates en su locutorio; los escritos por encargo; la figura ambivalente del obispo de Puebla, Manuel Fernández de Santa Cruz; el interés de Sor Juana de medirse con los grandes escritores de su tiempo; la importancia de ciertos temas religiosos para la intelectualidad de la época. Recordemos que, a fin de cuentas, el motivo por el que Sor Juana escribe la *RSF* es la necesidad de defenderse ante los argumentos esgrimidos por el obispo de Puebla en la carta que, justamente, sirve de prólogo a la *CA* (en adelante *CSF*).

El tema visible de la *CA* es el debate teológico sobre cuál fue la mayor fineza, o favor, de Cristo para con los seres humanos. En la primera parte de la carta, Sor Juana resume los argumentos que el famoso predicador jesuita portugués Antonio Vieira había urdido en su *Sermão do mandato*[9] contra las posiciones de San Agustín, Santo Tomás y San Juan Crisóstomo, defiende las finezas propuestas por éstos y refuta la tesis de Vieira. Durante este proceso, la escritora se mueve dentro de las estructuras jerárquicas oficiales (la corte virreinal y los estamentos eclesiásticos, por ejemplo) y de los paradigmas discursivos de la sociedad novohispana del siglo XVII.[10]

En el terreno de la disquisición teológica, uno de estos paradigmas es la apelación al argumento de autoridad para apoyar el razonamiento. El uso que hace Sor Juana de este recurso sigue la ortodoxia escolástica, ya que pone gran cuidado en basar su crítica en las palabras de los Padres de la Iglesia y en las Sagradas Escrituras. Por ejemplo, al detenerse en la posición de San Agustín sobre la mayor fineza de Cristo –morir por los hombres– dice que éste justifica su posición probándola con el texto de Juan 15:13, *maiorem hac dilectionem nemo habet, ut animam suam ponat quis pro amicis suis* ("ninguno tiene mayor amor que éste, que es poner su vida por sus amigos"), y luego por discurso. Sor Juana desarrolla esta estrategia en otros pasajes: "Préubase no sólo con el texto: *maiorem hac dilectionem*, etc., el cual se puede entender de otros amores; sino con otros infinitos. Sea uno en el que Cristo dice que es buen Pastor: *Ego sum pastor bonus. Bonus pastor animam suam dat pro ovibus suis* ["Yo soy el buen pastor. El buen pastor da su vida por sus ovejas"] donde Cristo habla de sí mismo y califica su fineza con la muerte" (415).[11] Sor Juana pasa a distinguir dos términos para una fineza (*a quo* y *ad quem*) y a elaborar su argumentación en defensa de San Agustín apoyándose constantemente en la autoridad del texto bíblico; así, examina la Resurrección, la Eucaristía, la Encarnación y los pasajes sobre Jacob y Ester, antes de refutar "las razones del autor", supuestamente Vieira (418).

De esta manera, diferencia no sólo su argumentación sino también su método del de Vieira, quien se jacta de no recurrir a la Biblia o la Patrística para probar su fineza. Si bien es cierto que Vieira usa en ocasiones las palabras de Cristo para apoyar su propuesta sobre la mayor fineza ("querer que el amor con que nos amó fuese deuda de amarnos unos a otros"), aduce que no se hallarán ejemplos que ilustren este supremo favor en las Sagradas Escrituras: "Por eso me empeñé en decir que dando a todas las finezas de Cristo hoy otra

---

[9] Robert Ricard especula que el sermón, pronunciado en la Capilla Real de Lisboa, se impartió entre 1642 y 1652, pero no en 1650. Cf. "António Vieira y Sor Juana Inés de la Cruz".
[10] Para un análisis pormenorizado de estas posiciones, véase mi trabajo "El 'crimen' y el castigo: la *Carta Atenagórica* de Sor Juana Inés de la Cruz".
[11] Juan 10:11.

mayor, como hice, a la última que yo señalase, ninguno me había de dar otra que fuese igual. Para las otras finezas, tan celebradas por sus autores y tan encarecidas por sus extremos, tuvimos Magdalenas, Absalones y Davides, que nos diesen ejemplos. Para ésta, ni dentro ni fuera de la Escritura se hallará alguna que se le parezca, cuanto más que la iguale" (cf. la sección XI de la traducción del sermón del mandato de Vieira incluida en las *Obras completas de Sor Juana Inés de la Cruz* 673-694).[12] La "elación" de este procedimiento debe reprocharse ya que, según la disertante, "[...] cree el orador que puede aventajar su ingenio a los de los tres Santos Padres y no cree que puede haber quien le iguale" (435).[13] Sor Juana sabe que es necesario que tanto su argumentación como su estrategia discursiva se conformen de acuerdo con ciertos cánones de escritura y de comportamiento para no "tener ruidos" con nadie. Por eso, su disquisición sigue los carriles ya señalados. En la conclusión de la primera parte, Sor Juana pone lo dicho bajo la censura del destinatario y de la Iglesia Católica –como corresponde a una monja respetuosa de las instancias superiores– y se despide con un "vale".

La posdata son nueve párrafos que ilustran la tesis de Sor Juana sobre la mayor fineza. Dice el inicio de esta segunda parte: "Bien habrá V.md. creído, viéndome clausurar este discurso, que me he olvidado de ese otro punto que V. md. me mandó que escribiese: Que cuál es, en mi sentir, la mayor fineza del Amor Divino" (Cruz, OC, Tomo IV, 435). Sor Juana va a aclarar que la fineza de la que habla es "fineza que hace Dios en cuanto Dios" (Cruz, OC, Tomo IV, 435-436). Después, hay un giro: la interpretación propuesta no coincide con ninguna de las reseñadas anteriormente: "Como hablamos de finezas, dije yo que la mayor fineza de Dios, en mi sentir, eran los beneficios negativos; esto es, los beneficios que nos deja de hacer porque sabe lo mal que los hemos de corresponder" (435). Sor Juana razona de la siguiente manera: Dios quiere hacernos finezas ya que va con el "corriente natural" de su infinita bondad, amor y poder. Pero los seres humanos pueden ser ingratos o usar mal los "regalos" divinos, dañándose a sí mismos. Ergo, cuando Dios no nos hace una fineza, nos está haciendo la mayor fineza. Es de notar la estructura paradójica –la palabra refiere etimológicamente a "contrario a la opinión común"– del argumento: por lo general se asume que Dios es generoso porque da finezas; aquí se adopta la posición contraria.

Inmediatamente, Sor Juana, para proteger su argumentación y alinearla con la de los Santos Padres, apela a la Biblia y halla dos ejemplos de esta abnegada renuncia divina. Del Evangelio de San Mateo recoge la crítica que le hacen los habitantes de Nazareth a Cristo. A causa de esta ingratitud, el Hijo de Dios decide no hacerles finezas para, según Sor Juana, "no darles la ocasión de cometer mayor pecado" (437).[14] Del Génesis toma el diluvio universal para demostrar las consecuencias de una fineza mal utilizada. Dios se ha regocijado en la creación del mundo pero, ofendido por la maldad demostrada por sus criaturas, decide destruir a los seres humanos y sentencia: "me arrepiento de haberlos hecho". Aparece luego en esta prueba un "desvío" que trata el tema de la envidia; a esto volveré más adelante. Hacia el final, Sor Juana arguye que esta definición "negativa" de fineza debe trascender el discurso especulativo y transformarse en servicios prácticos; de este modo, las finezas adquirirán una cualidad positiva. Sor Juana mantiene entonces la coherencia entre su definición general de fineza (actos de amor, con el *subrayado* en *actos*) y la argumentación

---

[12] En torno al problema de la versión "deformada" del sermón de Vieira que leyó Sor Juana, consultar los artículos de Ricard y Manuel Corripio Rivero.
[13] Pero la crítica a Vieira es, en su mayor parte, sobre las ideas y no *ad hominem*. Ricard confirma esta impresión: "Las críticas que sor Juana dirige a Vieira, como lo notó ya el señor Abreu Gómez, atañen únicamente a la dialéctica: lo que discute y combate es su argumentación" (75).
[14] La Biblia dice que Cristo "no hizo allí muchas maravillas, a causa de la incredulidad de ellos" (Mateo 13:58).

con la que propone su propia fineza, ya que ambas postulan un pasaje de la reflexión teológica a la ejecución práctica (Cruz, OC, Tomo IV, 435-439).[15]

Dentro de la intricada argumentación de la *CA*, Sor Juana intenta crear un espacio que nazca de la intersección entre, por un lado, los diversos protocolos (conventuales, de regulación del discurso, de obediencia, de amistad) que definen el discurso novohispano y, por el otro, la libertad de razonamiento a la que aspira su propia intelectualidad. En esta carta, que que ha sido entendida bien como disertación teológica, bien como manifiesto político, la fineza propuesta por Sor Juana incluye una dimensión personal cuya textualización apunta a la formación de un pensamiento. Este pensamiento, presente en otros textos pero muy especialmente en las cartas que rodean a Sor Juana, se basa en dos pilares centrales: la envidia y el libre albedrío, elementos que examino a continuación.

En perseguirme, Mundo, ¿qué interesas?[16]

El tema de la envidia es medular en la *CPN*. Allí, Sor Juana se queja de su situación y enarbola una defensa que pone en escena las contradicciones que resultan de la combinatoria de acusaciones que formulan sus detractores:

> ¿De qué envidia no soy blanco? ¿De qué mala intención no soy objeto? ¿Qué acción hago sin temor? ¿Qué palabra digo sin recelo? Las mujeres sienten que las exceda. Los hombres, que parezca que los iguala. Unos no quisieran que supiera tanto. Otros dicen que había de saber más, para tanto aplauso. Las viejas no quisieran que otras supieran más. Las mozas, que otras parezcan bien. Y unos y otros, que viese conforme a las reglas de su dictamen (620-621).

Debe recordarse, sin embargo, que Sor Juana se dirige a su por entonces confesor. Como observa Mabel Moraña: "en este juego de apropiaciones y máscaras barrocas, Núñez de Miranda es siempre *el otro* [...] Esta posicionalidad variable del otro requiere de la monja una similar capacidad de acomodación retórica y pragmática" (323). El padre Núñez es uno de los personajes centrales, aunque no único, para examinar la envidia como tema y problema en la obra de Sor Juana.

Lo que me interesa subrayar aquí es el uso insistente que hace Sor Juana de este tópico que, según comenta en la *CPN*, "no será materia para una carta, sino para muchos volúmenes muy copiosos" (621). A pesar de que no pueda elaborar un tratado sobre el asunto, Sor Juana le da otro uso: *argumenta* con él. Es de notar que, en la *CA*, la prueba que utiliza para su fineza recorre un curioso camino: de una estructura de "pruébase por discurso-pruébase por texto" –es decir, enunciado que plantea una hipótesis-ejemplos que confirman la validez de la proposición– a una diatriba (¿digresión?) contra la envidia.[17] En

---

[15] El tema de las finezas es recurrente en la obra de Sor Juana. Enrique Martínez López cita algunos de los lugares donde aparece: la Loa para *El mártir del Sacramento, San Hermenegildo*, algunas escenas de *Los empeños de una casa* y *Amor es más laberinto*, el *Sarao de las cuatro naciones* y varias otras loas (1968 63-64). También Octavio Paz (514) y posteriormente Margo Glantz (Glantz 1990) hablan de las finezas en *El divino Narciso*. Para un estudio del papel de la fineza en *Los empeños de una casa*, consultar el artículo de Jean Franco "Las finezas de Sor Juana" (247-256); para la relación entre este tópico y "Las letras de San Bernardo" de Sor Juana, ver el texto de Sara Poot Herrera "Una carta finamente calculada: la de *Serafina de Cristo*" (1998 127-141).
[16] Primer verso del conocido soneto –146 según la clasificación de Méndez Plancarte– de Sor Juana (1: 277-278).
[17] Rosa Perelmuter ha señalado que tanto la *CA* como la *RSF* siguen las divisiones retóricas del discurso forense (exordio-narración-prueba-peroración), aunque en la *RSF*, dado su tono familiar, la narración es más extensa que la prueba.

el *Comulgador Penitente*, texto religioso de Núñez cuya primera edición es de 1664 y que se vuelve a editar en 1690 en la misma imprenta que imprime la *CA*, el prelado combina varios de sus intereses: la doctrina de la frecuente comunión, la regla 18 de la Congregación de la Purísima y, por supuesto, la admonición a las monjas. Allí exclama: "Pues tú, que eres hija de Dios, ¿cómo no te desprecias, antes te precias de tan viles ejercicios; olvidada de ti misma de tu sobrenatural ser, de tus altas y (en realidad de verdad) divinas obligaciones. Dime, ¿esos pensamientos en que te devanas son dignos de una hija de Dios? Esas ocupaciones, esos divertimientos, esos designios, ¿son dignos de una hija de Dios?". Esta exhortación parece hecha para Sor Juana, según comenta Trabulse en su edición de la *CA* (56-57) Es precisamente en la *CA* donde podríamos postular una Sor Juana que, a su vez, exhorta a sus detractores (¿a Núñez?) cuando dice, como parte de esa diatriba contra la envidia:

> Envidiamos en nuestros prójimos los bienes de fortuna, los dotes naturales. ¡Oh, qué errado va el objeto de la envidia, pues sólo debía serlo de la lástima el gran cargo que tiene, de que ha de dar cuenta estrecha! Y ya que queremos envidiar, no envidiemos las mercedes que Dios le hizo, sino lo bien que corresponde a ellas, *que esto es lo que se debe envidiar, que es lo que da mérito; no el haberlas recibido, que eso es cargo* (438-439; subrayado mío).

Son las maneras de hacer uso de las "mercedes" que Dios nos dio –y no las mercedes mismas, que son naturales y representan un agobio– las que deben ser objeto de envidia. Hay un error en la argumentación de estos "envidiosos". Si quieren envidiar, envidien bien, parece decir la monja jerónima.

Este uso de la envidia como herramienta argumentativa privilegiada reaparece en la *RSF*. Además de la narrativa sobre la inclinación a las letras, hay en este texto tres pasajes definitorios. Dos de ellos son ya clásicos para los estudiosos de Sor Juana: el catálogo de mujeres sabias (ls. 845-907) y la disquisición sobre el *dictum* de San Pablo *Mulieres in Eclesiis taceant* (ls. 908-1259). El otro requiere atención especial en este trabajo: las reflexiones sobre la envidia (ls. 527-714). Allí, Sor Juana toma el motivo de aquel "que se señala –o le señala Dios, que es quien sólo lo puede hacer– [y] es recibido como enemigo común" y se hace eco de la máxima de Maquiavelo –"aborrecer al que se señala porque desluce a los otros"[18]– para equiparar sus pesadumbres con las sufridas por Cristo ante los fariseos. Sor Juana enfatiza lo inexplicable (¿lo irracional?) del sufrimiento del Hijo de Dios, condenado por hacer milagros:

> ¿Cuál fue la causa de aquel rabioso odio de los Fariseos contra Cristo, habiendo tantas razones para lo contrario? Porque si miramos su presencia, ¿cuál prenda más amable que aquella divina hermosura? ¿Cuál más poderosa para arrebatar los corazones? [...] ¿Qué haría, qué movería y qué no haría y qué no movería aquella incomprensible beldad, por cuyo hermoso rostro, como por un terso cristal, se estaban transparentando los rasgos de la Divinidad? ¿Qué no movería aquel

---

[18] Sor Juana habla de la "ley políticamente bárbara de Atenas" que, como bien explican Méndez Plancarte y Salceda, es el ostracismo. Señalan además que, en su Romance al Caballero del Perú que le enviara unos barros, Sor Juana vuelve a mencionar esta ley: yo agregaría que aprovecha para volver al tema de la envidia: "El que a todos aventaja,/fuerza es que a todos incite/ a envidia, pues el lucir/a todos juntos impide//Al paso que la alabanza/a uno para blanco elige/ a ese mismo paso trata/la envidia de perseguirle" (653 y 1:139, ls. 125-132).

> semblante, que sobre incomparables perfecciones de lo humano, señalaba iluminaciones de lo divino?[...] Pues si vamos a las demás prendas, ¿cuál más amable que aquella suavidad y blandura derramando misercordias en todos sus movimientos, aquella profunda humildad y mansedumbre, aquellas palabras de vida eterna y eterna sabiduría? Pues ¿cómo es posible que esto no les arrebatara las almas, que no fuesen enamorados y elevados tras él? (Cruz, OC, Tomo IV, 453)

La irritación de Sor Juana es tal que no puede dejar de señalar que "así es, que cuando se apasionan los hombres doctos prorrumpen en semejantes inconsecuencias" (454), un tiro por elevación hacia sus críticos. Sor Juana luego dedica la parte final de su argumento a comentar críticamente la corona de espinas que recibe Cristo de los soldados[19] y el milagro de la resurrección de Lázaro; es decir, hace una exégesis de nuevos pasajes bíblicos para apoyar su argumentación. Concluye que "menos intolerable es para la soberbia oír las reprensiones que para la envidia ver los milagros" (457).

El tópico de la envidia en la *CA* y en la *RSF* le sirve a Sor Juana para defender su "infeliz habilidad de hacer versos" (452). La idea se relaciona con su perspectiva acerca del talento natural; en la *RSF* habla de "este natural impulso que Dios puso en mí" (444). Lógicamente, no podría criticarse algo dado por vía natural (y no adquirida) porque no se ha participado en su elección; es más, según la monja jerónima, es "cargo". Renunciar (como quería Núñez y tal vez otros personajes de su entorno) a este "don" sería *contra natura* y, dado que Dios dispone los bienes naturales, contra la voluntad divina.

NACÍ CON [ESTE GENIO] Y CON ÉL HE DE MORIR[20]

Esta determinación de vivir y morir respetando sus propias convicciones alude al tema del libre albedrío, otro elemento clave en la formación del pensamiento de Sor Juana. Las estrategias argumentativas y la fineza propuesta en la *CA* hallan su fundamento en esta noción. La autora no se basa en las Sagradas Escrituras al enunciar su "sentir" aunque, como se dijo anteriormente, sí apoya su demostración con algunos ejemplos bíblicos. Su tesis habrá escandalizado a muchos; la primera crítica conocida es la de Manuel Fernández de Santa Cruz en la *CSF*: "Por más que la discreción de V. md. les llame finezas [a los beneficios negativos], yo los tengo por castigos: porque sólo es beneficio el que Dios hace al corazón humano previniéndole con su gracia para que le corresponda agradecido, disponiéndose con un beneficio reconocido, para que no represada, la liberalidad divina se los haga mayores" (696).[21] La apuesta de Sor Juana por la libertad de acción era, si no radical, sí arriesgada, aun dentro de la polémica que suscitó el tema en su época.[22] Desde su posición de mujer, monja, criolla e intelectual en el siglo XVII novohispano, lugar que requería un precario equilibrio entre obediencia debida y vocación librepensadora, proponer que el regalo más grande que nos hace Dios es sacrificar su propia omnipotencia para dejarnos libres y

---

[19] Para un análisis de esta parte de la *RSF*, "comparación amplificatoria cuyo fin principal es la moción de afectos", consultar el análisis retórico de Koldobika Josu Bijuesca (96-98, y sobre el tema de la identificación entre Sor Juana y Cristo n. 10).
[20] Línea 197 de la *CPN* (623).
[21] Para un examen de las tácticas de Fernández de Santa Cruz en esta carta, ver Enrique Martínez López, "Sor Juana, Vieira y Justo Lipsio en la *Carta de Sor Filotea de la Cruz*".
[22] Según Octavio Paz, la discusión planteada en la *CA* y la fineza propuesta por Sor Juana "son un eco de las grandes polémicas de su tiempo sobre la gracia y el libre albedrío" (518).

poder manejar así nuestro propio destino era exponerse a reproches como los de Fernández de Santa Cruz, e incluso más serios.

En la *CSC* se dice que ha salido "no sé qué *soldado castellano* a la demanda del valentísimo Portugués" (*Carta de Serafina de Cristo* 37).[23] Si se lee "demanda" como defensa de Vieira –según el *Diccionario de la Real Academia Española*, "salir a la demanda" es, en términos forenses, mostrarse parte en un pleito, oponiéndose al que es contrario en él y, en su acepción figurativa, hacer oposición a otro o defender alguna cosa– es claro que había oposición a la postura de Sor Juana y a su "intromisión" en asuntos teológicos. Un lector contemporáneo como Robert Ricard, por ejemplo, se quejaba de las complicaciones silogísticas que usa Sor Juana para rebatir a Vieira y, en cuanto a la fineza que postula la poeta novohispana, comentaba:

> ¿Quién no se juzgaría defraudado? Esta carta, en la que una emoción sincera y un sentimiento profundo surgen a menudo debajo de la pedantería escolástica y la agudeza, a veces fuera de lugar, de una preciosidad sutil, acaba por un juego de espíritu. En una obra anterior, la monja mexicana había hecho de la Encarnación la mayor fineza de Cristo; aquí, y aun teniendo en cuenta que no habla de Cristo encarnado, sino de Dios, puede decirse que la mujer de letras ha vencido a la religiosa (70).

El argumento que presenta Sor Juana no lo convence; a Ricard no se le escapa la posible analogía entre su reflexión y la carta del obispo de Puebla, escrita dos siglos y medio antes; incluso indica que Sor Filotea "no se equivocaba del todo". En un artículo reciente, Emil Volek, desde una mirada favorable hacia Sor Juana y crítica hacia Fernández de Santa Cruz, habla de la lógica "algo torcida" del suplemento de la *CA* y de su "dialéctica alucinante" (339). Habría que examinar si esto realmente es así, si se considera el hecho que Sor Juana labora para formar su pensamiento de acuerdo con los dos ejes que se han venido discutiendo en este trabajo y, por ende, construye una lógica propia, digamos. El mismo Volek entiende que, aunque Sor Juana cuenta con instrumentos inadecuados (afirmación discutible), "en el escrito de la autora no se trata sólo de teología: su fin y su tema final es la *libertad humana*" (348).[24]

Como dice la monja jerónima en la *CA*, "es menester acordarse que Dios dio al hombre libre albedrío con que puede querer y no querer obrar bien o mal, sin que para esto pueda padecer violencia, porque es homenaje que Dios le hizo y carta de libertad auténtica que le otorgó" (431). Ese "homenaje" es la fineza mayor para Sor Juana. La pregunta es: ¿fue imprudente esgrimir esta carta en esta circunstancia, de esta manera? ¿Fue el tintero de Sor Juana su hoguera, como dice en unos de sus poemas? Lo que puede afirmarse sin temor al equívoco es que el concepto de libre albedrío, esencial para entender la lucha por crear un discurso propio, es congruente con la apología de la vocación intelectual en la *RSF* y con la defensa armada en la *CPN*.

Con este tópico Sor Juana organiza un contraataque contra aquellos que impugnan sus actividades. En la *CPN* invoca el asunto para interpelar a Núñez: "¿Cuál era el dominio

---

[23] Según la censura de Dorantes, en el final de la dedicatoria de su sermón Palavicino habla de una cordera (Agnes, es decir Inés) contra quien vibró la cruel lanza de un "ciego soldado". Esto refiere a un papel imputado a Palavicino (imputación que el clérigo niega) que se divulgó "contra otro papel de dicha religiosa", es decir, contra la *CA* (63-64). El "soldado" que mencionan la *CSC*, Palavicino y Dorantes es seguramente el mismo. El enigma de su identidad desvela a los sorjuanistas.

[24] Para un sugerente análisis de la postulación de la fineza mayor en Sor Juana, ver César Salgado, "Finezas de Sor Juana y Lezama Lima".

directo que tenía V.R. para disponer de mi persona y del albedrío (sacando el que mi amor le daba y le dará siempre) que Dios me dio?" (623); más adelante pregunta, ya en tono de franca sorna: "¿Restringióse y limitóse la misericordia de Dios a un hombre, aunque sea tan discreto, tan docto y tan santo como V.R.?" (626). Nótese cómo se contrapone la figura divina –símbolo de libertad– a la figura de Núñez, que evoca palabras como "dominio", "restricción" y "límite". Sor Juana reclama su derecho a elegir y a despedir, si fuera necesario, a su confesor espiritual. Sin embargo, en la *Plática doctrinal* (1679), Núñez señala que el voto de obediencia significa la renuncia de las monjas al libre albedrío. María Dolores Bravo afirma que el *Testamento místico* de Núñez (publicado póstumamente) "demanda de la religiosa una absoluta autoenajenación, física, intelectual y anímica" (41); estos dos ejemplos provocarían una evidente fricción con la "disposición natural" de Sor Juana.[25] Con la CPN, la monja jerónima se despide de su confesor, pero los últimos hallazgos apuntan hacia una continuidad en el hostigamiento o, al menos, un sostenido recelo por parte de Núñez o de personajes asociados con él.[26] Este argumento tendría dificultad para explicar la vuelta de Sor Juana a Núñez en los últimos años de la monja. ¿Cómo proceder frente a esta encrucijada?

En la CA, para afirmar el derecho a réplica Sor Juana planeó una estrategia: contrastó su "humildad" frente a la supuesta arrogancia de Vieira y, quizás, la de sus críticos: "A vista del elevado ingenio del autor aun los muy gigantes parecen enanos. ¿Pues qué hará una pobre mujer?" (434). La extensión del término "autor" podría pasar de la "máscara" de Vieira (curioso que Sor Juana no lo nombre en la CA; sí aparece en la CSF, en la CSC y en la RSF) a Núñez[27] y a otros oscuros personajes. Sor Juana no sólo inicia con esta estrategia la defensa de su vocación de escritora y pensadora –luego cristalizada en su brillante respuesta autobiográfica– sino que también solidifica los ejes de su pensamiento. En la RSF la mayoría de las referencias a la libertad de elección se enlazan explícitamente con la CA, ese "crimen" que ha cometido:

> ¿Fue aquella más que referir sencillamente mi sentir con todas las venias que debo a nuestra Santa Madre Iglesia? Pues si ella, con su santísima autoridad, no me lo prohibe, ¿por qué me lo han de prohibir otros? ¿Llevar una opinión contraria de Vieyra fue en mí atrevimiento, y no lo fue en su Paternidad llevarla contra los tres Santos Padres de la Iglesia? Mi entendimiento tal cual ¿no es tan libre como el suyo, pues viene de un solar? ¿Es alguno de los principios de la Santa Fe, revelados, su opinión, para que la hayamos de creer a ojos cerrados? (468).

Aquí el cuestionamiento parece personal pero no lo es: Sor Juana opone al discurso oficial que calla la palabra del "débil", en términos de Josefina Ludmer, el derecho (masculino y femenino) al disentimiento porque "como yo fui libre para disentir de Vieyra, lo será cualquiera para disentir de mi dictamen" (469). Este derecho, arguye la poeta novohispana, está protegido por la Santa Madre Iglesia –máxima autoridad– en tanto uno observe los procedimientos del caso ("venias"); a él recurre al despedirse de su confesor: "Conque podré gobernarme con las reglas generales de la Santa Madre Iglesia

---

[25] Ezequiel Chávez se ocupa de este "choque de almas".
[26] Tanto Fray Augustín Dorantes como Alonso Alberto de Velasco —el prelado que denunció el sermón de Palavicino a la Inquisición— eran, según Juan Antonio de Oviedo (biográfo del Padre Núñez), alumnos dilectos del ex-confesor de Sor Juana. Agradezco la suministración de este dato a Sara Poot Herrera.
[27] Ésta es la tesis que maneja Elías Trabulse. Consultar *Carta Atenagórica de Sor Juana*.

mientras el Señor no me da luz de que haga otra cosa, y elegir libremente padre espiritual" (626). Destaca el *subrayado* que Sor Juana pone en el entendimiento para cimentar su posición, rasgo que se repite en otros momentos y que sería clave para la conformación de su pensamiento.

Un extraño género de martirio[28]

La reflexión sobre la envidia y el libre albedrío en las cartas que rodean a Sor Juana, enfocada en estas páginas no tanto en su variante temática sino en su utilización como estrategia argumentativa, ha tenido como objetivo analizar la tensión que se produce entre discurso institucional y espacio subjetivo, contexto y texto, paradigmas ideológicos oficiales y paradigmas alternativos. En estas conclusiones, lo que planteo son una serie de hipótesis que esperan su demostración; la idea es construir perspectivas que aspiren a identificar algunos de los puntos centrales del "pensamiento sorjuanino".

En el espacio subjetivo desde donde Sor Juana construye su discurso, la envidia, como se ha visto, tiene una función importante. ¿Cuál sería la correspondencia que subyace en el plano público? Podría postularse un paradigma de la *competencia*. Según el padre Calleja, Sor Juana, a los ocho años, compite por un premio (un libro, por supuesto) y compone una loa; a los diecisiete años ocurre el famoso examen ante los cuarenta sabios, aprobado con mayúsculo éxito (141, 143). Luego sigue la competencia literaria imaginaria con Quevedo, Lope, Calderón y el magno *Primero Sueño*, de tintes gongorinos. En la Nueva España, se "enfrenta" amistosamente con Carlos de Sigüenza y Góngora en la composición de arcos triunfales[29] y no tan amigablemente con el padre Núñez, también autor de arcos triunfales, villancicos y profuso tratadista religioso.[30]

¿Cómo responde Sor Juana a este paradigma de la competencia? Lo concibe como diálogo, como estímulo intelectual, como prueba de inteligencia y entonces su obra se transforma en la cúspide literaria de la Nueva España.[31] Éste sería el efecto positivo. Es aclamada; el motivo del "aplauso no solicitado" aparece en la *CPN* ("los aplausos y las celebraciones vulgares ¿los solicité?" 621) y en la *RSF* ("¿quién no creerá, viendo tan generales aplausos, que he navegado viento en popa y mar en leche?" 452). Y tanto el sermón predicado por Palavicino como la *CSC* demuestran que la competencia sobre ciertos asuntos (las finezas de Cristo, por ejemplo) podía ser peligrosa. Ahora bien, ¿cómo responden los otros ante el ineludible protagonismo de la monja jerónima? Con la envidia. Alatorre y Trabulse han tratado el tema de los "celos profesionales" que podía haber suscitado la fama de Sor Juana en el padre Núñez, por ejemplo. No sería el único caso, seguramente. Éste

---

[28] En la *CPN* Sor Juana habla del "tan extraño género de martirio" que sufre (620) y en la *RSF* exclama: "¡Rara especie de martirio donde yo era el mártir y me era el verdugo!" (452).

[29] Ver por ejemplo las composiciones que hacen Sor Juana (*Neptuno Alegórico*) y Sigüenza y Góngora (*Teatro de virtudes políticas*) para la celebración de la llegada del nuevo virrey, el marqués de la Laguna, a la capital mexicana en 1680. Para un análisis comparativo, consultar Fernando Checa, "Arquitectura efímera e imagen del poder".

[30] Para un examen de la relación de competencia entre Sor Juana y los hombres, ver Antonio Alatorre, "Sor Juana y los hombres".

[31] En "Las cartas de Sor Juana: públicas y privadas", Sara Poot Herrera se refiere a la conversación que Sor Juana tenía con el mundo, con la *publicidad* del siglo: "Sor Juana habla con los demás, con los otros, con los que están fuera del convento y, que a su vez, tienen contacto con personalidades que de una u otra manera están cerca de ella. Hay redes importantes de relaciones de amistad, políticas, religiosas" (316).

sería el efecto negativo. Pero lo que aparenta ser queja en Sor Juana se convierte en estrategia de pensamiento y argumentación: contra la envidia, defiende los dotes naturales y sólo la justifica cuando éstos se utilizan erróneamente, es decir, cuando las acciones "no corresponden" a las mercedes que otorga Dios. Y aquí se produce un enlace significativo: en la *RSF* Sor Juana habla de la "fuerza de su inclinación" y de los problemas que ha tenido por ello:

> Entre las flores de esas mismas aclamaciones se han despertado tales áspides de emulaciones y persecuciones, cuántas no podré contar, y los que más nocivos y sensibles para mí han sido, no son aquellos que con declarado odio y malevolencia me han perseguido, sino los que amándome y deseando mi bien (y por ventura, mereciendo mucho con Dios por la buena intención) me han mortificado y atormentado más que los otros (452).

En este pasaje se aúnan el motivo del "aplauso no solicitado", el tema de la envidia, resultado del paradigma de la competencia, y tal vez haya que pensar en algo más: ¿no estará poniendo a funcionar Sor Juana su teoría sobre los beneficios negativos, aplicada a su caso? Se diría que es una exhortación a sus más "amorosos" detractores (vaya paradoja): "no me hagan más favores, que la mayor fineza es dejarme libre", parece decir Sor Juana.

En la competencia Sor Juana funciona adecuadamente. El efecto nocivo de este paradigma (el discurso "envidioso" de los otros) perturba su espacio subjetivo y por esto se apropia del tópico y lo convierte en estrategia de argumentación. Con el libre albedrío es al revés: la respuesta personal de Sor Juana ante el paradigma público de la *obediencia* –uno de los cuatro votos, junto con el de castidad, pobreza y clausura, que hacían las religiosas al enclaustrarse– perturba el espacio oficial de las reglas religiosas y, en consecuencia, a sus intransigentes defensores. El tema es prevalente en las cartas de Sor Juana. En la CPN, Sor Juana aduce que haberse rehusado a componer el Neptuno Alegórico hubiera sido "inobediencia" (619); en la CA repite constantemente que la escribe porque se lo han pedido y debe responder (412); en la RSF protesta que sólo escribe por obedecer y habla de la "reverencia" que le debe a Fernández de Santa Cruz (464, 474-475).

Asunción Lavrin, entre otros críticos, ha incursionado e iluminado el terreno de la obediencia debida de las monjas hacia sus superiores. En "Vida conventual: rasgos históricos" dice que la RSF es una mezcla de desafío y atrición. Por eso concluye: "el cuerpo de la Respuesta es una mezcla de expresión de libre albedrío y de reiteración de obediencia" (Lavrin 56-63). Recuérdese *la* admonición de Fernández de Santa Cruz en la CSF: "Le*tras que engendran* elación, no las quiere Dios en la mujer; *pero* no las reprueba el Apóstol cuando no sacan a la mujer del estado de obediente" (695). Sin *em*bargo, se ha visto cómo Sor Juana defiende su derecho a pensar libremente y cómo se vale de esa opción en sus argumentaciones; cuando es necesario, sólo declara obediencia a la Santa Iglesia. Habría que decir que este subrayado en la libertad de pensamiento es lo que permite lecturas feministas que hablan de un *"*reto al orden falocéntrico literario" en la obra de Sor Juana (Bergmann 182, *por ej*emplo). Lo que destaca del análisis de Lavrin es ese vaivén áspero entre la presunta libertad del espacio literario y la camisa de fuerza instaurada en *la* vida de la mujer en el siglo XVII; esto también se convierte en estrategia argumentativa para Sor Juana. Uno no puede dejar de preguntarse sobre las causas del ocaso del libre albedrío en la poeta novohispana (léase la escritura)[32] y plantearse si no fue un "exceso de obediencia" (la redacción de la CA)[33] lo que provoca el colapso final.

Frente a la tensión entre paradigmas pú*blicos (c*ompetencia/obediencia) y respuestas públicas (brillo intelectual/cumplimiento formal) y privadas (argumentación a partir de la envidia; argumentación a partir del libre albedrío), ¿existe una tercera vía, un atisbo de resolución en la obra de Sor Juana? En otro trabajo, me he ocupado de señalar las posibles direcciones de relectura de la CA.[34] Una de ellas propone concentrarse en la fineza que presenta Sor Juana como condensadora de esos conflictos. ¿Es en el post-scriptum de la carta donde Sor Juana intenta, por un lado, mantener una arquitectura argumentativa que atiende tanto a los procedimientos retóricos de la épo*ca* como a los paradigmas señalados (aun en un documento que, en principio, era de carácter privado) y, por el otro, rebatir ya no a Vieira sino a sus detractores a partir de ejes de pensamiento propios?

En este delicado juego de proporciones, Sor Juana no pierde nunca la razón. Una hipótesis posible es entonces construir un paradigma (marginal) para caracterizar el pensamiento de Sor Juana: una racionalidad que trabaja en l*os* bordes de códigos sociales e institucionales. En la RSF dice confesarse "con la verdad y claridad que en mí es siempre na*tural y* costu*mbre*" (443); intenta justificar su inclinación a las letras porque se lo indicó "la primera luz de la razón"(444); al ocuparse de los sufrimientos de Cristo dice que la eminencia que más padece la envidia "es la del entendimiento" (455). La razón es natural en Sor Juana; hasta el mismo Fernández de Santa Cruz lo reconoce (y refuerza el argumento sobre los "dotes naturales" que alberga la monja jerónima): "Éste [la claridad, compañera de la sabiduría] es uno de los muchos beneficios que debe V. md. a Dios; porque la claridad no se adquiere con *el trabajo* e industria: es don que se infunde con el alma" (694). Esta claridad fundamentada en la razón y conjuntada con el ánimo inquisitivo es quizá lo que irrita a algunos de sus lectores.

En la CA, el contexto es diferente. Sor Juana se refiere primero al "entendimiento humano, potencia libre y que asiente o disiente necesario a lo que juzga ser o no ser verdad" (413). La libertad de pensamiento vuelve a aparecer, esta vez como calificadora de la razón.[35] Más adelante, y teniendo en cuenta el asunto que la motiva a escribir, Sor Juana no deja de recordar que a ella le interesa la argumentación: "Allá verá V. md. en el sermón lo elegante de esta prueba; que a mí me importa, primero, averiguar la forma de este silogismo, y ver cómo arguye el Santo [Tomás] y cómo replica el autor" (420). La razón se liga aquí a la argumentación silogística: "pruébolo por razón", dice Sor Juana (425). Y es justament*e* la argumentación de la CA –"la viveza de los conceptos, la discreción de sus pruebas"– lo que admira Sor Filotea (694). Como ejemplo de esta "viveza" no puede dejar de citarse el

---

[32] Algunos de los últimos hallazgos desmienten la idea de una Sor Juana "retirada" de las letras en sus últimos años. Los *Enigmas*, por ejemplo, llevan como fecha de publicación el año de 1695 y se cree que fueron compuestos sólo algunos años antes. En el Congreso Internacional *Sor Juana y su mundo: una mirada actual* celebrado en México D. F. en noviembre de 1995, Teresa Castelló Iturbide dio a conocer una copia del inventario que se levantó en la celda de la monja después de su muerte y que registra cientos de volúmenes de obras selectas y varios legajos de escritos. Esto reafirmaría que la vocación de Sor Juana estaba viva y rebatiría la idea del abandono de la escritura en sus últimos años.

[33] Ante la advertencia de Sor Filotea de que ocupe su tiempo en asuntos religiosos ("ya será razón que se perfeccionen los empleos y se mejoren los libros"), en la *RSF* Sor Juana dice que envía al prelado los *Ejercicios de la Encarnación* y los *Ofrecimientos de los Dolores*. En apariencia, cumple una vez más con las formas de la obediencia (695, 473-474).

[34] Consultar "El 'crimen' y el castigo: la *Carta Atenagórica*, de Sor Juana Inés de la Cruz", esp. 93-96.

[35] Alatorre dice que, cuando Sor Juana discute en la *CPN* la composición del *Neptuno Alegórico* y considera las posibles respuestas que hubiera podido dar ante el ofrecimiento, nunca piensa en la que Núñez hubiera pensado para ella: "tendré que consultarlo con mi confesor". Es claro para Alatorre que Sor Juana "no razona como monja, sino como mujer seglar, como mujer libre" (668).

argumento que presenta Sor Juana para refutar la proposición de Vieira sobre el llanto de Magdalena por Cristo, ausente al pie de la cruz y presente ante el sepulcro. Vieira infiere que hay mayor dolor en la ausencia que en el momento de la muerte. Sor Juana contesta que un dolor muy grande inhibe nuestras acciones y movimientos; cuando se modera, se exhala el llanto, "de donde se prueba, por razón natural, que es menor el dolor cuando da lugar al llanto [...] luego no son indicio de muy grave dolor las lágrimas, pues es un signo tan común, que indifer*ente*mente sirven al pesar y al gusto" (418-419; subrayado mío).

Las pruebas textuales que permiten hablar de la racionalidad como rasgo central en el pensamiento de Sor Juana están ya condensadas en la CPN. Allí, dos veces aparece el conflicto entre fuerza coercitiva y razón: "Ojalá y la santidad fuera cosa que se pudiera mandar, que con eso la tuviera yo segura. Pero yo juzgo que se persuade, no se manda" (624). Sor Juana se reserva la capacidad de juzgar (razonar) la viabilidad de una proposición. Ante el afán que muestra Núñez por indicar*le el camino de la* salvación, Sor Juana hace una distinción clave: "Si es mera caridad, parezca mera caridad y proceda como tal, suavemente, que el exasperarme no es buen modo de reducirme, ni yo tengo tan servil na*tural que* haga por amenazas lo que no me persuade la razón" (624; subrayado mío). Más allá de la lección doctrinal que le da Sor Juana a su confesor (la *c*aridad es suave y usted no lo es), lo que se deduce de este pasaje es que el modo de persuasión válido para Sor Juana es la argumentación razonada; su naturaleza rechaza otros métodos que no se condicen con su "servil natural".³⁶ Y aquí hay otro cruce posible; la frase se enlazaría con lo que dice el padre Calleja en su biografía de la monja jerónima: "la caridad era su virtud reina: si no es para guisarlas [a sus hermanas monjas] la comida, o disponerlas los remedios a las que enfermaban, no se apartaba de su cabecera" (145)³⁷ *y también con la caridad, virtud de los serafines de Dios, como posible respuesta a* la envi*dia.*³⁸ Es decir, ante el ataque de aquellos pecadores que envidian sin razón justificada –recordemos que, como dice el epígrafe de mi trabajo, según la escritora novohispana la razón no puede forjarse de sinrazones–, Sor Juana responde, en vida y en obra, con la dedicación a los otros. Esto no necesariamente significa una abnegación desubjetivizada pero sí incluye el compromiso serio con su mundo literario y existencial.

Desde una lectura moderna puede argumentarse que el poder equitativo y universal de la razón para persuadir –no el de la emoción ni el del autoritarismo– fue algo en lo que la monja jerónima creyó con fervor, no así sus contemporáneos. Por esto, este paradigma racional, para seguir con las paradojas, no era modelo o, por lo menos, no era un modelo ofic*ial y, por tanto, ap*lic*able.* La racionalidad, en su caso, debía ser neutralizada por la obediencia y la envidia. En los intersticios de su obra, Sor Juana se permitió diferir. Por eso la pregunta de la escritora novohispana en la CPN era tan pertinente: "[las mujeres] ¿no tienen alma racional como los hombres?" [...] (622). Sor Juana, contadora al fin, construyó su pensamiento conservando las cuentas claras: con su época, con su entorno... y consigo misma.

---

³⁶ Alatorre refiere a la pugna entre razón y fuerza que aparece en la acción de la *Loa* del *Divino Narciso* (663, n. 114).

³⁷ Hay que recordar que Sor Juana murió contagiada mientras cuidaba a sus hermanas enfermas de la peste que azotaba al convento de San Jerónimo.

³⁸ Ver Sara Poot Herrera, "La caridad de Serafina, fineza de Sor Juana".

Obras citadas

Alatorre, Antonio. "Sor Juana y los hombres." Estudios 7 (1986): 7-27.

_____ "La Carta de Sor Juana al P. Núñez." Nueva revista de filología hispánica 35.2 (1987): 591-673.

Alatorre, Antonio y Martha Lilia Tenorio. Serafina y Sor Juana. México: El Colegio de México, 1998.

Bénassy-Berling, Marie-Cécile. "Actualidad del sorjuanismo (1994-1999)." Colonial Latin American Review 9.2 (2000): 277-292.

Bergmann, Emilie L. "Ficciones de Sor Juana: poética y biografía.", "Y *diversa de mí misma / entre vuestras plumas ando*." Homenaje Internacional a Sor Juana Inés de la Cruz. Ed. Sara Poot Herrera. México: El Colegio de México, 1993. 172-183.

Bijuesca, Koldobika Josu. "'Una mujer introducida a teóloga y escriturista: exégesis y predicación en la Respuesta". *Sor Juana & Vieira, trescientos años después*, anejo de Tinta. Eds. *Koldobika Josu Bijuesca y Pablo A. J. Brescia*. Santa Barbara: University of California, Santa Barbara, 1998. 95-112.

Bijuesca, Koldobika Josu y Pablo A. J. Brescia, eds. Sor Juana & Vieira, trescientos años después. Santa Barbara: *University of California, Santa* Barbara, 1998.

Bravo, María Dolores. "La excepción y la regla: una monja según el discurso *oficial y según Sor Juana.*", "*Y diversa de mí misma / entre vuestras plumas ando.*" Homenaje Internacional a Sor Juana Inés de la Cruz. 35-41.

Brescia, Pablo A. J. "El 'crimen' y el castigo: la Carta Atenagórica de Sor Juana Inés de la Cruz." Caravelle: Cahiers du monde hispanique *et* Luso-Brésilien *70 (1998): 73-96*.

*Calleja, Diego. Vid*a de Sor Juana. "Aprobación de la Fama y obras póstumas", Madrid, 1700. Sor Juana Inés de la Cruz ante la historia. Ed. Francisco De la Maza. México: Universidad Nacional Autónoma de México, 1980. *139-153.*

Camarena Castellanos, Ricardo. "Ruido con el Santo Oficio': Sor Juana y la censura inquisitorial." Cuadernos de Sor Juana. Sor Juana Inés de la Cruz y el siglo XVIII. Comp. Margarita Peña. México: *Universidad Nacional Autónoma de México, 1995. 283-306.*

Carta de Serafina de Cristo. [1691] Introd. y transcripción paleográfica Elías Trabulse. México: Instituto Mexiquense de Cultura, 1996.

Carta de Seraphina de *Cristo. [1691] Introd. y transcripción paleográfica Elías* Trabulse. Los Angeles, California: *Aldan, 1997.*

Carta de Sor Juana Inés de la Cruz a su confesor. [¿1682?] Monterrey: *Universidad Autónoma de Nuevo León*, 1982.

Catálogo de textos marginados. Inquisición: siglo XVII. Coord. María Méndez. México: El Colegio de México; Archivo General de la Nación; Fondo Nacional para la Cultura y las Artes, *1997.*

Colonial Latin American Review 4.2 (1995). Ed. Georgina Sabat-Rivers. [Número homenaje a Sor Juana].

Corripio Rivero, Manuel. "Sor Juana Inés de la *Cruz: un punto en la Carta* Atenagórica." Revista de Indias 27 (1967): 199-202.

Cuadernos de Sor Juana. Sor Juana Inés de la Cruz y el s*iglo XVIII. Comp. Margarita* Peña.

Chávez, Ezequiel. Ensayo de psicología de Sor Juana Inés de la Cruz y de estimación del sentid*o de su obra y de su vida para la historia de* la cultura y de la formación de México, Barcelona: Araluce, 1931.

Checa, Fernando. "Arquitectura efímera e imagen del poder." Sor Juana y su mundo: una mirada actual. Ed. Sara Poot Herrera. México: Universidad del Claustro de Sor Juana; Gobierno del Estado de Puebla; Fondo de Cultura Económica, 1995. 253-305.
Cruz, Sor Juana Inés de la. Obras completas de Sor Juana Inés de la Cruz. 4 vols. Eds. Alfonso Méndez Plancarte y Alberto G. Salceda. México: Fondo de Cultura Económica, 1951-1957.
"Y diversa de mí misma/ entre vuestras plumas ando." Homenaje Internacional a Sor Juana Inés de la Cruz. Ed. Sara Poot Herrera. México: El Colegio de México, 1993.
Dorantes, Fray Augustín de. [1691] "Censura inquisitorial del sermón panegírico La fineza mayor." Carta de Seraphina de Cristo. 59-65.
Los empeños: ensayos en homenaje a Sor Juana Inés de la Cruz. México: Universidad Nacional Autónoma de México, 1995.
Franco, Jean. "Las finezas de Sor Juana." "Y diversa de mí misma / entre vuestras plumas ando." Homenaje Internacional a Sor Juana Inés de la Cruz. 247-256.
Glantz, Margo. "Las finezas de Sor Juana: Loa para El Divino Narciso." Espectáculo, texto y fiesta. Juan Ruiz de Alarcón y el teatro de su tiempo. Eds. José Amezcua y Serafín González. México: Universidad Autónoma Metropolitana, 1990. 67-75.
_____ Sor Juana: la comparación y la hipérbole. México: Conacyt; Sello Bermejo, 2000.
_____ Sor Juana Inés de la Cruz: ¿Hagiografía o autobiografía?, México: Grijalbo, 1995.
_____ ed. Sor Juana Inés de la Cruz y sus contemporáneos. México: Universidad Nacional Autónoma de México; Centro de Estudios de Historia de México Condumex, 1998.
Kirk, Pamela. Sor Juana Inés de la Cruz: Religion, Art and Feminism. New York: Continuum, 1998.
Lavrin, Asunción. "Vida conventual: rasgos históricos." Sor Juana y su mundo: una mirada actual. 35-91.
Literatura Mexicana 6.2 (1995). Ed. Luis Mario Schneider [Número especial dedicado a Sor Juana].
Ludmer, Josefina. "Las tretas del débil." La sartén por el mango. Eds. P. E. González y E. Ortega. Puerto Rico: Huracán, 1984. 47-54.
Luiselli, Alessandra. El Sueño manierista de Sor Juana Inés de la Cruz. México: Universidad Autónoma del Estado de México; Gobierno del Estado de México, 1993.
Martínez López, Enrique. "Sor Juana Inés de la Cruz en Portugal: un desconocido homenaje y versos inéditos." Revista de literatura 33 (1968): 53-84.
_____ "Sor Juana, Vieira y Justo Lipsio en la Carta de Sor Filotea de la Cruz." Sor Juana & Vieira, trescientos años después. 85-93.
Martínez-San Miguel, Yolanda. Saberes americanos: subalternidad y epistemología en los escritos de Sor Juana. Pittsburgh: Instituto Internacional de Literatura Iberoamericana, 1999.
Memoria del coloquio internacional Sor Juana Inés de la Cruz y el pensamiento novohispano. México: Instituto Mexiquense de Cultura, 1995.
Merrim, Stephanie. Early Modern Women's Writing and Sor Juana Inés de la Cruz. Nashville: Vanderbilt University Press, 1999.
_____, ed. Feminist Perspectives on Sor Juana Inés de la Cruz. Detroit: Wayne State University Press, 1991.
Moraña, Mabel. "Sor Juana y sus otros. Núñez de Miranda o el amor del censor." Sor Juana Inés de la Cruz y sus contemporáneos. Ed. Margo Glantz. 319-331.
Oviedo, Juan Antonio. Vida ejemplar, heroicas virtudes y apostólicos ministerios de el V. P. Antonio Núñez de Miranda de la Compañía de Jesús. México: Herederos de la viuda de Francisco Rodríguez Lupercio, 1702.

Pascual Buxó, José. *El enamorado de Sor Juana*. México: Universidad Nacional Autónoma de México, 1993.

_____ *Sor Juana Inés de la Cruz: amor y conocimiento*. México: Instituto Mexiquense de Cultura; Universidad Nacional Autónoma de México, 1996.

_____, ed. *Sor Juana Inés de la Cruz y las vicisitudes de la crítica*. México: Universidad Nacional Autónoma de México, 1998.

Paz, Octavio. [1983] *Sor Juana Inés de la Cruz o Las trampas de la fe*. 9a. reimp. Barcelona: Seix Barral, 1997.

Perelmuter, Rosa. "La estructura retórica *de la Respuesta a Sor Filotea*." *Hispanic Review* 51 (1983): 147-158.

Poot Herrera, Sara. "La caridad de Serafina, fineza de Sor Juana." *Varia lingüística y literaria. 50 años del CELL*. Vol. 2. *Literatura: de la Edad Media al siglo XVIII*. Ed. Martha Elena Venier. México: El Colegio de México, 1997. 331-368.

_____ "*Una carta finamente calcula*da: la de Serafina de Cristo." *Sor Juana & Vieira, trescientos años después*. 127-141.

_____ "Las cartas de Sor Juana: públicas y privadas." *Sor Juana Inés de la Cruz y sus contemporáneos*. 91-317.

____ *Los guardaditos de Sor Juana*. México: *Universidad Nacional Autónoma de México*, 1999.

_____, ed. *Sor Juana y su mundo: una mirada actual*. México: Universidad del Claustro de Sor Juana; Gobierno del Estado de Puebla; Fondo de Cultura Económica, 1995.

Ricard, Robert. "António Vieira y Sor Juana Inés de la Cruz." *Revista de Indias* 12 (1951): 61-87.

Sabat-Rivers, Georgina. *En busca de Sor Juana*. México: Universidad Nacional Autónoma de México, 1998.

Salgado, César. "Finezas de Sor Juana y Lezama Lima." *Actual: Revista de la Universidad de los Andes* 37 (1997): 75-102.

Schons, Dorothy. "Some Obscure Points in the Life of Sor Juana Inés de la Cruz." *Modern Philology* 24 (1926): 141-162.

Tavard, George H. *Juana Inés de la Cruz and the Theology of Beauty. The First Mexican Theology*. Notre Dame: University of Notre Dame Press, 1991.

Terrazas, Ana Cecilia. "La Carta de Serafina de Cristo no es autógrafa de Sor Juana, revela un peritaje." *Proceso* 1052, 29 de diciembre de 1996. 62-65.

Trabulse, Elías, ed. y estudio introductorio. *Carta Atenagórica de Sor Juana*. México: Condumex, 1995.

_____ *El enigma de Serafina de Cristo: acerca de un manuscrito inédito de Sor Juana Inés de la Cruz (1691)*. México: Instituto Mexiquense de Cultura, 1995.

_____ "*La guerra de las finezas*." *Memoria del Coloquio Internacional Sor Juana Inés de la Cruz y el pensamiento novohispano*. 483-493.

_____ *Los años finales de Sor Juana: una interpretación (1688-1695)*. México: Condumex, 1995.

_____ *La memoria transfigurada: tres imágenes históricas de Sor Juana*. México: Universidad del Claustro de Sor Juana, 1996.

_____ *La muerte de Sor Juana*. México: Condumex, 1999.

Volek, Emil. "La señora y la ilustre fregona: las trampas de comunicación, teología y poder entre *Sor Filotea y Sor Juana*." *Sor Juana Inés de la Cruz y sus contemporáneos*. 333-357.

Wissmer, Jean-Michel. *Las sombras de lo fingido: sacrificio y simulacro en Sor Juana Inés de la Cruz*. México: Instituto Mexiquense de Cultura, 1998.

CLAVES POLÍTICAS Y EPISTEMOLÓGICAS EN LA *CARTA DE MONTERREY* DE SOR JUANA INÉS DE LA CRUZ

Verónica Grossi
UNIVERSITY OF NORTH CAROLINA
AT GREENSBORO

El *Neptuno Alegórico, Océano de Colores, Simulacro Político [...]* (1680), escrito por encargo del Cabildo de la Catedral para recibir al nuevo virrey Tomás Antonio de la Cerda y Aragón, Conde de Paredes y Marqués de la Laguna, es la obra que inaugura la entrada de la monja al espacio público, masculino, de la fama internacional.[1] Con el arco triunfal y su poema explicativo, recitado durante la ceremonia de recibimiento que tuvo lugar el 30 de noviembre de 1680, regalo para los ojos y los oídos, la autoría de Sor Juana adquiere visibilidad ante la pluralidad de públicos, tanto seculares como religiosos, letrados e iletrados, nobles y plebeyos, negros, mestizos, indígenas, españoles y criollos, que componían la bulliciosa urbe novohispana. Las hojas volantes de la *Explicación* en verso, que circularon antes y durante la festividad, lucían su nombre.[2]

Meses después del acontecimiento efímero, aparece de nuevo el nombre de Sor Juana como autora en la descripción titulada *Neptuno alegórico*, en cuya parte final se incluye la *Explicación* que ya había sido leída y recitada durante la festividad. Este impreso, escrito igualmente bajo pedido, estaba dirigido a un público más reducido compuesto de los letrados y entendidos de la urbe, los amigos de Sor Juana, entre ellos el antiguo virrey y arzobispo fray Payo Enríquez de Ribera, los miembros del Cabildo de la Catedral que patrocinaron la festividad, y el nuevo virrey. El hecho de que el Cabildo le encargara a Sor Juana el arco triunfal demuestra que ya había adquirido para entonces cierto renombre literario. Como explica Rodríguez Hernández, para participar en los arcos triunfales "era necesaria una

---

[1] *Neptuno/ Alegórico, Océano/ de Colores, Simulacro Político, Que./ Erigió la Muy Esclarecida,/ Sacra, y Augusta Iglesia/ Metropolitana/ de/México/en las lucidas alegóricas ideas/ de un Arco triunfal que consagró obsequioso y dedicó amante a la feliz entrada del Excelentísimo Señor [...] Conde de Paredes, Marqués de la Laguna [...]* (México, Juan de Rivera, c. 1680). Según Jones, apareció una edición impresa del *Neptuno Alegórico* a finales de 1680, antes de la publicación del *Teatro de virtudes políticas* de Carlos de Sigüenza y Góngora (44). Fue reeditado en 1689 en *Inundación castálida*, el primer tomo de las obras de Sor Juana y en este siglo, en el tomo IV de sus *Obras completas* editado por Salceda (México: Fondo de Cultura Económica, 1957 y ediciones posteriores). Sobre esta obra véase Sabat de Rivers "El *Neptuno* de Sor Juana" así como Arenal; Boyer; Grossi "Figuras"; Kügelgen; Merkl; Pascual Buxó, "Función política de los emblemas..." y Paz, *Sor Juana Inés de la Cruz o las trampas de la fe*.

[2] El *Neptuno Alegórico* se compone de la "Dedicatoria", la "Razón de la Fábrica" y la "Explicación del Arco", que fue recitada y que muy probablemente se distribuyó en hojas volantes durante la ceremonia de recibimiento del virrey (Sabat de Rivers, *Inundación castálida* 68-9). Con motivo de rendir homenaje a Sor Juana en el tercer centenario de su nacimiento, Manuel Toussaint publicó en 1952 una edición facsimilar de la edición suelta o aislada de la *Explicación sucinta del arco triunfal[...]*. Toussaint la denomina "loa" ya que sus versos "fueron escritos para ser recitados enfrente del arco, para explicarle al virrey, a su cortejo y al pueblo las alegorías y símbolos que aparecían en el arco" (11).

consolidada trayectoria intelectual" (50). Su ingreso oficial a la "ciudad letrada" (Rama) o "república de las letras de las grandes urbes novohispanas, México y Puebla" (Rodríguez Hernández 49) se inaugura tanto con el diseño del arco como con la composición e impresión del poema explicativo y de la descripción en prosa.³

Pocos años después, su obra efímera es objeto de aclamaciones. En su poema de agradecimiento y despedida al anterior virrey y arzobispo Fray Payo Enríquez de Ribera (1684), Joseph López de Avilés pondera a la "Cándida Garza caudalosa" (107) quien demostró tino y perspicacia al representar al marqués de la Laguna en figura de Neptuno. Le dirige otros calificativos laudatorios a la autora del arco y de sus alegorías: "En esta metaphora Castellana se insinûa el singular Ingenio de la America, que escribio el antedicho Arco Triumphal [...]" (108n16).⁴ También, otro admirador contemporáneo de Sor Juana, el sardo Josef Zatrilla y Vico, nombra a Sor Juana "Sagrado Phenix, Aguila eminente", "prodigio Americano", "único oráculo de las Musas" y "numen peregrino" en sus cien octavas reales tituladas *Poema heroico al merecido aplauso del único óraculo de las Musas [...]* (1696). Dedica tres estrofas para aplaudir el ingenio, la erudición y la elocuencia que demostró la monja al componer el arco, un monumento triunfal o victorioso que publica tanto las "prendas [...] grandezas, y [...] glorias del virrey" (32) como la "Fama" (36) de la autora (LIII; LXXXII; LXXXXV). Quince años después del panegírico de López de Avilés, encontramos en el *Apelles symbolicus* (Amsterdam, 1699) del sabio Juan Miguel von der Ketten otro elogio superlativo, aunque bañado en prejuicios, del arco triunfal de Sor Juana: "algunos de los símbolos tienen tal sutileza, que es más de la que pudiera esperarse de una virgen" (de la Maza, *Sor Juana* 133, citado por Perelmuter, "Sor Juana" 276).

La figura de Sor Juana alcanzó durante su vida gran renombre tanto en América como Europa.⁵ Con el tiempo se volvería la poeta más famosa de su época "leída y aclamada en los dos mundos" (Alatorre, "La *Carta*" 595). A través de la institución del patronazgo cortesano y eclesiástico, Sor Juana pudo acceder a un espacio público de poder.⁶ Mantuvo y ensanchó este espacio durante un periodo de su vida, a través de un hábil juego de

---

³ Sor Juana ya había escrito por encargo y publicado varios juegos de villancicos en los años 1676, 1677 y 1679 (Sabat de Rivers, *Inundación castálida* 68-69; Tenorio 58; Toussaint 11). Sin embargo, la escritura de villancicos no gozaba de tanto brillo como la ideación y descripción de un arco triunfal. Mientras que la celebridad que otorgaba la composición de villancicos era principalmente de índole popular, la composición de un arco, de su impresionante escenografía audiovisual y verbal, era una proeza de ingenio y erudición, admirada y atendida por todos los grupos étnicos y sociales, desde las más altas jerarquías, patrocinadoras del arte, los letrados y miembros de la aristocracia novohispana hasta los grupos marginados.
⁴ Consulté la obra de López de Avilés en el Fondo Reservado de la Biblioteca Nacional de México.
⁵ Sobre la fama que alcanzó Sor Juana tanto en América como en Europa durante su época véase Sabat de Rivers "Contemporáneos". Para más información acerca de la recepción de su obra a través de los siglos véase Perelmuter, *Los límites*, "La recepción" y "Sor Juana". Sobre las diferentes caras de la fama de la escritora novohispana, retratada por sus contemporáneos como un *avis rara* o ser monstruoso que por lo mismo provocaba admiración, horror, espanto, desconcierto, furia, envidia y acoso véase Glantz, "La musa" y "¿Cómo se mide?". En su artículo "El elogio más calificado", Glantz analiza las aprobaciones, censuras y panegíricos de la obra de Sor Juana que constituyen un "[d]iscurso enconado, hiperbólico; mirada desdoblada: explica cómo fueron recibidos y producidos los libros de Sor Juana; tiene una extraña relación con su obra; nos descubre sus recovecos, los poderosos impulsos para acallarla y la violenta conmoción provocada por su persona, el sistema de figuras retóricas y de comparaciones que trataron de abarcarla y, a final de cuentas, terminaron por trazar un emblema, por construir un jeroglífico" (157).
⁶ La época de la plenitud literaria de Sor Juana (1681-1692) coincide con la protección de la corte virreinal, en particular del Marqués y Marquesa de la Laguna (1680-1686) y con el rompimiento de Sor Juana con su director espiritual, el padre Núñez de Miranda (Muriel, "Sor Juana" 76). Altamirano y Sarlo describen la relación de patronazgo como una institución fundamentada en la dependencia política y social así como en la desigualdad de estatuto jurídico (de inmunidades, derechos y privilegios) entre patrón y escritor patrocinado: "[l]o que distingue a las formas precapitalistas del patronazgo es la diferencia de rango y la correlativa diferencia de privilegios entre el patrón y el escritor patrocinado. Esta asimetría no es asimilable a la desigualdad de la riqueza (si bien la incluye) y su funcionamiento traduce en un campo específico las relaciones jerárquicas propias de sociedades cuyos miembros eran desiguales desde el punto de vista de su estatuto jurídico" (67).

Claves políticas y epistemológicas en la Carta de Monterrey

negociaciones entre las autoridades de la corte y de la iglesia. Fue reconocida entre los letrados más distinguidos de la época.[7] En su locutorio y por correspondencia entabló conversación con sacerdotes, obispos, caballeros, virreyes, poetas y humanistas científicos como Carlos de Sigüenza y Góngora y Eusebio Kino (Muriel, *Las mujeres* 187; "Sor Juana" 71). Su obra fue publicada en varias ediciones durante su vida y poco después de su muerte.[8] El *Segundo volumen* de su obra (Sevilla 1692; Barcelona 1693), que sale a luz en el contexto de la fuerte oleada de hostigamiento eclesiástico que suscitó la publicación de la *Carta Atenagórica* (a fines de 1690), incluye múltiples aprobaciones, licencias y panegíricos por parte de letrados y autoridades cortesanas y eclesiásticas españolas. Poco después de su muerte, su autoría seguiría resonando. En *Fama y Obras pósthumas* (1700), el tercer volumen de su obra, encontramos numerosas apologías en verso y en prosa. En su biografía del padre Núñez de Miranda, Juan Antonio de Oviedo se refiere a Sor Juana como "milagro de la Naturaleza, celebrada como tal no sólo en este Nuevo Mundo que la produxo, sino en todos los reynos de la Europa" (citado por Bravo Arriaga, "Signos" 135). Sin embargo, el mismo biógrafo alude también a "la inclinación de lo profano en desdén de lo religioso" por parte de la monja, el mismo argumento que había utilizado Manuel Fernández de Santa Cruz para censurar sus actividades intelectuales y literarias (Bravo Arriaga, "Signos" 135). La vocinglera fama que alcanzó Sor Juana a partir de 1680, y que sólo crecería con el tiempo, atrajo la mirada vigilante de las autoridades eclesiásticas. La visibilidad pública de su obra, de su nombre, que le permitió a Sor Juana dialogar y entablar relaciones de amistad con las autoridades políticas e intelectuales de América y de Europa, se convirtió al mismo tiempo en un obstáculo. Por lo tanto, el *Neptuno Alegórico* es la obra que también inaugura la persecución y censura institucional en contra de sus labores literarias e intelectuales.

Dos años después de la edificación del arco y de la publicación del *Neptuno*, Sor Juana le escribe privadamente una carta a su confesor Antonio Núñez de Miranda, para reclamarle las acerbas críticas a sus recientes actividades literarias e intelectuales, que le han traído fama y visibilidad pública.[9] En conversaciones con "varias personas", el padre ha estado "fiscalizando" sus "acciones con tan agria ponderación como llegarlas a *escándalo público*, y otros epítetos no menos horrorosos" (C 638, énfasis en el original). Dado que el silencio elegido por la monja, a pesar de que "la razón o [...] el amor propio" le han instado a responder, no ha tenido el efecto de suavizar la apasionada actitud del padre, Sor Juana, con cierta irritación, opta esta vez por escribir la *Carta* para defenderse (restituir su nombre) y "redargüir" sus injustas críticas y quejas por medio de la "razón" (C 639). Aclara que había guardado silencio hasta entonces no por "cristiana paciencia", no por sumisión u obediencia, sino por "humano respeto" y "filial cariño" (C 639). Toma la pluma porque no es "tan mortificada como otras hijas en quien se empleara mejor su doctrina" (C 645). Al padre, todos le escuchan "como a un oráculo divino y aprecian sus palabras, como dictadas

---

[7] Entre los letrados contemporáneos, admiradores de Sor Juana, se encontraban el canario Pedro Alvarez de Lugo Usodemar, el sardo Josef Zatrilla y Vico, el neogranadino Francico Álvarez de Velasco Zorrilla, el peruano Conde de la Granja y el importante poeta peruano Juan del Valle y Caviedes (Sabat de Rivers, "Contemporáneos" [passim]). Estos escritores colocan a la poeta americana por encima de los ingenios europeos de la antigüedad y del presente.

[8] El primer tomo se publicó nueve veces, el tomo dos seis veces y el tercer tomo cinco veces, es decir, se publicaron un total de veinte ediciones de su obra (Sabat de Rivers, "Sor Juana" 279).

[9] Don Aureliano Tapia Méndez, eclesiástico de Monterrey, descubrió en la Biblioteca del Seminario Arquidiocesano de Monterrey, en noviembre de 1980, "exactamente tres siglos después de la composición del *Neptuno Alegórico*" (Alatorre "La *Carta*" 591), la "Carta de la Madre Juana Inés de la Cruz escripta a el R. P. M. Antonio Núñez, de la Compañía de Jesús". Por esa razón se le denomina "Carta de Monterrey" o bien *Autodefensa espiritual*, como la tituló Tapia Méndez.

del Espíritu Santo", con "veneración y crédito grande" (C639), dice la monja con cierta ironía. Por lo tanto, las críticas de Núñez son particularmente dañinas, ya "que cuanto mayor es su autoridad tanto más queda perjudicado [su propio] crédito" o reputación (C 639).[10] En esta *Carta*, escrita con un estilo informal, apresurado y un tono acalorado, altivo, irónico, desafiante,[11] Sor Juana le habla a su confesor desde "la propia conciencia" (C 638), a un mismo nivel, rompiendo así con las jerarquías de uso.[12]

El blanco de la crítica del padre Núñez son los "negros versos", que son según ella un don natural si no divino ("que el cielo tan contra la voluntad de V.R. me dotó") y que "los han usado santos y doctos" (C 639). Como ha notado Mabel Moraña, aquí Sor Juana bosqueja los temas centrales que desarrollará diez años después en la *Respuesta* (fechada el primero de marzo de 1691), haciendo uso de complejas argumentaciones retóricas.[13] De la misma manera, este borrón o borrador en prosa tiene relación intertextual con las alegorías del arco. Es el telón de fondo institucional que nos ayuda a descifrar las otras alegorías políticas que encubren el *Neptuno* y la *Explicación* (Grossi, *Sigilosos*). Sor Juana se ha rehusado a escribir versos, los cuales le son indiferentes: no halla en ellos "razón de bien ni de mal" (C 639). Si escribió dos villancicos a la Sma. Virgen fue con la "venia y licencia" (C 639) del confesor, a quien ella le otorgó, por decisión propia, mayor autoridad en el asunto que al propio arzobispo. De otra manera, gustosamente no los hubiera escrito:

[10] Como explica Paz, la autoridad del padre Núñez de Miranda era enorme en la Nueva España: "fue ante todo una figura pública, respetada y temida. Como calificador de la Inquisición era guardián de la doctrina; como prefecto de la Purísima, su ministerio se ejercía principalmente sobre la aristocracia o, más exactamente, sobre el grupo gobernante [...]. Entre los asistentes [a las pláticas de Núñez en la Congregación de la Purísima] se encontraban los oidores, los inquisidores, los prebendados y los caballeros de primera magnitud [...]. El ascendiente de Núñez de Miranda sobre sus oyentes, y a través de ellos, sobre la sociedad entera, era realmente extraordinario" (582-83, citado por Alatorre, "La *Carta*" 601-2). Sobre la misma Congregación de la Purísima, agrega Trabulse: "Para darnos una idea de la importancia de esa congregación, recordemos que en ella estaban el virrey conde de Galve, regidor de la audiencia, los oidores, el provisor y el vicario del arzobispado, los inquisidores e incluso el confesor de sor Juana, el oratoriano Pedro de Arellano Sosa. Y ese grupo, con otros muchos personajes encumbrados de la Nueva España, se reunía cada martes en la capilla de la Purísima para escuchar las pláticas doctrinales del 'Padre Prefecto', es decir, de Núñez de Miranda" (*Los años finales* 20).

[11] En este sentido, la Sor Juana "irónica, mordaz, burlona y desafiante" de la *Carta de Serafina de Cristo* (Trabulse, *Los años finales* 18), ya tendría un precedente. Este importante hallazgo documental de Trabulse ha abierto grandes debates. Al respecto, véase Trabulse, *Carta*; Alatorre y Tenorio.

[12] Sor Juana se pone incluso en el lugar del padre, para juzgar sus acciones. El título de respeto que usa repetidamente para dirigirse al confesor pierde su sentido jerárquico. Pasa a ser una especie de gesticulación histriónica que contribuye al tono de ironía del texto: "Porque si por contradicción de dictamen hubiera yo de hablar apasionadamente contra V.R. como lo hace V.R. contra mí, infinitas ocasiones suyas me repugnan sumamente [...] pero no por eso las condeno, sino que antes las venero como suyas y las defiendo como mías; y aun quizá las mismas que son contra mí llamándolas buen celo, sumo cariño, y otros títulos que sabe inventar mi amor y reverencia cuando hablo con los otros" (C 645). Quizá con esta *Carta* en mente, que Sor Juana compartiría con él, redactó el obispo de Puebla su carta reprobatoria bajo el seudónimo de Sor Filotea, para simular retóricamente y a la vez teatralizar el igualamiento jerárquico entre su voz patriarcal y la de Sor Juana, una mujer. Por otro lado, la voz del obispo ostenta su autoridad por encima de la monja al amonestarla con un tono reprobatorio a la vez que amoroso. En la *Carta* al confesor, Sor Juana alude al carácter doble del discurso amoroso, que busca disimular o más bien fortalecer, a través de la coerción mental, espiritual y emocional, las redes de represión institucional.

[13] Fue Moraña quien estableció por primera vez la conexión entre estas dos obras: "Distanciada en más de tres siglos del momento de su producción, la 'Carta de Monterrey' –llamada también por Aureliano Tapia Méndez, su descubridor, 'Autodefensa espiritual'– aparece así, por todos los rasgos arriba señalados, como prototexto de la célebre 'Carta Respuesta a Sor Filotea de la Cruz' a la cual precede en aproximadamente diez años. En tanto 'momentos del mismo conflicto,' como señalara Octavio Paz ('Sor Juana' 47), y a partir de una continuidad temática y estilística de fácil verificación, ambos textos remiten al ámbito del poder, tal como éste se formaliza –como red económica, política y cultural, pero también como espacio simbólico– en la realidad social de la colonia. Las dos cartas de Sor Juana pueden leerse, entonces, como 'discurso epistolar,' en el cual se formalizan las funciones de emisor, destinatario y mensaje (o 'contenido comunicativo') de acuerdo a la retórica estrechamente vinculada a los condicionantes ideológicos de la colonia y al juego de máscaras instalado por la sociedad barroca" ("Orden dogmático" 207-08).

> con la natural repugnancia que siempre he tenido a hacerlos, como consta a cuantas personas me conocen [...] y en ellos procedí con tal modestia, que no consentí en los primeros poner mi nombre, y en los segundos se puso sin consentimiento ni noticia mía, y unos y otros corrigió antes V.R. (C 639-40)

Aquí queda documentada la supervisión que el confesor ejercía sobre los borrones de la monja, llegando incluso a corregirlos.[14] También, Sor Juana pone de relieve el asunto de la publicación de su nombre como autora, "sin consentimiento ni noticia" (C 640) suyos, lo cual nos remite también al problema de la impresión, sin su aprobación, de ciertas obras que escribirá en el futuro, como la *Carta Atenagórica*. Esto revela que Sor Juana estaba consciente de que la publicación de sus escritos no era una práctica aceptada para una mujer religiosa. Muy probablemente también podía ya vislumbrar que la impresión de su obra sería un instrumento clave en la forja y fortalecimiento de un espacio de poder. Notamos esto en el tono con que ostenta la gran demanda que tiene su obra por parte de las autoridades, algunas superiores en jerarquía a los cargos que ejercía Núñez de Miranda.

La primera obra que se expone a un gran público, como mencionamos anteriormente, es el "Arco de la Iglesia" (C 640). Un artilegio retórico que Sor Juana volverá a usar una y otra vez es la confesión de culpa aunada a la demostración de su falta de responsabilidad, al seguir obedientemente un mandato de sus superiores religiosos, dentro y allende los linderos del convento:

> A esto se siguió el Arco de la Iglesia. Esta es la irremisible culpa mía a la cual precedió habérmela pedido tres o cuatro veces y tantas despedídome yo hasta que vinieron los dos señores jueces hacedores que antes de llamarme a mí, llamaron a la Madre Priora y después a mí y mandaron en nombre del Excmo. Señor Arzobispo lo hiciese porque así lo había votado el Cabildo pleno y aprobado Su Excelencia. (C 640)

La escritura, y la consecuente publicación de su obra, con su nombre, son el resultado inevitable de un mandato que tiene la autoridad de un precepto oficial fundamentado en el voto de obediencia, el cual desacredita el "dictamen" (C 640) del padre en contra de su escritura. Sor Juana demuestra aquí sus dotes de abogada al salpicar la *Carta* de vocabulario jurídico ("redargüir", "dictamen", "obedecer", "inobediencia", "ley" y "preceptos", C 639, 640, 642, 644) que con el tiempo pasará a ser una maestría en el arte de la argumentación retórica, modelada en el discurso forense, otro instrumento clave de defensa y de poder.[15] Notamos aquí también la inclinación y el talento de Sor Juana para las relaciones públicas, políticas. Enfrenta retóricamente dos mandatos, el del Arzobispo fray Payo Enríquez de Rivera, que tenía relaciones amistosas con Sor Juana, y el del confesor, que fungía cargos eclesiásticos de gran peso, pero que a fin de cuentas era un subordinado del Arzobispo.

---

[14] Como explica Glantz, las obras de las monjas por lo general no eran editadas y permanecían en forma manuscrita, en forma de "cuadernos de mano" ("borrones"), que a menudo eran utilizados, interpretados y reescritos por los confesores y prelados en forma de materiales hagiográficos y litúrgicos; sermones o relatos edificantes, y en los que raramente se mencionaban las fuentes ("Labores" 22, 26). Sobre los "cuadernos de mano" véase también Glantz, "La narración de (su) mi inclinación" (57-58).

[15] Sobre la presencia del discurso forense y del *ars dictaminis* o arte de escribir cartas en la *Respuesta a Sor Filotea de la Cruz* véase Perelmuter "Estructura". Méndez Plancarte señala la presencia del estilo forense en los siguientes versos de Sor Juana: *OC* I 252, 131, 108-09, *El Sueño* 355 y subsiguientes y en su *Petición en forma causídica* (o procesal), "página religiosa y gravísima, en alegoría y lenguaje de los Tribunales" (*OC* I 504).

Sor Juana hace a continuación alarde de su destreza verbal, al contraponer el tópico de la falsa modestia con la ostentación de su superioridad, de su lúcido ingenio, desautorizando de esta manera los presupuestos culturales misóginos que colocan a la mujer en un estatuto de inferioridad física, intelectual y espiritual frente al hombre. La obediencia es prueba de su excelencia, de la demanda y el reconocimiento que tiene su pluma. La inclinación a las letras y al conocimiento se impone desde fuera, por mandato, y desde dentro, ya que su talento, su "facilidad" (C 640), su arte, son innatos. No seguir esta inclinación, este dictamen divino, sería una infracción moral, un auténtico escándalo. Es una actividad que no puede ser impedida, obstaculizada ya que una vez que están "trilladas" las "sendas" "abiertas [...] al atrevimiento", "no hay castigo/que intento baste a remover segundo/ (segunda ambición [...])," (*OC I* 792-95):

> Ahora quisiera yo que V.R. con su clarísimo juicio se pusiera en mi lugar y consultara ¿qué respondiera en este lance? ¿Respondería que no podía? Era mentira. ¿Que no quería? Era inobediencia. ¿Que no sabía? Ellos no pedían más que hasta donde supiese. ¿Que estaba mal votado? Era sobredescarado atrevimiento, villano y grosero desagradecimiento a quien me honraba con el concepto de pensar que sabía hacer una mujer ignorante, lo que tan lucidos ingenios solicitaban: luego no pudo hacer otra cosa que obedecer. (C 640)

Con un tono mordaz, Sor Juana sitúa la ideación y composición escrita de su Arco dentro de "las obras públicas que tan escandalizado tienen al mundo, y tan edificados a los buenos" (C 640). Para encubrir su desliz, en el doble sentido de la palabra, a un ámbito público y profano, subraya la función didáctica, edificante, que tiene la alegoría política de este género propagandístico. En otra categoría coloca las obras poéticas escritas por encargo y para socorrer sus necesidades "que no han sido pocas, por ser tan pobre y no tener renta alguna" (C 640). Son poemas de ocasión que circulan principalmente en la corte por lo que no tienen el cariz enteramente público, multitudinario, del arco. A la fuerza del mandato se aúna la urgencia de los asuntos monetarios, terreno en el que Sor Juana demostrará con los años gran habilidad, obteniendo beneficios con creces.[16] Intuiría ya, en estos tempranos años de su carrera, la conexión entre poder femenino y autonomía financiera. Sor Juana expresa profunda gratitud ante "los favores y cariños (tan no merecidos, ni servidos) de Sus Excelencias" (C 642). Manipula a su favor la retórica del amor, tan predilecta por los fiscales de la Iglesia. Le señala al confesor su notoriedad artística, su cercanía afectiva incluso, frente a los miembros más encumbrados de la corte novohispana, otro espacio de autoridad en el que se ampara su escritura poética a partir de la edificación del arco. La condesa de Paredes

---

[16] Para más información acerca de este tema véase Bénassy-Berling, "conversión"; Muriel, "Cultura"; Paz, *Las trampas*; Poot-Herrera; Sabat de Rivers "Sor Juana" y Trabulse, *Los años finales*. Con relación al arco, resalta Poot-Herrera: "El *Neptuno Alegórico* sería el arcabuz (acueducto) del caudal de su poesía y su economía. Al parecer fue motivo fundamental para romper las relaciones con su confesor, Antonio Núñez de Miranda. Según unas líneas de la carta de ruptura de Sor Juana, ésta fue escrita en 1682. [...] En los ochenta, con el *Neptuno Alegórico* –sin el P. Núñez y con doscientos pesos en su haber– Sor Juana inicia una década de creación poética que la va dando a conocer como la Décima Musa, Fénix de América. En sus poemas, es frecuente el léxico de la contabilidad: crédito, intereses, cobros, deudas, pagos, costos, cuentas [...]. Sor Juana fue rica y famosa" ("Claves" 4, 7). Segun Lavrin, en comunicación personal, Sor Juana era acomodada pero no rica (había monjas más adineradas) aunque estaba muy bien conectada con las autoridades novohispanas. Para Glantz, "[n]o es extraño pues que muchas de las metáforas a que acude Sor Juana sean financieras;" ya que "los conventos eran verdaderas fortalezas económicas cuyo sostén fueron los negocios de diversa índole por los que recibían en cambio réditos y dividendos" ("La narración" 66).

Claves políticas y epistemológicas en la Carta de Monterrey

ciertamente quedó muy complacida con su halagüeña representación alegórica como Anfitrite, esposa de Neptuno:

> y así vamos a los no públicos: apenas se hallará tal o cual coplilla hecha a los años hecha a los años, al obsequio de tal o tal persona de mi estimación, y a quienes he debido socorro en mis necesidades (que no han sido pocas, por ser tan pobre y no tener renta alguna). Una loa a los años del Rey Nuestro Señor hecha por mandato del Excmo. Señor Don Fray Payo, otra por orden de la Excma. Sra. condesa de Paredes. (C 640)

El pecado mayor de Sor Juana es escribir versos públicamente. La hazaña poética, tan celebrada por todos, pasa a ser un "delito" (C 640), aun cuando las redes políticas que sostienen su escritura, a través de la institución del patronazgo, sean palmarias. La censura y persecución institucional en contra de la publicación de obra profana por parte de una monja, tiene también su origen humano en la envidia y rivalidad del padre Núñez, quien también aspiraba a poeta.[17] Queda claro que el padre está muy molesto con la divulgación y lucimiento de la autoría de Sor Juana. Pero hay que recalcar que Sor Juana empieza a ser víctima de un acoso a nivel eclesiástico-institucional ya que las mismas críticas reaparecen ocho años después en la carta-prólogo a la *Carta Atenagórica*, que bajo el seudónimo de Sor Filotea, escribe Manuel Fernández de Santa Cruz, obispo de Puebla.[18] En la *Respuesta* a esta carta acusatoria, que el obispo disfraza de amor protector, Sor Juana vuelve a denunciar los "áspides de emulaciones y persecuciones" (*OC IV* 452) que han levantado en contra de ella quienes más la quieren y buscan su bien (desde Antonio Núñez de Miranda hasta Manuel Fernández de Santa Cruz).[19] Los destinatarios de la estrategia de defensa y actuación de la

---

[17] Acerca de la afición del padre Núñez a la poesía, apunta Tenorio: "El padre Oviedo, en su biografía del padre Núñez, dice que entre 1640 y 1644, el futuro confesor de Sor Juan se dedicó a componer villancicos y gozó de gran popularidad por ello (o sea que Sor Juana le vino a hacer competencia): 'era fama común que casi no se cantaba Villancico alguno en las Iglesias de Méjico, que no fuese obra de su ingenio' (*Vida exemplar, heroycas virtudes y apostólicos ministerios del V.P. Antonio Núñez de Miranda*, Herederos de la Viuda de Francisco Rodríguez Lupercio, México, 1707, pp. 12-13); pero no consta que fueran juegos completos" (45n21). Alatorre describe al padre Núñez como a un exhibicionista de sus actos y virtudes de santo, así como de su autoridad en el campo de las letras y del conocimiento ("La *Carta*" 600). Trabulse, por su parte, señala que la "hostilidad abierta o subterránea de Núñez de Miranda, que duró varios lustros y que lejos de apagarse con el tiempo se intensificó cada vez más con los éxitos literarios de la monja de San Jerónimo, fue soportada con gran paciencia por sor Juana. Además, su indudable habilidad política y el apoyo de sus poderosas amistades le permitieron neutralizar la actitud falsamente piadosa de Núñez, que durante un tiempo había logrado enmascarar sutilmente los celos que le provocaba el brillo literario de sor Juana tras el disfraz del apóstol que sólo deseaba salvarla" (*Los años finales* 18). Difiero de la opinión de Trabulse. Más que soportar con gran paciencia la hostilidad del jesuita, Sor Juana no la toleró, perdió la paciencia y por lo mismo le pidió tajantemente que dejara de ser su director espiritual. También, la monja ya había desenmascarado los celos del padre, como podemos notar en la manera en que se dirige a él en la *Carta*.

[18] Como mencionamos anteriormente, el Obispo de Puebla, Manuel Fernández de Santa Cruz, publica la *Carta Atenagórica* sin el consentimiento de la monja en 1690. Después se incluyó en las sucesivas ediciones del Segundo Volumen de las *Obras* de Sor Juana con el nombre de *Crisis sobre un sermón* (Salceda, *OC IV* 631).

[19] Estos reclamos aparecen en el siguiente pasaje de la *Respuesta*: "Bien se deja en esto conocer cuál es la fuerza de mi inclinación. Bendito sea Dios que quiso fuese hacia las letras y no hacia otro vicio, que fuera en mí casi insuperable; y bien se infiere también cuán contra la corriente han navegado (o por mejor decir, han naufragado) mis pobres estudios. Pues aún falta por referir lo más arduo de las dificultades: que las de hasta aquí sólo han sido estorbos obligatorios y casuales, que indirectamente lo son; y faltan los positivos que directamente han tirado a estorbar y prohibir el ejercicio. ¿Quién no creerá, viendo tan generales aplausos, que he navegado viento en popa y mar en leche, sobre las palmas de las aclamaciones comunes? Pues Dios sabe que no ha sido muy así, porque entre las flores de esas mismas aclamaciones se han levantado y despertado tales áspides de emulaciones y persecuciones, cuantas no podré contar, y los que más nocivos y sensibles para mí han sido, no son aquéllos que con declarado odio y malevolencia me han perseguido, sino los que amándome y deseando mi bien (y por ventura, mereciendo mucho con Dios por la buena intención), me han mortificado y atormentado más que los otros con aquel: *No conviene a la santa ignorancia que deben, este estudio; se ha de perder, se ha de desvanecer en tanta altura con su misma perspicacia y agudeza*. ¿Qué me habrá costado resistir esto? ¡Rara especie de martirio donde yo era el mártir y me era el verdugo!" (*OC IV* 452, énfasis en el original).

monja, a través de la escritura y del estudio privado, son intercambiables. Por lo mismo, el tema del castigo, de la repre(n)sión, de la vigilancia y de la búsqueda de ascenso hacia el conocimiento, aunque *a longe* y a escondidas, serán cifras constantes, centrales en su obra.[20] El silencio es fuente de resarcimiento para la pluma mientras que el ruido de las murmuraciones conventuales, de las aclamaciones que provocan envidia y reprensiones eclesiásticas representan un naufragio.[21]

En la *Carta* al padre Núñez Sor Juana retrata un mundo muy alejado del silencioso enclaustramiento conventual. Es un espacio aprisionador, agitado por el acoso, la delación y la competencia casi guerrera entre hombres y mujeres:[22]

> ¿Qué más castigo me quiere V.R. que el que entre los mismos aplausos que tanto se duelen, tengo? ¿De qué envidia no soy blanco? ¿De qué mala intención no soy objeto? ¿Qué acción hago sin temor? ¿Qué palabra digo sin recelo?
> Las mujeres sienten que las excedan los hombres, que parezca que los igualo; unos no quisieran que supiera tanto, otros dicen que había de saber más para tanto aplauso; las viejas no quisieran que otras supieran más, las mozas que otras parezcan bien, y unos y otros que viese conforme a las reglas de su dictamen, y de

---

[20] Sobre la íntima relación entre represión y las múltiples manifestaciones de la figura del silencio en la obra de Sor Juana afirma Moraña: "En estrecha vinculación con los temas de la represión, la censura, la persecución, pero también la modestia, la autocensura, la cautela, el tema del silencio es uno de los tópicos más recurrentes en los textos de Sor Juana. Es expresión de una realidad social caracterizada por la monopolización de la palabra, y en la cual los significados (virtuales, ocultos o camuflados) se expresan muchas veces a través de procedimientos que indican una presencia-ausente de la voz: la reticencia, la elipsis, la alegorización, donde toca al receptor descifrar los indicios, la estructura de superficie, por decirlo así, de la trama textual" ("Letra, lengua, poder" 279). Moraña trata más ampliamente el tema del silencio en la obra de Sor Juana en su libro *Viaje al silencio* (153-98). Martínez-San Miguel, por otro lado, sostiene que la *Carta* plantea la "contraposición del escándalo público y el silencio como metáfora de esa relación problemática del sujeto con la palabra –en tanto lenguaje regulador y espacio de la reinvindicación personal– en el momento en que se constituye como sujeto escriturario" (*Saberes* 85).

[21] En el *Sueño* encontramos varias alusiones al naufragio así como al espacio de sustento y reparación que ofrece el agua (un recinto maternal). En el auto sacramental *El Divino Narciso*, las aguas de la fuente virginal limpian los borrones de la escritura del pecado original, de la "rüina" (*OC III* 1176), que es también el castigo de la persecución.

[22] En el convento los discursos falogocéntricos de dominación y jerarquización domésticas e imperiales se sobreponen (Adorno, "El sujeto" 62). La *Regla y Constituciones* de la orden jerónima, por ejemplo, establece un sistema de control autoritario que se organiza desde fuera a través de la supervisión eclesiástica y desde dentro a través de la vigilancia, la delación, y la intrusión constantes. La *Regla* especifica qué tareas deben desempeñar las monjas en cada uno de los diferentes oficios desde los cuales "se observan y se controlan unas a otras" (Bravo Arriaga, "La excepción" 37). Se dan rigurosos preceptos de cómo rezar, de cómo cumplir las obligaciones cotidianas, y a qué hora rezar el Oficio Divino etc. (Bravo Arriaga, "La excepción" 38; Glantz "Labores" 29). La monja debe someterse física, intelectual y anímicamente a la autoridad y debe por lo tanto perder toda autonomía espiritual e intelectual (Bravo Arriaga, "La excepción" 39). La culpa más grave se relaciona con la desobediencia, fruto de la soberbia. Se expresa en tres acciones límite: el tratar a la Priora con rebeldía; el cometer pecado mortal manifiesto; y el tener contacto escandaloso con el mundo exterior (Bravo Arriaga, "La excepción" 38). El castigo a la desobediencia es la humillación pública: se espera que la monja "se ponga postrada en tierra, teniendo su rostro puesto sobre las manos cruzadas, y juntas en el suelo, y ninguna de las otras monjas se atreva a hablarla sin licencia de la Priora" (citado por Bravo Arriaga, "La excepción" 38). La religiosa que llega al grado extremo de desobediencia está inducida por Satanás. El castigo a esta desobediencia máxima es la excomunión, el encierro en la cárcel del convento, el total aislamiento (el silencio). Por medio del arrepentimiento y de la penitencia impuesta por el prelado la infractora puede ser perdonada (Bravo Arriaga, "La excepción" 39). Relacionado con estas prescripciones cotidianas véase también la obra de Antonio Núñez de Miranda titulada la *Distribución de las Obras Ordinarias y Extraordinarias del día, para hacerlas perfectamente, conforme al Estado de las Señoras Religiosas. Instruída con doze máximas substanciales, para la vida Regular y Espiritual, que deben seguir* (México: Viuda de Miguel Ribera de Calderón, 1712) (Glantz "Labores" 29n17). Sobre otros escritos del padre Núñez dirigidos a monjas y mujeres piadosas véase Bravo Arriaga, "Antonio Núñez de Miranda", Muriel, "Sor Juana" y Schmidhuber. Sobre otros textos que determinan el deber de una religiosa véase Bravo Arriaga, "Sor Juana cortesana".

Claves políticas y epistemológicas en la Carta de Monterrey

todos puntos resulta un tan extraño género de martirio cual no sé yo que otra persona haya experimentado. (C 641)[23]

A la estudiosa sólo le quedaría refugiarse en el recinto silencioso, solitario, que ofrece la noche. El día con todo su ruidoso ajetreo mundano, guerrea para conquistar, para someter a la noche del pensamiento. La paz y la sabiduría quedan orilladas a tomar las armas y defenderse. De ahí que en el *Sueño* las figuras nocturnas de la escritura y del conocimiento disfruten libres y solitarias de silencio, de marginal aislamiento, de autonomía política, después de haber combatido y derrotado al día, cuyos "bélicos", estridentes "clarines" (*OC I* 921) anuncian su pasajero triunfo, imperio relativo, cada mañana. Al igual que Minerva, emblema de paz y sabiduría, vencedora en la batalla frente a las virtudes militares de Neptuno, se arma para triunfar.[24] Como afirma en la *Respuesta*, el entendimiento, aunque perseguido y martirizado, obstaculizado, resulta triunfador en su permanente búsqueda de conocimiento:

> es el triunfo de sabio obtenido con dolor y celebrado con llanto, que es el modo de triunfar la sabiduría; siendo Cristo, como rey de ella, quien estrenó la corona, porque santificada en sus sienes, se quite el horror a los otros sabios y entiendan que no han de aspirar a otro honor. (*OC IV* 456)

Los "aplausos y celebraciones vulgares" que recibe la monja del amplio público así como los "particulares favores y honras de los Excelentísimos Señores marqueses" (C 641) no han sido solicitados. Son las mismas autoridades, como la Madre Priora, quienes le impiden el retiro, la huida de la visibilidad y del "aplauso" para no ver ni "ser vista" (C 641). En otras palabras, la fama le ha sido impuesta. Por otro lado, ¿por qué puede el señor marqués de Mancera entrar cuanto quiere en unos conventos "tan santos como Capuchinas y Teresas"

---

[23] Este pasaje de la *Carta* tiene clara conexión semántica con otro de la *Respuesta*: "Pues por la –en mí dos veces infeliz– habilidad de hacer versos, aunque fuesen sagrados, ¿qué pesadumbres no me han dado o cuáles no me han dejado de dar? Cierto, señora mía, que algunas veces me pongo a considerar que el que se señala –o le señala Dios, que es quien sólo lo puede hacer– es recibido como enemigo común, porque parece a algunos que usurpa los aplausos que ellos merecen o que hace estanque de las admiraciones a que aspiraban, y así le persiguen" (*OC IV* 452-53).

[24] Zatrilla y Vico, el admirador sardo de Sor Juana, compara a la escritora con Minerva, la diosa de la sabiduría, figura que tiene una función simbólica central en la *Explicación* en verso y descripción en prosa del Arco de Sor Juana:

> XXIX.
> De Minerva refieren los Gentiles,
> que à su ingenio deviò la diciplina
> la Escuela de las Artes mas sutiles,
> y le rindieron cultos la Divina
> los Athenienses Nobles, y Civiles
> de vna, y otra Provincia convezina:
> mas à tu Ingenio aclama todo el Mundo,
> excelso, soberano, y sin segundo. (14)
>
> LXI.
> Si à Minerva la Diosa de las Ciencias
> la aclamaron, por su Sabiduria,
> y en varias belicosas experiencias
> la apellidò Belona la osadia;
> tu logras con mayores excelencias
> los Lauros en saber, y en bizarria,
> porque mas que ella alcanças, y penetras
> en Armas, en Politicas, y en Letras. (25)

(C 642) y en el suyo no está bien visto?²⁵ La movilidad del cuerpo y de la palabra masculina por espacios públicos y privados contrasta aquí con el estrecho recinto asignado a una monja (una celda). Sor Juana traspasaría estos linderos con la publicación de sus escritos, con sus diálogos continentales y transatlánticos, con sus transacciones monetarias. Si la impresión de su obra con su nombre, que no ha sido de su elección, le ha traído regaños y severas críticas, el escribir con letra "algo razonable" también le ha costado "una prolija y pesada persecución" (C 641). La comunidad de monjas alborotadas y celosas, que la distraen de su estudio con sus chismes y pleitos, es testigo de que ha sido obligada a "malear [...] adrede" la letra de sus manuscritos porque "dicen que parecía [...] de hombre" (C 641), lo cual no sería decente.²⁶ ¿Habrá tenido que rescribir sus manuscritos por orden de la Madre Priora o por presión de la comunidad de monjas?²⁷ Esta experiencia humillante "no será materia para una carta sino para muchos volúmenes muy copiosos" (C 641). La reiteración y amplificación de esta protesta quedará pendiente en los años venideros. En la carta-prólogo a la *Carta Atenagórica*, el obispo de Puebla le advierte a Sor Juana que le hace un beneficio o favor al imprimirle sus borrones "[p]ara que V. md. se vea en este papel de mejor letra" (*OC IV* 694). La monja debe corresponder a la fineza del obispo con una actitud de humilde agradecimiento al reconocer, gracias a la labor intermediadora del obispo, "los tesoros que Dios depositó en su alma" (*OC IV* 694) para así ponerlos al servicio de la religión, de los conocimientos y actividades propios de una monja (*OC IV* 696). Claramente la publicación la masculiniza, la eleva de estatuto pero también la exhibe

---

²⁵ Sin embargo, las visitas del virrey a los conventos no iban más allá de las rejas. En cambio, las virreinas los visitaban más libremente (Gonzalbo 321). Según Lavrin, en comunicación personal, las virreinas podían entrar a los conventos en ocasiones especiales. Como esta práctica se volvió muy frecuente en el siglo XVII, se creó un cédula real para que las virreinas no abusaran de esa prerrogativa. Al respecto, véanse los trabajos de Lavrin.

²⁶ Sobre el tipo letra o caligrafía asociada a las mujeres dice Glantz: "La simple caligrafía hermosa, bien diseñada, es sospechosa en las mujeres. En cambio, bordar con primor, coser, vestir santos, cocinar maravillas, en fin, realizar con perfección todas las labores de mano exigidas a las mujeres es uno de sus atributos principales, razonables, naturales. [...] Es normal dedicarse a las labores de mano, si esas labores se restringen a las que son propias a las mujeres" ("La narración" 71).

²⁷ En la *Respuesta*, Sor Juana describe un ambiente conventual que no promueve sino más bien dificulta el estudio: "Lo que sí pudiera ser descargo mío es el sumo trabajo no sólo en carecer de maestro, sino de condiscípulos con quienes conferir y ejercitar lo estudiado, teniendo sólo por maestro un libro mudo, por condiscípulo un tintero insensible; y en vez de explicación y ejercicio muchos estorbos, no sólo los de mis religiosas obligaciones (que éstas ya se sabe cuán útil y provechosamente gastan el tiempo) sino de aquellas cosas accesorias de una comunidad: como estar yo leyendo y antojárseles en la celda vecina tocar y cantar; estar yo estudiando y pelear dos criadas y venirme a constituir juez de su pendencia; estar yo escribiendo y venir una amiga a visitarme, haciéndome muy mala obra con muy buena voluntad, donde es preciso no sólo admitir el embarazo, pero quedar agradecida del perjuicio. Y esto es continuamente [...]. A mí, no el saber (que aún no sé), sólo el desear saber me le ha costado (sic) tan grande [...]. ¡Y que haya sido tal esta mi negra inclinación, que todo lo haya vencido!" (*OC IV* 450-51); "Menos intolerable es para la soberbia oír las reprensiones, que para la envidia ver los milagros. En todo lo dicho, venerable señora, no quiero (ni tal desatino cupiera en mí) decir que me han perseguido por saber, sino sólo porque he tenido amor a la sabiduría y a las letras, no porque haya conseguido ni uno ni otro. [...] Yo confieso que me hallo muy distante de los términos de la sabiduría y que la he deseado seguir, aunque *a longe*. Pero todo ha sido acercarme más al fuego de la persecución, al crisol del tormento; y ha sido con tal extremo que han llegado a solicitar que se me prohiba el estudio. Una vez lo consiguieron con una prelada muy santa y muy cándida que creyó que el estudio era cosa de Inquisición y me mandó que no estudiase" (*OC IV* 457-58). El perseguir el saber aunque *a longe*, a pesar del fuego de la persecución, es el foco semántico del *Sueño* en su totalidad. También en la *Carta* al confesor dice: "¿Por qué ha de ser malo que el rato que yo había de estar en una reja hablando disparates o en una celda murmurando cuanto pasa fuera y dentro de la casa, o pelear con otra, o riñendo a la triste sirviente, o vagando por todo el mundo con el pensamiento, lo gastara en estudiar?" (C 643). En un romance Sor Juana alude al carácter absorbente de las "precisiones" de su "estado", que le dejan poco tiempo para escribir (*Prólogo al lector, OC I* 4). Por otro lado, Sor Juana estableció fuertes lazos de amistad con monjas letradas, como las portuguesas, con quienes se carteaba e intercambiaba escritos para su asamblea literaria llamada la "Casa del Placer". Fueron ellas quienes prepararon la edición de los *Enigmas* de Sor Juana (1695). Al respecto, ver Sabat de Rivers "Contemporáneos" y el prólogo de Alatorre en su edición de los *Enigmas*.

como monstruo de circo.²⁸ Los aplausos celebratorios que recibe se convierten en "pungentes espinas de persecución" (C 641). Sobre este tema, volverá a decir en la *Respuesta*:

> Suelen en la eminencia de los templos colocarse por adorno unas figuras de los Vientos y de la Fama, y por defenderlas de las aves, las llenan todas de púas; defensa parece y no es sino propiedad forzosa: no puede estar sin púas que la puncen quien está en alto. Allí está la ojeriza del aire; allí es el rigor de los elementos; allí despican la cólera los rayos; allí es el blanco de piedras y flechas. ¡Oh infeliz altura, expuesta a tantos riesgos! ¡Oh signo que te ponen por blanco de la envidia y por objeto de la contradicción! Cualquier eminencia, ya sea de dignidad, ya de nobleza, ya de riqueza, ya de hermosura, ya de ciencia, padece esta pensión; pero la que con más rigor la experimenta es la del entendimiento. Lo primero, porque es el más indefenso, pues la riqueza y el poder castigan a quien se les atreve, y el entendimiento no, pues mientras es mayor es más modesto y sufrido y se defiende menos. Lo segundo es porque, como dijo doctamente Gracián, las ventajas en el entendimiento lo son en el ser. No por otra razón es el ángel más que el hombre que porque entiende más; no es otro el exceso que el hombre hace al bruto, sino sólo entender; y así como ninguno quiere ser menos que otro, así ninguno confiesa que otro entiende más [...] (OC IV 454-55)

Otros argumentos de la *Carta* son ampliados, con una retórica más pulida, en la *Respuesta*.²⁹ Por ejemplo, la defensa de los estudios privados por parte de las mujeres y de la ilustración por medio de las letras profanas y sagradas, que los Santos Doctores y Santas sabias como Santa Catalina, Santa Gertrudis y Santa Paula, ejemplifican.³⁰ Le pregunta entonces al padre: "¿Sólo a mí me estorban los libros para salvarme?" (C 643) Demuestra una y otra vez la afinidad entre la salvación y la ciencia: "¿No es Dios como suma bondad, suma sabiduría?" (C 643). En la *Carta* notamos cierta ironía en la expresión de conformidad de que a las mujeres, por razones de honestidad, no se les otorgue "lugar señalado" (C 642) en los estudios públicos. Se pregunta: "será porque como no las ha menester la república para el gobierno de los magistrados (de que por la misma razón de honestidad están excluídas) no cuida de lo que no les ha de servir" (C 642). Sor Juana establece aquí una conexión entre conocimiento, espacio público (que abarca la publicación) y poder político (que incluye el poder de interpretar y de legislar).

Por otro lado, la prohibición de los estudios privados no forma parte del dogma cristiano sino que es un precepto rígido y arbitrario, impuesto por las autoridades eclesiásticas. Si las mujeres tienen alma racional, ¿por qué se les ha de prohibir enseñar públicamente, gozar de

---

²⁸ Al respecto dice Glantz: "Convertida en Fénix, está en la cima de la monstruosidad. Bien lo entiende ella así, sabe que es mirada como si fuera un bufón, un objeto de circo, el centro de atracción. Se le ha otorgado un lugar especial entre las mujeres, se la ha etiquetado, separado, y el disturbio que su genial inteligencia y su excepcional discreción han provocado puede mantenerse bajo control: se le ha dado un nombre" ("La musa" 31). Sobre este tema en tres romances de Sor Juana, véase Powell.

²⁹ Al comparar el estilo de las dos cartas hay que tomar en cuenta los destinatarios, la creciente madurez literaria de Sor Juana y el carácter más público de la *Respuesta*, que la monja pensaría saldría a la luz (lo cual no ocurrió sino hasta la edición del tercer volúmen de su obra en 1700, después de su muerte, muy posiblemente por razones de censura). La *Carta*, por otro lado, se desenvuelve en un ámbito totalmente privado.

³⁰ En la *Respuesta* amplía el catálogo de mujeres ilustres. Sobre este catálogo véase Scott.

fama e incluso gobernar? Si leemos esta *Carta* entre líneas encontramos ideas de gran frescura, sinceridad y atrevimiento, las cuales reaparecerán en la *Respuesta* con mayor discreción y disimulo bajo los ropajes barrocos de la erudición y de la retórica:

> pero los privados y particulares estudios ¿quién los ha prohibido a las mujeres? ¿No tienen alma racional como los hombres? ¿Pues por qué no gozará el privilegio de la ilustración de las letras con ellas? ¿No es capaz de tanta gracia y gloria de Dios como la suya? ¿Pues por qué no será capaz de tantas noticias y ciencias que es menos? ¿Qué revelación divina, qué determinación de la Iglesia, qué dictamen de la razón hizo para nosotras tan severa ley? (C 642)

Sor Juana le recalca al confesor que es monja por elección propia y no por mandato ajeno: su ingreso al convento no se debe a la iniciativa del padre, puesto que su padrino, el capitán D. Pedro Velázquez de la Cadena ya había dado la dote. Le agradece, por otro lado, el haberle pagado un maestro y otros "cariños y agasajos", que sin embargo se han convertido en "vituperios" (C 644), otra manifestación del carácter doble, represor, del discurso amoroso que busca encubrir y fortalecer las redes de poder. Las "culpas" (C 646) de la monja y su propio celo espiritual son sus temas predilectos de conversación. Sor Juana no le ha pedido nada, no le debe nada. En una abierta confrontación, le reprocha al padre sus humillantes críticas que la hacen objeto de escándalo público, su intento de desacreditarla, de controlar o "fiscaliz[ar]" (C 638) sus acciones, su violenta insistencia en imponer en ella el ideal monástico de santidad sin respeto a su inquebrantable vocación literaria e intelectual: "¿Soy por ventura hereje? Y si lo fuera, ¿había de ser santa a pura fuerza? ¡Ojalá y la santidad fuera cosa que se pudiera mandar! [...] santos, sólo la gracia y auxilios de Dios saben hacerlos" (C 644). Sor Juana no obedece "a fuerza de represiones" y "amenazas" (C 644) públicas, sino por decisión propia, con el asentimiento de la razón:

> Si es mera caridad, parezca mera caridad, y proceda como tal, suavemente, que el exasperarme no es buen modo de reducirme, ni yo tengo tan servil naturaleza que haga por amenazas lo que no me persuade la razón, ni por respetos humanos lo que no haga por Dios, que el privarme yo de todo aquello que me puede dar gusto, aunque sea muy lícito, es bueno que yo lo haga por mortificarme, cuando yo quiera hacer penitencia; pero no para que V.R. lo quiera conseguir a fuerza de represiones, y éstas no a mí en secreto como ordena la paternal corrección [...] sino públicamente con todos [...]. (C 644-45)

El padre no tiene autoridad sobre la vida y costumbres de la monja: "¿Tócale a V.R. mi corrección por alguna razón de obligación, de parentesco, crianza, prelacía [...]? ni en lo espiritual, ni temporal he corrido nunca por cuenta de V.R." (C 644). Le pide al padre Núñez que se olvide de ella y la deje en paz. Su salvación no depende de un hombre. Mientras elige "libremente" al "Padre espiritual" que ella "quisiere", se gobernará con las "reglas generales de la Santa Madre Iglesia" (C 646).

En su despedida al confesor, Sor Juana expresa el concepto de tolerancia, de benevolencia, de libertad, que asocia con la divinidad. Dios le proveerá el remedio para su alma, ya que hay muchas llaves para entrar al cielo, el cual no se estrecha a un solo dictamen: "hay en él infinidad de mansiones para diversos genios, y en el mundo hay muchos teólogos, y cuando faltaran, en querer más que en saber consiste el salvarse y esto más estará en mí que en el confesor" (C 645-46). Es decir, los mandatos del confesor, rígidos, autoritarios y dogmáticos, no son absolutos. La salvación consiste en la sed de conocimiento, sobre la cual no tiene control el confesor. Dios es la suma sabiduría, y por lo tanto todo conocimiento profano necesariamente conduce al divino: "¿Quién no alaba a Dios en la inteligencia de Aristóteles? Y en fin, ¿qué católico no se confunde si contempla la suma de virtudes morales en todos los filósofos gentiles?" (C 643). El camino cristiano da espacio para diversos modos de ser y de actuar, para diversas vocaciones, como la intelectual y la literaria que ella ha elegido por necesidad (y por gusto también, aunque por razones estratégicas no lo publique). Da sobre todo espacio para ejercer la voluntad humana. El digno ejercicio del libre albedrío es una condición de la salvación, la cual no depende del arbitrio del confesor sino del personal y del divino.[31] Sor Juana no depende de la autoridad del confesor para tener comunicación con Dios ni para elegir a otro confesor. En estas palabras no notamos asomos de protestantismo, sino más bien la presencia de un cristianismo primitivo, de un humanismo cristiano. Nos preguntamos si Sor Juana se sintió libre de expresarle a su confesor, un hombre estricto y autoritario, con tanta sinceridad e intrepidez ideas que incluso controvierten las prescripciones de la Regla conventual, al contar con el apoyo de ciertos miembros encumbrados de la corte, como la condesa de Paredes.[32] También es indicio de su candidez, de su juventud, de la seguridad que sentía en sí misma y en su proyecto literario.

De esta postura ante el confesor podemos extrapolar ciertos conceptos filosóficos que se vuelven tópicos en la obra de Sor Juana, como son la distinción entre la verdad divina, absoluta, que la mente no puede comprender en su totalidad, y el dogma eclesiástico-institucional, legislación que es histórica, contingente y por ende suplantable; la libertad que tienen tanto el hombre como la mujer de interpretar los textos divinos y humanos; el derecho de la mujer a teologizar; la interpretación como proceso hermenéutico temporal, relativo que es consustancial al acto de conocer; la posibilidad de comprender, de acercarse a la verdad divina, al Libro de la Naturaleza, desde una multiplicidad de perspectivas o ángulos interpretativos, lo cual promueve la búsqueda constante de nuevos modos de pensar y de crear; y finalmente, la valoración del entendimiento, del libre albedrío y del riesgo epistemológico que abren nuevos paradigmas en los diferentes campos del saber.[33] De este enfrentamiento tan fuerte y radical con su confesor, que revela una visión y creencias de base, podemos apreciar cómo Sor Juana llevó a cabo, desde el comienzo de su "carrera" literaria hasta su muerte, un proyecto de vida contracorriente, contra lo establecido y aceptado. Lo hizo con impresionante frescura, valentía, seguridad, constancia y fuerza, pero sobre todo, con una *gran fe* en el poder político de la escritura y del conocimiento femeninos.

---

[31] En la España de los siglos XVI al XVIII algunas mujeres (beatas, iluminadas, ilusas entre otras) fueron perseguidas, procesadas y castigadas como herejes por rechazar "la autoridad de sus confesores, porque pretend[ían] no ser guiadas por otros en el camino de perfección, porque no [querían] deber sus certidumbres más que a Cristo" (Guilhem 191). Los castigos incluían la tortura física, el escarnio público, la participación en autos de fe, la quema en la hoguera, la abjuración *de levi*, el encierro, el destierro, el silenciamiento. Según las autoridades, su débil naturaleza femenina las predisponía a la tentación satánica, a la vanidad, a la mentira (Guilhem 193). Sobre la valoración del libre albedrío en una loa sacramental de Sor Juana véase mi artículo "Subversión".

[32] María Luisa Manrique de Lara, la marquesa de la Laguna y condesa de Paredes de Nava, publicó y seguramente costeó la publicación de su primera obra titulada *Inundación castálida* (Madrid, 1689), volumen que incluye el *Neptuno Alegórico* y la *Explicación* (Sabat de Rivers, "Introducción" 9-10). Gracias a la condesa de Paredes la obra de Sor Juana tiene por primera vez difusión internacional. Otra mujer cortesana que apoyó a Sor Juana fue la virreina Leonor Carreto y la marquesa de Mancera, quien la llevó al palacio virreinal como dama de honor. Sobre los vínculos de Sor Juana con los poderosos véase también Bénassy-Berling; Bergmann; Bravo Arriaga, *La excepción*; Rubial (en el ensayo que aparece en este libro); Moraña, "Sor Juana y sus otros"; Paz, *las trampas*; y Sabat de Rivers, "Sor Juana: mujer letrada", "Mujeres nobles".

[33] Como explica Sabat de Rivers: "[Sor Juana] nos da a entender que, ni de lo que se creyera anteriormente como 'verdad' histórica ni de principios teológicos o filosóficos aceptados o definitivos, puede uno fiarse ya que luego se producen descubrimientos que invalidan las creencias anteriores; y este principio se aplica por igual a cualquier campo del saber humano" ("Mujer" 43).

OBRAS CITADAS

Adorno, Rolena. "El sujeto colonial y la construcción cultural de la alteridad." *Revista de crítica literaria latinoamericana* 28 (1988): 55-68.

Alatorre, Antonio. "La *Carta* de Sor Juana al P. Núñez (1682)." *Nueva revista de filología hispánica* 35 (1987): 591-673.

―――― Edición y estudio. *Enigmas ofrecidos a la casa del placer.* México: El Colegio de México, 1995.

―――― y Martha Lilia Tenorio. *Serafina y Sor Juana (con tres apéndices).* México: El Colegio de México, 1998.

Altamirano, Manuel y Beatriz Sarlo. *Literatura/sociedad.* Buenos Aires: Hachette, 1983.

Arenal, Electa. "Del emblema al poema." *Aproximaciones a Sor Juana, a 350 años de su nacimiento.* Ed. Sandra Lorenzano. México: Universidad del Claustro de Sor Juana-Fondo de Cultura Económica, 2003. En prensa.

―――― "Enigmas emblemáticos: *El Neptuno alegórico* de Sor Juana Inés de la Cruz." *Sor Juana y su mundo: Una mirada actual. Memorias del Congreso Internacional.* Coord. Beatriz López Portillo. México: Universidad del Claustro de Sor Juana-UNESCO-Fondo de Cultura Económica, 1998. 85-94.

―――― "Sor Juana's Arch: Public Spectacle, Private Battle." *Crossing Boundaries: Attending to Early Modern Women.* Ed. Jane Donawerth and Adele Seeff. Newark: U of Delaware P-London: Associated U Presses, 2000. 173-94.

Bénassy-Berling, Marie Cécilie. "Hipótesis sobre la 'conversión' final de Sor Juana Inés de la Cruz." *Revista de la Universidad de México* 30.3 (1975): 21-24.

―――― "Más sobre la conversión de Sor Juana." *Nueva revista de filología hispánica* 2 (1983): 462-71.

―――― "Sobre dos textos del Arzobispo Francisco Aguiar y Seijas." *Y diversa de mí misma entre vuestras plumas ando. Homenaje internacional a Sor Juana Inés de la Cruz.* Ed. Sara Poot Herrera. México: El Colegio de México, 1993. 85-90.

Bergmann, Emilie. "Sor Juana Inés de la Cruz: Dreaming in a Double Voice". *Women, Culture and Politics in Latin America.* Berkeley, Los Angeles, Oxford: University of California Press, 1990. 151-72.

Boyer, Augustin. "Programa iconográfico en el *Neptuno alegórico* de Sor Juana Inés de la Cruz." *Homenaje a José Durand.* Ed. Luis Cortest. Madrid: Editorial Verbum, 1993. 37-46.

Bravo Arriaga, María Dolores. "Antonio Núñez de Miranda: Sujeción y albedrío." *Sor Juana Inés de la Cruz y sus contemporáneos.* Ed. Margo Glantz. México: UNAM-CONDUMEX, 1998. 259-70.

―――― "La excepción y la regla: Una monja según el discurso oficial y según Sor Juana." *Y diversa de mí misma entre vuestras plumas ando. Homenaje internacional a Sor Juana Inés de la Cruz.* Ed. Sara Poot-Herrera. México: El Colegio de México, 1993. 35-41.

―――― *La excepción y la regla. Estudios sobre espiritualidad y cultura en la Nueva España.* México: UNAM, 1997.

―――― "Signos religiosos y géneros literarios en el discurso de poder." *Sor Juana y su mundo. Una mirada actual.* México: Universidad del Claustro de Sor Juana, 1995. 93-139.

―――― "Sor Juana cortesana y Sor Juana monja." *Memoria del Coloquio Internacional. Sor Juana Inés de la Cruz y el pensamiento novohispano.* México: Instituto Mexiquense de Cultura, 1995. 41-49.

Cruz, Sor Juana Inés de la. *Autodefensa espiritual. Carta de la Madre Juana Inés de la Cruz escrita al Rev. P. Maestro Antonio Núñez de la Compañía de Jesús.* Ed. Aureliano Tapia Méndez. Monterrey, México: Impresora Monterrey, 1986.

───── *Enigmas ofrecidos a la casa del placer.* Ed. y estudio Antonio Alatorre. México: El Colegio de México, 1995.

───── *Obras completas.* Ed., prólogo y notas Alfonso Méndez Plancarte. Vols. 1-3. México: Fondo de Cultura Económica, 1988, 1994, 1994. 4 vols. 1988-94.

───── *Obras completas.* Ed., intro. y notas Alberto G. Salceda. Vol. 4. México: Fondo de Cultura Económica, 1994. 4 vols. 1988-94.

Glantz, Margo. "¿Cómo se mide la grandeza de una mujer?" *Sor Juana: la comparación y la hipérbole.* México: CONACULTA, 2000. 211-28.

───── "El elogio más calificado." *Sor Juana: la comparación y la hipérbole.* México: CONACULTA, 2000. 157-210.

───── "Labores de manos: ¿Hagiografía o autobiografía?" *Y diversa de mí misma entre vuestras plumas ando. Homenaje internacional a Sor Juana Inés de la Cruz.* Ed. Sara Poot-Herrera. México: El Colegio de México, 1993. 21-33.

───── "La musa, el fénix, el monstruo." *Sor Juana Inés de la Cruz: ¿Hagiografía o Autobiografía?* México: Editorial Grijalbo, 1995. 15-47.

───── "La narración de (su) mi inclinación: Sor Juana por sí misma." *Sor Juana Inés de la Cruz: ¿Hagiografía o autobiografía?* México: Editorial Grijalbo, 1995. 49-116.

Gonzalbo, Pilar. *Las mujeres en la Nueva España.* México: El Colegio de México, 1987.

Grossi, Verónica. "Figuras políticas y epistemológicas en el *Neptuno Alegórico* de Sor Juana Inés de la Cruz." *Romance Quarterly* 51.3 (spring 2004). En prensa.

───── *Sigilosos v(u)elos epistemológicos en Sor Juana Inés de la Cruz.* Madrid: Vervuert-Iberoamericana. De próxima aparición.

───── "Subversión del proyecto imperial de conquista y conversión de las Américas en la loa para *El Divino Narciso* de Sor Juana Inés de la Cruz." *Revista canadiense de estudios hispánicos.* En prensa.

Guilhem, Claire. "La inquisición y la devaluación del verbo femenino." *Inquisición española: Poder político y control social.* Ed. Bartolomé Bennassar. Barcelona: Editorial Crítica, 1984. 171-207.

Jones, Joseph R. "*La erudición elegante*: Observations on the Emblematic Tradition in Sor Juana's *Neptuno Alegórico* and Sigüenza's *Teatro de Virtudes Políticas.*" *Hispanófila* 65 (enero 1979): 43-58.

Kügelgen, Helga von. "The Way to Mexican Identity: Two Trimphal Arches of the Seventeenth Century." *World Art. Themes of Unity in Diversity. Acts of the XXVIth International Congress of the History of Art.* Ed. Irving Lavin. University Park: Pennsylvania State U P. 3 (1989): 709-720.

Lavrin, Asunción. "Unlike Sor Juana? The Model Nun in the Religious Literature of Colonial Mexico." *Feminist Perspectives on Sor Juana Inés de la Cruz.* Ed. Stephanie Merrim. Wayne State U P, 1991. 61-85.

───── "Vida conventual: rasgos históricos." *Sor Juana y su mundo: Una mirada actual.* Ed. Sara Poot Herrera. México: Universidad del Claustro de Sor Juana, 1995. 33-91.

López de Avilés, Joseph. *Debido recuerdo de agradecimiento leal a los beneficios hechos en Mexico por su dignissimo y amadissimo prelado: el [...] Señor maestro D. Fr. Payo Enriquez, Afan de Ribera...por Joseph López de Avilés.* Mexico: Imp. Viuda de Francisco Rodríguez Lupercio, 1684.

Martínez-San Miguel, Yolanda. *Saberes americanos: Subalternidad y epistemología en los escritos de Sor Juana*. Pittsburgh, PA: Instituto Internacional de Literatura Iberoamericana, Serie Nuevo Siglo, 1999.

Maza, Francisco de la. *Sor Juana Inés de la Cruz ante la historia*. Revisión de Elías Trabulse. México: UNAM, 1980.

Merkl, Heinrich. "Juana Inés de la Cruz y Carlos de Sigüenza y Góngora en 1680." *Iberomania* Vol. 36 (1992): 21-37.

Moraña, Mabel. "Orden dogmático y marginalidad en la *Carta de Monterrey* de Sor Juana Inés de la Cruz." *Hispanic Review* 58 (1990): 205-225.

_____ "Sor Juana Inés de la Cruz: Letra, lengua, poder." *Memoria del Coloquio Internacional. Sor Juana Inés de la Cruz y el pensamiento novohispano*. México: Instituto Mexiquense de Cultura, 1995. 271-83.

_____ "Sor Juana y sus otros. Núñez de Miranda o el amor del censor." *Sor Juana Inés de la Cruz y sus contemporáneos*. Ed. Margo Glantz. México: UNAM-CONDUMEX, 1998. 319-31.

_____ *Viaje al silencio. Exploraciones del discurso barroco*. México: Facultad de Filosofía y Letras, UNAM, 1998.

Muriel, Josefina. *Las mujeres en Hispanoamérica. Época colonial*. Madrid: Editorial Mapfre, 1992.

_____ "Sor Juana Inés de la Cruz y los escritos del Padre Antonio Núñez de Miranda." *Y diversa de mí misma entre vuestras plumas ando. Homenaje internacional a Sor Juana Inés de la Cruz*. Ed. Sara Poot-Herrera. México: El Colegio de México, 1993. 71-83.

Pascual Buxó, José. "Francisco Cervantes de Salazar y Sor Juana Inés de la Cruz: el arte emblemático de la Nueva España." *Tres siglos. Memoria del Primer Coloquio "Letras de la Nueva España."* México: UNAM, 2000. 47-65.

_____ "Función política de los emblemas en *Neptuno alegórico*." *Sor Juana Inés de la Cruz y sus contemporáneos*. Ed. Margo Glantz. México: UNAM-CONDUMEX, 1998. 245-55.

Paz, Octavio. *Sor Juana Inés de la Cruz o las trampas de la fe*. México: Fondo de Cultura Económica, 1988.

_____ "Sor Juana: Testigo de cargo." *Vuelta* 78 (mayo 1983): 46-49.

Peña Doria, Olga Martha. "La *Carta de Monterrey* de Sor Juana. Tres constantes de protesta y un estudio estilométrico." *Mairena*. 16.39 (1995): 89-104.

Pérez Martínez, Herón. *Estudios sorjuanianos*. Michoacán: Instituto Michoacano de Cultura, 1988.

Perelmuter, Rosa. "La estructura retórica de la *Respuesta a sor Filotea*." *Hispanic Review* 51.2 (primavera 1983): 147-158.

_____ *Los límites de la femineidad en Sor Juana Inés de la Cruz: Estrategias retóricas y recepción literaria*. Madrid-Frankfurt: Vervuert-Iberoamericana, Biblioteca Aurea Hispánica. De próxima aparición.

_____ "La recepción de *Primero sueño* (1920-1940." *Sor Juana Inés de la Cruz y las vicisitudes de la crítica*. Ed. José Pascual Buxó. México: UNAM, 1998. 233-42.

_____ "Sor Juana Inés de la Cruz ante la crítica." *Mujer y cultura en la colonia hispanoamericana*. Ed. Mabel Moraña. Pittsburg, PA: Biblioteca de América, Instituto Internacional de Literatura Iberoamericana, 1996. 273-78.

Poot-Herrera, Sara. "Claves en el convento, Sor Juana en San Jerónimo." De próxima aparición.

Powell, Amanda. "*Madre del donaire y chiste:* The Transvestite, the Circus Freak, and the Tenth Muse Wield Power in Three *Romances* by Sor Juana Inés de la Cruz." Ponencia presentada en el *Congreso de mujeres escritoras (edad media, edad moderna temprana e hispanoamérica)*, Universidad de Virginia, Charlotte, Virginia, Octubre de 1997. (Inédito)

Rama, Angel. *La ciudad letrada*. Hanover, N.H.: Ediciones del Norte, 1984.

Rodríguez Hernández, Dalmacio. *Texto y fiesta en la literatura novohispana*. Pref. José Pascual Buxó. México: UNAM, 1998.

Sabat-Rivers, Georgina. "Contemporáneos de Sor Juana; las monjas portuguesas y los *Enigmas* (con soluciones)." *En busca de Sor Juana*. México: UNAM, 1998. 241-61.

_____ Introducción. *En busca de Sor Juana*. México: UNAM, 1998. 9-21.

_____ ed. e intro. *Inundación castálida*. De Sor Juana Inés de la Cruz. Madrid: Castalia, 1982. 9-75.

_____ "Mujer, ilegítima y criolla: En busca de Sor Juana." *En busca de Sor Juana*. México: UNAM, 1998. 25-55.

_____ "Mujeres nobles del entorno de Sor Juana." *En busca de Sor Juana*. México: UNAM, 1998. 97-130.

_____ "El *Neptuno* de Sor Juana: Fiesta barroca y programa político." *University of Dayton Review* 2 (1983): 63-73. Reimpreso en *En busca de Sor Juana*. México: UNAM, 1998. 241-61.

_____ "Sor Juana Inés de la Cruz." *Historia de la literatura hispanoamericana. Época colonial*. Ed. Luis Iñigo Madrigal. Vol. 1. Madrid: Cátedra, 1982. 275-93.

_____ "Sor Juana: mujer letrada." *En busca de Sor Juana*. México: UNAM, 1998. 81-93.

Schmidhuber, Guillermo. "Hallazgo y significación de un texto en prosa perteneciente a los últimos años de Sor Juana Inés de la Cruz." *Hispania* 76 (1993): 189-96.

Scott, Nina. "'La gran turba de las que merecieron nombres': Sor Juana's Foremothers in La Respuesta a Sor Filotea." *Coded Encounters. Writing Gender and Ethnicity in Colonial Latin America*. Ed. Francisco Cevallos-Candau, Jeffrey A. Cole, Nina M. Scott, Nicomedes Suárez-Araúz. Amherst: U of Massachusetts P, 1994. 206-23.

Tapia Méndez, Aureliano, ed. e intro. *Autodefensa espiritual. Carta de la Madre Juana Inés de la Cruz escrita al Rev. P. Maestro Antonio Núñez de la Compañía de Jesús*. Monterrey, México: Impresora Monterrey, 1986.

Tenorio, Martha Lilia. *Los villancicos de Sor Juana*. México: El Colegio de México, 1999.

Toussaint, Manuel. *Loa con la descripción poética del arco que la catedral de México erigió para honrar al Virrey, Conde de Paredes, el año de 1680. Imaginó la idea del arco y lo describió Sor Juana Inés de la Cruz. Reprodúcela en facsímile de la primera edición El Instituto de Investigaciones Estéticas como homenaje a la excelsa poetisa en el primer centenario de su nacimiento*. México: UNAM, 1952.

Trabulse, Elías. *Los años finales de Sor Juana: Una interpretación (1688-1695)*. México: CONDUMEX, 1995.

_____ intro. y transcripción paleográfica. *Carta de Serafina de Cristo, 1691*. Ed. facsimilar. Toluca: Biblioteca Sor Juana Inés de la Cruz, 1996.

Zatrilla y Vico, Ioseph. *Poema heroyco al merecido aplavso de Soror Ivana Inés de la Crvz, Año 1696, Edición facsímile, Año 1993*. Ed. e intro. Aureliano Tapia Méndez. Monterrey, Nuevo León: Producciones Al Voleo El Troquel, 1993.

Búsqueda del origen: la narración de fábulas en el *Neptuno alegórico* de Sor Juana

María Dolores Bravo Arriaga
UNIVERSIDAD NACIONAL AUTÓNOMA DE MÉXICO

Dentro del universo de signos y símbolos con los que Sor Juana inscribe el ritual político en su erudita y también fantástica creación alegórica para equiparar al nuevo virrey conde de Paredes, Marqués de la Laguna, con Neptuno, considero que la monja plantea tres propósitos que me parecen fundamentales. El primero es una breve y bien ajustada teoría de la representación figurativa y verbal, que desarrolla somera pero explícitamente en la dedicatoria al nuevo gobernante. El segundo tópico –en el que quisiera abundar en este trabajo– ha sido planteado de forma deslumbrante por Octavio Paz, entre otros, y es su fascinación hacia la cultura egipcia, la que Sor Juana asegura como auténtica búsqueda de los orígenes más remotos de un universo mítico, religioso y simbólico que se esparció hacia el mundo mediterráneo de su tiempo y que fecundó el ámbito grecolatino. El tercer planteamiento es que me parece que se debe hacer justicia a la monja, no sólo como erudita conocedora de fuentes clásicas y de compendios mitológicos, sino como una hábil y diestra narradora de historias y fábulas en las que se solaza en algunos de los "Argumentos" de los lienzos que conforman esta fábrica alegórica.

    José Pascual Buxó, en un ensayo memorable, al hablar de la dedicatoria que la monja ofrenda al nuevo gobernante asegura: "[...] en ella Sor Juana se mostró particularmente conocedora de las tradiciones emblemáticas y perspicaz teórica de este género icónico-verbal" (Pascual Buxó, "Francisco Cervantes..." 135). El destacado crítico destaca y deslinda a la perfección la diferencia que en la jerónima supone un sistema de representación analógica mediante la "similitud" (132) y no "la perfecta imagen" para representar "cosas que carecían de toda forma visible" (133), de ahí la necesidad de buscar jeroglíficos que les otorguen este sentido traslaticio simbólico. Es bien sabido que eran los mitos griegos y sobre todo los referidos a la alta jerarquía de dioses los que se ajustaban a la excelsitud del príncipe. Para los súbditos la magnificación no era trivial ni mucho menos, pues el gran señor en la realidad inmediata, como dice un poeta que escribe una curiosa relación en verso a la llegada del mismo virrey, el Marqués de la Laguna: "se echaba de ver/ que al Rey en el cuerpo traía" (Ramírez Santibáñez 4). El virrey es en sentido estricto un trasunto real del soberano católico, un signo viviente, una representación fidedigna del Señor de la cristiandad hispana. Es por ello que, como asienta Pascual Buxó, la poeta elige a Neptuno como "analogía proporcional" del virrey: "[...] al cual no es posible representar al vivo, pues su misma naturaleza, esto es, la extrema perfección a él atribuida, excede toda posibilidad de mimesis cabal" ("Francisco Cervantes..." 134).

Georgina Sabat-Rivers nos dice del Arco: "Consta de tres partes, dos en prosa y una en verso: 'Dedicatoria' (parte I) de Sor Juana al virrey, 'Razón de la fábrica' (parte II) y 'Exposición del arco' (parte III) [...]" (Sabat-Rivers 251). Sor Juana, al inicio de la "Razón de la Fábrica alegórica y aplicación de la fábula" expone ciertos principios de composición poética que, no por ser lugares comunes en la retórica de la época, dejan de ser interesantes ya que no encontramos postulados de este tipo en otras de sus obras. En la *Respuesta a Sor Filotea de la Cruz* defiende las ciencias profanas como saberes previos e indispensables, "ancilas" para llegar a la "Reina de las Ciencias" o sea la Sagrada Teología y expresa: "¿Cómo sin Retórica entendería sus figuras, tropos y locuciones?" (Cruz 447) Creo que ésta es la única aplicación explícita que la jerónima hace de la importancia de las figuras y de los cánones retóricos en la composición literaria.

Al inicio de esta segunda parte del *Neptuno*, Sor Juana expone la concordancia que debe existir entre el asunto a tratar y el estilo en el que debe ser plasmado. Asegura y coincide con Plutarco en que "las hazañas ilustres piden discursos ilustres" (Cruz, *Neptuno...* 369), o sea que los asuntos elevados demandan un discurso elevado. También recurre a la falsa modestia, simulación tan socorrida en la época, por medio de la cual recalca que la elección para crear el arco recae en la "blandura inculta de una mujer" (Cruz, *Neptuno...* 370). A continuación la escritora anuncia su propósito de ceñirse a los cánones de un programa temático en el que: "...quiso el discurso no salir del método tan aprobado de elegir idea en que delinear las proezas del héroe que se celebra, o ya porque las sombras de lo fingido campean más las luces de lo verdadero"(Cruz, *Neptuno...* 370-371). Pensamos que con lo anterior Sor Juana se ajusta al sentido de idea como modelo, como asienta Cobarruvias

> "Dixose idea [...] porque el que ha de hazer alguna cosa imitando el original, modelo o patrón, le es forçoso tenerle delante [...] (726). Asimismo, lo "fingido" es lo imaginado, la ficción, lo que no es verdadero, pero que lo contrahace de forma verosímil, es la mimesis o imitación de la que habla José Pascual Buxó, y que excede a la realidad; así, el dechado verdadero de virtudes políticas cristianas, el príncipe, sólo puede ser representado por un modelo alegórico. Es por ello que la autora manifiesta: "Ésta tan decorosa invención me obligó a discurrir entre los héroes que celebra la Antigüedad las proezas que más combinación tuviesen con las claras virtudes del excelentísimo señor marqués de la Laguna" (Cruz, *Neptuno...* 371). Cuando la monja habla de "invención" le otorga al término la aplicación de la retórica tradicional: "...búsqueda y hallazgo de los argumentos adecuados para hacer plausible una tesis" (Mortara Garavelli 67).

La jerónima establece, asimismo, cómo se abocó a buscar entre los héroes de la Antigüedad el que se ajustara en la "combinación" de sus proezas a la grandeza del nuevo gobernante. Este afán de lograr el sentido acomodaticio entre los personajes de la gentilidad y los referentes reales, los egregios señores, significaba siempre una destreza de índole erudita e imaginativa entre los creadores de los Arcos, pues suponía elaborar la recreación: "...de un asunto mitológico, concretamente de las hazañas y virtudes de algún héroe y hacerlas coincidir –mediante libérrimas y arbitrarias asociaciones– con las del virrey homenajeado" (Pascual Buxó, *Arco y certamen* 44). De esta apreciación deseo resaltar "libérrimas y arbitrarias asociaciones". Sor Juana de seguro estaba consciente del artificio artístico que presuponía agotar las fábulas para adecuarlas a la persona del virrey y así recrear una cauda de analogías en las que siempre el personaje del asunto mítico-literario palideciera ante el poderoso. Acorde con este principio de composición la jerónima declara que le "...fue preciso al discurso dar ensanchas en lo fabuloso a lo que no se hallaba en lo ejecutado" (Cruz, *Neptuno*... 371). La perfecta cortesana que es la monja quien ya desde la ejecución de la "fábrica" pretende buscar el favor y la protección de los virreyes, aplica el principio de composición en que la naturaleza se queda corta ante la magnificencia del gobernante, e incluso a la propia literatura se le debe hiperbolizar para que el virrey sea representado y reinterpretado. De tales elogios sin ambages, como señalábamos, lo más rescatable son estas consideraciones teóricas muy bien insertadas en las alabanzas. La jerónima expresa que el propio discurso y la riqueza de los mitos y las fábulas se quedan cortos: "...porque a lo que no cabía en los límites naturales se le diese toda la latitud de lo imaginado, en cuya inmensa capacidad aun se estrechan las glorias de tan heroico príncipe" (Cruz, Acorde con este principio de composición la jerónima declara que le "...fue preciso al discurso dan ensanchas en lo fabuloso a lo que no se hallaba en lo ejecutado" (Cruz, *Neptuno*... 372). Como corolario de estos postulados, la poeta declara que "esta manera de escribir está tan aprobada por el uso" (Cruz, *Neptuno*... 372) y agrega que también en las divinas letras es común el uso "de metáforas y de apólogos" (Cruz, *Neptuno*... 372) es decir, de tropos. No contenta con las consideraciones anteriores, Sor Juana concluye con la aseveración siguiente: "...y los que llamó dioses la gentilidad, fueron realmente príncipes excelentes a quienes por sus raras virtudes atribuyen divinidad o por haber sido inventores de las cosas..." (Cruz, *Neptuno*... 372). Con esta afirmación no sólo confiere al virrey, al igual que lo hace Ramírez Santibáñez, la jerarquía de pertenecer a una línea divina no sólo por su linaje, sino por ser la personificación del monarca elegido por Dios. Aunado a esto, designa la alegoría a la perfección, lo cual señala Fernando R. De la Flor con estas palabras magistrales, cuando alude a los juicios de Octavio Paz sobre el *Neptuno alegórico*:

> La capacidad poética del lenguaje, tal y como se ve explotada en el repertorio de Picinelli, sirve pues para penetrar en la 'selva' del mundo, concediendo la categoría de símbolo de carácter jeroglífico, por su cierta resistencia a la Interpretación, a todo cuanto encuentra a su paso, y llegando a trazar así su camino estableciendo la densa trama de un sentido universal mitopoético, donde se adivina la huella teúrgica. (Rodríguez de la Flor 238-240).

En el remoto ciclo de los tiempos, los hombres convierten en dioses a los héroes que poseen virtudes excepcionales, "raras", y no sólo eso, sino porque también cumplieron el designio de ser "inventores de las cosas". Sor Juana con esa escueta frase enlaza, como veremos, lo extraordinario del príncipe con su concepción fundacional de la procedencia de la cultura cifrada en la diosa Isis y en el antiguo Egipto.

Egipto y la diosa Isis, el jeroglífico de los orígenes

La presencia de Egipto en la obra de Sor Juana no es un tópico nuevo; aquí quisiera solamente ampliarlo e incluir y comentar la presencia y fascinación literaria que ejercen sobre la monja algunos autores y fuentes culturales a las que sí acudió directamente y que no sólo "consultaba las compilaciones y tratados de alta divulgación como los de Vitoria...o de Juan Pérez de Moya" (Paz 213-214). Es claro que no todas sus referencias son de primera mano, pero es indudable que sí leyó con gran delectación a algunos autores clásicos que además de estar presentes en la biblioteca de una lectora avezada e insaciable como lo fue ella, denotan, por lo detenido, importante y gustoso de sus comentarios, que sí acudió a ellos, como sucede con Plutarco, Platón, Apuleyo y Herodoto, entre otros. En cuanto a los mitólogos, sí coincido con Paz en que la monja se basa esencialmente en Pérez de Moya, en Vitoria y en Valeriano y en los demás que tan bien estudia el nobel mexicano. Todo esto sin olvidar el seguimiento que tuvo de la obra de Kircher con la cual estableceremos algunas analogías que consideramos interesantes. Asimismo, no olvidemos el influjo importantísimo en ella del hermetismo y el neoplatonismo en el que se detienen el propio Paz y José Pascual Buxó (cfr. Pascual Buxó, *Sor Juana Inés de la Cruz* 181-203).

La dedicatoria que la escritora le ofrece al Marqués de la Laguna se inicia con una referencia explícita a la Antigüedad, en la que privilegia a los egipcios cuando dice de ellos que adoraban a sus dioses "debajo de diferentes hieroglíficos y formas varias" (Cruz, *Neptuno...* 365). En cuanto a la concepción que la monja tenía de los jeroglíficos, Pascual Buxó dice acertadamente:

> Todos los comentaristas de los Emblemata vincularon la invención de Alciato con los jeroglíficos egipcios, interpretados por ellos como si se tratara únicamente de formas ideográficas usadas por los antiguos sacerdotes con el fin de preservar los secretos divinos del mal uso que el vulgo podría hacer de ellos. Esta parcial interpretación de los jeroglíficos egipcios –que olvidaba ciertamente su carácter de transcripciones fonéticas hechas por medio de representaciones de animales o partes de animales cuyos nombres contenían algunos sonidos semejantes a los de la palabra correspondiente a la noción que se quería evocar– concedió un valor simbólico cuasi absoluto a ciertas imágenes provenientes del mundo natural [...] (Pascual Buxó, "Francisco Cervantes..." 129-130).

Paz coincide con Pascual Buxó en cuanto a la forma de representación de la realidad cuando el primero expresa:

> Entre los atributos de la realidad estaba el ser simbólica. El hecho de que los jeroglíficos egipcios fuesen indescifrables, les daba un estatuto ontológico distinto al mero signo lingüístico. Además, por el hecho de ser egipcios, los jeroglíficos eran una suerte de materialización de la sabiduría original [...] (Paz 221).

A propósito de estas palabras del ensayista, es importante recordar la semejanza que tienen con las de la propia Sor Juana en el *Primero sueño* cuando al hablar de esas maravillas del mundo antiguo, asevera: "las Pirámides fueron materiales/ tipos solos, señales exteriores/ de las que, dimensiones interiores,/ especies son del Alma intencionales [...]" (vv. 400-404). Es decir, en pocas palabras está cifrando el sentido de la creación, en un código de representación en el que la forma exterior de una obra material representa una concepción interior del mundo. Los jeroglíficos egipcios inscritos en: "Las pirámides dos, ostentaciones/ de Menfis vano y de la Arquitectura/ último esmero .../ (vv. 340-342) equivalen en su representación simbólica y en su significación a los emblemas que designan todo un universo de equivalencias analógicas, no sólo entre el virrey y el personaje mitológico, sino entre dos tiempos culturales, estéticos e históricos. Esto denota una concepción en la que el gobernante es divinizado no sólo ficticiamente sino designado en emblemas que constituyen una elocuente y exuberante construcción dedicada a divinizar las grandezas del Poder. En escala proporcional el Arco es una pirámide en la que se inscriben los signos rituales de la autoridad política legitimada plenamente por la autoridad religiosa y por la validez ritual traslaticia de los mitos.

Paz subraya una de las grandes y recurrentes presencias temáticas de la escritora novohispana:

> Destaco, en primer lugar, la coloración "egipcia" de sus lecturas y aficiones intelectuales [...] La palabra Egipto figura 31 veces y los nombres de personajes, ciudades, ríos y ciudades egipcios otras 51 veces. Este cálculo no cuenta los sinónimos y los adjetivos (gitano, faraónico, egipcio, etc.) ni las menciones de monumentos, objetos y temas de cultura (pirámides, oráculos, jeroglíficos (Paz 236).

Primero Sueño y la obra que nos ocupa son escritos en los que predomina una preocupación recurrente por lo egipcio que trasciende lo meramente temático para convertirse en un eje de composición literaria, de representación alegórica y de búsqueda del origen fundacional de la cultura occidental. En lo referente a la inspiración literaria, es claro que la jerónima toma en cuenta a una serie de autores antiguos, renacentistas y contemporáneos que otorgan a la cultura egipcia una relevancia fundacional y que le confieren el valor simbólico que posee como principio de la religión, los misterios y los mitos de origen. Considero que la escritora establece una intertextualidad con algunos autores de la Antigüedad. Me detendré en algunos de ellos, sobre todo en Herodoto, en Plutarco y en Apuleyo, sin dejar de lado a Atanasio Kircher que fue esencial en la valoración del antiguo Egipto como fuente original de civilización. El motivo que rastreo en ellos es el tema fascinante, poético y pleno de sugerencias ambiguas que reviste la diosa Isis, a la que sabemos, sor Juana confiere una múltiple carga de significados y protagonismos.

Herodoto en *Los nueve libros de la Historia* dedica el segundo, "Euterpe", a la cultura egipcia. Paz expresa: "La Antigüedad grecorromana vivió siempre fascinada por Egipto desde Herodoto" (222). El gran historiador viajero constata de manera directa y vivencial todo lo que observa en la tierra del Nilo, empezando por una minuciosa descripción de la geografía y de la naturaleza del terreno del país. En la introducción a su edición de Herodoto, Edmundo O'Gorman manifiesta:

> La palabra historia, del dialecto jonio, significó originalmente inquisición que realizaba un perito para establecer la verdad en una disputa. Más tarde se aplicó a la investigación empírica de los fenómenos naturales, y en Herodoto conserva ese sentido, sólo que aplicado a la averiguación de los sucesos humanos. (Tomado de Herodoto, XVIII).

Su poderoso sentido crítico de observación y su expresiva primera persona le confiere gran fuerza narrativa a sus testimonios. El historiador del siglo V a.C. demuestra a lo largo de su libro segundo una admiración palpable hacia los egipcios. Un aspecto que constantemente se evidencia en su texto como tesis argumentativa es postular a este pueblo como el primero de la humanidad. El país parece totalmente singular, diferente a los demás y las construcciones egipcias le parecen pasmosas, al igual que a la monja novohispana, lo cual lo hace exclamar con admiración: "...es entre todos maravilloso, y por presentar mayor número de monumentos que algún otro, superiores al más alto encarecimiento" (Herodoto 71).

Como pueblo seminal de civilización los egipcios fueron los primeros en la tierra "que inventaron la descripción del año" (Herodoto 62) y "además de otras invenciones, enseñaron varios puntos de astrología" (Herodoto 83). Su preponderancia reside también en la medicina: "cada enfermedad tiene su médico aparte" (Herodoto 83). No obstante, el mayor reconocimiento lo plantea Herodoto en el carácter profundamente religioso de este pueblo: "Decían asimismo que su nación introdujo los nombres de los doce dioses que de ellos tomaron los griegos; la primera en repartir a las divinidades sus aras, sus estatuas y sus templos" (Herodoto 62). Resalta que los egipcios "son sumamente ceremoniosos en lo sagrado" (Herodoto 79). Entre su panteón hay dos dioses "universalmente venerados, Isis y Osiris, el cual pretenden que sea el mismo Dionisos" (Herodoto 73). El pasaje que de él cita Sor Juana es el referente a las vacas como animal de culto de esta diosa madre. La poeta manifiesta: "Por eso le fueron las vacas a Isis agradable sacrificio. Herodoto, 'Libro 2', escribió: 'Que las vacas fueron sumamente sagradas a Isis entre los egipcios'" (Cruz, *Neptuno*... 379). El historiador expresa lo siguiente:

> A cualquiera es permitido allí el sacrificio de bueyes y terneros puros y legales mas a ninguno es lícito el de vacas o terneras, por ser dedicadas a Isis cuyo ídolo representa una mujer con astas de buey, del modo con que los griegos pintan a Ío; por lo cual es la vaca, con notable preferencia sobre los demás brutos, mirada por los egipcios con veneración singular. (72)

La presencia del historiador en el *Neptuno* se manifiesta en especial en la significación de Isis, la diosa a la que la escritora atribuye un protagonismo tan importante en el texto, entre otras acciones, por ser la madre de Neptuno y por su carácter andrógino, así como por ser la generadora de toda cultura entre los antiguos. Como mujer sabia tiene un lugar preponderante, y algo más importante aún para la monja: "Y fuélo en sumo grado, pues fue la inventora de las letras de los egipcios" (Cruz, *Neptuno*... 375). Como señala Octavio Paz cuando trata de ella y de sus múltiples denominaciones en los mitos de origen: "...todos esos nombres son maneras de llamar a la sabiduría" (Paz 229).

Uno de los autores antiguos que más menciona sor Juana dentro del *Neptuno alegórico* es Plutarco, como ejemplo de sapiencia retórica, pues con autoridad expresa que: "Las hazañas ilustres piden discursos ilustres" (369). No obstante, la intertextualidad que entre ambos se puede rastrear se debe al tratado que la monja resalta y del cual se puede encontrar una presencia constante y admirativa, nos referimos a *Sobre Isis y Osiris*. De este autor de lengua griega, perteneciente al período helenístico (siglos I y II d.C), afirma Manuel García Valdés:

> La visión de Dios y de sus misterios es un fin de esa filosofía religiosa tan relacionada con los cultos orientales que en esta época penetran en el mundo griego y romano. El mundo occidental absorbe en este momento las concepciones y la sabiduría de Oriente. Los cultos de Isis, de Zarpáis, de Mitra o de Cibeles proporcionan una fe personal y unas creencia y esperanzas en el más allá frente a la religión política oficial griega y romana. El tratado de Plutarco *Sobre Isis y Osiris* es un testimonio excelente de este conocimiento y creencia en los cultos orientales. (Plutarco 1987, p. 19).

Asimismo, Tarn y Griffith asientan: "De todas las religiones de Misterios que invadieron el mundo egeo, la más importante, con mucho, fue la egipcia" (Griffith y Tarn 262). La admiración que sor Juana siente hacia el escritor griego y el seguimiento que hace de su obra, creo que se cifra en dos aspectos: (1) en que este autor pertenece de lleno a la cultura clásica grecorromana, que como sabemos era junto con la sabiduría escrituraria la gran fuente de conocimientos en el Renacimiento y en el Barroco; y (2) en la inclusión que Plutarco hace del mundo egipcio.

Sobre Isis y Osiris nos da una larga epístola dirigida a Clea, sacerdotisa de la diosa. En una de las más importantes y seminales menciones que la poeta hace de Isis, expresa lo siguiente: "fue la norma de la sabiduría gitana. Un libro entero escribió Plutarco sobre este asunto" (375). Habla de cómo Platón, acorde con otros autores de la Antigüedad, le confiere la invención de la música y de todos los saberes esenciales para los hombres. La monja, cuando la nombra madre de Neptuno exclama con entusiasmo este compendio de la diosa-reina: "Finalmente, tuvo no sólo todas las partes de sabia, sino de la misma sabiduría que se ideó en ella" (376).

Plutarco, según las diferentes versiones que recopila, establece lo siguiente:

> Además, muchos han mantenido que Isis era hija de Hermes, y muchos que era hija de Prometeo. Unos considerando que Prometeo fue el inventor de la sabiduría y de la previsión, y otros que Hermes fue el que descubrió la gramática y la música. Por eso, también, en la ciudad de Hermes, llaman a Isis la primera de las Musas, al mismo tiempo que Justicia, puesto que ella es sabia como queda dicho [...] (Plutarco 47).

En cuanto a la sabiduría referida a los asuntos divinos, al igual que Sor Juana, este escritor se refiere constantemente a las autoridades antiguas que han hablado de esta diosa seminal. Entre otros menciona a: "[...] los más sabios de los griegos, Solón, Tales, Platón, Eudoxo, Pitágoras [...] fueron a Egipto y se relacionaron con los dioses" (Plutarco 54). De la misma manera que la monja asevera que los dioses fueron hombres que por sus excepcionales virtudes alcanzaron categoría de deidades, (Cruz, *Neptuno...* 372) Plutarco expresa: "[...] se recuerdan los hechos maravillosos y experiencias de reyes y tiranos que, por su eminente virtud o poder, reclamaron la dignidad de divinidad [...]" (66).

Como diosa nutricia Sor Juana asienta: "Macrobio afirma no ser sino la Tierra o la Naturaleza de las cosas" (*Neptuno...* 381). Plutarco establece: "Homero como Tales, aprendieron de los egipcios a considerar el agua como principio y origen de todas las cosas; pues según ellos Océano es Osiris y Tetis Isis, ya que como una nodriza nutre y cuida a la vez todo" (79). La monja dice de ella que: "...halló el trigo y modo de su beneficio para el sustento de los hombres" (*Neptuno...* 376). Para concluir con este paralelismo entre los dos autores, sólo quisiera aludir a la imagen de la vaca tan socorrida por la monja, como representación de la sabiduría misma (cfr. 379). Plutarco relata de manera hermosa este rito que coincide con la identidad de la diosa: "Entonces los sacerdotes, entre otras ceremonias fúnebres, envuelven la imagen dorada de una vaca con un manto negro de lino y la exponen como luto de la diosa (pues consideran la vaca como una imagen de Isis y de la tierra)" (85). Por la gran cantidad de coincidencias tópicas entre Plutarco y Sor Juana, por el interés enorme que la obra tiene y por la pasión que la jerónima sentía por la cultura egipcia considero que conoció este tratado de manera directa y no sólo por medio de los mitólogos, como cree el gran poeta y ensayista mexicano, pues reitero, son muchas las coincidencias entre ella y Plutarco, y a ningún otro autor menciona de forma tan frecuente como a este griego del siglo II d.C.

Por otra parte, uno de los autores latinos más importantes para el desarrollo de la novela en Occidente es Lucio Apuleyo, quien vive en el siglo segundo de la era cristiana. De él sabemos que fue sujeto a un proceso legal: "La acusación se centraba en lo licencioso de algunas obras poéticas de Apuleyo y, sobre todo, en el uso y la práctica de las artes mágicas..." (José María Royo, tomado de Apuleyo 14). Al referirse a él, Octavio Paz comenta: "A la religión de

Isis debemos una de las novelas más hermosas de nuestra civilización –*Las metamorfosis*– y el ensayo de Plutarco sobre Isis y Osiris" (Paz 222). La gran narración de aventuras del autor latino es tal vez más conocida como *El asno de oro*, debido a que al héroe, Lucio, al ser iniciado en la magia es convertido en asno, aunque nunca pierde su espíritu humano. Después de un sin fin de viajes y peripecias en las que conoce a profundidad los contrastes de la naturaleza humana, Sor Juana manifiesta: "Apuleyo la llama Rhea, Venus, Diana, Bellona, Ceres, Iuno, Proserpina, Hécate y Ramneria" (*Neptuno*... 381). El último capítulo de la obra de Apuleyo narra el desenlace y la feliz conversión de asno en hombre que vive Lucio, el protagonista, gracias a la intervención de la diosa Isis. La descripción que de ella hace el narrador es verdaderamente espectacular:

> Cubría la perfección de su cuerpo una túnica multicolor tejida de suave –lino de luminosa blancura– que tornasoleaba del dorado del azafrán al inflamado rojo de la rosa [...] A lo largo de su textura llevaba estrellas que tintineaban dispersas, y en medio mismo, una luna llena refulgía con encendidos rayos, lo que no impedía que en el vuelo de tan elegante manto resaltara el bordado de una guirnalda tejida con toda clase de flores y frutos [...] Sus pies de ambrosía calzaban unas sandalias tejidas con hojas de palmeras [...] Aquí me tienes Lucio, conmovida por tus súplicas como madre de la naturaleza que soy [...] Etíopes y Egipcios –de tan antigua ciencia– son los que me rinden el culto que me es propio y me llaman por mi verdadero nombre de Isis. (Apuleyo 274-275)

Estas últimas palabras las expresa Isis después de registrar todos los nombres a los que hace alusión Sor Juana, propios de la cultura griega. No podemos aventurar si la monja leyó directamente a Apuleyo; por ser considerado un libro no sólo profano sino licencioso, probablemente no tuvo acceso a él y, como dice Paz, en este caso conoció las referencias a Isis por medio de los eruditos mitólogos. Si lo leyó directamente –lo cual es improbable por la razón aludida– seguramente gozó la calidad literaria que lo recorre; si no, seguramente conocía muy bien su argumento y el triunfo de la madre de los dioses quien no sólo confería bienes nutricios a los mortales, sino que en el caso de Lucio, le otorgó de nuevo su digna identidad humana.

Joscelyn Godwin, en su memorable libro *Athanasius Kircher. La búsqueda del saber de la antigüedad* (1986), expresa lo siguiente: "El verdadero principio unificador que recorre todas las obras de Kircher es la obsesión por llegar a los orígenes" (33). Vemos que esta búsqueda la plantea Sor Juana en el *Neptuno alegórico* sobre todo en lo que se refiere al principio primordial de los dioses, a sus mitos y leyendas y a la cultura y civilización creada por ellos. En ambos autores del XVII los temas egipcios resaltan con singular importancia y ambos estaban profundamente interesados en el hermetismo. Godwin expresa: "[...] y la egiptología, aunque uno de sus muchos intereses, fue el más constante y dio lugar a su obra más grande: el Oedipus Aegyptiacus" (92). También cita estas palabras del sabio alemán: "La sabiduría de los egipcios no consistió en otra cosa que en esto: el representar la ciencia de la Divinidad y la Naturaleza bajo diversas fábulas y cuentos alegóricos de animales y otras cosas naturales" (Kircher, tomado de Godwin 92). Como sabemos a esto se aboca Sor Juana al inicio del Arco, el cual se inicia con estas palabras: "Costumbre fue de la Antigüedad, y muy especialmente de los egipcios, adorar sus deidades debajo de diferentes hieroglíficos y formas varias" (365).

Del preponderante tópico de Isis, quisiera solamente citar algunos de los nombres y las atribuciones que Kircher le otorga, según Apuleyo:

C El poder de la Luna sobre hierbas y plantas.
D Símblo de Ceres, ya que Isis descubrió los cereales.
E Vestidura multicolor de algodón, que indica el rostro cambiante de la Luna
F Descubrimiento del trigo.
G Dominio sobre la vegetación.
H Rayos lunares.
N Dominio sobre los humores y el mar.
O Símbolo de la Tierra e inventora de la medicina.
P Fertilidad producida por la irrigación del suelo.
Q Señora de las estrellas,
R Nodriza de todas las cosas.
S Señora de la tierra y de los mares. (Godwin 95)

Es bien sabido que la monja conocía y admiraba al jesuita alemán y no es extraño encontrar estas coincidencias entre los dos, en especial en lo que se refiere a la fascinación que sentían por lo egipcio. Considero, sin embargo, que lo que sí es muy significativo, es la coincidencia de fuentes, así como el propósito de ambos de remontarse a los orígenes y de establecer la validez de una cultura histórica universal basada en la correspondencia de las más diversas disciplinas que recorren desde las ciencias en el *Primero sueño* hasta la poética del mito.

SOR JUANA NARRADORA DE HISTORIAS

El *Neptuno alegórico* es sin duda una de las obras de la monja cuya lectura es más difícil. Como bien dice Georgina Sabat-Rivers, es "su escrito más barroco" y "su extraordinaria capacidad sí supo 'leer' a los famosos escritores anteriores a ella. No sólo la devoraba el deseo de saber 'cosas nuevas, extrañas, admirables y diversas' sino que había llegado a inquirir sus causas" (Sabat-Rivers 260). Georgina en este espléndido estudio ofrece a los lectores los argumentos de cada uno de los ocho lienzos que componían la "fábrica". Yo quisiera detenerme en algunos de ellos para comentar la manera en que la monja narra las historias representadas.

La monja, después de la dedicatoria al conde de Paredes, Marqués de la Laguna, escribe lo siguiente: "Razón de la fábrica alegórica y aplicación de la fábula" (369). Creo que la poeta aplica el sentido que Pinciano le otorga a esta palabra en su Filosofía Antigua Poética:

> Hay tres maneras de fábulas: unas, que todas son ficción pura, de manera que fundamento y fábrica todo es imaginación [...]; otras hay que sobre una mentira y ficción fundan una verdad [...] otras hay que sobre una verdad fabrican mil ficciones... las cuales siempre o casi siempre, se fundan en alguna historia, mas de forma que la historia es poca en respecto y comparación de la fábula [...] (Pinciano, tomado de Checa 33)

Creemos que Sor Juana se ubica en las dos últimas definiciones dadas por el teórico del siglo XVI. Mentira y ficción son tal vez los mitos, pero ya han adquirido validez de verdad poética y cultural universal. En la tercera acepción de fábula se habla de "verdad", y agrega Pinciano que son las "trágicas o épicas", es decir, las que se basan en un suceso que supuestamente ocurrió, pero en el que el tratamiento de ficción sobrepasa a la propia historia original. Es innegable que la poeta quiere recrear las historias de cada uno de los lienzos, siguiendo asimismo el principio de composición de Pinciano cuando éste habla de que en las fábulas hay "argumento y episodio" (34).

Un aspecto del Neptuno que quiero resaltar es, precisamente la habilidad que tiene la monja para relatar las historias míticas y poéticas representadas en los lienzos; ella sabe muy bien, como lo sabe también el lector, que las narraciones se inspiran en los abundantes autores que, en ocasiones, y por la profusión de referencias eruditas, indigestan la secuencia de la "fábula". No obstante, considero que las citas en latín cumplen con una doble función: por un lado, constatan la sujeción de la escritora a las más altas autoridades literarias, mitográficas e históricas, y por otro, dentro de la secuencia de su narración refuerzan el poder funcional de la ficción relatada.

Para ejemplificar lo anterior quisiera detenerme en algunos de los lienzos y en su forma de desarrollar la "fábula." Sor Juana se detiene en el primer lienzo, cuya narración es tal vez la más prolija de entre todos los cuadros emblemáticos. La importancia visual y verbal que le otorga la escritora es deslumbrante. Aparecen Neptuno y su esposa Anfitrite, que por supuesto son un trasunto estético de los virreyes. Antes de describir el lienzo, la poeta declara: "Ya queda ajustada la grande similitud y conexión que hay entre nuestro excelentísimo príncipe y el padre y monarca de las aguas, Neptuno" (394). En los rostros de los dioses se representaron los de los gobernantes, quedándose cortos los pinceles sobre todo al reproducir a la virreina: "haciendo agravios en su copia, aunque siempre hermosos por sombras de sus luces, groseros por atrevidos y cortos por desiguales" (395). Sor Juana aplica el principio del defecto que va de lo vivo a lo pintado. Sin embargo, después de este desmesurado elogio a la persona de los señores, su descripción se dedica a establecer un cuadro de bella suntuosidad. El carro donde aparecen las deidades –virreyes– es jalado por hermosos caballos marinos. La escritora se centra en la magnificencia de la escena, lo cual no es gratuito, pues es una traslación del lujo palaciego y de la grandeza que ostentará la corte de los poderosos. Surgen los cuatro vientos que señalan también los puntos cardinales. Veamos una de sus relaciones: "A la occidental adornaba el galán Céfiro, mancebo gallardo, coronado de flores, vertiendo aromas y primaveras del oloroso seno" (Cruz, *Neptuno...* 397). La presencia del viento del poniente es importante, pues con él se cierra la descripción de la escena, que como señalábamos, se cifra en la pintura de los gobernantes y los motivos ornamentales que los circundan.

En el cuarto lienzo no se describe la importancia escenográfica que acapara la atención del primero; aquí la escritora se solaza al referirnos una "fábula" sustanciosa. Sus dotes de narradora se patentizan en un cuadro épico: "Eran los sangrientos combatientes griegos y troyanos; que éstos, ya desfallecidos se retiraban, y aquéllos, más ardientes con la cercanía de la victoria, los seguían (que la próxima posesión de la victoria pone espuelas aun en el ánimo más remiso) (403). Neptuno, nos relata la escritora, favorece a los troyanos a pesar de la ingratitud que éstos le habían mostrado. Eneas hubiera perecido, pues "...casi cedía rendido al hijo de Tetis si (como dice Virgilio) no le librara de su furia Neptuno, siempre apostando piedades a las ingratitudes de Troya..." (405). Después de la narración de esta historia, la poeta, en sentido traslaticio, conduce la fábula el referente real, señalando la piedad como una de las grandes virtudes de un gobernante, y la cual, naturalmente posee el virrey.

La referencia al cuarto lienzo sólo fue una muestra de las dotes que Sor Juana posee como narradora de historias, y que se pueden constatar en otros lienzos, por ejemplo, en el séptimo en el que describe la competencia entre Neptuno y Minerva, y que no se ha valorado lo suficiente. Esta es mi última consideración acerca de este escrito de Sor Juana, que tan bien leyó Georgina Sabat-Rivers y que expresa: "No sólo dominó las formas sino que penetró de modo inteligente en el estilo, imágenes y alegorías para lograr lo que quería: imponerse como mujer superior y erudita" (Sabat-Rivers 260). Con estas palabras la investigadora rinde pleno homenaje a Sor Juana y a la magna y emblemática construcción barroca que es el *Neptuno alegórico*.

OBRAS CITADAS

Apuleyo, Lucio. *El asno de oro*. Ed. de José María Arroyo. Madrid: Cátedra, 1990.
Checa, Jorge. *Barroco Esencial*. Madrid: Editorial Taurus, 1992.
Cobarruvias, Sebastián. *Tesoro de la lengua castellana o española*. Madrid: Ediciones Turner, 1979.
Cruz, Sor Juana Inés de la. "El sueño." *Obras Completas*. Tomo I. Ed. Alfonso Méndez Plancarte. México: Fondo de Cultura Económica, 1951. 335-359.
_____ "Neptuno alegórico, simulacro poético que erigió la muy esclarecida, sacra y augusta iglesia metropolitana de México, en las lucidas alegóricas ideas de un arco triunfal que consagró obsequiosa y dedicó amante a la feliz entrada del excelentísimo señor don Tomás, Antonio, Lorenzo, Manuel de la Cerda, Manrique de Lara, Enríquez, Afán de Ribera, Portocarrero y Cárdenas, conde de Paredes, marqués de la Laguna, de la orden de la Moraleja, del Consejo y Cámara de Indias y Junta de Guerra, virrey, gobernador y capitán general de la Nueva España, y presidente de la Real Audiencia que en ella reside..." *Inundación Castálida*. Madrid: Editorial Castalia, 1982, 365-447.
_____ "Respuesta a sor Filotea." *Obras completas*. Tomo IV. Ed. Alberto G. Salceda. México: Fondo de Cultura Económica, 1957. 440-475.
Godwin, Joscelyn. *Athanasius Kircher: La búsqueda del saber de la antigüedad*. Madrid: Editorial Swan, 1986.
Griffith, G. T. y W. Tarn. *La civilización helenística*. México: Fondo de Cultura Económica, 1969.
Herodoto. *Los nueve libros de la Historia*. Estudio Introductorio de Edmundo O'Gorman. México: Editorial Porrúa, 1997.
Mortara Garavelli, Bice. *Manual de retórica*. Madrid: Editorial Cátedra, 1991.
Pascual Buxó, José. *Arco y certamen de la poesía mexicana colonial, (Siglo XVII)*. Xalapa: Universidad Veracruzana, 1959.
_____ "Francisco Cervantes de Salazar y Sor Juana Inés de la Cruz: El arte emblemático en la Nueva España." *El resplandor intelectual de las imágenes; Estudios de emblemática y literatura novohispana*. México: Universidad Nacional Autónoma de México, 2002. 117-143.
_____ *Sor Juana Inés de la Cruz: Amor y conocimiento*. México: UNAM, 1996.
Paz, Octavio. *Sor Juana Inés de la Cruz o las trampas de la fe*. México: Fondo de Cultura Económica, 1982.
Plutarco. "Sobre Isis y Osiris." *Obras morales y de costumbres*. Ed. Manuel García Valdés. Madrid: Ediciones Akal, 1987. 45-124.
Ramírez Santibáñez, Juan Antonio. *Pierica / Narración / De la Plausible Pompa/ con que entró en esta imperial, y No-/ bilissima Ciudad de Mexico,/ el Exmo. Señor/ Conde de Paredes, Marques/ De La laguna Virrey Governador* [...] *El dia 30 de Noviembre de este Año de 1680./ Que consagra Obsequioso/ Al Señor/ Don Luis Carrillo*. En Mexico, por Francisco Rodríguez Lupercio, Año de 1680.
Rodríguez de la Flor, Fernando. *Barroco: Representación e ideología en el mundo hispánico (1580-1680)*. Madrid: Ediciones Cátedra, 2002.
Sabat-Rivers, Georgina, "El Neptuno de Sor Juana: Fiesta Barroca y programa político" *En busca de Sor Juana*. México: Universidad Nacional Autónoma de México, 1998. 241-261.

FULGORES Y PENUMBRAS EN EL *SUEÑO* DE SOR JUANA

José Pascual Buxó
UNIVERSIDAD NACIONAL AUTÓNOMA DE MÉXICO

En su notorio y controvertido libro sobre Sor Juana, se preguntaba Octavio Paz en qué puede considerarse el *Primero sueño* como una imitación de las *Soledades* de Góngora (Paz 469). Lo es, respondía, "por sus latinismos, sus alusiones mitológicas y su vocabulario" y "por el uso reiterado del hipérbaton", pero entre ambos poemas "las diferencias son mayores y más profundas que las semejanzas" (Paz 469-470). ¿Y cuáles son y en qué residen tales diferencias? Decía Paz que Góngora es un "poeta sensual" que sobresale en la descripción de "cosas, figuras, seres y paisajes, mientras que las metáforas de Sor Juana *son más para ser pensadas que vistas*" (Paz 470, subrayado mío). Y añadía:

> El lenguaje de Góngora es estético, el de Sor Juana es intelectual... en Góngora triunfa la luz: todo, hasta la tiniebla, resplandece; en Sor Juana hay penumbra: prevalecen el blanco y el negro. En lugar de la profusión de objetos y formas de las *Soledades*, el mundo deshabitado de los espacios celestes...[1] La tentativa poética de Góngora consiste en substituir la realidad que vemos por otra ideal... La poetisa mexicana se propone describir una realidad que, por definición no es visible. Su tema es la experiencia de un mundo que está más allá de los sentidos. Góngora: transfiguración verbal de la realidad que perciben los sentidos; Sor Juana: discurso sobre una realidad vista no por los sentidos, sino por el alma. (Paz 470)

Examinemos, brevemente, las radicales aunque sugestivas afirmaciones de Paz con el fin de precisar en qué pueda consistir la originalidad del poema sorjuaniano y cuál sea la naturaleza de su relación con el texto gongorino. En primer lugar conviene tener en cuenta que las diferencias u oposiciones señaladas por Paz entre el *Sueño* y las *Soledades* responden a una decisión exegética preestablecida: persuadirnos de la modernidad del poema de Sor Juana, que sólo continúa la tradición de la poesía hispano barroca en sus aspectos estilísticos y en sus paradigmas mitológicos, pero que se apartaría profundamente de esa tradición

---

[1] Se diría que Paz se dejó influir por la semejanza que él mismo postuló entre el *Sueño* y el *Coup de dés*. Para Sor Juana, los espacios celestes que el alma contempla en el espejo de la fantasía, no están vacíos, sino abarrotados de diversas "especies" o imágenes que exceden su entendimiento; reconoce pues haber sido "vencido/ no menos de la inmensa muchedumbre/ de tanta maquinosa pesadumbre/ de diversas especies, conglobado/ esférico compuesto..." como de las "cualidades" de cada uno de esos innumerables objetos. vv. 469-473.

culterana no sólo por la independencia de su talante intelectual (el *Primero sueño* se habría inspirado directamente en el hermetismo neoplatónico y en los "sueños de anábasis", más concretamente, en el *Iter extaticum coeleste* de Kircher), sino por el hecho de ser un texto precursor de la poesía moderna: "*Primero sueño* es una extraña[2] profecía del poema de Mallarmé *Un coup de dés n'abolira le hasard*, que cuenta también la solitaria aventura del espíritu durante un viaje por el infinito exterior e interior". Y añade: "el parecido es impresionante si se repara en que los dos viajes terminan en una caída: la visión se resuelve en no-visión" (Paz 470-471).[3]

Otra cosa que conviene aclarar es que Octavio Paz parece haber interpretado el término *imitación*, invocado por el primer editor en el epígrafe del *Sueño*, en el sentido restrictivo de seguimiento pacato de un modelo literario y no en el de *emulación*, esto es, de imitación "potenciada por el propósito de superar el modelo". En la *aemulatio*, el nuevo texto es el resultado de una tensión extrema entre el acatamiento formal de la obra que sirve como dechado –texto que debe ser reconocido por todos– y el prurito de originalidad, vale decir, de simultánea sujeción y apartamiento del texto modélico. Y a esto se refería el padre Calleja con galana discreción cuando afirmaba que si "el espíritu de don Luis es alabado, con tanta razón, de que a *dos asuntos tan poco extendidos de sucesos*, los adornase con tan copiosa elegancia de perífrasis y fantasías" (Calleja, s. f., subrayado mío), Sor Juana, que se redujo al "angostísimo cauce" de un sueño en que quiso "comprender todas las cosas de que el Universo se compone", desplegó sin embargo un "grande golfo de erudiciones, de sutilezas y elegancias: con que hubo por fuerza de salir profundo..." (Calleja, s. f.). Es verdad que por ocuparse de materias de suyo proclives al lucimiento poético –esto es, los tópicos de la poesía bucólica– "don Luis llevaba todas las ventajas" (Calleja, s. f), pero Sor Juana logró, ateniéndose justamente a aquellos preceptos de la poesía culterana, hacer que su *Sueño* se alzase a la misma altura de las *Soledades*. Imposible ser más claro: Sor Juana se atrevió a competir con Góngora y si no le venció –porque decir eso de la obra de una monja americana pudiera resultar escandaloso para muchos de los españoles de entonces– al menos nadie podría negar "que vuelan ambos [poemas] por una misma Esfera" (Calleja, s. f) o, dicho paladinamente, que ambos son de una misma calidad o condición.

Aclarado esto, será más fácil considerar las ideas de Paz en torno a ciertos extremos del *Primero sueño*, en particular, aquellas en que, a su juicio, se separa u opone radicalmente a las *Soledades*. En éstas, dice, "triunfa la luz: todo, hasta la tiniebla resplandece; en Sor Juana hay penumbra: prevalecen el blanco y el negro". Ciertamente, y ya lo notamos más arriba, el mundo de las "soledades", esto es, de los campos, bosques y riberas descritos por Góngora es de un nítido cromatismo y una suntuosa luminosidad, incluso el "farol de una cabaña" que sirve de guía al náufrago relumbra como el carbunclo en el nocturno "golfo de sombras". Pero para afirmar la absoluta falta de luz y de color en el *Sueño*, diríase que Octavio Paz se atuvo exclusivamente a los versos con que se inicia la descripción de la noche: aquella sombra piramidal que la tierra proyecta sobre la luna y no logra oscurecer las remotas estrellas, empaña sin embargo toda la atmósfera sublunar con espesas tinieblas; y no sólo prevalece la oscuridad, sino que también el silencio se apodera de la tierra ensombrecida; en ese "imperio" silencioso, sólo es posible percibir los pesados chillidos de algunas aves

---

[2] "Extraño" es un epíteto ambiguo que evidencia, al mismo tiempo, duda y asombro: la sorpresa del propio crítico ante su inesperada intuición reveladora.
[3] Insiste Paz en que "tampoco es una profecía de la poesía de la Ilustración, sino de la poesía moderna que gira en torno a esa paradoja que es el núcleo del poema: la revelación de la no-revelación" (500).

agoreras, extendido trasunto de aquel "infausto pájaro nocturno" (v. 800) que en la *Soledad primera* los amorcillos se encargan de ahuyentar para que su triste "gemido" no empañe la felicidad de los recién casados.

A esta síntesis elemental hay que añadir que Sor Juana describió la noche desde dos perspectivas complementarias: la astronómica o científica y la alegórica o moral. Por un lado, alude al aspecto natural del fenómeno nocturno y, por el otro, remite a ciertas figuras míticas que proporcionan los paradigmas culturales capaces de evidenciar –esto es, de hacer visibles– los aspectos pecaminosos y trasgresores de quienes aguardan a que todos los seres de la creación (peces, aves, brutos, los hombres mismos) se entreguen al reposo para abandonar las guaridas en que se ocultaron durante el día.[4] Así empieza el *Sueño*:

> Piramidal, funesta, de la tierra
> nacida sombra, al Cielo encaminaba
> de vanos obeliscos punta altiva
> escalar pretendiendo las estrellas;
> si bien sus luces bellas
> –exentas siempre, siempre rutilantes–
> la tenebrosa guerra
> que con negros vapores le intimaba
> la pavorosa sombra fugitiva
> burlaban tan distantes... (Cruz, OC, Tomo I, vv. 1-10)
> ...
> quedando sólo dueño
> del aire que empañaba
> con el aliento denso que exhalaba;
> y en la quietud contenta
> de imperio silencioso,
> sumisas solo voces consentía
> de las nocturnas aves,
> tan obscuras, tan graves,
> que aun el silencio no se interrumpía. (Cruz, OC, Tomo I, vv. 16-24)

Notemos que la emulación no siempre procede por medio del establecimiento de semejanzas estrictas con el modelo, sino de sutiles reminiscencias fundadas tanto en la oposición como en la desemejanza con determinados pasajes de los dechados literarios escogidos; así pues, Góngora –cuyo asunto central era el canto de la etapa juvenil del hombre en estrecha e inocente conjunción con la naturaleza– inicia la *Soledad primera* con la descripción, parca pero densamente alusiva, de la primavera en la que el Sol es representado por la constelación del Toro y éste, a su vez, por la metamorfosis de Zeus en el mito del rapto de la ninfa Europa:

> Era del año la estación florida
> En que el mentido robador de Europa

---

[4] En relación con los tópicos mitológicos, históricos y científicos acogidos por Sor Juana en su magno poema es imprescindible la consulta del puntual estudio de Georgina Sabat-Rivers, *El "Sueño" de Sor Juana Inés de la Cruz. Tradiciones literarias y originalidad*.

> (media luna las armas de su frente
> y el sol todo los rayos de su pelo),
> luciente honor del cielo,
> en campos de zafiro pace estrellas. (Góngora, *Soledad primera*, vv. 1-6)

Por su parte, Sor Juana da principio a la aventura intelectual del alma durante el sueño con una elaborada cronografía de la noche, tal como convenía a su asunto; y si Góngora apeló a la erudición astronómica y mitológica, también lo hizo Sor Juana, quien –al igual que el autor de las *Soledades* en el pasaje relativo a la representación de los vicios cortesanos– trazará, a partir del verso 26 de su poema, la pintura de tres figuras emblemáticas relativas a los delitos de quienes, ignominiosamente metamorfoseados en castigo de haber contravenido las leyes de la naturaleza y de los dioses, se avergüenzan de mostrarse a la luz del sol. En contraposición con el deslumbrante paisaje solar de la *Soledad primera*, Sor Juana aplicó al paisaje nocturno de su *Sueño* la técnica pictórica del claroscuro, que no significa la privación del color, sino el énfasis en la contraposición de la luz y las sombras.

En otro lugar traté el asunto con detenimiento;[5] aquí sólo cabe recordarlo con el propósito de confirmar que Sor Juana, lo mismo que Góngora, se atuvo a "la sabia y selecta erudición noticiosa", esto es, a la alusión o glosa de textos autorizados a partir de los cuales fundar la especificidad del nuevo texto. Por lo que hace al plano científico, la descripción que Sor Juana hace de la noche traslada a términos metafóricos las noticias de Plinio en su *Historia natural*: "Y no es otra cosa noche, sino sombra de Tierra. Es semejante su sombra a un trompico, pues que solamente toca la luna con la punta y no excede altitud de ella, y ansí ninguna estrella eclipsa del mismo modo... Encima de la Luna todo es puro y lleno de continúa luz..." (Plinio, I, 67). Por lo que toca al plano simbólico-moral, apeló a las aves que pululan en la noche, a saber, las lechuzas (evocadas por Nictimene, metamorfoseada por causa del incesto cometido con su padre), los murciélagos (representados por las hijas de Minias, castigadas por haberse negado a participar en las fiestas báquicas[6]) y los búhos (aludidos por el Ascálafo, mentiroso delator de Proserpina), todas ellas procedentes de las *Metamorfosis* de Ovidio, tanto como de los más conocidos repertorios mitológicos, en particular de ciertos emblemas o empresas en que tales figuras fueron utilizadas como prototipo de distintos vicios o pecados.[7] Y con el mismo presupuesto de la "erudición elegante" y la "ponderación misteriosa" con que Góngora se sirvió de diversos emblemas de Alciato para darle entidad visible a las nociones de adulación, ignorancia y amor propio, también Sor Juana se basó en ciertas figuras emblemáticas en tanto que "ideas metafóricas" del amor incestuoso, la impiedad o la delación; esto es, de aquellos seres cuyos delitos vergonzosos no les permite presentarse a la luz del día. Señalé en el trabajo mencionado el indudable influjo que sobre esos pasajes del *Sueño* ejercieron las *Empresas* XII ("Excaecat candor") y XIII ("Censurae Patent") de la *Idea de un príncipe político cristiano representado en cien empresas* (1640) de Diego Saavedra Fajardo.[8] La primera de esas Empresas:

---

[5] Consultar José Pascual Buxó, "Sor Juana Inés de la Cruz en el conocimiento de su *Sueño*", en *Sor Juana Inés de la Cruz: amor y conocimiento*.

[6] Tres Emblemas dedicó Alciato al murciélago o vespertilio, los números LX, LXI y LXII; en el epigrama de este último se lee que esa "ave que solo vuela al atardecer" simboliza, entre otras cosas, a los hombres "de mala fama que se esconden y temen el juicio ajeno".

[7] Decía Platón que "el que hubiera vivido bien, al llegar el tiempo conveniente, iría de nuevo a la morada del astro al que estaba ligado y tendría allí una vida feliz...", pero el que persistía en su maldad, "sería transformado en un animal, según la forma en que hubiera pecado, siempre en la semejanza de su vicio" (117). Cf. Platón, *Timeo*.

[8] Ver específicamente "El *Sueño* de Sor Juana: alegoría y modelo del mundo", también en *Sor Juana Inés de la Cruz: amor y conocimiento*.

tiene por cuerpo un Sol radiante que, al dirigir su luz sobre el hemisferio oriental de la Tierra hace que ésta proyecte hacia occidente un densa sombra en la que revolotean murciélagos, búhos y lechuzas. Por su parte, el "cuerpo" de la empresa XIII representa una pirámide sombría que, naciendo de la tierra, oscurece con su ápice la parte inferior de la Luna, pero no alcanza a opacar la luz de las estrellas. (Pascual Buxó 137)

En sus comentarios, declaró Saavedra Fajardo la intencionada "aplicación" moral de aquellas figuras:

> A los más profundo del pecho retiró la naturaleza el corazón humano y, porque, viéndose oculto y sin testigos, no obrase contra la razón, dejó dispuesto aquel nativo y natural color o aquella llama de sangre con que la vergüenza encendiese el rostro y le acusase, cuando se aparta de lo honesto. (Saavedra Fajardo, empresa 12)

De modo semejante, como sutil aplicación de tales figuras y de sus contenidos simbólicos, se entenderán cabalmente los versos en que Sor Juana describe, primero, la amenazadora sombra piramidal con que la materia terrestre, contrapuesta al Sol, parece deseosa de contaminar con sus "negros vapores" a las lucientes estrellas y, de inmediato, a los habitantes de esa zona tenebrosa: "la avergonzada Nictimene [que] acecha / en las sagradas puertas los resquicios... y sacrílega llega a los lucientes/ faroles sacros de perenne llama,/ que extingue, sino infama"; a las doncellas que "su casa/ campo vieron volver, sus telas hierba, a la deidad de Baco inobedientes", y al "parlero/ ministro de Plutón un tiempo, ahora/ supersticioso indicio al agorero" (Cruz, OC, tomo I, vv. 39-55).

Por todo ello, y por tantos otros ejemplos que podrían aducirse, resulta inexacto afirmar que "las metáforas de Sor Juana son más para ser pensadas que vistas" (Paz 470). Al contrario, la poetisa se esforzó con notable éxito por lograr que las realidades abstractas del pensamiento pudieran hacerse visibles y, así, les concedió el carácter de *pinturas alegóricas*, tan halagüeñas para los sentidos como incitantes para el entendimiento, por cuanto que, haciendo alusión a pasajes conocidos de la mitología y la emblemática, revelan al lector culto su definida sustancia conceptual. Cambiando la frase de Paz, podría decirse que las imágenes de Sor Juana no son bosquejos oscuros, en blanco y negro, sino que están iluminadas por una luz peculiar, la de la fantasía, de que luego nos haremos cargo. Pero conviene asentar primero lo que pensaba la propia Sor Juana acerca de ese carácter visual de las imágenes empleadas para la transmisión de nociones intelectuales, es decir, de la naturaleza y condición de esos íconos cargados de saberes antiguos y adecuados a la expresión de contenidos semánticos muy precisos. Busquemos la respuesta en la misma obra de la poetisa y apelemos para ello a la Loa para *El Divino narciso*. Allí, consumada la conquista militar, América y Occidente se muestran finalmente dispuestos a recibir las verdades de la Fe cristiana y desean, en particular, que se les dé una explicación plausible del misterio de la Eucaristía, que vendría a ser una prefiguración o semejanza del sacrificio azteca del Teocualo, esto es, del *Dios* [que] *es comido*. La Religión encuentra el modo más adecuado para de llevar a cabo esa difícil empresa:

> ... en *una idea
> metafórica, vestida
> de retóricos colores,*

José Pascual Buxó

>   *representable a tu vista*
>   *te la mostraré*; que ya
>   conozco que tú te inclinas
>   a objetos visibles más
>   que a lo que la Fe te avisa
>   por el oído; y así,
>   es preciso que te sirvas
>   de los ojos, para que
>   por ellos la Fe recibas.[9] (Cruz, OC, Tomo III, vv. 401-412; subrayado mío)

Claro está que el tema y propósito del *Primero sueño* son distintos, pero al igual que en las alegorías de los autos sacramentales, también en el poema las "introducidas / personas no son más que/ unos abstractos,[10] que *pintan lo que se intenta decir...*"(Cruz, OC, Tomo I, vv. 464-467; subrayado mío). Aceptemos, con Octavio Paz, que, al menos en parte, "la poetisa mexicana se propone describir una realidad que, por definición no es visible"; de ahí que tanto en el *Divino narciso* como en el magno poema filosófico, se haya valido de los "colores alegóricos" para que esas ideas fueran justamente "representables", vale decir, visibles, puesto que una de las más socorridas acepciones de *representación*, como registra el *Diccionario de Autoridades*, "se aplica asimismo a la figura, imagen o idea que sustituye las veces de la realidad". Y es precisamente ese propósito, a la par estético y cognoscitivo, de dar cuerpo o figura a los conceptos del entendimiento, lo que llevó a Sor Juana a representar esa "experiencia de un mundo que está más allá de los sentidos", pero no siempre ni necesariamente por medio de enunciados abstractos, sino –lo más frecuentemente– a través de "ideas representables vestidas de metafóricos colores", esto, objetivadas en figuras que, a un tiempo, se ofrecen a los ojos y al entendimiento o, para decirlo en palabras de la propia Sor Juana en otro pasaje del *El Divino narciso*: por medio de imágenes alegóricas que "pintan/ lo que se quiere decir" (Cruz, OC, Tomo I, vv. 466-467).

Dicho esto, ¿a qué ideas o creencias apeló Sor Juana para representar, cumpliendo con los preceptos de la verosimilitud, aquellas visiones del alma a lo largo de su trayecto onírico, no en blanco y negro, como quiere Paz, sino plenamente formadas y coloridas? Dicho de otro modo, ¿cómo dio sustento científico a la iluminación de las figuras y paisajes que desfilan ante los ojos intelectuales del alma en su recorrido por los reinos de la Naturaleza representados por los habitantes del agua, el aire y de los montes, y, luego, en su nítida exploración del mapa anatómico y las funciones fisiológicas del cuerpo humano, el crucial pasaje de las pirámides –que más que un "intermezzo" arqueológico, contiene la clave central el poema– y, después, la ascensión del alma a la cúspide de su poder intelectual y a la accidentada visión del universo creado, hasta la llegada del amanecer y el despertar, estos últimos ya iluminados por la luz natural del día?

Inmediatamente después de la descripción de la noche y sus figuras emblemáticas, sigue la sección que Méndez Plancarte denominó "El sueño del Cosmos": en ella se evoca el descanso a que se entregan los moradores de cada uno de los reinos naturales (marino,

---

[9] Recordaba oportunamente Méndez Plancarte que ese "servirse de los ojos, además del oído, es el principio de la 'educación audiovisual' u objetiva... Esta pedagogía inspiró todo el arte cristiano de proyección docente y popular, desde los frescos de las Catacumbas, los vitrales y pórticos de las Catedrales medievales... y –en lo dramático– los Misterios y Moralidades de la propia Edad Media, y nuestros Autos Sacramentales" (en Cruz, OC, Tomo III. Autos y Loas 510).
[10] "Abstracto. Voz filosófica. Es el que significa alguna forma con exclusión del sujeto" (*Diccionario de Autoridades*).

terrestre y aéreo, asimismo ilustrados con imágenes emblemáticas: Alcione, Acteón y el Águila, símbolo esta última de la Majestad siempre vigilante) y, especialmente, el reposo del hombre, a cuyo propósito emprende Sor Juana una breve digresión sobre el fenómeno onírico, visto desde la doble perspectiva fisiológica y mítico-emblemática, también con su correspondiente aplicación moral:

> así, pues, de profundo
> sueño dulce los miembros ocupados
> quedaron los sentidos
> del que ejercicio tiene ordinario...
> si privados no, al menos suspendidos
> del que ejercicio tienen ordinario,
> y cediendo al retrato del contrario
> de la vida que –lentamente armado–
> cobarde embiste y vence perezoso...
> desde el cayado humilde al cetro altivo,
> sin que haya distintivo
> que el sayal de la púrpura discierna...
> ...
> y con siempre igual vara
> (como en efecto, imagen poderosa
> de la muerte) Morfeo
> el sayal mide igual con el brocado. (vv. 166-191)

A partir de ahí, explica Sor Juana las causas naturales del sueño y, como resultado de éste, la posibilidad del alma de abandonar pasajeramente el gobierno corporal para concentrarse en su propia contemplación o, por mejor decir, en la contemplación de las imágenes ópticas por medio de las cuales adquiere forma la sustancia del pensamiento. Conviene recordar aquí, con André Chastel y Robert Klein, que una de las novedades capitales del Renacimiento, continuada e incrementada en el Barroco, "fue la tendencia a la 'ruptura de barreras' entre las disciplinas" (84), de suerte que para el humanismo, ciencia y técnica se fundían a su vez en al arte:

> El dibujo pretendía ser, tanto como la retórica, fuente de todo conocimiento. Las 'artes del pensamiento' tendían hacia un compendio de figuras, el instrumental mecánico se halla en su expansión... La situación de las ciencias de la naturaleza es especialmente interesante, en ellas se produce la *exigencia representativa*, es decir, en último término, del poder gráfico. (Chastel y Klein 86; subrayado mío.)

De esta actitud participan, por supuesto, Góngora y Sor Juana. La creación de las imágenes poéticas del *Sueño* no sólo se basa en el caudal literario e iconológico transmitido por la mitología clásica y la historia natural, sino también en los conocimientos científicos, ya fuesen heredados de la Antigüedad o resultado de los descubrimientos modernos. Todos los lectores de las *Soledades* recordarán el pasaje de la primera de ellas donde el "político serrano" –reconociendo en las ropas del joven peregrino las huella del naufragio– pronuncia un discurso, a la vez que erudito y lleno de implicaciones moralizantes: las navegaciones antiguas, no menos que las modernas llevadas a cabo por portugueses y españoles, son empresas regidas por la codicia insaciable, y ello da pie a una extensa digresión históricogeográfica que va desde Palinuro hasta Cristóbal Colón, Núñez de Balboa, Vasco de Gama y Magallanes, en la cual se recurre a numerosas imágenes ópticas inspiradas sin duda en la cartografía de la época; así por ejemplo, la célebre descripción del istmo de Panamá representado como una "sierpe de cristal", que es algo así como la delgada cintura del amplio cuerpo del continente americano que impide que se junten su inmensa cabeza, situada en el septentrión, con la cola escamada que termina en las cercanías del polo antártico:

> ...el istmo que Océano divide,
> y, sierpe de cristal, juntar le impide
> la cabeza, del Norte coronada,
> con la que ilustra el Sur cola escamada
> de antárticas estrellas. (Góngora vv. 425-429).

Leo Spitzer supuso que en esta metáfora de la "sierpe de cristal" hay el recuerdo del Emblema CXXXII ("Ex Litterarum studiis immortalitatem acquiri") de Alciato. Ni por el tema –que es la fama alcanzada por los humanistas gracias a sus estudios– ni por la figura del Ouroboros, la serpiente que se muerde la cola, signo de la eternidad del tiempo, resultan pertinentes para explicar la imagen empleada por Góngora. Un estímulo más probable, pudieran haber sido algunas de las "tablas geográficas", soberbiamente impresas, de las obras de Gerardo Mercator o Cornelius Wytfliet.

Pues bien, las figuras utilizadas por Sor Juana para representar la debilitada actividad de los órganos corporales durante el sueño, tenían que fundarse, no ya en las imágenes evanescentes o anamórficas de los tratados herméticos, sino en los conocimientos anatómicos y fisiológicos transmitidos por Galeno, Aristóteles y la infinita caterva de sus comentadores, y gráficamente representadas desde el siglo XVI por Leonardo o Andrea Vesalio en las láminas anatómicas de su *Humani corporis fabrica*; el mismo modelo siguió utilizándose en el XVII por un autor de indudable presencia en las bibliotecas novohispanas, Atanasio Kircher, en cuya enciclopédica *Musurgia Universalis* puede verse, entre tantas otras ilustraciones, una cabeza humana de la que han sido removidos la piel y los músculos para dejar al descubierto la compleja estructura del órgano del oído.[11]

Un poeta neogranadino contemporáneo de Sor Juana, Francisco Álvarez de Velasco Zorrilla, percibió claramente el carácter de ilustración anatómica de las imágenes de ese pasaje del *Sueño*, al reconocer cómo en ellas se descubre "el interno/ orden de las naturales/ funciones con que alma y cuerpo/ se entienden sin declararse", por obra de la "industria" o ingenio de la poetisa que halló "con nuevos primores el arte/ para poner al revés/ las tuniquillas visuales" y, de ese modo, ofrecer un testimonio directo y sorprendente de "esa anatomía" del alma "partida en diversas partes" (citado en Pascual Buxó, *El enamorado...* 196-197). Dice Sor Juana que, invadido por el sueño, el cuerpo humano, por su quietud, parece un "cadáver con alma", si bien da señas de su atenuada vitalidad el corazón, comparable a "un reloj humano" cuyo.

> ...vital volante, que si no con mano,
> con arterial concierto, unas pequeñas
> muestras, pulsando, manifiesta lento
> de su bien regulado movimiento (Cruz, OC, Tomo I, vv. 206-209)

---

[11] Para más información, ver Ignacio Osorio, *La luz imaginaria: epistolario de Atanasio Kircher con los novohispanos.*

Y si el corazón se representa por su analogía con los relojes (cuya cuerda y manecillas se ofrecen como metáfora del pulso), el pulmón –que es imán atractivo del viento– se compara con un "respirante fuelle", y el estómago con "una científica oficina/ próvida de los miembros despensera" y también con una "templada hoguera del calor humano" en que se cuecen los alimentos y envía al cerebro los húmedos vapores de la digestión; pero –tal como se lee en la prosificación de Méndez Plancarte– eran en "esta ocasión tan claros, que con ellos no sólo no empañaba u opacaba las diurnas imágenes sensoriales que la facultad 'estimativa'... transmite a la 'imaginativa', y que ésta –más clarificadas– entrega para que las atesore más fielmente la memoria" (en Cruz, OC, Tomo I, 607), la cual no sólo las guarda tenazmente, sino que las presenta a la fantasía, para que ésta dé forma a nuevas creaciones imaginarias. Expliqué en otra parte que en todo esto sigue Sor Juana la lección aristotélica del tratado *De los ensueños* :

> Cuando el alimento llega convertido en sangre al corazón se produce un ascenso del calor que hay en cada animal hasta las partes más altas del cuerpo, llenándolas de una humedad "muy abundante y espesa"; cuando esta humedad desciende y expulsa el calor concentrado en la cabeza, "entonces viene el sueño y el animal se duerme" hasta que, separadas las partes de la sangre, las más ligeras se dirigen hacia arriba y las más espesas hacia abajo. Verificada esta separación, el animal despierta. Pero durante el sueño, la imaginación puede conservar "toda su vivacidad"; de ahí que haya gentes que "estando dormidas se mueven y ejecutan actos propios de la vigilia, *pero jamás sucede esto sin que intervenga alguna imagen o sensación, porque los sueños son una forma de percepción*". (Pascual Buxó, "El arte de la memoria..." 327)

Y algo más, la percepción de las imágenes de ciertos objetos durante el sueño no proviene de la sensación directa de tales objetos, sino del recuerdo de sus imágenes conservadas en la memoria y evocadas o rememoradas de manera quizás involuntaria. Todo esto, creo yo, permite entender mejor la lección fisiológica y psicológica expuesta por Sor Juana en el pasaje comentado y, en especial, la procedencia y entidad de las imágenes o simulacros de las cosas que la fantasía presenta a la contemplación del alma:

> [Aquella] templada hoguera del calor humano
> al cerebro enviaba
> húmedos, mas tan claros los vapores
> a los atemperados cuatro humores,
> que con ellos no sólo no empañaba
> los simulacros que la estimativa
> dio a la imaginativa,
> y aquesta por custodia más segura,
> en forma ya más pura
> entregó a la memoria que, oficiosa,
> grabó tenaz y guarda cuidadosa,
> sino que daba a la fantasía
> lugar de que formase
> imágenes diversas. (Cruz, OC, Tomo I, vv. 253-267)

José Pascual Buxó

En su afán por explicar la naturaleza y significado de las imágenes desplegadas en el *Sueño*, Sor Juana no se conformó con la teoría fisio-psicológica antes mencionada, sino que, por exigencia estética y cultural, hubo de entrar en el terreno de las analogías históricas o mitológicas. Esas imágenes que durante el sueño se le representan al ánima y la invitan a su contemplación pueden tener correspondencia o semejanza con el portentoso espejo del Faro de Alejandría, en cuya pulida superficie iluminada por el fuego, alcanzaban a verse todas las naves que surcaban el reino de Neptuno y, sin importar la distancia en que se hallasen, podían distinguirse, no sólo su número y tamaño, sino también la fortuna o desdicha de su navegación; de manera semejante a ese espejo prodigioso, la fantasía:

> ...iba copiando
> las imágenes todas de las cosas,
> y el *pincel invisible iba formando*
> *de mentales, sin luz, siempre vistosas*
> *colores, las figuras*
> no sólo ya de todas las criaturas
> sublunares, mas aun también aquellas
> que intelectuales claras son estrellas,
> y en el modo posible
> que concebirse puede lo invisible,
> en sí, mañosa, las representaba
> y al Alma las mostraba. (Cruz, OC, Tomo I, vv.280-291; subrayado mío)

En los versos que he subrayado pareciera hallarse algún tipo de contradicción que pudo haber llevado a Octavio Paz a suponer que en el poema de Sor Juana prevalecen las imágenes penumbrosas: ¿cómo es que el invisible *pincel* de la fantasía iba formando las figuras de las cosas con "mentales colores, luminosos aunque sin luz"?, tal como dice Méndez Plancarte en su paráfrasis (en Cruz, OC, Tomo I, 607). La respuesta, al menos la que da origen a las teorías clásicas de la visión, está en el *Timeo* platónico. Se lee allí que los dioses colocaron en el rostro humano los órganos que sirven a la "previsión del Alma", principalmente los ojos, que son "portadores de luz", esto es, de un fuego puro que "reside dentro de nosotros y que es hermano del fuego exterior... [y] se colora a través de nuestros ojos de una forma sutil y continua" (123):

> Así pues, cuando la luz del día envuelve esa corriente de la visión, lo semejante se encuentra con lo semejante, se funde con ello en un único todo y se forma, siguiendo el eje de los ojos, un solo cuerpo homogéneo... Pero cuando el fuego exterior se retira por la noche, el fuego interior se encuentra separado de él... Deja entonces de ver y lleva al sueño. (Platón 124)

Cuando el reposo es completo, sobreviene "un sueño casi sin ensueños", pero cuando "subsisten en nosotros movimientos más notables... resultan de ellos las imágenes de diversa naturaleza, más o menos intensas, *semejantes a los objetos interiores o exteriores*" (Platón 124), que son, *mutatis mutandis*, aquellas figuras mentales de las criaturas visibles y de los conceptos intelectuales de que habla Sor Juana. Incluso la comparación con el fabuloso espejo del Faro de Alejandría, pudo haberla tomado Sor Juana del mismo diálogo platónico, donde inmediatamente después de lo dicho se pasa a tratar de las "imágenes que dan los espejos y todas las superficies pulidas y brillantes" (Platón 125) en las que se verifica un fenómeno paralelo al de la visión directa de los objetos, pues también en ese caso "se une estrechamente el fuego de la visión contra la superficie brillante y lisa" (Platón 125). Desde ese iluminado espejo de la inteligencia, el alma podrá contemplar los vistosos simulacros de ese universo por el que tenderá "la vista perspicaz, libre de anteojos" (Cruz, OC, Tomo I, v. 440).

Obras citadas

Alciato, Andrea. *Emblemas*. Ed. Santiago Sebastián. Madrid: Akal, 1985.
Calleja, Diego, "Aprobación." *Fama y obras póstumas del Fénix de México*. Madrid: Imprenta de Manuel Ruiz de Murga, 1700.
Cruz, Sor Juana Inés de la. *Obras completas de Sor Juana Inés de la Cruz*. 4 vols. Eds. Alfonso Méndez Plancarte y Alberto G. Salceda. México: Fondo de Cultura Económica, 1951-1957.
Chastel, André y Robert Klein. *El humanismo*. Barcelona: Salvat Editores, 1964.
Diccionario de Autoridades. Edición facsímil. Madrid: Gredos, 1969.
Góngora, Luis de. *Soledades*. Ed. Robert Jammes. Madrid: Clásicos Castalia, 1994.
Kircher, Atanasio. *Musurgia universalis...* Roma: Herederos de Francisco Corbelleti, 1650.
Osorio, Ignacio. *La luz imaginaria: epistolario de Atanasio Kircher con los novohispanos*. México, D.F.: Universidad Nacional Autónoma de México, 1993.
Paz, Octavio. *Sor Juana Inés de la Cruz o las trampas de la fe*. México: Fondo de Cultura Económica, 1982.
Pascual Buxó, José. "El arte de la memoria en el *Primero sueño* de Sor Juana." *Sor Juana y su mundo. Una mirada actual*. México: Universidad del Claustro de Sor Juana, 1995. 307-350.
_____ *El enamorado de Sor Juana*. México, UNAM, 1993.
_____ "El *Sueño* de Sor Juana: alegoría y modelo del mundo." *Sor Juana Inés de la Cruz: amor y conocimiento*. México: UNAM e Instituto Mexiquense de Cultura, 1996. 121-150.
_____ "Sor Juana Inés de la Cruz en el conocimiento de su *Sueño*." *Sor Juana Inés de la Cruz: amor y conocimiento*. México: UNAM e Instituto Mexiquense de Cultura, 1996. 151-179.
Platón. *Timeo*. Traducción del griego, prólogo y notas de Francisco de P. Samaranch. Madrid: Aguilar, 1963.
Plinio, Cayo Segundo. *Historia natural. Obras completas*. Ed. Francisco Hernández. Tomo IV. México: UNAM, 1996.
Saavedra Fajardo, Diego. *Empresas políticas*. Ed. Sagrario López Poza. Madrid: Cátedra, 1999.
Sabat-Rivers, Georgina. *El "Sueño" de Sor Juana Inés de la Cruz. Tradiciones literarias y originalidad*. London: Tamesis Books Limited, 1977.
Spitzer, Leo. "La *Soledad primera* de Góngora: notas críticas y explicativas a la nueva edición de Dámaso Alonso. *Revista de filología hispánica* 2 (1940): 151-176.
Vesalio, Andrea. *De humani corporis fabrica libri septem*. Basileae: Ioannis Oporini, [1555].

Amor, óptica y sabiduría en Sor Juana

Emilie L. Bergmann
University of California,
Berkeley

T'appuyant, fraîche, claire
rose, contre mon oeil fermé
on dirait mille paupières
superposées
contre la mienne chaude.
Mille sommeils contre ma feinte
sous laquelle je rôde
dans l'odorant labyrinthe. (Tomo 2, 577)[1]

I. Rosas barrocas, rosas de la modernidad

En estos versos de Rainer Maria Rilke resuenan tres temas del barroco, y de la poética barroca de Sor Juana en particular: la rosa, la percepción visual y el laberinto. Lo que llama la atención en este poema entre los otros de la serie "Les roses" de Rilke es la conceptualización epistemológica de esta belleza, o sea, el desafío a la objetificación de la flor a través de la mirada. Sólo con los párpados cerrados –o acaso por el sueño– se puede llegar a conocer esta rosa, tan sensual como laberíntica, y tan laberíntica que parece infinita. Los "párpados/ pétalos" superpuestos sugieren una infinidad de interpretaciones posibles y de capas de experiencia táctil. Al contrario de la imagen de la flor abierta, cuyo despliegue revela su sensualidad al alcance del espectador, los pétalos de la rosa en el poema de Rilke configuran un "laberinto" que encierra una multiplicidad de interpretaciones. Más allá de esta identificación del párpado humano con el pétalo de la rosa, la imagen de los "párpados superpuestos" sugiere una infinidad de resonancias metafóricas que frustran cualquier posibilidad de conocimiento. En primer término, la rosa niega la posibilidad de abrirse al conocimiento humano por la óptica, tan privilegiada por la modernidad.

---

[1] "Apoyándose fresca, clara rosa, contra mi ojo cerrado –podría decirse mil párpados superpuestos contra la mía cálida, mil sueños contra mi pretensión de rondar por el laberinto oloroso (traducción mía, a base de la de N.M. Hoffman al inglés, sin publicarse, 1998).

Emilie L. Bergmann

En los albores de la modernidad, una monja mexicana ronda, como rondaba Rilke, la tradición poética de la rosa, cuestionando su simbolismo de la belleza femenina como mujer, como sujeto colonial, y como sujeto moderno, y buscando una entrada al laberinto, es decir, un método filosófico. Stephanie Merrim ha notado que los fenómenos naturales del arroyo y de la rosa funcionan como "laboratorios" para la búsqueda del método científico en el *Primero sueño* (243). El Alma considera "excesivo atrevimiento" el intentar "discurrirlo todo":

> quien aun la más pequeña,
> aun la más fácil parte no entendía
> de los más manuales
> efectos naturales;
> ...
> quien de la breve flor aun no sabía
> por qué ebúrnea figura
> circunscribe su frágil hermosura:
> mixtos, por qué, colores
> —confundiendo la grana en los albores—
> fragante le son gala:
> ámbares por qué exhala,
> y el leve, si más bello
> ropaje al viento explica,
> que en una y otra fresca multiplica
> hija, formando pompa escarolada
> de dorados perfiles cairelada,
> que —roto del capillo el blanco sello—
> de dulce herida de la Cipria Diosa
> los despojos ostenta jactanciosa,
> si ya el que la colora,
> candor al alba, púrpura al aurora
> no le usurpó, y, mezclado,
> purpúreo es ampo, rosicler nevado:
> tornasol que concita
> los que del prado aplausos solicita:
> preceptor quizá vano
> —si no ejemplo profano—
> de industria femenil que el más activo
> veneno, hace dos veces ser nocivo
> en el velo aparente
> de la que finge tez replandeciente. (*SJIC* I vv. 706-12, 730-56) [2]

La poeta tiene que liberar a la rosa de su función de incitar con su belleza el deseo masculino, y, a base de su fugacidad, justificar la urgencia de su seducción. Este proceso resulta en una inversión de los papeles de enunciador y destinataria silenciosa o ausente del apóstrofe en la tradición del "carpe diem". En el soneto 147, "Rosa divina que en gentil cultura", Sor

---

[2] En adelante me referiré a las citas de la obra de Sor Juana como SJIC I, para aludir al primer tomo de las *Obras completas* editadas por Méndez Plancarte.

Juana aumenta los recursos del género de "carpe diem" con la agencia de la rosa pedagógica: "Cátedras de Abril, tus mejillas,/ clásicas dan a Mayo, estudiosas:/ métodos a jazmines nevados,/ fórmula rubicunda a las rosas" (*SJIC* I: 172, vv. 25-28). Alessandra Luiselli arguye que la voz femenina en el soneto 148, "Miró Celia una rosa en el prado" representa "un pequeño desvío" de la tradición poética de "discurrir filosóficamente mientras se contempla esta flor": "Esta vez le corresponde hablar a la mujer. Significativo revés al tablero del juego" (155). Este soneto, y el soneto 145, "Este que ves, engaño colorido", representan estrategias de subversión de la tradición del "carpe diem". En el soneto 148, la advertencia enunciada por "Celia" parodia la representación masculina de la mujer bella y tan vana que prefiere morir joven antes que envejecer. Además de la subversión de los papeles tradicionales de mujer como objeto de la mirada del hombre, la personificación de la rosa como figura pedagógica pone en tela de juicio el concepto de la sensualidad como superficialidad.

Elaine Scarry nos brinda otra perspectiva en su estudio de la imaginación poética, *Dreaming by the Book* (1999), que puede iluminar la representación intelectualizada de las rosas en Sor Juana. A la pregunta: ¿por qué son las flores tan convenientes para representar el proceso imaginativo?, Scarry propone varias repuestas: su intensidad de color, su tamaño, la conformidad con la concavidad de la retina y la convexidad de la córnea, y su levedad o finura (Scarry utiliza el término inglés "rarity") que ocupa un espacio entre materialidad e inmaterialidad. Las flores son "imaginables", es decir, más fáciles de evocar que los rostros, por ejemplo (44).[3] Al citar el poema de Rilke, "Die Rosenschale" ("La jofaina de rosas"), la estudiosa nota las cualidades interiores de las rosas: "puro ser-dentro, tan extrañamente blando y auto-iluminador –hasta el límite: ¿conocemos otra cosa semejante?" (Scarry 48, traducción mía del inglés de Edward Snow (1984)). Esta crítica responde que sí hemos visto algo semejante, o por lo menos vislumbrado, con la óptica de la mente, y es esto lo que intentan evocar los poetas. "Es como si los pétalos sirvieran como tejido de las imágenes mentales mismas– no la cosa pintada [descrita], sino la superficie en la cual se elaborarán las imágenes" (Scarry 48; traducción mía).

II. La óptica barroca

Al centro del laberinto epistemológico barroco, queda la relación tan trágica como lúdica entre ilusión y realidad, por ser esta realidad la de los límites temporales y físicos de la imaginación humana. Estos límites, incluso el de la muerte, sirven también como figura del fracaso del atrevimiento del artista que intenta conocer igual que dios o, quizás, que tiene una ambición un poco menos atrevida: tratar de dar una forma verbal al conocimiento humano. El proceso imaginativo de representar tan sólo el intento de significar lo inefable, imposible de captar con palabras, es el tema central del estudio de Scarry, y es un tema central del *Primero sueño* y de los retratos poéticos de Sor Juana.

Georgina Sabat-Rivers ha ubicado los "retratos" poéticos de Sor Juana y, en particular, el romance decasílabo "Lámina sirva el cielo al retrato", entre el rechazo platónico del ilusionismo plástico y el paradójico ennoblecimiento de las formas visibles que conlleva su idealismo metafísico y "su propuesta analogía entre luz y belleza" y, por otra parte, el concepto artístico del arte como mejoramiento de la persona retratada ("Tradición" 209-

---

[3] "Faces express the labor of perceptual mimesis: flowers seem to express its ease" (44).

10). Recordemos que esta síntesis platónico-artistotélica sirvió de base para las teorías del arte del renacimiento y barroco. La nueva tecnología del siglo XVII tuvo su efecto cultural –en la poesía y la pintura– dentro de este marco teórico que privilegia la óptica como facultad tan dominante como sospechable.

En el poema de Rilke resalta una percepción de la rosa como objeto del conocimiento, tal como ocurre en la imagen de la rosa en los versos 730-56 del *Primero sueño*. Las rosas de estos dos poemas también encarnan la sensualidad y la belleza fugaz del elusivo objeto del deseo, según dicta el simbolismo tradicional, pero la contemplación poética de la rosa recoge la atención hacia el sujeto del conocimiento. Este sujeto está constituído en términos del proceso reflexivo de la óptica como parte integral del entendimiento. Scarry observa que en la poesía de Whitman, Rilke, y Ashbery, por ejemplo, "el pétalo es, en efecto, la materia, la 'retina mental' en la cual se forman las otras... [en la poesía de Blake] es como si los tejidos vegetales... fueran el manuscrito iluminado que llevara el dibujo de la escritura" (49, traducción mía).

Sabat-Rivers, refiriéndose a los ejemplos de la nariz "judiciosa" o "árbitro" y las mejillas que dan "cátedras al abril" en el "Romance decasílabo", nota que "[r]esaltan en estos retratos, como en toda la obra de la monja, lo conceptuoso y lo agudo, lo escritural, exponentes de la gran importancia que Sor Juana le daba siempre a lo intelectual" ("Tradición" 219). Observa también que Sor Juana utiliza la metáfora de los cabellos como redes de las almas que vieran a la mujer "pintada" con palabras ("Tradición" 220). Sin embargo, destaca otra metáfora intelectual en el verso sexto de la segunda estrofa del "Romance decasílabo". Entre las "cárceles", los "vínculos", y las prisiones físicas Sor Juana introduce la del laberinto, o "dédalo", espacio abierto que enreda en cuerpo por la desorientación del conocimiento.

El "ocularcentrismo" del barroco se manifiesta en las referencias del *Sueño* a espejos, lentes, pirámides (que trazan la forma de los rayos de luz), y la "linterna mágica" como modelo de la óptica.[4] La conceptualización de la óptica en el *Primero sueño* concuerda con la del barroco, reflejando la transformación epistemológica efectuada por el uso de la nueva tecnología científica del telescopio y el microscopio. Además de ensanchar el universo visible, esta tecnología se ajusta al modelo de la subjetividad óptica implícita en la perspectiva geométrica de la pintura renacentista. No es cuestión de una relación causativa y directa entre las técnicas de la pintura y la subjetividad renacentista, como arguía Erwin Panofsky en su influyente estudio *Perspective as Symbolic Form* (1927), sino que estos modelos externalizados de la percepción sirven para encauzar el proceso de mirar en la nueva subjetividad moderna. Los mecanismos de la perspectiva y la anamorfosis en la pintura y el uso de espejos y lentes para magnificar los objetos tienen un papel imprescindible en el juego de ilusiones de la cultura barroca. Sin embargo, resalta en la filosofía del siglo XVII el escepticismo hacia los sentidos, y hacia la vista en particular, en favor de la razón como aproximación a la verdad. Dalia Judovich ha delineado la historia de la crítica cartesiana de la óptica, y Lyle Massey propone que el *cogito* cartesiano representa una defensa contra la incertidumbre inherente en el espacio contingente y corpóreo de la perspectiva geométrica en la pintura, basada en el engaño a los ojos.

---

[4] Según las investigaciones anatómicas y neurológicas citadas por Scarry, el cerebro humano se desarrolló como extensión de los ojos en los organismos más primitivos (68-69). Sin embargo, el antiguo modelo de la "cámara obscura", en el cual las imágenes entran por la apertura de la pupila, se proyectan enteras pero en forma invertida sobre la "pantalla" de la retina, y pasan al cerebro, tiene la ventaja de utilidad y sencillez.

Estos modelos de la óptica desempeñan un papel metafísico y metaliterario porque abren paso al cuestionamiento de los límites de la sabiduría y de la metodología escolástica. Stephanie Merrim arguye que el empirismo que la autodidacta Sor Juana aprendió directamente de la naturaleza podría haber sido peligroso si no estuviera disimulado tras la complejidad de sus formulaciones, que Merrim llama su "alquimia poética de metodologías heterogéneas" (243). Como resultado de esto, la monja entretejía el empirismo entre los antiguos y respetados modelos de Galen y las "ignoradas simpatías" (vv 527-28) del neoplatonismo renacentista junto con la "Apolínea ciencia" (v. 537). Como vínculo entre la ciencia y la poesía, Merrim propone que el modelo apolíneo permite a Sor Juana presentar su exposición empírica como una poética de similitudes (243). La representación poética del "fracaso" de las investigaciones epistemológicas en el *Primero sueño* concuerda con las estrategias y las incertidumbres de otros intelectuales del siglo XVII. En contraste con la narrativa del progreso de la modernidad, Catherine Wilson percibe una serie de repliegues, rebeliones, excepciones, redescripciones, y contrapropuestas que alteran las teorías racionalistas de la percepción visual en el barroco (118-19). El fracaso del proyecto onírico de Sor Juana se narra como resultado de los límites humanos, pero podría ser interpretado como una crítica de los modelos contemporáneos, como la analogía insatisfactoria de la óptica con la "cámara obscura".

Merrim nota que los modelos más complicados y sutiles, basados en una metodología empírica, serían más propicios a la autodidacta y otorgarían a la mujer docta la autoridad empistemológica que la universidad le había negado.[5] La exclusión de la mujer de las instituciones de enseñanza superior la marginó también de los modelos de la percepción formulados conforme con la lógica y la política masculinista. La pintura y la escultura renacentista y barroca estaban inscritas en el contexto cultural de la mirada masculina; la misma mirada que domina el discurso poético de la mujer bella. Refiriéndose a la dinámica del género inherente en la observación masculina de la mujer bella, María Cristina Quintero explica que la mirada registra dentro del campo visual la dependencia del sujeto social masculino en la mujer para definir su propio significado (Quintero 493 citando a Silverman 134). Sin embargo, Mieke Bal cuestiona la necesidad de esta dependencia y sus implicaciones en términos de las relaciones de poder entre hombres y mujeres (379-80). La mirada aparentemente monolítica y objetifivadora, esencial al erotismo masculino y a los proyectos colonizadores de dominación cultural queda subvertida en el modelo visual "interactivo" del sujeto petrarquista, según Leah Middlebrook (8-9, 167-68). La vulnerabilidad que resulta de esta interacción produce en el sujeto masculino ansiedad y gozo.[6] La poética visual de Luis de Góngora y Sor Juana Inés de la Cruz ejemplifica las intersecciones de la poesía y la filosofía de la percepción a través del siglo XVII.

Las teorías de la percepción visual y de las facultades mentales en los tratados sobre la pintura están formuladas en términos de género sexual, y del poder social, económico y político, reflejando el contexto en que fueron producidas las obras de arte. Los *Diálogos de la pintura* de Vicencio Carducho (1633), un largo diálogo socrático entre maestro y estudiante sobre los aspectos teóricos y prácticos de la pintura, puede servir como ejemplo de la

---

[5] Catherine Wilson nota que Kepler, Leibniz, Locke y Descartes reconocieron los límites de la metáfora óptica de la "camera obscura", una analogía que sigue influyendo la conceptualización de la percepción visual (120-21).

[6] Ver la lectura propuesta por Middlebrook del soneto V de Garcilaso "Escrito 'stá en mi alma" y del soneto XVIII, y el soneto 207 de Petrarca a la luz de la teoría psicoanalítica de "object relations": "The identification with both Petrarch's text and his speaker, in terms of masochism, reflects the desire of the speaker in sonnet 18, and also the degree to which Garcilaso was able to enjoy and exploit the experience of vulnerability before the power of the other inherent in *imitatio*" (167).

interrelación entre las artes plásticas y su contexto intelectual e ideológico.[7] Carducho utiliza el término "científico" para describir al artista ideal; el que sabe integrar la matemática y la geometría con la teoría óptica y los conceptos tridentinos de la pintura y la escultura como objetos de devoción. A pesar de las fórmulas y las narrativas trilladas de la creación divina y el ilusionismo de las pinturas de Apeles, Zeuxis, y Timantes, el aporte de este tratado no se limita al argumento a favor del prestigio de la pintura como arte liberal. Resulta ser nada menos que una meditación sobre las relaciones entre el lenguaje, la subjetividad, y los sentidos. Las teorías psicoanalíticas de la estructura lingüística del subconsciente y de la mirada masculina iluminan los discursos postridentinos de la imaginación visual y la producción artística. Por una parte, Carducho defiende las imágenes religiosas en contra de la prohibición de los protestantes, citando un episodio de la *Vida* de Teresa de Jesús (368). Por otra parte, avisa al pintor que evite el "hechizo de los colores" (247) por la práctica del bosquejo en blanco y negro, repitiendo una asociación común en los tratados de la pintura, del color con la materia y el diseño con la forma y el intelecto. Era lugar común la correlación aristotélica de la mujer con la materia y del hombre con la forma, y como los teólogos otorgaron a la mujer el misticismo, la emoción y lo inefable, Carducho atribuye a los colores la representación de las emociones; es decir, el espíritu y lo invisible (Carducho, cɪ-ɪɪ y 246). Así Carducho margina el aspecto femineizado de lo visual, pero tambíen le otorga el poder representativo de lo espiritual. Lo "científico" en los tratados sobre la pintura puede servir como aproximación a las referencias sobre los mecanismos de lo visual en la poesía de Sor Juana. Ilumina en particular la convergencia de cuestiones de la geometría en la óptica con la cuestión teológica de utilizar signos visuales para representar lo irrepresentable por definición: las emociones, el alma, y los procedimientos del sujeto que observa la pintura.

Una preocupación central de la teoría postridentina en el ámbito de la pintura es el control ideológico sobre los efectos psicológicos de las imágenes. En su artículo sobre el soneto 145, "Este que ves, engaño colorido", Luis Avilés nota el gesto deíctico de la voz lírica, "gesto por excelencia del maestro al impartir conocimiento a un discípulo" (415-416). Cita a Hans-Georg Gadamer para explicar el dilema de la ambigüedad del objeto, "una resistencia" a la interpretación (416). Avilés justifica en términos éticos su insistencia en incluir en su lectura del soneto al "tú" que mira este objeto y a quien se dirige la voz lírica, como compartiendo la escena. Su cita del *Criticón* de Gracián privilegia en términos éticos el "suplemento verbal de un objeto visual que no puede explicarse a sí mismo" (420). Según Avilés, conviene examinar los términos de la comparación que propone el moralista: el "suplemento" logra representar lo "interior" o sea, que manifiesta el alma, en contraste con la supuesta superficialidad de la pintura (420). El que el moralista privilegie el arte verbal como sustituto más fiable del objeto ausente de la representación es síntoma de esta ansia de interpretación, siempre amenazada por la posibilidad de lecturas erróneas.

La contemplación de las imágenes y las dificultades de interpretación son aspectos compartidos por el *Polifemo* y las *Soledades* de Góngora y el *Sueño* de Sor Juana, pero los críticos resaltan las diferencias que se dan entre estos poemas. Elias L. Rivers observa en cuanto a las *Soledades* y el *Primero sueño*: "Es muy parecida la avidez ocular del sujeto que observa el mundo, pero Sor Juana hace una distinción capital entre la vista física y la comprehensión intelectual (vv. 448-450)... a pesar del éxito de los ojos, fracasa el

---

[7] Quiero reconocer el aporte de José Pascual Buxó al estudio de las interrelaciones entre las artes en la cultura novohispana y en particular sus referencias al texto de Carducho en su ponencia "El *Sueño* de Sor Juana: reflexión y espectáculo" leída en la reunión de la Sociedad para el Estudio de la Poesía Renacentista y Barroca en Columbus, Ohio en octubre de 2001.

entendimiento; y Sor Juana sabe que la ciencia depende, no sólo de los sentidos físicos, sino de la abstracción mental" (30).

Importan las distinciones en la constitución de subjetividades masculinas y femeninas en los tres poemas, y entre el deseo y la transgresión sexual y epistemológica, pero difiere el papel de la percepción visual entre los tres. En el *Polifemo*, la mirada erótica no pertenece exclusivamente al sujeto masculino, Acis. Por otra parte, se nota la presencia de los mecanismos y tecnologías de la percepción visual en el *Sueño* y en los retratos poéticos, y el afán de investigación científica. Sor Juana ha logrado transformar la poética "ocularcéntrica" utilizando los modelos científicos de la óptica y enfocándose en el sujeto observador.

III. La violencia de la mirada

El filósofo y traductor de Rilke, William Gass, intenta explicar la incongruencia de las imágenes iniciales del poema "Die Rosenschale" de Rilke, acudiendo a la biografía del poeta. Nota las imágenes violentas, la confusión de cuerpos luchando, los gestos de miedo y las falsificaciones con que Rilke comienza su meditación filosófica sobre una jofaina de rosas en este poema (Gass 3-6). Esta violencia puede interpretarse de varias maneras, una de las cuales podría ser indicio de la violencia de la representación y del lenguaje mismo frente a estos objetos. A través de los siglos, generaciones de poetas han utilizado esta imagen floral para representar la intensidad de la pasión y lo efímero de la belleza. Los lectores del *Primero sueño* no deben sorprenderse al leer este poema de Rilke, si conocen el uso de la transgresión como entrada al espacio de una meditación sobre la naturaleza del conocimiento.

La amenaza de la violencia es inextricable del erotismo del *Polifemo*, narrativa de deseo y celos basada en el texto de Ovidio. La violencia, desde la dedicatoria de la *Soledad primera*, aparece erotizada: el oso "besa" el arma del cazador que lo penetra. En los primeros versos, los raptos de Europa y de Ganímedes son representados como abusos del poder divino que explota a los mortales. Europa llega a ser vehículo de reproducción además del placer sexual de Júpiter, pero el rapto de Ganímedes no tiene otro fin que la lujuria de los dioses.[8] Conviene, sin embargo, evitar una identificación esencialista de la (relativa) falta de conflicto y violencia externa en el *Sueño* como característica "femenina". Robert ter Horst describe el *Sueño* como "a conflictive undertaking that constructs itself on the basis of combat. It is an adversarial edifice" (247), e identifica a Luis de Góngora como su "antagonista verdadero". Según ter Horst, el deseo del conocimiento en el *Sueño* es un "magnificent crime", "vast violation in which Sor Juana metamorphoses *his* lyric story into *her* poetic tale, one that concludes in an epiphany of the feminine" (252). Esta interpretación ilumina las figuras monstruosas y transgresoras de los primeros versos del *Sueño*: la incestuosa Nictímene y las hijas sacrílegas de Minyas son transformadas en seres nocturnos, el búho y los murciélagos, respectivamente. El provecho para los lectores, los personajes, y la voz lírica del poema no será reproducir el placer que emana de las fábulas de Ovidio, como las de Danaë, Europa, o Ganímedes, sino el impacto de la transgresión sacrílega, interpretada como figura ambigua de la búsqueda epistemológica del *Sueño*. Georgina Sabat-Rivers sugiere

---

[8] En su estudio de la representación de la violación en la literatura española del siglo XVII, *Persephone's Girdle*, Marcia Welles nota que el elemento que resalta más en la tradición mítica de la violación es el carácter excepcional de los hijos nacidos de padres divinos o heroicos (2). Welles cita un ensayo de Diane Wolfthal, precursor de su estudio imprescindible *Images of Rape: The "Heroic" Tradition and its Alternatives*, en que Wolfthal nota la omisión de elementos de resistencia y sufrimiento en las representaciones pictóricas basadas en la mitología y la épica clásica.

una auto-identificación de la poeta con Nictímene basada en esta y otras transformaciones de las mujeres en aves nocturnas ("Imágenes", 312-313). Stephanie Merrim identifica a Faetón como figura central y máscara metafórica de Sor Juana (204-205), pero interpreta la figura de Nictímene como un Prometeo femenino y las fábulas y telas de las Minyades como análogas a la autoría femenina (192). La interpretación de Jean Franco es más irónica, porque sugiere un mensaje codificado en el cual se implica una crítica hacia los que transgreden no solamente contra Dios sino contra el arte verdadero, utilizándolo para el entretenimiento o con propósitos maliciosos (34-35). Entre todas estas interpretaciones de la abyección de estas figuras transgresoras, no cabe duda de que la búsqueda filosófica transgresora representa para la autora una oportunidad de trascendencia. La mirada erótica entre Acis y Galatea en el *Polifemo*, la mirada celosa del cíclope, que conduce hacia la destrucción, y la mirada pasiva del peregrino en la *Soledad primera* serán desplazadas por la mirada que "explora el espacio" del macrocosmo y microcosmo en la búsqueda central del *Sueño*. Por eso será productivo comparar la representación de la violencia y su relación con la subjetividad en términos de la perspectiva visual en estos dos poemas.

En el texto de Sor Juana se anuncia la emulación de Góngora en la frase que sigue al título: "Primero Sueño, que así intituló y compuso la madre Juana Inés de la Cruz, imitando a Góngora". Además de las semejanzas y afinidades entre los proyectos poéticos de las *Soledades* y el *Sueño*, en los versos 22-25 del *Sueño* esta narración en tercera persona calca la sonoridad de la descripción de las aves nocturnas que resuenan en los versos 39-40 del *Polifemo*. Sin embargo, esta imitación también hace visible la diferencia entre la poética de la percepción en la *Soledad primera* y el *Primero sueño*.[9] La diferencia que introduce Sor Juana en su poema transforma la lectura de Góngora y otros antecedentes. Las aves ovidianas que sirven como imágenes del deseo sexual, violación, transgresión y metamorfosis se transforman otra vez en el *Sueño*, liberándose de las imágenes de la abyección femenina, "desplegando sus plumas" y remontándose en busca del conocimiento. La transformación de la óptica en el *Sueño* no se limita a la inversión de las relaciones entre sujeto y objeto en el erotismo masculino, sino que traza otra geografía del deseo y de la imaginación. Las diferencias entre la *Soledad primera* y el *Primero sueño* no pueden atribuirse tanto a la diferencia de género sexual, como a las décadas y las aguas del mar que separan estas dos versiones del barroco, una época de transición a la modernidad. En estas décadas que abarcan casi la totalidad del siglo XVII, la observación empírica, y, por analogía, la óptica, han llegado a ser clave para los conceptos filosóficos del conocimiento y del método científico. En el centro del proyecto sorjuanino de reclamar y recrear el lenguaje del deseo queda la óptica moderna que sitúa a la subjetividad como base del conocimiento.

IV. Diálogo de rosas[10]

La lectura de la poesía amorosa es un proceso de aprendizaje en la interpretación de las imágenes lexicalizadas, entre las cuales la rosa es la más conocida. A través de este

---

[9] La emulación de Góngora ha sido estudiada por Eunice Joiner Gates en su lista de "reminiscencias" de Góngora en Sor Juana en 1939, seguida por Octavio Paz y otros críticos que han cuestionado la importancia de esta imitación en la forma de la *silva*, la epistemología, y la subjetividad del *Sueño*, tales como: Georgina Sabat de Rivers, Rosa Perelmuter, Elias L. Rivers, José Pascual Buxó y Andrés Sánchez Robayna.
[10] Pidiéndole perdón a la profesora Sabat-Rivers, en su "Diálogo de retratos".

proceso, la rosa pierde la inmediatez del color, tacto, y olor, y adquiere una constelación de asociaciones conceptuales y textuales. El aporte de Sor Juana a la lectura de la rosa es el énfasis en la sexualidad femenina en términos de la reproducción y, al final de la descripción, el acento moral, con una crítica al uso de los afeites. Invita a sus lectores a otro proceso de leer, reconfigurando la relación entre violencia y erotismo. La diferencia puede percibirse en los versos del *Sueño* que describen la belleza y la reproducción de la flor. Aquí Sor Juana produce una nueva especie de vegetación poética, no desprovista de erotismo, pero con otro enfoque: el misterio de la reproducción y la genealogía maternal. Además, Sor Juana transforma en sujeto activo al peregrino pasivo de la *Soledad primera*, cuyo papel está limitado a la observación de la novia. Ni el conocimiento ni la reproducción restan como patrimonio de la masculinidad a la luz de la genealogía floral de Sor Juana. En la *Soledad primera*, se alude a la rosa en una escena de intercambio de la novia entre dos hombres, su padre y su novio, con las implicaciones bien conocidas de la pérdida de la virginidad:

> Al galán novio el montañés presenta
> su forastero; luego al venerable
> padre de la que en sí bella se esconde
> con ceño dulce, y, con silencio afable,
> beldad parlera, gracia muda ostenta:
> cual del rizado verde botón donde
> abrevia su hermosura virgen rosa,
> las cisuras cairela
> un color que la púrpura que cela
> por brújula concede vergonzosa. (Góngora, 653, vv. 722-732)

La comparación de la joven con una rosa es tan trillada que se podría pasar por alto la figura plástica de estos versos. Sin embargo, las opciones léxicas que constituyen las rosas de la *Soledad primera* y del *Primero sueño* llaman la atención más al tejido de significados entrelazados y asociaciones metafóricas de la femineidad que a las flores que existen en la naturaleza o a la tradición de las flores poéticas.

En la descripción gongorina de la novia como rosa, la violencia se insinúa en la "cisura" que se abre entre los pétalos. Su detallada semejanza física con la anatomía femenina está sugerida por el verbo "cairela". Esta "cisura", situada en uno de los versos heptasilábicos, sugiere el término poético de "caesura", pausa o ruptura en la membrana continua de la silva, que queda intacta en los versos que rodean esta abrupta "cisura". El uso del término *scissura* en latín, raíz etimológica del término en inglés *scissors*, apoya esta lectura de desgarrón o corte. El *Diccionario de Autoridades* define el término "cissura" como "la rotura o abertura sutil que se hace en qualquiera cosa: y regularmente se llama assi la herida pequeña que hace el sangrador en la vena para que salga la sangre" (I, 361). El mismo diccionario cita como primer ejemplo la descripción de la congoja causada por la falta del amor correspondido en *La Dorotea*, una herida metafórica en "la vena del corazón" de la cual imagina que la sangre "saldría como azogue", y la segunda es del *Museo pictórico y escala óptica* de Palomino, instruyendo al pintor a hacer una "cissura como una sangría: y apretando la vexiga [que servía como receptáculo para la pintura], sale la cantidad de color que se quiere" (I, 361). Lo que importa no es la apertura, sino la materia reluciente e intensamente colorida que deja fluir: sangre, azogue o pigmento mezclado con óleo. La asociación con la anatomía femenina es obvia, pero lo inquietante es que no se imagina esta apertura como pre-existente, sino como herida que sólo puede abrirse por un instrumento agudo. En *Soledad primera*, v. 730, la figura central de la escena en que se imagina esta apertura es una joven rodeada por hombres que intenta esconderse, anticipando el drama de esta ruptura.

Es curioso que la imagen de la rosa apareciera en versos numerados casi iguales en los dos poemas. El peregrino ha hecho los dos tercios de su viaje en la *Soledad primera*, y en el *Sueño* la rosa señala el reconocimiento de la imposibilidad de la búsqueda del método epistemológico: hasta la más pequeña manifestación de la creación no cabe en el entendimiento humano. Mientras que la descripción de Góngora se enfoca en el poder y la vergüenza, y en la mirada masculina que acecha a la novia sin que ésta pueda huir, la rosa de sor Juana logra eludir la mirada penetrante y el intento de dominarla epistemológicamente. Encontrándose frente a unos colores que desafían el nombramiento y la explicación causativa, el entendimiento "aun no sabía / por qué ebúrnea figura / circunscribe su frágil hermosura: /mixtos, por qué, colores / –confundiendo la grana en los albores– / fragante le son gala" (*SJIC* I, 353, vv. 730-35). Aquí, la observación, o sea, la invención sorjuanina de los colores indefinibles de la rosa repiten algunos términos de la descripción de Góngora. Por ejemplo, en el verso número 741 que he citado en la primera sección de este ensayo –"de dorados perfiles cairelada"– Sor Juana utiliza la forma adjetival "cairelada" del verbo "cairelar" con que Góngora describe la rosa: "las cisuras cairela / un color que la púrpura que cela / por brújula concede vergonzosa" (*Soledad primera* vv. 730-732), pero la precisión cromática y la plasticidad de los versos de Sor Juana sobrepasan los versos de Góngora: "en las purpúreas horas / que es rosas el alba y rosicler el día, / ahora que de luz tu Niebla doras" (*Polifemo*, vv. 3-5) y "Purpúreas rosas sobre Galatea / la Alba entre lilios cándidos deshoja; / duda el Amor cuál más su color sea, / o púrpura nevada, o nieve roja" (*Polifemo*, vv. 105-108). La descripción de la rosa en Sor Juana difiere también en la omisión de la violencia inscrita en sangre sobre la nieve en la dedicatoria de la *Soledad primera*: "Arrima a un fresno el fresno –cuyo acero,/ sangre sudando, en tiempo hará breve/ purpurear la nieve" (vv. 13-15). Luis Avilés nota la "multiciplicidad de negociaciones con el tema de la mirada" en el *Primero sueño* y comenta que Sor Juana se convirtió en "centro de miradas públicas" que tenía que "combatir, responder, rescribir ante el hurgar de ojos ajenos" (427). Con su expulsión de los *voyeurs* de la escena de la novia/rosa, Sor Juana logra quitar al acto sexual su imaginería violenta y su función en el intercambio de mujeres entre generaciones de hombres.

La flor en el *Sueño* desafía al patriarcado, además de la terminología del color. Es una flor maternal, con más de una hija: "que en una y otra fresca multiplica/ hija, formando pompa escarolada" (vv. 739-40). Las múltiples generaciones florales del *Sueño* nada tienen que ver con el pudor de la "virgen rosa" de la *Soledad primera*. No queda cierta su identificación como rosa porque esta flor representa un estudio mendeliano de la genética *avant la lettre*. No hay en este poema ningún sujeto masculino propietario de esta belleza que la rosa ha robado de la Aurora: "roto del capillo el blanco sello/ de dulce herida de la Cipria Diosa/ los despojos ostenta jactanciosa,/ si ya el que la colora,/candor al alba, púrpura al aurora/ no le usurpó y, mezclado,/ purpúreo es ampo, rosicler nevado" (*SJIC* I, 356, vv. 742-48).

En contraste con la imagen del monte rodeado de nubes, imposible de captar en su totalidad, la imagen minúscula de la flor sirve para representar el otro extremo de la creación, la "mas fácil parte... de los más manuales efectos naturales" (vv. 709-712), i. e., las cosas minuciosas y cotidianas que tampoco pueden ser percibidas ni entendidas por completo. La imagen tradicional de la rosa se transforma así en emblema epistemológico de la subjetividad. El monte, objeto de la exploración del "alma" en el *Sueño*, también tiene su antecedente: el ciclópeo "monte de miembros" del *Polifemo*.

V. AMOR, ENTENDIMIENTO, Y ÓPTICA

Además de la "avidez ocular del sujeto que observa el mundo" que comparten los dos poemas (30), Elias L. Rivers ha notado el contraste entre la pasividad del peregrino rodeado por el festejo de los isleños en la *Soledad primera*, y la actividad del intelecto solitario en el *Primero sueño*, en el cual los fenómenos anatómicos, fisiológicos, y psicológicos de la percepción están sometidos a la investigación metódica. En el *Polifemo*, se puede estudiar otro modelo de la óptica, una mirada intercambiada entre los amantes, contrastada con la mirada del monstruo celoso. En las estrofas 32 y 34, Góngora aplica un modelo neoplatónico de la imaginación. La "fantasía" produce un bosquejo de Acis antes de que Galatea le hubiera visto o conocido de nombre. Cuando lo percibe por primera vez, la fantasía añade el color a la línea escueta del dibujo.

> Llamáralo, aunque muda, mas no sabe
> el nombre articular que más quería:
> ni lo ha visto, si bien pincel süave
> lo ha bosquejado ya en su fantasía. (estr. 32, vv. 249-252)
> ...
> A pesar luego de las ramas, viendo
> colorido el bosquejo que ya había
> en su imaginación Cupido hecho
> con el pincel que le clavó su pecho... (estr. 34, vv. 269-272)

Esta narrativa sigue un modelo platónico, según el cual una imagen puede existir aparte de la realidad física; además, representa la relación entre lenguaje y realidad perceptible. Uno de los modelos de la percepción en el *Polifemo* es la mirada masculina, frustrada en el intento de poseer a Galatea. La mirada del cíclope es destructiva, pero la reciprocidad del erotismo lúdico entre Acis y Galatea está representada por las liebres cuya cópula llama la atención a Polifemo. El encuentro de los amantes comienza con un intercambio de miradas, en el que cada uno desempeña el papel de objeto pasivo de la mirada del otro.

El erotismo del intercambio óptico está basado en los conceptos neoplatónicos de intercambio de almas por los ojos, elaborado en el diálogo *Timeo* de Platón, pero otro diálogo, el *Fílebo*, elabora la teoría del nombramiento en el proceso mental de la percepción. Se postula este proceso en términos de opiniones verdaderas y falsas. En la situación hipotética, los objetos percibidos a una distancia parecen borrosos. Antes de poder percibirlos con claridad, el observador los nombra, y se puede errar en esta identificación. En el *Fílebo*, Sócrates concibe del alma como "libro" y la interacción de memoria y sensación como un "escribano interno" quien escribe algo como palabras en el alma, seguido por un pintor, quien pinta en el alma imágenes de nuestras aseveraciones (Plato 1118-19/ 38c-39e). Esta descripción del proceso de formar una opinión basada en las impresiones sensoriales otorga un significado distinto a lo verbal, a lo visual y a la "fantasía" o imagen mental que sintetizamos a base de las opiniones. Además, propone que la percepción visual es inextricable de la conceptualización y el lenguaje en los procesos intelectivos de memoria y entendimiento.

La descripción de la formación de la "fantasía" en la mente en el *Primero sueño* concuerda con este modelo platónico:

> ...los simulacros que la estimativa
> dió a la imaginativa
> y aquésta, por custodia más segura,
> en forma ya más pura
> entregó a la memoria que, oficiosa,
> grabó tenaz y guarda cuidadosa,
> sino que daban a la fantasía
> lugar de que formase
> imágenes diversas.
> Y del modo
> que en tersa superficie, que de Faro
> cristalino portento, asilo raro
> fue, en distancia longísima se vían
> (sin que ésta le estorbase)
> del reino casi de Neptuno todo
> las que distantes lo surcaban naves
> ...
> así ella, sosegada, iba copiando
> las imágenes todas de las cosas,
> y el pincel invisible iba formando
> de mentales, sin luz, siempre vistosas
> colores, las figuras
> no sólo ya de todas las criaturas
> sublunares, mas aun también de aquéllas
> que intelectuales claras son Estrellas,
> y en el modo posible
> que concebirse puede lo invisible,
> en sí, mañosa, las representaba
> y al alma las mostraba. (*SJIC* I: 242, vv. 266-272, 280-291)

A pesar de la proliferación de tecnología óptica –espejos, lentes, telescopios y linterna mágica– el alma quiere ascender a la observación de fenómenos accesibles solamente a la imaginación.

La percepción visual en el *Polifemo* es parte integral de la secuencia narrativa que termina en la violencia de una apoteosis, es decir, la transformación del cuerpo destrozado de Acis en río cristalino, marcado por una pirámide, la figura con que comienza el vuelo del alma en el *Sueño*. En el caso del *Polifemo*, la pirámide es el monumento sinecdóquico de la cual el poeta europeo se apropia. En contraste con esta pirámide con significado y forma firmemente establecidos en el *Polifemo*, el alma nunca logra una aproximación a la "sutil punta" del monte que se acerca al cielo en los versos 354-368 del *Sueño*.

Entretejido en la narración que termina con el destrozamiento de Acis y su transformación acuática, se menciona otra facultad excesiva del cíclope, su vista a larga distancia. La narrativa se refiere brevemente a lo que Acis percibe desde su atalaya en Sicilia a través del Mediterráneo y más allá: el desierto líbico poblado de guerreros: "(que a tanta vista el líbido desnudo/ registra el campo de su adarga breve)" (vv. 483-85). Esta facultad visual se representa como monstruosa y desmesurada: importa la proporción humana en la conceptualización de la percepción, como ha observado Elaine Scarry. Es digno de notar, a la luz de su estudio de la producción de imágenes sensoriales con el lenguaje, los contrastes entre las imágenes desproporcionadas y las minuciosas que se da en Góngora y Sor Juana. En Sor Juana este contraste emblematiza su ambición de búsqueda de un método de conocimiento que le sirviera como guía tanto por la geografía del macrocosmos como por el laberinto de pétalos superpuestos que forman la rosa de la imaginación humana.

OBRAS CITADAS

Avilés, Luis. "Sor Juana en punto de fuga: la mirada en 'Este que ves, engaño colorido'". *Bulletin of Hispanic Studies* 77 (2000): 413-431.

Bal, Mieke. "His Master's Eye." *Modernity and the Hegemony of Vision*. Ed. David Michael Levin. Berkeley: University of California Press, 1993. 379-404.

Carducho, Vicencio. *Diálogos de la pintura: su defensa, origen, esencia, definición, modos y diferencias*. Ed. Francisco Calvo Serraller. Madrid: Turner, 1979.

Cruz, Sor Juana Inés de la. *Obras completas*. Vol. I: Lírica personal. Ed. Alfonso Méndez Plancarte. México: Fondo de Cultura Económica, 1951.

Diccionario de Autoridades. Edición facsímil. Madrid: Gredos, 1969.

Franco, Jean. "Sor Juana Explores Space." *Plotting Women: Gender and Representation in Mexico*. New York: Columbia University Press, 1989. 23-54.

Gass, William H. *Reading Rilke: Reflections on the Problems of Translation*. New York: Knopf, 1999.

Gates, Eunice Joiner. "Reminiscences of Góngora in the Works of Sor Juana Inés de la Cruz." *PMLA* 54 (1939): 1041-1058.

Góngora y Argote, Luis de. *Obras completas*. Eds. Juan e Isabel Millé y Giménez. Madrid: Aguilar, 1961.

Judovitz, Dalia. "Vision, Representation, and Technology in Descartes." *Modernity and the Hegemony of Vision*. Ed. David Michael Levin. Berkeley: University of California Press, 1993. 63-83.

Lewis, Charlton T. and Short, Charles. *A Latin Dictionary. Founded on Andrews' Edition of Freund's Latin Dictionary*. Oxford: Clarendon Press, 1879. (Perseus Digital Library, Tufts University. <http://www.perseus.tufts.edu/>)

Luiselli, Alessandra. "Tríptico virreinal: los tres sonetos a la rosa de Sor Juana Inés de la Cruz." *Y diversa de mí misma entre vuestras plumas ando: Homenaje internacional a Sor Juana Inés de la Cruz*. Eds. Sara Poot Herrera y Elena Urrutia. México: El Colegio de México,1993. 137-158.

Massey, Lyle. "Anamorphosis Through Descartes or Perspective Gone Awry." *Renaissance Quarterly* 50 (1997): 1148-89.

Merrim, Stephanie. *Early Modern Women's Writing and Sor Juana Inés de la Cruz*. Nashville: Vanderbilt University Press, 1999.

Middlebrook, Leah Wood. "La delicada estambre: Style and Self in Golden Age Literature." Ph.D. dissertation, U.C. Berkeley, 1998.

Paz, Octavio. *Sor Juana Inés de la Cruz, o las trampas de la fe*. México: Fondo de Cultura Económica, 1982.

Plato. *The Collected Dialogues*. Eds. Edith Hamilton and Huntington Cairns. Princeton: Princeton University Press, 1973.

Quintero, María Cristina. "'Con ansia estrema de mirar': Another Look at the Gaze in Spanish Golden Age Poetry." *Revista de Estudios Hispánicos* 34 (2000): 489-513.

Rilke, Rainer Maria. "A Bowl of Roses." Trad. Galway Kinell & Hannah Liebman. *American Poetry Review* 28:3 (1999): 61.

_____. "Les roses." *Sämtliche Werke*. Vol. 2. Frankfurt-am-Main: Insel-Verlag, 1955. 573-584.

Rivers, Elias. "*Soledad* de Góngora y *Sueño* de Sor Juana." *"Por amor de las letras": Juana Inés de la Cruz. Le donne e il sacro. Atti del convegno di Venezia 26-27 gennaio 1996*. Ed. Susanna Regazzoni. Roma: Bulzoni, 1996. 21-32.

Sabat-Rivers, Georgina. "Sor Juana: diálogo de retratos." *Revista Iberoamericana* 48: 120-121 (julio-diciembre 1982): 703-713.

_____ "Sor Juana: imágenes femeninas de su científico *Sueño*." *Estudios de literatura hispanoamericana. Sor Juana Inés de la Cruz y otros poetas barrocos de la colonia.* Barcelona: PPU, 1992. 305-326.

_____ "Sor Juana: la tradición clásica del retrato poético." *Estudios de literatura hispanoamericana. Sor Juana Inés de la Cruz y otros poetas barrocos de la colonia.* Barcelona: PPU, 1992. 207-223.

_____ "Sor Juana y sus retratos poéticos." *En busca de sor Juana*. México: Universidad Nacional Autónoma de México, 1998. 59-78.

Sánchez Robayna, Andrés. "Algo más sobre Góngora y Sor Juana." *Silva Gongorina*. Madrid: Cátedra, 1993. 101-114.

Scarry, Elaine. *Dreaming by the Book*. Princeton: Princeton University Press, 1999.

Silverman, Kaja. *The Threshold of the Visible World*. New York: Routledge, 1996.

Sobre la altivez postrada de Sor Juana: los poemas de amor a Fabio

Alessandra Luiselli
Texas A&M

En este merecidísimo homenaje a Georgina Sabat-Rivers, una de las sorjuanistas más eruditas que ha conocido la crítica literaria, quisiera establecer un diálogo intertextual con ella comentando algunos de los conceptos vertidos en su detallado artículo "Ventiún sonetos de Sor Juana y su casuística del amor".[1] Al empeñarme en esta tarea,[2] por una parte extenderé los márgenes que delimitan el cuidadoso estudio de Sabat-Rivers refiriéndome no sólo a los sonetos de la destacada jerónima sino retomando también ciertas endechas, décimas, glosas y liras; así mismo comentaré algunos romances imprescindibles. Por otra parte, reduciré mi discusión sobre la doble vertiente del amor sorjuanino a un tema central y único: Fabio, el hombre más citado en la ferviente poesía amorosa de la monja novohispana. Con su acostumbrada erudición, Sabat-Rivers claramente indica al comienzo de su ensayo los precedentes que condujeron a Sor Juana a la escritura de ventiún sonetos de amor: entre las varias fuentes literarias que le sirvieron de inspiración sobresalen, además de los maestros españoles, Petrarca como el poeta renacentista más influyente en el tópico de la poesía amorosa y Ovidio como el poeta más destacado de la antigüedad.[3] A partir del *dolce stil nuovo* instaurado en la literatura universal gracias a la belleza del cancionero petrarquista, Boscán y Garcilaso se consolidan en lengua española como los introductores del soneto; y a pesar de que no fueron ellos los cultivadores más asiduos del nuevo estilo poético en España (Boscán escribió 92 sonetos y Garcilaso no llegó a completar 40), la referencia es insoslayable, pues tanto Lope de Vega (se estima que existen 1,600 sonetos de su autoría) como Luis de Góngora y Francisco de Quevedo siguieron las normas introducidas en la poesía por los dos célebres soldados-poetas del Renacimiento pensinsular. Todos los autores citados serán los maestros que Sor Juana tenga en mente al entregarse ella también al arte de escribir poemas escritos en el dulce estilo nuevo; Alfonso Méndez Plancarte documenta que la autora del *Primero sueño* escribió un total de 70 sonetos (518). Respecto a la escritura sorjuanina, Sabat-Rivers afirma: "Consideramos a la Décima Musa como la última gran poeta de la tradición que parte de la poesía de Boscán y Garcilaso hasta Calderón

---

[1] Este ensayo se incluyó en *Sor Juana y su Mundo. Una mirada actual*.
[2] Tarea que empeñosamente emprendo como homenaje a Georgina Sabat-Rivers y como homenaje a la propia Sor Juana. Dedico este ensayo a Yolanda Martínez-San Miguel y a Lucía Melgar, en grata memoria de salamantinos hurtos y eclesiásticos hinojos.
[3] Consúltese el artículo de Herrera Zapién.

de la Barca" (403). Es importante resaltar la ubicación temporal establecida en este señalamiento, dado que la obra de Sor Juana debe ser comprendida partiendo no del Barroco, sino del Renacimiento. El alcance literario de la monja virreinal rebasa estrictas reducciones cronológicas.

Sabat-Rivers destaca en su artículo el hecho de que Sor Juana mantiene una voz femenina en la mayoría de sus sonetos, lo cual la convierte en un caso insólito dentro del petrarquismo literario, pues la tradición cancioneril encontraba su fundamento en el hecho de que "el poeta enamorado era hombre que adoraba a su dama; Juana Inés, mujer, invierte ese *statu quo*" (405). Indudablemente, Sor Juana revertía en sus sonetos el canon literario que heredaba del máximo poeta renacentista, sin embargo, hoy es posible constatar que no fue la monja jerónima la primera ni la única mujer en escribir sonetos petrarquistas cuyo hablante poético fuera femenino. En una fecha tan temparana como el glorioso *Cinquecento* italiano, Vittoria Colonna, Marquesa de Pescara (nacida en 1492, fecha imposible de olvidar) escribía ya a la manera de Petrarca.[4] No era la marquesa una escritora poco conocida en la época, sino que destacaba como una poeta cuyo talento era reconocido por el mismísimo Pietro Bembo; era además una de las amigas más cercanas a Miguel Ángel de Buonarroti. La aristocrática Vittoria Colonna antecedió a Sor Juana en la escritura de sonetos con hablante lírico femenino en más de un siglo; es intersante destacar también que más de un tercio de la producción poética de la escritora italiana era de índole no sólo amorosa, sino incluso ambiguamente erótica. Es imposible constatar, sin embargo, que Sor Juana hubiera leído a la marquesa de Pescara, en cuyos poemas se encuentra una "bella flama ardiente" (Colonna 238) tan diferente en ciertos sonetos a la que iluminaba a Santa Teresa. De haber leído a tan sorprendente poeta (cuyos sonetos se han consolidado ya como una lectura imprescindible en el tema del petrarquismo), resultaría difícil aceptar que la religiosa jerónima no hubiese hecho alusión a ella en su *Respuesta a Sor Filotea*, texto en el cual establece, en defensa propia y en defensa de las mujeres intelectuales en general, un prodigioso catálogo de mujeres ilustres. Al no conocer Sor Juana la poesía amorosa de Vittoria Colonna, resulta irrevertible indicar entonces que la monja novohispana realizaba en la escritura de sonetos amorosos una atrevida modificación al canon petrarquista empleando un hablante lírico femenino.

En su citado artículo,[5] Sabat-Rivers ordena cuidadosamente los ventiún sonetos amorosos que escribió Sor Juana, separándolos en dos grandes grupos: los que versan conceptos ortodoxos del amor frente a los que privilegian conceptos heterodoxos sobre el tema. El primer poema que analiza como poema ortodoxo es el soneto 169 (de acuerdo a la numeración fijada por Méndez Plancarte), el cual comienza con el endecasílabo "Fabio: en el ser de todos adoradas..." (Cruz 289). Coincido absolutamente con la afirmación que Sabat establece al sostener que el vocativo al cual Sor Juana se dirige en múltiples ocasiones, Fabio, "es el nombre masculino favorito de la poeta; lo vamos a encontrar siempre que se le hable al ser amado por excelencia" (408). Este señalamiento respecto a "el ser amado por excelencia" es el detalle que da origen al presente ensayo. El soneto 169 es clasificado como ortodoxo, pues sus versos destacan un amor cuya característica es el incorruptible sentimiento que la hablante experimenta hacia Fabio. El mismo inamovible amor vuelve a ser el tema del soneto 166, cuyo verso inicial indica "Que no me quiera Fabio al verse

---

[4] Existe una edición de sus rimas del año 1528; la edición consultada es de 1840.
[5] Una variante del inicial ensayo sobre la casuística del amor es el artículo de Sabat-Rivers "Sonetos de amor de sor Juana", incluído en *Sor Juana y su mundo. Memorias del Congreso Internacional*.

amado..." (Cruz 288). Este poema forma parte de las célebres composiciones de "encontradas correspondencias": la voz lírica no es correspondida pues Fabio la desdeña, Silvio, en cambio, adora a la hablante pero ella lo aborrece. Este interesante dilema amoroso (padecer la arrogancia de quien se ama y oir el gemir de quien se desdeña) pertenece al grupo que Georgina Sabat clasifica de heterodoxo, pues Sor Juana se distancia de Petrarca al establecer una rigurosa vigilancia de sus sentimientos: "...de Silvio me cansa el rendimiento,/ a Fabio canso con estar rendida" (Cruz 288). El amor por Fabio sigue siendo en este soneto (a pesar de la heterodoxia de su planteamiento formal, el triángulo amoroso) incorruptible: "Que no me quiera Fabio al verse amado, /es dolor sin igual en mí sentido" (Cruz 288), indica Sor Juana en la bellísima apertura de su exposición amorosa.

Los sonetos 169 y 166 son los dos únicos sonetos de amor en los cuales la voz poética sorjuanina nombra directamente a su amado Fabio. Sabat-Rivers estudia también los restantes 19 sonetos de tema amoroso –dirigidos algunos a Silvio, otros a Alcino, a Lisi, a Celia– y su atenta lectura concluye que Sor Juana diestramente rechazaba los rigores de una voz lírica excluyentemente femenina. En efecto, existen sonetos en los cuales la célebre novohispana presenta una voz poética cuyo género es indefinido, ejemplo de esa neutralidad es el bellísimo soneto 176, el cual se inicia con el verso: "Yo no puedo tenerte ni dejarte..." (Cruz 293). Eruditamente, Sabat-Rivers nos indica que el tema proviene de las conocidas coplas de Cristóbal de Castillejo: "Ni contigo ni sin ti" (Sabat-Rivers 430). Sor Juana también escribe sonetos de amor en los cuales aparece una tercera voz: se trata de un hablante lírico no femenino ni tampoco neutro sino masculino. Un ejemplo de esta masculinización lírica es el soneto 178: "Yo no dudo, Lisarda, que te quiero..." (Cruz 294). Sus versos poetizan un tópico que proviene, nos recuerda la autora de imprescindibles estudios sorjuaninos, de Catulo: *Odi et amo...* Odio y amo. Tanto el soneto 176 de voz neutra –el cual postula una sentencia amorosa marcadamente intelectual: "quien da la mitad, no quiera el todo" (Cruz 293)– como el soneto masculino – que presenta a un amante que declara sentirse tan "agraviado" como "airado" (Cruz 294)– forman parte del grupo heterodoxo. El soneto a Lisarda presenta así mismo un amor no ortodoxo, porque el hablante masculino no sólo ama sino también odia al objeto de su deseo; y el soneto neutro escapa, por su parte, a la ortodoxia petrarquista dado que el inefable "no se qué" característico del amor, se transforma en un muy sorjuanino saber exactamente qué debe hacer el amante para olvidarse del amado.

Todas estas precisiones ayudan a elaborar una clara exposición sobre la heterogeneidad discursiva que caracterizaba los sonetos amorosos de Sor Juana, quien tan diestra como fluidamente eludía fijar su voz poética en una hablante lírica determinada por la feminidad. Esta movilidad de género poético ya la había notado Octavio Paz en su magistral libro: "La mayoría de sus sonetos son doctorales, están llenos de antecedentes, precedentes, distingos, deducciones y corolarios. [...] la mayoría de las veces la que habla es una mujer pero otras es un hombre y aún una voz neutra – la voz de la razón misma" (373).

En los sonetos clasificados como "Sonetos de Amor y Discreción", hay vocativos que respectivamente nombran a Silvio, Alcino, Celio, pero también a Lysi, Lisarda, Nise, Celia y a un indeterminado y siempre amado "mi bien...". Estos últimos sonetos, los que presentan una voz amorosa neutra, son las composiciones poéticas más bellas de Sor Juana escritas en *dolce stil nuovo*: los poemas "Esta tarde mi bien, cuando te hablaba..." (Cruz 287) y "Detente, sombra de mi bien esquivo..." (Cruz 287) sin duda alguna forman parte de los más excelsos sonetos escritos en lengua española, mérito supremo si se considera el reducido número de sonetos de amor que produjo Sor Juana: ventiuno, como nos lo recuerda el artículo de Sabat-Rivers. Fue precisamente la calidad de su deslumbrante poesía lo que llevó a Méndez Plancarte a considerar a Sor Juana como una *Emperatriz del idioma*, pues su lira, decía el sabio jesuita, contenía los siguientes atributos: "Cristalina y nocturna, solemne y familiarísima, pensierosa y risueña, fastuosa y desnuda, escultórica y musical, humana y divina; simultáneamente grande en las escuela de San Juan y Góngora, de Garcilaso y Calderón, de Alarcón y Quevedo, de Lope y Jacinto Polo, y a la par –siempre– originalísima" (XXXVI). El reconocimiento de Méndez Plancarte debe advertirnos nuevamente respecto a las delimitaciones bajo las cuales es prudente estudiar a Sor Juana: partiendo siempre del Renacimiento. Georgina Sabat–Rivers agrupa los veintiún sonetos de amor que escribió Sor Juana y nos entrega en su ensayo reflexiones que proponen una cuidadosa e interesante clasificación de los mismos.

El punto que deseo focalizar, para ampliar lo que la erudita hermosamente denominara "causística del amor", es el amor que Juana Ramírez de Asbaje inscribió en numerosas poesías teniendo a Fabio como su *amado y dulce dueño*. La monja jerónima dedicó gran cantidad de composiciones amorosas no sólo a la divina Lysi, sino también a su idolatrado Fabio, siendo ambos nombres los vocativos más reiterados en su poesía. Los poemas en honor a Lysi han generado una polémica que parece no tener fin sobre la complejidad de sentimientos amorosos que la poeta profesaba hacia la culta, y sin duda alguna bella, marquesa de la Laguna, cuyo encuentro con Sor Juana ha sido descrito por Octavio Paz como un hermoso "concilio de luceros".[6] Un absoluto silencio crítico-literario ha imperado, sin embargo, en torno a Fabio; sólo Méndez Plancarte ha comentado el grandísimo amor que la religiosa jerónima parecía profesarle. Al anotar críticamente el Romance 5 (en el cual la voz femenina de Sor Juana amorosamente le pide a Fabio oir su "altivez postrada" (Cruz 21), petición sin duda alguna sorprendente e inédita si se repara en la desafiante poesía sorjuanina), Méndez Plancarte indicó en 1951 lo siguiente: "Este apasionado romance de humilde ternura expresa un amor a Fabio que se creería autobiográfico" (369). Su breve comentario, aunado al reconocimiento arriba citado de Georgina Sabat-Rivers (Fabio es el nombre que Sor Juana invoca al hablar del ser amado por excelencia), son las dos anotaciones que deseo subrayar (y agradecer) antes de situar en un gran primer plano las bellísimas composiciones de amor que Juana Ramírez de Asbaje destinara a Fabio: romances, letras para cantar, endechas, décimas, glosas, sonetos y Liras. Algunas de las composiciones a las que me referiré, aún sin llevar textualmente inscrito el nombre del amado, contienen una semejanza temática que las asocia con aquellas poesías en las cuales el nombre de Fabio sí se menciona en forma explícita. El *corpus* lírico al que me referiré se compone de un total de 23 poesías de métrica diversa, cuyo tema central es el amor que Juana Ramírez experimentó por su *idolatrado dueño*.[7]

Los romances epistolares de Sor Juana (unánimemente tomados por la crítica como romances autobiográficos al narrar en ellos vivencias indudablemente personales)[8] incluyen un apartado de siete textos clasificados por Méndez Plancarte como "Romances filosóficos y amorosos" en los cuales Sor Juana discurre sobre temas tan variados como la tristeza – "Finjamos que soy feliz, / triste pensamiento, un rato" (Cruz 5)–, los celos –"¿cómo sin tenerlos puede el amor estar perfecto?" (Cruz 9)– y su amor por Fabio. Méndez Plancarte

---

[6] Consúltese la cuarta parte del imprescindible estudio *Las Trampas de la fe*.
[7] Me referiré a los *Romances* 4, 5, 6; a las *Letras para Cantar* 8 y 9; a las *Endechas* 70, 75, 76, 77, 78, 79 y 81; a la *Glosa* 140; a los *Sonetos* 165, 166, 168, 171, 172, 173 y a las *Liras* 211, 212 y 213.
[8] Véase el artículo de Sara Poot Herrera "En cada copla una fuerza, en cada verso un hechizo. Los Romances de Sor Juana"; consúltese el libro de Georgina Sabat-Rivers *En busca de Sor Juana*; véase mi artículo "Sobre el peligroso arte de tirar el guante. La ironía de Sor Juana hacia los Virreyes de Galve".

indica que no posee fechas conjeturables que le permitan datar estas poesías, sin embargo debe tenerse en cuenta que su decisión de incluir los romances amorosos al inicio de su esmeradísma compilación de poemas, permite suponer que los consideró textos iniciales en la producción poética de Sor Juana. El Romance 4 es la obertura al tema de Fabio; en él la monja novohispana se dirige a su propio discurso, el cual goza de fama de entendido, para que la ayude a razonar y discurrir sobre la disyuntiva en la cual se encuentra:

> Manda la razón de estado
> que atendiendo a obligaciones
> las partes de Fabio olvide,
> las prendas de Silvio adore... (Cruz 18)

Este romance se emparenta directamente con los sonetos de encontradas correspondencias al presentar el mismo dilema de una Sor Juana acosada por afectos contrarios: ¿Cómo mostrarse de blanda cera ante quien no quiere (Silvio), mientras debe comportarse de frío bronce frente a quien ama (Fabio)? La composición presenta confesiones epistolares tan atrayentes como el que sea "una razón de estado" olvidar a Fabio, frase que permite suponer que impuestas obligaciones le impedían enamorarse de quien, sin embargo, amaba ya. Juana Ramírez de Asbaje estructura su tormento amoroso estableciendo elaboradas y retóricas preguntas en las cuales la religiosa habla de su propia y "noble altivez" (Cruz 18), la cual no consiente en presentar al mundo una engañosa ficción. El discurso que surge en torno a la característica dubitación de amar a quien nos ama y olvidar al que se muestra desdeñoso es un tema elaborado culta y diestramente en el romance. La inteligente novohispana resuelve que al amor o bien lo concilian los astros o bien lo engendran las perfecciones; así, quien se decide a corresponder los sentimientos de quien no ama comete una grave falta, pues en realidad esa persona sólo se ama a sí misma. El amor no busca la paga, dice Sor Juana, "que tan bajo interés fuera/ indigna usura en los dioses" (Cruz 21). Gracias a estos bellos octosílabos inferimos que el amor precisa, al menos para la agudísima jerónima, de esa inefable característica propia de la divinidad: no deberá exigir correspondencia, aún cuando ser amado y ser correspondido sea un estado anhelado por el corazón. De acuerdo entonces a los presupuestos divinos del amor, Juana Ramírez justifica su rechazo de Silvio: no lo aceptará sólo para disfrutar la baja usura de ser correspondida, amará por lo tanto a Fabio; en consecuencia el romance finaliza con una categórica resolución: "mi voluntad es de Fabio/ Silvio y el mundo perdone" (Cruz 21). Destaca este romance no sólo por la belleza de su expresión directa, sino por encerrar preceptos amorosos que otorgan luz al tema de las finezas posteriormente desarrollado por Sor Juana en su *Carta atenagórica*. La contundente resolución del romance, contraria a lo que el mundo parecía estarle exigiendo a la inteligentísima novohispana, será el sello más determinante de los poemas en honor a Fabio: el amor que le tiene sólo llegará a su término cuando sea su propio *idolatrado dueño* quien la desengañe.

En el siguiente poema, el Romance 5, la joven novohispana se muestra aún más humilde que en el poema anterior; reconoce su dolor de amar a Fabio y dulcemente le pide a éste escuchar los males que la aquejan: "oye mi altivez postrada" (Cruz 21). Es así como una joven Juana Ramírez de Asbaje, a la cual como Sor Juana nunca veremos postrada, se presenta con desconocida humildad ante el ser amado, arguyendo incluso que para ella son incompatibles el orgullo (pundonor lo llama) y el amor. Y nuevamente reconoce, en una sentencia ciertamente insólita dentro del corpus sorjuanino, lo siguiente: "En fin, me rendí" (Cruz 22). Tiernamente (recordar que la sobresaliente religiosa escribió contadas poesías en las cuales privilegie la ternura amorosa) sostiene que su amor es firme pues "aunque no quise, te quise" (Cruz 22). El amor que Juana Ramírez propone a Fabio en este romance es un amor que, ella misma señala, pudieran envidiar los Leandros y las Heros, los Píramos y las Tisbes, dado que no es un amor físico:

> Deja que nuestras dos almas
> pues un mismo amor las rige,
> teniendo la unión en poco,
> amantes se identifiquen. (Cruz 23)

Tan platónico es el amor que Juana Ramírez de Asbaje le propone a Fabio que Méndez Plancarte, esquivando todo otro comentario, recuerda que las referencias a Anteros y a Cupido que preceden a la estrofa arriba citada forman parte del *Convivio* de Platón. El Romance 5 es un texto sin duda alguna amoroso, pero el amor de Sor Juana por Fabio, como el que posteriormente sintiera por Lysi,[9] no aspira a una resolución física siendo para ella más perfecto el amor que se concreta en el ánimo (digno del gigante Anteros) que el que se cumple en el cuerpo (propio del infante Cupido).

El siguiente poema, el Romance 6, no lleva inscrito el nombre de Fabio, sin embargo, su contenido es tan similar en ternura y confesado amor al poema previo que el propio Méndez Plancarte señala: "Esta poesía amorosa, tan de verdad y en idéntico tono que la anterior, podría pertenecer al mismo ciclo de Fabio" (370, énfasis de Méndez Plancarte). Es el poema un romance amorosísimo y tierno, el amado que se invoca es el "dulce idolatrado dueño" del que debe despedirse Juana Ramírez. Es conmovedor el llanto que una y otra vez la célebre novohispana registra en sus estrofas, en las cuales aparecen "tristes rasgos,/... lastimosos ecos" (Cruz 23), e incluso se señala que sus versos parecen haber sido escritos con "torpe pluma" porque: "con las lágrimas que vierto/porque va borrando el agua / lo que va dictando el fuego" (Cruz 24). La bellísima antítesis trazada en estos versos (el agua de las lágrimas borra el fuego de los renglones que dicta el amor) presenta tal refinamiento estético y tal ternura lírica que difícilmente encontraremos en Sor Juana versos de amor más conmovedores.[10] Entre explícitas lágrimas y no menos explícitos suspiros la monja novohispana no dejará de recordarle a su dulce e idolatrado dueño lo siguiente: "no te olvides que te adoro" (Cruz 25). Finaliza este romance pleno de ternura con la separación de los amantes, las lágrimas de Juana Ramírez de Asbaje cierran el hermoso romance epistolar, el cual también comenzó en llanto. La notable poeta novohispana tanto ha llorado en esta composición amorosa que finaliza la misma confesando: "ni sé ya lo que te digo/ ni lo que escribo leo" (Cruz 26). La sencillez de estos romances, que no alcanzan todavía la complejidad culteranamente manierista y hasta barroca de sus posteriores composiciones, vuelve legítima (si bien silenciada) la intuición de Méndez Plancarte: los escribía una inteligentísima y muy joven Sor Juana; estaba enamorada.

Las Letras para cantar (técnicamente también son romances) se clasifican como las poesías 8 y 9 de Sor Juana. Méndez Plancarte nuevamente señala que son poemas pertenecientes al ciclo de Fabio, lo cual no es mera suposición porque se nombra al amado

---

[9] Los poemas del llamado *ciclo a Fabio* son anteriores al encuentro de Sor Juana con la virreina Paredes, la siempre divina Lysi.

[10] El único otro texto sorjuanino en presentar un amoroso cuidado que se expresa en llanto es el soneto 164, "Esta tarde, mi bien, cuando te hablaba", en el cual la monja novohispana pide al ser amado que ponga fin a los celos pues: "ya en líquido humor viste y tocaste/ mi corazón deshecho entre tus manos" (Cruz 287). Hermosísima perífrasis del llanto.

explicítamente en la primera de esas canciones. El tono ha variado un poco, no aparece la sencillez léxica de los romances epistolares, la Letra 8 es más culterana; Sor Juana parece refugiarse bajo una identidad literaria atípica y originalísima:

> Hirió blandamente el aire
> con su dulce voz Narcisa,
> y él le repitió los ecos,
> por bocas de las heridas. (Cruz 29)

Juana Ramírez de Asbaje, dulce Narcisa herida (¿cómo no admirar la belleza culterana de su quejas brotando como ecos desde las heridas que causa en ella el amor?) sigue confesándose tan dolidamente enamorada aquí como en sus romances; mas ya no expresa su llanto con sencillez. En la Letra 8 la joven novohispana parece querer cubrir bajo una identidad literaria la pena que en ella produce la distancia del amado. En la canción siguiente, la Letra 9, Sor Juana revoca su intención de disimular el dolor que padece, y da inicio entonces a su canción exigiendo lo siguiente: "Afuera, afuera, ansias mías" (Cruz 31). Reconoce en los versos a continuación que desea manifestar sus penas –"Salga el dolor a las voces" (Cruz 31)–, y concluye con una afirmación que tampoco es común en la monja virreinal y que vuelve a confirmarnos una vez más su postrada altivez ante Fabio, postramiento que sólo el amor puede ocasionar:

> Mayor es, que yo, mi pena;
> y esto supuesto, más fácil
> será que ella a mí me venza
> que no que yo en ella mande. (Cruz 31)

Resulta tan conmovedora esta letra (construída con lastimosos mandatos) como los romances epistolares, pues Sor Juana no duda en expresar con sencillez y claridad el dolor que en ella impera, el cual finalmente reconoce más grande que su propio ser. Se respira en sus versos una vulnerabilidad anímica que vuelve legítimo suponer a estas composiciones producto de la juventud de Sor Juana: hay todavía una fragilidad y postramiento del ánimo que no aparecen después en la autora de *Primero sueño*. Las endechas son tan bellas como los romances citados, aunque permanentemente oscilan entre un admirable culteranismo y una atrayente sencillez. La Endecha 75 expresa, de acuerdo a su epígrafe un "afecto singular" (Cruz 198), y está dedicada a Fabio. Este romancillo (nombrado así porque sus versos no son octosílabos sino heptasílabos) habla de un lenguaje raramente descrito en la poesía de Sor Juana: el lenguaje de la mirada. Se trata de una endecha extraordinaria, pues podemos imaginar los vivaces ojos de una Juana Ramírez de Asbaje profundamente enamorada. Le pide a Fabio atender sólo a lo que confiesa su mirada, en sus ojos verá las finezas del amor que le profesa:

> Ellos a ti te basten:
> que si prosigo, pienso
> que con superfluas voces
> su autoridad ofendo. (Cruz 200)

Es realmente amorosa la manera en que Juana Ramírez mira a Fabio, sus ojos declaran el amor que siente; ninguna palabra hace falta entonces para explicar sus sentimientos pues la mirada ha dicho todo lo que hacía falta expresar. El siguiente romancillo, la Endecha 76, retoma el tema de la despedida de los amantes ya vista en el Romance 5. Fabio y Juana Ramírez deben distanciarse, la separación queda sellada con la tierna petición de un beso y con lágrimas:

> De tu rostro en el mío
> haz, amoroso, estampa;
> y las mejillas frías
> de ardiente llanto baña. (Cruz 201)

Es magnífica la elaboración perifrástica de un beso como la amorosa estampa que un rostro posa sobre otro. No sorprende entonces que la Endecha 78 tenga a Fabio como destinatario, aunque su nombre permanezca oculto en el texto. Hay versos que, sin duda alguna, se asemejan a ciertos pasajes de la imperativa Letra para cantar ya analizada; ejemplo de esa similitud léxica es la estrofa heptasilábica donde una Juana Ramírez de Asbaje también enfática e imperativa pide: "Afuera, ceremonias/ de atenciones corteses" (Cruz 204); petición que nos recuerda su anterior, también ferviente (octosílabica) exigencia de dejar salir las ansias y el dolor producidos por el amor. En esta endecha la monja jerónima nuevamente se exige a sí misma no disimular su penar, quiere dejar a un lado los protocolos e incluso pide a su propio llanto ser capaz de vencer los diques y los puentes de la contención. El epígrafe señala que el poema expresa el sentimiento que padece una amante mujer ante la muerte de su esposo. Méndez Plancarte nos recuerda en su escueto comentario al texto que el vocablo "esposo" indicaba una referencia al novio o prometido, no al marido (ejemplo de su argumento se encuentra en *Los empeños de una casa*, comedia de capa y espada de la propia Sor Juana). Esta aclaración podría haber sido establecida con el fin de no despojar a Sor Juana de una vivencia que el sabio jesuita oblicuamente declara autobiográfica. Quizá el dolor que se poetiza en esta endecha sea el pesar de haberle sido anunciado a la monja novohispana el definitivo apartamiento del hombre que ella nombró como Fabio. La religiosa expresa un pesar realmente conmovedor, su duelo ante la definitiva pérdida del amado es tan amarga que ella misma manifiesta sentir deseos de morir, sin embargo la muerte no le será concedida a pesar de haberla reclamado:

> Mas ¡ay de mí! que todas
> las criaturas crüeles
> solicitan que viva
> porque gustan que pene. (Cruz 206)

La siguiente poesía, clasificada bajo el número 79, habla directamente de un desengaño. Sor Juana declara haber perdido todo lo que podía verificar la existencia de su ser. Es una endecha que versa la desilusión; no menciona a Fabio por su nombre, pero su contenido deja traslucir el desengaño amoroso que sufre: ha perdido al hombre amado para siempre. Sor Juana empieza a demostrar en este poema la extraordinaria fortaleza de su ser intelectual pues razonadamente busca encontrar consuelo ante el dolor de haber perdido al objeto de su amor. Declara entonces que el mal que la entristece al menos trae consigo un alivio: ha perdido el miedo de perder al amante, pues ello ha ocurrido al fin. Dada su pérdida, no existe ya el temor que antes la atormentaba: "no teme ladrones,/ desnudo, el pasajero" (Cruz 207). Versos que, sin duda alguna, nos hablan de querer encontrar una razonada resignación a su pena. Finaliza el heptasílabico romance con una determinación en la cual se perfila nítidamente la intelectual monja capaz de sobrepasar con su empeño mental cualquier tormento del corazón:

> No quiero más cuidados
> de bienes tan inciertos,
> sino tener el alma
> como que no la tengo. (Cruz 207)

Poética declaración que podemos ya reconocer como típicamente sorjuanina, hermosa, aunque dolidamente, ha aceptado haber perdido ya su ser femenino: a partir de este momento rehuirá volver a enamorarse. En un poema posterior, la Endecha 81, un romancillo irregular pues ha sido escrito en una combinación de heptásilabos y decasílabos, la monja virreinal habla a un "Divino dueño mío" (Cruz 209) que bien pudiera ser Fabio. Su ubicación, es decir, el hecho de que la endecha sea numerada como la poesía 81, obedece a criterios de forma métrica, no a su cronología. La endecha es un romancillo irregular, dado lo cual Méndez Plancarte lo ubica después de los romancillos tradicionales. Es posible, sin embargo, constatar en esta endecha que Juana Ramírez estaba todavía enamorada de Fabio; el romancillo antecede entonces la ya comentada y llorosa resolución de haber perdido al amado. Importa destacar que en esta endecha es ella quien se ausenta, es ella quien se aparta del ser amado:

> Y puesto que me ausento,
> por el último *vale*
> te prometo, rendido
> mi amor y fe constante:
> siempre quererte, nunca olvidarte. (Cruz 210)

La rendida y tierna declaración de amor eterno que presenciamos en esta despedida enlaza el poema con el Romancillo 76, en el Juana Ramírez se despidió de su amado pidiéndole un beso. Las "Décimas de Amor y Discreción", poesías 99 y 100, sobresalen así mismo en el tema del ciclo a Fabio, pues la poeta se rebela en ellas a la tiranía de vivir enamorada. El amor ya no es el sentimiento tierno sobre el que antes versaba en sus romances y muy lejos se encuentra ya la previa aceptación de postrarse ante el ser amado; en las décimas aparece la rebeldía, el amor no es ya un sentimiento que concilien los astros, es este sentimiento un "vencedor Rapaz" (Cruz 234), la mayúscula del adjetivo pertenece al texto), es arrogante y es atrevido, rinde la voluntad, sí, "pero no el consentimiento" (Cruz 234). A estas décimas de rebeldía ante el amor pertenece la hermosa confesión sorjuanina de tener el alma dividida en dos partes: "una esclava a la pasión/ otra, a la razón medida" (Cruz 234). No se encuentra ya presente en esta poesía la previa aceptación de postrar toda altivez, el alma no soporta ya la idea de rendirse al amor; ahora entre la razón y el amor se libra una encendida batalla cuyo ambiguo resultado vuelve imposible clasificar esta poesía como una poesía de amor barroco:

> Y así, Amor, en vano intenta
> tu esfuerzo loco ofenderme:
> pues podré decir, al verme

> expirar sin entergarme,
> que consiguiste matarme
> mas no pudiste vencerme. (Cruz 235)

Es francamente intelectual la anterior resolución: la monja virreinal declara victorioso al amor, sin embargo su triunfo es parcial en ella; consiguió matarla pero no consiguió vencerla, dominó su inclinación, mas no su albedrío. Estas desafiantes y hermosas décimas distancian a Sor Juana de los poetas españoles del Barroco: en ella el amor no habrá de triunfar. Su siguiente décima versa el mismo asunto: el amor la tomó desprevenida, Juana Ramírez de Asbaje lo dejó entrar y una vez instalado dentro ese sentimiento (en las décimas previas lo ha llamado "vencedor Rapaz") incendió y arrasó toda su alma. La religiosa jerónima concluye:

> Todo el Amor lo extermina;
> y con ardiente furor,
> sólo se oye, entre el rumor
> con que su crueldad apoya:
> "Aquí yace un Alma Troya.
> ¡Victoria para el Amor!" (Cruz 237)

Las imágenes empleadas en estas décimas para hablar de los efectos del amor son imágenes que representan claramente el estrago: hay menciones a "muertes", "violencias", "desastres", "palacios abrasados" y "derruídos", "confusión", "rüina"... (Cruz 234-237). La escritura de estas décimas construye una creencia de la cual Sor Juana no se apartaría ya nunca: si se permite que el amor humano entre al corazón y triunfe, al alma no le queda más alternativa que presenciar su propio estrago y su propia ruina. Quien se enamora no posee nada más que una "Alma Troya" (Cruz 237). Es excepcional este momento de anagnórisis poética, pues a partir de entonces la monja jerónima buscará refugio en la intelectualidad y en la absoluta sublimación de sus afectos. Fabio reaparece en unas quintillas que glosan la siguiente copla popular:

> Si de mis mayores gustos,
> mis disgustos han nacido,
> gustos al Cielo le pido,
> aunque me cuesten disgustos. (Cruz 270)

La escritura de la glosa precede a las décimas, composiciones donde Sor Juana ha decidido no dejarse vencer por los estragos que causa el amor. Esta poesía lleva el número 140, ordenación que responde a un criterio métrico que altera la cronología. En la glosa, la joven novohispana todavía estaba enamorada de quien decidió nombrar Fabio:

> Que estimo tanto tus gustos
> que, sin mirar mi pesar,
> o sean justos o injustos,
> tus gustos he de comprar
> *aunque me cuesten disgustos.* (Cruz 271)

Evidentemente, Sor Juana percibía ya en esta poesía de tono ligero (el énfasis en itálicas responde a la cita que la propia poeta desea hacer sobre la copla que retoma) los disgustos que consigo traía el amor; sin embargo, no había llegado aún a la resolución de apartarse de Fabio ni de renunciar al amor. La lírica de Sor Juana, la cual Méndez Plancarte ordenara siguiendo no un criterio cronológico sino métrico (cuidadosamente separa los distintos géneros de poesía), llega después de glosar la citada copla a uno de los momentos más estudiados por la crítica: los sonetos. Entre los "Sonetos de Amor y Discreción" se encuentran las bellísimas composiciones que invocan a un anónimo bien esquivo, también aparecen aquellas que textualmente nombran a Fabio y mencionan a Silvio. Siguiendo las múltiples composiciones que explícitamente aluden a Fabio encontramos imágenes que permiten trazar el esbozo de un desdeñoso joven, adornado de perfecciones físicas, quien menospreció el amor de Juana Ramírez de Asbaje. La joven novohispana en sus sonetos narra sus intentos de querer renunciar al influjo que sobre ella ocasionaba su envanecido dueño: en el Soneto 166 padece la esquivez de Fabio y se cansa con los ruegos de Silvio. En el Soneto 168, que no nombra a su amado, encontramos sin embargo una clara continuación de lo expuesto en el 166:

> Al que ingrato me deja, busco amante;
> al que amante me sigue, dejo ingrata;
> constante adoro a quien mi amor maltrata,
> maltrato a quien mi amor busca contante. (Cruz 289)

Es absolutamente evidente que, aún habiendo sido silenciados sus nombres, Sor Juana se refiere aquí al ingrato Fabio y al constante Silvio. La sabia novohispana conocía ya bien a Calderón de la Barca, pues Méndez Plancarte transcribe en su comentario un verso del dramaturgo que parece haber sido leído por Sor Juana: "Tales somos las mujeres,/ aún contra nuestros deseos..., / que queridas despeciamos / y aborrecidas, queremos...".[11] Nuevamente Juana Ramírez debate en este soneto (como antes lo ha hecho ya en composiciones analizadas en este ensayo), si debe amar a quien la desdeña o debe amar a quien la quiere. Ambas situaciones la vuelven infeliz, pero la resolución del Soneto 168 vuelve perfectamente claro que no desea ya ser una Alma en Troya:

> Pero yo, por mejor partido escojo
> de quien no quiero, ser violento empleo,
> que, de quien no me quiere, vil despojo. (Cruz 289)

Hermosa, sabia y manieristamente Sor Juana declara con sus endecasílabos ser discípula del renacentista Boscán, quien escribiera un soneto cuya resolución, aunque diferente, no es totalmente contraria a la de Sor Juana:

> Mas es mejor amaros, desamado,
> y en esto vivir yo de mí contento,
> que sin amaros, ser de vos amado. (Cruz, citado por Méndez Plancarte 530)

Las ruinas y los estragos que produce el amor claramente son ya rechazados por Sor Juana en su Soneto 168; su resolución, sin embargo, no contradice a Boscán, solamente

---

[11] Consúltese a Méndez Plancarte en sus eruditas notas al soneto (531).

difiere. El cortesano poeta renacentista prefiere sufrir él mismo los estragos del amor que otorgarle esos pesares a su dama, caballerosa resolución digna de la estética italiana a la cual obedecían los renacentistas, *El cortesano* de Baltazar de Castiglioni (autor traducido al español por el propio Boscán). Sor Juana evade sin necesidad de masculina ayuda ese dolor y ni siquiera la cortesanía del mismísimo Boscán podrá convencerla ya de aceptar la insensatez de humanamente amar a quien no corresponde a sus sentimientos. Es hermosísimo e ilustrativo de la fuerte intelectualidad sorjuanina el intertextual diálogo en *dolce stil nuovo* que establece con Boscán. El Soneto 169 da continuación al tema de las encontradas correspondencias, está dedicado a Fabio; su hechura es anterior a la escritura del Soneto 168, pues en este soneto la joven novohispana alude aún a la esperanza de que su amado corresponda a su amor. No es un soneto particularmente hermoso, pero el sabor popular de su analogía, en la cual agudamente postula que la correspondencia es como la sal (daña tanto si falta como si sobra), otorga al poema un definitivo encanto. Siguiendo la lectura que propongo del temprano amor que Juana Ramírez de Asbaje sintiera por un joven líricamente denominado Fabio, el Soneto 176 lo tiene a él como sujeto. Aparece en este poema una Sor Juana que titubea en amar, sabe que sería prudente olvidarse del amado, riñe con él, surgen celos y sospechas. Es un poema donde triunfa la indecisión amorosa:

> Yo no puedo tenerte ni dejarte,
> ni sé porque, al dejarte o al tenerte,
> se encuentra un no sé qué para quererte,
> y muchos sí se qué para olvidarte. (Cruz 293)

Es indudablemente bello este soneto –heterodoxo, nos explicaría Georgina Sabat-Rivers ("Veintiún..." 407)– porque se convierte en exposición sobre los desaciertos y las inseguridades de amar. No hay resolución, sin embargo, hay solamente llanto. Aún no aparece en este soneto lo que claramente Sor Juana ha resuelto en otras composiciones métricas: no dejarse derrotar por el amor, ese *vencedor rapaz* que sólo sabe causar estragos en el alma.

El Soneto 173 que deseo comentar ahora es una poesía inmerecidamente desatendida por la crítica. Estructuralemnte es una joya: cada una de sus estrofas encierra una pregunta que se alarga exactamente a la medida de sus cuartetos o tercetos. No es un soneto dirigido a Fabio sino a Alcino, por ello lo comento en aparente destiempo. Este vocativo alude a un amigo al que se le confiesan penas de amor, Juana Ramírez interroga a su confidente: "¿Vesme Alcino, atada a la cadena / de Amor...?" (Cruz 291). Es un soneto que habla de tener el alma llena de dolor y angustia, "de tan fieros tormentos lastimada" (Cruz 292) que se encuentra desatinada, dolida. Sin embargo, Juana Ramírez de Asbaje no renuncia todavía a amar, pues a pesar de tales tormentos su endecasílabo final anuncia: "más merece la causa de mi daño" (Cruz 292). El Soneto 173 cobra sentido si se le incluye en el diálogo que Juana Ramírez sostenía sobre los estragos de amar a Fabio.

Llegamos finalmente a las últimas composiciones de la lírica personal que nombran a Fabio: las liras. Pero antes de analizarlas, se impone una reflexión tangencial sobre los sonetos: Silvio ha dejado de ser en ellos el hombre que antes poseía los méritos (afirmación hecha en el Romance 4). En los sonetos Silvio es ya un ser tan mentiroso y vil que los sustantivos que lo aluden (Soneto 171) son el escorpión, el cieno y el veneno. Sor Juana incluso resuelve: "y en fin eres tan malo y fementido/ que aún para aborrecido no eres bueno" (Cruz 291). Declaración cuya extraordinaria fuerza impide considerar a Silvio un ser ficticio. Los encubiertos Fabio y Silvio existieron y fueron figuras tan determinantes en los sentimientos de Juana Ramírez de Asbaje como determinante sería despues Lysi en la vida de una ya profesa Sor Juana. Las liras que dan fin a este recuento de amor son composiciones que entrelazan versos heptasílabos con endecasílabos, difieren de la silva en que sus versos se ordenan en sextetos. Las tres liras que escribió Sor Juana (no produjo más) están dedicadas a Fabio. Méndez Plancarte, que ha esquivado reconocer franca y abiertamente que Fabio era una vivencia no ficticia en la biografía de Sor Juana, al fin concede en sus comentarios a las liras que, efectivamente, estos poemas son autobiográficos (556). Singular triunfo de Sor Juana: lograr que el sabio sacerdote reconociera, ¡al fin!, el humano amor que ella sintió por ese hombre al que líricamente quiso denominar Fabio.

En las liras 211 Fabio es el "amado dueño mío" (Cruz 313), al que Juana Ramírez de Asbaje tiernamente le pide oir sus lastimosas quejas (petición semejante a la de sus romances). Las liras poetizan el dolido reproche de la joven: su *Fabio amado* no la ha visitado. El dolor que emerge a través de los dulces y sencillos reproches de esta composición, la cual carece de esfuerzos y complejidades barrocas, asocia a la jerónima con otra religiosa igualmente adolorida: Mariana Alcoforado.[12] Las cartas de amor de la monja portuguesa narran un dolor tan hondo y tan intenso como el que Sor Juana confiesa en su Lira 211: los hombres que ambas religiosas amaron suspendieron sus visitas y a ellas no les quedó más vía que, tristes y desiluisonadas, escribirles a los dueños de sus afectos. Mariana escribía cartas, Sor Juana escribía poemas epistolares: en esta lira le pide a Fabio "óyeme con los ojos.../ oyeme sordo, pues me quejo muda" (Cruz 313). El amor que aflora en estas dolidas quejas es tan tierno, tan sencillo y tan humilde (semejante al de los tempranos romances) que podemos entender perfectamente cuán enamorada estaba Juana Ramírez de Asbaje antes de aceptar su apartamiento del mundo. A Fabio le pide que la recuerde si es que acaso va al campo o ve un arroyo u oye a una tórtola; le pide que piense en ella al ver una delicada flor o un herido ciervo o una medrosa liebre. Una de sus estrofas es particularmente dulce:

> Si ves el cielo claro,
> tal es la sencillez del alma mía;
> Y si, de luz avaro,
> de tinieblas se esboza el claro día,
> es con su obscuridad y su inclemencia
> imagen de mi vida en esta ausencia. (Cruz 314)

Los versos que aquí representan a Juana Ramírez de Asabje son ciertamente conmovedores, jamás volveremos a presenciar en su poesía una entrega tan absoluta expresada con una sencillez semejante. Una enamorada joven interroga a su ausente amado: "¿Cuándo veré tus ojos, dulce encanto,/ y de los míos quitarás el llanto?" (Cruz 314). En forma casi idéntica, Mariana Alcoforado interrogaba a su adorado marqués de Chamilly: "Y esta ausencia... ¿no me dejará volver a contemplar tus ojos, en los que encontraba tanto amor y que, en fin, eran toda mi vida?"(13). Esta no es la única pregunta, Juana Ramírez escribe varias, y cada una conmueve profundamente. Sus preguntas no

---

[12] Véase la edición de Antonio Castro Leal. La existencia de una religiosa enamorada ha preferido considerarse ficción: de ahí que se planteen dudas sobre la autoría de *Cartas de amor de la monja portuguesa*. Sobre el tema, véase el libro de Anna Klobucka.

logran silenciar el llanto de una abandonada. Sus quejas, sin embargo, no son amargas, tristes sí; evita el reprochar directamente a su amado, intensifica su dulzura, llama con tiernas voces a su *Fabio amado*, quiere verlo:

> Ven, pues, mi prenda amada:
> que ya fallece mi cansada vida
> de esta ausencia pesada;
> ven, pues: que mientras tarda tu venida,
> aunque me cueste su verdor enojos,
> regaré mi esperanza con mis ojos. (Cruz 315)

¡Cuánto lloró la joven Juana Ramírez de Asbaje por quien líricamente nombrara Fabio! La Lira 211 es una composición magnífica, la ternura que en ella surge difícilmente puede asociarse con la razonada intelectualidad a la cual arribaría Sor Juana posteriormente. La lira 212 narra el enojo de un Fabio celoso, Juana Ramírez se defiende de las mentiras que le han contado a su amado: ella no posa su interés en nadie más que él. Su amado ha dado crédito a otros y la ha condenado, *fiero*, mas ella sabiamente le indica: "No muera de rigores,/ Fabio, cuando morir de amores puedo" (Cruz 316). Estos citados versos traen a la memoria el Soneto 164, en el cual Sor Juana le pide a un indeterminado amor poner término a los celos que lo aquejan: "Baste ya de rigores, mi bien, baste" (Cruz 287). La sencillez léxica del soneto, semejante en claridad semántica a la lira, sugiere que el indeterminado soneto, uno de los más bellos escritos en lengua española, alude en realidad a Fabio. Su final –"pues ya en líquido amor viste y tocaste / mi corazón desecho entre tus manos" (Cruz 287)– se emparenta así mismo con el Romance 5, en el cual tantas lágrimas virtiera Juana Ramírez de Asbaje.

Es mucho menos extensa la Lira 212 (de tan sólo ocho estrofas) que la Lira 211 (desarrollada en quince). Sin embargo, la joven que escribe la corta composición sigue intensamente enamorada: "y con razón te ofendes de mi trato/ pues que yo, con quererte, te hago ingrato" (Cruz 316). El ingrato Fabio (tal adjetivo es el más recurrente para denominarlo), a quien tanto ama una joven Juana Ramírez de Asbaje se ausenta para siempre de su vida: la Lira 213 habla de ese dolor. El poema lleva un epígrafe casi idéntico al de la Endecha 78: "*Expresan el sentimiento que padece una mujer amante de su marido muerto*" (Cruz 204). Tanto en la endecha como en la lira atestiguamos el intensísimo dolor de la joven novohispana por haber perdido a Fabio para siempre. Ha muerto su idolatrado dueño: ha muerto no a la vida, ha fallecido para ella. Y su pérdida tanta infelicidad trae a Juana Ramírez de Asbaje que: "es tan mísero el estado en el que peno,/ que como dicha envidio el mal ajeno" (Cruz 317). Las doloridas quejas ante su metafórica muerte son "sacrílegas" (Cruz 318), son "blasfemias" (Cruz 318). Dado el uso de ese adjetivo y ese vocablo, es lícito deducir que la pérdida de Fabio ocurre al haber profesado Sor Juana. Su dolor como mujer es entonces sacrílego, sus quejas son blasfemias como monja; quien ha profesado está proscrita de amar, la dolida religiosa novohispana siente deseos de morir ella también:

> ¿Qué vida es ésta mía,
> que rebelde resiste a dolor tanto?
> ¿Por qué, necia, porfía,
> y en las amargas fuentes de mi llanto

atenuada, no acaba de extinguirse,
si no puede en mi fuego consumirse? (Cruz 318-319)

Al igual que en la Endecha 78, tan herida se encuentra Sor Juana por la simbólica muerte de Fabio, que ella misma se rebela ante su propia vida. Finaliza con estos interrogativos lamentos los poemas de amor a Fabio.

El recuento aquí establecido ha pretendido restaurar una histora (¿deliberadamente?) oculta entre intervalos métricos: la joven Juana Ramírez de Asbaje escribió, mientras estuvo enamorada de *Fabio* (arcádico nombre, como arcádico fue también el que aludía a la marquesa de la Laguna, *Lysi*) algunas de las composiciones más bellas de su producción. A Lysi dedicaría posteriormente magníficos poemas cuya complejidad léxica y métrica – ver el Romance Decasílabo 61: "Lámina sirva el Cielo al retrato..." (Cruz 171)–, y cuyo refinamiento culterano la alejaría diametralmente de la sencillez emotiva de estas composiciones iniciales que presentan a una joven Juana Ramírez de Asbaje enamorada. Sólo el amor pudo postrar la altivez de la inteligentísima novohispana; el desengaño, sin embargo, dió inicio al surgimiento de su espléndida y emotivamente distanciada intelectualidad: sublimaría su pena; la rapacidad del humano sentimiento amoroso nunca arrasaría otra vez su alma. Al profesar, Sor Juana renuncia a ser mujer y a enamorarse; sus endechas y liras confirman lo que también aclara el más hermoso de sus sonetos, el 165: "Detente, sombra de mi bien esquivo" (Cruz 287-288), texto en que el amado sólo será apresado a través de la fantasía. Este soneto, afirmó Octavio Paz, es el compendio de la poesía amorosa y de la vida erótica de Sor Juana (380). Muchos años después, la divina Lysi substituiría la amorosa inspiración que a Juana Ramírez de Asbaje le produjo su idolatrado Fabio. Sor Juana amó intensamente y al amar, sufrió en idéntica medida; su dolor no fue una sorpresa para la intelegente mexicana: "¿Qué me admiro?" (Cruz 291), se pregunta ella misma en su Soneto 172, "¿Quién en Amor ha sido más dichoso?" (Cruz 291). Lo cual equivalía a preguntar en antitética y sorjuanina manera quién había padecido más que ella misma "el dolor de la mortal herida" (Cruz 291). Cuando los poemas de amor a Fabio se leen en conjunto poco a poco van emergiendo los hermosísimos, tiernos y dolidos retratos de una Juana Ramírez de Asbaje profundamente enamorada del hombre al que tuvo que renunciar. Volvería a enamorarse muchos años después, pero ya no como una dulce postrada joven novohispana sino como toda una célebre jerónima enclaustrada: Sor Juana.

OBRAS CITADAS

Alcoforado, Mariana. *Cartas de amor de la monja portuguesa*. Ed. y Prólogo de Antonio Castro Leal. México: Finisterre, 1960.
Colonna, Vittoria. *Rime de Vittoria Colonna*. Roma: Salviacci, 1840.
Cruz, Sor Juana Inés de la. *Obras Completas. Lírica Personal* Tomo I. Ed. Alfonso Méndez Plancarte. México: Fondo de Cultura Económica, reimpresión 1997.
Herrera Zapién, Tarcisio. "El mundo amatorio de Ovidio en Sor Juana." *Visión de Sor Juana a Trescientos Años*. México: UNAM, 1997. 216-236.
Klobucka, Anna. *The Portuguese Nun. Formation of a National Myth*. Lewisburg: Bucknell University Press, 2000.
Luiselli, Alessandra. "Sobre el peligroso arte de tirar el guante. La ironía de Sor Juana hacia los virreyes de Galve." *Los Empeños. Ensayos en Homenaje a Sor Juana*. México: UNAM, 1995. 93-144.
Paz, Octavio. *Las trampas de la fe*. México: Fondo de Cultura Económica, 1982.
Poot Herrera, Sara, "En cada copla una fuerza, en cada verso un hechizo. Los romances de Sor Juana." *Los guardaditos de Sor Juana*. México: UNAM, 1999. 229-248.
Sabat-Rivers, Georgina. "Ventiún sonetos de Sor Juana y su casuística del amor". *Sor Juana y su mundo. Una mirada actual*. Ed. Sara Poot Herrera. México: FCE-Universidad del Claustro de Sor Juana, 1995. 395-445.
_____ *En busca de Sor Juana*. México: UNAM, 1998.

HAY LOAS QUE NO HACEN RUIDO.
LA HIPOTÉTICA LOA INFANTIL DE SOR JUANA

Sara Poot-Herrera
UNIVERSITY OF CALIFORNIA,
SANTA BARBARA

I. SOSTIENE CALLEJA...

En su "Aprobación" a la *Fama y Obras Pósthumas del Fénix de México, Dézima Musa, Poetisa Americana, Sor Juana Inés de la Cruz*, Diego Calleja dio noticias de una composición que, según fue informado, Sor Juana escribió cuando era niña:

> No llegaba à ocho años la Madre Juana Inès, quando, porque la ofrecieron por premio vn Libro, riqueza de que tuvo siempre sedienta codicia, compuso para una fiesta del Santísimo Sacramento una Loa, con las calidades, que requiere vn cabal Poema: Testigo es el muy R. P. M. Fr. Francisco Muñiz, Dominicano, Vicario entonces del Pueblo de Mecameca, que està quatro leguas de la Caseria, en que naciò la Madre Juana Inès (18).

De haber sido así, antes de 1660 la niña Juana era autora ya de una loa eucarística. Oficialmente se supo de esta loa al publicarse la *Fama* en 1700.

El "Prólogo" de la misma *Fama y Obras Pósthumas* incluye una lista de textos inéditos de Sor Juana.[1] Juan Ignacio Castorena y Ursúa, autor de la lista y editor de la *Fama*, comentó que, además de lo que estaba publicando, "[e]speraba también recoger otros manuscritos de la Poetisa" (120), que con ellos "[t]uviera más alma este pequeño cuerpo" (124). Si bien el editor del tercer volumen de las obras de la poeta no incluyó en su lista la loa mencionada por Calleja, la información del jesuita español no ha sido perdida de vista a lo largo de los siglos. Debido a tal mención, precisamente, cobró importancia la noticia de 2001 de que Augusto Vallejo había descubierto la loa mencionada en 1700.

---

[1] Una apostilla advierte de "Escritos no impressos de la Poetisa" (125): "Una Glossa en Dezimas à la Inclyta Religiosa Accion de nuestro Catolico Monarca..." (encontrada por Bryant en 1964); "Las Sumulas, que de su letra tenia el R.P.M. Joseph de Porras, de la Compañia de Jesvs"...; "El Equilibrio Moral, Direcciones Practicas Morales"; "Un Poema, que dexò sin acabar Don Agustin de Salazar" (relacionado con *La segunda Celestina*); "Otros Discursos à las Finezas de Christo Señor nuestro": "Un Romance Gratulatorio à los Cisnes de la Europa" ("En reconocimiento a las inimitables Plumas de la Europa, que hicieron mayores sus Obras con sus elogios: que no se halló acabado", 1700; romance 51 [158-161] en la nomenclatura de Méndez Plancarte, *Obras completas*, Tomo I).

II. Impresiones de la prensa

Las noticias del hallazgo de esta loa –loa de 1657 según la fecha Augusto Vallejo– tomó forma en los medios de comunicación, y durante el mes de agosto de 2001 aparecieron varios reportajes que abordaron la noticia; aunque con similar información entre sí y escasa en cuanto a los avatares de su descubrimiento –sobre todo dónde se encontró y qué documentos avalan la autoría–, la noticia mantuvo la atención de lectores e interesados en los nuevos hallazgos en torno de la vida y la obra de Sor Juana Inés de la Cruz. A continuación presento una sinopsis de los reportajes acerca del descubrimiento, que hizo literalmente su agosto en el año 2001 y fue retomado en noviembre del mismo año, mes de celebraciones conmemorativas del nacimiento de Sor Juana. En noviembre de 2002 un artículo periodístico retoma el hallazgo, y otro más en diciembre también del 2002 comenta brevemente el descubrimiento de la loa.

1. Domingo 5 de agosto de 2001. *La Jornada*. "Hallan el primer poema de Sor Juana Inés de la Cruz" (reportaje de Ángel Vargas; sección *Cultura* 3a).

    Se informa que Augusto Vallejo "hizo un descubrimiento de trascendencia histórica" con su hallazgo de la loa anunciada por el biógrafo de Sor Juana.[2] Lo que no dijo Calleja de esta loa en el año 1700 sí lo dijo Vallejo en 2001, al dar santo y seña de una "loa al Santísimo Sacramento, representada en el atrio del convento dominico de Nuestra Señora de Asunción de Amecameca, el jueves 31 de mayo de 1657, en la festividad del *Corpus Cristi*". Después de ofrecer dato tan preciso –no probado con documentación desde aquel momento (2001) hasta el momento actual (2003)– Vallejo se refirió al poema: "Está integrado por 360 versos mixtos o mestizos, en náhuatl y español, aunque algunos de éstos se perdieron durante los dos traslados que se hicieron de la obra, en el mismo siglo XVII, por parte de quien los copió". Si después se verá que los versos corresponden no a uno sino a dos poemas y que los versos no son 360 sino 330, no podrá verse en cambio nada respecto a los dos traslados del siglo XVII mencionados por Vallejo, puesto que no aparece ningún apoyo documental. Lo relativo a las copias de la loa será un punto álgido –varias interpretaciones, ningún documento– en la información ofrecida hasta hoy sobre el descubrimiento del "primer poema" de Sor Juana.

    En la noticia del periódico, Vallejo no dice nada que tenga que ver con una loa de carácter sacramental –referida así por Calleja– sí en cambio opina que el poema "revela a una Sor Juana diferente: La que tiene las primeras impresiones de su infancia, de lo que ve y de lo que vive. Es una etapa totalmente desconocida, porque siempre se le aborda como el personaje que vivió en la Corte y luego como monja". Por lo que informa Vallejo, desde la loa se descubre a una niña que en español y en náhuatl aboga en sus versos por los indios, pronunciándose en contra de españoles y criollos.

    Este poema, al parecer justiciero, sirve a Vallejo para reconfirmar que Sor Juana nació en 1648;[3] de ahí el año mencionado antes –1657– aún no comprobado en las fuentes que él ofrece al hablar de su hallazgo. A pesar de la falta de pruebas, no sólo en las primicias de la noticia de 2001 sino en lo declarado hasta el momento respecto a la autoría de la loa, lugar y fecha de su hechura y representación, "Vallejo garantiza la autenticidad de su descubrimiento [y] afirma que cuenta con el sustento histórico documental incuestionable". Garantizada

---

[2] Ese 5 de agosto la noticia circula, abreviada, por Internet. *El Universal* (AFP) [Agence France-Press; Agencia Mundial de Información].

[3] Sobre el nacimiento de Sor Juana en 1651, véase el artículo de Georgina Sabat-Rivers, "Otra vez sobre la fecha de nacimiento de Sor Juana Inés".

verbalmente la autenticidad, Vallejo "se muestra –según *La Jornada*– renuente a proporcionar la información específica de cómo y dónde encontró el poema, sólo precisa que fue hace mes y medio y que el documento está 'en un depositario cuya historia es también interesante'". Ese 5 de agosto Vallejo habla de la futura publicación de su descubrimiento, aún en estudio dice, y anuncia que dos días después presentará su hallazgo en una entrevista en vivo que será transmitida por la radio el martes 7 de agosto, dos días después de la noticia periodística.

Una vez que informa que Salvador Díaz Cíntora traduce y prepara un estudio filológico del poema, adelanta a *La Jornada* que éste "tiene una inscripción en náhuatl que no es de Sor Juana, sino de la persona que en el siglo XVII copió los versos y quedó admirado con ellos: 'Los jades y las turquesas/ no salen por ningún lado/ apenas los extraemos/ como coyotes gritamos'".[4] Vallejo ha verbalizado que el poema de Sor Juana que se representó en Amecameca el 31 de mayo de 1657 fue copiado por mano ajena. Si la cuarteta es del siglo XVII, los versos han de haber sido copiados en ese siglo, como él informa, pero no ha dicho todavía cuándo, dónde y de qué modo pasó el original de la niña Juana a ser la copia de alguien –¿quién?– que escribe la cuarteta "introductoria" del poema que, dice Vallejo, es de Sor Juana.

Al proclamarse descubridor de la loa anunciada por Calleja, Vallejo refuta –y es la palabra que utiliza– la autenticidad de la *Carta al Padre Núñez* ("Carta de Monterrey") y la *Carta de Serafina de Cristo*. Acompaña a las noticias relacionadas con el hallazgo de la loa la refutación de documentos como los anteriores y la promesa de publicar otros que cambiarán la historia de lo dicho hasta ahora sobre la vida y la obra de Sor Juana Inés de la Cruz; la autenticidad de la carta de Monterrey será el documento más debatido por Vallejo, para quien "son pocos los historiadores que se han encargado de estudiarla [a Sor Juana] y han delegado esa tarea-responsabilidad a los literatos".

Entrevistados Margo Glantz y Antonio Alatorre acerca del reciente descubrimiento, se abstuvieron en principio de dar a conocer sus puntos de vista sobre un poema apenas anunciado. Margo Glantz opinó que le encantaría que fuera un documento fidedigno, "comprobaría –dijo– la precocidad poética de Sor Juana". Antonio Alatorre opinó que el poema difícilmente se habría conservado; de existir, dijo, tendría que ver el documento y comprobar la historia de su hallazgo. "Ya sabemos –comentó– que Sor Juana hablaba náhuatl y que defendía a los indios [...]. Naturalmente no hay que esperar una obra relevante". Los dos sorjuanistas fueron muy cautelosos respecto a la noticia. Hasta ese momento se hablaba de una sola loa, una loa sacramental a favor de los indios y que daba indicios de la niñez de Sor Juana.

2. Miércoles 8 de agosto de 2001. *La Jornada*: "El hallazgo rescribirá la historia de Sor Juana, dice Vallejo de Villa" (reportaje de Ángel Vargas).

Como se había anunciado, el martes 7 de agosto de 2001 a la una de la tarde Radio Educación de la ciudad de México[5] entrevistó a Augusto Vallejo y a Salvador Díaz Cíntora. La entrevista fue recogida y dada a conocer también por la prensa el miércoles 8 de agosto de 2001. Según el reportaje, Vallejo reitera la autenticidad de la loa y asegura que "[e]l primer poema de Sor Juana Inés de la Cruz es parte de un *corpus* documental que vendrá a cambiar su biografía y el concepto que se tiene de ella". Advierte, además, que "[e]ste acervo rescribirá su historia, porque la que hemos conocido es la de un personaje sumamente desvirtuado. Esto es una vergüenza".

---

[4] El traductor de la cuarteta del náhuatl al español es Salvador Díaz Cíntora.
[5] Se trata del programa *Entrecruzamientos* conducido por Hilda Saray.

A Salvador Díaz Cíntora, filólogo y traductor del náhuatl al español, correspondió hablar de la loa. Hizo una serie de observaciones: a) en el poema (primera parte) habla una voz femenina, reconocida porque en náhuatl las mujeres usan el vocativo sin la terminación 'e'; b) quien habla es una niña que dice ir a la escuela y quien, debido a los ensayos para la representación de la loa, tiene dolor de cabeza; c) la niña –española– puede decir de los bachilleres que visitan el pueblo (españoles o criollos) que tienen "estúpida mirada"; d) quien habla posee cultura religiosa y "maneja" el tocotín; e) el escrito se representó en Amecameca; f) se mezcla el náhuatl con el español, lo que Sor Juana hará –dice el filólogo– veinte años más tarde, para la fiesta de San Pedro Nolasco; g) se habla de la abuela de Sor Juana –Beatriz Ramírez–, de negros que trabajan en la hacienda "del padre [se ha de referir al abuelo], a los cuales atacó [la niña Juana] porque eran los capataces de los indígenas"; h) en el poema riman los versos pares, a la manera del romance y del corrido. Al igual que Vallejo, Díaz Cíntora sitúa en Amecameca el lugar de la representación de la loa.

Informa también que el poema –*Loa al Santísimo Sacramento*– "está compuesto de 330 versos –no de 360 como había dicho Vallejo, aclara– y dividido en dos partes, la primera de corte satírico y en la que se utiliza de manera indistinta el náhuatl y el español, mientras que la segunda es completamente religiosa y se intercalan los idiomas a manera de diálogo". Por primera vez nos enteramos de que la loa tiene una parte satírica y una parte religiosa. ¿Son una y otra parte de un solo poema ahora titulado *Loa al Santísimo Sacramento*? Si no lo son, van a ser tratadas como si lo fueran y cada vez que Díaz Cíntora y Vallejo hablen de la loa será indistintamente para referirse a una u otra pieza o a las dos como si fueran sólo una. Aunque el título remite a lo dicho por Diego Calleja, ni Vallejo ni Díaz Cíntora, al menos hasta ahora, hacen pensar en una loa de carácter sacramental; de tener dos partes la loa, los dos se han referido sobre todo a la primera –la satírica.

Por lo que se lee en *La Jornada* de ese miércoles 8 de agosto, en la entrevista de Radio Educación, Augusto Vallejo tampoco dijo nada sobre el lugar, el momento y la manera como se dio el hallazgo de la loa; lo hará –dice– cuando publique el texto. Advierte que "[e]l documento pasó por muchas manos, aunque es un archivo que no ha sido muy estudiado. Es un archivo civil". Si bien Vallejo no dijo ya nada sobre dos copias del XVII y de un copista que en ese siglo, según informó antes, escribió una cuarteta de presentación de la loa, sí mencionó de nuevo "que cuenta con un incuestionable sustento histórico documental [...] logrado mediante el cruce de información y pruebas de procedencia e índole diversas". Nos dejó con la idea, además, de un archivo civil; ya antes había hablado de un depositario interesante. Esperaremos el transcurso de las noticias para saber de qué se trata uno y otro.

3. Miércoles 8 de agosto de 2001. *Reforma*: "Avala filólogo loa de Sor Juana" (reportaje de Antonio Bertrán).

Respecto a la entrevista de la radio, similar información a la de *La Jornada* publicó ese mismo día el periódico *Reforma*; los dos diarios hacen el reportaje de la entrevista de Radio Educación. En el *Reforma* de nuevo aparece el nombre, el lugar y el año de la representación del poema: "Loa al Santísimo Sacramento en la fiesta de Corpus Cristi, representada en Amecameca el 31 de mayo de 1657". Según este periódico, para Díaz Cíntora "viene casi a resultar una prueba (de que es de Sor Juana), aunque no sé hasta qué punto plena" –dijo– refiriéndose a la autoría de la loa. Después, "sumando indicios", acompaña a Augusto Vallejo en su propuesta: "en la región donde fue presentada la loa no pudo haber existido otra niña capaz de escribirla más que Juana Inés de Asuaje y Ramírez".

Díaz Cíntora menciona que el estilo de la loa –que él traduce y analiza a pedido de Vallejo se relaciona con el de "la loa a San Pedro Nolasco y dos villancicos"[6]– y encuentra en la pieza "una gran cultura religiosa" y está convencido de que ningún indígena pudo haber sido el autor de la loa; sólo una persona "con sangre española" –dice– podría referirse a los españoles con el desparpajo que lo hace la niña que habla en la loa; se ha de referir a la primera parte, a la satírica, que ha cobrado el primer lugar en lo dicho sobre este hallazgo.

También informa el periódico *Reforma* que Vallejo se presentó en el programa de radio para ofrecer las pruebas de su descubrimiento; sin embargo, ni en la entrevista ni en los periódicos hay prueba alguna, al menos mencionada, de carácter documental. Vallejo dijo que el poema es testimonio de la "dimensión rural de Sor Juana" y con él "satirizó a los capataces negros que maltrataban a los indígenas"; se ha de haber referido a lo que Díaz Cíntora concibe como primera parte de la loa, porque de loa sacramental –aunque de nuevo citó a Calleja– no tiene nada lo que él explica.

Según también el *Reforma*, Vallejo se abstuvo de informar acerca de dónde halló el documento pero sí aclaró que "no es autógrafo de la niña Juana, sino una copia manuscrita realizada hacia 1718 y localizada en 'un archivo civil' de la zona de Chalco y Amecameca". A estas palabras añadió: "El estudio de los archivos parroquiales me llevó al lugar donde encontré el documento", en cuya conservación "intervinieron varios personajes históricos, como los caciques indígenas". Si Vallejo –y con él Díaz Cíntora– declaró antes que la representación de la loa[7] fue en Amecameca en 1657, no ha dicho nada aún acerca de la escritura de la loa. Los datos que proporciona sobre la representación de la pieza se adelantan en su información a los datos relativos a su hechura. Dos años se han nombrado: 1657 y 1718. Estos años han de aparecer en los documentos para asegurar, así, lo que se dice de ellos: 1657, como año de la representación original de la loa y sus dos partes; 1718, como año de (al menos) una de las copias de la loa y sus dos partes. En la versión de 1718 se deberá explicar que es copia de un documento anterior, del original de la loa representada en 1657 en Amecameca; es fundamental que se vea el pasaje entre 1657 y 1718.

Por lo que dice Vallejo, los archivos parroquiales lo llevaron a un archivo civil en el Estado de México y allí –no dice dónde– localizó la copia manuscrita de 1718; por lo que también dice, fue tarea colectiva la conservación del poema. Pero no dice (aún) qué documentos atestiguan la autoría de la loa ni menciona (aún) el documento que le permite asegurar que la loa se representó en 1657 y fue copiada en el siglo XVII (dos veces) y en el siglo XVIII. Seguramente la información aparecerá documentada cuando se publique la loa.

Lo que sí hace Vallejo es volver a mencionar el 1648 como año de nacimiento de Sor Juana. Si Sor Juana hubiera nacido –explica– en 1651 no habría podido hacer lo que dice

---

[6] Sor Juana no tiene ninguna loa dedicada a Pedro Nolasco, sí un villancico de 1677 (241 en la nomenclatura de Méndez Plancarte, quien informa que se publicó en una edición suelta y anónima; Méndez Plancarte, *Obras completas*, Tomo II); apareció en *Inundación Castálida* (1689). Díaz Cíntora lo ha de mencionar por el tocotín –en náhuatl y en español– que cierra el villancico. El otro villancico es el de la Asunción de 1676, que tiene al final un tocotín escrito sólo en náhuatl (224; también nomenclatura de Méndez Plancarte, cuya nota informa que como edición suelta y anónima se publicó en 1676 por la Vda. de Bdo. Calderón. Ésta es la edición –juego completo y en el mismo orden de sus partes– que publica Méndez Plancarte *Obras completas*, Tomo II). Georges Baudot (850, 856-857) recuerda el "inconfundible sello náhuatl", al decir de Méndez Plancarte (*Poetas novohispanos*, LV- LVI y 189-190), de la ensalada del anónimo villancico VI de *Navidad, Puebla, 1693*. Méndez Plancarte menciona que aparece en la recopilación póstuma de Marchante, que para él –Méndez Plancarte– "no exige pleno crédito" (191). Para Baudot, la ensalada tiene ecos sorjuanianos.

[7] Cada vez que se mencione la loa se ha de pensar en sus dos partes, como la concibe Díaz Cíntora.

en la *Respuesta*, "que a los seis o siete años molestaba a su abuelo, Pedro Ramírez, para que la dejara leer sus libros".[8] Vallejo asegura tener documentos que atestiguan que el abuelo de Sor Juana murió a principios de 1655, luego Sor Juana, para tener seis o siete años –dice Vallejo– tuvo que haber nacido en 1648. Vallejo informa también que con los 80 documentos que él tiene irá demostrando que Sor Juana "es el personaje mexicano peor estudiado en términos históricos".

Concluye el reportaje de *Reforma* con la publicación de los primeros versos de la loa (entre paréntesis aparece la traducción al español de las palabras en náhuatl). Esos primeros versos son: "[On]ca huel nipinauhtihuitz (Muy apenada/ vengo) con sobrada desvergüenza/ sobre aqueste quauhtlapechtli (escenario)/ donde zan n(o)ixtlapachteca (apenas quedo extendida)/ am(o) ixpa[n]tzinco (ante vosotros) pidiendo/ huel tetepitzin (muy pequeñita) licencia/ para decir dos palabras/ ipan [pa]tica (a favor de la) comedia/ que en esta fiesta del Corpus/ es cierto titlamacehua (representamos)/ y porque amo ammitalhuizque (no digáis)/ ca zazan ti (que solo somos) [hi]s[t]riones, nehuatl (yo)/ onicchiuh inin (presento) disculpa...)".

4. Miércoles 8 de agosto de 2001. *Reforma*: "Piden más pruebas".

El mismo periódico, el mismo día, publica la opinión de Antonio Alatorre y la de Georgina Sabat-Rivers. Alatorre, además de comentar que a los 8 años de edad Sor Juana sí pudo escribir una loa de 300 versos, advirtió que "falta que el documento sea verdad. Yo lo dudo porque muchas de estas composiciones no se hacían para guardarse. Pero mi escepticismo puede caer al suelo cuando Vallejo me demuestre que así fue". Georgina Sabat-Rivers entiende por qué Vallejo cree que la loa es de Sor Juana (si la escribió una niña, si el Padre Calleja habló de ella), pero pide información más completa y lamenta que Vallejo no haya informado acerca de la localización del poema.

5. Jueves 9 de agosto de 2001. *La Jornada*: "Loa satírica en la festividad de *Corpus Cristi*".

La Jornada publicó un fragmento de la pieza (traducción ligeramente distinta a la que apareció un día antes en *Reforma*, donde se publicó un fragmento más breve). Presentado como "el primer texto realizado por la monja jerónima a los 8 años", se dice que "[l]a obra fue escrita originalmente en español y náhuatl para ser representada en un convento dominico de Amecameca en 1651". Ha de ser 1657, fecha ofrecida antes por Vallejo aunque todavía no sustentada con documentos. En la prensa aparece el título, "Loa satírica en la festividad de *Corpus Cristi*", y de inmediato el nombre de Sor Juana Inés de la Cruz como autora. Los versos que se publican son (no se transcribe el náhuatl): "Apenadísima vengo/ con sobrada desvergüenza/ sobre este escenario/ donde apenas quepo extendida/ pidiendo de vosotros/ una licencia muy pequeñita/ para decir dos palabras/ a favor de la comedia/ que en esta fiesta del Corpus,/ es cierto, representamos,/ y porque amo no digáis/ que sólo somos histriones,/ yo presento una disculpa/ a favor de la comedia/ porque nos hacen burla/ siempre estos españoles./ Señores, es una gran pena/ eso que hacen, de veras/ mala suerte nuestra, porque se enojan/ y nomás nos empujan/ vienen a decir, quita allá/ que no sois para comedias/ estos indios, ¿qué saben?/ ¡nunca hacen cosa buena!"

Los versos (en español), si bien se acercan a las ocho sílabas, no son precisamente octosílabos y tampoco riman en los pares. La loa (traducida) ha sido dada a conocer en Radio Educación (martes 7 de agosto) y los primeros versos han sido transcritos en estos

---

[8] Pero lo que Sor Juana dice en la *Respuesta*, publicada en 1700 es: "yo despiqué el deseo en leer muchos Libros varios, que tenia mi abuelo, sin que bastassen castigos, ni reprehensiones à estorbarlo" (Salceda, *Obras completas*, Tomo IV 240; líneas 247-249).

dos periódicos. La suerte de la loa descubierta por Augusto Vallejo y traducida por Salvador Díaz Cíntora está echada a andar. Será necesario que las fuentes en las que se sustenta el hallazgo verifiquen con seriedad la autoría.

6. Lunes 12 de agosto de 2001. *La Prensa* (Panamá): "La originalidad del poema de Sor Juana".

En nota proveniente de la ciudad de México llega a Panamá la noticia del "primer poema" de Sor Juana. Se menciona la entrevista de Radio Educación, y la noticia del periódico pañameno contiene, sobre todo, información proporcionada por Salvador Díaz Cíntora, "a quien Vallejo le encargó la revisión literaria y lingüística de la obra que la monja escribió en su infancia".

La pieza es nombrada con el título "Loa al Santísimo Sacramento en la fiesta del Corpus Cristi" y se dice también que Díaz Cíntora informa que este poema tiene relaciones con otras partes de la obra de Sor Juana. Se mencionan de nuevo argumentos –ninguna alusión a documento alguno– para probar que la loa es de una "niña ingeniosa y culta", ingenio que prueba cuando forma palabras híbridas, como "coazalea" ("cabeza" y "zalea") "para llamar a una mujer negra", y al utilizar la palabra "fineza", que –sabemos– es cara a la creación de Sor Juana Inés de la Cruz.

La noticia del hallazgo ha cruzado fronteras. Sólo falta tener completa la loa y la documentación que pruebe, al menos, la fecha proporcionada de su escritura y representación. Hubo un paréntesis de la prensa entre agosto y noviembre de 2001. En el número de octubre de la revista *Letras Libres*, se dio a conocer la transcripción de la loa y su traducción, acompañadas de sendos artículos de Díaz Cíntora y Vallejo. Después de la publicación de la loa,[9] continuaron las noticias de la prensa.

7. "Martes 6 de noviembre de 2001. *La Jornada*: "De Sor Juana no todo se sabe; experto anuncia novedades" (reportaje de Ángel Vargas).

Un mes después de publicarse la loa (*Letras Libres*) aparece este nuevo reportaje, en el que una vez más se menciona el *corpus* documental que Vallejo ha reunido en torno a la vida y obra de Sor Juana. Otra vez se habla de la loa por él descubierta.[10] En primer lugar, Vallejo se enfoca en el año de nacimiento de Sor Juana; remite al acta de bautizo que descubrió Guillermo Ramírez España:[11] "En dos de diciembre de (1)648 baptisé a Inés hija de la iglesia, fueron sus padrinos Mig(u)el Ramírez y Beatriz Ramírez. Fray Pedro de Monasterio (firmó)". Vallejo menciona un acta de boda que él encontró; en ella aparece María Josefa, quien en 1693 dice tener 44 años, esto es, había nacido en 1649. Sor Juana, hermana mayor de María Josefa,

---

[9] Véase la tercera sección de este trabajo.

[10] Entre otras aclaraciones que Vallejo promete para ese año de 2001 es demostrar que es apócrifa la *Carta al Padre Núñez*. No es cierto –enfatiza– que, como dice esta carta, Pedro Velázquez de la Cadena haya sido quien pagó la dote de Sor Juana. Quien lo hizo fue Juan Caballero, pariente de Sor Juana; y lo hizo en 1669, al año siguiente de haber tomado Sor Juana los votos y el dinero no era suyo sino del virrey marqués de Mancera. "Quien la escribió [la carta], sin embargo, conocía perfectamente a la monja y a su obra [...] Velázquez de la Cadena no intervino para nada, entonces, en el pago de la dote, como se dice en la autodefensa. Quien hizo ese documento se basó en un soneto que Sor Juana dedicó al capitán, su padrino". Lo que Sor Juana escribió no es un soneto sino un romance, "En cumplimiento de años del Capitán Don Pedro Velázquez de la Cadena, le presenta un regalo, y le mejora con la cultura de versos elegantes" (1689; romance 46 en la nomenclatura de Méndez Plancarte, *Obras completas*, Tomo I). A propósito de dotes, en el periódico *Reforma* salió el 25 de julio de 2003 una noticia titulada "Donan testamento de Sor Juana" (la escribe Arturo Espinosa). Se trata de una copia certificada del testamento; éste de febrero 23 de 1669. En él, Sor Juana "[d]ice que tiene dos feudos en poder de su madre y 40 pesos que le dio un Capitán de nombre Juan Sentís Chavarría". Informa Yolanda Sentíes, quien dona el documento al Instituto Mexiquense de Cultura, que "[e]l original de este documento se encuentra en el Archivo Nacional de Notarías".

[11] Méndez Plancarte copia el acta y cita a Alberto G. Salceda y a Guillermo Ramírez España, quienes según él la descubrieron en el *Archivo Parroquial de Chimalhuacán* (*Obras completas*, Tomo I, LII-LIII).

según Vallejo no podía haber nacido en 1651 sino en 1648, como reconfirma el acta de bautizo de Chimalhuacán. Para reconfirmar que Sor Juana nació en 1648, Vallejo remite al poema por él hallado. Se lee en *La Jornada*: "Otra prueba que ofrece [Vallejo] es la mencionada loa, pues según consignó el primer biógrafo de la poeta, Diego Calleja, la escribió cuando tenía ocho años, y si se considera que la primera representación de esta obra está registrada con fecha del 31 de mayo de 1657, en Amecameca, no hubiera contado con tal edad si hubiera nacido en 1651". Aunque los datos de la fecha y del lugar de la representación de la loa –no la composición a la que se refirió Calleja– vuelven a aparecer mencionados, aún Vallejo no ha dado fe documental de su hallazgo.

Por una parte, Vallejo tiene en Calleja un marco de referencia prestigioso respecto a la loa compuesta por la niña Juana. Por el otro, al hablar de mitos creados alrededor de Sor Juana, "reitera" (dice la prensa): "tantas lagunas e imprecisiones en la vida de la Décima Musa se deben a que es un personaje abordado más por literatos que por historiadores, además de que la mayoría se ha tomado a pie juntillas la biografía de Calleja en lugar de preocuparse por sustentar la información en algún corpus documental y el entrecruce de información histórica". Si no los dos requerimientos, al menos le pedimos a Vallejo ese corpus documental prometido una y otra vez; seguramente allí aparecerán los datos precisos respecto a la loa que ahora nos ocupa.

8. Lunes 12 de noviembre de 2001. *La Jornada*: "Escepticismo de Margo Glantz respecto a supuestos hallazgos sobre Sor Juana" (reportaje de Ángel Vargas).

Aunque en el reportaje de *La Jornada* no se menciona específicamente la loa descubierta por Augusto Vallejo, ésta queda dentro de los hallazgos comentados el pasado 6 de noviembre de 2001 en este mismo periódico. De Margo Glantz se dice que, y es parte del titular del reportaje, "[p]ide a Augusto Vallejo muestre la documentación que avale los descubrimientos". Si la noticia pasada se refirió a hallazgos que modificarán la biografía, Margo Glantz expresa que su importancia reside en que "estén apoyados en documentos y que además se compruebe histórica y fidedignamente la seriedad de éstos". Las palabras de la sorjuanista bien apuntan a la necesidad de documentar la loa que Vallejo anuncia como de Sor Juana.

9. Lunes 12 de noviembre de 2001. *Reforma*: "El mito vivo de Sor Juana" (reportaje de Antonio Bertrán).

En esta nota, en el recuento que se hace de algunos puntos de la vida de Sor Juana, una vez más la pregunta gira alrededor de la fecha de su nacimiento. Y como se hizo desde los primeros anuncios de la loa atribuida a Sor Juana, se relaciona la fecha que Augusto Vallejo ofrece respecto a este poema con una de las dos posibles fechas de nacimiento de Sor Juana. El nexo se establece de esta manera: "Como este supuesto primer poema de la niña Juana asienta que fue representado en Amecameca en mayo de 1657, si la poeta hubiera nacido en 1651 lo habría compuesto a los cinco años y no, como asegura el biógrafo jesuita, a los ocho". Vallejo ha insistido a lo largo de su descubrimiento en el año de 1648 y, así, establece la relación con 1657 (y viceversa). En la nota del periódico se citan palabras de Marie-Cécile Bénassy-Berling: "Si se confirma la autenticidad de la loa de 1657, sería un argumento muy fuerte a favor de la fecha de nacimiento de 1648".

10. Jueves 15 de noviembre de 2001. *El Universal*: "Dudas sobre la loa infantil de Sor Juana" (reportaje de Luz María Rivera; sección *Cultura* 1).

"Sólo le falta la firma", aparece en la segunda línea de la nota. La frase, repetida dos veces más adelante, es de Salvador Díaz Cíntora al decir que es "una presunción vehemente" la autoría de la loa. El filólogo, quien una noche antes participó en el congreso internacional organizado por la Universidad del Claustro de Sor Juana, comentó líneas de la loa sacramental en las que aparece la Encarnación, "devoción sorjuanista" presente a lo largo de la obra.

En entrevista con este periódico, Díaz Cíntora expresó:

> Deme, en un pueblo chiquito como Amecameca, que se repita, en menos de 50 años, el caso de una niña que a los ocho años sepa escribir en náhuatl y en español. Sepa versificar como en Romance, sea hacendada, sea de pura sangre española, sea discípula de los dominicos, y tenga las mismas devociones que va a tener Sor Juana hasta el fin de su vida. Deme la repetición de un caso así en que converjan todas estas cosas, en una misma niña, en un pueblo chiquito, en Amecameca sería casi...

No, ningún caso como el suyo (y no nos vamos a meter con lo de "hacendada", "pura sangre española" y "discípula de los dominicos"), pero está aún por verse que esta loa (y sus dos partes) haya sido escrita en Amecameca y que Sor Juana sea su autora; que coincida su escritura –fecha original en el documento– con la niñez de Sor Juana y que se demuestre fehacientemente que la versión que Vallejo ha fotocopiado remite a una versión original que ha de corresponder a años cercanos a 1660; y que se muestre –papel en mano– que el lugar y la fecha –Amecameca, 1657– corresponden realmente a la fecha de la representación de la loa. Con estas pruebas se verá si la recién localizada loa –y sus partes satírica y sacramental respectivamente– es la misma que la niña Juana compuso "con las calidades, que requiere un cabal poema".

Antes de la participación de Díaz Cíntora, Margo Glantz dijo que esperaba de él "la última palabra". Después de la intervención de Díaz Cíntora, en la que prácticamente leyó su trabajo ya publicado en *Letras Libres*, Margo Glantz expresó respecto a la autoría de la loa: "queda digamos en suspenso. Pero podemos decir que estamos casi convencidos".

Sobre la ubicación del documento traducido por Díaz Cíntora se lee en el periódico: "Copia de esta loa, que trajo a México don Francisco del Paso y Troncoso, se haya [sic] en el archivo de la biblioteca del Instituto Nacional de Antropología e Historia, INAH". Aquí informa Díaz Cíntora que Vallejo fotocopió la loa del mismo archivo. Díaz Cíntora informó también "que ambos [él y Vallejo] planean viajar a Francia, para obtener una copia fiel del original de este poema que se encuentra en París". O sea, Augusto Vallejo no encontró la loa en París y Díaz Cíntora supone que el original está en la Biblioteca Nacional de París; de allí la han de copiar los dos investigadores mexicanos.

Dice Díaz Cíntora también que "...no fue falsificada porque esta loa la trajo don Francisco del Paso y Troncoso, fotocopiada, de la Biblioteca Nacional de París, esto nadie lo ha falsificado. La trajo don Francisco cuando lo mandó Don Porfirio a que sacara copias de las cosas mexicanas de allá. Volvemos al vuelo del águila: nosotros nada más estamos dando a conocer esto porque nadie se había puesto a leerlo". Si bien es cierto que las copias del documento se hallan en el archivo de la Biblioteca del Instituto Nacional de Antropología e Historia (INAH, México), no lo es que Del Paso y Troncoso las haya llevado a México. Sabemos que no es hasta después de su fallecimiento, en Europa, que se gestionó el envío de sus documentos a México.[12]

---

[12] Como Presidente de la Comisión Mexicana en la Exposición Histórico-Americana de Madrid, Del Paso y Troncoso viajó a Europa en 1892 y allí murió en 1916; posteriormente, sus libros y manuscritos fueron enviados a México (Zavala V, IX).

11. Jueves 15 de noviembre de 2001. *Reforma*: "Piden comprobar que es de la poeta" (reportaje de Antonio Bertrán).

Ante lo que Salvador Díaz Cíntora llamó "presunción vehemente" respecto a la loa que Augusto Vallejo y él atribuyen a Sor Juana, estudiosos de la Décima Musa pidieron pruebas contundentes de autoría, tales como una edición facsimilar; también señalaron la necesidad de que un grupo de nahuatlatos traduzca la pieza en cuestión. Entrevistada María Dolores Bravo dijo que "[e]s necesario que muestren el documento y que un grupo muy serio de conocedores del náhuatl lo estudien". Si Margo Glantz estaba "muy dudosa" respecto a la autoría, dijo que después de escuchar a Díaz Cíntora "le pareció bastante verosímil que pudiera ser ésta la loa que [...] escribió la niña cuando tenía ocho años. Pero con esto no quiero decir –añadió– que es de ella; me gustaría que Vallejo publicara esta loa y los documentos que dice que ha encontrado y que modificarán la biografía de Sor Juana".

Salvador Díaz Cíntora asegura que la loa es de una niña "hacendada, descendiente de españoles y que tenía una devoción por el misterio de la Encarnación de Cristo". Estas características, dice, corresponden a Sor Juana. En entrevista con este periódico también informa que Augusto Vallejo encontró la loa en la 'Biblioteca del INAH' (ubicada en el Museo Nacional de Antropología). Se trata, dijo, de la copia de un documento que se encuentra en la Biblioteca Nacional de París, que trajo a México Francisco del Paso y Troncoso [...] Adelantó que Editorial Clío apoyará a Vallejo para que viaje a París y obtenga una mejor copia de este documento". Atrás quedó la noticia del miércoles 8 de agosto de 2001 (recogida por el periódico *Reforma*) de Augusto Vallejo cuando informó que el documento "no [era] autógrafo de la niña Juana, sino una copia manuscrita realizada en 1718 y localizada en un 'archivo civil' de la zona de Chalco y Amecameca".

12. Viernes 16 de noviembre de 2001. *Reforma*: "Niegan autenticidad de carta de Sor Juana" (redacción).

A partir de las primeras líneas de la noticia, "Augusto Vallejo asegura tener pruebas de que la 'Carta de Monterrey' no fue escrita por Sor Juana", y se dice que Augusto Vallejo rebate la autenticidad de dicho documento (*Carta al Padre Núñez*), al mismo tiempo que promete la documentación que sustenta lo que ha venido diciendo desde tiempo antes; se refiere, y aquí se ha comentado sucintamente, al pago de la dote que se hizo cuando Sor Juana entró al convento de la orden de San Jerónimo.

Con la refutación de la carta descubierta en 1980 por el padre Aureliano Tapia Méndez, Vallejo ratifica la autenticidad de la loa anunciada por él en agosto de 2001. Ahora sí habla de la hechura de la loa y asegura que Sor Juana la escribió entre 1656 y 1657. En la loa –dice enfático Vallejo– "Sor Juana hace mención de su abuela, quien muere en octubre de 1657, y si la loa es auténtica como yo y Salvador Díaz Cíntora creemos, no tendría razón de haber nombrado a su abuela en esa época, lo que comprobaría que ella nació en 1648". Si por una parte Vallejo dice tener la documentación que atestigua que la abuela de Sor Juana murió en 1657, por la otra sólo ha dicho –no documentado– que la loa fue hecha en 1656 o 1657 y representada en 1657; esas fechas también requerirían ser documentadas. Las supuestas fechas y la referencia de Calleja –Sor Juana no llegaba a los ocho años cuando compuso una loa– se ajustan para ubicar el año del nacimiento de Sor Juana: 1648. Y este año es referencia para ubicar la loa en 1656 o 1657. ¿Será así?

Respecto a la copia de la loa, Vallejo de nuevo omite lo que manifestó en agosto pasado –sobre los dos traslados en el siglo XVII– y dice (una vez más) que "es un traslado del siglo

18, circunstancia por la que se llegaron a perder algunos versos, pues las composiciones se tenían en papel precisamente para realizar el traslado" (ni Vallejo ni la prensa explican estas últimas palabras). Una vez más Vallejo menciona el ya famoso *corpus* documental y declara: "Cuando doy una aseveración, siempre será con base en un documento, que estará en un sitio que cualquiera pueda consultar". A sus aseveraciones sobre la loa le falta, al menos por ahora, esa base.

13. Viernes 16 de noviembre de 2001. *El Universal*: "Anticipan nueva polémica por textos atribuidos a Sor Juana" (reportaje de Luz María Rivera; sección *Cultura 2*).

Con líneas similares a notas periodísticas anteriores –"Augusto Vallejo defiende la autenticidad de la loa infantil y pone en duda la de la 'Carta de Monterrey'"– comienza este reportaje[13] en el que Vallejo dice que con documentos "echará abajo" dicha carta. Una vez que reconfirma "con certeza de 95 por ciento" la autenticidad de la loa, Vallejo menciona que varios sorjuanistas han aceptado la autoría de Sor Juana. Al hablar de las fuentes documentales con las que según él trabaja, Vallejo, dado a conocer como historiador, dice: "Sí, los historiadores a veces somos escuetos y directos: no tenemos la cuestión florida de los literatos". Ya en este artículo periodístico, la loa adquiere un nuevo título: "Loa satírica para las festividades de Corpus". Vallejo remite a *Letras Libres* (octubre de 2001) y dice que su trabajo allí publicado, con el de Díaz Cíntora, "avala por sí solo la autenticidad del poema". Al referirse a la loa, dice: "Y creo que ya los especialistas y estudiosos la dan por buena". A las palabras de la periodista que le recuerda que Margo Glantz dijo que "están casi convencidos" respecto a la autoría de la loa, Vallejo informa:

> La copia viene siendo del año de 1713, porque el documento tuvo varios traslados [...]: primero lo escribe Sor Juana, la deja con los padres dominicos, los padres dominicos la transmiten a otras parroquias de la región del marquesado de Morelos, para que se represente, en 1682 hay otro traslado y el último podría haber sido de 1713. El deseo es que el año entrante podamos sacar una copia facsimilar del documento que está en la Biblioteca Nacional de París, para que los estudiosos del Náhuatl puedan constatar que la traducción del maestro Salvador Díaz Cíntora está correcta.[14]

La primera fecha es distinta a la expresada por Vallejo el 8 de agosto al periódico *Reforma*; allí había aparecido la fecha de 1718. Vallejo ahora menciona una copia de 1713 y vuelve a referirse a otras del siglo XVII (no a dos, como dijo el 5 de agosto al periódico *La Jornada*) hasta llegar, en el mismo siglo XVII, a una copia de 1682. Pero la que dice conocer es la de 1713 y cree que ese año posiblemente se hizo la última copia. Más que el número de copias –si es que son copias y si son todas–, el problema es que Vallejo no ha proporcionado absolutamente ningún documento al respecto. Y las fechas –1682, 1713, 1718– que sí aparecen, como veremos, son de documentos distintos. La única fecha que no hemos visto en documento alguno es la de 1657. A no ser que Vallejo tenga documentación y aún no la haya declarado.

---

[13] Aunque hubo varias opiniones de sorjuanistas entrevistados respecto a la loa, realmente no se dio ni ha sido fuerte lo que anuncia el título del reportaje: "Anticipan nueva polémica por textos atribuidos a Sor Juana".

[14] Dice Vallejo a la reportera: "Yo siempre doy la colocación de un documento: para que cualquiera pueda constatar lo que estoy diciendo. Es muy fácil decir las cosas y que no se tuviera soporte documental, pues sería tremendo. Lo que he dicho, siempre será constatado en una fuente documental que existe en un repositorio..." (1).

14. Viernes 23 de noviembre de 2001. *Noticias del Día. Sala de Prensa. CONACULTA.* "El indigenismo de Sor Juana fuera de toda duda: Carlos Arriaga Alarid" (reportaje de Ángel Trejo).

La nota firmada en San Miguel Neplanta informa que en las pasadas fiestas de celebración del 350 aniversario del nacimiento de Sor Juana (1651-1695), el indigenismo de la monja fue reivindicado por Arriaga Alarid quien dijo que para Sor Juana el náhuatl era su segunda lengua y que desde niña se identificó con los indígenas nahuas, privilegiados en algunos de sus poemas. Arriaga Alarid mencionó la igualdad social y cultural presentes en el trato de Sor Juana con los indígenas del lugar. Aclara la nota que el maestro evitó opinar sobre "el debate que la semana pasada del 12 al 17 de noviembre se desató en la capital de la República sobre la autenticidad de una loa bilingüe, en español y náhuatl, presumiblemente escrita por Sor Juana a la edad de ocho años –descubierta por el historiador Augusto Vallejo Villa este año en San Vicente de Chimalhuacán (Amecameca)– y titulada *Loa satírica en una comedia en la festividad del Jueves de Corpus*". Informa la nota que los sorjuanistas de la población también fueron cautelosos y recordaron a Sor Juana con afecto y "deseo de identidad regional".

15. Lunes 12 de noviembre de 2002, *Reforma*: "Replantea la vida de Sor Juana" (reportaje de Erika Hernández).

El *corpus* documental anunciado repetidas veces por Augusto Vallejo hace decir a la prensa que "[e]n menos de un año podrían terminar los mitos y sombras que rodean la historia sobre la vida de Sor Juana Inés de la Cruz". Uno de los documentos propiciatorios del giro hacia estudios que dejen atrás a un personaje universal "tan maltratado y mal estudiado", al decir de Vallejo, es la "Loa al Santísimo Sacramento" por él descubierta. Al referirse a la loa, "que se presume escribió la mexiquense a los ocho años de edad" y "cuya autenticidad aún está en duda por algunos sorjuanistas", se dice en la prensa que fue "descubierta hace tres años en la Biblioteca Nacional de París". Esta aseveración, que como veremos más adelante circuló al publicarse la loa (*Letras Libres*), no tiene visos de verdad o, al menos, no está demostrado el hecho del decubrimiento parisino. Díaz Cíntora informó en noviembre de 2001 que "Vallejo encontró la loa en la 'Biblioteca del INAH' (ubicada en el Museo Nacional de Antropología)".

A más de un año de haberse publicado la loa en cuestión, se describe con un poco más de claridad lo que Díaz Cíntora sugiere como dos partes de una sola pieza: satírica, una, está escrita a modo de autobiografía; seria, la otra, es propiamente una loa sacramental. De esta loa, dice Vallejo: "Cambiará la biografía y el concepto que se tiene de ella [de Sor Juana], la vamos a sentir más nuestra con estos elementos que daremos, porque antes se creía que Sor Juana sólo era de los intelectuales, ahora la vamos a entender más, le vamos a quitar todos esos errores que se han dado de ella, principalmente sobre su origen e infancia". Le pedimos a Vallejo que ojalá la loa sea de Sor Juana: sólo falta la documentación histórica que lo pruebe.

16. Martes 10 de diciembre de 2002. *La Jornada*: "Subsiste obra pictórica de Marcos de Aquino" (reportaje de Ángel Vargas; sección *Cultura*).

En este artículo sobre el "Probable autor de la imagen guadalupana del Tepeyac", de nuevo sale a relucir la loa atribuida a Sor Juana y no porque Vallejo haga una relación entre la imagen guadalupana y el poema, sino porque la prensa retoma la información dada anteriormente para adelantar que "[e]l especialista atraerá una vez más la atención de historiadores, antropólogos y otros estudiosos de su trabajo, como sucedió hace más de un año, cuando hizo público su descubrimiento del primer poema de Sor Juana Inés de la Cruz, que a la fecha no ha sido refutado". Esto es cierto, pero tampoco ha sido aceptado este texto como obra de Sor Juana.[15]

III. "LA LOA DE JUANA INÉS" EN *LETRAS LIBRES*

En el número correspondiente a octubre de 2001, la revista *Letras Libres* publicó "La loa de Juana Inés".[16] Es hasta el momento la información más amplia sobre este hallazgo, aunque partes sustanciales se dijeron en los primeros reportajes periodísticos y ahora sólo se repiten. Se trata de un estudio de Salvador Díaz Cíntora (67-70), de la publicación impresa de la loa o de las loas (72-75 y 75-77; el texto aparece en dos columnas; en una se transcribe la copia de la versión que tiene Vallejo y en la otra la traducción de Díaz Cíntora) y de "la crónica de su hallazgo" de Augusto Vallejo (80-81 y 119).

Voy a referirme sobre todo a puntos no tratados en las noticias periodísticas, que fueron sólo mencionados o que se ratifican porque en las entrevistas hubo algún equívoco. En las líneas inmediatas al título, y antes del escrito de Díaz Cíntora, se dice por primera vez –y luego se repitió en la prensa– que la loa fue encontrada en París. El filólogo y traductor titula la primera parte del poema como *Loa satírica en una comedia de Corpus* (de 160 versos), y a la segunda (entre comillas y con letra minúscula inicial), como "aplaude la fineza que el Señor hizo en quedarse sacramentado con los hombres" (de 170 versos); este segundo texto es el que más se acerca a la referencia de Calleja.

Díaz Cíntora informa acerca de la fotocopia de un manuscrito del siglo XVIII, "cuya parte final lleva un título que lo caracteriza como *Loa satírica en una comedia en la festividad de Corpus*" (67). Dos piezas, un solo título, según esta información, "aparecen como parte final de un manuscrito misceláneo que consta de veinte piezas" (67). Las anteceden 18 piezas sometidas a una "fórmula de sujeción", y son sometidas a censura, dice Díaz Cíntora, porque esas 18 piezas "son nuevas, o en todo caso recientes" (67); en cambio, las últimas piezas, atribuidas por Vallejo y por él a Sor Juana, "son de una persona ya difunta, cuya ortodoxia se considera más que suficientemente probada" (67). Esto es, los dos poemas –la loa (dos en una) de la niña Juana representada en Amecameca en 1657, según ha informado Vallejo– son parte junto con 18 loas de un manuscrito del siglo XVIII. Para Díaz Cíntora, a diferencia de las 18 primeras piezas del manuscrito del siglo XVIII, las de Sor Juana tendrían su prestigio.[17]

Para Díaz Cíntora también, una misma persona (no dice quién) escribe la "fórmula de sujeción" de las primeras 18 piezas y escribe también la (ya citada por Vallejo) cuarteta introductoria de la loa. Sobre dicha cuarteta, dice Díaz Cíntora: "Algo extraordinario, sin duda, juzga tener entre manos el que así introduce la loa [...], y nótese que escribe precisamente en Amecameca la fórmula de sujeción" (68) de las primeras 18 loas "nuevas" o "casi nuevas" (ya hemos visto antes que para Vallejo, quien no habla de la "fórmula de sujeción", el autor de esta cuarteta es quien copió la loa en el siglo XVII; Vallejo había hablado de dos copias de ese siglo y una de 1718).

---

[15] No he leído ningún escrito acerca de este hallazgo. De manera más breve y desde otros ángulos lo he trabajado en "Sobre la loa atribuida a la niña Juana" y en "Retorno a las pistas de la supuesta loa de Sor Juana" (los dos en prensa).
[16] En el índice de la revista apareció como Juana de Azuaje: *Loa al Santísimo Sacramento* (67).
[17] Hasta donde se sabe, nunca nadie ha hablado de la circulación de esta loa.

Respecto al original de la loa anunciada como de la niña Juana, Díaz Cíntora interpreta que este "papelillo de la infancia se lo habrá dejado [Sor Juana] en su pueblo, donde habrá empezado a correr de mano en mano, sin que ella, ya en la cima de su renombre y valimiento, se ocupara de recobrarlo" (68). A esta suposición, y que la loa de Sor Juana esté en un manuscrito del siglo XVIII junto con 18 loas "nuevas, o en todo caso recientes" (67), se imbrica otra: la de un "ignaro copista" que, según el calificativo de Díaz Cíntora, deforma palabras de la loa. O se refiere Díaz Cíntora a deformaciones de palabras al pasar la loa de mano en mano como ha dicho antes o a un específico copista "ignaro" como dice ahora; pero también ha dicho que quien copia o compila la loa en Amecameca escribe una cuarteta impresionado por lo que encuentra y presenta –la loa de Sor Juana– y escribe también la "fórmula de sujeción" de las otras 18 loas. Entonces, ¿a qué "ignaro copista" se refiere? Pareciera que ni Díaz Cíntora ni Vallejo aclaran lo relativo a la copia o copias del documento. A no ser, insisto, en que tengan un documento que atestigüe una fecha original a la que remitan, al menos, algunas copias.

Díaz Cíntora –quien declara que su responsabilidad "en la hipótesis [de que la loa es de la niña Juana] cubre sólo su vertiente literaria y lingüística" (70)– informa sobre el contenido del poema y además lo interpreta. Para él y Vallejo, que en la loa (se ha de referir a su primera parte) aparezca la palabra "abuela" –"¡Mi abuela/ puede sufrirlo por cierto,/ que gasta muy linda flema" (vs. 114-116)– y también las palabras "negra" y "hacienda" – "Ven acá, negra tiznada,/ ¿qué te piensas, cabeza de zalea?/ Si no, te irás a juntar/ los novillos de la hacienda" (vs. 83-86)– son indicios de que es el mismo texto mencionado por Calleja (aunque el jesuita no haya mencionado parentescos y sí una loa para una fiesta sacramental). Díaz Cíntora interpreta como autobiográfica esta loa: en 1656 la niña, quien vivía en la hacienda de su abuelo materno dice de ella y de su abuela: ("[la] que sabe las cabezadas/ [que] me doy [en la] chimenea/ me viene a despertar/ con dolor de cabeza,/ y me voy de mañanita/ allí donde aprendemos, a la escuela" (vs. 31-36). Según Díaz Cíntora, la niña que habla en esta loa (de nuevo debemos entender que en la primera parte) ataca a una negra porque los negros maltrataban a los indios (70). El autor señala que la voz lírica es española porque que se da el lujo de referirse sin respeto alguno a los españoles, bachilleres que visitan el pueblo durante los días de *Corpus* y critican "las pobres producciones de teatro devoto del lugarejo" (69). Díaz Cíntora se refiere con este sustantivo despectivo a Amecameca.

Sobre la segunda parte de la pieza, la loa eucarística, Díaz Cíntora comenta que un español y un indio dialogan sobre la fineza mayor. El primero sostiene que ésta consiste en quedar Cristo sacramentado en la cruz; el segundo defiende la Encarnación, "pues si Cristo no se hubiera encarnado, ¿cómo íbamos a tener su cuerpo en la Eucaristía?" (70; las líneas del poema, según la traducción de Díaz Cíntora, versan: "[¿]cómo, si no hubiera venido/ a encarnarse de María,/ señora de absoluta y/ divina pureza, escondido/ en ella como en su cofre/ o en la tierra [?]/ No sé, pero/muy necesario fue/ que este hecho divino/ viniera a hacerse/ realidad/ en este mundo, hombre,/ dios encarnado...").[18]

Dice Díaz Cíntora que, años después, Sor Juana:

> avergonzándose acaso de la materialidad de aquel papelillo, indigno al parecer de su nueva forma, tan aguda, tan espiritual, de ver las cosas, lo dejará rodar por

---

[18] Estos versos (86-98) –y no me meto con la lengua mexicana– poco tienen que ver con el romance y su métrica con el que Díaz Cíntora los caracteriza.

Hay loas que no hacen ruido. La hipotética loa infantil de Sor Juana

Amecameca y los pueblos del Marquesado, sin querer acordarse de él, y por allá vino a quedar. Imbuida, por otra parte, de la frivolidad cortesana, llega a tomar al indio simplemente como una especie de bufón involuntario, que hace reír por sus torpezas al expresarse en español, y hasta por su fanfarronería ridícula" (70).

No me detendré (aunque quisiera) en lo que Díaz Cíntora dice sobre esta concepción del indio; tampoco en lo relativo a la Encarnación.[19] Lo que sí quiero señalar, en términos de este trabajo, es que Díaz Cíntora aún no ha dado los elementos necesarios y suficientes para decidir que la loa ha sido escrita por una niña. Que hable una niña en la loa no quiere decir que su autor lo sea. Tampoco puede derivar que Sor Juana se fue desprendiendo de "su poema" en la forma como aquí se expresa; concepción muy distinta la de Díaz Cíntora a la de Calleja, en cuya referencia se basa la actual atribución.

Respecto a la puesta en escena de la pieza, Díaz Cíntora informa que en la loa se dice –no explica dónde– que ésta se llevó a cabo en Tlayacapan, pero que en los versos se nombra Amecameca ("Pues algunos bachilleres/, muy filósofos de lengua,/ vienen como cazadores/ en público se arrodillan/ poniendo el un pie en la China/ y el otro en Amecameca"; vs. 87-92). Estos versos hacen decir al filólogo que es posible que la loa se haya escrito en Amecameca y representado en Tlayacapan o que en Tlayacapan se haya llevado a cabo una representación más reciente (¿respecto a cuál otra representación?). Las suposiciones siguen dando lugar a nuevas suposiciones, como la de la representación en Tlayacapa porque allá vivían familiares de Sor Juana. Coinciden Díaz Cíntora y Vallejo en que la loa se representó en Amecameca –como aparece en el título que se ha ido citando desde que se dio a conocer la noticia del hallazgo– o que en todo caso se escribió en Amecameca y fue representada en Tlayacapa –que no es lo mismo a lo expresado en el título que proporcionó Vallejo: "loa al Santísimo Sacramento, representada en el atrio del convento dominico de Nuestra Señora de Asunción de Amecameca, el jueves 31 de mayo de 1657, en la festividad del *Corpus Cristi*".

Este título, sin fecha, aparece en el encabezado de la loa que se publica en la revista *Letras Libres*. Llegamos al poema (72) sin que en ningún momento haya aparecido –ni aparecerá– la documentación que demuestre que la loa se representó en Amecameca el 31 de mayo de 1657. Otra loa –que como segunda parte de la misma pieza, propone su traductor y filólogo– aparece páginas después (75). Se titula "Aplaude la fineza que el señor hizo en quedarse sacramentado por los hombres". Si los dos poemas son una sola pieza representada el mismo día habría que ver, para empezar, cómo se relaciona una parte con la otra; si son dos loas habría que imaginar, puesto que no es visible ni nada se ha dicho al respecto en su análisis, cómo se da la transición entre una y otra, y si en las fiestas del día de *Corpus Christi* se representaba una loa seguida de otra.

Por ahora, quisiera seguir de cerca las fuentes en las que Augusto Vallejo se apoya para asegurar que esta loa –yo veo dos loas, y de carácter sacramental sólo la segunda– es de Sor Juana. Antes de ver directamente las fuentes proporcionadas por Vallejo, me detengo en lo que marqué como punto álgido en lo que él ha dicho acerca de este descubrimiento: las copias. Partamos del título que ofrece en su trabajo, encabezado de un documento que llamó su atención: "*Mercurio Encomiástico en la excelentísima lengua mexicana, o Náhuatl hechas en diversos tiempos desde el año de 1682 que en Tlayacapa me hizo*

---

[19] No trato ahora lo relativo a la Encarnación en la obra de Sor Juana. Sólo cito la *Crisis*: "La Encarnación fue medio para la muerte, pues Cristo se hizo hombre para morir por el hombre; conque fue mayor fineza morir que encarnar, aunque sea mayor maravilla encarnar que morir" (*Obras completas*, Tomo IV, 417, líneas 199-202).

Sara Poot-Herrera

hacer Don Juan Hipólito Cortéz Quetzalquauhtli y Tequantepehua este encomio al Santísimo Sacramento" (80).

Vallejo informa que quien escribe estas líneas es Joseph Antonio Pérez de la Fuente y, habiendo ya investigado fuentes documentales y fotocopiado el documento, interpreta del siguiente modo este encabezado (a cada comentario, anoto una observación):

1. "El manuscrito indica que Joseph Antonio Pérez de la Fuente fue el que los transcribió por órdenes del cacique de Tlayacapan" (80). Tanto la cita del encabezado que él transcribe cuanto el texto del manuscrito (y lo veremos líneas adelante) dice "me hizo hacer Don Juan Hipólito Cortéz Quetzalquauhtli y Tequantepehua. Pero el "me hizo hacer" no quiere decir "me hizo transcribir".
2. "Que un cacique de Tlayacapan mandara reunir –o tuviera desde el año de 1682, según dice el manuscrito– varias composiciones en náhuatl y una dedicada al Santísimo Sacramento me puso en alerta" (81). Si Vallejo dice que el cacique de Tlayacapan tenía las composiciones en 1682, está informando que éstas existían antes. De ser así, sólo necesita demostrarlo. Además, y como veremos, en el *Mercurio* no sólo hay una loa dedicada al Santísimo Sacramento.
3. "Posteriormente para la segunda mitad del siglo XVIII, se encuentra [Pérez de la Fuente] ya en Amecameca y recopila el 'Mercurio Encomiástico', incluyendo al final la 'Loa Satírica en una comedia en la festividad del Corpus hecha y realizada en Tlayacapa en el año de 1682'" (81; esta loa es la penúltima del *Mercurio*). Vallejo cita el título de la primera loa. ¿Cómo puede interpretar Vallejo que los datos del lugar y de la fecha no corresponden a la realidad de los hechos –Tlayacapan, 1682– y creer que son de una copia que ha modificado esos datos porque los originales eran Amecameca, 31 de mayo de 1657? ¿Tiene Vallejo el documento para demostrar que la loa, como ha informado, corresponde a estos últimos datos? Si por el contrario el texto es de 1682, Pérez de la Fuente sí pudo recopilarlo años más tarde (e incluso ser su autor); pero Juan Hipólito Cortés no pudo tenerla antes de 1682; aunque sí pudo mandarla a hacer en Tlayacapan, donde "fue hecha y realizada".
4. "Gracias a un cacique del pueblo de Tlayacapan llamado don Juan Hipólito Cortés Quetzalquauhtli y Tequantepehua [...], quien se preocupó por recopilar esta *Loa* con otras más antes o durante el año de 1682, y las mandó copiar a un mestizo llamado José Antonio Pérez de la Fuente y Quijada en 1713" (119). Una nueva (y distinta) información la de Vallejo: que el encargo fue hecho en 1713. ¿Tan tardío fue este encargo?
5. "[Y] gracias también a don Lorenzo Boturini, que para los años de 1740 adquirió o mandó a sacar nueva copia del documento, estos versos han llegado hasta nuestros días" (119). Pero no necesariamente la copia de Boturini, si es que tuvo alguna copia. Tampoco se ha aclarado que Pérez de la Fuente sea el copista. ¿Por qué no su autor?
6. "El documento obedeció a varios traslados antes y después de 1682 [...]" (119). ¿A cuáles por ejemplo? ¿Y por qué pensar que hay una versión original antes de 1682? ¿De dónde se saca este dato? El año que aparece en el *Mercurio* aparece como el año de la loa, 1682; no como el año de una copia de la loa (y nos referimos a una de las loas, que la otra tiene como fecha 1718).
7. "Para saber si lo copió Pérez de la Fuente o si es un traslado que mandó a hacer posteriormente Boturini" (119). Vallejo se refiere al documento reproducido por Del Paso y Troncoso, que fue el que él fotocopió. Pero, la versión de Pérez de la Fuente podría no ser copia, y la de Boturini tampoco. Y podría haber una copia posterior a la versión de Boturini.

Si bien habrá copias del documento original –y me refiero a todo el *Mercurio Encomiástico*– es difícil pensar que éstas, sin ninguna aclaración, puedan modificar los datos de la versión original. Las fechas de las copias –y hasta el momento no se ha demostrado que Pérez de la Fuente sea copista, aunque sí es recopilador de su propia obra (como veremos en los encabezados de las loas del *Mercurio*)– no tendrían por qué modificarse en las copias de los documentos originales; y si hubo alguna modificación, ésta tendría que explicitarse en los documentos de la época. Y las fechas son las que precisamente están modificadas, consideradas erróneas, borradas o cambiadas por otras en este descubrimiento de 2001. Si algún documento justifica algún cambio, desde un principio tuvo que haberse notificado. No lo está hasta el momento.

Varios títulos se dieron a conocer en las noticias (2001) y en la publicación de las loas o partes de una sola loa, como propone Díaz Cíntora. Unos títulos aparecieron sin fecha y otro con fecha y lugar: "Loa al Santísimo Sacramento en la fiesta de Corpus Cristi, representada en Amecameca el 31 de mayo de 1657". Sin embargo, Vallejo (a la mitad de su artículo de *Letras Libres*) dio, y lo vimos ya, el título de la primera loa: "Loa Satírica en una comedia en la festividad de Corpus hecha y realizada en Tlayacapa en el año de 1682" (81). Y en las últimas líneas de su artículo (y en nota a pie de página) dio el segundo título: "Apláudase la fineza que el señor hizo en quedar Sacramentado con los hombres. Año de 1718" (119). Ignoramos hasta el día de hoy qué relación tienen estos títulos con los datos de 1657. ¿Cómo justificar un cambio de tal magnitud? Al menos, desde la literatura no se hace; desde la historia, tampoco.

Lo único que lo justificaría es que Vallejo tuviera del *Mercurio Encomiástico*, además de la reproducción de Del Paso y Troncoso, otra versión de la que todavía no ha dicho nada. En busca del sustento histórico para este cambio (y entender lo que se ha dicho de las copias del siglo XVII y del XVIII), veamos en qué fuentes se apoya Vallejo que le permiten asegurar que las dos loas –"Loa Satírica en una comedia en la festividad de Corpus hecha y realizada en Tlayacapa en el año de 1682" y "Apláudase la fineza que el señor hizo en quedar Sacramentado con los hombres. Año de 1718"– se representaron en "el atrio del convento dominico de Nuestra Señora de Asunción de Amecameca, el jueves 31 de mayo de 1657, en la festividad del *Corpus Cristi*".

IV. Fuentes de Vallejo

En su artículo de *Letras Libres*, Augusto Vallejo proporcionó las siguientes fuentes[20] en relación con su descubrimiento:

1. Silvio Zavala. *Francisco del Paso y Troncoso: su misión en Europa (1892-1916)*.

De este libro tomó Vallejo el título de un documento: *Mercurio Encomiástico en la excelentísima lengua mexicana, o Náhuatl hechas en diversos tiempos desde el año de 1682 que en Tlayacapa me hizo hacer Don Juan Hipólito Cortéz Quetzalquauhtli y Tequantepehua este encomio al Santísimo Sacramento* (80). Vallejo informa que en Zavala se da la ubicación del documento; éste es parte de los manuscritos mexicanos de la Colección Goupil. Hasta aquí Vallejo.

El título, que aparece en el apéndice del libro de Zavala, es el encabezado del mencionado manuscrito del siglo XVIII. Quien escribe (en primera persona) anuncia en un tiempo presente (aquí tampoco se sabe a cuándo y a dónde corresponde; lo de siglo XVIII es

---

[20] Con las fuentes bibliográficas a la vista iré añadiendo comentarios para esclarecer la relación entre los documentos.

mencionado por Díaz Cíntora y por Vallejo) que el *Mercurio* incluye piezas en náhuatl compuestas desde 1682. Fue un encargo de Juan Hipólito Cortés (cacique de Tlayacapan, informa Vallejo). El "me hizo hacer" corresponde a la voz que habla, a quien escribe el encabezado, esto es, al autor de tal "*encomio al Santísimo Sacramento*".

En los apéndices del libro de Zavala, hay datos de las "Fotocopias hechas por orden del Señor Francisco del Paso y Troncoso que se conservan en el Museo Nacional". En el Apéndice III (redactado por Wigberto Jiménez Moreno) está el paquete 20 (580), que contiene información sobre escritos de José Pérez de la Fuente: "*Relación mercuriana [mercurina] de la admirable aparición de N. S. la Virgen María de Guadalupe en la lengua mexicana genuina y traducida al castellano* (Bibl. Nal. de París. Ms. 303 *Colección Goupil*"). En la elaboración del apéndice del libro de Zavala, se cotejan las fotocopias del paquete con las piezas descritas por Boban en su *Catálogo*,[21] y se informa sobre el dato que da este catálogo: "Relation de l'Apparition de N. D. de Guadalupe" (vol. 2: 452-453). En el apéndice del libro de Zavala se ofrece el título de los escritos, el número de folio de los manuscritos y de las páginas del catálogo de Boban. Entre otros documentos, se informa del *Mercurio Encomiástico en la excelentísima lengua Mexicana, o Náhuatl, hechas en diversos tiempos desde el año de 1682 que en Tlayacapa me hizo hacer Dn. Juan Hipólito Cortéz Quetzalquauhtli y Tequantepechua este Encomio al Ssmo. Sacramento*" (fols. 40-51). Esta información, cotejada además con el *Catálogo* de Boban, no indica que Pérez de la Fuente sea transcriptor, recopilador o copista del *Mercurio*, sino su autor.

2. Zazil Sandoval Aguilar. *Lenguas indígenas de México/Catálogo de manuscritos e impresos.*

Informa Vallejo que este catálogo cita también el documento y añade un dato cronológico "en donde –dice– se cruzaban el ya expresado año de 1682 en Tlayacapan, en Silvio Zavala, con la fecha de Amecameca de 27 de octubre de 1713" (80). Como hizo con Zavala, informa que Sandoval Aguilar refiere a la colección Goupil. Hasta aquí Vallejo.

La ficha 59 del catálogo de Sandoval Aguilar corresponde al "Mercurio encomiástico en la excelentísima lengua mexicana hechas en diversos tiempos desde el año de 1682 que en Tlayacapan me hizo hacer don Juan Hipólito Cortés Quetzalquauhtl y Tequantepehua este encomio al santísimo sacramento" (41). Inmediatamente al título se anota: "Amecamecan, 27 de octubre 1713, Joseph Antonio Pérez de la Fuente y Quijada, recopilador".[22] De ahí que Vallejo diga que el manuscrito –el *Mercurio Encomiástico*– "indica que Joseph Pérez de la Fuente y Quijada fue el que los transcribió [los documentos] por órdenes del cacique de Tlayacapan" (80). Por lo tanto, Pérez de la Fuente no será considerado (por Vallejo) como autor del *Mercurio* sino como copista y recopilador.

Este catálogo informa sobre el legajo 65 de la Colección Francisco del Paso y Troncoso; también, que es una "[r]eproducción fotográfica del original (manuscrito 303 de la Biblioteca Nacional de París, Col. Goupil 1)" y que "el original es un manuscrito del siglo XVII" (41-42). De esta información pudo haber tomado Vallejo lo que dirá después sobre el original del documento: que está en la Biblioteca Nacional de París.

En el catálogo de Sandoval Aguilar se dice del "Mercurio encomiástico" que es una recopilación de 20 recitaciones y loas de tema religioso; que están en náhuatl, y algunas piezas traducidas al español; que en cada pieza se indica el lugar y la fecha donde se recitaron. De los años mencionados por Vallejo sólo aparece el de 1718 (ni 1657 ni 1682); entre los lugares, están Amecamecan y Tlayacapan (42).

---

[21] Utilizo el ejemplar de la biblioteca de la universidad de Stanford.
[22] No se dice en el catálogo de Sandoval Aguilar de dónde se toma el dato de "recopilador".

Aunque en Zavala y Sandoval Aguilar se ha informado sobre la colección Goupil, Vallejo no da muestras de haber consultado esta colección. De Sandoval Aguilar, parece tomar el dato relativo al legajo 65 de la colección de Del Paso y Troncoso; dice haber consultado y copiado el microfilm de los documentos.[23] Para informarse sobre Pérez de la Fuente, investiga en la *Biblioteca* de Beristáin.

3. José Mariano Beristáin de Souza, *Biblioteca Hispano-Americana Septentrional*.

Vallejo informa que Beristáin enlista títulos de Pérez de la Fuente que, en su opinión, "supuestamente escribió a principios del siglo XVIII" (80); uno de ellos es el "Mercurio encomiástico: o veinte Loas en verso megicano a diversos asuntos". Hasta aquí Vallejo (no se aclara lo de "supuestamente"). Da la impresión de que Vallejo considera a Pérez de la Fuente sólo como copista y recopilador.

La entrada 1219 del volumen 2 de la *Biblioteca Hispano-Americana Septentrional* de Beristáin (309) corresponde a Fuente (D. José Antonio Pérez), "cura, vicario o natural solamente y vecino del pueblo de Amecameca,[24] en el arzobispado de México; peritísimo en lengua mexicana, y bien instruido en las bellas letras". Con este dato "culto" de Pérez de la Fuente, Beristáin informa que escribió a principios del siglo XVIII y ofrece once títulos. El quinto es *Mercurio Encomiástico o veinte Loas en verso mexicano a diversos asuntos*; el último, *Los oficios del Santísimo Sacramento*.

Como autor del *Mercurio* y de otros escritos, Pérez de la Fuente aparece en Beristáin lo mismo que en Zavala. Como recopilador, sólo en Sandoval Aguilar, cuyo dato adopta Vallejo.

4. Lorenzo Boturini, *Museo histórico indiano* (*Idea o ensayo de una nueva historia general...*).

Confirmando la información de Beristáin, Vallejo dice que, efectivamente, Boturini informa del *Mercurio* en el *Catálogo del museo histórico indiano*. Hasta aquí Vallejo.

En el *Catálogo del museo histórico indiano del cavallero Lorenzo Boturini Benaduci...*, el nombre de Pérez de la Fuente aparece en la sección titulada "Otros manuscritos de varia Erudición. §. XXIV" (49-50); su nombre está en los títulos 2 (*Maestro Genuino del Elegantíssimo Idioma Náhuatl*), 3 ("Cartilla Mexicana, y Castellana del mismo Autor") y 5, de nuestro interés más inmediato: "Diversas Obras en dichas dos lenguas, y papel Europèo, y algunas en la sola lengua *Náhuatl*, de dicho Perez. Hallanse en un libro en folio de 19 fojas". Esas obras están organizadas en once títulos. El sexto es el título que buscamos: "VI. *Mercurio Encomiástico*, esto es, 20. Loas en verso Mexicano à diversos propositos".[25]

---

[23] Más adelante veremos directamente lo relativo a este legajo.

[24] Vallejo parece no leer lo de "o natural solamente y vecino del pueblo de Amecameca" y aclara que Pérez de la Fuente no fue cura ni vicario; supone además que probablemente nació en Pachuca (81).

[25] Los títulos del catálogo de Boturini son (yo subrayo): 2. "*Maestro Genuino del Elegantissimo Idioma Náhuatl* en 36. fojas de papel Europèo, esto es, la Gramatica de dicho Idioma, que compuso Don Joseph Antonio Pérez de la Fuente. Fáltale algo del fin"; 3. "Cartilla Mexicàna, y Castellana del mismo Autor en 12. fojas de papel Europèo"; 5. "Diversas Obras en dichas dos lenguas, y papel Europèo, y algunas en la sola lengua *Náhuatl*, de dicho Pérez". De este título aclara: "Hallanse en un libro en folio de 19 fojas, y son las siguientes: I. *Relacion de la admirable Aparicion de Nuestra Señora de Guadalupe en las dos lenguas Castellana, y Mexicana*; II. *Interrogatorio para confessar à los Indios Mexicànos en dichas dos lenguas*; III. *Practica de ayudar à bien morir recopilada del Ritual Romano*. Està en lengua Nàhuatl; IV. *El Portento Mexicàno. Comedia en verso Mexicàno de la Aparicion de Nuestra Señora de Guadalupe*; V. *El Dia Festivo del Alma, sacado de varios Autores, y traducido en el Idioma Mexicano*; VI. *Mercurio Encomiastico*, esto es, 20. Loas en verso Mexicano à diversos propositos; VII. *Borradores Devotos*. Contienen varias Oraciones del Santissimo Rosario, y otras muchas; VIII. *Versos Mexicànos de Nuestra Señora de Guadalupe*; IX. *Sacra Philomèna, que discanta en el Idioma Mexicàno los Misterios del Santissimo Rosario*; X. *Consideracion de la Santissima Trinidad en la misma lengua*; XI. *La Cartilla con todas sus Oraciones en la misma lengua*" (49) (datos de siglos anteriores como éstos están copiados *verbatim*).

En 1746 –publicación del *Catálogo del museo histórico indiano* (en la *Idea o ensayo de una nueva historia general...*)– este dato quedó asentado en Madrid. Boturini salió de México en 1744; allí había dejado sus documentos, incautados por el gobierno virreinal (Flores Salinas 27). El *Catálogo del museo histórico indiano* de Boturini parece proporcionar originalmente el título exacto del *Mercurio Encomiástico* y del número de loas que contiene, que son 20. Este conjunto (título 5), entre obras en español y náhuatl –o sólo náhuatl–, escritas en papel "europeo", es parte de un libro en folio (19 fojas, 11 obras), "de dicho Pérez" (de él también son los títulos 2 y 3 de "Otros manuscritos de varia Erudición"). Luego, el catálogo informa de 13 títulos de Pérez de la Fuente. Para Boturini, Pérez de la Fuente es el autor del *Mercurio encomiástico*.

5. Colección Goupil de manuscritos mexicanos. Documento 303. Biblioteca Nacional de París.

Vallejo no cita esta colección, sólo la menciona indicando que Zavala y Sandoval Zazil refieren a ella. Pero en nota a pie de página dice Vallejo:

> El documento 303 de la Colección Goupil de la Biblioteca Nacional de París seguramente fue visto por varios historiadores y especialistas en náhuatl, pero pasó inadvertido por considerársele de poco interés, pues no tenían en mente o desconocían la figura de Sor Juana Inés de la Cruz [...]; a la mayor parte de esta clase de documentos fechados en el siglo XVIII se les ha estimado de poco interés, por ser tardíos (119, nota 22).

Hasta aquí Vallejo, quien no da señales de haber visto "el documento 303 de la Colección Goupil de la Biblioteca Nacional de París". Si consultó directamente la colección Sandoval Aguilar no lo sabemos; en cambio, sí consta la consulta en el apéndice del libro de Zavala, al menos, del catálogo de la colección.

V. Otras fuentes

Los datos que siguen aparecen en fuentes mencionadas por Vallejo.

1. Eugène Boban, *Documents pour servir à l'histoire du Mexique. Catalogue raisonné de la Collection de M.E.-Eugène Goupil (ancienne collection J.-M.-A. Aubin)*.

La Colección Goupil fue catalogada por Eugène Boban a finales del siglo XIX por encargo de M. E.-Eugène Goupil, quien en 1889 la adquirió de J.-M.-A. Aubin. Sobre la colección de Aubin, informa Boban: "La plupart des manuscrits sus papier indigène, ou sur peau, qui constituaient la collection de M. Aubin, proviennent du musée historique américain du célèbre antiquaire milanais, d'origine française, 'el cavallero Don Lorenzo Boturini Benaduci'" (Boban 10). Ocupan dos volúmenes los *Documents pour servir à l'histoire du Mexique. Catalogue raisonné de la Collection de M.E.-Eugène Goupil (ancienne collection J.-M.-A. Aubin)*. El número 303 de los manuscritos mexicanos tiene como título "Relation de l'apparition de N. D. de Guadalupe" (452-453). La explicación inmediata al título dice (en letras cursivas): "*Relation Mercurina de la aparicion de Nuestra Señora la Virgen Maria de Guadalupe en la lengua mexicana genuina y traducida en castellano, por Dⁿ Joseph Perez de la Fuente en Amecameca, a 6 dias del mes de mayo de 1712*" (452).

Hay loas que no hacen ruido. La hipotética loa infantil de Sor Juana

Se explica (en francés) que el manuscrito es de once cuadernos en folio (222 páginas). También que el manuscrito aparece mencionado en el *Catálogo del museo histórico indiano* de Boturini. Se cita (abreviando títulos) precisamente el § XXIV ["Otros manuscritos de varia Erudición"] y de éste, exactamente, el n° 5: "Diversas obras en dichas dos lenguas y papel europeo, y algunas en la sola lengua nahuatl, de dicho Pérez. Hallanse en un libro de folio de 19 fojas".

Los principales títulos ["les titres des principaux chapitres de ce recueil"] aquí citados son: 1. "Relacion Mercurina de la admirable aparicion de Nuestra Señora la Virgen de Guadalupe" (entre paréntesis se explica: "*Ce chapitre, écrit en langue nahuatl, est accompagné de la traduction en espagnol*"); 2. "El Portento mexicano. Comedia famosa y la primera en verso mexicano..."; 3. "Ofrecimiento del Rosario, que compuso el R. P. M. Fr. Francisco Sanchez el orden de Predicadores, impreso en Mexico por la viuda de Miguel Rivera Calderon, año 1707. Traducido en mexicano por Joseph Perez de la Fuente" (los subrayados son míos; entre paréntesis se explica: "*Ce chapitre est répété deux fois dans le recueil*"); 4. "Mercurio Encomiástico en la excelentisima lengua mexicana o nahuatl hecha en diversos tiempos desde el año de 1682 que en Tlayacapa me hizo hacer Dⁿ Juan Hipolito Cortez Quetzalquauhtli; y Tequantepehua este encomio al S. S. Sacramento"; 5. "Festivo dia del alma sacado de varios autores, y traducido al idioma mexicano genuino segun el Mercurio"; 6. "Sacra Philomena que discanta en el idioma mexicano los misterios del santisimo Rosario"; 7. "Interrogatorio utilisimo p^a confesar Indios mexicanos".[26]

Ya enterados de títulos que José Pérez de la Fuente –"peritísimo en lengua mexicana, y bien instruido en las bellas letras"– compuso y tradujo, anoto un dato que aparece en el catálogo de Boban (*Documents pour servir a l'histoire de Mexique catalogue raisonné de la collection de m. E.-Eugene Goupil*). Precisamente en el n° 303 (452), después del título del manuscrito "*Relación de la aparición de Nuestra Señora la Virgen María de Guadalupe en la lengua mexicana genuina y traducida en castellano, por D. Joseph Perez de la Fuente en Amecameca, a 6 días del mes de mayo de 1712*", se dice: "Copie du Père Pichardo".[27] El *Mercurio Encomiástico*, según el catálogo, es copia de Pichardo.

Asimismo, en una sección del índice del catálogo de Boban se lee: "Manuscrits et copies du Pére Pichardo" (68). De los veinticuatro títulos que contiene esta parte del índice, el 17 corresponde al "N° 303. Relation de l'apparition de Notre-Dame-de-Guadalupe" (el índice remite a la página 452). En la "Table analytique générale" del catálogo, en el orden alfabético correspondiente aparece "Pichardo (Don José), ecclésiastique mexicain; historien érudit" con su ficha respectiva. En la misma "Table" está "Perez de la Fuente (José), auteur d'une relation de l'apparition de Notre-Dame de Guadalupe, II, 452".

Según la información de la Biblioteca Nacional de París, los escritos de Pérez de la Fuente localizados en el número 303 de la Colección Goupil de manuscritos mexicanos fueron copiados por José Pichardo (1748-1812). Luego, el *Mercurio Encomiástico* que está en la Biblioteca Nacional de París no es el documento original como cree Vallejo sino que es una copia, según está documentado, del Padre Pichardo.

---

[26] Se aclara (452) que sigue a estos [capítulos] un cuaderno con el título: "Ave Maria". Contiene el "Tesoro dos veces rico aunque sin valor alguno maestro genuino del elegantisimo Idioma nahuatl"; y la "Fabrica continuada desde los 26 de setiembre del año de 1666, hasta 20 de Julio de 1704 que para honra y gloria de la Sob^a Mag^a de D^s N^{tro} S^r y de la Sacratisima Emperatriz de los cielos y de la tierra, mi señora; se acabo en el Pueblo de Sⁿ Luis de Tlalmanalco". Viene después una explicación que dice que los dos cuadernos que cierran el recuento tienen por título: "México 1731". Es la "Traduccion de las vidas y martirios que tubieron tres Niños principales de la ciudad de Tlaxcala la qual practico el interprete general de esta real Audiencia en virtud de lo mandado por el Exmo S^r conde de Revillagigedo Virrey governador y capitan general de este reyno".

[27] Inmediatamente a "Copie du Pére Pichardo", se informa: "Manuscrit.-Onze cahiers in-folio (222 pages)"; después, "Ce manuscrit est mentionné dans le catalogue de Boturini" (452; ya nos hemos referido a esta información). Bajo el título "*Relation de l'apparition de N. D. de Guadalupe*" aparecen los documentos de Pérez de la Fuente.

Hemos dicho que una parte de la colección de Boturini fue adquirida en México por Aubin quien, entre muchos más documentos, en 1840 se la llevó de México a Francia. En 1889 la colección de Aubin pasó a ser propiedad de Goupil, quien le pidió a Boban que la catalogara. Hemos anotado también que en el catálogo de Boban se informa que es del Padre Pichardo la copia de los escritos de Pérez de la Fuente que están en la colección Goupil. Si Boban, al catalogar los escritos de Pérez de la Fuente en la colección Goupil, dice que éstos son mencionados por Boturini, se necesitaría una pista para esclarecer un punto intermediario entre Boturini y Aubin. En ese punto se encuentra Pichardo, quien copia los escritos de Pérez de la Fuente –entre otros, el *Mercurio Encomiástico*– catalogado como manuscrito 303 de la Colección Goupil.

Se tienen noticias de que Mariano Fernández de Echeverría y Veytia (1718-1780) fue albacea de Boturini; de que (posiblemente) Antonio de León y Gama (1735-1802) y José Antonio Pichardo (1748-1812) pudieron tener documentos de Veytia y de Boturini (Flores Salinas 28-29). Pichardo pudo haber copiado de la colección de Boturini los escritos de Pérez de la Fuente. Informa Beristáin que el Padre Pichardo "[a]copió para su uso a costa de la economía de sus cortas rentas una librería de mil cuerpos o volúmenes" (vol. 4, entrada 2393). Fue coleccionista y también amanuense, además de políglota.

Aubin se llevaría a París la copia de Pichardo entre los documentos que sacó de México (sólo así tendría sentido el dato del catálogo de Boban). Se quedarían en México los escritos de Pérez de la Fuente. De existir (difícilmente) esos escritos (casi imposible), Vallejo pudo dar con ellos (habló de un repositorio interesante, de un archivo civil). Pero Vallejo ha informado que la suya es copia del microfilm de la colección de Del Paso y Troncoso, reproducción fotográfica ésta de la colección Goupil. Si la colección Goupil cataloga (Boban 1891) escritos mencionados en el catálogo del *Museo histórico indiano* de Boturini (1746) y posee copia de esos manuscritos (1898; fecha que aparece en el manuscrito mexicano 303 de la colección), la reproducción de Del Paso y Troncoso (hecha por él o mandada hacer por él), y la copia de Vallejo (del microfilm de Del Paso), parece corresponder a la copia de Pichardo.

En el mismo Archivo Histórico de la Biblioteca Nacional de Antropología, Colección Francisco del Paso y Troncoso, legajo 71, hay copia de un "Diccionario (incompleto desde el principio) náhuatl-español. Ms. 362 bis. De la Biblioteca Nacional de París. Colección Goupil. Es obra del P. Pichardo". La letra parece ser la misma que la del *Mercurio Encomiástico*. Habría que seguir indagando.

Pero en todo este periplo que hemos hecho, ni fugitivamente se nota la sombra de Sor Juana. La primera loa y sus indicios –hacienda, esclavos, negros, ganado...– pueden relacionarse con Sor Juana o en realidad con cualquier otra persona de la región. No por esos indicios se puede dar por hecho que Sor Juana la escribió y sobre esa suposición –en caso de que sólo eso sea– cambiar fechas para que coincida el año de la loa con la edad de Sor Juana al escribirla (8 años; y que aún estuviera viva la abuela, esto es, en 1656 o 1657, posibilidades que también se mencionaron). Vale decir, Vallejo da una suposición que se convierte en apoyo para la interpretación y para (el cambio de) las fechas. En lo que dijo sobre las copias de la loa no tocó ni remotamente la copia de Pichardo.

Ésta, según el catálogo de Boban, se encuentra en París desde el siglo XIX. Pichardo pudo haberla copiado de la colección de Boturini, quien la conseguiría alrededor de 1740 (estuvo en México de 1736 a 1744). No se sabe si su versión era original o copia; si es copia (pero podría ser perfectamente la versión original) la hizo él o la hicieron para él. Lo que sí se sabe es que parte de la colección de Boturini provenía de los repertorios de Alva Ixtlilxóchitl y de Sigüenza y Góngora. Habiendo sido incautados sus documentos, y antes de dejar México,

Boturini tuvo que inventariar ante las autoridades virreinales su obra compilada durante varios años; su obra se dispersó (Flores Salinas 27). Su catálogo se publicó en Madrid en 1746. Ésa sería la información más antigua respecto al contenido de su obra compilada en México. Pero hay fuentes anteriores.

En el Apéndice I de su libro *México visto por alguno de sus viajeros*, Berta Flores Salinas publica, por poco conocido dice, un inventario de manuscritos de Boturini que apareció en 1890 en el libro *Monumentos del arte mexicano antiguo* de Antonio Peñafiel.[28] Ante las autoridades correspondientes, el 28 de septiembre de 1743, en la ciudad de México, Boturini fue informando acerca de los títulos de los documentos que por orden virreinal le habían incautado. En el "8° Inventario que solo toca á la Historia de Ntra. Sra. De Guadalupe, en su aparición" aparece este documento:

> 32-Item. Historia genuina de las mismas apariciones de la misma Sra. en lengua mexicana, y otra traducida en romance, con una comedia mexicana, del mismo asunto, loas y versos en mexicano, anexa á unas obras mercurinas que compuso en lengua mexicana José Antonio Perez de la Puente [Fuente], todas dignas de imprimirse, por el primor con el cual el autor las espende (manifestada) en el elegantísimo idioma mexicano, en fojas setenta y nueve (178).[29]

Las loas y versos mexicanos podrían ser los del *Mercurio encomiástico*.

Copiadas las loas del *Mercurio encomiástico*, son parte de un manuscrito de once cuadernos en folio de 222 páginas localizado en la Biblioteca Nacional de París. Los datos del documento son: "*Manuscrit Onze cahiers in folio 222 pages. Relation de l'apparition de N. D. de Guadalupe par D. Joseph Perez de la Fuente N°. 303. Volumen de 126 Feuillets 6 Août 1898*". El *Mercurio Encomiástico* está entre los fojas 49 r.-51 vta. Una nota (nos) advierte que es de uso privado;[30] por lo tanto, no nos será posible comentar ahora este documento, sí aclarar que su reproducción (copia fiel) es la que se encuentra en México. En París fue fotografiado por (o por orden de) don Francisco del Paso y Troncoso.

2. Colección Francisco del Paso y Troncoso. Legajo 65.

Zavala aportó en el contexto de la búsqueda de Vallejo el dato de la Colección Goupil; Sandoval Aguilar, el del legajo 65 de la Colección de Francisco del Paso y Troncoso; ésta posee la reproducción fotográfica del *Mercurio Encomiástico* de la Colección Goupil. Vallejo informó haber fotocopiado el microfilm de estas fotografías, mientras que Salvador Díaz Cíntora afirma que Vallejo obtuvo copia del documento de la Biblioteca del Instituto Nacional de Antropología

---

[28] Datos tomados de Antonio Peñafiel, *Monumentos del arte mexicano antiguo* (Berlín: Lasher Co, 1890. 56-58). El dato (más completo) del libro de Antonio Peñafiel (1831-1922) es *Monumentos del arte mexicano antiguo. Ornamentación, mitología, tributos y monumentos*, por el Dr. Antonio Peñafiel... Se imprime por acuerdo del Señor Gral. Carlos Pacheco, secretario de Fomento... Obra acompañada de dos volúmenes de láminas. Berlin: A. Asher & Co., 1890. 3 v. in 1. and atlas (2 v.) of 318 pl. (partly col., partly fold) 58 cm. Copio los datos de la ficha de la Bancroft Collection.

[29] El número 33 de este inventario corresponde a "Otras dos comedias en lengua mexicana de las apariciones de dicha Señora, en otros dos cuadernillos de á cuatro, en fojas treinta y cuatro". Al final del inventario se lee: "Los anteriores inventarios están copiados de la causa original de Boturini, folios 48 vuelta á 78 vuelta, en 31 fojas" (Flores Salinas 186). Según la historiadora (127), son manuscritos que no aparecen en el catálogo de Boturini; sin embargo, el material declarado de Pérez de la Fuente se familiariza con el que ya hemos visto. Flores Salinas informa también de inventarios publicados en el *Boletín del Archivo general de la nación*.

[30] En 1889, en París, el doctor Antonio Peñafiel quiso recuperar documentos mexicanos de la Colección Goupil, diciendo que no tenían gran valor, pero Aubin (que se los llevó de México a París) y Goupil (que adquirió la colección de Aubin) no se dejaron convencer y no lo permitieron (lo narra Boban 10-13).

e Historia.[31] Luego, la loa no se descubrió en París como publicó la revista *Letras Libres* (2001) y también el periódico *Reforma* (2002). A no ser que se le llame descubrir a que Del Paso y Troncoso haya fotografiado el documento en París, esto es, la copia del Padre Pichardo.

Y no sólo no se descubrió en París, sino que, posiblemente, Vallejo no ha visto el dato "Copie du Père Pichardo" que aparece en el catálogo de Boban (452), que puede consultarse en otras bibliotecas y no sólo en la Biblioteca Nacional de París.

Vallejo informa haber fotocopiado el legajo 65 de la Colección Francisco del Paso y Troncoso. Esta colección es parte del Archivo histórico de la Biblioteca Nacional de Antropología (México, D.F.).

VI. La loa de la casa

A. Índice del legajo 65 de la Col. P. T.

Paquete 20. El legajo 65 contiene la fotocopia de 83 negativos. Antes de éstos, hay tres páginas (escritas a máquina; inventario de biblioteca) que copian los títulos o encabezados de las loas y los presentan en una especie de índice. Contiene seis números (escritos a mano) con sus títulos respectivos; al *Mercurio Encomiástico* corresponde el número 4; contiene 18 títulos de poemas (títulos con margen hacia adentro). Después del último título, los números 5 y 6 se alinean con los números 1, 2, 3 y 4. Los números 5 y 6, ya en el manuscrito 19 y 20, aparecen como parte de las veinte piezas del *Mercurio Encomiástico*).

Los títulos de los seis números son de Pérez de la Fuente (como vimos en Boturini, Boban, Beristáin). La descripción de cada pieza, que coincide con sendos encabezados en el manuscrito, es la siguiente (copia textual):

1. Relación Mercurina de la admirable Aparición de Nuestra Señora la Virgen María de Guadalupe, en la lengua mexicana genuina, y traducida al castellano. Negativo 1-21
2. "El Portento Mexicano". Comedia famosa, y la primera en verso mexicano. Relativa a la aparición de la Virgen de Guadalupe. Negativo 21-59.
3. Xácara en el idioma mexicano, que cantó un moderno ante una concurrencia de Indios Principales en 13 de agosto de 1713 años. Negativo 60-61.
4. Mercurio Encomiástico, en la Excelentísima Lengua Mexicana o Náhuatl, hecos [hechos] en diversos tiempos desde el año de 1682, que en Tlayacapa me hizo hacer Dn. Juan Hipólito Cortes Quetzalquauhtl y Tequantepehua este encomio al Ssmo. Sacramento. Por Don Joseph Antonio Pérez de la Fuente y Quixada. En Amecamecan a los 27 días del mes de octubre de 1713 años. Negativo 61-78. (En el negativo 78 se lee: "Tolo [Todo] lo contenido en este Mercurio Encomiástico, o furor poético sugeto a la corrección de Nuestra Santa Madre la Iglesia Católica Romana. Y si en esto, ó en todo lo que hubiere escrito en este Idioma de [se] hallare algo disonante a sus sagrados Dogmas, lo retracto corregido tan obediente como ignorante, y por verdad lo firmé en el pueblo de Amecamecan a los 27 días del mes de octubre de 1713 años. —Joseph Antonio Pérez de la Fuente, y Quixada.)[32]

Contiene:
El año de 1686, en Amecameca recitó esta Loa Dn. Sebastián Constantino, hoy Governador, y entonces Niño, a la Santísima Trinidad. (en náhuatl). Negativo 61-64.

---

[31] *Reforma*, 15 de noviembre de 2001. 6C.
[32] No vemos por ninguna parte que Pérez de la Fuente aparezca como transcriptor. Hasta ahora, parece ser el autor del *Mercurio encomiástico*. Después de su nombre sigue el índice del contenido, alineado todo dentro de este título; son las transcripciones de los encabezados de cada pieza.

El año de 1687, se recitó esta Loa en Amecameca, a la Asunción de Nuestra Señora. (en náhuatl). Negativo 64-65.

Encomio Fedtival [Festival] a la Asunción de Nuestra Señora enel [en el] Pueblo de Ayapanco, año de 1691. (en náhuatl). Negativo 65-66.

El año de 1692, encomio en la noche de la fiesta del Señor Santiago, que Ayapanco celebró quando lo sacaron en un carro triunfal. (en náhuatl y castellano). Negativo 66-67.

Prosíguese el furor poético para honra y gloria de Dios, y en el modo mixto que se vé se recitó en Tlayacapan elaño [el año] de 1698 este elogio á San Juan Bautista. (en náhuatl y castellano). Negativo 67-68.

El año de 1701 se aplicó la introducción de este elogio a Nuestra Señora de los Remedios, y comenzó desde... Negativo 68-69.

Elogio festival al Señor San Luis Obispo en Tlalmanalco, año de 1709. Negativo 69-70.

El año de 1706 se hicieron los elogios en Lengua Mexicana a la Dedicación del Nuevo Templo de Nuestra Señora de Guadalupe, y con ser merced del Señor nunca vista, no hubo lugar por mis pecados. Año de 1710 se hizo esta Loa en Tlalmanalco en fiesta que hizo el Revdo. Pe. Cura Ministro Fray Antonio de la Madrid a la colocación de una imagen de la Asunción de Nuestra Señora, y empieza la Loa de San Juan desde donde dice... (en náhuatl y en castellano). Negativo 70-71.

El año de 1706 se hizo este encomio a la festividad del Corpus Christi. (en náhuatl). Negativo 71-72.

Año de 1707 en Nativitas de Tlaxcallan se recitó este elogio a la Natividad de Nuestra Señora. (en náhuatl). Negativo 72-73.

El año de 1706 en un carro se recitó este encomio a Nuestra Señora del Socorro. (en náhuatl y en castellano). Negativo 73.

El año de 1706 se hizo este Encomio a la Natividad de Nuestra Señora. (en náhuatl). Negativo 74.

El mismo año (1706) se hizo (este encomio) a Nuestra Señora del Socorro en Tlalmanalco. (en náhuatl y castellano). Negativo 74.

El año de 1710 se hizo este Elogio al Señor, y a San Antonino del pueblo de Zoyatzingo. (en náhuatl y castellano). Negativo 74-75.

El año de 1708 se hizo esta canción a Nuestra Señora de Guadalupe, y se ha celebrado mucho. (en náhuatl y castellano). Negativo 75-76.

Versos al Glorioso Patriarcha Sor. Sn. Joseph mi Señor.

Tlalmanalco, año de 1710. (en náhuatl). Negativo 76.

Encomio mixto a la festividad del Smo. Rosario, año de 1713. (en náhuatl y castellano). Negativo 76-77.

Año de 1713 en Amecamecan. Xacara que hize para corregir a un Hijo mío, año de 1713. En Amecamecan a los 13 [se escribe la palabra "dias" y se nulifica con varias 'x'] de agosto de dicho año. en náhuatl). Negativo 77-78.

Todo lo contenido... y firma: Joseph Antonio Pérez de la Fuente, y Quixada. Negativo 785.

5. Loa Satírica en una comedia en la festividad del Corpps [Corpus] hecha, y recitada en Tlayacapan, año de 1682. (en náhuatl y castellano). Negativo 78-80.
6. Apláudese la fineza que el Señor hizo en quedar Sacramentado con los hombres. Año de 1718. (en náhuatl y castellano: [primero se cierra el paréntesis y se le enciman los dos puntos] diálogo). Negativo 80-83

En el número 4 se lee que Joseph Antonio Pérez de la Fuente y Quixada hace la presentación de las piezas del *Mercurio Encomiástico* (título citado varias veces) y vemos que las últimas –5 y 6– (19 y 20) son las piezas consideradas por Vallejo como una sola loa, escrita por la niña Juana. Las loas acomodadas como parte del *Mercurio* (Col. P. T.) no están numeradas. Las últimas loas –de 1682 y 1718– (5-6), acomodadas (en este índice) fuera del número 4 completan las 20 loas que se dice integran el *Mercurio*.

B. Legajo del manuscrito

Aunque en los negativos[33] los poemas del *Mercurio* están numerados, no lo están, como vimos, en el inventario de la biblioteca (Col. P. T.). En este inventario (a máquina) se anota el nombre de Joseph Antonio Pérez de la Fuente y Quixada inmediatamente al título (encabezado) del *Mercurio Encomiástico* y se anota también la petición de censura. En el manuscrito, en cambio, junto al título *Mercurio Encomiástico* aparece sólo una de las dos explicaciones. Después de una raya que marca el final del poema anterior, se dice:[34]

> Mercurio Encomiástico/ Enla excelentisíma Lengua Me-/xicana o Nahuatl hechas en di/versos tiempos desde el año de/ 1682. que en Tlayacapa me hizo/ hacer Dⁿ Juan Hipolito Cortez Quetzalquauhtli, y Tequantepehua/ este Encomio al Ssmo. Sacramento.

Aparece en el negativo 61 de la Col. P. T. (corresponde al folio 40 v. de la Colección Goupil de la Biblioteca Nacional de París). No hay ningún nombre en este encabezado (negativo 61) como sí aparece, dije antes, en la letra a máquina que describe el contenido del manuscrito ("Por Don Joseph Antonio Pérez de la Fuente y Quixada. En Amecamecan a los 27 días del mes de octubre de 1713 años"). Esto es, al explicar el contenido del *Mercurio* y las piezas que contiene (en el inventario) se juntan los dos párrafos, lo que se dice al principio y lo que se dice al final de la loa 18 (negativos 61 y 78). La fecha 1682 corresponde a las loas que, declara Pérez de la Fuente, se empezaron a hacer desde aquel año por encargo de Juan Hipólito Cortés (en Tlayacapa); la de 1713 corresponde a la petición de censura que en Amecameca dice presentar José Antonio Pérez de la Fuente. En el negativo 78 (Col. P. T.; folio 49 r. de la Col. Goupil), se lee en el manuscrito:

> Todo lo contenido eneste Mercurio/ Encomiastico, o furor poético sugeto/ ala correccion deNuestra Santa Ma/ dre la Yglesia Catolica Romana. Y si/ en esto, ó entodo lo que huviere escrito/ en este Ydioma se hallare algo disonan-/ te asus sagrados Dogmas, lo retracto/ corregido tan obediente como ignoran/ te, y por verdad lofirmé enel Pueblo/ de Amecamecan alos 27 dias del mes/ de octubre de 1713 años.=Joseph An/ tonio Perez dela Fuente, y Quixada.

Esta petición de censura ("fórmula de sujeción" citada por Díaz Cíntora) aparece enmarcada entre dos líneas pero corresponde a los poemas anteriores. De inmediato, y sin que medie ninguna línea divisoria, está la cuarteta "Ynchalchihuitl, iteoxihuitl/ amo cana mantiquiza/ huel ayyaya toconnoxtiz/ cenca tecocoyotica" (traducida por Díaz Cíntora como "Los jades y las turquesas/ no salen por ningún lado/ apenas los extraemos/ como coyotes gritamos".

Después de la cuarteta en náhuatl, hay una línea divisoria (líneas que aparecen entre poema y poema). En seguida, está el título "Loa satírica en una comedia en/ la festividad del

---

[33] Utilizo una fotocopia del material de la Colección de Francisco del Paso y Troncoso. Me refiero a esta colección como Col. P.T.
[34] Hay casos en que aparecen juntas dos palabras; las transcribo de la misma manera.

Hay loas que no hacen ruido. La hipotética loa infantil de Sor Juana

Corpus hecha, y reci-/ tada en Tlayacapan año de 1682"; aparece con el número 19, esto es, considerada como parte de las veinte loas del *Mercurio Encomiástico*. La loa de 1682 ocupa de la copia del negativo 78 a la copia del negativo 80 (folios 49r.- 50r. de la Col. Goupil). Los negativos 80-83 (folios 50r.- 51v. de la Col. Goupil) están ocupados por la loa "Apláudese la fineza/ que el Señor hizo en quedarse Sacramentado con/ los hombres. Año de 1718." Aparece con el número 20; es decir, también está considerada como parte del *Mercurio*. Insisto: aunque añadidos estos poemas después de la petición de censura de las piezas anteriores (1-18), los números (19 y 20) que los acompañan los integrarían al *Mercurio*.

Ahora bien. Se dice (desde el *Catálogo del museo histórico indiano* de Boturini) que las piezas son veinte. Pero podemos observar lo siguiente: después del encabezado principal —*Mercurio Encomiástico*...–, hay unos versos en náhuatl que, sin título especial, aparecen numerados con el número 1. Después de estos versos, aparece una división marcada con estos signos: ~ ~ ~ ~ ~ ~. En las siguientes divisiones entre poema y poema aparece simplemente una línea divisoria. A partir de la loa numerada como 2, cada pieza tiene su propio encabezado.

La petición de censura para las piezas, que según los encabezados abarca entre 1686 y 1713, pareciera ser presentada –y lo está– no por un copista sino por su propio autor, "peritísimo en la lengua mexicana, y bien instruido en las bellas letras", según Beristain (309). No se puede decir que "dichas piezas son nuevas o casi nuevas", como dice Díaz Cíntora (67) y después de ver esta muestra de piezas ya representadas (1686, 1687, 1691, 1692, 1698, 1701, 1709, 1710, 1706, 1707, 1710, 1713); tampoco estar de acuerdo con su opinión sobre "las pobres producciones de teatro devoto del lugarejo" (69).

Antes de la "fórmula de censura" sólo aparecen 18 piezas, y se ha dicho que el *Mercurio* abarca 20; luego las dos últimas piezas también son parte del conjunto. La primera de éstas, además, fue "hecha, y recitada en Tlayacapan año de 1682", que corresponde a lo que se dice en el título: "*Mercurio Encomiástico en la excelentísima lengua mexicana, o Náhuatl hechas en diversos tiempos desde el año de 1682 que en Tlayacapa me hizo hacer Don Juan Hipólito Cortéz Quetzalquauhtli y Tequantepehua este encomio al Santísimo Sacramento*". La última pieza (20), sin embargo, tiene en el encabezado el año de 1718, cinco años después de la "fórmula de sujeción" (de 1713, que incluye 18 piezas). Esto es, el añadido al *Mercurio* cabría para la pieza 19 (de 1682) pero no para la pieza 20 (de 1718). Pero una y otra están dentro del conjunto (el *Mercurio Encomiástico*), que es una compilación de 20 piezas (aunque el número de loas no aparece en el encabezado).[35]

Existen varias posibilidades para explicar la relación de estas dos piezas con el resto de la colección. Primero, la compilación original pudo ser de 18 piezas (y se cerró en 1713, cuando Pérez de la Fuente firmó la solicitud de censura de esas piezas) y años después se añadieron los textos de 1682 y 1718. Sin embargo, aunque en el encabezado no se dice que son 20 las piezas, sí se menciona el año 1682, que corresponde a la loa 19; el problema sería explicar qué pasó con la pieza de 1718. Por otra parte, la compilación pudo ser de 20 piezas, incluyendo las 18 sujetas a censura (1713) y añadiendo la de 1682 y la de 1718 (esto lo haría Pérez de la Fuente después de 1713). Por último, la compilación pudo ser de sólo 18 piezas originalmente (cerrada en 1713) y un recopilador añadir al conjunto dos piezas más del mismo autor. El caso es que el *Mercurio Encomiástico* es un conjunto de 20 piezas, número que aparece en el catálogo de Boturini.

---

[35] Aunque parece que hay un descuido y no se le puso número a la loa de 1692 (después de la loa 4) y no se nota bien el número de la pieza siguiente, la de 1698 (antes de la loa 6).

Lo que es más difícil de aceptar es que las loas de 1682 y de 1718, en el contexto de un paquete de poemas de José Antonio Pérez de la Fuente, se atribuyan a Sor Juana (y no sólo se las atribuyan sino que se hayan anunciado con una "documentación incuestionable" que no ha hecho presencia alguna).

VII. Yo no entiendo de esas loas

Interesa destacar lo siguiente en cuanto a dos poemas del *Mercurio Encomiástico* y un título de Pérez de la Fuente:

1) El encabezado de la loa 2 (folios 40v.-42r.) especifica muy bien que "[e]l año de 1686, en Amecameca recitó esta Loa, Dn. Sebastián Constantino, hoy Governador, y entonces Niño, a la Santísima Trinidad. (en náhuatl)". Se hace saber que un niño, ahora gobernador, recitó esa loa hace años (27 años, si ese "ahora" es 1713); al leerla puede verse que, como "la niña" de la loa atribuida a Sor Juana, el niño de esta loa también menciona la escuela. En este caso, sin embargo, no se piensa que el gobernador sea el autor de la pieza.
2) El encabezado de la loa 9 (folios 45v.-46r.) dice que "[e]l año de 1706 se hizo este encomio a la festividad del Corpus Cristi (en náhuatl)". Se hace saber, así, que en la época había composiciones en náhuatl celebradas en las fiestas de *Corpus* (siglos XVII y XVIII). Además, la loa 9 indica que en el *Mercurio Encomiástico* hay más de una loa de carácter eucarístico.
3) Beristáin informa que Pérez de la Fuente es autor de "Los Oficios del Santísimo Sacramento" (39). Se hace saber, así, que Pérez de la Fuente tiene creaciones de carácter sacramental.

En cuanto a los dos primeros puntos. La precisión que se ve en los encabezados de cada pieza pudo estar presente también en caso de haber sido Sor Juana su autora. Si se dijo que un gobernador recitó tal loa cuando era niño, bien pudo decirse que una niña, ahora Sor Juana Inés de la Cruz, escribió la loa que ahora de nuevo se representa. Pero no se dice nada en aquel siglo. En el nuestro, Vallejo sí dice, pero no muestra ningún documento para justificar su propuesta de que Sor Juana es la autora de la "Loa satírica en una comedia en la festividad del Corpus hecha, y recitada en Tlayacapan, año de 1682" y de la loa que tiene como título "Apláudese la fineza que el Señor hizo en quedar Sacramentado con los hombres. Año de 1718".[36]

Estas loas —que formaron parte de la colección de Boturini (no sabemos cómo las adquirió)—, que pasaron por las manos de Pichardo, que fueron llevadas a París por Aubin, que volvieron a México (fotocopiadas por Del Paso y Troncoso) y están en el Archivo de la Biblioteca Nacional de Antropología las hizo hacer Juan Hipólito Cortés a José Pérez de la Fuente. Es más que remoto que sean de Sor Juana. Sin embargo, en caso de que aparezcan documentos fehacientes, serán más que bienvenidos. El hallazgo aumentaría la lista de los descubrimientos de la obra de Sor Juana (Poot Herrera, *Los guardaditos...* 307-338).

Hasta aquí algunos pasos en busca de la loa de Sor Juana. Falta un análisis de cada uno de estos dos poemas y un análisis más entre los dos. Falta también hacer la relación entre todos los poemas del *Mercurio Encomiástico*. A mí en lo particular me interesa la voz infantil en las dos loas (2 y 19); que reciten niños hace que este *Mercurio* náhuatl y mestizo (entre varias loas bilingües del conjunto) no sólo sea mensajero de los misterios sino que sea elemento integrador de los niños en las celebraciones religiosas de la comunidad. Que un niño haya recitado una loa en Amecameca en 1686 (la segunda del *Mercurio*), donde se pronuncia también la palabra "Escuela", aproxima este poema a la loa de 1682 de Tlayacapan.

A base de repasar una y otra vez las loas del *Mercurio Encomiástico* (ejercicio en lugar de lectura) he notado que hay versos, estrofas incluso, que de una loa pasan a ser parte de otras. Faltaría ver también la relación entre las loas; y también las de 1682 y de 1718 con la obra de Sor Juana. El "papelito" que da el maestro a la voz que habla en la loa de 1682 (vs. 37-39) me recuerda el "papel" que menciona la voz de un villancico de Sor Juana que dice haber perdido el papel –la música– que para la fiesta le dio a estudiar el maestro.[37] La de 1718, en su propuesta de igualdad entre el indio y el español, resulta más que interesante a la luz de las loas religiosas de Sor Juana. Hay una cultura importante y rica en la manifestación colectiva creadora de la época. Y si se demuestra seriamente con documentación histórica y con un análisis literario pertinente a una obra bilingüe –náhuatl y español– que las dos loas son una sola y ésta anterior a 1660, y de Sor Juana, tendríamos más información de la infancia de quien sería el genio literario del siglo XVII novohispano.

Por último, falta un cotejo de la traducción del náhuatl al español. La primera que se ha hecho seguramente tiene sus grandes aciertos, pero me llaman la atención las primeras líneas del poema de 1718. En la loa traducida aparece la Música (cantando) en español; después, el indio (hablando) en náhuatl. Si cotejamos con el "original" (copia del manuscrito del *Mercurio*), después de la Música (cantando) en español no aparece el Indio, sino de nuevo la Música (cantando) en náhuatl. Este pequeño desliz se suma a otros "detalles" ya mencionados: (1) hacer de dos loas una sola y sobre todo modificar fechas, (2) hacer desaparecer las fechas del encabezado de las loas (véase los títulos en *Letras Libres*), y (3) dar un título que no sabemos de dónde sale: "representada en el atrio del convento dominico de Nuestra Señora de Asunción de Amecameca, el jueves 31 de mayo de 1657, en la festividad del *Corpus Cristi*". Todas estas imprecisiones ponen bajo sospecha este "último hallazgo", que se ha anunciado como parte del *corpus* documental prometido para entender mejor la vida de Sor Juana.

Obras citadas

Azuaje, Juana de. "Loa al Santísimo Sacramento." *Letras Libres* 34:3 (2001): 72-78 ["Atribuible a la niña Juana Inés Ramírez de Azuaje. 'Loa satírica representada en el atrio de la iglesia del convento dominico de Nuestra Señora de la Asunción de Amecameca en la festividad de Corpus Christi'. 'Aplaude la fineza que el señor hizo en quedarse sacramentado con los hombres'"].

Baudot, Georges. "La trova náhuatl de Sor Juana." *Estudios de folklore y literatura dedicados a Mercedes Díaz Roig*. Eds. Beatriz Garza Cuarón e Yvette Jiménez de Báez. México: El Colegio de México, 1992. 849-859.

Beristáin de Souza, José Mariano. *Biblioteca Hispano Americana Septentrional/ o catálogo y noticias/ de los literatos/ que o nacidos o educados, o florecientes en la Amé-/ rica Septentrional Española, han dado a loz a algún/ escrito, o lo han dejado preparado para la prensa./ 1521-1850/ La escribía el Dr. D./ José Mariano Beristain de Souza/ de las Universidades de Valencia y Valladolid, Caba-/ llero de la Orden de Carlos III. Y Comendador de la/ Real Academia de Isabel la Católica, y Deán de/ la Metropolitana de México*. México: Ediciones Fuente Cultural 1947 [Tercera edición, Primera completa. Tomada de la Segunda. Amecameca, Méx., 1883. Revisada conforme a la primera. México, D. F. 1816-1821]; *Biblioteca Hispano-Americana Septentrional*. Vol. I, 1819 [ed. facsimilar, México: UNAM-Claustro de Sor Juana, México, 1980].

Boban, Eugène. *Documents pour servir a l'histoire du Mexique; catalogue raisonne de la collection de m. E. Goupil (ancienne collection J.-M.-A. Aubin); manuscrits figuratifs, et autres sur papier indigene d'agave mexicana et sur papier européen antérieurs et postérieurs a la conquete du Mexique (XVIe siecle)... avec une introduction de E.-Eugene Goupil et une lettre-preface de Auguste Génin...* 2 vols. Paris: E. Leroux, 1891.

Boturini, Lorenzo. *Idea o ensayo de una nueva historia general de la América Septentrional fundada en copiosos materiales de figuras, símbolos, caracteres, jeroglíficos, cantares y manuscritos de autores indios últimamente descubiertos*. Madrid: Imprenta de Juan de Zúñiga, 1746.

Bryant, William C. "Reaparición de una poesía de Sor Juana Inés de la Cruz, perdida desde 1714." *Anuario de Letras* 4 (1964): 277-285.

Calleja, Diego. "Aprobación del Reverendíssimo Padre, Diego Calleja, de la Compañía de Jesús" a la *Fama y Obras Pósthumas del Fénix de México, Dézima Musa, Poetisa Americana, Sor Juana Inés de la Cruz*. Ed. Juan Ignacio Castorena y Ursúa. Madrid: Imprenta Manuel Ruiz de Murga, 1700 [ed. facsimilar. Introd. Antonio Alatorre. México: Universidad Nacional Autónoma de México, 1995]. 15-35.

Castorena y Ursúa, Juan Ignacio, ed. "Prólogo a quien leyere."*Fama y Obras Pósthumas del Fénix de México, Dézima Musa, Poetisa Americana, Sor Juana Inés de la Cruz*. Madrid: Imprenta Manuel Ruiz de Murga, 1700 [ed. facsimilar. Introd. Antonio Alatorre. México: Universidad Nacional Autónoma de México, 1995]. 119-127.

Díaz Cíntora, Salvador. "La loa de Sor Juana". *Letras Libres* 34:3 (2001): 67-70.

Flores Salinas, Berta. *México visto por algunos de sus viajeros (siglo XVIII)*. México: Ediciones Botas, 1966.

Horcasitas, Fernando. *El teatro náhuatl. Épocas novohispana y moderna*. Pról. Miguel León-Portilla. México: Universidad Nacional Autónoma de México, 1974.

Legajo 65. *Colección Francisco del Paso y Troncoso*. Archivo Histórico de Biblioteca Nacional de Antropología e Historia. México.

Méndez Plancarte, Alfonso, ed. *Obras completas de Sor Juana Inés de la Cruz*. Vol. I: *Lírica personal*. México: Fondo de Cultura Económica, 1951.

Hay loas que no hacen ruido. La hipotética loa infantil de Sor Juana

_____ *Obras completas de Sor Juana Inés de la Cruz*. Vol. II: *Villancicos y letras sacras*. México: Fondo de Cultura Económica, 1952.
_____ *Obras completas de Sor Juana Inés de la Cruz*. Vol. III: *Autos y loas*. México: Fondo de Cultura Económica, 1955.
_____ *Poetas novohispanos. Segundo siglo (1621-1721). Parte segunda*. México: Universidad Nacional Autónoma de México, 1945.
Peñafiel, Antonio. *Monumentos del arte mexicano antiguo*. Berlín: Lasher Co, 1890.
Poot Herrera, Sara. *Los guardaditos de Sor Juana*. México: Universidad Nacional Autónoma de México, 1999.
_____ "Retorno a las pistas de la supuesta loa de Sor Juana." En prensa.
_____ "Sobre la loa atribuida a la niña Juana." En prensa.
Sabat-Rivers, Georgina. "Otra vez sobre la fecha de nacimiento de Sor Juana Inés Inés." *La producción simbólica de la América colonial. Interrelación de la literatura y las artes*. Ed. José Pascual Buxó. Colab. Dalia Hernández Reyes y Dalmacio Rodriguez Hernández. México: UNAM-CONACYT, 2001. 129-144.
Salceda, A. G., ed. *Obras completas de Sor Juana Inés de la Cruz*. Vol. IV: *Comedias, sainetes y prosa*. México: Fondo de Cultura Económica, 1957.
Sandoval Aguilar, Zazil. *Lenguas indígenas de México/Catálogo de manuscritos e impresos*. Coord. T. Rojas Rabiela. México: INI-CIESAS, 1991.
Vallejo Villa, Augusto. "Acerca de la loa." *Letras Libres* 34:3 (2001): 80-81, 119.
Zavala, Silvio, ed. *Francisco del Paso y Troncoso: su misión en Europa (1892-1916)*. México: Museo Nacional, 1938 (ed. facsimilar, Instituto de Estudios y Documentos Históricos, A.C.-Claustro de Sor Juana, 1980. 41-42).

II. HEMEROGRAFÍA (A EXCEPCIÓN DE *LA PRENSA*, TODOS SON DE LA CIUDAD DE MÉXICO)

Bertrán, Antonio. "Avala filólogo loa de Sor Juana" *Reforma* mércoles 8 de agosto de 2001.
http://busquedas.gruporeforma.com/utilerias/imdservicios3W.DLL?JSearchformat S&file=MEX\REFORM01\00174\00174246.htm&palabra=Avala%20filologo&sitereforma
_____ "El mito vivo de Sor Juana." *Reforma* lunes 12 de noviembre de 2001.
http://busquedas.gruporeforma.com/utilerias/imdservicios3W.DLL?JSearchformat S&file=MEX\REFORM01\00202\00202568.htm&palabra=Antonio%20Bertran&sitereforma
_____ "Piden comprobar que es de la poeta." *Reforma* jueves 15 de noviembre de 2001.
http://busquedas.gruporeforma.com/utilerias/imdservicios3W.DLL?JSearchformat S&file=MEX\REFORM01\00203\00203608.htm&palabra=Piden%20comprobar%20que%20es%20de%20la%20poeta&sitereforma
Espinosa, Arturo. "Donan testamento de Sor Juana." *Reforma* viernes 25 de julio de 2003.
http://busquedas.gruporeforma.com/utilerias/imdservicios3W.DLL?JSearchformat S&file=MEX\REFORM01\00401\00401080.htm&palabra=Donan%20testamento%20de%20Sor%20Juana&sitereforma
Hernández, Erika. "Replantea vida de Sor Juana." *Reforma* lunes 12 de noviembre de 2002.
http://busquedas.gruporeforma.com/utilerias/imdservicios3W.DLL?JSearchformat S&file=MEX\REFORM01\00308\00308615.htm&palabra=Replantea%20vida%20de%20Sor%20Juana&sitereforma

"La originalidad del poema de Sor Juana." *La Prensa. Revista* (Panamá) lunes 12 de agosto de 2001. http://www.prensa.com/; http://ediciones.prensa.com/

"Loa satírica en la festividad de *Corpus Cristi*." *La Jornada* jueves 9 de agosto de 2001. http://www.jornada.unam.mx/2001/ago01/010809/05an3clt.html

"Niegan autenticidad de carta de Sor Juana" *Reforma* viernes 16 de noviembre de 2001. http://busquedas.gruporeforma.com/utilerias/imdservicios3W.DLL?JSearchformat S&file=MEX\REFORM01\00203\00203782.htm&palabra=Niegan%20autenticidad %20de%20carta%20de%20Sor%20Juana&sitereforma

"Piden más pruebas." *Reforma* miércoles 8 de agosto de 2001. http://busquedas.gruporeforma.com/utilerias/imdservicios3W.DLL?JSearchformat S&file=MEX\REFORM01\00174\00174245.htm&palabra=Piden%20mas%20 pruebas&sitereforma

Rivera, Luz María. "Anticipan nueva polémica por textos atribuidos a Sor Juana. Augusto Vallejo defiende la autenticidad de la loa infantil y pone en duda la de la 'Carta de Monterrey'." *El Universal. Cultura* viernes 16 de noviembre de 2001: 2.

____ "Dudas sobre la loa infantil de Sor Juana." *El Universal. Cultura* jueves 15 de noviembre de 2001: 1.

Trejo, Ángel. "El indigenismo de Sor Juana fuera de toda duda: Carlos Arriaga Alarid." *Noticias del Día. Sala de Prensa. CONACULTA.* viernes 23 de noviembre de 2001. http://www.cnca.gob.mx/cnca/nuevo/2001/diarias/nov/231101/alarid.htm

Vargas, Ángel. "De Sor Juana no todo se sabe; experto anuncia novedades." *La Jornada* martes 6 de noviembre de 2001
http://www.jornada.unam.mx/2001/nov01/011106/02an1clt.html

____ "El hallazgo rescribirá la historia de Sor Juana, dice Vallejo de Villa." *La Jornada. Cultura.* miércoles 8 de agosto de 2001.
http://www.jornada.unam.mx/2001/ago01/010808/04anlclt.html

____ "Escepticismo de Margo Glantz respecto a supuestos hallazgos sobre Sor Juana." *La Jornada* lunes 12 de noviembre de 2001.
http://www.jornada.unam.mx/2001/nov01/011112/03an1clt.html

____ "Hallan el primer poema de Sor Juana Inés de la Cruz." *La Jornada. Cultura* domingo 5 de agosto de 2001: 3a.

____ "Subsiste obra pictórica de Marcos de Aquino." *La Jornada* martes 10 de diciembre de 2002.
http://www.jornada.unam.mx/2002/dic02/021210/02an1cul.php?origen= cultura.html

Otra madama Stäel: Sor Juana Inés de la Cruz en la imaginación de sus comentaristas[1]

Rosa Perelmuter
The University of North Carolina
at Chapel Hill

Fue mucha mujer esta mujer. Si en nuestro siglo la tomaríamos por un portento, ¿cuál no sería el asombro que haya causado a fines del siglo XVII, entre las mujeres de su época?
Manuel Toussaint (1928)

Muchos han sido los lectores de Sor Juana que admiten haber quedado prendidos de su persona o inclusive haberse enamorado de ella. No hace mucho Gregorio Luke, entre burlas y veras, inicia un breve ensayo de 1997 con una noticia que más parecería materia de "correo sentimental" que de crítica literaria: "Irving Leonard, el distinguido académico y escritor norteamericano recientemente fallecido, vivió toda su vida enamorado de Sor Juana, conservando un pequeño retrato de ella junto a su escritorio. Tan obsesivo era su interés en Sor Juana, que su esposa sufría ataques de celos cada vez que la mencionaba" (4). Aunque Luke obviamente exagera para captar nuestra atención, es innegable que desde el siglo diecisiete Sor Juana inspiró el amor de sus lectores. Su contemporáneo, el bogotano Francisco Álvarez de Velasco Zorrilla, le confiesa tan abiertamente a su "paisanita querida" su admiración y su amor en sus versos (algunos de los cuales escribe sin saber de la muerte de la escritora) que Francisco de la Maza y luego José Pascual Buxó darán en llamarle el "enamorado de Sor Juana" (De la Maza 104-06; Buxó discute el "encendimiento amoroso [de Álvarez] por Sor Juana" en *El enamorado de Sor Juana* 72 et passim). A mediados del siglo veinte Alfonso Reyes observa que "Juana se nos presenta todavía como una persona viva e inquietante" y admite que "no es fácil estudiarla sin enamorarse de ella" (363), cosa que Alfonso Junco en los años treinta había afirmado de Ezequiel Chávez y de Ermilo Abreu Gómez y termina confesando de sí mismo (153). Años después, en 1956, Paula Gómez Alonzo comenta que Sor Juana "ha seguido en nuestros días disfrutando de grandes amores. Es sorprendente notar con qué fineza de enamorados, sus comentadores estudian la obra de su Décima Musa" (61).

---

[1] Este ensayo es parte de *Los límites de la feminidad en Sor Juana Inés de la Cruz: Estrategias retóricas y recepción literaria*, que aparecerá próximamente en la Colección Aurea Hispánica de la Editorial Iberoamericana (Madrid/Frankfurt).

Los enamorados de Sor Juana le siguen declarando su amor. Hace pocos años Felipe Garrido, en el ensayo que cierra la colección *Sor Juana Inés de la Cruz y las vicisitudes de la crítica*, lo anuncia sin ambages: "Yo también [...] me confesé y me confieso enamorado de Sor Juana" (347). Garrido, además, dice estar seguro de no ser el único. "Sé," le dice a su público hacia el final de su ponencia, "que mi amor por Sor Juana es también el de ustedes" (360).

Octavio Paz en su conocido libro de 1982 se muestra partidario del vocablo *seducción* para expresar el fuerte atractivo que ejerce la monja mexicana, pues considera que la palabra "tiene resonancias a un tiempo intelectuales y sensuales [y] da una idea muy clara del género de atracción que despierta la figura de sor Juana Inés de la Cruz" (12). Esta atracción no siempre se vio como algo encomiable. En un ensayo que forma parte del Homenaje que la Real Academia Española le ofreciera a mediados de siglo a la escritora, José María Pemán se lamenta de la falta de objetividad que observa en la recepción literaria de la obra sorjuanina. Pemán, quien no puede escaparse del influjo del psicoanálisis, llega a la sorprendente conclusión de que la situación es producto inevitable de "la turbadora proyección de la femineidad del sujeto sobre su estudio e interpretación" (32).[2]

Amor, seducción, turbación. La lectura de Sor Juana claramente provoca sentimientos profundos, e inspira a muchos a sentirla viva, real, inmediata. En los años cuarenta Emma Pinto reconoce "el ansia de conocerla personalmente que tuvieron los más distinguidos de Nueva España y de toda la América Latina" (97). Este deseo de conocer a Sor Juana en persona se sigue expresando en la década de los cincuenta. Fryda Schultz de Mantovani observa que su figura es tan absorbente que "podemos concebir que haya quien se la lleve en los ojos, o bajo el brazo, y dialogue con ella en una celda o en los parques" (59), opinión que coincide con la de Patricia Morgan, quien se maravilla de que "la sintamos todavía marchar a nuestro lado" (283). Algunos no sólo se imaginan a Sor Juana junto a ellos sino que se preguntan cómo la escritora hubiera cambiado con el tiempo. Así aparecen comentarios como el de Emilia Serrano de Wilson, la célebre baronesa, quien asegura en 1890 que "con haber nacido [Sor Juana] dos siglos y medio más tarde, contaría el presente, un portento más" (423), y también el que encabeza este ensayo, donde Manuel Toussaint dice algo semejante unos cuarenta años después (*Obras Escogidas*, Prólogo v).

Las cavilaciones de otros críticos producen recreaciones mucho más dilatadas. En su *Juana de Asbaje* (1910) Amado Nervo se imagina una Sor Juana muy distinta al "portento" que recrean la baronesa de Wilson y Manuel Toussaint. El poeta mexicano le atribuye al siglo XVII y precisamente a lo que él llama "la obscuridad de la época" el que Sor Juana se haya distinguido en su momento, añadiendo que "Si Sor Juana hubiese nacido *en el siglo de las luces*, acaso habría vegetado en la *sombra*, sin que hiciesen de ella gran aprecio" (énfasis suyo, 43).[3] En su propio siglo, Nervo afirma, la escritora mexicana tampoco hubiera sido lo que fue, y pasa a imaginarla de esta forma:

> [E]n estos tiempos fulgurantes, de nacer Sor Juana y pertenecer a la aristocracia, de fijo nos resulta neurasténica y *snob*; habría aprendido a jugar al *bridge* y al *puzzle*, jamás hubiera abierto un libro y no hubiera escrito más que cartas frívolas, trazadas con esa letra larga y angulosa que debe tener hoy toda señorita que en

---

[2] No deja de ser irónico que el artículo de Pemán denuncie la subjetividad crítica cuando a su vez padece de tantos pronunciamientos subjetivos y parciales.

[3] En esto Nervo se aparta de la opinión de otros como Garrido Estrada, quien en 1874 afirma que "la madre sor Juana Inés de la Cruz, colocada en diferentes y más favorables circunstancias, hubiera podido ocupar más elevado lugar en el Parnaso" (16).

algo se estime; quizás habría galiparlado un poco también, mezclando al español todas esas palabras parisienses que pronunciamos tan mal, pero que son tan *chic*, y con esto y vestirse con una funda de paraguas hecha *chez Doucet* o *chez Worth*, completara su conspicua personalidad. (43)

La Juana recreada por Nervo encarna los atributos que según él definen a una joven aristócrata de su época –modelo que se verá sostenidamente retratado en la literatura modernista– y como tal prefiere la ropa y los juegos de moda, es afrancesada (como también lo será Ana, su "amada inmóvil", de quien nos dirá en el verso 3 de su poema "Gratia Plena" que "el ingenio de Francia de su boca fluía"), frívola, y neurasténica.

A pesar de que Nervo parece tener tan baja opinión de las aristócratas contemporáneas es en parte a ellas ("a las mujeres todas de mi país y de mi raza") a quienes dedica su libro. Aún más curioso es que le dedicara precisamente al "público de aristocráticas damas y preclaros ingenios" una importante y muy celebrada conferencia en la que incluye este pasaje tan poco halagüeño. Pero las noticias en los periódicos confirman que Nervo recibió calurosos aplausos en esa ocasión, así que aparentemente no parece haber ofendido a sus distinguidos oyentes con su visión de Sor Juana.[4] A José Escofet, sin embargo, sí le molestó la Sor Juana ideada por Nervo. En una conferencia leída en el Ateneo de la Juventud de México criticó esa parte de la conferencia madrileña, calificando a su autor de "un poco ligero" (127). Aunque Escofet alaba *Juana de Asbaje*, explicando que aún no lo había visto cuando dio su conferencia, discrepa de la opinión de su compatriota, manteniendo que los tiempos modernos no impedirían que Sor Juana fuera tan maravillosa como lo fue en su día: "La gran poetisa mexicana fue mujer excepcional en su época y lo sería también en la nuestra. Su rápida comprensión la hizo perfectamente consciente y no necesitó vivir una vida frívola ni tampoco consultar sus libros filosóficos, para escribir sus discretas redondillas en defensa de las mujeres fáciles, ingeniosas razones que estaban bien opuestas ya no sólo con su vida, sino también con sus estudios. Por esto se ha llamado espíritu positivo á su espíritu y lo fue tanto que creo que se habría asimilado admirablemente el positivismo moderno, sin mengua de su maravillosa mentalidad" (128-29).

El gusto por imaginar cómo sería Sor Juana si viviera en la época de su comentarista –lugar común que se podría denominar "Sor Juana en nuestros días"– se convierte en un hábito permanente de la crítica sorjuanina. Si damos marcha atrás vemos que sus primeros brotes se remontan al siglo XIX, época en que sus lectores, con énfasis nutrido indudablemente por el tenaz romanticismo de la época, dan rienda suelta a su imaginación. El ejemplo más antiguo que he identificado se encuentra en el artículo titulado "Juana Inés de la Cruz", publicado en 1837 en *El mosaico mexicano*, y difundido posteriormente a través del *Semanario pintoresco español* de 1845. En él, el anónimo redactor aventura sobre la escritora mexicana que "Si esta mujer hubiese vivido en el siglo presente, hubiera sido otra madama Stäel" (II 321), con lo que claramente imagina a Sor Juana muy lejos de la celda, rodeada –como una gran *salonnière*– de tertulianos ansiosos de sus atenciones y favores, y pendientes de cada una de sus acertadas e ingeniosas palabras. Unos años después, en el

---

[4] Los detalles de la conferencia que Nervo dictó en la Unión Ibero-Americana de Madrid en anticipación de la publicación de su libro aparecen en dos números de la *Revista moderna de México*. En el primero (mayo 1910) se encuentran los comentarios que figuraron en periódicos madrileños (*Heraldo*, *El Liberal* y *El Mundo*), incluyendo los nombres de muchos de los afamados concurrentes, en un artículo sin firma titulado "Amado Nervo en Madrid" (mayo 1910: 183-85). La referencia que doy en el texto se encuentra en la página 184. El segundo número trae el texto completo de la conferencia, que recoge el primer capítulo de *Juana de Asbaje*, incluyendo el prólogo "Al lector mexicano" (junio 1910: 197-206).

Parnaso mexicano (1855), José María Lafragua ya no se limita a escoger una escritora con quien comparar a Sor Juana, sino que selecciona varios contemporáneos de ambos sexos y de producción literaria tan diversa como sus nacionalidades para expresar lo que en su opinión sería Sor Juana si viviera en su época. Lafragua lo expresa así: "Esa mujer con el gusto y la instrucción de hoy, habría sido Jorge Sand, la Avellaneda, Lamartine y Bretón [de los Herreros]" (Citado en De la Maza 381).

Otro ejemplo interesante de este tópico se encuentra en un discurso de 1874 de José María Vigil. En una parte de su larga conferencia, dictada en el Liceo Hidalgo de México durante una velada literaria consagrada a la memoria de la escritora y concurrida mayormente por un público femenino, Vigil observa:

> Si la graciosa Juana de Asbaje hubiese vivido en nuestro siglo y en un país como los Estados Unidos, en donde la mujer es suficientemente respetada para gozar de una posición independiente, habría realizado, sin duda alguna, el ideal de su vida, es decir, habría vivido sola, sin contraer ninguna ocupación obligatoria, que pusiese trabas a su ardiente deseo de saber; no sólo eso, sino que se habría puesto al frente del movimiento emancipador de la mujer, reclamando para su sexo los derechos y prerrogativas que han sido hasta hoy exclusivos del hombre. (49-50)

Esta visión de una Sor Juana feminista, independiente, involucrada en asuntos sociales y políticos, se alía en parte a las del *Mosaico* y de Lafragua en su apreciación del lugar señero que ocuparía la escritora en sus días. Una caracterización casi idéntica a la de Vigil reaparece en Buenos Aires unas dos décadas después, en un ensayo de 1896 de Carlos Amézaga, donde asegura que "Sor Juana viviendo en nuestros días alborotados, en que el problema social sustituye al religioso, sería, a no dudarlo, un espíritu batallador e incansable en práctico beneficio de sus semejantes" (*Poetas mexicanos* 24-25). Años después será ésta, y no la muy distinta de Nervo, la imagen de Sor Juana que sus lectores seguirán evocando. Mathilde Gómez, en una conferencia dictada en San Miguel Nepantla en 1943, ofrece la siguiente descripción, representativa de esta tendencia que prevalece aún en nuestros días de imaginar o inclusive de denominar a Sor Juana como feminista:

> Si Juana de Asbaje hubiese vivido en nuestro siglo, en que la mujer es dueña absoluta de su voluntad y en que la ley y la sociedad le han dado todos los derechos que corresponden a su sexo, sin que pasen los límites de la dignidad y el decoro, abriéndose ante ella muy amplios y bellos horizontes, hubiese satisfecho sus deseos y se habría puesto al frente del movimiento emancipador femenino. (28)

La reflexión de un último poeta pondrá fin a esta indagación. Estando de profesor en Wellesley College en Massachusetts, Pedro Salinas, en un prolijo ensayo de 1940, imagina con nostálgico afán a una Sor Juana compañera en el exilio, tan cercana y asequible como las modernas jóvenes norteamericanas que lo rodean. El poeta español la evoca "retratada por una máquina kodak con melena corta suelta en el aire, *sweater* rosa o amarillo, pedaleando aceleradamente en su bicicleta a través de uno de estos maravillosos paisajes verdes de Universidad americana y con las gafas inevitables de la estudianta que ya a los diecisiete años se ha desojado sobre los libros" (191).⁵ Salinas le devuelve a Sor Juana los libros y el afán de estudio que Nervo le niega en su recreación, pero aún éste coincide con los demás al despojarla del hábito y suponerla moderna, atractiva, distinguida, independiente.

El tópico de la crítica sorjuanina que aquí he revisado revela la fuerte atracción, pero también la vulnerabilidad, de la figura de la monja mexicana a través de los siglos. La "apropiación" de Sor Juana, esa tendencia a querer asimilarla a la época del lector, o a sus zonas de convergencia (estética, religiosa, nacional, sexual) expresan, me parece, el asombro compartido –mayormente desde el horizonte masculino– por sus lectores al enfrentarse a una escritora de su altura. La insistencia en su excepcionalidad, en verla como singular, sin par, única, musa, fénix o ave rara da pie a la figuración imaginaria de Sor Juana, fácilmente plegable o moldeable de acuerdo a las necesidades o la óptica de su lector. Como bien ha observado Emilie Bergmann, la monja mexicana ha sido "the subject of invented biographies created by generations of readers, literary historians, and poets with varying agendas: imitation and appropriation, rivalry, and the perennial anomaly of the learned woman" (14).

No hay duda de que, en nuestros días, Sor Juana sigue siendo objeto de merecida atención crítica, a la par que de múltiples recreaciones modernas, de apropiaciones imaginativas, y de un extraordinario interés popular.⁶ La iconografía de la escritora asimismo crece cada día más, como lo comprueban la colección de retratos modernos recogidos en el exquisito libro de Noemí Atamoros Zeller y los diversos óleos recientes de Jorge Sánchez reproducidos con tanto acierto en el volumen de Mónica Lavín y Ana Benítez Muro. Como dice Victor Hugo Rascón Banda en el Prólogo al libro de Atamoros, los artistas que se acercan a Sor Juana quedan prendidos de ella por igual:

> Pintores y grabadores, esmaltistas, dibujantes y vitralistas, seducidos por Sor Juana, intentan capturarla, la evocan, la convocan, la invocan –con líneas, con colores, con luces y sombras–, alejándose de aquellos retratos tantas veces reproducidos. Es la pintura contemporánea que trata de entender a Sor Juana, de visitar su mundo, de penetrar su inconsciente, de ahondar en su pensamiento y de transitar con ella en busca del conocimiento.

Las palabras de Rascón Banda muestran que a Sor Juana, en nuestros días, se la sigue ideando como figura seductora. Las legiones de artistas que se acercan a ella responden a su influjo con la determinación de recobrar su autonomía, intentando ser ellos quienes se lancen a capturarla. De admiradores pasan a ser pretendientes posesivos (los verbos que aquí se emplean revelan esta actitud: entender, visitar, penetrar, ahondar, transitar). En fin, que se repiten aquí figuraciones como las que hemos visto recreadas. Al parecer siempre habrá quienes deseen, como Patricia Morgan hace casi medio siglo, caminar a su lado, rodearla de atenciones como si fuera madama Staël y alistarse a las incansables filas de eternos enamorados de Sor Juana.

---

⁵ Salinas describe varios aspectos de su vida en Wellesley College (1936-40) en muchas de sus cartas a su esposa e hijos. En una de ellas habla del paisaje y las circunstancias que seguramente inspiraron su reflexión sobre Sor Juana: "La casa donde vivo está fuera del recinto del colegio, pero a sus puertas mismas. Para dar clase tengo que ir al edificio central, que está a unos diez minutos, a través de un parque hermoso. No sé como voy a hacer en el invierno, con la nieve. Miro con envidia a las chicas que tienen automóvil o bicicleta. El recinto del colegio es estupendo: praderas, colinas, un lago, todo muy espacioso... Por todas partes perspectivas de arbolado y pradera, suaves y tranquilas, y todo de una limpieza natural exquisita. Ya te iré mandando fotos de todo. Y en medio de ese paisaje chicas que van y vienen, en autos, en bicicletas, con los trajes más absurdos" (*Cartas de viaje* 68).

⁶ Una búsqueda (usando la entrada "Sor Juana Inés de la Cruz") en Google ahora que escribo estas líneas ha producido ¡6,270 resultados!

Obras citadas

Amézaga, Carlos G. *Poetas mexicanos*. Buenos Aires: Imprenta de Pablo Coni e hijos, 1896.
Atamoros Zeller, Noemí. *Nueva iconografía Sor Juana Inés de la Cruz. 1695-1995. Trescientos años de inmortalidad. Edición conmemorativa*. Pról. Víctor Hugo Rascón Banda. México, D.F.: Hoechst Marion Roussel, 1995.
Bergmann, Emilie L. "Fictions of Sor Juana/Fictions of Sappho." *Confluencia* [Greeley, CO] 9:2 (Spring 1994): 9-15.
Buxó, José Pascual. *El enamorado de Sor Juana*. México, D.F.: Instituto de Investigaciones Bibliográficas, UNAM, 1993.
Cruz, Juana Inés de la. *El mosaico mexicano ó Coleccion de amenidades curiosas é instructivas*. Tomo II. México: Impr. por Ignacio Cumplido, 1837. 318-24.
_____ *Semanario pintoresco español*. Madrid, 1845. 12-14.
Escofet, José. "Sor Juana Inés de la Cruz." Conferencia pronunciada el 5 de septiembre de 1910, organizada por el Ateneo de la Juventud. *Ateneo de la Juventud*. México: Imprenta Lacaud, 1910. 111-33.
Estrada, Garrido. "Poesías de Sor Juana Inés de la Cruz." *Revista europea* (1º de noviembre de 1874): 12-16.
Garrido, Felipe. "El enamorado de Sor Juana." *Sor Juana Inés de la Cruz y las vicisitudes de la crítica*. Ed. José Pascual Buxó. México, D.F.: Universidad Nacional Autónoma de México, Instituto de Investigaciones Bibliográficas, 1998. 341-62.
Gómez, Mathilde. "Sor Juana Inés de la Cruz. Conferencia sustentada en San Miguel Nepantla con motivo del 284° aniversario de su muerte." *Hemisferio* (junio 1943): 28.
Gómez Alonzo, Paula. "Ensayo sobre la filosofía en Sor Juana." *Filosofía y Letras* 30: 60-62 (enero-diciembre 1956): 59-74.
Junco, Alfonso. "Un libro extraordinario." 1932. *Gente de Méjico*. México, D.F.: Ediciones Botas, 1937. 151-57.
Lavín, Mónica y Ana Luisa Benítez Muro. *Sor Juana en la cocina*. Tomo 4, Cocina Virreinal Novohispana. México, DF: Ed. Clío, 2000.
Luke, Gregorio. "Sor Juana, nuestra contemporánea." *Encuentro USA* (Los Angeles, CA) 1:5 (junio 1997): 4-5.
Maza, Francisco de la. *Sor Juana Inés de la Cruz ante la historia*. Revisión de Elías Trabulse. México, D.F.: Univ. Nacional Autónoma de México, 1980.
Morgan, Patricia. "Sor Juana Inés de la Cruz." *Atenea* 33.124 (enero-febrero 1956): 256-83.
Nervo, Amado. *Juana de Asbaje*. 1910. Intro. y ed. Antonio Alatorre. México, D.F.: Dir. General de Publicaciones, Consejo Nacional para la Cultura y las Artes, 1994.
Paz, Octavio. *Sor Juana Inés de la Cruz o Las trampas de la fe*. Barcelona: Seix Barral, 1982.
Pemán, José María. "Sinceridad y artificio en la poesía de Sor Juana Inés de la Cruz." Real Academia Española, *Homenaje a Sor Juana Inés de la Cruz en el tercer centenario de su nacimiento*. Madrid: S. Aguirre, 1952. 31-48. También en *Boletín de la Real Academia Española* 32 (1952): 55-72.
Pinto, Emma C. "Vida y obra literaria de Sor Juana Inés de la Cruz." *Educación* [Quito] 118-119 (Mar. 1943): 92-104.
Reyes, Alfonso. *Letras de Nueva España*. 1948. *Obras completas de Alfonso Reyes*. Vol. 12. México, D.F.: Fondo de Cultura Económica, 1960.

Salinas, Pedro. "En busca de Juana de Asbaje." *Memoria del Segundo Congreso Internacional de Catedráticos de Literatura Iberoamericana. Agosto de 1940*. Berkeley y Los Angeles: U of California Press, 1941. 173-91.

―――― *Cartas de viaje (1912-1951)*. Ed., pról. y notas de Enric Bou. Valencia: Pre-Textos, 1996.

Schultz de Mantovani, Fryda. "La Décima Musa." *Sur* 206 (1951): 41-60.

Serrano de Wilson, Emilia (Baronesa de Wilson). *América y sus mujeres*. Barcelona: Establecimiento Tipográfico de Fidel Giró, 1890.

Toussaint, Manuel. "Prólogo." Sor Juana Inés de la Cruz, *Obras Escogidas. Respuesta a Sor Philotea de la Cruz*. Edición y prólogo de Manuel Toussaint. México, D.F.: Cvltvra, 1928. V-XV.

Vigil, J. M. "Sor Juana Inés de la Cruz." *Composiciones leídas en la velada literaria que consagró el Liceo Hidalgo a la memoria de Sor Juana Inés de la Cruz*. México, D.F.: Imprenta del Porvenir, 1874. 44-83.

POSTCRIPTUM:
LA LARGA RUTA DE LOS ESTUDIOS COLONIALES

Mabel Moraña
UNIVERSITY OF PITTSBURGH

La configuración del campo de los estudios coloniales ha recorrido un camino largo y ascendente, en el que se pueden identificar tanto las encrucijadas, desvíos e irregularidades del terreno, como los momentos de riesgo y desorientación que se presentan al caminante en toda larga jornada. Sin duda alguna, entre los obstáculos más difíciles de sortear en esta ruta, se encuentra el que interpone al investigador, ya desde la misma denominación del campo, la noción misma de colonialismo. Cargado de contenido político-ideológico, el concepto y el conjunto de experiencias históricas que evoca no pueden ser reducidos, de ninguna manera, ni apelando a la placidez del academicismo ni a partir de la asepsia posideológica que aqueja a nuestros tiempos. Para el caso particular de América Latina, el término designa, como se sabe, la experiencia de expoliación territorial, superexplotación humana y devastación socio-cultural que, a partir de las primeras instancias de la penetración imperial, marcan una trayectoria inacabada de violencia material y simbólica en nuestro continente. Pero abarca también las prácticas de resistencia a partir de las cuales los distintos sectores sometidos por la superioridad militar del invasor se revelan ante las fuerzas metropolitanas, desarrollando estrategias múltiples de subversión de las prácticas y discursos dominantes.

Definir y acotar el campo de los estudios coloniales ha implicado, a través de muchas décadas, no sólo analizar y evaluar los procesos de imposición política, económica y cultural impulsados por las metrópolis peninsulares en el "Nuevo Mundo", sino también reconocer la importancia y especificidad de subjetividades dominadas dentro de lo que fueron sus propios espacios de existencia, acción y representación socio-cultural. Supone, entonces, recordar que las culturas que la dominación imperial redujera radicalmente durante varios siglos, no solamente han logrado, en formas y grados diversos, sobrevivir a la aniquilación total, sino que han ido reafirmando, con el correr de los siglos, desde la historia pasada y también desde la actual, el lugar y papel que les corresponde dentro de la multiplicidad de vertientes culturales que constituyen lo que hoy entendemos como América Latina. Este proceso ha supuesto, en diversos niveles, una dinámica tensa de re-conocimiento y de reapropiaciones culturales, a partir de las cuales se ha ido reivindicando la identidad americana como un espacio de lucha en el que se debaten proyectos sectoriales, agendas económicas y políticas, imaginarios, discursos y simbolizaciones, en batallas constantes en las que las diversas partes pugnan por el poder político y el control representacional.

Lugar de flujos transculturadores, mezclas, empréstitos y sincretismos, la cultura americana es, sin embargo, más que una síntesis, un lugar de conflictos productivos y antagonismos nunca resueltos. En efecto, superada la "ideología del mestizaje" que guiara las utopías nacionalistas de consenso y de conciliación social en beneficio de las elites, América Latina es entendida hoy ya no sólo como resultado de la violencia originaria de la conquista y la colonización europea, sino como una historia atravesada en su totalidad por la experiencia de lo que Aníbal Quijano ha llamado "la colonialidad del poder", presente en tiempos propiamente coloniales, desde el descubrimiento hasta la independencia, tanto como en las posteriores instancias de consolidación nacional, modernización y neoliberalismo globalizador, con las variantes que el desarrollo histórico ha impuesto en las distintas etapas. Dada esta nueva comprensión de la "colonialidad" americana, es más que nunca necesario relevar las especificidades históricas y discursivas que caracterizaron los procesos previos a la emancipación, y reivindicar una lectura liberadora de los mismos, que revele su problemática y tensa productividad histórica. Los estudios del período propiamente colonial han sido, en gran medida, pioneros en la tarea de desencubrir la existencia de agentes sociales, discursividades y proyectos que revelan no sólo la extensión del poder imperial y su costo social, sino también los grados y formas de resistencia que el colonialismo debió enfrentar durante los siglos de dominación en América. Las estrategias de lectura, no sólo de los textos literarios sino de la textualidad cultural e ideológica de la época, han dejado enseñanzas profundas en otras áreas de los estudios latinoamericanos, demostrando los méritos del trabajo de archivo, la importancia del conocimiento de la tradición y de la historia, y los beneficios de los métodos transdisciplinarios que, sin demasiadas alharacas, los estudiosos de la Colonia han utilizado siempre en la aproximación a su objeto de estudio.

Desde el momento en que Georgina Sabat-Rivers empieza a trabajar, en la década de los años 70, hasta los días en que se publica el presente volumen, el campo de la literatura colonial ha logrado establecerse como un área específica de los estudios latinoamericanos. Ha conseguido también legitimarse académica e ideológicamente como el momento fundacional de procesos que durante mucho tiempo se leyeron de espaldas no sólo a las culturas prehispánicas sino también a los avances que la sociedad criolla realizó en diversos contextos en cuanto al desarrollo de formas expresivas y representacionales propias de "lo americano" y a la formulación de un pensamiento crítico diferenciado de los modelos impuestos desde el descubrimiento.

Superar estas limitaciones requirió la elaboración de estrategias hermenéuticas innovadoras que, aplicadas a documentos que el trabajo de archivo iba revelando paulatinamente, fueron desencubriendo espacios discursivos ya ignorados ya invisibilizados por una crítica eurocéntrica, atenta primordialmente a la reproducción de paradigmas culturales del Viejo Continente en territorios de ultramar. Para esta crítica, la cultura colonial aparecía con frecuencia como un conjunto de prácticas donde la emulación habría logrado, a lo más, sólo réplicas retardadas y degradadas de los grandes modelos, sin llegar a cristalizar en obras originales, de contenido propiamente americano.

Figuras como las de Juan Ruiz de Alarcón o Sor Juana Inés de la Cruz, para citar sólo a las más prominentes, formaban parte del canon peninsular, según lecturas que las relevaban, de acuerdo a esa visión, como productos desplazados del gran tronco cultural español. Otras, como Fray Bartolomé de las Casas, estuvieron sujetas a interpretaciones que evaluaban y a veces devaluaban su valor literario e histórico, dependiendo del rendimiento que los críticos adjudicaban a esos textos dentro de arreglos ideológicos y de acuerdo con políticas culturales de la "madre patria," que no consideraban relevante el tema del sujeto americano, entendido éste en el contexto de su propia y conflictiva circunstancialidad histórica. El mundo monacal y aún el cortesano distaban mucho de manifestarse como la red compleja y paradójica que han venido revelando las investigaciones de las últimas décadas. La diglosia americana, la hibridez étnica y cultural, el sincretismo religioso, el discurso femenino y la utilización de géneros "menores", como la confesión o el villancico, no se perfilaban aún con la importancia que ahora les reconocemos, sino que aparecían, en muchos casos, exentos del prestigio canónico de que gozaban, por ejemplo, la épica, la lírica o el drama, quedando, por lo tanto, relegados a la periferia de los estudios principales.

El mundo colonial era considerado aún como el espacio colonizado en el que no habría logrado aún gestarse un pensamiento crítico-historiográfico propio, y las prácticas de la fiesta, las conmemoraciones, los certámenes, la correspondencia privada y las repesentaciones de insurrecciones indígenas no lograban insertarse aún, con pleno derecho, más que en los márgenes paraliterarios de los grandes discursos, los grandes autores, los grandes sistemas y los grandes momentos históricos, por considerarse que su textura cultural o su textualidad literaria eran insuficientes para revelar algo más de lo que ya informaba, con un estilo más "autorizado", el repertorio de la alta cultura letrada y la historia oficial.

Los estudios que integran este libro dan perfecta evidencia del terreno recorrido en las últimas décadas, y testimonian la fertilidad con que han proliferado las enseñanzas de los más importantes investigadores del campo, entre los cuales se cuenta, en un lugar de honor, nuestra homenajeada.

En busca de Sor Juana

Como es sabido, los estudios de Georgina Sabat-Rivers no se restringen a una sola etapa de la época colonial, aunque sí se focalizan en el período barroco, al cual la investigadora cubana ha realizado contribuciones fundamentales. Su trabajo es hoy, sin duda alguna, una de las fuentes principales para reconstruir las dinámicas culturales que marcaron, particularmente en el Virreinato de la Nueva España, el surgimiento y desenvolvimiento de la cultura criolla, tanto en el espacio colonial americano como en sus vinculaciones con la metrópolis. Su análisis de la cultura virreinal ha entendido los desarrollos coloniales como producto de fuerzas que derivan de la constitución de una sociedad nueva, que más allá de sus fuertes condicionamientos políticos, económicos y sociales, fue identificando paulatinamente sus metas, aspiraciones y recursos expresivos, y desarrollando estrategias representacionales crecientemente diferenciadas de las metropolitanas.

Sin plegarse a las más recalcitrantes interpretaciones de lo colonial como reflejo o réplica de los impulsos imperiales, y sin negar, tampoco, la fuerza impositiva de los imaginarios dominantes, Georgina Sabat-Rivers pugnó por una comprensión abarcadora de la literatura colonial, en la que los procesos de institucionalización cultural jugaban un papel fundamental en la representación criolla. Pero reconoció también la especificidad de los sujetos que protagonizaban la escena cultural, tanto desde sus posiciones hegemónicas como en las áreas vastas de la poblada marginalidad virreinal.

La literatura, con sus retóricas marcadas por la tradición clásica y por el autoritarismo escolástico, nunca fue, en su criterio, un lugar simbólico ajeno a la capacidad innovadora del sujeto criollo. Más bien, Georgina rastreó en todos sus escritos las fisuras del discurso hegemónico y las estratagemas representacionales que se filtraban enmascaradas, desde la intimidad de la creación hacia los espacios controlados de una recepción censurada. Enfatizó, así, las transgresiones y desvíos con los que el productor cultural de la colonia penetraba los interiores contradictorios de su propia conciencia social, reapropiándose de recursos y temas, estilos y mensajes, para canalizar sus contenidos específicos, pautados por la diferencia cultural y el afán reivindicativo. Atendió a los resquicios que dejaba el trabajo hermenéutico, para descubrir en las entrelíneas de los textos, el espesor de prácticas simbólicas que anunciaban una sociedad nueva, no exenta de jerarquizaciones y aspiraciones hegemónicas, pero crecientemente liberada de los nexos restrictivos que imponían el absolutismo monárquico, la ortodoxia religiosa y los modelos consagrados de la alta cultura metropolitana. Sin dejarse seducir por la utopía redencionista que idealiza la subalternidad confiriéndole un privilegio epistemológico que satisface más las necesidades de la teoría que la complejidades de la historia, Georgina entendió al productor cultural de la colonia como un repositorio de recursos, deseos y proyectos encontrados, contradictorios, a veces paradójicos, que supo rescatar a partir de la evidencia histórica y textual, sin agendas previas que requirieran, necesariamente, confirmación.

Sin embargo, quizá debería recordarse sobre todo, al aludir a la excelencia académica de Georgina Sabat-Rivers, que ella ha sido, durante muchos años, en distintos países y en múltiples instituciones, una maestra, en el alto sentido que dan los mexicanos a este término. Sus propuestas y análisis han sido claros y honestos, han mostrado sus fuentes y compartido sus dudas e inquietudes en todos los niveles. Sus colegas y discípulos conocen tanto su ilimitada generosidad como su incansable y contagioso entusiasmo, su voluntad didáctica tanto como su alto vuelo intelectual y su dinamismo. Junto a lo que nos ha enseñado a todos sobre tantos y tan diversos temas coloniales, su propia práctica profesional, profesoral y humana son, sin lugar a dudas, un ejemplo y un legado fundamental, de esos que no se encuentran a menudo, y menos conjugados en la misma persona. El campo colonial, en los avatares de su consolidación disciplinaria, tiene así en esta investigadora uno de sus pilares y ejemplos más notorios.

El título del libro que Georgina Sabat publicara en 1998, *En busca de Sor Juana*, resume su pasión principal: el asedio constante, desde la crítica, la historiografía y el análisis cultural y literario, a la obra de Sor Juana Inés de la Cruz. Las contribuciones de Georgina Sabat han dejado como entregas principales en este campo: *El "Sueño" de Sor Juana Inés de la Cruz: tradiciones literarias y originalidad* (1976), *Estudios de literatura hispanoamericana: Sor Juana Inés de la Cruz y otros poetas barrocos de la colonia* (1992), *Bibliografía y otras cuestiúnculas sorjuaninas* (1995), *Sor Juana Inés de la Cruz y Sor Marcela de San Félix* (1996), además de sus excelentes ediciones de *Inundación castálida* (1982) y de la *Obra completa: coloquios espirituales, loas y otros poemas*, de Sor Juana, realizada con la cooperación de Electa Arenal. Además de estos libros, Georgina Sabat es autora de un gran número de artículos sobre temas variados de la literatura colonial, como la lírica cortesana, la literatura conventual, el villancico, y la obra de autores tales como Bernardo de Balbuena, Carlos de Sigüenza y Góngora, Hernando Domínguez Camargo, y tantos otros.

En todos estos estudios, el aporte principal de Georgina Sabat debe haber sido el de acercarse al mundo cortesano y monacal, a los entretelones de la vida privada y a los espacios públicos del virreinato con una minuciosidad detectivesca, sin dejar por ello de integrar en sus interpretaciones intuiciones y percepciones en las que su capacidad lectora logró resignificar los datos que la historia y la hermenéutica presentaban de manera más fría. Sus análisis de la práctica discursiva y transgresora de Sor Juana en el género "menor" del villancico, por ejemplo, abrió una serie de pistas fundamentales para la comprensión de las interrelaciones étnico-culturales que tenían lugar en el espacio controlado que rodeaba a la liturgia, y sobre el papel de la parodia y los usos de la poliglosia como instrumentos deconstructores y lúdicos del letrado criollo. Sus estudios sobre romances y loas, o sobre el famoso "Sueño" de Sor Juana entregaron también, junto a la erudita recuperación de tradiciones clásicas e influencias intertextuales, hipótesis sugerentes sobre la naturaleza múltiple del genio sorjuanino, y los modos en que la experiencia cortesana y conventual, así como los contactos con la jerarquía política y eclesiástica de la época, pudieron haber influido en la selección temática y estilística de la poetisa barroca.

Creo que puede afirmarse, sin temor a exagerar, que durante la segunda mitad del siglo XX y lo que va del XXI, Georgina ha sido la mejor amiga de Sor Juana. La que con más propiedad se ha acercado a los misterios de la sensualidad y el intelecto de la Décima Musa, la que ha ahondado con mayor perspicacia en los vericuetos de su biografía, la que ha comprendido mejor sus silencios y sus pronunciamientos. Leyendo los escritos críticos de Georgina, dejándose llevar por la fuerza de sus interpretaciones y de sus propuestas, por su erudición y por su intuición crítica, uno puede sospechar que a pesar de las restricciones del tiempo y la distancia, Sor Juana debe haberse acercado muchas veces a la reja conventual, con escucha o sin ella, para hablar con Georgina y confiar sus secretos a la chisporroteante investigadora cubana, que se mueve con el mismo espíritu travieso y la misma solidez intelectual de la monja, tanto por los ambientes de la corte académica como en la austeridad del gabinete de estudio. Que de esas charlas deben haber salido pistas textuales, chismes, coqueteos, que después llegan a nosotros, traducidos por la pluma de Georgina, como si fueran sólo producto del estudio, la inteligencia y la perseverancia. Quizá sea este contacto privilegiado el que podría explicar la alegría y la pasión del trabajo que han caracterizado tantas décadas de esfuerzo y tantos logros académicos en la carrera de Georgina Sabat. De no ser así, habría que elaborar otras hipótesis. Yo me quedo con esta idea de la complicidad a través de los siglos, con esta imagen de las dos mujeres contándose sus cosas y compartiendo su pasión por el conocimiento y su rebeldía ante las fronteras que otros imponen entre creación y vida, disciplina y juego, trabajo y goce. Termino aquí, no sin dejar de agradecer a Georgina Sabat-Rivers por su invalorable trabajo de colonialista, a Elías Rivers por sus propias excelentes contribuciones a nuestro campo y por su aliento a Georgina, y a la suerte, que me hizo coincidir con ellos en tantas instancias académicas, para disfrutar de su compañía y de los frutos de su incansable labor.

Sobre los autores

SOBRE LOS AUTORES

Electa Arenal. Escritora, traductora, profesora emérita de Literaturas Hispánicas y Estudios de la Mujer, y una de las fundadoras de este último campo en los EE.UU. Dirigió el Center for the Study of Women and Society, City University of New York, y el Centro para la Investigación Feminista/Humanidades, Universidad de Bergen, Noruega. Su obra de teatro sobre Sor Juana y Anne Bradstreet, *This Life Within Me Won't Keep Still*, se inauguró en el Fort Mason Foundation de San Francisco (1979). Ha publicado "The Convent as Catalyst for Autonomy: Two Hispanic Nuns of the Seventeenth Century" en *Women in Hispanic Literature: Icons and Fallen Idols*, Beth Miller, ed. (1983). Se dedica actualmente al estudio de la cultura monástica femenina de los siglos XVI a XVIII. Con Stacey Schlau publicó *Untold Sisters: Hispanic Nuns in Their Own Works* (1989); con Georgina Sabat-Rivers, *Cultura conventual femenina. Obras completas de Sor Marcela de San Félix, la hija de Lope de Vega* (1988), y con Amanda Powell una versión bilingüe, anotada, de *The Answer/La Respuesta* de Sor Juana (1994).

María Dolores Bravo Arriaga. Profesora titular de la Facultad de Filosofía y Letras de la Universidad Nacional Autónoma de México. Su área de investigación es la literatura y cultura novohispanas y la literatura española del Siglo de Oro. Es investigadora invitada del Seminario de Cultura Literaria Novohispana que dirige el Dr. José Pascual Buxó en el Instituto de Investigaciones Bibliográficas de la UNAM y directora de la *Revista Prolija Memoria*, de próxima aparición, de la Universidad del Claustro de Sor Juana. De sus publicaciones destacan: "Signos religiosos y géneros literarios en el discurso de poder", en *Sor Juana y su mundo* (1995); *La excepción y la regla* (1997); "Festejos, Celebraciones y Certámenes", en *Historia de la Literatura Mexicana. Siglo XVII* (2002). *El discurso de la espiritualidad dirigida: Antonio Núñez de Miranda, Confesor de Sor Juana* (2001). "Festejos de Canonización y Sermón Hagiográfico en honor de un 'Grande' de el Cielo" por el padre Antonio Núñez de Miranda (1672)", en *De Palabras, Imágenes y Símbolos. Homenaje a José Pascual Buxó* (2002).

Emilie L. Bergmann. Catedrática de Literatura Española en la Universidad de California, Berkeley. Ha publicado estudios sobre las interrelaciones de literatura y artes plásticas de los siglos XVI y XVII, incluso *Art Inscribed: Essays on Ekphrasis in Spanish Golden Age Poetry* (1979). El enfoque de sus investigaciones más recientes ha sido la representación de la mujer en los siglos XVI y XVII, y las escritoras del siglo XX en castellano y catalán. Es coautora de *Women, Culture, and Politics in Latin America* (1990) y coeditora de *Entiendes? Queer Readings, Hispanic Writings* (1995).

Sobre los autores

Pablo Brescia. Doctor por la Universidad de California, Santa Barbara y profesor de Literatura Latinoamericana en la Universidad del Sur de la Florida. Ha publicado estudios, ensayos y reseñas en revistas especializadas y culturales sobre literatura y cine, literatura comparada y literatura hispanoamericana. En cuanto a la obra de Sor Juana, publicó artículos en Argentina, España, Francia y Mexico, colaboró en la edición de *Sor Juana y su mundo: una mirada actual* (1995) y coeditó *Sor Juana y Vieira, 300 años después* (1998).

Raquel Chang-Rodríguez. Doctor por la New York University, es catedrática distinguida de Literatura y Civilización Hispanoamericanas en el Graduate Center y en el City College de la City University of New York (CUNY), donde dirigió el Departamento de Lenguas y Literaturas Extranjeras (1995-2000). En 1992 fundó la revista interdisciplinaria *Colonial Latin American Review*. Entre sus publicaciones más recientes está la edición y coordinación de *La cultura letrada en la Nueva España del siglo XVII* (2002), a la cual contribuyó en el capítulo sobre lírica.

Jorge Checa. Doctor por Princeton y profesor en el Departamento de Español y Portugués en la Universidad de California, Santa Barbara. Sus publicaciones se ocupan principalmente de diversos aspectos de la literatura y la cultura del Siglo de Oro en sus vertientes peninsular y colonial. Entre sus libros detacan *Gracián y la imaginación arquitectónica* (1986), *Barroco esencial* (1992), *Experiencia y representación en el Siglo de Oro* (1998).

Margo Glantz. Escritora, profesora emérita de la Facultad de Filosofía y Letras, periodista, miembro de número de la Academia Mexicana de la Lengua e investigadora nacional Nivel III. Ha recibido las Becas Rockefeller y Guggenheim y los premios Magda Donato por *Las Genealogías* y Xavier Villaurrutia por *Síndrome de naufragios*. Profesora visitante en las universidades de Yale, Princeton, Rice, Berkeley, La Jolla, Harvard, Cambridge. Entre sus obras de creación destacan: *Las mil y una calorías* (1979), *Doscientas ballenas azules* (1979), *No pronunciarás* (1982), *De la amorosa inclinación a enredarse en cabellos* (1984), *Apariciones* (1996 y 2002), *Zona de derrumbe* (2001), *El rastro* (2002). Entre sus libros de crítica destacan: *Onda y escritura, jóvenes de 20 a 33* (1971), *Un folletín realizado, El conde de Raousset-Boulbon* (1971), *Repeticiones* (1979), *Intervención y pretexto* (1981), *La lengua en la mano* (1984), *Esguince de cintura* (1995). Dentro del ámbito de la literatura colonial ha publicado *Borrones y borradores; Notas y documentos sobre Álvar Núñez Cabeza de Vaca* (1992); *La Malinche, sus padres y sus hijos,* (coord.) (1994 y reeditado en el 2001), *Sor Juana Inés de la Cruz, ¿Hagiografía o autobiografía?* (1995); *Antología de Sor Juana Inés de la Cruz* (1995); *Sor Juana Inés de la Cruz: placeres y saberes* (1996), *Sor Juana: La comparación y la hipérbole* (2000).

Verónica Grossi. Doctor por la Universidad de Texas en Austin. Actualmente es catedrática asociada en la Universidad de Carolina del Norte, sede Greensboro. Es editora de la antología de poesía *Escrito en México (1974-1984)* de Enrique Fierro (Fondo de Cultura Económica, 1999). Su libro de próxima aparición en la editorial Vervuert-Iberoamericana se titula *Sigilosos v(u)elos epistemológicos en Sor Juana Inés de la Cruz*. Ha publicado artículos sobre literatura colonial, del Siglo de Oro, el neobarroco y sobre escritoras latinoamericanas en revistas como *Mester, Texto crítico, Cuadernos de marcha, Revista canadiense de estudios hispánicos, Letras femeninas, Bulletin of Spanish Studies, Monographic Review, Intertexts, Romance Notes* y *Romance Quarterly*.

Luis Hermosilla. Catedrático asociado en el Departamento de Modern and Classical Language Studies en Kent State University. Doctorado en Ohio State University, sus áreas de investigación son la literatura y cultura colonial hispanoamericana, la escritura indígena latinoamericana y la influencia del discurso colonial en la literatura latinoamericana contemporánea. Ha publicado artículos sobre *El carnero* de Juan Rodríguez Freyle y sobre la obra de Sor Juana Inés de la Cruz.

Ivette N. Hernández Torres. Doctor por la Brown University, es Assistant Professor de Estudios Coloniales y Literatura Latinoamericana en la Universidad de California, Irvine. Ha escrito un libro titulado *El contrabando de lo secreto: la escritura de la historia en El Carnero*, en prensa. Ha publicado artículos en revistas especializadas, tales como *Colonial Latin American Review, Latin American Literary Review* e *Inti*. Es coeditora de un volumen especial de la revista *La Torre*, titulado *El trazo de la mirada: escritura e imagen en España y Latinoamérica* (VI, num. 20-21, 2001).

Alessandra Luiselli. Egresada de la Universidad Nacional Autónoma de México. Recibió el grado de doctora en Letras Latinoamericanas por la Universidad de Nuevo México. Es autora de *El sueño manierista de Sor Juana Inés de la Cruz* (1983), de la primera edición mexicana de la *Instrucción del Inca Titu Cusi Yupanqui* (2002), y es coautora de una difundida antología universitaria *Huellas de la literatura hispanoamericana* (1989, 2002). Ha publicado en revistas universitarias (tanto mexicanas como estadounidenses) numerosos artículos sobre temas coloniales latinoamericanos y escritores mexicanos contemporáneos. Es autora de una novela, *Reina de corazones* (1986) y de cuentos incluidos en diversas antologías compiladas por Ángel Flores (1986), Brianda Domeq (1988) y Gustavo Sainz (2003). Actualmente es catedrática en Texas A&M University.

Yolanda Martínez-San Miguel. Catedrática asociada de la Universidad de Pennsylvania. Obtuvo su doctorado en la Universidad de California en Berkeley. Ha publicado dos libros: *Saberes americanos: subalternidad y epistemología en los escritos de Sor Juana* (1999) y *Caribe Two Ways: cultura de la migración en el Caribe insular hispánico* (2003). Sus áreas de investigación incluyen literatura colonial latinoamericana y narrativa caribeña, latinoamericana y latina contemporáneas. Está escribiendo un libro titulado *From Lack to Excess: the Constitution of a Colonial Discourse in Latin America*.

José Antonio Mazzotti. Doctor en literatura colonial latinoamericana por la Universidad de Princeton en 1993. Ha publicado *Coros mestizos del Inca Garcilaso* (Lima: FCE, 1996), *Poéticas del flujo: migración y violencia verbales en el Perú de los 80* (2002) y editado diversos volúmenes relacionados con el campo colonial. Actualmente es catedrático asociado en el Departamento de Lenguas Romances de la Universidad de Harvard.

Sobre los autores

María Águeda Méndez. Egresada de estudios de doctorado en Literatura Hispánica de El Colegio de México. Fue investigadora del Centro de Estudios Lingüísticos y Literarios de El Colegio de México. Es profesora-investigadora desde 2002 y Coordinadora Académica del mismo desde 2003. Colaboró en el proyecto Biblioteca Novohispana de 1982 a 1990. Desde 1985 es coordinadora del Proyecto Catálogo de Textos Marginados Novohispanos. Inquisición: siglos XVI, XVII, XVIII y XIX. Sus publicaciones incluyen numerosos artículos sobre asuntos inquisitoriales novohispanos de los siglos XVII, XVIII y XIX. Es coordinadora del *Catálogo de Textos Marginados Novohispanos. Inquisición: Siglos XVIII y XIX. Archivo General de la Nación (México,* 1992) y del *Catálogo de textos marginados novohispanos. Inquisición: Siglo XVII. Archivo General de la Nación (México,* 1997). Es coautora con el Dr. Georges Baudot de *Amores prohibidos. La palabra condenada en el México de los virreyes* (1997). Su libro más reciente es: *Secretos del Oficio: Avatares de la Inquisición novohispana* (2001).

Stephanie Merrim. Profesora de Literatura Comparada y Estudios Hispánicos en la Universidad de Brown, en Providence, Rhode Island. Se doctoró en la Universidad de Yale. Sus áreas de investigación incluyen la historiografía del siglo XVI en el Nuevo Mundo; las letras coloniales del siglo XVII; la escritura de mujeres durante el siglo XVII en la tradición hispánica, inglesa y francesa; y la literatura latinoamericana moderna. Entre sus libros se encuentran *Feminist Perspectives on Sor Juana Inés de la Cruz* y *Early Modern Women's Writing and Sor Juana Inés de la Cruz.* En estos momentos está escribiendo un libro titulado *The Spectacular City and Colonial Spanish American Literary Culture.*

Mabel Moraña. Profesora en la Universidad de Pittsburgh y Directora de Publicaciones del Instituto Internacional de Literatura Iberoamericana. Ha publicado *Literatura y cultura nacional en Hispanoamérica, 1910-1940* (1982), *Memorias de la generación fantasma* (1988), *Políticas de la escritura en América Latina. De la Colonia a la Modernidad* (1997) y *Viaje al silencio. Exploraciones del discurso barroco* (1998). Es editora de *Relecturas del Barroco de Indias* (1994) y coeditora de *La imaginación histórica en el siglo XIX* (1994). Ha coordinado volúmenes especiales sobre literatura colonial para la *Revista de Crítica Literaria Latinoamericana* y la *Revista Iberoamericana.* En los últimos años ha coordinado múltiples libros sobre indigenismo, crítica cultural en América Latina, modernidad y poscolonialismo.

José Pascual Buxó. Investigador titular del Instituto de Investigaciones Bibliográficas de la Universidad Nacional Autónoma de México, donde fundó y dirige el Seminario de Cultura Literaria Novohispana. Premio Universidad Nacional en el Área de Humanidades (1995), Doctor Honoris Causa por la Universidad Autónoma de Puebla (1997), investigador emérito del Sistema Nacional de Investigadores (1999), miembro numerario de la Academia Mexicana de la Lengua desde 1984. Director fundador de la Escuela de Letras de la Universidad Veracruzana, México (1957) y director fundador de la Escuela de Letras en la Facultad de Humanidades y Educación de la Universidad del Zulia, Venezuela (1959). Es profesor emérito de la Universidad de California en Los Ángeles. Entre sus libros figuran: *Góngora en la poesía novohispana* (1960); *Muerte y desengaño en la* *poesía novohispana* (1975); *Ungaretti y Góngora*, México (1978; segunda ed. 1985); *Las figuraciones del sentido. Ensayos de poética semiológica* (1985; segunda ed. 1997); *César Vallejo, crítica y contracrítica* (1982; segunda ed. 1992); *El enamorado de Sor Juana. Francisco Álvarez de Velasco Zorrilla y su* Carta laudatoria *a Sor Juana Inés de la Cruz* (1993); *Sor Juana Inés de la Cruz: amor y conocimiento* (1996); *Un desconocido dramaturgo novohispano: Fray Lorenzo del Santísimo Sacramento* (2000); *El resplandor intelectual de las imágenes. Estudios de emblemática y literatura novohispana* (2002).

Rosa Perelmuter. Profesora de Literatura Hispanoamericana en la Universidad de North Carolina, Chapel Hill. Es autora de ensayos sobre literatura Colonial y del Siglo de Oro. Ha escrito dos libros sobre la obra de Sor Juana Inés de la Cruz: *Noche intelectual: La oscuridad idiomática en el "Primero sueño"* y *Los límites de la femineidad en Sor Juana Inés de la Cruz: Estrategias retóricas y recepción literaria* (Próxima aparición, otoño de 2003).

Sara Poot-Herrera. Doctora en Literatura Hispánica por El Colegio de México y profesora del Department of Spanish and Portuguese, University of California, Santa Barbara. Autora de *Un giro en espiral. El proyecto literario de Juan José Arreola*; editora y coautora de *Y diversa de mí misma/ entre vuestras plumas ando. Homenaje internacional a Sor Juana Inés de la Cruz*; editora y coautora de *Sor Juana y su mundo. Una mirada actual*; editora y coautora de *El cuento mexicano. Homenaje a Luis Leal*; autora de *Los guardaditos de Sor Juana*.

Antonio Rubial García. Doctor en Filosofía y Letras por la Universidad de Sevilla, España, y doctor en Historia por la Universidad Nacional Autónoma de México, donde es catedrático de Historia Medieval y Colonial. Autor de: *Una monarquía criolla* (1990); *La hermana pobreza* (1996); *La plaza, el palacio y el convento* (1998); *La santidad controvertida* (1999).

Stacey Schlau. Profesora del Departamento de Lenguas Extranjeras y del Programa de Estudios de la Mujer en la Universidad de West Chester, Pennsylvania. Sus libros incluyen: *Spanish American Women's Use of the Word* (2001), *Viva al siglo, muerta al mundo: Obras escogidas de/ Selected Works by Maria de San Alberto (1568-1640)* (1998), y *Untold Sisters: Hispanic Nuns in Their Own Works*, coautora con Electa Arenal (1989). Actualmente trabaja en un libro sobre mujer e Inquisición en España y Latinoamérica.

Índice general

Introducción
   Yolanda Martínez San-Miguel 5

I. Voces americanas

José Antonio Mazzotti
   "Volvamos a nuestra relación": nuevas consideraciones sobre la oralidad y la
   escritura en Bernal Díaz del Castillo 19
Jorge Checa
   La ubicación de la voz en *La Araucana* 37
Raquel Chang-Rodríguez
   Entre el Caribe y los Andes: Cuba y *La Florida del Inca* (1605) 51
Yolanda Martínez-San Miguel
   Retóricas coloniales: equívocos y "roturas" de la lengua
   en los *Comentarios reales* 63
Stephanie Merrim
   La grandeza mexicana en el contexto criollo 81

II. Género, sexualidad y vida monacal en la colonia

María Águeda Méndez
   La palabra persuasiva: el poder de los confesores sobre las monjas 101
Stacey Schlau
   Angela Carranza: El género sexual, la comercialización religiosa
   y la subversión de la jerarquía eclesiástica en el Perú colonial 111
Electa Arenal
   Monjas chocolateras: contextualizaciones agridulces 135
Ivette N. Hernández-Torres
   Escritura y misticismo en los *Afectos espirituales* de la madre Castillo 157

III. Sor Juana

Margo Glantz
   Ciencia y experiencia en la querella de las mujeres: Sor Juana 173

Índice general

Luis Hermosilla
Sobre el arte de guisar y filosofar: Vives y Sor Juana 187
Antonio Rubial García
Sor Juana y los poderosos 197
Pablo Brescia
Cuentas claras: tensiones y razones en Sor Juana Inés de la Cruz 207
Verónica Grossi
Claves políticas y epistemológicas en la *Carta de Monterrey* de Sor Juana Inés
de la Cruz 225
María Dolores Bravo Arriaga
Búsqueda del origen: la narración de fábulas en el *Neptuno alegórico* de Sor Juana . 243
José Pascual Buxó
Fulgores y penumbra en el *Sueño* de Sor Juana 255
Emilie Bergmann
Amor, óptica y sabiduría en Sor Juana 267
Alessandra Luiselli
Sobre la altivez postrada de Sor Juana: los poemas de amor a Fabio 283
Sara Poot-Herrera
Hay loas que no hacen ruido. La hipotética loa infantil de Sor Juana 299
Rosa Perelmuter
"Otra Madama Stäel": Sor Juana Inés de la Cruz en la imaginación
de sus comentaristas 331
Mabel Moraña
Postcriptum: La larga ruta de los estudios coloniales 339

Sobre los autores 347

www.ingramcontent.com/pod-product-compliance
Lightning Source LLC
Chambersburg PA
CBHW080758300426
44114CB00020B/2745